中华人民共和国地方志丛书
2018 CHANG YI YEAR BOOK

昌邑年鉴

2018 CHANGYI YEAR BOOK

昌邑市人民政府　主办
昌邑市史志办公室　编

方志出版社
Publishing House of Local Records

图书在版编目（CIP）数据

昌邑年鉴.2018 / 昌邑市史志办公室. -- 北京：方志出版社，2018.7
ISBN 978-7-5144-3147-6

Ⅰ. ①昌… Ⅱ. ① 昌…Ⅲ. ①昌邑—2018—年鉴
Ⅳ. ① Z525.24

中国版本图书 CIP 数据核字（2018）第 167374 号

昌邑年鉴（2018）

编　　者：昌邑市史志办公室
责任编辑：刘方圆
出 版 人：冀祥德
出 版 者：方志出版社
地址 北京市朝阳区潘家园东里 9 号（国家方志馆 4 层）
邮编 100021
网址 http://www.fzph.org
发　　行：方志出版社图书经销中心
电话（010）67110500
经　　销：各地新华书店
版面设计：潍坊方志年鉴制作有限公司
印　　刷：昌邑市大华印务有限公司
开　　本：889×1194　1/16
印　　张：27.5
字　　数：780 千字
版　　次：2018 年 7 月第 1 版　2018 年 7 月第 1 次印刷
印　　数：0001～1000 册
ISBN 978-7-5144-3147-6　　**定价**：366 元

昌邑市地方史志编纂委员会

名誉主任：吕珊珊

主　　任：李玉祥

副 主 任：刘世海　胡筱芹　刘　煜　夏麦香　曲　伟

　　　　　李　敏　姜正峰　明兴谱

委　　员：马玉涛　王永胜　滕林波　郭富祥　张艳丽

　　　　　于希群　宋文清　孙建伟　赵卫东　许增贤

　　　　　李星亮　李志国　王福州　刘新民

《昌邑年鉴》2018卷编审人员

主　　审：曲　伟

副 主 审：明兴谱

主　　编：于希群

副 主 编：孙　栋　刘伟刚

执行主编：张述智

编　　辑：（按姓氏笔画排序）

　　　　　于希群　刘伟刚　刘效海　孙　栋　初良邦

　　　　　张述智　宫婷婷　袁炳奎

排版设计：潍坊方志年鉴制作有限公司

编辑说明

一、《昌邑年鉴（2018）》的编纂坚持以马克思列宁主义、毛泽东思想、邓小平理论、“三个代表”重要思想、科学发展观、习近平新时代中国特色社会主义思想为指导，坚持辩证唯物主义和历史唯物主义的立场、观点和方法。”全面客观地反映昌邑市各级党委、政府的主要工作和各镇（街区）、各部门、各行业取得的成绩，力求做到观点正确、框架科学、资料翔实、记述准确、编写规范、特色鲜明，突出时效性，讲求实用性。

二、《昌邑年鉴（2018）》紧紧围绕市委、市政府的中心工作编纂，作为权威的地情信息载体，旨在全面、系统、客观地记述2017年度昌邑市政治、经济、文化、社会诸方面的新成就、新面貌、新特点，为社会各界了解昌邑，建设昌邑提供最新的基本情况，为各级领导决策和管理提供可靠依据。

三、《昌邑年鉴（2018）》，主要记载年限原则上为2017年1月1日至12月31日。为反映事物的全貌，给读者以完整的印象，部分内容适当上溯或下延。

四、本卷年鉴共设28个类目，即特载、大事记、昌邑概况、中国共产党昌邑市委员会、昌邑市人民代表大会、昌邑市人民政府、中国人民政治协商会议昌邑市委员会、中国共产党昌邑市纪律检查委员会、社会团体、军事、法治、经济管理与监督、农业、工业、商务、金融、财政·税务、交通·邮政·通信、城乡建设、资源管理·环境保护、教育·科技、文化·旅游、卫生·计生·体育、社会管理·居民生活、镇（街）园区概况、人物、附录、索引。主体内容一般划分为目、分目、条目3个层次，条目为主要信息载体和基本撰写形式，年鉴内容主要在条目中记载；在记述内容上注重资料的信息价值和图文并茂。

五、年鉴资料内容主要由昌邑市各镇（街）党（工）委、政府（办事处）、市属各园区、市直各部门、单位及上划垂直管理部门和驻昌国企等单位提供，初稿经供稿单位主要负责人审核加盖公章后，由市史志办公室编辑定稿。涉及主要数据以昌邑市统计公报为准，因个别供稿单位统计口径不同等原因，有的数据在不同的条目中不尽一致，使用时请注意出处。盐田面积使用公亩，是因为盐田计算产量、核算成本等都以公亩为单位；农业土地面积沿用亩为计量单位。

六、《昌邑年鉴（2018）》编辑出版，是在各级领导的关心、支持下，各供稿单位的大力协助下以及潍坊市史志办公室、方志出版社专家、领导的具体指导下，经过广大年鉴工作者的辛勤劳动所取得的丰硕成果。在此，谨向关心和支持年鉴编辑工作的单位和个人表示衷心感谢。

七、《昌邑年鉴（2018）》内容涉及各行各业，面广量大，受编辑经验、水平，时间等因素所限，错误与疏漏之处在所难免，敬请广大读者给予批评指正。

昌邑城区图

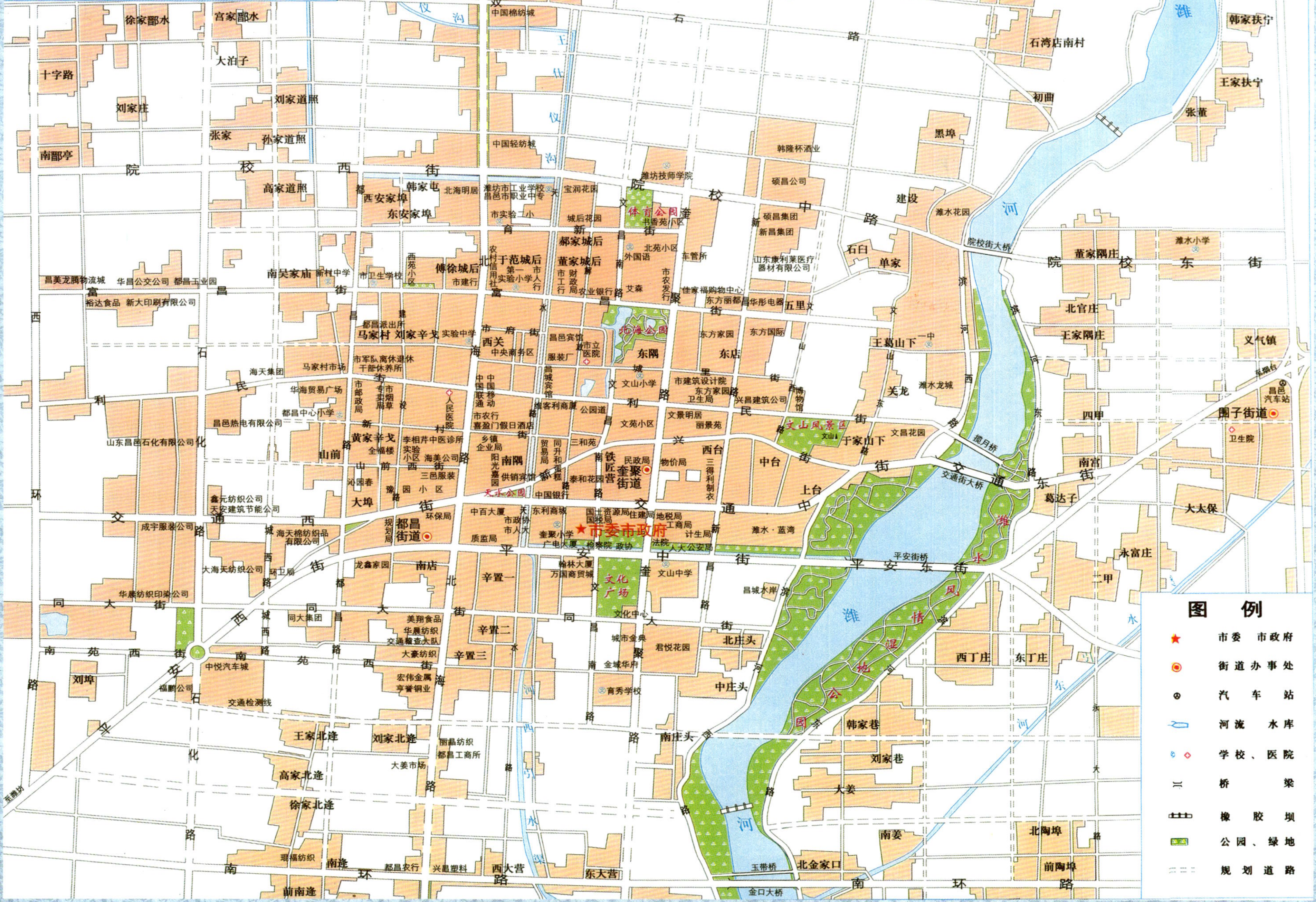

ISBN 978-7-5572-0028-2　2015年6月第1版　2015年6月第1次印刷　印数：0001-3000　定价：20.00元　覆膜：68.00元
鲁SG(2015)071号

昌邑市国土资源局组编　山东省地图院编制　山东省地图出版社出版·印刷·发行
电话：0531-88800993　邮编：250014
地址：济南市二环东路6090号

昌邑名片

★ 中国中小城市综合实力百强县（市）
★ 中国最具投资潜力中小城市百强县（市）
★ 中国中小城市创新创业（双创）百强县（市）
★ 全国双拥模范城
★ 全国科技进步先进城市
★ 全国文明城市提名市
★ 首批国家智慧城市试点市
★ 全国生态文明先进市
★ 中国全面小康成长型百佳县市
★ 中国美丽乡村建设典范市
★ 全国粮食生产先进单位
★ 中国北方林业养生名城
★ 中国最佳绿色生态旅游城市
★ 全国体育先进县（市）
★ 全国诗词之乡
★ 中国北方绿化苗木基地
★ 中国丝绸之乡
★ 中国盐 · 溴之乡
★ 全国特色农产品优势区

数字昌邑

★ 土地总面积 1627.5 平方公里
★ 年末常住总人口 60.96 万人
★ 全年生产总值 442.92 亿元
★ 第一产业增加值 38.51 亿元
★ 第二产业增加值 225.52 亿元
★ 第三产业增加值 178.89 亿元
★ 三次产业比例 :8.7 ∶ 50.9 ∶ 40.4
★ 人均地区生产总值 71641 元
★ 粮食总产量 50.9 万吨
★ 固定生产投资 389.60 亿元
★ 社会消费品零售总额 199.75 亿元
★ 进出口总额 66.77 亿元
★ 出口总额 46.39 亿元
★ 进口总额 20.38 亿元
★ 合同利用外资 2.58 亿元
★ 城镇居民人均可支配收入 33693 元
★ 农村居民人均可支配收入 17662 元
★ 财政总收入 50.50 亿元
★ 公共财政预算收入 30.79 亿元
★ 公共财政预算支出 40.61 亿元
★ 注册国际商标 4 个
★ 中国驰名商标 8 个
★ 地理标志保护产品 3 个
★ 山东省名牌产品 6 个
★ 山东省著名商标 27 个
★ 国家级重点镇 3 处
★ 国家级生态镇 2 处
★ 全国文明镇 2 处
★ 全国宜居村庄示范村 1 处
★ 中国传统村落 1 处
★ 省级重点示范镇 2 处
★ 山东省特色产业镇 3 处
★ 山东省文明乡镇 2 处
★ 山东省卫生镇 1 处
★ 中等专业学校 2 所，在校生 2837 人
★ 高级中学 2 所，在校生 9880 人
★ 初级中学 17 所，在校生 15986 人
★ 小学 52 所，在校生 31749 人
★ 幼儿园 130 所，在园幼儿 13599 人
★ 县级医疗卫生机构 5 家，基层医疗卫生机构 560 家
★ 病床 1918 张，每千人口床位 3.27 张
★ 卫生技术人员 3615 人，每千人口卫生技术人员 6.16 人
★ 国家城市湿地公园 1 处
★ AAAA 级风景区 1 家，AAA 级风景区 3 家
★ 山东省非物质文化遗产 6 项
★ 潍坊级非物质文化遗产 24 项

★ 城区夜景　　（王雪梅）

★ 城区风光　　（齐英杰）

★ 2017 年 9 月 27 日，中共山东省委常委、组织部部长杨东奇（中）到昌邑调研基层党组织工作　　（张平平）

★ 2017 年 10 月 17 日，山东省政协副主席王乃静（左一）到昌邑视察森林城市创建工作 （董　峰）

★ 2017 年 7 月 12 日，国家农业部副部长陈晓华（左二）到昌邑调研农村土地承包经营权确权登记颁证工作　　（张平平）

★ 2017 年 1 月 13 日，吕珊珊代表中国共产党昌邑市第十三届委员会作报告
（张平平）

2017 年 1 月 13 日至 16 日，中国共产党昌邑市第十四次代表大会在昌邑会议中心召开

★ 2017 年 1 月 13 日，中国共产党昌邑第十四次代表大会会场 （张平平）

★ 2017 年 1 月 16 日，中国共产党昌邑市第十四届常委会第一次全体会议，选举产生了中共昌邑市第十四届委员会常务委员会委员、市委书记、市委副书记。图为新当选的市委常委合影（左起依次为：刘煜、田立军、庞胜明、王龙堂、吕珊珊、李玉祥、刘世海、胡筱芹、李鹏、刘焕成） （张平平）

★ 新当选的中共昌邑市第十四届市委委员合影 （张平平）

2017 年 1 月 19 日至 22 日，昌邑市第十八届人民代表大会第二次会议在昌邑会议中心召开

★ 2017 年 1 月 19 日，市委书记吕珊珊出席会议并讲话（姚红光）

★ 2017 年 1 月 19 日，市委副书记、市长李玉祥作《政府工作报告》（姚红光）

★ 2017 年 1 月 19 日，市人大常委会主任李中福作《市人大常委会工作报告》（赵有杰）

★ 昌邑市第十八届人民代表大会第二次会议会场（姚红光）

2017 年 1 月 18 日至 21 日，中国人民政治协商会议第十三届昌邑市委员会第二次会议在市委会议中心召开

★ 2017 年 1 月 18 日，市委书记吕珊珊出席会议并讲话

（姚红光）

★ 2017 年 1 月 18 日，昌邑市政协主席周娟作工作报告

（姚红光）

★ 中国人民政治协商会议第十三届昌邑市委员会第二次会议会场

（姚红光）

★ 2017 年 4 月 7 日，昌邑市第八届田园梨花节暨第五届山阳群众文化艺术节 （张平平）

★ 2017 年 5 月 22 日，全市推进“两学一做”学习教育常态化制度化暨思想作风建设年工作座谈会 （张平平）

★ 2017年9月21日，2017北方（昌邑）绿化苗木博览会暨第二十二届中国园林花木信息交流会（张平平）

★ 2017年12月5日，全市美丽乡村标准化建设推进工作会议（张平平）

★ 2017年3月11日，昌邑市重点新项目集中开工暨山东雅拉食品有限公司雅拉生态食品科技园项目奠基仪式　（张平平）

★ 2017年4月27日，中国·昌邑"互联网+县域产业"峰会暨淘宝大学培训学院山东省昌邑市培训基地揭牌仪式　（张德凯）

★ 2017 年 5 月 20 日，昌邑市龙港无机硅院士工作暨废弃钠钙玻璃制备油水分离材料项目签约仪式 （张平平）

★ 2017 年 7 月 18 日，《中国书法报》走进昌邑活动开幕式 （张德凯）

★ 2017 年 1 月 19 日，2017 年昌邑春节联欢晚会 （张平平）

★ 2017 年 6 月 29 日，昌邑市“最美党员”颁奖典礼暨先进事迹报告会 （张平平）

★ 2017年6月，在市文化公园举办广场舞培训班 （张 贝）

★ 博陆山景区 （王蔚成）

目录

CONTENTS

特载

吕珊珊在中共昌邑市委十四届一次全体会议上的讲话 …… 1
政府工作报告
——2018年1月17日在昌邑市第十八届人民代表大会第二次会议上 …… 4
吕珊珊在全市经济工作会议上的讲话 …… 12
吕珊珊在全市经济工作暨“思想作风建设年”活动推进会议上的讲话 …… 21

大事记

1月 …… 30
2月 …… 31
3月 …… 33
4月 …… 35
5月 …… 36
6月 …… 39
7月 …… 41
8月 …… 43
9月 …… 45
10月 …… 47
11月 …… 49
12月 …… 51

昌邑概况

建置区划 …… 55
位置 面积 …… 55
建置沿革 …… 55
行政区划 …… 55
自然地理 …… 60
地形 地貌 …… 60
河 流 …… 61
海岸 滩涂 …… 62
气 候 …… 62
自然资源 …… 63
土地资源 …… 63
水资源 …… 63
矿产资源 …… 63
生物资源 …… 64
陆生动物资源 …… 64
水生动物资源 …… 66
陆生植物资源 …… 66
淡水浮游植物资源 …… 67
滩涂生物资源 …… 67
人口 民族 …… 67
人 口 …… 67
民 族 …… 68
经济和社会发展 …… 68
经济发展 …… 68

农业生产 …… 68
工业生产 …… 69
城镇建设 …… 69
对外贸易 …… 69
财税金融 …… 69
人民生活 …… 70
精神文明建设 …… **72**
概 况 …… 72
夯实创建基础 …… 72
开展三大活动 …… 73
创城收获 …… 74
组织机构 …… **75**
市级领导班子 …… 75
市委机关 …… 76
市人大机关 …… 76
市政府机关 …… 77
市政协机关 …… 77
市纪委机关 …… 77
市委部委办局 …… 78
群 团 …… 78
政法部门 …… 78
市政府工作部门 …… 79
市政府直属事业单位 …… 80
上属单位 …… 81
金融 保险 …… 81
开发区 镇街区 …… 82

中国共产党昌邑市委员会

重要会议 …… **83**
中国共产党昌邑市第十四届委员会第一次全体会议 …… 83
全市经济工作会议 …… 83
全市表彰奖励暨思想作风建设年动员大会 …… 83
中国共产党昌邑市第十四届委员会第四次全体会议 …… 83
全市经济社会发展观摩点评会议暨重点工作总结推进会议 …… 84
中国共产主义青年团昌邑市第二十次代表大会 …… 84
重大决策与活动 …… **84**
加强招商引资，打造“五个新城” …… 84
关于进一步做好移风易俗工作推动提升乡村文明水平的意见 …… 84
党群服务体系建设 …… 85
组织开展第四批包村联户和选派第一书记工作 …… 85
推进美丽乡村标准化建设 …… 85
昌邑市全面实行河长制 …… 85
开展“四个城市”创建活动 …… 85
推进生态文明建设 …… 85
“放管服”改革、服务型政府建设 …… 86
发展文艺创作 …… 86
民生热线建设 …… 86
综合行政执法体制改革 …… 87
人民政协民主监督工作 …… 87
李宽端到昌邑市调研 …… 87
昌邑市妇幼保健院新院启用仪式 …… 88
赴徐州工程机械集团有限公司考察 …… 88
谭旭光一行到昌邑市考察调研 …… 88
2017 北方（昌邑）绿化苗木博览会暨第二十二届中国园林花木信息交流会隆重开幕 …… 89
杨东奇到昌邑市调研 …… 89
国庆节升国旗仪式 …… 90
刘曙光到昌邑市调研 …… 90
昌邑市人民医院新门诊及外科病房综合楼启用仪式 …… 90
市委办公室工作 …… **90**
概 况 …… 90
调查工作 …… 91
信息工作 …… 91
督查概况 …… 92
督查机制 …… 92
督查工作 …… 93
理论学习 …… 93
日常工作 …… 94

组织工作…… 94
概 况 …… 94
“两学一做”学习教育 …… 94
学习贯彻中共十九大精神 …… 95
党员干部理论培训 …… 95
作风建设 …… 95
正确选人用人 …… 95
年轻后备干部培养 …… 96
干部人事制度改革 …… 96
干部管理监督 …… 96
人才工作联动机制 …… 96
招才引智 …… 96
支持企业开展科研创新 …… 96
优化人才发展环境 …… 96
基层党组织管理 …… 97
基层党建工作 …… 97
包村联户和选派第一书记 …… 98
党员教育管理 …… 98
推进“互联网+党建”工作 …… 98
自身建设 …… 98
宣传工作…… 98
概 况 …… 98
党委中心组学习 …… 99
意识形态管理工作 …… 99
理论宣讲工作 …… 99
社科工作 …… 100
舆论引导强势推进 …… 100
网络管理 …… 100
文明创建持续深化 …… 101
市民文明水平 …… 101
文化产业 …… 102
企政工作 …… 102
基层公共文化服务 …… 102
群众文化活动 …… 102
文艺精品工程 …… 102
文艺志愿服务 …… 103
队伍管理从严从实 …… 103
“四个城市”建设…… 103
概 况 …… 103
科学谋划精准施策 …… 103
打造“产业强市” …… 103
打造“文化名市” …… 104
打造“活力城市” …… 104
打造“品质城市” …… 104
统战工作…… 105
概 况 …… 105
基层规范化建设 …… 106
打造创新品牌 …… 106
非公有制经济发展 …… 106
新的统战工作 …… 106
党外代表人士队伍建设 …… 106
原行政办公区征收改造工作 …… 107
对台工作…… 107
概 况 …… 107
对台经贸与交流 …… 107
对台宣传 …… 107
涉台服务 …… 107
自身建设 …… 108
机构编制工作…… 108
概 况 …… 108
行政审批制度改革 …… 108
综合行政执法体制改革 …… 109
分类推进事业单位改革 …… 109
重点领域体制改革 …… 109
完善事业单位监管体系 …… 109
机构编制管理创新 …… 110
机构编制监督检查 …… 110
机关自身建设 …… 111
全面深化改革工作…… 111
概 况 …… 111
凝聚改革推进合力 …… 111
打造改革昌邑模式 …… 112
经济领域改革 …… 113
农业农村领域改革 …… 114
民主法制领域改革 …… 114
文化体制改革 …… 114

司法和社会治理体制改革 …… 114
社会事业体制改革 …… 115
生态文明体制改革 …… 115
党建制度改革 …… 116
纪律检查体制改革 …… 116
信访工作 …… 116
概 况 …… 116
源头预防 …… 117
信访“事要解决” …… 117
畅通信访渠道 …… 118
落实信访工作责任 …… 118
市直机关党建工作 …… 119
概 况 …… 119
“两学一做”学习教育 …… 119
学习型党组织建设 …… 119
基层党组织建设 …… 119
党员干部队伍建设 …… 120
机关作风建设 …… 120
反腐倡廉工作 …… 120
档案工作 …… 120
概 况 …… 120
档案馆建设 …… 121
档案资源建设 …… 121
档案法治建设 …… 121
安全体系建设 …… 121
业务指导 …… 121
创新档案编辑与研究 …… 121
档案工作宣传 …… 122
科学化管理测评 …… 122
党风廉政建设 …… 122
党史工作 …… 122
概 况 …… 122
实施党史记忆抢救工程 …… 122
打造党史党性教育基地 …… 123
党史资料征编 …… 123
党史宣教工作 …… 123
党史人才培养 …… 124
党校工作 …… 124
概 况 …… 124
干部培训 …… 124
党员培训 …… 124
理论宣讲 …… 124
基层党校建设 …… 125
工作举措 …… 125
老干部工作 …… 125
组织设置 …… 125
工作职责 …… 125
党建工作 …… 125
红色资源教育作用 …… 126
志愿服务 …… 126
系列主题活动 …… 126
关心下一代工作 …… 126
概 况 …… 126
主题活动 …… 127
校外教育 …… 127
“五老”社会监督员活动 …… 127
协调配合 …… 127

昌邑市人民代表大会

重要会议 …… 128
昌邑市十八届人民代表大会 …… 128
市人大常委会会议 …… 128
主要工作 …… 132
主动作为 …… 132
增强监督实效 …… 132
强化服务保障 …… 134
创新办理方式 …… 134
自身建设 …… 134
人事任免 …… 135

昌邑市人民政府

重要会议 …… 137
全市经济工作会议 …… 137
全市安全生产工作会议 …… 137

全市环保工作会议 …………………………… 137
全市农业农村暨扶贫开发工作会议 ………… 137
全市安全生产会议 …………………………… 138
全市化工产业安全生产转型升级专项行动推进会议暨环保工作紧急会议 …………………………… 138
绿博会筹备工作调度会议 …………………… 138
昌邑市城乡规划委员会 2017 年第一次会议 …………………………………………… 138
昌邑市创建新一届全国双拥模范城工作会议 …………………………………………… 138
全市安全生产工作会议 ……………………… 138
全市环卫工作会议暨第二十三届环卫工人节庆祝大会 …………………………………………… 139
全市统计工作会议 …………………………… 139
重要活动 …………………………………………… **139**
市政府领导调研财税工作 …………………… 139
走访慰问柳疃镇中华人民共和国成立前老党员、生活困难党员、高层次人才劳动模范和贫困户优抚对象 …………………………………………… 139
走访慰问春节期间坚持生产的干部职工 ……… 139
重点项目集中开工暨山东雅拉食品有限公司雅拉生态食品科技园项目奠基 …………………………… 140
全市植树节活动暨林业工作会议 …………… 140
环保工作调研 ………………………………… 140
市政府领导调研农业工作 …………………… 140
调研纺织印染产业工作 ……………………… 140
盐及盐化工产业工作调研 …………………… 140
机械制造产业工作调研 ……………………… 141
首届海岸柽柳论坛 …………………………… 141
昌邑市龙港无机硅院士工作站暨废弃钠钙玻璃制备油水分离材料项目签约仪式 ………………… 142
赴即墨乳山荣成三市考察学习经济社会发展及创建文明城市工作 …………………………………… 142
赴张家港、江阴、常熟、昆山四市考察学习 …………………………………………… 142
“智慧昌邑”战略合作协议签约仪式 ………… 142
城建重点工程调研 …………………………… 142
重点项目调研 ………………………………… 142
林木种苗产业发展高峰论坛 ………………… 142
中国林学会、山东农业大学战略合作协议签约仪式 …………………………………………… 143
城建项目调研 ………………………………… 143
青岛大学生命科学学院协同创新基地揭牌仪式 …………………………………………… 143
重点工程重点企业调研 ……………………… 143
市政府办公室工作 ………………………………… **144**
提升履职尽责能力 …………………………… 144
推动各项工作 ………………………………… 144
为民务实清廉 ………………………………… 145
应急管理 …………………………………………… **145**
概 况 ………………………………………… 145
应急管理体制 ………………………………… 145
值守应急 ……………………………………… 145
应急预案管理 ………………………………… 145
监测预警及信息发布 ………………………… 145
应急队伍建设 ………………………………… 146
应急资源管理 ………………………………… 146
应急培训与宣教 ……………………………… 146
社会应急联动工程建设 ……………………… 146
史志工作 …………………………………………… **146**
优化队伍建设 ………………………………… 146
《昌邑市志（1986-2005）》出版发行 ……… 146
首卷《昌邑年鉴》出版 ……………………… 147
完成省、市供稿工作 ………………………… 147
培训工作 ……………………………………… 147
民生热线服务中心 ………………………………… **147**
机构与职能 …………………………………… 147
民生热线工作 ………………………………… 147
智慧城市建设 ……………………………………… **149**
概 况 ………………………………………… 149
应用系统运行维护 …………………………… 149
“物联昌邑”建设 …………………………… 149
信息化项目统一管理 ………………………… 149

政务信息资源目录梳理 …… 149
政府门户网站运行维护 …… 150
智慧城市宣传 …… 150
人事工作 …… 150
概 况 …… 150
公务员管理 …… 150
事业单位人事制度改革 …… 150
信息录入 …… 150
养老保险制度改革 …… 150
军转安置 …… 151
专业技术人才培养 …… 151
职业技能人才培养 …… 151
引进外国专家人才 …… 152
招才引智 …… 152
高技能人才队伍建设 …… 152
引才育才 …… 152
政务服务 …… 152
概 况 …… 152
政务环境 …… 153
“多图联审”建设项目 …… 153
不动产登记 …… 153
政务服务平台延伸 …… 153
民办幼儿园设立相关事项 …… 154
政务服务电话回访制度 …… 154
代办服务项目 …… 154
立足岗位，创先争优 …… 154
外事侨务 …… 154
落实侨务政策 …… 154
华侨接待工作 …… 154
利用侨务资源 …… 154
因公出国管理和服务工作 …… 154
发挥职能优势 …… 155
提升城市国际化水平 …… 155
机关事务管理 …… 155
概 况 …… 155
公共机构节能 …… 155
后勤服务保障 …… 155
公共资产管理 …… 156
机关日常管理 …… 156

中国人民政治协商会议昌邑市委员会

重要会议 …… 157
市政协全委会议 …… 157
市政协常委会议 …… 157
市政协主席会议 …… 158
市政协其他重要会议活动 …… 159
重要工作 …… 160
各专门委员会工作 …… 161
提案工作 …… 161
文史资料工作 …… 161
经济工作 …… 162
人口资源环境外事工作 …… 162
科教文卫体和社会法制工作 …… 162

中国共产党昌邑市纪律检查委员会

重要会议 …… 164
中国共产党昌邑市纪委十四届一次全会 …… 164
中国共产党昌邑市纪委十四届二次全会 …… 164
中国共产党昌邑市纪委十四届三次全会 …… 165
重要工作 …… 165
学习贯彻中共十九大精神 …… 165
全面从严治党政治责任 …… 165
落实中央八项规定 …… 165
整治不正之风和腐败现象 …… 165
监督执纪“四种形态” …… 166
健全完善党和国家监督体系 …… 166

廉政宣教 …… 166
自身建设 …… 167

社会团体

昌邑市总工会 …… 168
概 况 …… 168
政治学习 …… 168
职工技术创新 …… 168
工会改革 …… 168
“查保促”维护职工权益 …… 168
服务体系提质升级 …… 169
文化引领 …… 169
财务审计 …… 169
产业工会 …… 170
共青团昌邑市委员会 …… 170
概 况 …… 170
责任团委 …… 170
活力团委 …… 170
创新团委 …… 171
昌邑市妇女联合会 …… 171
服务大局 …… 171
引领妇女创业 …… 172
保障妇女儿童权益 …… 172
组织建设 …… 173
妇联改革 …… 173
昌邑市科学技术协会 …… 173
科学普及 …… 173
提高全民科学素质 …… 173
科技人才托举工程 …… 174
科技培训 …… 174
基础建设 …… 174
昌邑市工商联合会 …… 174
概 况 …… 174
培训服务 …… 174
参政议政 …… 174
组织建设 …… 174
昌邑市文学艺术联合会 …… 175
精品工程 …… 175
文化活动 …… 175
参加文艺评奖活动 …… 175
培训学习交流 …… 175
昌邑市社会科学界联合会 …… 176
概 况 …… 176
社科普及 …… 176
重点课题研究 …… 176
昌邑市残疾人联合会 …… 176
残疾人社会保障 …… 176
残疾人康复救助 …… 176
残疾人教育就业 …… 177
宣传与文体活动 …… 178
残疾人组联维权 …… 178
昌邑市红十字会 …… 178
无偿献血 …… 178
急救知识宣传 …… 178
疾病救助行动 …… 178
普及红十字精神 …… 178

军 事

中国人民解放军昌邑市人民武装部 …… 179
政治思想 …… 179
战备训练 …… 179
后备力量 …… 179
征兵工作 …… 179
军民融合 …… 180
推进改革 …… 180
安全管理 …… 180
队伍建设 …… 180
双拥工作 …… 181
概 况 …… 181
拥政爱民 …… 181
军地协调 …… 181
拥军优属 …… 181
军地和谐共建 …… 182
人民防空 …… 182

概 况 …… 182
人防教育 …… 182
应急演练 …… 182
人防宣传 …… 182
队伍建设 …… 182

法 治

综 述 …… **183**
概 况 …… 183
维护社会稳定 …… 183
服务经济发展 …… 183
化解社会矛盾 …… 183
平安昌邑建设 …… 183
法治昌邑建设 …… 184
法学会建设 …… 184
法治政府建设 …… **184**
法治建设 …… 184
完善工作机制 …… 184
加强法制宣传 …… 185
加强法制队伍建设 …… 185
“放管服”改革 …… 185
建设政务服务网上大厅和实体大厅 …… 185
信用信息公开 …… 185
建立科学民主决策制度 …… 185
推进法律顾问制度全覆盖 …… 186
制定规范性文件、政策文件与清理 …… 186
综合行政执法体制改革 …… 186
行政执法公开规范 …… 186
科学界定政府职能 …… 186
接受监督 …… 187
化解矛盾纠纷 …… 187
行政复议应诉 …… 187
健全领导干部学法制度 …… 187
执法人员培训 …… 188
公安工作 …… **188**
信息预警 …… 188
打击防范 …… 189
安全生产监管 …… 189
基础建设 …… 190
服务经济 …… 190
队伍建设 …… 190
消防工作 …… 191
检察工作 …… **192**
概 况 …… 192
反贪、渎工作 …… 192
预防职务犯罪 …… 192
诉讼监督 …… 192
保障民生 …… 193
司法规范化建设 …… 193
党建工作 …… 194
从严治检 …… 194
法院工作 …… **194**
概 况 …… 194
执法办案 …… 195
司法为民 …… 195
自身建设 …… 196
服务工作 …… 197
执行工作 …… 197
司法行政 …… **198**
概 况 …… 198
法治昌邑建设 …… 198
法律服务 …… 199
矛盾纠纷化解 …… 200
特殊人群管控 …… 200
维护稳定 …… 201
作风建设 …… 201

经济管理与监督

发展改革 …… **202**
宏观调控 …… 202
新旧动能转换 …… 202
“四个城市”建设 …… 202
固定资产投资 …… 203
重点项目建设 …… 203

扩展服务业规模 …… 203
县域经济和区域合作 …… 204
产业转型升级 …… 204
市场监管…… 204
概 况 …… 204
实施标准引领工程 …… 204
食品核查 …… 205
特种设备安全工作 …… 205
强化服务 …… 205
品牌建设 …… 205
计量民生 …… 206
食品安全 …… 206
维护药、械市场秩序 …… 207
保健食品和化妆品市场监管 …… 208
特种设备维护与监管 …… 208
主体准入监管 …… 209
反不正当竞争执法 …… 209
部门执法协作 …… 209
油、煤监管红盾行动 …… 210
保护消费者权益 …… 210
网络市场监管 …… 210
检验检测…… 210
概 况 …… 210
研发检测新技术 …… 211
农产品专项抽查 …… 211
检验检测进社区 …… 211
拓展检验检测业务 …… 211
物价管理…… 211
概 况 …… 211
价格管理 …… 211
价费管理 …… 211
价格监督检查 …… 212
成本监管 …… 212
价格认证 …… 213
价格认定新模式 …… 213
统计工作…… 213
概 况 …… 213
帮扶救助 …… 213
农业普查 …… 213
1% 人口抽样调查 …… 214
常规统计 …… 214
统计改革 …… 214
统计服务 …… 214
统计法制 …… 215
统计基层基础建设 …… 215
统计党建 …… 215
审计监督…… 215
概 况 …… 215
落实政策跟踪审计 …… 216
财政预算执行审计 …… 216
经济责任审计 …… 216
政府投资审计 …… 216
其他审计 …… 216
规范化建设 …… 216
基层建设 …… 216
安全生产监督管理…… 217
概 况 …… 217
行政审批 …… 217
专项整治 …… 217
“网格化”监管 …… 218
执法监察 …… 218
签订安全生产责任书 …… 218
国有资产管理…… 219
事业单位、国企改革 …… 219
国资监管新机制 …… 219
农村经济管理…… 219
农村财务审计与监管 …… 219
土地确权与流转 …… 219
发展新型农业经营主体 …… 220

农 业

综 述 …… 221
提升农产品质效 …… 221
推进农村改革 …… 221
美丽乡村标准化建设 …… 221

城乡社区网格化管理 …… 221
招商引资 …… 221
种植业 …… **221**
概 况 …… 221
粮食生产 …… 222
经济作物提质增效 …… 222
整治农资市场 …… 222
创建农产品质量安全基地 …… 222
提升农业持续生产能力 …… 223
畜牧业 …… **223**
概 况 …… 223
重点项目建设 …… 223
畜产品质量安全监管 …… 223
畜牧业面源污染治理 …… 224
畜产品卫生检疫 …… 224
重大动物疫病防控 …… 224
水 利 …… **225**
概 况 …… 225
防汛抗旱 …… 225
实行“河长制” …… 225
丰泉水库工程建设 …… 226
地表水净化水厂工程 …… 226
蒲河河道生态修复工程 …… 226
县建农田水利项目 …… 226
应急调水补源 …… 226
胶东调水 …… 226
自来水设施建设 …… 227
潍河管理 …… 227
海洋与渔业 …… **227**
概 况 …… 227
渔业资源修复 …… 228
渔业科技 …… 228
水产品质量安全 …… 228
海洋管理 …… 228
渔政管理 …… 228
惠渔政策 …… 228
项目申报实施 …… 228
“三招三引”工作 …… 228
林 业 …… **228**
概 况 …… 228
造林绿化 …… 228
林业产业 …… 229
森林资源保护 …… 229
林业科技 …… 229
农业机械 …… **230**
概 况 …… 230
农机补贴 …… 230
技能培训 …… 230
新技术新机具推广应用 …… 230
农机维修服务保障 …… 231
农机合作社建设 …… 231
农业综合开发 …… **231**
土地治理 …… 231
产业化发展项目 …… 232
建设田园综合体 …… 232
扶贫开发 …… **232**
概 况 …… 232
搭建产业扶贫平台 …… 233
建立互助养老机制 …… 233
社会扶贫 …… 233

工 业

综 述 …… **234**
技术创新 …… 234
“雅拉速度” …… 234
信息化 …… **234**
产业发展 …… **235**
概 况 …… 235
山东昌邑石化有限公司 …… 235
山东浩信集团有限公司 …… 237
山东同大集团 …… 237
昌邑华晨集团 …… 238
中小企业 …… **238**
节能降耗 …… **238**
推广新项目 …… 238

实施工业绿动力计划 …… 239
加强节能降耗和循环利用 …… 239
电 力 …… 239
安全管理 …… 239
智能电网建设 …… 240
优质服务 …… 240
党建工作 …… 240
盐 业 …… 241
概 况 …… 241
盐业生产 …… 241
行业管理 …… 241
食盐经营 …… 242
食盐宣传 …… 242
盐政执法 …… 242
原盐生产与经营 …… 242
溴素生产与经营 …… 243
滩涂开发与建设 …… 243
油区办工作 …… 244
协调服务 …… 244
重点项目 …… 244
管道监管安全生产 …… 244

商 务

商贸服务业 …… 245
概 况 …… 245
创新开放模式 …… 245
扩大外资利用规模 …… 245
电子商务 …… 245
商贸物流 …… 246
对外经济贸易 …… 246
外贸进出口 …… 246
对外经济合作 …… 247
实际利用外资 …… 247
现代物流 …… 247
概 况 …… 247
物流市场主体建设 …… 247
政策支持 …… 247
招商引资 …… 247
招商思路 …… 247
招商体制 …… 248
招商信息工作机制 …… 248
招商成果 …… 248
会展经济 …… 249
总部经济 …… 250
供 销 …… 250
概 况 …… 250
机采棉种植推广 …… 251
发展实体性合作经济组织 …… 251
规模化服务 …… 251
网上供销 …… 251
粮 食 …… 251
抓收购保供应管库存 …… 251
粮食安全市长责任制考核 …… 251
“智慧粮库”建设 …… 252
应急保障 …… 252
招商引资 …… 252
依法管粮 …… 252
烟 草 …… 252
概 况 …… 252
烟草经营 …… 252
烟草市场监管 …… 253
队伍建设 …… 254
企业管理 …… 254

金 融

综 述 …… 255
发展普惠金融 …… 255
防控金融风险 …… 255
银行业 …… 255
概 况 …… 255
中国农业发展银行昌邑支行 …… 256
中国工商银行股份有限公司昌邑支行 …… 256
中国银行昌邑支行 …… 257

中国建设银行昌邑支行 …… 257
中国农业银行昌邑支行 …… 258
山东昌邑农村商业银行股份有限公司 …… 258
潍坊银行昌邑支行 …… 259
中国邮政储蓄银行昌邑支行 …… 259
兴业银行潍坊昌邑支行 …… 260
中国民生银行潍坊昌邑支行 …… 260
昌邑北海村镇银行 …… 261
中国人民银行昌邑支行 …… 261
银行监管 …… 262
保险业 …… 268
概 况 …… 268
中国人民财产保险股份有限公司昌邑支公司 …… 269
中国人寿保险股份有限公司昌邑支公司 …… 269
中国太平洋财产保险股份有限公司昌邑支公司 …… 269
中国太平洋人寿保险股份有限公司昌邑支公司 …… 270
证券业 …… 270
中泰证券股份有限公司昌邑营业部 …… 270

财政 税务

财 政 …… 271
财政收入 …… 271
财政支出 …… 271
活力财政 …… 271
民生财政 …… 272
法治财政 …… 272
智慧财政 …… 272
阳光财政 …… 272
文化财政 …… 272
政府采购和招投标管理 …… 272
概 况 …… 272
深化改革 …… 273
创新模式 …… 273
取得成效 …… 273
住房资金管理 …… 274
概 况 …… 274
政策宣传 …… 274
建设镇（街区）网点 …… 274
国 税 …… 274
组织收入 …… 274
征管改革 …… 275
依法治税 …… 275
提升服务质效 …… 275
地 税 …… 276
概 况 …… 276
组织收入 …… 276
税收征管 …… 276
税收协作 …… 277
纳税服务 …… 277
党建工作 …… 277
基层建设 …… 278

交通 邮政 通信

交 通 …… 280
概 况 …… 280
公路建设 …… 280
实施村级公路网化示范县工程 …… 280
G309（荣兰路）改建工程 …… 280
公路养护 …… 281
路政管理 …… 281
港航建设 …… 281
行业管理 …… 281
运 输 …… 282
道路客运 …… 282
道路货运 …… 282
运输管理 …… 283
城乡交通线路 …… 284
邮 政 …… 286
概 况 …… 286
行业发展 …… 286

行业安全监督……287
邮政业务……287
邮政服务……287
硬件能力建设……287
工会工作……287
党建工作……287
昌邑移动……288
概　况……288
市场业务……288
业绩提升……288
服务管理……288
助力智慧城市建设……288
企业文化……288
党风廉政建设……288
昌邑联通……289
概　况……289
打造精品移动网络……289
市场经营……289
客户服务……289
网络支撑……289
运营管理……289
党风廉政建设……290
昌邑电信……290
概　况……290
市场经营……290
运营管理……290

城乡建设

规　划……291
概　况……291
重要规划编制……291
规划实施督查……292
重大基础设施策划……292
城市建设……292
城建道路……292
海绵城市建设……293
城市路灯……293
城市养护……293
城市绿化……293
城市管理……293
污水处理……293
污泥处置……293
市政公用养护……294
绿化园林养护……294
市容管理……294
违建违章治理……294
城乡环卫一体化……294
城区精细化作业……295
环卫设施的建设及维护……295
建筑垃圾处理管理……295
农村改厕工作……295
环卫产业……295
住宅与房地产……296
商品房预售监管……296
房地产市场管理……296
房屋征收与补偿……296
建筑业……297
概　况……297
渣土扬尘治理……297
质量安全监管……297
建设科技与建筑节能……297
可再生能源应用……297
建筑节能改造……297
绿色建筑……298
村镇建设……298
城镇建设……298
美丽乡村建设……298

资源管理　环境保护

国土资源管理……299
概　况……299
土地规划……299
耕地保护……299
不动产登记……299

土地利用管理 …… 300
矿产开发管理 …… 300
地质勘查管理 …… 300
执法监察 …… 300
队伍建设 …… 301
水资源管理 …… 301
执行水资源管理制度 …… 301
水资源费征收 …… 301
自备井管理 …… 301
水资源管理 …… 302
入河排污口监督管理 …… 302
水资源费改税 …… 302
保护水资源 …… 302
海洋环境监测预报和海域动态监管 …… 303
环境保护 …… 303
概 况 …… 303
重点环保工程建设 …… 303
空气质量提升 …… 303
水污染治理 …… 303
环境执法 …… 304
能力建设 …… 304

教育 科技

教 育 …… 305
综 述 …… 305
学前教育 …… 306
昌邑市实验幼儿园 …… 306
基础教育 …… 306
昌邑一中 …… 307
文山中学 …… 307
实验中学 …… 307
第一实验小学 …… 307
第二实验小学 …… 307
昌邑市外国语学校 …… 308
昌邑市特殊教育学校 …… 308
昌邑市中小学生综合实践活动基地 …… 308
潍水学校 …… 308
昌邑市育秀学校 …… 308
昌邑市凤鸣学校 …… 308
职业教育 …… 308
潍坊工业学校 …… 309
潍坊市技师学院昌邑分院 …… 309
科 技 …… 310
概 述 …… 310
“五争”实现新突破 …… 310
创新平台建设 …… 310
高新技术产业 …… 310
知识产权保护 …… 311
转作风提效能强服务 …… 311
科技宣传培训 …… 311
知识产权 …… 311
概 况 …… 311
宣传及培训 …… 311
转变作风 …… 312
企业创新成果 …… 312
知识产权行政执法 …… 312
知识产权强市建设 …… 312
防震减灾 …… 313
概 况 …… 313
地震应急救援 …… 313
防震减灾宣教 …… 313
震害综合防御 …… 313
地震监测 …… 314
气象测报 …… 314
气象服务 …… 314
人工增雨防雹 …… 315
雷电防护与防雷审批 …… 315
依法行政 …… 315

文化 旅游

文化事业 …… 316
综 述 …… 316
非物质文化遗产 …… 316
公共文化服务设施建设 …… 316
基层综合性文化服务中心建设 …… 317

群众文化活动 …… 317
文化惠民工程 …… 318
潍水文化生态保护实验区建设 …… 318
文物保护工作 …… 319
文化市场管理 …… 319
文化宣传 …… 319
文化执法 …… **319**
概　况 …… 319
娱乐场所经营专项整治 …… 319
查处侵权盗版 …… 320
卫星电视传播秩序整治 …… 320
“扫黄打非”行动 …… 320
网吧治理整顿 …… 321
争先创优活动 …… 321
新闻出版 …… **321**
出版工作 …… 321
潍坊日报·今日昌邑 …… 321
文明城市创建宣传 …… 322
广播电视 …… **322**
概　况 …… 322
对外宣传 …… 323
筹划举办重大活动 …… 323
安全播出和农村公益电影 …… 323
加快媒体深度融合 …… 323
有线电视 …… 323
旅　游 …… **324**
概　况 …… 324
组织领导 …… 324
编制规划 …… 325
旅游项目建设 …… 325
举办节庆活动 …… 325
宣传推介 …… 325
配套保障 …… 325
绿博会园林花木信息交流会 …… 325
潍水风情湿地公园 …… 326

卫生 计生 体育

卫　生 …… **328**
概　况 …… 328
医药卫生体制改革 …… 328
医疗卫生服务体系建设 …… 328
公共卫生服务 …… 329
妇幼保健 …… 329
医养结合 …… 330
预防接种和慢性病防治工作 …… 330
卫生应急工作 …… 330
卫生计生监察 …… 330
中医药工作 …… 331
信息化建设 …… 331
传染病综合防治 …… 332
昌邑市人民医院 …… 332
昌邑市妇幼保健医院 …… 332
计划生育 …… **333**
计生宣传教育 …… 333
计划生育服务 …… 333
落实计生奖励帮扶政策 …… 333
出生人口性别比治理 …… 334
流动人口服务管理 …… 334
体　育 …… **334**
概　况 …… 334
体育惠民 …… 334
体育赛事 …… 334
人才选拔 …… 335
体育产业 …… 335

社会管理 居民生活

居民生活 …… **336**
居民收入 …… 336
居民支出 …… 336
劳动就业 …… **336**
就业提质增效 …… 336
实施“双创”战略 …… 337
社会保障 …… **338**
养老金调整 …… 338
工伤预防培训 …… 338

建筑业参加工伤保险 …… 338
职工长期护理保险试点 …… 338
大病保险 …… 338
跨省异地就医联网结算 …… 338
“三化建设” …… 339
“持卡就医”试点 …… 339
落实居民医保政策 …… 339
民政工作 …… 339
概 况 …… 339
养老服务 …… 340
社会救助 …… 340
防灾减灾工作 …… 340
社会组织 …… 341
优抚安置工作 …… 341
福利慈善事业 …… 342
殡葬公益化改革 …… 342
专项社会事务管理 …… 343
基层民主政治建设 …… 343
区划地名工作 …… 343
社区建设 …… 343
概 况 …… 343
社区服务中心基础设施建设 …… 344
社区服务体系建设 …… 344
社区工作专业化 …… 344
经费保障 …… 344
老龄工作 …… 348
概 况 …… 348
老年人权益保障 …… 348
高龄津贴政策 …… 348
“银龄安康”工程 …… 349
孝德文化建设 …… 349
老年文化建设 …… 349
老龄工作机构建设 …… 349
民族宗教 …… 349
概 况 …… 349
维护和谐稳定 …… 349

镇（街）园区概况

奎聚街道 …… 350
概 况 …… 350
建设旅游综合体 …… 350
总部经济 …… 350
棚改工程 …… 351
创新服务模式 …… 351
队伍建设 …… 352
都昌街道 …… 352
概 况 …… 352
城镇化建设 …… 352
工业上档升级 …… 352
农业发展 …… 353
提升服务水平 …… 353
社会稳定 …… 353
基层党建工作 …… 354
围子街道 …… 354
概 况 …… 354
经济发展 …… 354
城镇建设 …… 355
社区文化建设 …… 355
思想作风建设 …… 355
社会事业 …… 356
基层党建 …… 356
龙池镇 …… 356
概 况 …… 356
工业提质效 …… 357
文化创品牌 …… 357
民生改善 …… 357
思想作风建设 …… 358
柳疃镇 …… 358
概 况 …… 358
工业强镇 …… 358
生态农业 …… 359
“丝绸之乡”特色镇 …… 359
镇村管理 …… 359

发展惠民生 …… 360
依法行政 …… 360
下营镇 …… **360**
概　况 …… 360
高点定位科学规划 …… 360
整体提升完善配套 …… 361
动能转换 …… 361
建设新城 …… 361
夯实农业 …… 362
聚焦民生 …… 362
卜庄镇 …… **363**
概　况 …… 363
小镇建设 …… 363
生态环境 …… 363
民生保障 …… 364
农业发展 …… 364
石埠经济发展区 …… **364**
概　况 …… 364
经济社会发展 …… 364
村镇建设 …… 365
社会事业 …… 366
党建工作 …… 367
饮马镇 …… **367**
概　况 …… 367
经济发展 …… 367
民生事业 …… 368
基层党建 …… 368
社会治理 …… 369
北孟镇 …… **369**
概　况 …… 369
治理转型 …… 369
产业强镇工业转型 …… 370
打造品质城镇 …… 370
农业转型 …… 371
社会事业 …… 371
基层组织建设 …… 371
滨海（下营）经济开发区 …… **371**
概　况 …… 371
科学规划 …… 372
完善配套 …… 372
动能转换 …… 372
强化监管 …… 372

人　物

全国人大代表 …… 373
山东省党代表 …… 373
山东省人大代表 …… 373
山东省政协委员 …… 373
山东省富民兴鲁劳动奖章 …… 373
山东省服务业专业人才 …… 373
齐鲁乡村之星 …… 373
齐鲁文化之星 …… 373
齐鲁公安英才 …… 373
潍坊市富民兴潍劳动奖章 …… 373
昌邑好人之星 …… 373
昌邑好人 …… 374
逝世人物 …… 374

附　录

2017 年市委重要文件目录 …… **375**
2017 年市政府重要文件目录 …… **376**
2017 年规范性文件目录 …… **376**

索　引

索引 …… **377**

CONTENTS

Features …… 1
Chronicle of Major Events …… 30
General Situation of Changyi …… 55
CPC Changyi City Committee …… 83
Changyi City Peopie's Congress …… 128
Changyi City Peopie's Government …… 137
Changyi City Committee of the Chinese Peopie's Political Consultative Conference …… 157
CPC Changyi City Commission for Discipline Inspecting …… 164
Social Groups …… 168
Military Affairs …… 179
Rule of Law …… 183
Economic Administration and Supervision …… 202
Agriculture …… 221
Industry …… 234
Commerce …… 245
Finance …… 255
Finance and Taxation …… 271
Communications,Posat and Telecommunications …… 280
Urban and Rural Construction …… 291
Resource Management and Environmental Protection …… 299
Education and Science …… 305
Culture and Tourism …… 316
Hygiene,Family Planning and Sports …… 328
Social Management and Residents Live …… 336
Social Management amd Residentlive …… 350
Figures …… 373
Appendix …… 375
Index …… 377

特　载

Te　Zai

吕珊珊
在中共昌邑市委十四届一次全体会议上的讲话

（2017 年 1 月 16 日）

同志们：

刚刚闭幕的市第十四次党代会，审议通过了十三届市委工作报告和市纪委工作报告，选举产生了新一届市委和市纪委。刚才，又选举产生了新一届市委常委会和市委书记、副书记，通过了市纪委一次全会选举结果。此时此刻，我和新当选的市委常委都由衷感到，这是各位委员对我们的信任，也是全市共产党员和人民群众给我们的重托。在此，我代表新一届市委常委会，向大家表示衷心的感谢！

由于年龄原因和工作需要，十三届市委中的一些同志不再进入新一届市委班子。这些同志在任职期间，为全市的改革发展稳定倾注了大量心血，作出了突出贡献。面对个人进退留转，这些同志讲政治、顾大局，自觉服从组织安排，坚决拥护组织决定，表现出坚强的党性和高风亮节。我代表新一届市委，向他们致以崇高的敬意！

新一届市委受命于深入实施“十三五”规划、全面建成小康社会的决胜阶段，肩负着光荣使命和重大责任。代表们把掌声和信任给予我们，更是把责任和任务交付我们。我们一定要倍加珍惜组织的重托和厚爱，倍加珍惜人民群众的信任和期待，倍加珍惜时代赋予的神圣使命和干事舞台，视信任为责任，视使命为追求，恪尽职守，奋发有为，担当实干，全面完成市第十四次党代会提出的各项目标任务，奋力推动昌邑各项事业迈上新台阶，努力向中国共产党和人民交上一份满意的答卷。借此机会，我就加强市委领导班子建设，提几点希望和要求，与同志们共勉。

（一）高扬理想之旗，坚定信念忠诚干事。理想指引人生方向，信念决定事业成败。要自觉把增强“四个意识”作为坚定理想信念、锤炼党性修养的有力抓手，作为修身为政、干事创业的根本遵循，把稳思想之舵，补足精神之钙，做政治上的明白人。一要强化政治意识。把对中国共产党绝对忠诚作为立身之本、从政之基，坚决维护中央、上级党委和市委的权威，在事关大是大非和政治原则问题上头脑清醒、立场坚定、旗帜鲜明。要强化理论武装，深入学习领会以习近平为核心的党中央治国理政新理念新思想新战略，准确把握“五位一体”总体布局和“四个全面”战略布局、五大发展理念的内涵实质，学思践悟、融会贯通。加强专业知识学习，坚持学以致用、用以促学，努力使自己成为行家里手、内行领导。二要强化大局意识。自觉观大势、识大局，善于从全局的高度观察和思考问题，自觉主动地把负责的工作放在全市大局中来定位和摆布，做到胸怀大局、因势而谋，把握大局、应势而动，服务大局、顺势而为。三要强化核心意识。坚定不移维护习近平总书记核心地位，思想上充分信赖、政治上坚决拥护、组织上自觉服从、感情上深刻认同，真正使维护核心成为思想自觉、成为党性观念、成为纪律要求、成为实际行动。四要强化看齐意识。以经常看齐的清醒、主动看齐的自觉、坚决看齐的勇气向党中央看齐，向习近平总书记看齐，向中共理论路线方针政策看齐，做到政治上站稳立场、思想上辨明方向、行动上令行禁止，时刻保持同频共振、节奏统一、步调一致。

（二）善抓发展之要，创新突破勤勉干事。坚持把发展作为第一要务，紧紧围绕“一三四五”战略目标和思路举措，积极践行新发展理念，坚持稳中求进工作总基调，深入推进供给侧结构性改革，推动经济社会持续健康发展。要崇尚创新，走创新驱动、人才支撑、信息集成的智慧增长之路，加快建设智慧新城。要注重协调，推动产业协调、区域统筹、城乡一体发展，加快建设海滨新城。要倡导绿色，坚持绿色富市、绿色惠民，加快建设美丽新城。要厚植开放，强化招商引资，扩大对外开放，全面深化改革，加快建设活力新城。要推进共享，把人民对美好生活的追求作为奋斗目标，持续增进民生福祉，加快建设幸福新城。要善抓工作重点，突破工作难点，扫除工作盲点，培育工作亮点，自觉用改革的思路和创新的办法破解发展瓶颈、补齐发展短板、积蓄发展后劲，在建设“五个新城”、率先全面建成小康社会的进程中，不断创造新业绩、实现新发展。

（三）恪尽为民之责，践行宗旨用心干事。“民惟邦本，政得其民”。人民群众始终是我们中共力量源泉，只有亲民爱民、为民谋利，才能筑牢中共执政根基、巩固中共执政地位、推动事业蓬勃发展。要牢记为民初心，以为民担当的豪气、为民谋利的正气，争当践行宗旨的楷模、亲民为民的表率。一要真心听民意。时刻牢记中共根本宗旨，经常深入基层、深入群众，带着真心体察民情，带着感情解疑释惑，做到真诚倾听群众呼声、真实反映群众愿望、真情关心群众疾苦。二要全心聚民智。完善广开言路、广集民智、广受监督的联系群众机制，充分调动群众的积极性和创造性，引导和激励广大群众主动参与经济社会发展，真正使决策落实的过程变成团结群众、依靠群众、发动群众的过程。三要用心谋民利。多做打基础、利长远、惠民生的实事，多办顺民意、解民忧、增民利的好事，着力解决就业创业、社会保障、教育医疗等热点难点问题，真正做到帮民需、护民利、助民富、兴民业，不断提高群众幸福感和满意度。

（四）倡树实干之风，敢于担当主动干事。习近平总书记指出：“担当就是责任，好干部必须有责任重于泰山的意识。”我们要时刻想到肩上有沉甸甸的担子，身后有群众眼巴巴的目光，自觉而坚定地担起应尽之责，用担当作为、真抓实干的实际行动，回应好人民群众的殷切期盼。一要有敢于担当的境界。树立勇往直前、舍我其谁的信心和决心，面对矛盾敢抓敢管、敢于碰硬，面对困难敢闯敢试、敢为人先，面对风险敢作敢为、敢于担责，关键时刻能冲得上、顶得住、打得赢。二要有狠抓落实的劲头。拿出踏石留印、抓铁有痕的干劲，保持咬定青山不放松、不达目的不罢休的韧劲，定了干、马上办、办到底，善始善终、善做善成，确保各项工作落到实处、取得实效。三要有亲力亲为的作风。坚持以上率下、率先垂范，经常深入一线、靠前指挥，凡事冲在前、干在先，一级做给一级看、一级带着一级干，带动全市上下谋实事、尚实干、重实效。四要有创先争优的精神。树立更高标准，把“争第一”贯穿各项工作始终，始终保持昂扬向上的朝气、奋力开拓的锐气、快人一拍的灵气，唯旗必夺、唯先必争，坚决克服“小成即满”“得过且过”的惰性思维，努力干一流工作、创一流业绩。

（五）汇聚各方之力，发扬民主团结干事。事成于和睦，力生于团结。要有广开言路的胆识、海纳百川的胸怀、从谏如流的气度，凝团结协作之心，聚密切配合之力，切实把思想统一到跨越发展上来，把力量凝聚到干事创业中去，以市委班子的团结带动全市上下形成同心同德谋发展、群策群力干事业的生动局面。一要以事业维护团结。时刻以中国共产党和人民的事业为重，坚持以和共事、以和谋事、以和成事、以和兴事，互相理解信任，互相拾台补台，做到政治上志同道合、思想上肝胆相照、工作上密切协作、生活上相互关心。二要以制度保障团结。认真执行民主集中制，坚持重大问题集体决定、班子成员分工负责，做到有事多商量、行为守纪律、办事顾大局。要充分发挥市委总揽全局、协调各方的作用，加强对人大、政府、政协和群团组织的领导，密切同工商联、民主党派人士和无党派人士的联系，广泛凝聚共识，汇聚智慧力量。三要以真诚增进团结。严格落实《关于新形势下党内政治生活的若干准则》，提高中国共产党内政治生活的原则性、战斗性。用好批评和自我批评思想武器，正确处理组织、个人和同志之间的关系，始终以光明磊落、坦诚相见的气度，谦虚谨慎、闻过则喜的胸襟，容人容事、不计恩怨的雅量对待批评和意见，真正做到谋事一盘棋、干事一条心、落实一股劲。

（六）固守清廉之本，严以律己干净干事。“水清沙自洁，官贤弊自绝。”只有严于律己、洁身自好、清正廉洁，才能做到肩膀硬、腰杆直、底气足。要严格落实全面从严治中国共产党主体责任，强化党风廉政建设“一岗双责”，增强全面从严治中共系统性、创造性、实效性。坚持把纪律和规矩挺在前面，有效运用监督执纪“四种形态”，严肃查处群众身边的不正之风和腐败问题。要带头尊崇党章、严守党纪、敬畏法律，严格执行中央八项规定和《廉洁自律准则》《纪律处分条例》《问责条例》《党内监督条例》等中国共产党内法规制度，坚守廉洁从政底线，不逾党纪法规红线。要讲操守、重品行，保持高尚的精神追求。要从严抓好班子、带好队伍，管好亲属和身边工作人员，主动接受监督，做到修身慎行、怀德自重、清廉自守，树立为民务实清廉的良好形象。

新起点要有新气象，新班子要有新作为。以上六个方面，是新一届市委班子肩负历史重任的使命要求，是加强自身建设的目标方向，也是我们向全市广大干部群众的一个集体表态。作为“班长”，我一定以身作则、率先垂范、带头执行，请大家监督。同时，希望市委班子的每位成员都自觉遵守、相互提醒、相互监督，共同把市委班子建设成为政治坚定、勤政务实、为民服务、团结奋进、清正廉洁的坚强领导集体。

同志们，使命催人奋进，发展时不我待。让我们更加紧密地团结在以习近平为核心的党中央周围，在上级党委的坚强领导下，团结带领全市广大干部群众，不忘初心、继续前进，撸起袖子加油干，走好新的长征路，为加快建设“五个新城”、率先全面建成小康社会作出新的更大贡献！

政府工作报告

——2018年1月17日在昌邑市第十八届人民代表大会第二次会议上

昌邑市市长　李玉祥

2017年工作回顾

2017年是新一届市政府履职的第一年。一年来，市政府认真贯彻落实中央和上级党委、政府决策部署，在市委坚强领导下，在市人大、市政协监督支持下，紧紧围绕市第十四次党代会确定的“一三四五”目标任务和思路举措，团结带领全市人民，开拓进取，扎实工作，较好地完成了市十八届人大一次会议确定的目标任务。

（一）经济平稳健康运行，综合实力迈上新台阶。2017年地区生产总值跨越400亿元，达到442.9亿元，同比增长7.2%。一般公共预算收入突破30亿元，增长5.8%。完成固定资产投资390亿元，增长5.5%。规模以上工业实现主营业务收入1019.7亿元、利税88.35亿元、利润62.32亿元，分别增长6.2%、7.8%和9.3%。实现社会消费品零售总额199.8亿元，增长10.4%；进出口总额66.8亿元，增长20.6%。金融机构本外币各项存款、贷款余额分别增长7.1%和16.3%。城镇登记失业率控制在2.19%。居民人均可支配收入增长8.9%。

（二）实体经济提质增效，产业转型取得新进展。新型工业化质效提升。完成工业投入265.3亿元，增长12.1%。与新加坡盛裕集团签订高端石化基地规划服务协议，雅拉年进口20万头澳大利亚活牛屠宰深加工项目实现投产，三峡新能源海上风电项目成为全省首个海上风电试点示范项目，智能装备制造产业园引进潍柴集团、宁夏共享集团等产业龙头进行战略合作，生物医药中间体产业集群获评省级产业集群。现代农业快速发展。完成农田水利基础设施投资8500万元，15家农民合作社成为国家和省级示范社，农产品品牌达到133个。潍水田园综合体成为省级唯一试点项目，“昌邑大姜”入选省第二批知名农产品区域公用品牌，昌邑市列入首批全国特色农产品优势区、全国农村一二三产业融合发展项目试点县。新建改造标准化苗木基地1.3万亩，新增拥有自主知识产权国家级苗木新品种8个。现代服务业迅速壮大。设立山东首家县级淘宝大学培训基地，中国棉纺城电商产业园等园区平台带动作用不断增强，实现电商交易额180亿元，获评省电子商务示范市。康洁环卫产业园、环卫装备生产基地加快推进，成功承办全国服务业标准化现场会。“文山潍水”系列文化旅游活动成效显著，山阳梨花节、龙乡文化节等节会影响力不断扩大，博陆山、青山秀水、绿博园、奎聚花海等景点连点成线，生态文化旅游知名度进一步提升。

（三）新旧动能加快转换，创新驱动增创新优势。金晶生物“863计划”通过科技部验收，国家智能铸造产业创新（潍坊）中心开工建设，中科院西北生态环境资源研究院签约建设昌邑研究中心。新增1处省级科技企业孵化器，实现“零”的突破。同大海岛新材料荣获潍坊市重大科技创新奖。成立潍坊创业大学昌邑学院，备案潍坊市级众创空间6家，新增各类市场主体5606家。柔性引进“两院”院士、国家“千人计划”专家等国家级高端人才13人，建立上海人才工作站和6处海外人才工作站，选聘1名科技副市长和10名科技副镇长（副主任）。2处院士工作站同时获批山东省2017年第二批院士工作站，总数达到5家。品牌影响力不断扩大，立项申报马德里国际商标5件，同大集团列入省百年品牌企业培育工程。

（四）区域发展更加协调，城乡建设展现新面貌。突破滨海力度加大，重新编制完成下营工业园、龙池工业园发展规划，龙池工业园北扩发展空间1900亩，建成鹏昊净水等配套工程，累计落户项目171个、总投资616亿元。提升市区战略加快实施，高铁新城正在建设，潍河绿色发展长廊示范区积极推进。以全国文明城市创建为抓手，深入开展“城市精细化管理提升年”活动，总投资3.6亿元的74项市政基础设施工程建成投入使用，雨污分流比例提高到87%以上，建成海绵城市2.1平方公里，5100套棚户区改造全部开工，城市面貌显著改善。开展智慧社区、智慧幼儿园试点，智慧交通、数字城管平台等项目建成投入使用。特色小镇承载带动能力持续提升，完成小城镇建设投资30.2亿元，柳疃镇列入省重点示范镇试点，龙池镇成为省民间文化艺术之乡。建成“四全一特”示范社区17个、农村社区服务中心30个。新建6个潍坊市级以上美丽乡村示范村，全市美丽乡村建设B级及以上标准村庄达到66%。宝通街东延、堤顶路二期等工程建成通车，潍莱高铁等工程快速推进，农村公路安全生命防护工程通过省级验收，完成村级公路网化建设392.6公里，110千伏南逄输变电工程建成投入使用，承载能力进一步增强。

（五）改革开放不断深化，转型发展迸发新活力。“三去一降一补”重点任务稳步推进。累计成功处置“僵尸企业”21家，盘活土地3270亩，被省深改办作为全省地方改革案例向中央改革办推荐。实施现房备案即时办结，商品房销售面积增长25.9%。完成54家规模企业规范化公司制改制，16家企业在齐鲁股权交易中心集中挂牌。组建城投集团、金控集团，成立1亿元过桥基金，融资性担保公司增资2亿元。深入推进“711”专项行动，降低企业成本8亿元。强化担保圈等金融风险防控，清收处置部分企业不良贷款9.5亿元。重点领域改革成效显著。运作落地PPP项目7个、总投资16.3亿元。组建昌邑教育集团和市妇幼保健集团，实施广电事业体制机制改革，完成绿美园林公司改制。对外开放水平全面提升。招商引资133亿元，引进世界500强及行业领军外资企业2家，实际到账外资增长38.5%，境外投资增长1174%，30多家企业实现进出口“零”的突破。

（六）节能环保持续加力，生态文明开创新局面。深入实施大气污染防治“八大行动”，强力推进散煤清洁化治理、秸秆禁烧等重点工作，小型燃煤锅炉全部清零，建筑工地实现湿法作业全覆盖，空气优良天数达到222天。扎实开展水资源管理保护行动，丰泉水库、地表水净化水厂、龙源水库等工程稳步推进，建成潍河抗旱应急调水补源工程，调引客水1800多万立方米。建立市镇村三级河长组织体系，强力推进“清河行动”，市控以上重点河流全面消除劣五类水体。推广测土配方施肥、“一防双减”技术90万亩。科学划分适养区、限养区、禁养区，禁养区养殖场全部关闭搬迁。完成主要污染物总量减排目标任务。建立国土资源执法监管共同责任机制。新增成片造林1.2万亩，新建完善林网3万亩，城乡生态进一步改善。

（七）社会事业全面发展，民生保障实现新突破。全年完成民生支出34.3亿元，占一般公共预算支出的84.4%。新增城镇就业6467人，农村劳动力转移就业7805人。发放各项社保待遇18.5亿元，各类保险扩面1.2万人。农村、城市低保标准分别提高到每人每年4100元、6120元。完成教育投入12.1亿元。新建业小学教学楼、凤鸣学校等工程建成投入使用，在潍坊市率先完成破解省定大班额任务，超额完成第二期学前教育行动计划，山东环境工程职业学院加快推进。完成医疗计生投入7.4亿元。市妇幼保健院新院、市人民医院门诊外科病房综合楼建成运营，市妇幼保健院成为全国关爱女性健康工程公益援助定点医院，昌邑市列入省级慢性病综合防控示范区。全面两孩政策稳步推进。济贤养老中心一期投入使用。4个省定贫困村、416户贫困户全部脱贫。建成村（社区）基层综合文化服务中心629个。农民健身工程覆盖率超过90%。开展“三严三评”集中行动，风险分级管控和隐患排查治理“两个体系”建设稳步推进，安全生产形势持续稳定。深化“平安昌邑”建设，加强社会治安防控，依法防范和打击各类违法犯罪活动，社会保持和谐稳定。积极推进双拥共建。退役士兵安置和权益保障政策得到有效落实。统计、审计、物价、外事侨务、民族宗教、台湾事务、人防、妇女儿童、老龄、慈善、残疾人、史志、气象、食品安全、防震减灾等工作都取得了新进展。

（八）从严治政纵深推进，政府建设再上新水平。深入推进“两学一做”学习教育常态化制度化，扎实开展“思想作风建设年”活动，持续加力转作风、提效能。深化“放管服”改革，编制公布“零跑腿”“只跑一次”事项清单322项，在潍坊市率先推行基本建设工程“多图联审”、不动产登记“一窗受理、集成服务”和民办幼儿园设立全链条优化，审批服务提速80%以上。民生服务热线综合满意度和按时办结率均居潍坊县市区首位。严格落实重大行政决策程序。认真执行市人大及其常委会决议决定，自觉把民主政治协商纳入决策程序。进一步深化政务公开。加强党风廉政建设和反腐败工作。

过去的一年，面对错综复杂的国内外形势和经济下行压力，我们始终定准方位、保持定力，抢抓机遇、积极作为，在率先全面建成小康社会新征程中迈出了坚实步伐。成绩的取得，是以习近平为核心的党中央和上级党委、政府坚强领导的结果，是市委带领全市人民开拓进取、埋头苦干的结果，是市人大依法监督、市政协民主监督和社会各界大力支持的结果。在此，我代表市政府，向全市广大干部群众，向各位人大代表和政协委员，向各界人士，向驻昌部队、武警官兵、公安干警，向到昌创业的投资者和劳动者，向所有关心、支持和参与昌邑发展的海内外朋友，表示崇高的敬意和衷心的感谢！

我们也要清醒地看到，经济社会发展还存在一些短板和问题，主要是：传统动能占比较大，新动能培育不足，发展的质量和效益有待进一步提高；城乡和区域发展不够均衡，民生社会事业还存在一些薄弱环节；安全生产、风险防控、维护稳定的压力依然较大；政府职能转变亟待深化，高效服务、主动服务意识仍需进一步增强，等等。对这些问题，我们将认真研究，加以解决。

2018年政府工作安排

2017年是贯彻落中共的十九大精神的开局之年，是改革开放40周年，是决胜全面建成小康社会、实施“十三五”规划承上启下的关键一年。2017年政府工作总的要求是：全面贯彻落实中共十九大精神，以习近平新时代中国特色社会主义思想为指导，坚持稳中求进工作总基调，坚持新发展理念，按照高质量发展新要求，紧紧围绕潍坊“四个城市”和昌邑市“五个新城”建设，以推进供给侧结构性改革为主线，以加快新旧动能转换为统领，全力稳增长、促改革、调结构、惠民生、防风险，促进经济社会持续健康发展。

2017年经济社会发展主要预期目标是：地区生产总值增长7%以上，一般公共预算收入增长6.5%，固定资产投资增长8%左右，社会消费品零售总额增长9.5%左右，进出口总额增长10%左右，规模以上工业增加值增长7%左右，居民人均可支配收入增长8.5%左右。全面完成上级下达的约束性指标。

按照以上总体要求，2017年重点做好八个方面的工作：

（一）着力做优实体经济，加快提升经济发展质量优势。深度融入供给侧结构性改革和新旧动能转换发展大势，以做优实体经济为着力点，坚持以转促进，集中力量攻坚，打造千亿级、百亿级产业集群，加快建设现代化经济体系。

推动优势产业提质增效。优势产业是实体经济的基础支撑。突出高端化、智能化、绿色化发展方向，瞄准国际国内一流水平，坚持转型升级“一产业一政策一方案”，同步做好传统产业做强、新兴产业做大两篇文章，打造一批大园区，实施一批大项目，推动优势产业整体迈向中高端。促进传统产业迸发新活力。石油化工业，抓住“国家级高端石化基地”列入“10+2”重大项目机遇，完成滨海34平方公里高端石化基地规划编制，抓好昌邑石化烷基化和异构化、成泰化工10万吨MMA等项目，推动产业链向精加工和高附加值方向发展，形成千亿级高端石化基地新优势。盐及盐化工业，积极应对卤水、盐田资源趋紧形势，抓好新澳新型染料产业园、鸢华化学双钠等项目，大力开发新型、环保、高性能精细化工产品，加快建设北方重要的海洋精细化工产业基地。纺织印染业，抓好华晨彩装、凯泰2000万米涤纶超纤等项目，支持企业通过新工艺、新技术改造现有生产条件，积极培强做大超纤产业板块，加快向成品服装和高端品牌经营型转变，重振昌邑纺织品牌。机械制造业，突出抓好智能装备制造产业园现有项目建设，加快落户玉柴小型内燃机等项目，建成国家智能铸造产业创新中心，构建“互联网＋双创＋绿色智能铸造”产业新生态；抓好永富弹簧产业园、康迈信10万吨轮端产品等项目，推动散热器制造向新风系统、空气能热泵等新业态发展，培育百亿级高端装备制造产业集群。生态食品业，以雅拉生态食品产业园建设为带动，加快推进民和牧业现代农牧食品产业园、新希望六和生猪养殖基地等项目，打造覆盖全省、辐射全国的千亿级生态食品产业城。促进战略性新兴产业增创新优势。以突破关键技术、扩大产业规模、提高核心竞争力为主攻方向，聚焦新能源、新材料、新医药、节能环保等重点领域，强化与行业领军企业的战略合作，抓好三峡新能源海上风电、恒昌非晶软磁薄带等项目，崛起一批战略性新兴产业。

促进产业跨界融合。深化制造业与互联网融合，加快“企业上云”进程，培育上云企业100家以上。建设华海“互联网＋”产业园，大力发展农村电商，电商交易额增长25%以上。推动服务业与制造业融合发展，加快总部经济、金融服务、现代物流等生产性服务业向专业化和价值链高端延伸，新增企事业总部（分支机构）17家。积极发展健康养老、社区服务等现代服务业。推动环卫保洁与上下游产业融合，加快康洁环卫产业园、环卫装备生产基地建设。推进军民深度融合，抓好立辉重工激光熔覆与机械加工等项目，打造经济发展新亮点。

壮大“两群”企业。企业是实体经济的主体，是推进新旧动能转换的主力军。集聚优势资源，强化全要素保障，支持产业龙头企业加快战略重组，组建产业联盟，促进纵向一体化、横向关联化，带动中小微企业全面融入、快速壮大，形成一批龙头企业群和隐形冠军企业群。弘扬劳模精神和工匠精神，引导企业做精做专主业，潜心上品种、提品质、创品牌，争创马德里国际商标3件以上。构建“亲”“清”政商关系，打通政策落实和服务“最后一公里”，优化企业家成长发展环境，充分激发企业家创新创业、做大做强的积极性和主动性。发挥企业联合会、企业家协会和新生代企业家联合会作用，打造敢想敢干、敢闯敢试、敢为人先、勇立潮头的高层次企业家队伍。

（二）着力推进乡村振兴，加快实现农业农村现代化。坚持农业农村优先发展，深入推进产业兴旺、生态宜居、乡风文明、治理有效、生活富裕，让农业成为有奔头的产业，让农民成为有吸引力的职业，让农村成为安居乐业的美丽家园。

培育壮大现代农业。坚持质量兴农、绿色兴农，深度融入国家农业开放发展综合试验区创建，加快培育农业发展新动能。抓好高标准农田、粮食高产创建、耕地地力提升等项目，争创全国粮食生产功能区。培植发展农业“新六产”，加快潍水田园综合体建设，打造大姜、土豆、桑园、梨枣等10个万亩级产业，推动农业全环节升级、全链条升值，争创国家一二三产业融合发展先导区。抓好全国特色农产品优势区建设，争创生姜国家大市场和国家级现代农业产业园。实施农业品牌引领行动，打造高端优质品牌，新增“三品一标”品牌7个以上。发展多种形式适度规模经营，培强各类新型农业经营主体，新增标准化种植示范园区10处以上，新建潍坊市级以上农民合作社示范社、示范家庭农场10家。推广生态畜禽养殖模式，新增畜禽生态示范园1个、龙头企业3家。加快农田水利项目县和高效节水灌溉等工程建设，推广水肥一体化技术1.8万亩、机械化保护性耕作技术2万亩，测土配方施肥技术覆盖率达到93%，争创省级高效节水灌溉示范县。建立农产品质量安全追溯、农业投入品监管和农产品检测管理“三个平台”，争创省级农产品质量安全示范市。更高水平办好绿博会，集中打造3—5家苗木旗舰企业和20个苗木特色村，新建提升苗木基地1.5万亩，争创国家级苗木示范区。

激发农业农村活力。加快农村集体产权制度改革，50%的村完成改革任务。探索农村土地“三权分置”有效实现形式，依法稳步推进土地流转，每个镇街区培育1处示范点。实施集体经济薄弱村消除行动计划，进一步壮大集体经济。健全农业社会化服务体系，培育引进专业服务公司，新建为农服务中心4处，土地托管服务面积达到25万亩。

大力建设美丽乡村。深入开展以“七改”为主的人居环境整治行动，推进“厕所革命”，完成1.5万户农村无害化卫生厕所改造，健全改厕后续管理和农村污水处理长效机制；完成现有农村存量危房改造，保障困难群众居住安全；实施农村道路“户户通”三年行动，对119个村、1675条道路进行硬化提升，让群众出行更加方便。坚持规划先行、标准引领，突出美丽乡村“+田园综合体”“+生态旅游”，打造美丽乡村精品示范片区10处，美丽乡村覆盖率达到70%以上。健全自治、法治、德治相结合的乡村治理体系，塑造淳朴文明的时代乡风，建设既有现代文明、又具田园风光的美丽乡村。

（三）着力推动一体发展，加快构建区域协调发展大格局。深度融入潍坊“七城一体”、青潍一体化、青岛都市圈等区域发展战略，更大力度推进区域协同、陆海并重、整体突破。

促进滨海质效提升。统筹推进设施配套、产业布局、生态环保，做好“筑巢引凤”文章。坚决打好化工产业安全生产转型升级攻坚战，抓好总投资7.7亿元的循环经济能源岛、供水供气管道等工程，完成龙池工业园北扩基础设施配套，进一步提升园区承载能力。做大做强绿色化工、先进制造、生物医药、高档家纺等主导产业，高标准打造特色“园中园”，新引进投资过亿元项目20个。探索创新园区建设运营管理模式，严格落实“飞地经济”政策。强化节能减排、生态环保、集约用地刚性约束，提升下营滨海新城功能品质，增强滨海载体支撑力、环境吸引力和持续发展能力。

突出中心城区引领。更大规模实施大片区开发、组团式推进、集群式发展，以潍河绿色发展长廊示范区建设为带动，推动高铁新城、文山片区、棚改片区、职教片区等大片区开发，加快城市发展重心东移南扩。开工建设2207套棚户区改造，推进都昌棚户区、庄头片区、东隅片区、原行政办公区等改造工程建设，完成南苑小区等6处老旧小区改造，不断改善群众居住环境。实施昌邑至潍坊客运线路公交化改造，投资2.2亿元新建改造石化路、文东路等城区道路及排水工程，雨污分流比例达到95%。启动国家园林城市创建，加快文山森林公园建设。抓好应急指挥、智慧养老、智慧教育等平台建设，进一步提高城市智慧化、精细化管理水平。

培强特色镇域板块。突出产业集聚、园区转型、品牌培育，探索建设新模式，多业态打造丝绸小镇、花海小镇、梨花小镇等10个特色小镇。深入推进Ⅰ型小城市试点和柳疃镇重点示范镇试点，加快完善镇域综合设施配套，完成小城镇建设投资30亿元以上。建设提升3个城市社区和8个农村社区，新建提升16个农村社区服务中心，不断提高社区管理服务水平和吸纳集聚能力。

强化重大基础支撑。配合推进G308文石线、G206威汕线改线以及潍莱高铁、潍烟高铁建设，全面融入环渤海高铁和山东“三横五纵”快速铁路网。新建城区至龙池海昌路。抓好灶户220千伏输变电、廒里110千伏输变电、农配网等工程，进一步增强城乡供电能力。加快总投资7.2亿元的地表水净化水厂、丰泉水库、龙源水库等工程建设，提升昌南水厂，改造沿海自来水管网12.7公里，不断提高供水安全保障水平。

（四）着力推进创新创业，加快培育经济发展新动能。全面实施创新驱动发展战略，深入推进大众创业、万众创新，充分释放全社会创新创业潜能。更加突出应用导向。强化企业主体地位，实施“小升高”科技计划，加快关键共性技术、前沿引领技术、现代工程技术创新，建立成熟科技成果项目库和重点项目会商机制，推动“政产学研金服用”深度融合，助推“昌邑制造”向“昌邑智造”跃升。年内培植国家备案高新技术企业2家，引进科研院所2处，新增潍坊市级以上企业技术中心、工程研究中心等科技创新平台12家。完成专利申请650件以上，争创全国知识产权强县工程试点县。更加突出大众创业。实施“185”创业行动，探索众创、众筹新模式，发挥中国棉纺城纺织产业创业园、东方创业谷等平台作用，落实创业担保贷款、税费减免等政策，为创业者创业提供良好条件。举办创业项目展示会、创业大赛等活动，培育壮大创客群体，新增各类市场主体4500家以上。更加突出人才支撑。深入实施“潍水英才”聚集计划，坚持产才融合，构建更加积极开放有效的人才政策体系，大力引进“高精尖缺”人才，引进培育“两院”院士、国家“千人计划”专家等省级以上高端人才10人以上，新增硕士、博士及高级职称专业技术人才240人以上，使各类人才创新智慧和潜能竞相迸发。

（五）着力深化改革开放，加快释放转型升级活力。全面深化改革。突出定向、精准、有度，深入落实“三去一降一补”重点任务。加快淘汰落后产能，出清“僵尸企业”。坚持住房居住属性，严格土地计划管控和市场管理，促进房地产市场健康发展。持续开展降低企业成本专项行动，降低企业成本8亿元以上。深化经济体制改革，加快规模企业规范化公司制改制，年内新改制36家。加快金融改革创新，发展普惠性金融，引进外埠金融机构，金融机构本外币各项贷款余额达到270亿元以上。设立30亿元产业发展基金。扩大企业直接融资比重，健全多层次资本市场，新增股权交易中心挂牌企业20家、“新三板”挂牌企业2家以上。深化财税体制改革，统筹推进财政事权和支出责任划分，促进财力协调、区域均衡。加快社会事业改革，在公共服务、基础设施、创新发展、生态建设等方面补齐短板、厚植优势，规范高效运作PPP项目2个以上。稳妥推进国有企业改革，做大做强做优城投集团、金控集团等国有企业，促进国有资产保值增值。

持续扩大对外开放。用好“两种资源、两个市场”，坚持引进来与走出去并重，推动形成全面开放格局。坚定不移扩大招商引资，紧盯新兴产业、基础设施、社会民生等重点领域，聚焦世界500强、国内500强和行业隐形冠军，完善普惠制、“一事一议”优惠政策，强化精准招商、专业招商和以商招商，招商引资到位资金增长13%。千方百计拓宽外资进入渠道，实际利用外资2.7亿元以上。深度融入“一带一路”等国家倡议，实施外贸转型升级专项行动，推广“互联网+外贸”新模式，进一步扩大进出口规模。支持满国康洁等重点企业走出去，在全球范围内优化布局、合作研发和品牌交流，境外投资增长12%以上。

（六）着力深挖资源优势，加快提升文化发展软实力。发展文化事业。全面培育和践行社会主义核心价值观，深化公民思想道德建设和群众精神文明创建。推进志愿服务制度化，壮大新的社会阶层人士和昌邑义工队伍。启动新一轮全国文明城市创建。实施潍水文化记忆系列工程，推进潍水文化生态保护实验区建设。启动村村编修村志工程，编撰昌邑地方历史文化丛书。加强砖雕、土陶、草编、剪纸等民间工艺品的开发和宣传推介。推进市博物馆、美术馆建设，9处镇街综合文化站达到国家二级以上标准，农村（社区）综合性文化服务中心和省定贫困村文化大院实现全覆盖。组织好纪念改革开放40周年等系列活动。培育文化产业，壮大科艺广告、视听文化传媒、新大印刷等文化企业。坚持全域旅游理念，发挥堤顶路贯通南北、串点连线作用，抓好博陆山风景区、青山秀水旅游度假区、龙乡水韵·千年古村文化旅游区等项目，继续开展“文山潍水”系列文化旅游活动，提升潍河生态文化旅游长廊。抓好“近代海上丝绸之路”起点、“昌邑茧绸”发源地的挖掘开发，打响历史、红色、丝绸、滨盐“四张文化名片”，争取“昌邑茧绸”入选第五批国家非遗名录，古代盐业遗址群和姜泊民居群入选国家级重点文物保护单位，昌邑市入选全国书香城市，使“文昌之邑”品牌声名远播。

（七）着力保障改善民生，加快创造共建共享美好生活。坚持人人尽责、人人享有，多谋民生之利、多解民生之忧，在发展中补齐民生短板、促进社会公平正义。民生支出比重保持在80%以上。优先发展教育事业，深化普通高中综合改革、校长教师管理体制改革。坚持就近入学原则，科学调整招生片区规划，巩固破解省定大班额工作成果。新村小学教学楼和风雨操场建成投入使用。实施第三期学前教育行动计划，新改扩建幼儿园10所。山东环境工程职业学院实现招生。坚持就业优先战略，新增城镇就业6000人，农村劳动力转移就业7000人。推进健康昌邑建设，启动国家卫生城市和国家慢性病综合防控示范区创建，深化公立医院综合改革，促进市人民医院医疗集团和妇幼保健医疗集团健康发展，市中医院独立运营，国医堂实现镇街区、社区全覆盖。扎实推进医养结合，抓好济贤养老中心、颐爱养老康复中心等工程建设运营。广泛开展全民健身运动，办好“文山潍水”首届国际半程马拉松赛，农民健身工程覆盖率达到95%。健全社会保障体系，统筹推进社保扩面征缴，提高农村60周岁以上居民基础养老金标准，实现居民医保参保法定人员全覆盖。发展社会福利和慈善事业，健全社会救助体系。完善扶贫开发长效机制，加强行业扶贫和扶贫产业项目管理，贫困人口全部兜底脱贫。实施食品安全战略，争创省食品安全先进市。加强双拥共建，巩固军政军民团结。做好统计、物价、外事侨务、民族宗教、台湾事务、人防、妇女儿童、老龄、残疾人、史志、邮政、气象、防震减灾等工作，促进社会事业全面进步。

（八）着力强化底线思维，加快营造更稳更优发展环境。痛下决心、标本兼治，严守环境保护、安全生产、金融风险防控、社会稳定底线，为持续健康发展提供有力保障。

树牢“绿水青山就是金山银山”理念，持续推进中央、省环保督察反馈问题整改，全方位、全地域、全过程提升生态环境质量，坚决打好污染防治攻坚战。推进清洁能源替代改造、车辆污染综合管控等工程，供气管网实现镇级全覆盖，空气优良率保持在60%以上，打赢蓝天保卫战。深化水资源管理保护行动，实施农业水价综合改革，协调推进黄水东调应急工程建设，建成潍河生态修复工程，关停取缔地源热泵自备井，抓好国家地下水超采区综合治理试点项目，逐步以地表水替代地下水开采。加强节约用水管理，落实节水奖励措施。以“智慧河长”为引领，推进“一河一策”综合整治，实施河流岸线管理利用保护规划，加大依法治理河道力度。加强农业面源污染防控。全面完成主要污染物总量减排任务。深入推进“工业绿动力”计划，推动省级园区循环化改造。争创省级绿色建筑示范项目4个以上。实施耕地质量保护与提升行动，盘活批而未供和闲置土地，强化违法用地整治，争创全国国土资源节约集约模范县。抓好胶莱河入海口综合整治修复等项目，保护好海域、岸线等海洋资源。启动省级森林城市创建，加快昌邑滨海国家湿地公园建设，完成成片造林1.2万亩，新建完善林网1万亩。强化生态环境监管，坚决制止和惩处破坏生态环境行为，让天更蓝、水更清、环境更优美！

坚持“生命至上、安全第一”，严格落实企业主体责任、属地管理责任和部门监管责任，深入开展“安全生产责任落实年”活动，加强网格化管理，保持安全生产高压态势。扎实推进“三严三评”集中行动，强化危险化学品、消防安全等重点领域隐患排查治理，全面建成风险分级管控和隐患排查治理体系。推进专家治安、科技兴安，抓好在线监控平台建设，完成安全生产标准化规范化创建任务，持续提升本质安全水平，确保安全生产形势持续稳定。

加强科学预防，全力化解金融、政府债务等重点领域风险。完善金融风险防控化解机制，促进金融与实体经济、房地产和金融业内部的良性循环。扎实做好不良担保圈、担保链“破圈解链”工作。规范发展小额贷款公司和民间融资机构，依法严厉打击恶意逃废银行债务行为和非法集资等涉众型经济犯罪。强化金融风险应急处置，健全完善应急预案，坚决守住不发生系统性金融风险底线。加强政府债务管理，搞好政府隐性债务风险排查防控，确保政府债务风险始终在可控范围内。

更高水平建设“平安昌邑”，健全立体化、信息化社会治安防控体系，完善警务助理、网格员管理模式，抓好各级综治中心标准化、规范化、实体化建设，依法严厉打击违法犯罪活动，构建共建共治共享的社会治理格局。推行重大决策社会稳定风险评估，完善社会矛盾排查调处化解机制，健全应急管理体制，确保社会大局和谐稳定。深入推进社会信用体系、企业产品与服务质量信誉体系建设，强化公共信用信息平台数据归集、共享应用和信用监管，加大守信激励和失信联合惩戒力度。全面推进“法治昌邑”建设，深化“七五”普法宣传，健全公共法律服务体系，开展“牵手平安—警校家与青少年共成长”活动，大力培育法治公民，营造尊法学法守法用法的法治环境。

全面加强政府自身建设

打铁必须自身硬，作风建设永远在路上。牢固树立以人民为中心的发展思想，加快转变政府职能、提高行政效能，在新时代展现新气象、实现新作为，努力建设人民满意的服务型政府。

始终实干勤政。深入推进“两学一做”学习教育常态化制度化，扎实开展“不忘初心、牢记使命”主题教育，持续深化“思想作风建设年”活动，更严整治“庸懒散浮”，更实改进思想作风。大兴调查研究和求真务实之风，沉到基层一线，点对点解决问题，面对面推动落实。完善容错纠错尽职免责机制，强化正向激励，营造撸起袖子加油干、左肩累了换右肩、扑下身子抓落实的良好氛围。

始终高效施政。扎实推进政府效能建设，大力倡导雷厉风行、大干快上、马上就办。持续深化“放管服”改革，按照“最多跑一次”要求倒逼行政审批制度改革，实施“互联网+政务服务”，推进政务信息整合共享，实现政务服务“一窗受理”全覆盖，以权力“减法”、服务“加法”激发市场“乘法”。推动重点工作项目化、项目工作具体化、具体项目责任化，完善执行、监督、考评、奖惩机制，确保决策部署落地落实。

始终依法行政。深入落实法治政府建设实施纲要，健全重大行政决策法定程序，发挥政府法律顾问作用，确保政府工作始终在法律和政策框架内决策、实施和推进。自觉接受人大及其常委会法律监督、政协民主监督和媒体舆论监督，强化审计监督。提升人大代表议案建议和政协委员提案办理质量。深化综合行政执法体制改革，全面规范行政执法行为。深入推进政务公开，让权力在阳光下运行。

始终从严治政。严格落实全面从严治党主体责任，认真履行“一岗双责”。把纪律和规矩挺在前面，持之以恒落实中央“八项规定”，驰而不息纠正“四风”。严格规范招投标活动和政府采购管理，严控“三公”经费支出，严肃查处侵害群众利益的不正之风和腐败问题，用政府的“紧日子”换取群众和企业的“好日子”，以实际行动赢得人民群众的信赖和支持。

各位代表！迈进新时代，开启新征程，担当新使命。让我们更加紧密地团结在以习近平为核心的党中央周围，以习近平新时代中国特色社会主义思想为指导，在市委坚强领导下，团结带领全市人民，不忘初心，牢记使命，砥砺前行，为践行新理念、建设新昌邑，率先全面建成小康社会而努力奋斗！

吕珊珊
在全市经济工作会议上的讲话

（2017年3月7日）

同志们：

市委、市政府召开这次会议，主要基于三个方面的考虑：一是和大家一起科学研判当前发展形势，准确把握面临的机遇和挑战，明确在什么样的起点上、什么样的环境中谋发展，使大家进一步坚定信心、振奋士气、鼓足干劲；二是围绕贯彻潍坊市第十二次党代会、昌邑市第十四次党代会等会议精神，进一步明确全市经济工作重点任务，为2017年发展定好方向、打好谱气，使各项工作有目标、有部署、有抓手、有落实；三是通过大张旗鼓表彰企业和服务经济发展部门的先进典型，树立更加鲜明的导向，传递市委、市政府一以贯之抓经济、坚定不移促发展、驰而不息转作风的信心和决心，充分展现新班子的新气象、新作为、新业绩。

刚才，对2016年度全市经济工作先进典型进行了表彰。在此，我代表市委、市政府，向受到表彰的单位和个人表示热烈的祝贺，向长期奋战在基层和一线的广大干部群众致以崇高的敬意！希望受到表彰的先进典型珍惜荣誉，再接再厉，再立新功。全市上下要以先进典型为标杆，进一步统一思想、凝心聚力，担当作为、创先争优，推动经济社会持续健康发展。下面，根据市委、市政府研究的意见，我讲三个方面的问题。

一、科学研判形势，坚定跨越赶超的信心

问题清，才能有的放矢；趋势明，才能保持定力；信心足，才能行稳致远。做好2017年工作，必须科学研判形势，乘势而上、顺势而为，不断把昌邑发展推向前进。

（一）对持续健康发展的良好趋势，我们要有更加充分的把握。经过近年来特别是去年以来的快速发展，全市经济的整体性、协调性和持续性不断增强，为跨越赶超奠定了更加坚实的基础。一是稳中有进，综合实力不断增强。2016年，全市实现地区生产总值399.5亿元，增长7.9%；完成固定资产投资380.1亿元，增长13.5%；实现财政总收入48亿元、一般公共预算收入29.9亿元，分别增长4.6%和5.8%；金融机构各项存款余额达到404.6亿元，增长12.7%；居民人均可支配收入达到23171元，增长8.7%。连续6年成为“中国中小城市综合实力百强县市”“中国最具投资潜力中小城市百强县市”，且位次逐年提升；入选首次评选的“中国中小城市创新创业（双创）百强县市”；被授予“全国双拥模范城”称号，是山东省仅有四个获评的县级城市之一，并且是代表山东省参加全国大会的两个代表之一；荣获“全国生态文明先进市”“中国全面小康成长型百佳县市”“中国美丽乡村建设典范市”等称号。在2016年全省经济社会发展群众满意度考核中，昌邑市列潍坊市第2位，其中文化生活、居住环境两项居潍坊市第1位。2016年昌邑市环境空气质量排名居潍坊市八县市第1位。二是结构优化，发展方式主动转型。三次产业比调整为9.2∶50.7∶40.1。昌邑石化入围中国化工企业500强、中国基础化学原料制造业百强，立辉重工进入军装系列，全省最大渔光互补光伏电项目并网发电，瑞其能分布式风电场列入国家能源局和省发改委项目建设计划，山东浩信成功创建中国驰名商标，规模以上工业主营业务收入突破千亿元。粮食总产量连续3年突破10亿斤，农业龙头企业、家庭农场、农民专业合作社发展到1800多家，获批国家级出口食品农产品质量安全示范区，连续成功举办14届绿博会和11届中国园林花木信息交流会。中国北方绿色物流园等48个服务业项目列入潍坊市产业发展重点项目，中国棉纺城电商产业园、“海盈跨境通”外贸综合服务平台、中国微商创客总部（昌邑）基地建成运营，康洁环卫

集团成功走出国门，荣获第六届省长质量奖提名奖。三是动力转换，新动能孕育形成。创新驱动发展战略深入推进，创新创业人才加快集聚，引进培养“两院”院士、国家千人计划专家等国家级高端人才41名，各类市场主体发展到3.8万户。以“智慧昌邑”为引领的信息化建设加快推进，20个服务平台及应用系统建成投入使用，在潍坊市率先建成光网城市。四是空间拓展，基础支撑更加有力。昌邑滨海基础设施配套面积达到60平方公里，蒲东沿海防潮大堤成功合龙，新增发展空间20平方公里。中心城区沿潍河发展、跨潍河发展不断加快，围子新区建设力度加大，高铁新城正在规划，城市基础设施惠及面积达到60平方公里。潍莱高铁、济青高铁、宝通街东延等工程加快建设，构筑更加有力的基础支撑，进一步放大了昌邑区位优势和发展优势。

（二）对面临的重大战略机遇优势，我们要有更加准确的判断。当前，昌邑正处于大有作为的重要战略机遇期，必须进一步强化战略意识，抢抓新机遇，放大新优势，牢牢把握发展主动权。从国际看，世界经济在处于大变革大调整之中，新一轮科技革命和产业革命孕育重大突破，新产业、新技术、新业态、新模式快速兴起，全球产业链、价值链、供应链加快重构，正是新旧动能转换、国际格局调整的关键期和机遇期。从国内看，全国经济长期向好的基本面没有改变，发展前景广阔。2017年，中央经济工作会议和政府工作报告都提出，将坚持稳中求进工作总基调，继续实施积极的财政政策和稳健的货币政策，确保经济运行在合理区间；国家将深入推进“一带一路”、京津冀协同发展、“中巴经济走廊”和自贸区建设等发展倡议；围绕深化供给侧结构性改革和振兴实体经济，国家还将进一步简政减税、放宽准入、鼓励创新、降低企业负担，这将有利于我们在更高平台上集聚发展要素，在更深层次上融入国家发展大格局。从全省看，省委、省政府将全面提升“两区一圈一带”发展水平，大力发展现代海洋经济，特别要加快化工企业“进区入园”，这将有利于我们进一步放大“两区”叠加比较优势，更大力度突破滨海，培强做大先进化工产业，打造省内重要的重化工业承载区。近期，省政府批复了《山东半岛城市群发展规划（2016—2030年）》，构建济南、青岛“两大都市圈”，支持济南、青岛建设国家中心城市。昌邑被纳入青岛都市圈，这为我们全面接受青岛产业、交通、生态、设施、公共服务一体化的辐射带动，积极融入青岛都市圈大格局提供了难得机遇。从潍坊看，潍坊市委、市政府将持续深入实施“海城河”战略，加速蓝色跨越，坚持“七城一体”，打造半小时经济圈，构建组团式发展新格局。昌邑处于“海城河”战略的最前沿和“半小时经济圈”的重要位置，更有利于我们融入潍坊新一轮发展战略，迅速提升，跨越赶超。

（三）对日益激烈的竞争态势，我们要有更加清醒的认识。2017年，国内外形势将更加复杂严峻，国际经济复苏的不稳定性、不确定性仍然存在，国内经济发展中不平衡、不协调、不可持续的矛盾和问题依然突出，这些都会直接或间接地对昌邑市经济发展产生不利影响。放眼周边，各级换届后，潍坊兄弟县市区都铆足了劲加快发展，目标都很高、措施都很硬、力度都很大、势头都很猛。而昌邑投入不足、总量不大、结构不优等矛盾和问题还比较突出，不进则退，慢进也是退，稍有松懈就掉队、就会被边缘化，加快科学发展、实现进位争先的压力非常大。发展的问题，根源还是人的问题、思想的问题。当前，部分干部还存在不担当、不负责、为官慢为、为官不为的问题，有的个人得失之心太重，怕吃苦受累；有的遇到矛盾问题绕着走，不求有功但求无过；有的工作标准要求不高，自我要求不严，只求过得去，不求做得好，做一天和尚撞一天钟；有的遇事明哲保身，有了成绩你邀我赏，出了问题上推下卸，等等。部分企业家守成意识较重，缺乏做大做强的志向，满足守住“一亩三分地”，小富即安、小成即满的保守思想比较普遍。这些问题的存在，必然会影响我们在激烈竞争中抢占先机、争取主动、奋勇争先，必须要有更加清醒的认识，并切实加以解决。

2017年是贯彻市第十四次党代会“一三四五”思路举措的第一年，也是实施“十三五”规划的关键之年。五年的工作看头年，2017年开好局、起好步尤为重要。潍坊市第十二次党代会明确提出要确保“三个走在前列”，各方面工作都要高点定位，努力在全省全国创先争优，特别要求昌邑要加速提升实力、奋力进位争先。如果我们的发展定位低了、干事劲头小了，不能与潍坊市委、市政府的部署要求合拍合力，势必会在新一轮发展中落伍、在创先争优中掉队。我们必须要以“时不我待”的紧迫感和“舍我其谁”的责任感，满怀信心、万众一心，积极作为、奋力争先，不断开创率先全面建成小康社会新局面。

二、突出发展重点，推动更高质量新发展

紧紧围绕“一三四五”的思路举措，坚持以转促进，集中力量攻坚，努力实现“五大突破”、着力强化“五项保障”、坚决守住“五条底线”，推动更高质量新发展。

（一）突出项目带动，强化招商引资，努力在扩投入稳增长上实现大突破。抓发展，核心是抓项目；抓项目，核心是抓招商。没有项目，抓不好招商，何谈产业发展？何谈财税增收？何谈民生保障？对我们来说，抓好项目建设和招商引资工作，既是机遇使然，更是发展所需、形势所逼。要把项目建设和招商引资作为建设新昌邑的核心战略、“生命线”来摆布，把2017年定为项目建设和招商引资年，以大抓项目、大抓招商的鲜明导向看能力、看政绩、看后劲、看担当，迅速掀起项目建设和招商引资新高潮。

坚定不移加快招商引资。今天会上印发的招商引资考核办法等文件，是在贯彻上级精神、结合昌邑实际的基础上，集思广益、数易其稿形成的，是指导未来一段时间招商引资工作的总遵循。大家要深刻领会把握，进一步强化招商引资“首位”意识，不断提高招商引资质量和水平。要有精气神和责任担当。坚决克服“没有条件招商”“不知如何招商”等问题，充分调动工作积极性和主动性，不坐等、不顾虑、不观望，在全市上下营造“谈招商、议招商、干招商”的浓厚氛围。营造氛围，关键在责任落实。各级各部门各单位要将招商引资作为核心要务放在心上、抓在手上，主动认领、压实责任，确保高质量、高效率完成指导性计划。要有管用的办法。更加注重以商招商、专业招商、节会招商和产业招商，特别要把以企招商、以商招商摆在更加突出的位置，形成引进一个、招来一串的“葡萄串效应”。要瞄准“北上广深”“长三角”“珠三角”等重点区域，采取灵活管用的方法，提升招商质效。组织好5月、10月的集中招商月活动，营造良好氛围；其他时间充分运用招商小分队开展定向招商，做到实、准，提高成功率。抓好招商资源库、项目库、人脉库、信息库建设。强化队伍建设，根据不同产业、不同地区招商要求，组成熟悉产业经济、掌握投资政策、精通项目谈判的专业招商队伍，建立内部人才培养机制，提升能力水平。鼓励发展中介招商，加强与国内外行业协会、商会以及知名企业家的合作，培育一批金牌引荐人，作为招商代表为我们牵线搭桥引进项目。要有一流的营商环境。环境就是竞争力、创造力和驱动力。在政策环境上，要牢固树立“舍得”精神，先舍先得、大舍大得、不舍不得，坚决克服“肥水不流外人田”的狭隘思想，更不能认为给客商省钱就是我们吃亏。对投资规模大、科技含量高、创税能力强的大项目、好项目，要采取“一事一议”方式全力争取，真正让企业感受到我们的诚意，愿意来、留得住、发展好。在投资软环境上，让人心情愉悦地赚钱，回报社会，这就是最好的投资环境，才会有更多的人来投资，才会有人气，才会有财气。一方面，要创造一个能够盈利的投资环境；另一方面，要及时帮助他们解决遇到的难题和问题。这就要求我们，一要真正解放思想，二要深化政府“放管服”改革，让企业少跑腿、好办事、不添堵。在这里强调，对破坏投资软环境的，一定要重拳出击、严厉打击。要进一步强化为企业服务的意识，一切工作都要以服务企业为根本，都要围绕企业发展来推进，构筑“亲”“清”政商关系，与企业家交朋友，在全社会营造善待企业家、尊重企业家、厚爱企业家的良好氛围。真诚欢迎广大企业家积极踊跃提困难、提想法、提建议，也可通过民生热线“7112345”反映问题，我们将搞好服务、全力解决，真正让企业家在昌邑这片投资热土上安心创业、放心发展！

全力以赴加快项目建设。项目建设不仅是当前的投资量、税收点，更是经济工作的总抓手、“牛鼻子”。2017年，市委、市政府经过认真筛选和仔细论证，重中选重、优中选优，确定了一批重点工程、重点项目。要充分利用当前建设的“黄金季节”，坚持关口前移、环节前置，集聚优势资源，加强协调服务，抢时间、争速度、讲效率，牢牢把握项目建设主动权，年内必

须见到实实在在的成效。包靠市级领导要拿出主要时间和精力，不仅靠前指挥，更要挂帅出征，亲自抓对接、抓落地、抓建设。责任部门要严格落实目标责任制，在保证质量的前提下，千方百计加快建设，力争尽快投产达效。当前，要组织好全市重点工程、重点项目集中开工奠基仪式，确保顺利开工、加快推进，带促全市面上掀起项目建设热潮。

想方设法向上争取支持。现在，上级政策、项目、顾虑，全方位争资源、争项目、争牌子、争指标、争政策、争机构、争先行先试，也就是“七争”。要与上级业务部门紧密联系，常汇报，勤沟通，多交流，特别要提前掌握信息，早下手、早包装项目，争取更多项目纳入上级计划盘子。要发挥好昌邑在外领导、企业家、知名人士的作用，积极为我们牵线搭桥争取资源。要抢抓各类政策“窗口期”机遇，深入研究、主动对接政策要求，围绕发展重点梳理可以争取的资源，全力向发改、经信、财税、国土、交通、科技、农业、文化、商务、海关、银行等对口部门或相关业务部门争取。所有部门、单位都要有“七争”的责任和实绩。在这里强调一点，凡是争来用好的“真金白银”，市里将按照规定，大力奖励。部门、单位提出需要市级领导帮助对接、协调的，我们都将不遗余力地帮助解决，确保“七争”工作实现大的突破。

（二）发挥特色优势，全面上档升级，努力在构建现代产业新体系上实现大突破。产业是发展之要、强市之基。要以深化供给侧结构性改革为动力，加快产业结构调整和转型升级，推动二产调强、三产调活、一产调精，一二三产融合、农文旅结合，构建现代产业新体系。

推动产业迈向中高端。总的要求是，更加突出工业主导地位，全面提升工业基础能力，推动传统优势产业优化重组、转型升级，培育壮大先进制造业，推动工业提质增效、做大做强；结合工业转型升级，加快构建生产性服务业和专业服务业支撑体系，面向消费和服务，培育壮大个人消费产业和公共服务产业，推动现代服务业跨越发展；大力发展高附加值农业、精品农业、都市农业，促进文化、旅游与农业深度融合，打造多元化新产业新业态，加速农业现代化。具体到产业发展上，不搞平均用力，重点突破、集中培育11个具有昌邑鲜明特点和竞争优势的拳头产业，带动三次产业整体迈向中高端。要坚持“敲开核桃、一业一策”，逐一制订产业提升计划，进一步明确发展方向、工作重点。石油化工业，加快推动向精细化工、化工新材料方向延伸，建设高环境标准的“绿色化工城”，为打造千亿级石化产业基地奠定基础。盐及盐化工业，大力开发新型、环保、高性能精细化工产品，打造以盐和溴素为主的特色产业链，建设北方重要的海洋精细化工产业基地。纺织印染业，突出技术改造和产品升级，进一步拓展电商销售网络，加强与国内外知名企业战略合作，推动向最终消费品延伸、向品牌产品发展，重振昌邑纺织品牌。先进装备制造业，加快研发具有自主知识产权的智能装备产品，推动向精细化、高端化、成套化发展，稳固国内重要的汽车配件、精密配件、农业机械生产基地地位，打造高端装备制造基地。食品加工业，积极引进和建设一批高水准、绿色生态食品企业，提高精深加工产品比重，构建科研开发、生产加工、仓储物流、产品交易一体化发展的现代食品产业体系，打响生态食品品牌，培育打造百亿级产业。新能源产业，坚持集中布局、集群发展，深度开发利用风力和光电资源，不断壮大产业规模，打造新能源产业名片。节能环保产业，加快构筑污泥和污水、危废固废处理、垃圾资源化利用、环保设备制造等多领域协同发展格局，建设环保产业城市。电子商务产业，实施电商跨越发展工程，打造一批本地特色电商平台、产业园、特色村镇，推动互联网和实体经济深度融合，争创全省电子商务示范市。环卫产业，充分发挥全国服务业标准化示范项目品牌优势，加快向制造、教育、设备等全产业链发展，更大力度开拓国际国内市场，尽快实现上市，做强昌邑环卫品牌。生态文化旅游产业，放大昌邑交通区位、水绿生态、整体环境优势，做好结合文章，把昌邑全域作为生态文化旅游示范区来规划、建设，打响昌邑旅游品牌。绿化苗木产业，发挥绿博会引领带动作用，推动苗木产业向标准化、高端化、集团化发展，产业链向高增值、高技术领域延伸，进一步扩大绿色昌邑影响力。

推动产品迈向中高端。“中国制造”的品质革命，必须要靠精益求精的“工匠精神”。要坚持品质立市，大力弘扬“工匠精神”，积极发展强调设计、强调材料、强调高水平加工的“精细制造”，推动产品档次、质量、品牌一体化升级，在产品价值链上完成转型升级，加快向价值链的中高端提升。质量对于企业就是生命，品牌对于企业就是财富。要引导企业把“工匠精神”融入发展理念和长远战略，将“精细制造”融入生产、设计每一个环节，加快提升产品的文化、艺术、品牌、技术内涵，打造一批精品企业、品牌企业。支持优势重点企业在全球范围内对标、达标、提标，开展品牌并购，膨胀注册商标总量和知名品牌数量。各行各业都要注重抱团创品牌，围绕纺织、丝绸、苗木、农产品以及教育、医疗、养老等重点，打造一批有影响力和竞争力的区域品牌、特色品牌，提升整体竞争力。要通过更加扎实有效的措施，把康洁、浩信、同大等特色品牌擦得更亮、叫得更响、推得更远，在国内外闯出更大天地。

推动技术水平迈向中高端。深入实施创新驱动发展战略，建立完善以企业为主导的创新机制，深化产学研合作，推动创新平台建设，加速科技成果转化，促进企业技术、材料、装备、工艺全面升级，实现高新技术产业大发展。年内新增国家备案高新技术企业2家以上，建设潍坊市级以上企业技术中心、工程研究中心等11家以上。以“智慧昌邑”建设为引领，深度推进工业化和信息化“两化”融合、各领域全面触网，大力发展网络经济、大数据等新兴产业，以信息化提升产业全流程、各方面。深度推进三产跨界融合，推动一产向二、三产业延伸，一产、二产向“微笑曲线”两端提升，进一步提高产业发展层次。

企业是实体经济的主体，是转型升级的主力军。这次我们公布的特大型、大型企业、中型企业，更是支撑昌邑产业转型和实体经济的中流砥柱。要集聚优势资源，强化全要素保障，支持昌邑石化、海天生物化工、金典化工等产业龙头领办特色产业园区和专业配套园区，加快战略重组，组建产业联盟，向产业链和供应链挖潜力、增效益，带动中小微企业全面融入、快速壮大，形成10亿级、50亿级、100亿级梯次递进的龙头企业群，促进产业链垂直整合、要素优化重组、价值链整体提升。企业的发展水平，完全取决于企业家的思想境界。作为一名优秀企业家，一定要有“放眼世界”的战略思维、“勇立潮头”的开拓精神和打造“百年老店”的长远意识，坚决摒弃小富即安、小成即满的陈旧思想，进一步提升企业发展战略和目标定位，敢与强的比、向高的攀、向快的赛，不断做大做强、勇创一流，争当产业龙头、行业领军。昌邑本土企业家，生于斯而长于斯，必须放开胸怀，强化合作发展意识，敢于拿出核心技术、优势产品乃至全部资产，通过并购、合资、重组等方式引进战略投资者，与国内外大企业、大集团联合，积极增资扩产上项目，迅速膨胀规模、提升水平，为昌邑发展多做贡献。新生代企业家学历高、见识广、理念新，很多还有海外学习工作经历，是最具朝气、最富创新精神的群体，是昌邑的未来和希望。要传承好老企业家的优良传统，志存高远、敢为人先，积极投身经济转型升级，在新经济领域大胆创造，尽快成长为经济社会发展的脊梁，实现“青出于蓝胜于蓝”。

（三）突出全域一体，拓展发展空间，努力在推动区域协调发展上实现大突破。区域统筹发展是大势所趋。潍坊市第十二次党代会提出要在区域城乡协调发展上实现新突破，昌邑市第十四次党代会提出构建“三区并进、一带贯通”的区域统筹发展新格局，这是今后昌邑发展的大框架、总遵循。2017年必须实现大的突破。

滨海是昌邑发展的最大空间和最强优势。实现全市大发展，滨海必须大突破。突破滨海，要按照打造“昌邑经济发展的龙头区、潍坊蓝色跨越的先行区、鲁北重要的重化工基地”的定位，加快从招商引资向优化管理转变、从单个项目向拓展产业链和服务链转变、从政策依赖向市场导向转变、从要素驱动向创新驱动转变，推动滨海全面提质转型。完善大配套。坚持基础设施先行，提升路、水、电、热等生产性设施配套，完善治污、水网、绿化等生态性设施配套，健全商业、医疗等生活性设施配套，重点抓好董家口港—潍坊—鲁中鲁北输油管道、中圣导热油炉、鹏昊净水等工程，提升园区全要素保障水平。以打造集渔港、商港、旅游港等功能于一体的综合性港口为目标，推进下营港建设，规划临港物流园区，努力争取发展先机。对新拓展出的20平方公里发展空间，要坚持高点定位、整体规划、分步实施，邀请实力雄厚的大企业进行整体投资开发，邀请国际知名企业进行规划设计和管理。培育大产业。下营、龙池工业园获评为潍坊市专业化工园区，这是难得机遇。要坚持专业园区干专业事，充分发挥发展大型化工定位清晰、空间广阔、配套完善、产业集聚和上级支持的有利条件，加快引进建设大化工项目，提升产业发展层次和质量。要在加快引进大化工项目的同时，突出石化盐化一体化、海洋精细化工、先进制造等主导产业，高标准打造特色“园中园”，推动产业链条式组合、集群化发展。柳疃工业园要加快纺织、机械等传统产业上档升级，做强做大生态食品产业，调整园区产业结构，为后续发展提供强劲动力。营造大环境。政策不优，环境难优。要突出抓好“飞地经济”政策的落实，特别要落实北部镇街区与其他镇街区的收益分成比例，调动滨海承接项目和招引镇街区到滨海落户项目两个积极性，不断优化滨海发展政策环境。严格节能减排、生态保护、集约用地刚性约束，提升下营滨海新城功能品质，推动龙池工业园争创省级循环经济园区，不断增强滨海生态承载力、环境吸引力和持续发展能力。

市区是区域发展的中心和带动发展的龙头。要围绕“低成本、高幸福、大生态”的发展目标，大力实施提升市区计划，全面融入潍坊半小时经济圈，推动城市走向中高端。突出做强。产业是提升市区的基础支撑。坚持中高端产业和产业中高端定位，全面落实城市产业规划，建设提升物流、商贸等产业集聚区，重点发展总部经济、服务经济、高新技术及新兴产业，支撑城市持续健康发展。总部经济对推动城市转型升级、稳定扩大财源意义重大。要充分借鉴诸城市全域抓总部的经验，落实和完善政策措施，培育壮大本地总部企业，大力引进外地企业到昌设立区域总部或分支机构，进一步壮大总部集群。着力做优。更大力度推动沿潍河发展、跨潍河发展，高水平建设围子新区，推动发展重心东移南扩，进一步拉大框架、优化布局。实施城区道路、绿化、供排水等20项工程，推动文山森林公园和潍水风情湿地公园南延北展工程规划建设，加快文山片区、东隅市场片区、原汽车站片区等大片区改造，建设酒店综合体，持续提升城市功能品质。要高标准抓好棚户区改造。潍坊市经济工作会议强调，要把棚户区改造作为考验新一届领导班子战斗力的重要抓手。要突出抓好房屋拆迁、手续办理等重点工作，加快5100户棚户区改造，确保年内见到大的成效；同时，要同步推进2018年工程，力争整体工作走在潍坊市前列。要着眼房地产转型，进一步规范市场秩序，加强配套费征收使用管理，促进房地产市场平稳健康发展。特别要严格依法依规把好“手续关”，严禁手续不全房地产项目开工、销售，坚决防止“后遗症”。全面做活。创新城市治理方式，深化“智慧昌邑”建设，优化市区交通组织，严格环境质量监管，加强重点领域专项整治，推动法治化、人性化、精细化、智能化、协同化管理，提升城市管理品质。创新城市综合管理体制，全面理顺市、街道、城市社区权责，增强各层次发展活力。

昌南是区域发展的重要增长极。随着南北路网大通道的贯通，昌邑市市区东移南扩、潍坊市区东扩步伐的加快，以及“青岛都市圈”的规划推进，昌南正面临历史性崛起的重大战略机遇。要紧紧围绕打造潍坊东部“桥头堡”的目标定位，主动承接潍坊、青岛辐射。综合区位、交通、产业等资源优势，高起点搞好顶层设计，高层次制订总体规划，引领昌南历史性崛起。强化产业支撑，突出高效特色农业、先进装备制造、商贸物流、休闲旅游等优势产业，规划建设昌南工业园，形成一批特色产业基地和产品集散中心，推动昌南产业振兴、实力增强。进一步完善南北路网大通道，加快城镇升级，提升设施配套，拉大城镇框架，发展服务经济，不断放大“次中心”吸纳聚集能力。

潍河是区域统筹发展的生态纽带。要以建设三产融合潍水绿色发展带为统领，全面整合、盘活和优化各种资源，统筹推进水质保护、水源利用、生态涵养、产业布局、道路建设、城镇体系建设，充分发挥潍河纵贯南北的纽带作用。年内确保南北贯通堤顶路，成片造林1.2万亩，打造10个特色园区、20个特色村，持续提升潍河70公里生态文化旅游长廊。

围绕推进“三区并进、一带贯通”，成立突破滨海、提升市区、崛起昌南、开发潍河四个指挥部，分别由我、玉祥市长、龙堂书记、李鹏市长牵头，做到一个板块、一名牵头领导、一套领导班子、一揽子政策措施。要抓紧制定年度工作目标，把各项任务细化到指标、量化到项目，明确月度、季度计划，全力以赴加快推进，确保尽快见到实效。

要加快提升小城镇、完善农村社区、建设美丽乡村，构建城乡一体发展新格局。培育发展特色小镇。突出赋能强权、强化支持，培强优势主导产业，发展各有特色的镇域经济，培育一批“精而美、专而强”特色小镇，建设人口集中、产业集聚的现代化小城镇。完善农村新型社区。加快组织、治理、服务、经济、意识“五个转型”，推进农村社区服务中心建设三年行动计划，打造功能齐全、特色鲜明的生活新家园。深入推进美丽乡村标准化建设。突出“提质、扩面、连片”，推动城乡环卫一体化无缝隙全覆盖，提升农村“五化”成果，加快农村“七改”，实施农村污水处理，不断改善农村生产生活环境。

（四）全面深化改革，扩大对外开放，努力在增强发展动力活力上实现大突破。要围绕破难题、增活力、创优势、促发展，依法有序推进改革，全方位扩大对外开放，进一步激发发展新动能。深入推进经济领域重点改革。坚持经济主线和问题导向，什么影响发展就改革什么，什么影响效能就突破什么。突出定向、精准、有度，全面完成“三去一降一补”年度任务，促进经济去陈生新，加快从“汗水型”走向“智慧型”。深化资源要素配置市场化改革，推动公共资金、建设用地、环境容量、用能指标等要素配置向重点领域、优势产业、重大项目集中。深入推进农业供给侧结构性改革，落实农村土地所有权、承包权、经营权“三权分置”，扎实开展农村集体资产股份权能改革。推进“个转企、小升规、规改股、股上市”，加快规模企业规范化公司制改制。深化财税体制改革，继续落实和完善营改增试点政策。扩大 PPP 模式应用，吸引和鼓励社会资本参与公共设施建设。高水平推进对外开放。开放是转型发展的必由之路。要深度参与“一带一路”、“中巴经济走廊”、自贸区等国家倡议，全方位拓展开放广度和深度。支持康洁、瑞其能、金丝达等优势企业扩展国际市场，引导纺织印染、机械制造等产业在外设厂，带动装备、技术、服务、过剩产能“走出去”。大力发展跨境电商和外贸综合服务，引导重点企业大进大出、优进优出，帮助中小型外贸进出口企业实现出口业绩。支持优势企业加快境外上市，加强合作研发，推动外资并购，加速国际化进程。

（五）坚持以人为本，提升公共服务，努力在增进民生福祉上实现大突破。人民对美好生活的向往，就是我们的奋斗目标。要坚持就业为本、教育优先、健康为要、文化繁荣、社保兜底，织密织牢民生保障网，不断增强群众获得感和幸福感。促进就业创业。实施更加积极的就业政策，推进“互联网 + 就业”服务新模式，统筹做好以高校毕业生为重点的各类群体就业工作，推动实现更高质量的就业。强化创业平台支撑，抓好纺织产业创业园、大学生创业园等创业载体的建设运营，发展众创空间，优化创业环境，激发创业活力。打造教育品牌。昌邑市教育链条较为完备，教学质量、创新经验已有较大知名度，具备打造昌邑教育品牌的基础。要放宽眼界，在更高层次上谋划教育发展格局，加快教育现代化。要建好龙头，筹建山东城乡环境管理学院，实现昌邑人民的“大学梦”；高度关注支持职业教育，提升整体用工素质。要补齐短板，提前完成破解“大班额”任务，促进教育均衡优质发展。要练好内功，持续深化县管校聘和交流轮岗制度改革，均衡配置中小学师资队伍，办好人民满意的教育。建设健康昌邑。顺应人民群众对高水平医疗卫生服务的期盼，从解决群众反映的突出问题入手，严抓医疗卫生系统内部管理，构建和谐医患关系，立赶超之志，鼓奋进之气，全面提升昌邑医疗形象。加快市妇幼保健计划生育服务中心建设，力争尽快投入使用。抓好济贤养老中心、颐爱养老康复中心等工程，推进医养结合、健康养老。推动文化繁荣发展。强化教育引导、文化熏陶、实践养成，培育新时期昌邑精神，形成全市人民共同精神家园。推动昌邑历史文化和昌邑精神进农村、进社区、进学校、进企业、进机关、进家庭，用好新媒体，拓展主流舆论传播空间，让昌邑人了解昌邑文化，让昌邑城市更具内涵魅力，让大家以一名昌邑人为荣、以生活在昌邑为傲。选树昌邑好人、道德模范、各类典型，擦亮昌邑义工品牌，聚积向上向善力量，提升全社会文明程度。坚决打好冲刺战和攻坚战，全力争创全国文明城市。大力推进政务诚信、商务诚信、社会诚信，加快建设“诚信昌邑”。围绕昌邑作为“近代海上丝绸之路”起点、“昌邑茧绸”发源地这个核心做好文章，承办国家级学术论坛，开展文山潍水系列文化旅游活动，尽快启动影视剧《闯关中》《风雨南洋》的创作拍摄，讲好昌邑故事，传播昌邑声音，让文化昌邑的美誉更加声名远扬。建设提升市图书馆、文化馆、档案馆、博物馆，基层综合性文化服务中心达标率达到90%以上，让群众尽享公共文化成果。集中力量培育一批重点文化产业园区、骨干文化企业和重点项目，进一步做强文化板块，推动文化与经济融合发展。完善社保体系。深入实施全民参保登记计划，加大社会保险扩面征缴力度，完善社会救助、社会福利、慈善事业制度体系，不断提升城乡居民保障水平。坚决打赢脱贫攻坚战。年内基本完成贫困人口脱贫任务，省定贫困村全部摘帽。

围绕上述重点的组织实施，必须强化要素保障，为吸聚项目、推动发展提供有力支撑。要强化人才保障。牢固树立人才第一资源理念，大力实施人才优先发展战略，充分激发和释放创新创造创业活力。突出抓好“高精尖缺”人才引进培育，围绕构建现代产业新体系，建立精准化人才需求目录，深入推进“潍水英才”聚集计划，全方位开展招才引智活动，分类建立产业研究院，为产业发展提供强有力的人才支撑和智力支持。力争年内新增一批泰山产业领军人才、鸢都产业领军人才等高端人才。完善高端人才引进政策，对引进顶尖人才实行“一事一议”，筹建专家公寓，建设人才服务中心，严格领导干部联系专家制度，确保人才政策有效落地、产生效应。健全完善人才工作运行机制，改进考核评价办法，建立目标管理制度，形成大抓人才工作新格局。强化水资源保障。水于昌邑，等同于生命。不论2017年旱情如何，水资源短缺大趋势不会改变，必须做好抗持续大旱的准备。要实施最严格的水资源管理制度，深化水资源管理保护行动，最大限度保障生产生活生态用水安全。坚持开源、节流并重，把丰泉水库、龙源水库、地表水厂等水利工程放在战略高度来推进，争取黄河水、长江水等客水资源，探索海（卤）水资源综合开发利用，不断增强水资源供给和储备能力；大力发展节水型经济，加快海绵城市建设，推进城北污水处理厂、城区景观水系中水回用工程建设和二期项目规划，打好自备井整治攻坚战；严格审批取水项目，合理调配水资源，加强用水定额管理，健全完善阶梯水价制度，研究节水明星奖励机制，促进全民节水、全面节水、科学节水。强化土地保障。土地资源有限，不可再生；空间再广，也绝不容浪费，何况昌邑市空间有限。要以成功创建“全省国土资源集约节约模范市”为契机，进一步扩大增量、优化存量、提升质量，提高土地保障水平。用足用好上级政策，年内争取土地指标1000亩以上。加强源头控制，严格“三把标尺”，以用地方式根本转变推动发展方式全面转型。强化内部挖潜，将化解过剩产能与淘汰僵尸企业紧密结合起来，充分利用市场化方式改造提升一批、优化重组一批、转产迁出一批、淘汰出清一批；对确实无法救的企业，该关闭的坚决关闭，该破产的依法破产，为后续发展腾出空间。打好违法用地拆除整改攻坚战，坚决杜绝新的土地违法违规问题发生。强化资金保障。金融是转型发展的关键支撑，是经济运行的血液。要全力支持金融产品创新，加速完善多层次金融市场，全面提升金融支持实体经济质效。当前，金融机构存在脱实向虚倾向，其中有金融机构服务不到位的问题，也有主体企业金融能力不强的原因，必须尽快扭转。各金融机构要在积极向上级行争取政策资金的同时，精准对接企业融资需求，通过“行长对接厂长”，帮助企业量身制定融资计划，推广多样化还款方式，降低企业融资成本，解决倒贷续贷难题。各企业要视信誉为生命，严格按照规定用途使用资金，按时还本付息，促进政银企长久合作。市金融办、人民银行、银监办要研究制定政策，将各银行支持实体经济作为重要考核指标，缓解脱实向虚的问题。要鼓励企业通过上市、挂牌、发债等方式，扩大直接融资规模，增强市场融资能力。政府要协调金融机构，建立有关产业发展基金，对企业进行支持帮扶。探索发展财团经济，鼓励引导本地企业聚沙成塔，发展2—3家财团从事产业投资，帮助企业解决资金难题。强化基础保障。推进潍莱高铁、济青高铁、大莱龙铁路扩能改造以及济青高速扩容、G228丹东线、宝通街东延等工程，加快村级道路网化和农村公路生命安防工程建设，构筑“六纵十横”公路、铁路交通路网体系。抓好小城镇电网改造升级和“机井通电”工程，推动110千伏输变电工程建设，进一步提升供电保障能力。

前面冲锋陷阵，后面必须坚决守住底线，保证干成事、不出事。没有和谐稳定的大环境，又何谈加快发展？要守住安全生产底线。严格落实企业主体责任、镇街区属地责任和部门监管责任，深化安全生产标准化规范化建设，健全完善安全生产监督管理体系，持续开展隐患大排查快整治严执法集中行动，提升本质安全生产能力，坚决防止重特大事故发生。守住生态环保底线。实施绿色发展“十大工程”，加强大气、水、土壤污染综合防治，强化环境准入和环境标准硬约束，加强山、水、林、田、湖生态保护和修复，实现经济发展和生态环境保护“双赢”。守住社会稳定底线。坚持系统治理、依法治理、综合治理、源头治理，提高社会矛盾预防化解处置能力，构建以科技信息化为牵引的社会治安防控体系，努力维护社会和谐稳定。守住食品药品安全底线。全面落实食品药品最严谨的标准、最严格的监管、最严厉的处罚、最严肃的问责“四个最严”，严防严管严控食品药品安全风险，创建省级农产品质量安全市、全省食品安全先进市。守住金融风险底线。强化同风险赛跑的意识，加强对金融市场和实体经济的跟踪监测，支持与打击并重，严打企业恶意逃废债行为，严处金融机构恶意抽贷行为，严防企业融资担保圈风险，严守不发生系统性区域性金融风险的底线。除去上述五条底线，经济社会发展“一票否决”事项也是底线，要严格把握，决不能逾越，决不能出问题。

三、加强领导改进作风，确保各项任务目标落到实处

事业发展，根本在中国共产党、关键在人。面对时代赋予的重任和群众的期盼，必须加强对经济工作的组织领导，锤炼更加严实的作风，担起自己的责任，体现应有的担当，努力在率先全面建成小康社会新征程中建功立业、有更大作为。

切实用好科学考核指挥棒。开展考核，关键是搞好结果运用。运用好考核结果，干工作才能有压力、有动力，才能有导向。要尽快制定出台2017年的考核办法，对各项工作都要看成效、排名次、重结果。潍坊市提出2017年要继续开展观摩点评，这是推进比学赶超的有效手段。我们也要每年至少安排两次镇街区科学发展观摩点评、一次市直部门单位述职评议，更加注重观摩点评、综合考核、述职评议等结果运用，坚持重奖、重罚、重用，引导干部比状态、学先进、赛行为，进一步提振干事创业精气神。

树立正确的选人用人导向。要贯彻“好干部标准”，重用想干事、敢担当、能破难、善干大事要事的干部。更加注重在一线考察干部，用实绩评价干部，在急难险重任务和复杂环境中检验干部，做到发展、考核、用人三个导向相统一，让有为者有位、吃苦者吃香。抓住干事创业这个关键点，健全正向激励和容错纠错机制，打造担当有为、创新实干、进位争先的干部队伍。

持之以恒抓好思想作风建设。思想是一切行动的先导，没有思想上的大解放，哪来行动上的创先争优，哪来经济社会事业的大发展？要紧紧扭住思想这个总开关，深化“两学一做”学习教育，扎实开展“思想作风建设年”活动，驰而不息纠治“四风”，着力治庸、治懒、治散和为官不为、为官慢为行为，引导各级干部谋实事、破难事、抓大事，在攻坚克难、服务群众中锤炼作风、提升能力。树立大抓基层的鲜明导向，增强基层本质安全能力、发展能力和服务能力。

一年之计在于春，一年四季看首季。时光宝贵，事业催人。让我们更加紧密地团结在以习近平为核心的党中央周围，紧紧围绕“一三四五”的思路举措，只争朝夕、奋勇争先，撸起袖子加油干，打好开春、决胜全年，为践行新理念、建设新昌邑、率先全面建成小康社会而努力奋斗！

吕珊珊
在全市经济工作暨“思想作风建设年”活动推进会议上的讲话

（2017年8月21日，根据录音整理）

同志们：

市委、市政府决定召开这次会议，主要出于三个方面的考虑：一是近期中央、省和潍坊市连续召开了一系列重要会议，就新旧动能转换、“四个城市”建设、作风建设、环境保护突出问题综合整治等重点工作进行了安排部署，必须集中学习领会，全面抓好贯彻落实。二是发展是第一要务，必须坚定不移、矢志不渝抓发展，任何工作、任何时候都不能偏离这个主题，用发展来统一思想、凝聚共识，靠发展解决难题、形成合力。三是一年时间已过多半，总结成绩、研判形势、部署任务，提振信心、再鼓干劲、狠抓落实，确保全面完成全年任务目标。刚才，玉祥同志对工作进行了安排部署，龙堂同志通报了“思想作风建设年”活动开展情况，世海同志对创城工作提出了具体要求，我完全同意，大家要抓好贯彻落实。下面，根据市委常委会研究的意见，我讲三个方面的问题。

一、肯定成绩、研判形势，进一步提振干事创业“精气神”

2017年以来，全市经济社会呈现总体平稳、稳健健康的良好发展态势。一是从发展数据来看，主要经济指标实现新突破。上半年潍坊市反馈的25项主要经济指标中，昌邑市有16项指标增幅列潍坊市8县市前4位，其中7项指标增幅列第1位。工作成效如何，数据是最直接、最直观的体现，主要指标全面向好，充分说明了我们抓发展的思路正、力度大、措施实。二是从发展质量来看，经济结构调整实现新进展。以新旧动能转换为统领，筛选形成总投资1122亿元、50个项目的重大项目库，石油化工、盐及盐化工、纺织服装、生态食品等11个拳头产业带动能力不断增强，现代产业体系初具规模。潍水田园综合体被确定为省级唯一试点项目，“昌邑大姜”入选山东省第二批知名农产品区域公用品牌，昌邑市成功入选2017年“全国秸秆综合利用项目试点市”“全国农村一二三产业融合发展项目试点市”。高新技术产业占规模以上工业总产值的比重达到27.5%，浩信集团韧性制动鼓等6个项目列入省技术创新项目计划，同大集团列入山东省百年品牌企业培育工程。代表经济活力和后劲的项目建设实现较大突破，上半年全市共实施投资过亿元项目112个，较去年同期增加55个，完成投资99亿元，增长83.8%。高端石化基地建设先行区、滨海新旧动能转换体制机制创新试验区等11项重大事项拟列入省、潍坊市新旧动能转换重大工程方案规划。雅拉年进口澳大利亚20万头活牛屠宰深加工列入省重点建设项目，成泰化工丁烷脱氢、新澳化工新型染料等12个项目列入潍坊市重大项目。改革开放持续深化，上半年降低企业税费负担、融资成本、用工成本等各类成本4.6亿元；“僵尸企业”处置做法被省深改办作为全省17个地方改革案例之一向中央改革办推荐，并在《新华社山东要情动态》刊发并呈送省委、省政府主要领导；城投集团和金控集团加快筹建；建成运营潍坊第一家县级中小企业服务中心。“放管服”改革持续深化，各类市场主体超过4万户，市场活力全面增强。三是从内部环境来看，发展生态形成新优势。①团结干事的好风气。通过深入开展“思想作风建设年”活动，广大党员干部主动担当、创先争优的干事激情进一步迸发，用心想事、踏实干事的创业热情空前高涨，人心思上、竞相发展的社会氛围更加浓厚，涌现出一批扑下身子、干事创业的先进个人和一批创先争优、奉献作为的先进集体。有这样一支踏实肯干、积极作为的干部队伍，更加坚定了我们加快发展、跨越赶超的信心和决心。②和谐稳定的好环境。各级各部门各单位抓稳定的自觉性、主动性越来越高，一批信访积案得到妥善化解，一批重点人员得到有效管控，在全国“两会”“一带一路”国际合作高峰论坛等重大节会期间和敏感时间节点实现了“五个不发生”进京“零”非访。正是因为有了和谐稳定社会环境的坚强保障，我们才能取得现在的发展成绩。③拥护支持的好氛围。群众以主人翁的姿态，积极参与昌邑发展、全力支持昌邑发展，在创建全国文明城市这块最亮的品牌活动中，全市干部群众热情高涨，不到24小时就有7万多跟帖点赞，对昌邑创建这一金字招牌充满自豪、充满期待，很多人亲自参与或加油鼓劲，令我们非常感动。在广大群众的真心拥护和大力支持下，昌邑市被省文明办推荐参评全国文明城市，这是对我们工作的充分肯定。在创城过程中，全市广大干部群众展现出的巨大正能量、激发出的强大内生动力，正是推动昌邑发展的宝贵财富和强大力量。4万名昌邑义工常年奋战在志愿服务一线，汇聚了无私奉献、乐于助人的强大正能量，打响了“昌邑义工”品牌。2017年上半年省乡村文明行动、城乡环卫一体化工作实地暗访成绩位居潍坊市第一名，全省电话满意度测评成绩跃升50多个位次。充分体现了广大群众对我们工作的高度关注、非常认可，这既是对我们工作的最大肯定，更是我们前进的最大动力和信心源泉。四是从上级评价来看，昌邑形象实现新提升。在7月中旬潍坊市作风建设现场推进会议上，昌邑市多项工作成为典型，受到通报表扬：①作风建设整体效果好。昌邑市寻标对标提标达标工作计划质量、对标学访和“担当作为、创争一流”任务目标公开承诺事项三项工作被评价为“好”等次。②在效能提升方面表现突出。雅拉年进口澳大利亚20万头活牛屠宰深加工项目实现当年开工、当年投产，形成了“昌邑速度”。③在重点项目建设方面进展迅速。山东新澳新型染料生产项目等项目建设进度较快，华电二期、潍坊污水处理厂污泥无害化处置等项目已经建成投产。④在招院引所方面取得较大进展。潍坊市对昌邑市各项工作是肯定的，这是对我们的极大鼓励和鞭策。

当前，昌邑发展正处在滚石上山、爬坡过坎的关键时期，虽然我们工作取得了很大的成绩，但不进则退、慢进也是退、稍有松懈就掉队垫底、就会被边缘化的形势依然非常严峻。在座的每一位同志一定要有坐不住的责任感、等不起的紧迫感、慢不得的危机感，清醒认识肩上的责任使命，清醒认识昌邑发展面临的机遇和挑战，清醒认识我们自身存在的问题和不足，切实增强“标兵追兵”意识，增强“走在前列”意识，思想境界再提升、推进力度再加大、工作措施再强化，拼上、靠上、豁上，戮力同心、背水一战、全力以赴打一场漂亮的“翻身仗”，力争到年底实现快的提升、大的突破，在新一轮发展大潮中激流勇进、弯道超车、进位争先。

二、把握重点、提速提效，全力推动各项工作实现新突破

做好下半年工作，总的要抓牢新旧动能转换这个“牛鼻子”，扭住“四个城市”建设总抓手，在“一三四五”思路举措的引领下，着重处理好“五对关系”，抓住“五个重点”，精准发力、持续加力，确保完成全年各项目标任务。

在战略上，要处理好“五对关系”，理清思路、保持定力

（一）处理好速度与效益的关系。没有一定的增速，就业、税收、社会稳定就会受到影响，新旧动能转换就没有基础；发展的质量和效益不提高，即使速度上来了，也是不可持续的。我们要看清大势，坚持以提高质量和效益为中心，处理好速度和效益的关系，构建更高质量、更高效益、更可持续的供给体系。当前，昌邑市产业结构突出表现为“四高四低”，即传统产业比重高、重工业比重高、高能耗产业比重高、初级产品比重高；新兴产业比重低、服务业比重低、高新技术产业比重低、高附加值产品比重低。经济调速换挡，关键要看减下去的是什么，如果减下去的是“四高”，换上来的是“四低”，就是提效益、上水平。

（二）处理好点与面的关系。一个地区的发展，往往以一个“点”的突破带动全局。一方面，要树立全局观。各镇街区和市直各部门单位既要根据各自基

础、优势，制定各具特色的发展规划、路径，又要主动在全市发展大局中找方向、定位置，跳出各自为战的局限，推动全市产业、区域、城乡协调发展。另一方面，要找准突破点。坚决不能搞平均主义，分清轻重缓急，做到“点”与“面”相结合、重点突破与整体推进相统一。比如，产业发展不能眉毛胡子一把抓，要以石油化工、盐及盐化工、生态食品等11个拳头产业的重点突破，带动全市产业整体迈向中高端；项目建设不能平均用力，要着重发挥大项目、好项目的引领带动作用，真正让好的项目得到好的资源，实现好的发展。我们抓工作，一定要抓住主要矛盾，抽丝剥茧、以点带面，推动目标实现。

（三）处理好当前与长远的关系。现在，群众最渴望的不再是简单的生存、温饱问题，更多的是追求绿色、健康的生态环境。要真正转变发展理念，把环保作为发展的前置条件，真正做到“三个好”：一是“算好账”，就是既要算好“经济账”“成本账”，更要算好“生态账”“子孙账”，厚储“耐心资本”，守护绿水青山，做到综合效益最佳。二是“拿好尺”，就是要心中有尺度、有分寸，不能急功近利，追求短期效益，特别是在招商引资、引进项目上，绝不能以破坏环境、浪费资源、牺牲子孙后代利益为代价，换取眼前发展。三是“把好度”，就是时刻将生态文明建设放在心上、抓在手上，坚决抓好生态环境治理和保护，坚决守住生态功能保障基线、环境治理安全底线和自然资源利用上线“三条线”，任何时候都不能动摇。

（四）处理好激活与规范的关系。经济发展的快与慢，要害在改革和开放。一方面，要向改革要动力。要在有退有进、有破有立、有放有管“六个有”中，统筹做好上级“规定动作”和昌邑市“自选动作”，使市场的“发动机”更强劲有力、政府的“方向盘”更有为高效。另一方面，要向开放要活力。推进对内对外双向开放，统筹开展内引外联“双通道”，以高层次开放带转型、促升级。对内，要主动融入潍坊“七城一体”发展大格局和青岛“一小时经济圈”，带动提升昌邑市发展能力。对外，要深度融入“一带一路”“中巴经济走廊”等建设，突出重点国家和地区，扩大双向贸易、双向投资，开展外经、外包，引进外智、外资，不断提升昌邑市双向开放水平。

（五）处理好锦上添花与雪中送炭的关系。发展的最终目的是什么？就是要深入践行以人民为中心的发展思想，在做好锦上添花工作的同时，把有限的资源用到刀刃上，多做一些雪中送炭的工作，多办一些便民惠民利民的实事，多解决一些群众牵肠挂肚的问题，集中资源、集中力量统筹抓好就业、教育、医疗、卫生、文化、社保等事业发展，让广大群众共享改革发展成果，不断提升群众的“幸福指数”。

在战术上，要突出“五个重点”，精准发力、全力突破

一要加快项目建设，突出抓好进度、包装和储备。通过前期的观摩点评，干部群众攻坚克难的韧劲、拼劲还有待提升，项目“小、少、弱、散”问题还很突出，尤其是大项目、高端项目、高技术项目、高附加值项目、支撑性项目少，整体档次水平还有待提升。要持续深化“项目建设年”活动，统筹好谋划、招商、审批、建设、运行、服务各环节，上下用力、协同发力、持续加力推进项目建设。要抓好进度。项目没有进度，那就是空谈、指山卖磨。要用好项目跟踪调度、重大问题会商、重点事项督察问责、进度定期调度通报等推进措施，对接项目抓签约，签约项目抓开工，开工项目抓进度，建成项目抓投产，一个一个地拧，争分夺秒地推，确保项目快落地、快建成、快达效。要抓好包装。盯紧国家最新政策信息和投资动态，围绕新旧动能转换和“四个城市”建设包装一批大项目、好项目，完善充实项目库，加大向上对接力度，争取纳入上级盘子、列入2018年计划。要注重方式方法，在做好单个项目包装工作的同时，更加注重项目的整体包装，将多个项目整合为一个大片区、大园区来打造和提升，研究制定整体设计方案。在项目包装、向上争取上，有的部门总是片面强调客观条件，总是畏难发愁、不见行动。要重点解决好个别部门单位存在的“不愿争、不会争、不敢争”的问题，加大“争、跑、抢”的力度，千方百计、不遗余力地做好“七争”工作。要抓好储备。现在，昌邑招商形势是“不是招不到商，而是如何才能招到大商、好商、想要的商”。

要在招商理念上做到“四个转变”：更加注重项目质量，推进招商引资向招商选资转变；更加注重工作实效，推进粗放招商向精准招商转变；更加注重环境优化，推进政策优惠向服务优质转变；更加注重需求对接，推进人为拉感情式的“情感招商”向“智慧招商”转变。要紧盯世界500强、国内100强和行业领军企业，着力引进一批投资大、技术含量高、节能环保的重大项目特别是对产业发展具有引领性作用的重大项目。同时，要大力引进一批处于种子期、孵化期的科技型、高成长型中小项目，加大培育力度，促进发展壮大。要建立招商引才联动机制，引进人才时必须把相关优惠政策列一张清单，告知怎么办，也可以探索实行代办制，大力引进高层次创新创业人才及团队，为转型发展提供强大智力支撑。

经过前期梳理研究，我们着重抓好几个大规划、大项目、大片区、大交通，带动实现全市更高层次新发展。一是高端石化基地项目。滨海是昌邑发展的未来和希望，在区位、产业、空间、配套等方面具有比较优势。当前，省委、省政府把高端石化基地列入新旧动能转换“10+2”重点项目，为我们引进大型化工项目提供了难得机遇。我们多次到国家相关部委、省和潍坊市有关部门进行汇报，并邀请国际高端知名的大型企业进行整体规划设计、招商选商、管理运营，目前各项准备工作快速推进。这个项目是昌邑市下步发展的大支撑、新动力，是加快新旧动能转换的支撑项目，必须全力以赴争取下来。二是“三个规划”。①潍河绿色发展长廊示范区规划。随着潍河开发战略的深入实施，特别是堤顶路的全线贯通，潍河流域正成为昌邑市“三产融合”主阵地。为进一步放大效应，规划建设以潍河为中心，南自市界、北到渤海湾，面积200平方公里的潍河绿色发展长廊示范区，打造“一核、两翼、四段、多点”的发展格局，形成以产业融合为前提的绿色发展带。“一核”即城市综合功能核；“两翼”即以城市中心核为原点形成的南北两翼；“四段”即北部海洋风情旅游段、民俗文化生态休闲段、文化博览绿色休闲段、南部乡土民俗休闲段；“多点”即下营港海鲜街、月牙湖湿地公园、流青园、丝绸博物馆、花彩小镇、青山秀水、田园综合体、梨花小镇等重要节点。潍坊市围绕品质城市建设，准备建设10个示范区，我们要抓好包装推介，积极向上对接，全力争取纳入潍坊市示范区规划。②文山片区规划。文山是昌邑文化的纽带，是昌邑人民情感的寄托，“文山潍水”也一直是昌邑对外的标志。但相比于潍河的开发力度，目前文山黄土满坡、杂乱无章的现状既与其地位不相称、也与群众期待不相符。2017年我们下定决心大片区整体改造占地57公顷的文山片区，着力打造人文历史区、露营区、红色教育主题区等七大板块，规划建设文昌阁、博物馆新馆、规划馆等一批文化工程，花海营地、东山观景等一批景观工程，高端居住片区及生活设施配套等一批民生工程，努力再现文山美景、重塑文山繁华。③高铁新城片区规划。高铁是昌邑人民多年的夙愿，也是推动经济发展的强劲动力。我们以潍莱高铁昌邑南站建设为契机，基本确定15平方公里高铁新城的规划设计，着力打造生态植物园、商贸办公、会展中心、花彩小镇、居住片区等板块，建设昌邑城市新地标、东部新门户。同时，抢抓高铁站口建设机遇，着力培育网络消费、健康养老、文化旅游、休闲健身等新消费热点，放大高铁效益、发展高铁经济，全力迈进“高铁时代”。三是智能装备制造产业园。高铁新城要靠什么来支撑？我想关键还是要靠产业，积极推动产城融合发展。这次，我们下定决心，在最好的位置，拿出2000亩地，建设智能装备制造产业园。这方面，市国土局、龙池镇做出了积极贡献。产业园的建设，我们已经有了落地项目。①浩信新能源电动发动机产业园项目。抢抓潍柴集团打造新能源产业基地的重大机遇，在与潍柴集团深入合作的良好基础上，借助潍柴乘上新旧动能转换这辆“大车”，全力搞好配套服务。这个项目总投资10亿元，占地面积10万平方米，建成后将实现产值30亿元、税收5亿元，进一步提升全市机械制造产业发展水平。②浩信智能化铸造示范工厂项目。已与宁夏共享集团合作，加快智能化铸造示范工厂建设，积极发展智能装备，嫁接提升全市机械制造业智慧化水平，实现以“四新”促“四化”。③徐工集团军民融合工程机械制造项目。前期，我们到中国工程机械行业龙头企业、居中国500强企业第119位的徐工集团进行了现场洽谈，徐工集团到昌邑投资意愿非常强烈，初步确定相关项目落户。打造智能装备制造产业园，必须要高点定位、高端规划，全面引进国内外知名的大企业、大集团。这三个项目，都是引进的国内知名高端品牌，全部建成后将是产业强市、品质城市建设的有力支撑。四是棚改大片区。刘曙光书记明确提出，大片区开发是提升城市价值的有效途径，各县市区都要抓住当前棚户区改造历史机遇，高质高效规划开发一批大片区，为提升城市品质提供支撑和示范，今后还要把片区综合开发作为观摩点评的重点。奎聚街道将南庄、中庄、辛一、辛三4个村作为一个大片区，总投资13.9亿元进行统一拆迁、整体开发。都昌街道采取大片区方式推进，总投资21.7亿元，总建筑面积81万多平方米，8个城中村群众将集中安置。围子街道27个村的整体开发。等等。对这些大片区，我们要重点整体打造，成为品质城市建设的重要支撑。五是市中医院。充分结合群众对中医药越来越高的需求度、认可度和上级对中医院建设的明确要求，先搞好市中医院的建设，然后稳妥有序推进，做大做强黄元御中医文化品牌，再打造一张昌邑文化名片。六是潍水田园综合体。田园综合体是集现代农业、休闲旅游、田园社区为一体的特色小镇和乡村综合发展模式，是在城乡一体格局下，顺应农村供给侧结构改革、新型产业发展，结合农村产权制度改革，实现中国乡村现代化、新型城镇化、社会经济全面发展的一种可持续性模式。2017年，我们认真研究上级政策要求，结合昌邑自身实际，计划总投资50亿元，规划面积20平方公里，采取“政府引导、企业投资、农民参与、财政扶持、市场化运营管理”的新模式，规划建设核心区域、辐射带动、生态景观三大板块，一二三产业“三产融合”、农业文化旅游“三位一体”的田园综合体。2017年全国只在10个省搞试点，每个省只有1个，数量少才显珍贵。前期，经过我们坚持不懈地向上对接和积极争取，取得了非常不错的成效。现在，项目已被列入省田园综合体建设唯一试点项目，获得上级财政补助1.46亿元，目前2017年省和潍坊市2200万元扶持资金已经到位。我们要抢抓这次难得的机遇，将潍水田园综合体创出典型、创出经验。七是大交通。大发展离不开大配套，而交通体系是最重要的基础设施配套。依托潍莱高铁、济青高铁、京沪高铁中线、环渤海高铁等项目建设，进一步完善昌邑市整体交通大框架，打通昌邑对外开放的“大通道”。积极主动对接青岛，潍莱高铁建成后，将实现昌邑站和平度站连接互通，再由平度轻轨可直达青岛，时间上更加便捷。同时，计划拓宽改造昌平路，在公路路网上主动对接青岛，便于昌邑市融入青岛“一小时经济圈”，接受青岛的辐射带动。利用宝通街东延重大机遇，全面融入潍坊市“七城一体”发展大格局。推动灶朱路南延，打通城区南出口，构建更加贯通的交通路网体系。八是山东环境工程职业学院。经过我们前期的精心筹备、积极争取，目前，山东环境工程职业学院已列入省“十三五”高等学校设置规划草案，正在等待教育部正式批复。本月底前，17栋教学楼、实训楼、学生宿舍楼等将全面开工建设，2018年将具备入学条件。学院建成后，既能为昌邑市转型发展、新旧动能转换提供人才智力支撑，又能带动服务业等相关产业发展，更能推动昌邑城市品质进一步提升。学院的建设过程，一定要坚持高点定位，高标准打造，使之成为昌邑城市发展的新地标。技师学院等有关方面要搞好配合，确保各项工作顺利推进，工程按期建成投入使用。这些项目的规划打造，将对昌邑市完成“十三五”规划目标起到支撑和推动作用，从而加快实现“经济强、百姓富、生态美、群众幸福感和满意度高”的奋斗目标。这需要大家共同努力。

二要推动产业转型，突出抓好产业智慧化、智慧产业化、跨界融合化和品牌高端化。要突出传统产业的产业智慧化。传统产业是昌邑的家底，我们现在要做的，就是要把家底做优、做厚、做殷实。要把新技术、新业态、新模式作为传统产业改造提升的“钥匙”，加快推动石油化工向精细化工、化工新材料延伸，盐及盐化工向新型、环保、高性能精细化工拉长，机械制造向智能化、精细化、高端化、成套化发展，纺织印染向最终消费品、品牌产品、个性定制产品发展，食品加工向生态化、品牌化、现代化提升，推动传统产业由“汗水驱动”向“智慧驱动”转型发展。要深入开展“行业走出去寻标对标提标达标”活动，引导企业学习借鉴国际国内先进经验，既扩大对外经济技术交流合作、以对外开放推动产业转型升级，又促进企业提高标准、提升境界，勇争行业龙头。要突出新兴产业的智慧产业化。《“十三五”国家战略性新兴产业发展规划》提出要形成新一代信息技术、高端制造、生物、绿色低碳、数字创意等5个产值规模10万亿级的新支柱，省里提出重点发展新材料、现代海洋等七大新兴产业，潍坊市提出要打造电子信息、生物医药、生物基材料三个千亿级和智能装备、节能环保、新能源汽车三个300亿级新兴产业集群，我们要选择有基础有潜力的领域深入对接、全力突破，膨胀数量、提升质量，打造一批新的优势骨干产业，尽快形成经济发展新优势。同时，对人工智能、共享经济、创意经济等正在兴起或萌芽的新兴产业，要超前谋划、提前布局，找准突破口和切入点，掌握未来发展的主动权。要突出重点领域的跨界融合化。当前，产业跨界融合加速推进，产业之间的边界越来越模糊，新的商业模式、运营模式不断涌现，要顺应融合发展大趋势，全面推进农业“新六产”培育、制造业与互联网融合、服务业与先进制造业融合、旅游业与上下游产业融合、产城融合、以技术创新为重点的军民融合等“六大融合”，努力实现全产业融合、全环节提升、全链条增值。要突出品牌高端化。品牌是质量和诚信的象征，也是企业长盛不衰的“三大法宝”之一。要把品牌建设摆在重要位置，立足昌邑市基础，突出实用性，既要重视品牌的数量，更要重视品牌的规模；既要重视品牌的培育，更要重视品牌的引进与并购；既要重视品牌的打造，更要注重品牌的维护，全力打造一批有影响力和知名度的特色品牌。要全面加强质量管理，鼓励企业发扬“工匠精神”，潜心上品种、提品质、创品牌，培育更多“百年老店”，提高市场竞争力。

三要壮大市场主体，突出抓好总量、服务和环境。市场主体的数量多少、规模大小、结构优劣，决定着一个地方经济发展速度和质量。要做大总量。要坚持外引与内培并重、增量与存量齐抓，重点处理好三个方面的关系。①“内与外”的关系。对本土企业和外来企业要做到一视同仁，平等对待，既要注重招引一批像中信环境、海天生物、金典化工这样的外来企业，又要注重壮大一批像灶户盐化、浩信、同大、康洁这样的本土企业，让本土企业和外来企业享受一样的待遇、感受同样的温暖、站在同一起跑线上。②“大与小”的关系。要开展好“两群”企业培育工程和中小企业专项培育行动，既要扶大又要促小。立足昌邑市的产业基础，我们不仅要强调“大而强”，更应强调“专而精”。要集中资源、一企一策，加快优势企业兼并重组、技术改造、股改上市、规模发展步伐，全力扶优扶强，着力培育一批5亿级、10亿级、百亿级、千亿级梯次并进的龙头企业群和省内、国内、世界持续提升的“隐形冠军”企业群。像机械行业的永富弹簧、昌宁机械、浩信、康迈信、派康管业，化工行业的金典、灶户、汉兴；食品行业的雅拉，节能环保行业的中信环境、金丝达，新能源行业的天恩能源、瑞其能、三峡海上风电，服务业的康洁、金陵御景湾酒店，苗木业的奥孚，等等。我们要认真梳理研究，实行重点扶持，尽快做专、做精，进而做大、做强，做成行业龙头和“隐形冠军”。要发挥好中小企业专项服务平台作用，为中小企业发展全方位全流程提供人才、技术、融资、研发、营销等服务，推动中小企业健康发展，形成龙头企业“顶天立地”、中小企业“铺天盖地”的发展格局。③“三次产业”的关系。农业现代化、工业转型、服务业提速，必须以企业为支撑，每个产业领域加快培育一批骨干企业、一批行业龙头企业和一批高成长企业。要强化服务。要结合开展“精准帮扶企业升级年”活动，进一步完善包靠企业制度，真正把企业的事情当做自己的事情，提高指导企业发展的专业化水平，加强与企业的沟通联系，全面掌握企业运行、市场变化等情况，全心全力为企业搞好服务。要创优环境。要持续深化“放管服”改革，开展削权减证、流程再造、精准监管、体制创新、规范用权五大行动，让服务更高效，让企业更便利，为企业营造宽松舒适的发展环境。要加大政策支持力度，土地、资金、人才等各类要素要重点保障企业发展，在这方面既要制定普惠性的政策措施，又要根据不同企业发展的实际情况，制定个性化的支持方案，努力形成重视企业、支持企业、发展企业的鲜明导向。要进一步优化城市环境，完善基础设施、提高“硬实力”，优化软环境、增强“软实力”，加快建设品质城市，为企业发展营造良好的社会环境。

四要加强经济调度，突出目标导向、考核导向和问题导向。要突出目标导向。对照年初目标比进度、查问题、找原因，一件一件盘点，一项一项落实，进展好的，要继续保持；有差距的，要深入研究，强化调度，采取得力措施及早赶上。市委市政府督查室对相关情况要及时梳理，特别是对差距大的要进行通报督促。要突出考核导向。工作干得怎么样，考核成绩最有说服力。要坚持潍坊市考核办法和昌邑市考核办法统筹抓，全力以赴推进各项工作。特别是承担潍坊市考核任务的48个部门单位要认真研究、深入分析潍坊市考核办法，把握考核重点和评判标准，放大优势，补齐短板，该得的分数一定要得到，不该失的一分也不能少。要加强向上对接，勤汇报常沟通，全面了解指标工作情况，详细掌握各自工作在潍坊市的排名，增强工作主动性。要突出问题导向。发改、统计、财政、经信、商务等有关部门，要加强对重点区域、重点产业、重点企业的监测分析，研究重大政策实施、市场需求变化等对经济增长的影响，及时科学应对，把握工作主动权。

五要树牢底线思维，突出抓好安全、生态、金融、稳定和扶贫。要按照省委、省政府“1+5”的部署要求，在防风险守底线、维护安全稳定上用心用力，为经济社会发展营造良好环境。要抓好安全生产。必须时刻绷紧安全生产这根弦，严格落实安全生产责任制，全面深化标准化规范化建设，强化危险化学品、建筑施工、道路交通、消防等重点领域风险防控和隐患排查治理，突出抓好化工产业安全生产转型升级，推动全市安全生产形势持续好转。要抓好生态环保。以迎接中央环保督察组督察为契机，全面压实企业主体责任、镇街区属地责任、部门监管责任，坚持标本兼治，聚焦打好大气、水、土壤污染防治“三大战役”，切实抓好煤炭减量替代、“小散乱污”企业取缔、河长制管理等重点工作，按照严和实的要求在解决突出问题上用功发力，全力打好环境保护突出问题综合整治攻坚战。要抓好金融安全。在进一步提升金融服务实体经济效能、深入推进金融改革的同时，抓紧抓实金融风险防控，加大担保圈、非法集资、互联网金融等领域的风险排查力度，建立政、监、金、企四方密切合作的风险防控协作机制，坚决守住不发生系统性、区域性金融风险底线。要抓好社会稳定。强化社会治安综合治理，完善社会矛盾纠纷排查预防和调处化解综合机制，做实做细群众工作，深入解决引发社会矛盾的源头性、基础性问题。尤其要发挥好基层网格作用，在军队退役人员安置和权益保障、信访积案化解、重点人员稳控等方面狠下功夫，确保“五个不发生”。要抓好精准脱贫。坚持分类指导、精准施策，既要集中力量打掉贫困的“标”，还要巩固脱贫的“果”，拔掉贫困的“根”，年内坚决完成脱贫攻坚政治任务。

在这里，我再重点强调一下创建全国文明城市工作。9月初，中央测评组将到昌邑市进行现场测评，这次测评直接决定昌邑市能否获评全国文明城市，时间紧迫、任务艰巨、竞争激烈。需要全市上下认真总结“创城经验”，继续弘扬“创城精神”，充分用好“创城力量”，坚决打好创城“终考”攻坚战。要雷厉风行抓整改，补齐短板弱项。对于省文明办测评中的失分项目，相关部门单位要主动认领，对号入座，一项一项抓落实，一条一条抓整改，全面查缺补漏，全面提标达标。同时，要注重举一反三，对照测评体系要求，全面开展问题排查整改，问题不整改不放过、工作不到位不放过，做到各项指标不丢分、不失分。要明确责任促落实，形成创建攻势。创城涉及方方面面，需要全市上下都“动起来”，全员发动、全员参与，深入推进网格化管理，定人定岗定职责，任何部门单位和个人都不能置身事外。市级领导要加强现场督导调度，快速推动重点难点问题解决。各级各部门各单位要把创城作为“一把手”工程，主要负责同志亲自抓问题摸排、抓任务分解、抓分工合作、抓工作落实，以“干则一流、出则精品”的意识，自我加压、提升标杆，确保成功。要始终保持斗志不松懈，全力以赴攻坚。创城到最后，比的是拼劲，拼的是韧劲。大家要咬紧牙关、坚持到底，以决战决胜的信心、坚韧不拔的斗志，全力冲刺、奋力攻坚，坚决拿下全国文明城市这块金字招牌，向58万昌邑人民交上一份满意的答卷。

三、凝心聚力、担当作为，以严实作风促进工作落实

当前，全年时间已过大半，“思想作风建设年”

活动也处于深化提升的关键阶段，要持续巩固和扩大活动成果，贯彻落实半年工作务虚会议提出的“六个做到、六个反对”要求，全力推动工作落实，不断把思想作风建设引向深入，为实现全年任务目标提供强大作风保障。

（一）同心同德抓落实。推动昌邑加快发展、进位争先，哪怕个人能力再强，也是不可能完成的，必须凝聚共识、凝聚力量。一要以发展统一思想。目前，昌邑市的主要矛盾仍然是发展问题。要坚决摒弃“半年过去了，歇一歇、喘口气”的想法，始终扭住发展第一要务不放松，以踏石留印、抓铁有痕的韧劲办好发展的事情。二要以事业凝聚力量。昌邑大局好，大家才会好；昌邑发展快，大家都受益。大家无论在哪个岗位上，干什么事情，都要自觉服从和服务于昌邑发展这个大局，找准位置，负起责任，做到一个目标一条心、一个声音一股劲、一个政令喊到底，齐心协力把昌邑的事情办好。三要以导向激发干劲。在这一点上，市委的态度十分明确，就是要看能力、看业绩、看担当，选拔重用敢于担当作为、埋头苦干实干的优秀干部，体现“干与不干不一样、干多干少不一样、干好干坏不一样、拼命干与轻松干不一样”，以鲜明的用人导向提振干事创业“精气神”。

（二）尽职尽责抓落实。要主动作为、主动担当、依法作为，立干事创业之志、尽党员干部之责。一要高点站位。要跳出昌邑看昌邑，善于把我们的工作放在潍坊市、全省中来谋划、审视和推进，反对小成即安、小进即满，不断自我加压、拉高标杆，敢与快的比速度，敢与强的比效益，敢与好的比质量，唯旗必夺、唯先必争。要结合开展“寻标对标提标达标”行动，高标准提标、高质量达标甚至高水平创标；凡是能量化考核、可比较的工作，都要在潍坊市、全省争先进，无法用指标衡量的，也要干出一流水平。二要快字当头。牢牢把握“凡是确定了的事就要办，而且快办办好”这一原则，只要是市委、市政府部署的任务、确定了的事项，都要不犹豫、不彷徨、不懈怠，倒排工期、挂图作战，一刻不停地抓推进抓落实。各项工作进展较好的，要能快则快、能超则超；相对滞后的，必须找准症结，采取果断措施往前赶，决不能拖后腿；对上级安排部署的新任务，要早谋划、早安排、争主动。三要一线攻坚。市级领导干部带头践行“半天办公室，半天一线调度”的工作方法，放下架子、扑下身子，把“办公桌”搬到招商引资、项目建设、安全环保、社会稳定的现场，点对点、面对面协调解决问题、推动落实。特别是在座的各位，既要以身作则、带头实干，又要将压力传导到广大干部，引导一线干部，争做主人不做看客，拿出舍我其谁的锐气、昂扬向上的朝气，冲在第一线、干在最实处，做到困难面前有我们，我们面前无困难。

（三）求实求效抓落实。当前，一些干部在抓落实、求实效上存在“唱功”好、“做功”差，会上热、会下冷，前面紧、后面松等问题。如果任其泛滥，必然贻误发展。怎样做到求实求效？首先，决策要实。想事情、定目标、做规划，要尊重客观规律，尊重现实条件，尊重群众意愿，坚持做正确的事，把正确的事情做正确。所有重大决策、重大项目，都要完善决策程序，科学论证、充分论证，必要的请专家讨论。其次，措施要实。任何一件事情、任何一项工作，只有抓具体、具体抓，落实到项目、落实到实事，才能落到实处、见到实效；笼而统之、大而化之，空喊口号、只做样子，最后什么事情也干不成！对每一项工作都要实行“项目化”推进，明确市级分管领导、责任单位、责任科室和责任人，一旦没有落实到位，是哪一个环节没落实好，就追究到哪一个环节的具体责任人。再次，效果要实。干工作、促发展，既要看数字、看位次，更要看实事、看项目；还要看上级、社会、群众的认可度。要进一步强化效益、效率、效果、效应意识，谋求实实在在的发展、追求实实在在的成效，确保昌邑发展决策实、推进实、效果实。

最后，借这个机会，我想与我们的企业家聊一聊发展的问题。新形势下，我们所追求的发展，应当是有效益、有质量、可持续的发展。这就要求我们必须强化底线思维和红线意识，牢固树立“底线就是生产力、发展力”的观念，在保护中发展、在发展中保护。当前，我们全市的发展，包括我们企业的发展，都面临着空前的安全生产和环境保护压力。但大家要清醒地认识到，这种压力，是新常态下转型升级、新旧动能转换的内在要求，是大势所趋。我们必须要顺应大势，积极面对，严格按照相关要求，不折不扣地将各项工作任务落实到位。对于这种压力，大家要辩证地看，不要只看到它对企业发展带来的暂时性困难，更要看到这也是一个重大机遇，能够倒逼企业转型升级，实现企业竞争力的整体提升，实现可持续发展。

我们常说，企业是实体经济的主体，是转型升级的主力军。尤其是我们今天参会的这些特大型、大型企业、中型企业，更是支撑昌邑转型发展、跨越赶超的中流砥柱，市委、市政府对你们寄予厚望。面对当前转型升级的“阵痛”，我们有的企业家存在焦虑情绪也是正常的。各镇街区要加强服务引导，坚定企业发展信心。当然，也有部分企业家立足全市发展大局，提出了一些很好的意见建议，这非常好。希望有越来越多的企业家能够提出更多、更好地意见建议，共同来推动昌邑的发展。市委、市政府无论何时，都将全心全意、全力以赴支持我们企业的发展。同时，也希望广大企业家，能够携起手来、抱团发展、共渡难关。我们坚信，昌邑的发展、广大企业的发展，一定会更好！

同志们，做好下半年的工作，任务艰巨、责任重大。全市上下要认真贯彻落实中央、上级和市委、市政府部署要求，坚定信心、立下恒心、团结一心，用心干事、用劲干事、科学干事，确保圆满完成全年目标任务，为践行新理念、建设新昌邑、率先全面建成小康社会作出新的更大贡献！

大事记

Da Shi Ji

1月

1日　名人名家艺术展示馆筹建暨“庆元旦”昌邑籍书画名家故乡情2017迎春座谈会举行。市委常委、宣传部部长刘世海出席座谈会并致辞。

3日　省人大常委会委员、城乡环委主任委员杨焕彩到昌邑调研城镇化建设工作。市委书记吕珊珊，市委副书记、代市长李玉祥，市领导李鹏、庞明庆、刘煜陪同活动。

4日至5日　昌邑市召开2016年度市直部门（单位）述职评议会议。市委书记吕珊珊，市委副书记、代市长李玉祥出席会议；市委副书记王龙堂主持会议。

6日　潍坊市关工委副主任王秀河到昌邑调研。市委书记吕珊珊，市委副书记、代市长李玉祥，市领导王龙堂、刘煜陪同活动。

7日至8日　昌邑市在广州召开2017山东昌邑（广州）项目对接洽谈会。市委书记吕珊珊，副市长孔德奎参加活动。

10日　2016年度潍坊市《人口和计划生育目标管理责任书》调查考核组到昌邑考核2016年度人口责任目标执行情况。市委副书记、代市长李玉祥，市领导王龙堂、赵海龙参加汇报会。

11日　昌邑市组织收听收看国务院安委会、省政府召开的安全生产电视会议。市委书记吕珊珊，市委副书记、代市长李玉祥，市领导王龙堂、刘世海、胡筱芹、李鹏等参加会议。

12日　昌邑市召开2016年度党（工）委书记抓基层党建工作述职评议会议。潍坊市委常委、军分区政委郝树东及潍坊市委组织部有关领导到会指导，市委书记吕珊珊对党（工）委书记抓基层党建工作情况进行点评并讲话。市委副书记、代市长李玉祥，市领导王龙堂、李中福、周娟等出席会议。

同日　中共昌邑市委十三届十五次全体会议召开。市委书记吕珊珊主持会议，市委委员、候补委员参加会议。

13日　中国共产党昌邑市第十四次代表大会召开主席团第一次会议。会议由市委副书记、代市长李玉祥主持。

13日至16日　中国共产党昌邑市第十四届代表大会在市会议中心召开，332名代表出席大会。吕珊珊代表中共昌邑市第十三届委员会向大会作了题为《践行新理念，建设新昌邑，为率先全面建成小康社会而努力奋斗》的工作报告。

15日　马来西亚威赢世纪控股有限公司执行主席拿督斯里吴帝庆一行到昌邑考察。市领导吕珊珊、刘煜、赵海龙等陪同活动。

16日　市领导吕珊珊、李玉祥、李中福、刘煜走访慰问潍坊军分区和北方战区陆军炮兵靶场官兵。

同日　中共昌邑市第十四届纪律检查委员会举行第一次全体会议。选举产生中共昌邑市第十四届纪律检查委员会常务委员会委员、书记、副书记。

17日　潍坊市检查组到昌邑检查2016年度落实全面从严治中国共产党主体责任情况。市委书记吕珊珊，市委副书记、代市长李玉祥，市领导王龙堂、庞胜明等参加汇报会。

同日 潍坊市委常委、军分区政委郝树东到昌邑走访高层次人才，慰问生活困难党员、困难群众、中华人民共和国成立前老党员。市委书记吕珊珊，市领导胡筱芹、刘煜陪同活动。

同日 市政协十二届二十四次常委会议在市会议中心召开。市政协主席李中福，市委常委、统战部部长刘焕成，市政协党组副书记张天辉、冯义军、夏麦香、孙孝工、吴红玉，秘书长王升文出席会议。

18日 潍坊市第六批援藏工作组领队、西藏南木林县常务副书记闫凤林一行到昌邑调研。市委书记吕珊珊，市委副书记、代市长李玉祥陪同活动。

同日 市十七届人大常委会举行第三十三次会议。市人大常委会党组书记、第一副主任周娟出席会议并讲话，市人大常委会副主任李建军主持会议。会议经过审议，决定昌邑市第十八届人民代表大会第一次会议于1月下旬召开。

18日至21日 中国人民政治协商会议第十三届昌邑市委员会在市会议中心召开，233名代表出席。会议选举产生市政协十三届委员会主席、副主席、秘书长及常务委员。

19日 “走向春天——2017年昌邑春节联欢晚会”在昌邑剧院上演。市委书记吕珊珊，市委副书记、代市长李玉祥，市领导王龙堂、李中福、周娟等参加。市委常委、宣传部部长刘世海致辞。

19日至22日 昌邑市第十八届人民代表大会第一次会议在市会议中心召开，236名代表出席。会议选举产生市十八届人大常委会主任、人大常委会副主任。选举产生市人民政府市长、市人民政府副市长。

22日 潍坊银监分局局长刘世明到昌邑调研金融工作。市委书记吕珊珊，市委副书记、市长李玉祥，市领导李鹏、刘煜、高敬东、孔德奎陪同活动。

23日 昌邑市召开离退休老干部庆新春座谈会。市委书记吕珊珊出席会议并讲话，市委副书记、市长李玉祥主持会议，市领导李中福、周娟、刘世海、胡筱芹、田立军、李鹏、刘煜、刘焕成参加座谈会。

24日 市委常委班子召开民主生活会。潍坊市委常委、军分区政委郝树东到会指导，市委书记吕珊珊主持会议并作总结讲话。

同日 市委副书记、市长李玉祥，市领导王龙堂、刘世海等到市广播影视中心、人民医院、自来水公司第一水厂、长途汽车站、市公安局110指挥中心走访慰问节日期间坚守在一线的干部职工。

25日 市委书记吕珊珊，市领导李中福、胡筱芹等到供电公司、山东昌邑石化有限公司、石化热力公司、市公安局消防大队、武警中队、看守所走访慰问节日期间坚守在一线的干部职工和官兵。

同日 市委副书记、市长李玉祥到柳疃镇走访高层次人才，慰问部分困难群众、困难党员、劳动模范、伤残退伍军人、中华人民共和国成立前老党员。

27日 市委书记吕珊珊到老年公寓、派出所等单位走访慰问。市领导刘煜、王树国参加活动。

同日 市委副书记、市长李玉祥发表新年贺词，给全市人民拜年。

是月 柳疃镇被授予“山东省重点示范镇”称号。

是月 饮马镇、柳疃镇青阜村、龙池镇王家庄子村、龙池镇王范庄村、饮马镇大谢村被评为2016年度省级文明村镇。市委宣传部、市环境保护局、市人民法院被评为2016年度省级文明单位。奎聚街道潍水社区、都昌街道西城社区被评为2016年度省级文明社区。

是月 奎聚街道城关社区列入省人社厅、省财政厅等8部门联合公布的全省首批创业型社区名单。

2月

3日 市委召开常委（扩大）会议。要求市级领导迅速收心归位，为全年工作开好局、起好步。市委书记吕珊珊主持会议并讲话，市委副书记、市长李玉祥，市委副书记王龙堂，市人大常委会主任李中福，市政协主席周娟及市委常委、部分市级领导参加会议。

5日 潍坊金丝达新能源科技有限公司与苏州高新中科成环保产业有限公司“生活垃圾资源化利用项目”签约。副市长孔德奎出席签约仪式。

6日 省农发行行长赵富洲调研昌邑市棚户区改造工作。市委副书记、市长李玉祥陪同活动。

8日至9日 省经信委调研员、省化工转型办综合规划组副组长李文峰带领调研组调研昌邑市化工园区规划布局情况。市领导李明杰陪同调研。

8日　潍坊金丝达实业有限公司与西藏日喀则市人民政府“生态产业发展项目”签约。日喀则市副市长李玉建，潍坊市政府党组成员陈汝孝，昌邑市副市长孔德奎出席签约仪式。

10日　市政协召开十三届一次主席会议。市政协主席周娟，党组副书记张天辉，副主席冯义军、孙孝工、吴红玉、李友田、李敏、孙永涛出席会议。

12日　中共昌邑市纪委十四届二次全体会议召开。市委书记吕珊珊出席会议并讲话。

15日至17日　中国共产党潍坊市第十二次代表大会召开。市委书记吕珊珊，市委副书记、市长李玉祥，市领导刘世海、庞胜明、胡筱芹、田立军等34名代表参加会议。

16日　省水利厅厅长刘中会一行到昌邑市调研胶东调水工作。潍坊市副市长刘建国，昌邑市委副书记、市长李玉祥，副市长曲伟陪同调研。

17日　市十八届人大常委会召开第二次主任会议。市人大常委会主任李中福主持，市人大常委会党组副书记庞明庆，副主任李建军、夏麦香、戚风乾、王明胜、高敬东出席会议。

同日　中国工程院院士赵振东率省农业厅考察组，到昌邑开展春季小麦苗情考察和巡回指导工作。副市长曲伟陪同考察。

同日　吉林省住房和城乡建设厅厅长孙众志一行到昌邑市考察农村生活垃圾和无害化卫生厕所改造工作。山东省住房和城乡建设厅厅长王玉志，昌邑市副市长曲伟陪同考察。

19日　德州市陵城区区委书记马常春率党政考察团到昌邑考察。市委副书记、市长李玉祥，市领导刘煜、孔德奎陪同考察。

20日　国网潍坊供电公司总经理王训杰一行到昌邑检查指导工作。市委书记吕珊珊，市委副书记、市长李玉祥，市领导刘煜、孔德奎陪同活动。

同日　潍坊市政府党组成员、市公安局局长吴磊到昌邑调研公安工作。市委书记吕珊珊，市委副书记、市长李玉祥，市领导庞胜明、刘煜、王树国陪同调研。

同日　卡塔尔市政环境部副部长兼环卫司司长萨法·穆巴拉克一行到昌邑考察环卫一体化。市领导李玉祥、李鹏陪同活动。

同日　市十八届人大常委会举行第一次会议。市人大常委会主任李中福，副主任李建军分别主持会议。

21日　昌邑市举办历史文化遗产资源概况报告会。市委书记吕珊珊，市委副书记、市长李玉祥出席报告会。市委常委、宣传部部长刘世海主持报告会。

22日　市政协召开十三届二次主席会议。市政协主席周娟，党组副书记张天辉，副主席冯义军、孙孝工、吴红玉、李友田、李敏、孙永涛出席会议。

同日　昌邑市召开全市宣传文化工作会议。市委常委、宣传部部长刘世海出席会议并讲话，副市长赵海龙主持会议。

同日　昌邑市组织收听收看全省深化道路交通“平安行·你我他”行动工作电视会议。副市长、市公安局局长王树国参加会议。

23日　潍坊市十七届人大一次会议昌邑代表团召开代表团全体会议。市委书记吕珊珊主持会议并讲话，市委副书记、市长李玉祥，市人大常委会主任李中福、副主任李建军，市法院院长，市检察院检察长出席会议。

24日至25日　潍坊市委常委王兆辉，潍坊市人大常委会党组副书记、副主任刘明珂到昌邑市代表团与人大代表们一起审议潍坊市委副书记、代市长李宽端在第十七届人民代表大会第一次会议上所作的《政府工作报告》。昌邑市委书记吕珊珊，市委副书记、市长李玉祥，市人大常委会主任李中福参加审议。

28日　市政协召开十三届三次主席会议。市政协主席周娟，党组副书记张天辉，副主席冯义军、孙孝工、吴红玉、李友田、李敏、孙永涛出席会议。

是月　下营镇被潍坊市绿化委员会、市林业局联合授予“潍坊市森林镇”称号。

是月　昌邑市人民防空办公室被省人力资源社会保障厅、省军区司令部、省人防办授予“全省人民防空先进集体”称号。

是月　省新闻出版广电局授予奎聚街道潍水社区农家书屋为省级“示范农家书屋”，北孟镇魏马村为省级“书香之村”，饮马镇徐家庙子村村民朱尊亮家庭为省级“书香农家”。

是月　市检察院办理的两起案件分别被评为全国刑罚交付执行法律监督精品案件和全国羁押必要性审查精品案件。

是月　昌邑一中入选中国教育科学研究院确定的首批 411 所“中国新样态联盟首批实验学校”。

3 月

1 日　蓝城置业（杭州）集团有限公司总经理吴旭炯率考察团到昌邑考察特色小镇建设情况。市委书记吕珊珊，市委副书记、市长李玉祥，市领导李鹏、刘煜陪同有关活动。

2 日　市委书记吕珊珊，市委副书记、市长李玉祥，市人大常委会主任李中福，市政协主席周娟，市领导刘煜、庞明庆等欢送出席十二届全国人大五次会议的代表刘国田赴京参会。

同日　潍坊市规划局局长孙守勤一行到昌邑调研。市委书记吕珊珊，市委副书记、市长李玉祥，市领导李鹏、刘煜陪同调研。

3 日　市委书记吕珊珊率检查组到下营镇检查 2016 年度落实全面从严治党主体责任情况。带领财政、国土、环保等部门主要负责人到滨海（下营）经济开发区下营工业园、下营镇调研。市领导刘煜、李明杰陪同活动。

同日　市委副书记、市长李玉祥调研昌邑康洁环卫集团和市妇幼保健院新院项目。市领导李鹏、赵海龙陪同活动。

4 日　市委常委（扩大）会议召开。传达学习潍坊市十二次党代会精神和潍坊市十七届人大一次会议精神、潍坊市政协十三届一次会议精神。市委书记吕珊珊主持会议并讲话。

5 日　市委书记吕珊珊带领发改、民政、财政、国土、建设、水利、农业、文化、卫计、环保、规划、旅游等部门负责人到柳疃镇、龙池镇调研。市委常委、办公室主任刘煜参加调研。

6 日　山东省高级人民法院党组成员、政治部主任尹佐海在潍坊市中级人民法院党组书记、院长姜树政陪同下到昌邑调研。市委书记吕珊珊，市委副书记、市长李玉祥，市领导王龙堂、刘煜陪同活动。

同日　市十八届人大常委会召开第三次主任会议。市人大常委会主任李中福主持。市人大常委会党组副书记庞明庆，副主任李建军、夏麦香、戚风乾、王明胜、高敬东出席会议。

同日　市政协召开十三届四次主席会议。市政协主席周娟，党组副书记张天辉，副主席冯义军、孙孝工、吴红玉、李友田、李敏、孙永涛出席会议。

7 日　全市经济工作会议召开。市委书记吕珊珊出席并讲话，市委副书记、市长李玉祥主持会议。会议表彰 2016 年度突出贡献企业、先进企业、优秀新生代企业家、节能降耗先进企业、环境保护先进企业、安全生产工作先进企业、科技创新工作先进企业等先进单位和个人；公布 2016 年度全市特大型、大型、中型企业及优秀新生代企业家名单。

同日　中国农业发展银行潍坊市分行行长陈鲁宁一行到昌邑考察。市委书记吕珊珊，市委副书记、市长李玉祥等市领导陪同活动。

8 日　全市纪念“三八”国际劳动妇女节 107 周年大会暨“巾帼向党　建功新城”主题系列活动启动仪式举行。市委副书记王龙堂出席会议并讲话，市领导李鹏、夏麦香、孙永涛出席会议。

9 日　省海洋与渔业厅副厅长崔凤友到昌邑调研。市委书记吕珊珊，市委副书记、市长李玉祥，市领导李明杰分别陪同活动。

同日　市委书记吕珊珊带领农业、供销联社等部门主要负责人到卜庄镇调研。市委常委、办公室主任刘煜陪同调研。

同日　市政协召开十三届一次常委会议。市政协领导班子成员、常务委员出席会议。会议学习传达潍坊市政协十三届一次会议精神。

10 日　潍坊市教育局局长徐友礼到昌邑调研教育工作。市委书记吕珊珊，市委副书记、市长李玉祥，市领导胡筱芹、刘煜、赵海龙分别陪同调研。

11 日　昌邑市 2017 年重点项目集中开工暨山东雅拉食品有限公司雅拉生态食品科技园项目奠基仪式举行。市委书记吕珊珊出席仪式，市委副书记、市长李玉祥，市委副书记王龙堂，市人大常委会主任李中福，市政协主席周娟等市领导参加仪式。

12 日　昌邑市组织开展植树节树苗赠送活动。市领导王明胜、曲伟、冯义军参加活动。

13 日　潍坊市委副书记、市长李宽端到昌邑调研。昌邑市委书记吕珊珊，市委副书记、市长李玉祥，市领导李鹏、刘煜、李明杰、赵海龙、孔德奎、曲伟分别陪同活动。

同日　市人大常委会主任李中福，市人大常委会党组副书记庞明庆，副主任戚风乾、王明胜、高敬东带领市人大常委会全体机关干部和驻下营镇的市人大代表到下营镇鼎立薄壳核桃种植示范园开展义务植树活动。

14 日　全市安全生产工作会议召开。市委副书记、市长李玉祥主持会议并讲话，市领导李鹏、李明杰、赵海龙、孔德奎、曲伟出席。

15 日　江西省上饶市信州区委书记王其中一行到昌邑考察林业工作。市委副书记、市长李玉祥，市人大常委会主任李中福，市人大常委会党组副书记庞明庆陪同活动。

16 日　市政协举办历史文化遗产资源概况讲座。市政协主席周娟，党组副书记张天辉，副主席冯义军、孙孝工、李友田、李敏、孙永涛以及全体政协机关干部参加讲座。

17 日　省胶东调水局局长郑瑞家在省胶东调水局潍坊分局局长马安堂陪同下到昌邑调研。市委副书记、市长李玉祥，副市长曲伟陪同活动。

18 日　市政府召开第 1 次常务会议。市委副书记、市长李玉祥主持。研究全省第三批村级公路网化示范县工程、水资源管理保护、城区自备井整治、种植业“三品一标”品牌认证、农村改厕后续粪便处理等工作，听取市融资担保公司增资等汇报。

20 日　潍坊市副市长马清民到昌邑调研维护胶东调水秩序情况。市委书记吕珊珊，市委副书记、市长李玉祥，市领导刘煜、曲伟陪同活动。

21 日　潍坊海关关长张越到昌邑开展政策宣讲和现场办公。市委书记吕珊珊，市委副书记、市长李玉祥，市领导刘煜、赵海龙分别陪同活动。

同日　市十八届人大常委会召开第四次主任会议。市人大常委会主任李中福主持。市人大常委会党组副书记庞明庆，副主任李建军、夏麦香、戚风乾、王明胜、高敬东出席会议。会议议定市十八届人大常委会第二次会议于 3 月下旬召开，并提出建议议程、日程。

23 日　山东金晶生物技术有限公司承担的国家 863 计划“微藻色素和高值脂肪酸多联产关键技术与产品开发”项目通过科技部现场验收。

24 日　昌邑市组织收听收看迎接省第一环保督察组督查潍坊市工作动员汇报视频会议。市委书记吕珊珊，市委副书记、市长李玉祥，市领导刘世海、庞胜明、田立军、刘煜等参加会议。

同日　市委书记吕珊珊带领财政、国土、建设、交通、农业、旅游、园林、公路等部门负责人到饮马镇、北孟镇调研。市委常委、办公室主任刘煜参加调研。

28 日　中国银行潍坊分行行长付廷泉一行到昌邑考察调研。市委书记吕珊珊，市委副书记、市长李玉祥，副市长孔德奎陪同活动。

同日　市十八届人大常委会举行第二次会议。市人大常委会主任李中福，党组副书记庞明庆分别主持会议。会议审议通过市人大常委会关于加强自身建设的决定、常委会议事规则、常委会组成人员守则等制度，作出关于设立市十八届人大常委会代表资格审查委员会的决定。

29 日　潍坊市农村信用社联合社党委书记、理事长陈卫东一行到昌邑检查指导工作。市委书记吕珊珊，市委副书记、市长李玉祥，市委常委、办公室主任刘煜陪同活动。

31 日　共青团潍坊市委书记、潍坊市青年联合会主席刘艳芳带领青年联合会经济、金融、商务、科技界别部分委员到昌邑调研经济发展、投资环境等情况。市委书记吕珊珊，市委副书记、市长李玉祥，市领导王龙堂、刘煜、李明杰陪同活动。

同日　昌邑市组织收听收看省政府安委会全体成员安全生产专题报告电视会议。市委副书记、市长李玉祥，市领导王龙堂、刘世海、李鹏、刘煜等参加会议。

3 月　昌邑市宏大生姜市场有限公司农产品物流园、琨福大姜蔬菜批发市场两个项目被省发改委列入现代物流项目 2017 年投资计划。

是月 昌邑市委宣传部获“潍坊市创建国家森林城市工作先进集体”称号。

是月 昌邑市委宣传部获“全国社科组织先进单位”称号。

是月 由学科竞赛网举办的 2017 中国学科竞赛 500 强高中颁奖盛典在北京国家会议中心举行。昌邑一中获特邀参加颁奖典礼，并荣膺山东省最佳学校奖和省级影响力品牌奖。

4 月

1 日 市工商业联谊会第十届会员代表大会举行。市委书记吕珊珊出席大会开幕式并讲话。

同日 市工商业联合会十届一次常委会议召开。市领导王龙堂、孔德奎出席会议。

同日 朱树屏诞辰 110 周年纪念活动在青岛市举行。昌邑市领导周娟、孙孝工参加活动。朱树屏 1907 年出生于昌邑市，是世界著名海洋生态学家，水产学家，教育家，世界浮游植物实验生态学领域的先驱，中国海洋生态学、水产学及湖沼学研究的先驱和奠基者。

5 日至 9 日 市委书记吕珊珊带领考察团赴浙江省杭州市、江西省上饶市考察特色小镇建设、棚户区改造、美丽乡村建设和招商引资工作。市委常委、副市长李鹏参加活动。

6 日 市委党校举行 2017 年春季开学典礼。市委副书记、市长李玉祥出席开学典礼并讲话。市委常委、组织部部长胡筱芹主持。

同日 潍坊市委统战部副部长、市民宗局局长肖建华到昌邑调研民族宗教工作情况。市委常委、统战部部长刘焕成陪同活动。

7 日至 9 日 市委宣传部、市文广新局、市作家协会举办第五届著名作家走进昌邑二月兰笔会。中国作家协会全委会委员、黑龙江省作家协会副主席阿成，中国作家协会全委会委员、山东省作家协会副主席赵德发、李掖平，著名作家、编剧北京联合大学文化艺术中心总监衣向东等9位著名作家莅临昌邑，出席笔会。市委常委、宣传部部长刘世海陪同活动。

9 日 潍坊市水利局局长、党委书记周寿宗到昌邑调研。省胶东调水局潍坊分局局长马安堂，昌邑市委副书记、市长李玉祥，副市长曲伟陪同活动。

10 日 市委副书记、市长李玉祥带领农业、水利、林业等部门主要负责人到部分镇（街区）调研春季农业生产工作。

同日 市十八届人大常委会召开第五次主任会议。市人大常委会主任李中福主持。市人大常委会党组副书记庞明庆，副主任李建军、夏麦香、戚风乾、王明胜出席会议。

同日 “闯关中——关中昌邑移民历史国画摄影展”在市文化中心开展。陕西省西安市阎良区政协主席张军，山东省美协副主席、潍坊市美协主席王居明，山东省书协副主席、潍坊市书协主席纪君出席开展仪式。市政协主席周娟，蒲城县委常委、宣传部部长陈淑霞为华夏儒园书画院昌邑分院揭牌。市委常委、宣传部部长刘世海主持仪式，市委常委、组织部部长胡筱芹致辞。

11 日 全市禁毒工作暨三年禁毒人民战争动员会议召开。市委书记吕珊珊出席会议并讲话，市委副书记、市长李玉祥主持会议，市领导庞胜明、王树国出席会议。

同日 全市宗教工作会议召开。市委书记吕珊珊出席会议并讲话，市委副书记、市长李玉祥主持会议。

同日 潍坊市政协副主席李传恒、刘秀平带队到昌邑，围绕“提升化工企业发展水平、促进化工产业转型升级”进行专题调研。市委书记吕珊珊，市领导周娟、李明杰、冯义军陪同活动。

同日 市政府召开第 2 次常务会议。市委副书记、市长李玉祥主持。传达学习潍坊市有关会议精神，研究安全生产、开放发展、商务、消防、土地卫片执法检查整改、畜禽养殖区划定、城乡规划委员会章程等工作。

12 日 河南省洛阳市伊川县县长李君带队到昌邑考察城乡环卫一体化工作。副市长曲伟陪同活动。

13 日 潍坊市委常委、副市长邹庆忠带领有关市直部门负责人到昌邑调研经济运行情况。市委书记吕珊珊，市领导刘煜、孔德奎陪同活动。

14 日 最高人民法院立案庭庭长姜启波在省高级

人民法院领导陪同下到昌邑调研。市委书记吕珊珊，市领导王龙堂、庞胜明、刘煜分别陪同活动。

17日　市政协组织部分政协委员以及驻昌邑市的潍坊市政协委员，对昌邑市创建全国文明城市情况进行专题考察。

18日　潍坊市开展“作风建设年”活动动员大会召开。市委书记吕珊珊，市委副书记、市长李玉祥在潍坊主会场参加会议。市领导王龙堂、李中福、周娟等在昌邑市分会场参加收听收看。

20日　甘肃省兰州市人大常委会考察组，在潍坊市人大常委会副主任、人大农业与农村委员会主任委员张新强的陪同下到昌邑考察古树名木保护工作。市委副书记、市长李玉祥，市领导王龙堂、王明胜分别陪同活动。

同日　潍坊市检查组到昌邑检查贯彻实施《山东省行政执法监督条例》工作情况。市委副书记、市长李玉祥，市委常委、副市长李鹏参加活动。

同日　由昌邑市委、昌邑市人民政府、潍坊市委老干局、潍坊报业集团、潍坊电视台共同举办的“闯关中”国画摄影展在潍坊郭味蕖美术馆开展。市委常委、组织部部长胡筱芹参加活动并致辞。

21日至22日　全市重点项目调度会议召开。市委书记吕珊珊，市委副书记、市长李玉祥，市委副书记王龙堂，市人大常委会主任李中福，市政协主席周娟等领导出席会议。

21日　昌邑市首艘100吨级中国渔政执法船“37302”在下营港正式入列。

22日　潍水美术馆开馆暨第一届昌邑籍书画名家作品邀请展在潍水美术馆开展。邀请中国文联文艺研修院常务副院长付亦轩，省美协副主席李平等知名昌邑籍书画艺术家参加。市委常委、宣传部部长刘世海参加并讲话，市委常委、统战部部长刘焕成参加典礼。

24日　全市表彰奖励暨思想作风建设年动员大会召开。市委书记吕珊珊出席并讲话，市委副书记、市长李玉祥主持会议，市委副书记王龙堂宣读《中共昌邑市委昌邑市人民政府关于表彰2016年度先进单位和先进个人的通报》。市领导李中福、周娟等出席会议。

25日　全市“思想作风建设年”活动领导小组办公室成员会议召开。市委副书记王龙堂出席会议并讲话，市领导刘世海、胡筱芹、田立军出席会议。

26日至27日　市人大常委会举办市十八届人大代表培训班。市人大常委会主任李中福，市人大常委会党组副书记庞明庆，副主任李建军、夏麦香、王明胜、高敬东参加培训班。

27日　中国·昌邑“互联网+县域产业”峰会暨淘宝大学培训学院山东省昌邑市培训基地揭牌仪式在市会议中心举行。市委副书记、市长李玉祥，淘宝大学培训学院副院长刘国峰为淘宝大学培训学院山东省昌邑市培训基地揭牌。

28日　全市农业农村暨扶贫开发工作会议召开。贯彻落实中央、全省和潍坊市农村、扶贫开发工作会议精神，总结工作，深入分析当前形势，安排部署昌邑市2017年农业农村及扶贫开发重点工作。

同日　市政协召开十三届五次主席会议。市政协主席周娟，党组副书记张天辉，副主席冯义军、孙孝工、李友田、李敏出席会议。

4月　昌邑市雅拉食品园区科技一体化项目入选2017年全省重点建设项目。

4月　昌邑市山东浩信浩德精密机械有限公司博世壳项目，山东昌邑石化有限公司烷基化项目、异构化项目被列入《2017年山东省企业技术改造导向目录》。

是月　昌邑市人民医院入选中国医院竞争力·县级医院百强排行榜。该榜由国家卫生计生委支持，第三方机构—香港艾力彼医院管理研究中心发布。

是月　昌邑市外国语学校被省科协、省教育厅授予“山东省科普示范学校”称号。

5月

2日　市委书记吕珊珊，市委副书记、市长李玉祥带队到青岛中国外运股份有限公司华中区域总部对接洽谈项目。分别与中国外运山东有限公司、青岛丽东化工有限公司等企业进行深入洽谈交流。副市长孔德奎参加活动。

3日　昌邑市组织收听收看全省深化文明单位创建暨文明城市创建工作电视电话会议。市委书记吕珊珊，市委常委、宣传部部长刘世海参加会议。

同日 昌邑市组织收听收看全省危险化学品安全综合治理电视会议。市委常委、副市长李鹏参加会议。

4日 市政府召开第3次常务会议。市委副书记、市长李玉祥主持。会议传达学习潍坊市有关会议精神，研究全市一季度经济运行情况以及安全生产、道路交通、全面实施河长制等工作。

5日 省胶东调水局局长郑瑞家在省胶东调水局潍坊分局局长马安堂陪同下到昌邑调研。市委书记吕珊珊，市委副书记王龙堂陪同活动。

同日 昌邑市机械制造业协会成立大会举行。中国机械联合会副理事长、中国铸造协会常务副会长张立波，昌邑市委副书记王龙堂为协会揭牌。山东浩信集团董事长吕继贤当选为会长。

10日 市委副书记、市长李玉祥带领发改、经信、国土、环保、安监等部门主要负责人对盐及盐化工产业进行专题调研。市领导李明杰、孔德奎参加调研。

11日 昌邑市组织收听收看全省卫生与健康大会。市委书记吕珊珊，市委副书记、市长李玉祥，市领导胡筱芹、田立军等参加会议。

同日 山西省吕梁市政协副主席薛爱萍带领考察团，在潍坊市政协副主席李士来的陪同下，到昌邑考察教育工作。市政协主席周娟，副主席李友田陪同活动。

12日 市委副书记、市长李玉祥带领发改、经信、国土、环保、安监等部门负责人，对昌邑市机械制造产业进行专题调研。副市长孔德奎参加调研。

同日 潍坊市人大常委会副主任、人大民族侨务外事委员会主任委员毛秀凤带领调查组，到昌邑调查旅游业发展情况。市人大常委会主任李中福，副主任夏麦香，副市长曲伟分别陪同活动。

13日 市委副书记、市长李玉祥带领建设、规划、自来水公司、房管中心、园林、环卫、征收办、城管、交警等部门负责人，对城市建设及管理工作进行专题调研。市委常委、副市长李鹏参加调研。

同日 昌邑市海丰水产养殖有限责任公司承担的虾蟹良种选育及产业化示范、三疣梭子蟹良种选育及产业化示范项目，通过潍坊市科技局组织的专家验收。

15日 潍坊市委常委、统战部部长王兆辉到昌邑调研“作风建设年”活动开展情况。市委书记吕珊珊，市领导胡筱芹、刘煜、刘焕成陪同调研。

15日至16日 昌邑市召开常委（扩大）会议。市委书记吕珊珊主持会议。会议听取昌邑市考察团赴浙赣“一市三区两县”考察情况汇报；通报潍坊市党政考察团赴佛山、东莞考察学习的有关情况。市委书记吕珊珊对维稳、集中招商、创城、思想作风建设等工作进行安排部署。

17日 农发行潍坊市分行行长陈鲁宁一行到昌邑检查指导工作。市委书记吕珊珊，市委副书记、市长李玉祥，市委常委、办公室主任刘煜陪同活动。

同日 昌邑市组织收听收看全省全面实行河长制工作动员部署电视会议。市委书记吕珊珊，市委副书记、市长李玉祥，市领导王龙堂、李鹏、赵海龙、曲伟参加收看。

同日 市政协组织部分政协常委、委员及驻昌潍坊市政协委员，对滨海生态环境治理情况进行专题考察。市领导周娟、李明杰、孙孝工、孙永涛参加活动。

17日至18日 中国工程院院士、国家海洋药物工程技术研究中心主任、青岛海洋生物医药研究院院长管华诗一行，到昌邑参加山东奥友生物科技股份有限公司“院士工作站”揭牌仪式暨昌邑市人民政府与海洋生物医药研究院战略合作签约仪式。省政协副秘书长王琳，潍坊市政协副主席刘树亮，市委书记吕珊珊，市领导王龙堂、周娟等参加活动。

18日 市妇幼保健院新院启用仪式暨大型公益义诊活动举行。省妇幼保健协会会长、省妇幼保健院党委书记、理事长郑世存，潍坊市卫计委及潍坊市妇幼保健院领导参加活动。市委书记吕珊珊出席仪式并致辞，市领导李中福、刘煜、李建军、赵海龙、冯义军参加活动。

19日 潍坊市人民检察院党组书记、检察长王桂春到昌邑调研检察工作情况、社会经济发展情况。市委书记吕珊珊，市领导王龙堂、庞胜明、刘煜陪同调研。

同日 潍坊市退役士兵安置和权益保障政策落实调度会议在昌邑市会议中心召开。潍坊市副市长李平出席会议并讲话，昌邑市委副书记、市长李玉祥，市领导李建军、赵海龙出席会议。

同日　市十八届人大常委会召开第六次主任会议。市人大常委会主任李中福主持。市人大常委会党组副书记庞明庆，副主任李建军、夏麦香、王明胜、高敬东出席会议。会议议定市十八届人大常委会第三次会议于五月下旬召开，并提出建议议程、日程。

同日　全市深化三年禁毒人民战争“扫黄铲毒”暨“蓑鲉查缉”行动动员部署会议在市公安局三楼会议室召开。副市长、市公安局局长王树国出席会议并讲话。

19日至21日　由昌邑市人民政府、中国科学院西北生态环境资源研究院联合举办的首届海岸柽柳论坛在昌邑市举行。昌邑市政府、中国科学院西北生态环境资源研究院领导为刘昌明院士等4位专家学者颁发“中国科学院西北生态环境资源研究院昌邑海洋生态与工程研究中心学术委员会聘书”，双方签订《中国科学院西北生态环境资源研究院昌邑研究中心合作建设意向书》。昌邑市领导李玉祥、李明杰出席开幕式。

20日　龙港无机硅院士工作站暨废弃钠钙玻璃制备油水分离材料项目签约仪式举行。中科院院士冯守华，昌邑市委副书记、市长李玉祥，市委常委、组织部部长胡筱芹出席签约仪式。

21日至24日　国际禁止化学武器组织核查组到昌邑对潍坊三力本诺化学工业有限公司第三类监控化学品生产设施进行核查。副市长孔德奎陪同活动。

22日　山东海润投资集团有限公司董事长刘文安一行到昌邑考察投资工作。市委书记吕珊珊，市委副书记、市长李玉祥等领导陪同活动。

同日　全市召开推进“两学一做”学习教育常态化制度化暨思想作风建设年工作座谈会。市委书记吕珊珊出席会议并讲话，市委副书记、市长李玉祥主持会议，市委副书记王龙堂，市政协主席周娟等领导出席会议。

同日　昌邑市召开安全生产大会。市委副书记、市长李玉祥出席会议并讲话，市领导王龙堂、刘世海、李鹏、刘煜等出席会议。

23日　潍坊市副市长马清民到昌邑调研农业农村工作。市委书记吕珊珊，市委副书记、市长李玉祥，副市长曲伟陪同调研。

24日　省农业综合开发办公室副主任王刚一行到昌邑考察潍水田园综合体项目。市委书记吕珊珊，市领导刘煜、曲伟分别陪同活动。

25日　省社科联副主席孙淑娜等领导到昌邑参加2017山东省暨潍坊市第十四届社会科学普及周开幕式。市委书记吕珊珊，市委副书记、市长李玉祥，市领导刘世海、刘煜参加活动。

同日　全市政法系统“转变理念、转变作风，提升标准、提升能力”主题活动动员会议召开。潍坊市委政法委副书记霍建平出席，昌邑市委常委、政法委书记庞胜明出席会议并讲话。

同日　山东和田旺生物科技有限公司与中国工程院束怀瑞院士签订合作协议，共同建设院士工作站。

26日　潍坊市人大常委会副主任、人大农业与农村委员会主任委员张新强带领调研组到昌邑调研农产品质量安全情况。市委书记吕珊珊，市领导王龙堂、李中福等陪同活动。

同日　市十八届人大常委会举行第三次会议。市人大常委会主任李中福，副主任夏麦香分别主持会议。

27日　省委组织部组织三处副处长赵永清到昌邑调研村级审计督查工作。市委书记吕珊珊，市领导王龙堂、胡筱芹、刘煜陪同活动。

同日　山东省文艺志愿服务行团队到柳疃镇柳疃村，开展文艺志愿服务和采风活动。市委常委、宣传部部长刘世海出席活动并致辞。

31日　昌邑市组织收听收看全省安全生产紧急电视会议。市委副书记、市长李玉祥，市领导王龙堂、刘世海、李鹏、李明杰、王树国、赵海龙、曲伟参加收看。

5月　潍坊市工业学校机电技术应用专业通过《山东省中等职业学校品牌专业建设标准（试行）》（鲁教职字〔2017〕13号），获得200万元省级专项资金支持。

是月　昌邑市卜庄镇夏店街村荣获“山东省第四批传统村落”称号。

是月　昌邑市卜庄镇姜泊村被山东省住建厅和山东省文物局授予“山东省第四批历史文化名村”称号，是潍坊市唯一入选村庄。

6 月

1 日　市委书记吕珊珊，市委副书记、市长李玉祥分别带队，到市区部分学校、幼儿园，向全市广大少年儿童致以节日的祝福，向广大教育工作者表示慰问。

2 日　中国科学院青岛生物能源与过程研究所党委书记、副所长彭辉等到昌邑考察调研。市委书记吕珊珊，市委常委、组织部部长胡筱芹陪同活动。

同日　全市创建全国文明城市现场调度会议召开。市委书记吕珊珊出席并作重要讲话，市领导王龙堂、刘世海、李鹏、刘煜、刘焕成、王树国参加会议。

同日　昌邑市召开全市生态环境综合整治动员大会暨市政府廉政工作会议。市委副书记、市长李玉祥主持并讲话，市领导李鹏、李明杰、王树国、赵海龙、曲伟出席会议。

3 日　昌邑市组织收听收看省环境保护督察组第一组督察潍坊市情况反馈视频会议。市委书记吕珊珊，市委副书记、市长李玉祥，市领导王龙堂、李中福、周娟等参加会议。

同日　中科院青岛生物能源过程研究所与柳疃生物能源高值化利用项目签约仪式暨人才技术对接洽谈活动在昌邑宾馆举行。中科院青岛生物能源过程研究所党委书记、副所长彭辉，中科院青岛生物能源过程研究所研究员、植物代谢工程团队负责人、泰山学者周功克等出席。市委常委、组织部部长胡筱芹致辞并向彭辉、周功克颁发昌邑市纺织产业研究院特聘专家聘书，副市长曲伟主持仪式。

5 日至 6 日　市委副书记、市长李玉祥带领考察团赴即墨、乳山、荣成学习考察。市领导刘世海、郑本伟、李明杰、王树国、曲伟参加活动。

6 日　昌邑市 2017 年第二期潍水大讲堂在市会议中心举办。邀请著名经济学家魏杰，围绕“2017 年中国经济形势”作专题讲座。市委书记吕珊珊，市领导王龙堂、李中福、周娟等参加讲座，市委常委、组织部部长胡筱芹主持讲座。

同日　中华全国供销合作总社党组成员、理事会副主任邹天敬在省供销合作社党组书记、理事长侯成君陪同下，到昌邑调研供销社改革工作。市委书记吕珊珊，市领导刘煜、曲伟陪同活动。

同日　潍坊市中级人民法院党组书记、院长姜树政到昌邑调研司法改革、审判绩效、执行及作风建设等工作和经济社会发展情况。市委书记吕珊珊，市领导王龙堂、刘煜等陪同活动。

同日　市人大常委会主任李中福带队对全市公安工作情况进行调研。市人大常委会党组副书记庞明庆，副主任夏麦香、王明胜、高敬东参加调研，副市长、市公安局局长王树国陪同调研。

6 日至 11 日　市委常委、统战部部长刘焕成带领市新生代企业家联合会成员、有关人才工作职能部门负责人，赴上海举办新生代企业家素质提升高级研修班，举行昌邑（上海）人才工作站揭牌仪式，并组织开展沪昌两地企业专家对接洽谈活动。

7 日　省委讲师团副团长张丽一行到昌邑调研宣讲专家进基地宣讲、百姓宣讲、“理论宣讲秀”观摩交流等基层理论宣讲工作开展情况。市委常委、宣传部部长刘世海陪同调研。

8 日　省民政厅副厅长王建东一行到昌邑调研指导基层民政工作。市委书记吕珊珊，市领导王龙堂、王树国分别陪同有关活动。

9 日　市政协召开十三届六次主席会议。市政协主席周娟，党组副书记张天辉，副主席冯义军、孙孝工、李敏出席会议。

12 日　滨州市政协副主席李维东带队到昌邑考察美丽乡村建设情况。潍坊市政协副主席李传恒及昌邑市政协副主席冯义军陪同活动。

13 日　中国共产党山东省第十一次代表大会在济南开幕。昌邑市组织收听收看开幕式实况。市级领导班子全体成员参加会议。

同日　昌邑市组织收听收看全国深化简政放权放管结合优化服务改革电视电话会议。市委常委、副市长李鹏参加会议。

同日　山东同大海岛新材料股份有限公司承担的山东省自主创新专项“生态聚氨酯超纤高仿真面料开发及产业化”项目通过省科技厅现场验收。副市长孔德奎参加活动。

14日 全市“打霸治痞”专项行动动员会议召开。市委副书记王龙堂出席会议并讲话，市委常委、政法委书记庞胜明主持会议，市领导李建军、王树国、冯义军参加会议。

同日 市十八届人大常委会召开第七次主任会议。市人大常委会主任李中福主持。市人大常委会党组副书记庞明庆，副主任夏麦香、戚风乾、王明胜、高敬东出席会议。

16日 潍坊市委常委、统战部部长王兆辉到昌邑调研统战工作。市委副书记、市长李玉祥，市委常委、统战部部长刘焕成陪同调研。

20日 昌邑市组织收听收看全省加强环保工作紧急电视会议。市委副书记、市长李玉祥参加会议。

同日 昌邑市第二届乡村旅游节暨第二届龙乡文化节新闻发布会首次在中央电视台梅地亚电视中心举行。市委常委、宣传部部长刘世海出席并致辞，副市长赵海龙代表市政府向著名表演艺术家牛群授予“昌邑市文化旅游公益形象大使”称号。

21日至23日 市委副书记、市长李玉祥率领考察团赴江苏省张家港、江阴、常熟、昆山四市考察学习。市领导李中福、周娟、郑本伟、赵海龙、曲伟参加考察学习。

21日 市委常委、组织部部长胡筱芹到金晶生物技术、金丝达环境工程、同大海岛新材料、城矿环保科技4家公司，向泰山学者海外特聘专家陈树林、泰山产业领军人才刘国田、王乐智、孙庆利，发放2017年度政府扶持奖励资金340万元。

22日 昌邑市组织收听收看全省化工产业安全生产转型升级专项行动动员部署电视会议、潍坊市化工产业安全生产转型升级专项行动动员电视会议。市委书记吕珊珊，副市长孔德奎出席会议。

同日 中国化工油气股份有限公司党委书记、董事长李志国一行到昌邑检查指导工作。市委书记吕珊珊，市领导刘煜、李明杰、孔德奎陪同活动。

23日 昌邑市第二届乡村旅游节暨第二届龙乡文化节在龙池镇梦幻花海农业生态观光园开幕。潍坊市委副秘书长、市委农工办主任刘衍信，潍坊市委宣传部常务副部长丁汉邦，潍坊报业集团党委书记、董事长，潍坊日报社社长齐延升，市委书记吕珊珊，市领导刘世海、刘煜、戚风乾、张天辉等出席开幕式并剪彩。

24日 全市领导干部会议召开。市委书记吕珊珊传达中共山东省第十一次代表大会精神以及龚正省长参加潍坊代表团审议工作报告时的讲话精神，并就学习贯彻落实中共山东省第十一次代表大会精神讲意见；市委副书记、市长李玉祥主持会议并传达潍坊市领导干部会议精神。市领导王龙堂、李中福、周娟等出席会议。

同日 市委副书记、市长李玉祥带领相关部门现场调度创建全国文明城市工作。市领导刘世海、李鹏、王树国参加活动。

27日至28日 市人大常委会主任李中福带队赴龙口市进行对标学习考察。市人大常委会党组副书记庞明庆，副主任夏麦香、戚风乾、王明胜、高敬东参加活动。

28日 市委书记吕珊珊到下营镇走访慰问中华人民共和国成立前入党老党员和生活困难党员，到联系帮扶企业进行调研。市领导刘煜、李明杰分别陪同活动。

同日 省农业厅副厅长、粮食安全责任考核工作组办公室副主任褚瑞云率省联合抽查组到昌邑核查落实粮食安全责任考核情况。市委书记吕珊珊，市领导李鹏、刘煜陪同活动。

同日 昌邑市在奎聚街道101党群服务中心楼前召开全市警务助理、网格员工作推进会议暨奎聚街道警务助理、网格员装备发放仪式。潍坊市公安局党委委员、副局长毛伯平出席仪式，昌邑市副市长、市公安局局长王树国出席并讲话。

29日 全市庆祝中国共产党建党96周年“最美党员”颁奖典礼暨先进事迹报告会在昌邑电视台演播大厅举行。市委书记吕珊珊出席活动并讲话，市委副书记王龙堂宣读关于表彰2017年度全市“最美党员”的通报，市人大常委会主任李中福，市政协主席周娟等市级领导班子成员参加活动。

同日 中国铸造协会常务副会长张立波、宁夏共享集团股份有限公司董事长兼总裁彭凡等一行8人到浩信集团参观考察。市委书记吕珊珊，市委常委、办公室主任刘煜，副市长孔德奎陪同活动。

同日　潍坊市关工委主任赵兴涛带领调研组到昌邑调研经济社会发展情况及关工委工作。市委书记吕珊珊，市委常委、办公室主任刘煜陪同活动。

同日　石化杯昌邑市“中国梦·党在心中”百姓宣讲比赛决赛在潍坊市技师学院昌邑分院一楼报告厅举行。潍坊市文明办副主任田秀霞，昌邑市委常委、宣传部部长刘世海出席。

30日　潍坊市委副书记、市长李宽端到昌邑调研防汛、调水工程及河长制工作。市委书记吕珊珊，市领导刘煜、曲伟陪同活动。

同日　市委书记吕珊珊带领财政、国土、建设、规划、房管、园林、城管、供电等部门单位负责人调研都昌街道棚户区改造、文山森林公园项目。市委常委、副市长李鹏参加活动。

是月　潍坊金丝达环境工程有限公司刘国田被评为2017年山东省服务业专业人才。

是月　昌邑市龙池镇红色文化展示中心、龙池镇龙东村历史文化展示馆、卜庄镇姜泊村村史馆、龙池镇齐西村村史馆入选全省首批县及县以下历史文化展示“十百千”示范点。

是月　龙池镇、柳疃镇常家庄村被确定为潍坊市首批社会科学普及示范镇村。

7月

1日　市委副书记、市长李玉祥带领相关部门负责人现场调度创建全国文明城市工作。市领导刘世海、李鹏、刘焕成参加活动。

3日　昌邑市组织收听收看省委省政府重点工作推进情况视频会议。市委书记吕珊珊，市委副书记、市长李玉祥，市委副书记王龙堂等市领导参加会议。

同日　全市化工产业安全生产转型升级专项行动推进会议暨环保工作紧急会议召开。市委副书记、市长李玉祥出席会议并讲话，市领导王龙堂、刘世海等出席会议。

4日　市委书记吕珊珊带队赴徐州考察学习。重点与徐州工程机械集团有限公司进行洽谈交流，并就加强深入合作交流达成初步共识。副市长孔德奎参加活动。

同日　潍坊市教育局局长徐友礼带领观摩团到昌邑观摩检查解决大班额工作。市委副书记、市长李玉祥，市委常委、副市长李鹏陪同活动。

同日　潍坊市委党校常务副校长丁志伟到昌邑调研党员进党校培训常态化情况。市委副书记、市长李玉祥，市委常委、组织部部长胡筱芹陪同活动。

5日　昌邑市人武部主官命令宣布大会召开。潍坊军分区司令员万伟锋宣读中央军委国防动员部命令和军分区中国共产党内任职通知，任命李明刚担任昌邑市人武部部长、昌邑市人武部委员会委员、副书记；昌邑市委书记吕珊珊担任昌邑市人武部第一书记。昌邑市委书记吕珊珊出席会议并讲话。

同日　西藏南木林县委副书记、常务副县长李晓华一行15人，到昌邑调研经济社会发展和苗木产业发展等情况。市领导王龙堂、刘煜、郑本伟陪同活动。

6日　潍坊市政协主席苏立科在潍坊市政协秘书长许华陪同下到昌邑调研特色小城镇、社区建设及镇（街区）政协委员活动室建设情况。市委书记吕珊珊，市政协主席周娟，市领导王树国、孙孝工陪同相关活动。

10日　市政府召开第5次常务会议。市委副书记、市长李玉祥主持会议。研究安全生产、绿博会筹备、校车公司化运营、专业技术拔尖人才等方面工作。

11日　昌邑市人民政府与中国联通潍坊市分公司“智慧昌邑”签约仪式举行。市委副书记、市长李玉祥与中国联通潍坊市分公司总经理张志辉签约。

12日　农业部副部长陈晓华一行6人，到昌邑调研农村土地承包经营权确权登记颁证工作。省农业厅厅长王金宝，潍坊市委书记、市人大常委会主任刘曙光，市委常委、秘书长刘建国，副市长马清民，昌邑市委书记吕珊珊，市委副书记、市长李玉祥等领导陪同活动。

13日　中国建设银行股份有限公司潍坊分行行长陈鹏一行到昌邑检查指导工作。市委书记吕珊珊，市委副书记、市长李玉祥，副市长孔德奎参加活动。

同日　市政协召开十三届七次主席会议。市政协主席周娟，党组副书记张天辉，副主席冯义军、孙孝工、李友田、李敏、孙永涛出席会议。

14日　全市基层党建工作现场推进会议召开。市委书记吕珊珊，市委副书记王龙堂，市委常委、组织部部长胡筱芹参加活动。

同日　潍坊市人大常委会副主任、人大财经委主任委员范福生一行6人到昌邑走访联系驻昌邑的潍坊市人大代表。市委副书记、市长李玉祥，市领导李中福、高敬东、李明杰等分别陪同活动。

15日　潍坊市政府副市长马清民到昌邑调研田园综合体、青山秀水项目及“新六产”等工作。市委书记吕珊珊，市领导刘煜、曲伟陪同活动。

同日　市委副书记、市长李玉祥带领相关市直部门和镇（街区）的负责人到潍城区考察学习潍坊火车站南广场片区征迁开发工作。潍城区委副书记、区长杨晓辉陪同活动。昌邑市领导王龙堂、李中福、周娟等参加活动。

17日　潍坊市政协副主席刘树亮带领调研组，到昌邑调研中心城区空气异味治理工作开展情况。市领导周娟、李明杰、孙孝工、孙永涛陪同活动。

18日　《中国书法报》走进昌邑活动开幕式在市教育局举行。市委书记吕珊珊同中国书法家协会理事、中国书法报社社长、总编李世俊一行参加开幕式。市委常委、宣传部部长刘世海出席并致辞。

同日　全市创城迎测工作紧急会议在市级机关综合服务中心A座召开。市委书记吕珊珊，市委常委、宣传部部长刘世海出席会议并作专题部署，各镇（街区）党（工）委书记，部分部门单位主要负责人参加。

同日　市政协召开十三届二次常委会议。市政协领导班子成员、常务委员出席会议。

同日　潍坊市国家税务局局长王衍明带队到昌邑石化调研降低企业成本工作情况。市委常委、副市长李鹏陪同活动。

19日　《潍坊日报》专刊特刊出版工作会议在昌邑市会议中心召开。潍坊报业集团党委书记、董事长，潍坊日报社社长齐延升出席会议并讲话。昌邑市委副书记王龙堂出席并致辞，市委常委、宣传部部长刘世海出席会议。

同日　市十八届人大常委会召开第八次主任会议。市人大常委会主任李中福主持，市人大常委会党组副书记庞明庆，副主任李建军、夏麦香、戚风乾、王明胜、高敬东出席会议。会议议定市十八届人大常委会第四次会议于七月下旬召开，并提出建议议程、日程。

同日　潍坊市政协副主席赵崇发带领调研组到昌邑调研公安执法规范化建设工作。市领导周娟、王树国、孙孝工、李友田陪同活动。

20日　潍坊市政协副主席李传恒带领调研组到昌邑调研培育白酒骨干企业和知名品牌工作情况。市委书记吕珊珊，市政协主席周娟，市领导刘煜、冯义军陪同活动。

21日　市委理论学习中心组暨全市领导干部专题讲座举行。邀请省委宣传部部务会成员、省委讲师团团长孔繁轲作专题报告。市委书记吕珊珊主持报告会，市级领导班子全体成员参加报告会。

同日　2017年度市直部门“比学赶超创先争优”半年述评会议召开。市委书记吕珊珊，市委副书记、市长李玉祥，市委副书记王龙堂，市人大常委会主任李中福，市政协主席周娟出席会议。

22日　潍坊市举办“加快新旧动能转换、推进经济转型升级”专题讲座。邀请国务院发展研究中心资源与环境政策研究所副所长李佐军作辅导报告。市级领导班子全体成员在昌邑市分会场参加收听收看。

23日　昌邑市组织收听收看全省国有企业改革发展工作会议。市委副书记、市长李玉祥，市领导周娟、李鹏、高敬东参加收看。

25日　市十八届人大常委会举行第四次会议。市人大常委会主任李中福，副主任戚风乾分别主持会议。会议听取审议市政府关于社区矫正工作情况的报告、关于气象服务工作情况的报告。市人大常委会党组副书记庞明庆，副主任李建军、夏麦香、王明胜、高敬东以及市人大常委会委员出席会议。

同日　省卫生和计划生育委员会监察专员乞蔚国到昌邑调研妇幼健康服务工作。副市长赵海龙陪同调研。

26日　昌邑（上海）人才工作站专家“回乡行”活动举办。市领导胡筱芹、刘焕成参加活动。

27日　省委政法委综治办督导组到昌邑督导严重

精神障碍患者服务管理工作开展情况。市委副书记王龙堂，市委常委、政法委书记庞胜明陪同活动。

同日 昌邑市中小学党建研究会成立暨第一次会员代表大会在市教育局召开。会议通过《昌邑市中小学党建研究会章程》。

29日至31日 全市经济社会发展观摩点评会议召开。对各镇（街区）上半年的推进发展情况、工作落实情况进行观摩点评。市委书记吕珊珊，市委副书记、市长李玉祥，市委副书记王龙堂，市人大常委会主任李中福，市政协主席周娟等领导参加观摩。

30日 昌邑市组织收听收看潍坊市“四个城市”建设动员大会。市委书记吕珊珊，市委副书记、市长李玉祥，市领导王龙堂、李中福、周娟等参加会议。

31日 市妇幼保健院首届理事会成立。至此，昌邑市市人民医院、市妇幼保健院两家公立医院按照《昌邑市公立医院法人治理结构建设的实施方案》，全部实行法人治理结构管理。

7月 市委书记吕珊珊，市委副书记、市长李玉祥，市领导王龙堂、周娟、刘煜、高敬东到潍坊军分区、陆军第80集团军及北部战区陆军炮兵靶场走访慰问部队官兵。

是月 第七届中国百强中学发布会在北京举行，昌邑一中被授予“中国百强中学”称号。

是月 山东浩信集团承担的山东省汽车制动件精密铸造技术工程实验室被评为省级工程实验室，实现了昌邑市省级工程实验室零的突破。

是月 省经信委、省统计局公布2016年度山东省100强企业。山东昌邑石化有限公司以285.1亿元营业总收入列第63位。

是月 国网山东昌邑市供电公司智胜QC小组的成果《降低仪表存储费用》荣获第十七届全国QC成果发表赛一等奖。

8月

1日 市委书记吕珊珊，市委副书记、市长李玉祥，市领导王龙堂、刘世海、庞胜明、田立军、刘煜、刘焕成、李明杰、王树国、赵海龙、孔德奎参加收看中共中央、国务院、中央军委在人民大会堂举行的庆祝中国人民解放军建军90周年大会。

3日 市委常委会议召开。学习讨论习近平总书记在省部级主要领导干部专题研讨班上的重要讲话精神，传达学习习近平总书记在庆祝中国人民解放军建军90周年大会上的讲话，学习研讨加强意识形态工作，学习讨论潍坊市“四个城市”建设动员会议精神，研究贯彻落实意见。市委书记吕珊珊主持会议并讲话。

同日 省发展改革委工业处调研员徐洪，石油和化工规划院副院长史献平一行，到昌邑调研山东化工原料基地升级改造项目。市委副书记、市长李玉祥陪同活动。

4日 潍坊市政法委书记工作经验交流会暨网格化建设现场推进会在昌邑市召开。潍坊市委常委、政法委书记、滨海区党工委书记孙起生，昌邑市委书记吕珊珊，市领导王龙堂、庞胜明、刘煜、王树国参加会议。

5日 全市重点项目推进调度会议召开。市委书记吕珊珊作重要讲话。市委副书记、市长李玉祥，市领导王龙堂、田立军等参加会议。

7日 市委召开半年工作务虚会。深入贯彻落实省加快新旧动能转换，潍坊市“四个城市”建设，省和潍坊市环境保护突出问题综合整治，潍坊市经济形势分析暨促进金融稳健发展工作会议精神。市委书记吕珊珊主持会议并讲话。

8日 市政协召开十三届八次主席会议。市政协主席周娟，党组副书记张天辉，副主席冯义军、孙孝工、李友田、李敏、孙永涛出席会议。

8日至11日 山东省第五届青少年模拟联合国峰会在昌邑一中学术报告厅举行。

9日 市委副书记、市长李玉祥带领相关部门主要负责人调研城市建设工作。市委常委、副市长李鹏参加调研。

同日 省农业综合开发办公室副主任王刚带领调研组到昌邑调研潍水田园综合体项目。市领导田立军、曲伟陪同活动。

10日 昌邑市组织收听收看中央第三环境保护督察组督察山东省工作动员会议。市委副书记、市长李玉祥就贯彻落实会议精神讲意见，副市长孔德奎安排部署相关工作。市人大常委会主任李中福，市政协主席周娟等市级领导班子成员参加会议。

同日　潍坊市人大常委会副主任、城建环资委主任委员毛秀凤带领调研组，到昌邑调研《潍坊市大气污染防治条例（草案）》。市人大常委会主任李中福，市人大常委会党组副书记庞明庆，副市长赵海龙陪同活动。

10 日至 11 日　省政府信访事项复查复核办公室主任李学增带领调研组到昌邑调研事前听证工作。市委副书记王龙堂，市委常委、政法委书记庞胜明陪同调研。

11 日　国家“千人计划”专家创业项目——光机电和嵌入式软件一体化全自动维生素 D_3 制备与生产项目签约仪式举行并注册成立山东瑞谱创能生物科技有限公司。国家千人计划专家高培良博士、李勇博士，市委副书记、市长李玉祥，市领导李中福、胡筱芹、庞明庆出席签约仪式。

同日　潍坊市副市长马清民到昌邑督查畜禽养殖污染防治工作。市委副书记、市长李玉祥，副市长曲伟陪同活动。

12 日　市委书记吕珊珊到围子街道调研永富弹簧、科艺广告、昌宁机械、康洁环卫产业园、智能装备制造产业园、亿润暖通等企业。市领导刘世海、刘煜参加调研。

同日　“花雨绿韵·拥抱昌邑”全国摄影大赛颁奖暨《人民摄影报》走进昌邑全国影友联谊会在新嘉国际大酒店举办。联谊会特邀人民摄影报社社长、总编辑李涛，人民摄影报采编中心主任梁丽娟，山东省摄影家协会副主席、潍坊市摄影家协会主席唐国志参加活动，昌邑市副市长赵海龙出席活动。

14 日　潍坊市委副书记张小梅到昌邑调研农业农村及社会治理等工作。市委书记吕珊珊，市委副书记王龙堂，市领导庞胜明、胡筱芹、刘煜、刘焕成、曲伟陪同活动。

15 日　杭州赛石集团董事长郭柏峰一行到昌邑就昌邑市花彩小镇规划与开发、加强合作共赢进行考察调研。市委书记吕珊珊，市领导刘煜、曲伟陪同活动。

同日　市委副书记、市长李玉祥带领相关部门单位负责人调度全市环保突出问题综合整治工作。市领导孔德奎、曲伟参加活动。

16 日　东江环保股份有限公司总裁李永鹏一行到昌邑就加快工业固体废物资源化利用及无害化处置项目建设进行考察调研。市领导吕珊珊、李玉祥、李明杰陪同调研。

17 日　潍坊市副市长、市公安局局长吴磊到昌邑市部分派出所和边防派出所调研指导公安基层基础工作。市委书记吕珊珊，市领导刘煜、王树国陪同活动。

同日　潍坊市副市长马清民率领督察组到昌邑督导核查水源地保护工作。市委副书记、市长李玉祥，副市长曲伟陪同活动。

18 日　潍坊市委副秘书长、办公室主任宋立军到昌邑调研经济社会发展情况。市委书记吕珊珊，市委副书记王龙堂，市领导刘煜、刘焕成陪同活动。

同日　潍坊市农科院现代农业科技示范园项目奠基仪式在石埠经济发展区举行。潍坊市农科院党委书记陶金先，昌邑市副市长赵海龙出席活动。

21 日　昌邑市召开全市经济工作暨“思想作风建设年”活动推进会议。市委书记吕珊珊，市委副书记、市长李玉祥出席会议并讲话。市委常委、副市长李鹏主持会议，市人大常委会主任李中福、市政协主席周娟等市级领导班子全体成员参加会议。

22 日　潍坊市调研组到昌邑调研“作风建设年”活动开展情况。市委书记吕珊珊，市委副书记王龙堂，市委常委、组织部部长胡筱芹陪同活动。

同日　市十八届人大常委会召开第九次主任会议。市人大常委会主任李中福主持，市人大常委会党组副书记庞明庆，副主任李建军、夏麦香、戚风乾、王明胜、高敬东出席会议。

23 日　省信访局副局长李光珠到昌邑调研信访基层基础建设和信息化建设工作。市委副书记王龙堂，副市长、市公安局局长王树国陪同调研。

24 日　中国共产党昌邑市第十四届委员会第三次全体会议召开。全会由市委常委会主持。市委书记吕珊珊出席并讲话。

同日　市政府召开第 6 次常务会议。市委副书记、市长李玉祥主持。研究气象灾害预警信息发布与传播，落实城镇其他居民独生子女父母奖励扶助政策等方面工作。

25 日　潍坊市北胶莱河市级河长工作推进会议在昌邑市召开。潍坊市副市长李平及潍坊市直有关部门单位负责人出席会议。昌邑市委副书记王龙堂汇报北胶莱河河长制工作情况。

29 日　潍柴集团董事长谭旭光一行到昌邑考察调研。市委书记吕珊珊，市领导李鹏、刘煜、孔德奎陪同活动。

30 日　省政府应急办处置协调处处长罗志民一行到昌邑调研应急管理工作。市委副书记，市长李玉祥，副市长赵海龙陪同活动。

同日　市委副书记、市长李玉祥带领国土、规划、农开办等相关部门，现场调度潍水田园综合体项目进展情况。市领导田立军、曲伟参加活动。

同日　潍坊市“四个城市”建设调研组一行到昌邑调研“四个城市”建设工作。市领导刘煜、孙永涛陪同活动。

同日　国家农业综合开发课题组到昌邑调研农业综合开发推进农业社会化服务工作情况。副市长曲伟陪同活动。

同日　潍坊市畜牧兽医局局长常祖领到昌邑调研畜牧产业发展情况。副市长曲伟陪同调研。

31 日　市委书记吕珊珊带领相关部门、单位负责人调研学校建设及教育教学情况。副市长赵海龙参加调研。

同日　昌邑市机构编制委员会 2017 年度第一次会议在市政府会议室召开。会议听取市政府部门“三定”规定修订工作情况汇报，研究审议公益三类事业单位改革等 13 项机构编制事项。市委副书记、市长、市编委主任李玉祥主持会议并讲话。

同日　省委政研室副主任王玉河一行到昌邑调研网格化管理工作。市委常委、办公室主任刘煜陪同活动。

是月　“昌邑大姜”入选山东省第二批知名农产品区域公用品牌。

是月　第三方机构竞争力智库联合北京甲子征信公司发布《中国城市小康经济指数报告 2016》，昌邑市跻身全国县级城市小康经济指数百强榜。

9 月

1 日　市委书记吕珊珊带领考察团赴蓬莱考察学习畜禽养殖现代化标准化和经济社会发展等成功经验和先进做法。副市长曲伟参加活动。

同日　昌邑市在市会议中心举办市委理论学习中心组暨全市领导干部专题讲座。邀请中共山东省委党校管理学教研部教授、经济学博士、中共山东省委组织部“名师送教”专家张国亭教授做专题报告。王龙堂、李中福等市级领导班子成员出席报告会，市委常委、政法委书记庞胜明主持报告会。

同日　昌邑市新的社会阶层人士联谊会成立大会在市会议中心召开。潍坊市委统战部副部长于来刚、昌邑市委副书记王龙堂出席会议并为联谊会揭牌，市委常委、统战部部长刘焕成主持会议。郝光当选新联谊会会长。

2 日　市委副书记、市长李玉祥带领相关部门负责人现场调度创建全国文明城市工作。市领导刘世海、李鹏、刘焕成、赵海龙、曲伟参加活动。

4 日　省地税局政策法规处调研员王永安一行到昌邑考察调研。市委书记吕珊珊，市委副书记、市长李玉祥，市领导李鹏、刘煜陪同活动。

同日　参加第 23 届鲁台会的东莞台协会、布棋科技集团、勖呈有限公司、中华中小企业经贸策进会等部分与会客商到昌邑参观考察观光农业。副市长曲伟陪同活动。

6 日　山东省高级人民法院副院长吴锦标一行到昌邑调研指导法院工作。市委书记吕珊珊及潍坊市中级人民法院相关领导陪同活动。

7 日　全市第三十三个教师节庆祝大会召开。市委书记吕珊珊出席会议并讲话，市委副书记、市长李玉祥主持大会，市委副书记王龙堂、市人大常委会主任李中福、市政协主席周娟等领导参加庆祝大会。

同日　市委副书记、市长李玉祥，市领导李中福、赵海龙到实验中学新村校区和昌邑一中退休教师郭兰芬家中走访慰问。

同日　市委副书记王龙堂、市政协主席周娟一行到文山中学、育秀学校、实验幼儿园走访慰问。

8日　市委副书记、市长李玉祥带领相关部门负责人现场调度全国文明城市创建工作。市领导刘世海、李鹏参加活动。

11日至12日　昌邑市2017年“慈心一日捐”活动全面展开。市委书记吕珊珊，市委副书记、市长李玉祥等市级领导班子全体成员踊跃捐款，奉献爱心。

12日　“陈干墓园”修缮竣工暨“陈干将军生平陈列馆”开展仪式举行。潍坊市文物局局长刘允泉，昌邑市委常委、办公室主任刘煜，市政协副主席李敏出席活动。

同日　潍坊市政府新闻办公室召开2017年中国（昌邑）北方绿化苗木博览会暨第二十二届中国园林花木信息交流会新闻发布会。副市长曲伟出席发布会并回答记者提问。

13日　市委副书记、市长李玉祥带领相关部门、单位负责人调研部分重点项目建设情况。副市长孔德奎参加活动。

同日　河北省枣强县政协副主席桑淑君一行到昌邑考察移民文化。市政协副主席李敏陪同活动。

14日　潍坊市档案局局长侯福贵，办公室主任周钦生到昌邑调研督导档案馆新馆建设。市委常委、办公室主任刘煜陪同活动。

15日　潍坊市委副书记、市长李宽端到昌邑调度潍河河长制工作推进情况。市委书记吕珊珊，市委副书记、市长李玉祥，市领导刘煜、曲伟陪同活动。

同日　潍坊市编办主任鞠增玉带队到昌邑调研机构编制工作。市委常委、组织部部长胡筱芹陪同活动。

16日　国务院安委会综合督查组到昌邑督查山东昌邑石化有限公司安全生产工作。潍坊市副市长马清民，昌邑市委书记吕珊珊，市领导李鹏、刘煜陪同活动。

17日　省司法厅党委书记、厅长王本群，潍坊市政府副市长、公安局局长吴磊，潍坊市中级人民法院副院长卢卫国一行到昌邑市围子街道调研综治维稳工作。市领导吕珊珊、王龙堂、庞胜明、刘煜陪同调研。

18日　市十八届人大常委会召开第十次主任会议。市人大常委会主任李中福主持会议。市人大常委会党组副书记庞明庆，副主任李建军、夏麦香、戚风乾、王明胜出席会议。会议议定市十八届人大常委会第五次会议于9月下旬召开，并提出建议议程、日程。

19日　中国妇基会公益项目示范医院揭牌仪式在市妇幼保健院举行。该院正式被确定为“妇科疾病无创治疗项目”和“超早期宫颈癌筛查项目”示范医院。中国妇女发展基金会主任李福生，潍坊市妇幼保健院党委书记、理事长高振忠及昌邑市领导李建军、赵海龙出席揭牌仪式。

20日　林木种苗产业发展高峰论坛在市会议中心举行。国家林业局总工程师封加平，中国林学会副秘书长刘合胜，省林业厅副巡视员董瑞忠，潍坊市政府党组成员、滨海海洋经济新区建设推进办公室党组书记马跃启，昌邑市委副书记、市长李玉祥，副市长曲伟等参加活动。

同日　市政府与中国林学会、山东农业大学签署战略合作协议。中国林学会副秘书长刘合胜，山东农业大学党委副书记朱莉，昌邑市委副书记、市长李玉祥，市领导王龙堂、李中福、周娟、曲伟出席签约仪式。

21日　2017中国北方（昌邑）绿化苗木博览会暨第二十二届中国园林花木信息交流会在市绿博园隆重开幕。昌邑市委副书记、市长李玉祥主持开幕式。中国林学会副秘书长刘合胜宣读国家林业局原局长、全国绿化委员会副主任、中国林学会理事长赵树丛致贺词，潍坊市副市长马清民，省林业厅副巡视员董瑞忠分别致辞。国家林业局总工程师封加平，省政协副主席赵润田，省林业厅厅长刘均刚，潍坊市政协主席苏立科，潍坊市委副书记张小梅，中国花卉报社社长周金田，共同按动启动球为大会开幕。市委书记吕珊珊，市人大常委会主任李中福，市政协主席周娟等领导出席开幕式。

同日　省林业厅厅长刘均刚与昌邑市委书记吕珊珊，市委副书记、市长李玉祥，市领导王龙堂、李中福、周娟、刘煜、曲伟共同会见中国花卉报社社长周金田及参加生态园林精英俱乐部筹备会议的上市公司总裁。

同日　昌邑市举行2017中国园林养护产品十佳品牌和绿博会专业奖项颁奖仪式。中国花卉报社副总编寇伟，省林业厅种苗花卉站站长姜岳忠，昌邑市领导刘世海、王明胜、曲伟、冯义军出席活动。

22 日　市政府召开第 7 次常务会议。市委副书记、市长李玉祥主持。研究统筹整合使用财政涉农资金支持脱贫攻坚、重大行政执法决定法制审核等方面工作。

23 日　潍坊市军队退役人员党建工作现场推进会在昌邑市召开。昌邑市委书记吕珊珊出席会议并做交流发言。

25 日　市政协召开十三届九次主席会议。市政协主席周娟，党组副书记张天辉，副主席冯义军、孙孝工、吴红玉、李友田、李敏、孙永涛出席会议。

25 日至 26 日　山东省检验检疫局到昌邑市验收雅拉食品园区科技一体化进境肉牛项目。验收组通过听汇报、现场检查等形式，确定项目基本通过省级验收，准备上报提请国家出入境检验检疫局验收。副市长孔德奎陪同活动。

26 日　昌邑市组织收听收看全省开放型经济发展大会。市委书记吕珊珊，市委副书记王龙堂，市人大常委会主任李中福，市政协主席周娟等市领导参加会议。

同日　省委政研室农村处处长郭延民带队到昌邑调研培育发展农业“新六产”促进农业新旧动能转换情况。市领导刘煜、曲伟陪同活动。

27 日　省委常委、组织部部长杨东奇到昌邑调研基层党组织工作情况。潍坊市委常委、组织部部长林红玉，昌邑市委书记吕珊珊，市领导胡筱芹、刘煜陪同活动。

同日　省司法厅副厅长、戒毒管理局党委书记、局长齐延安一行到昌邑调研。市委书记吕珊珊，市委副书记、市长李玉祥，市领导刘煜、王树国陪同活动。

同日　潍坊市副市长，公安局党委书记、局长吴磊在潍坊市公安局政治部主任孙亚峤陪同下到昌邑市人民医院看望慰问受伤民警李纪友。市委书记吕珊珊，市委副书记、市长李玉祥，市领导刘煜、王树国陪同活动。

同日　辽宁省朝阳市双塔区区长张春丽带领考察团，到昌邑考察城市建设管理工作。市委副书记、市长李玉祥，市委常委、副市长李鹏陪同活动。

28 日　市十八届人大常委会举行第五次会议。市人大常委会主任李中福，副主任高敬东分别主持会议。决定批准昌邑市 2016 年市级财政决算。审议通过市人大常委会关于镇街区人大（办）组织人大代表评议镇街区职能部门工作的意见。市人大常委会副主任李建军、夏麦香、戚风乾、王明胜以及市人大常委会委员出席会议。

29 日　市政协召开十三届四次常委会议。市政协领导班子成员、常务委员出席会议。会议传达潍坊市政协有关会议精神。

30 日　昌邑市举行烈士公祭活动。市委副书记王龙堂主持公祭活动；市委书记吕珊珊，市委副书记、市长李玉祥等市级领导班子全体成员参加公祭活动。

同日　喜迎十九大、建设新昌邑“健康昌邑杯”书画摄影展暨政协书画联谊会文化艺术中心落成仪式举行。省政协副秘书长王琳和昌邑市政协主席周娟为政协书画联谊会文化艺术中心揭牌。

是月　山东省城市建设管理协会授予昌邑市绿美园林绿化工程有限公司施工的平安街绿地、潍水风情湿地公园绿地“2017 年度省级精细养护示范绿地”称号。

是月　饮马镇山阳村被住建部评为“全国美丽乡村示范村”。

是月　昌邑团市委“诵读经典诗词，凝练国学精粹”教育项目荣获“2017 年度全国优秀国学教育项目”。

10 月

9 日　昌邑市在市级机关综合服务中心 A 座楼前举行庄严的升旗仪式，热烈庆祝中华人民共和国成立 68 周年。市委书记吕珊珊出席升旗仪式并讲话，市委副书记、市长李玉祥主持升旗仪式；市委副书记王龙堂，市人大常委会主任李中福，市政协主席周娟等市级领导班子成员参加升旗仪式。

10 日　中国化工油气股份有限公司党委书记、董事长王大壮一行到昌邑检查指导工作。市委书记吕珊珊，市委副书记、市长李玉祥，市领导李鹏、刘煜陪同活动。

同日　市人大常委会主任李中福主持召开第十一次主任会议。市人大常委会党组副书记庞明庆，副主任李建军、夏麦香、戚风乾、王明胜出席会议。会议传达近期上级有关会议精神，并就当前工作进行安排部署。

同日　潍坊市人大常委会调研组到昌邑市调研潍坊市十七届人大一次会议代表建议办理情况。市人大常委会党组副书记庞明庆陪同活动。

11 日　昌邑市城乡规划委员会 2017 年第一次会议召开。市委副书记、市长李玉祥主持会议；市委常委、副市长李鹏，市城乡规划委员会委员参加会议。

12 日　潍坊市人大常委会副主任、人大农业与农村委员会主任委员张新强带领考察组到昌邑市，考察农业供给测结构性改革工作。市委书记吕珊珊，市领导李中福、刘煜、王明胜、曲伟陪同活动。

同日　市委书记吕珊珊带领财政、建设、环卫、规划、房管、园林、城管等相关部门负责人现场调度都昌街道棚户区改造工作。市领导李鹏、刘煜参加活动。

同日　全市创建新一届全国双拥模范城工作会议召开。市委副书记、市长李玉祥出席会议并讲话；市委副书记王龙堂，副市长孔德奎出席会议。

同日　全市安全生产工作会议召开，对安全生产工作进行再强调，再安排，再部署。市委副书记、市长李玉祥出席会议并讲话，市委常委、副市长李鹏出席会议。

13 日　市委书记吕珊珊带领相关部门负责人，现场调度部分重点工程、重点项目建设情况。市领导李鹏、刘煜、赵海龙、孔德奎参加活动。

16 日　潍坊市商务局调研员赵坚一行 3 人到昌邑市，专项督查贯彻落实潍坊市开放发展大会以来的工作推进情况。市领导孔德奎陪同活动。

17 日　省政协副主席王乃静带领考察组到昌邑市考察国家森林城市创建工作。潍坊市政协主席苏立科，副主席李传恒，秘书长许华；昌邑市委书记吕珊珊，市领导周娟、刘煜、曲伟、张天辉、孙永涛陪同活动。

同日　市委书记吕珊珊带领相关部门负责人，现场调度文山片区拆迁改造、康洁环卫产业园、智能装备制造产业园、山东环境工程职业学院、都昌街道棚户区改造等重点工程、重点项目。市领导李鹏、刘煜、赵海龙参加活动。

同日　国务院参事室特约研究员姚景源到昌邑市调研经济社会发展情况。市委副书记、市长李玉祥，市委常委、宣传部部长刘世海陪同活动。

18 日　昌邑市组织收听收看中国共产党第十九次全国代表大会开幕式盛况。

同日　市委书记吕珊珊到滨海（下营）经济开发区专题调研工业园区转型升级工作，并召开座谈会谋划工业园区转型升级、加快项目建设的思路举措。市领导李明杰陪同调研。

19 日　市委书记吕珊珊到柳疃、龙池两镇实地调研党性教育基地建设工作。市委常委、组织部部长胡筱芹，市党性教育基地建设领导小组有关人员陪同活动。

同日　全省安全生产专题讲座电视会议召开。市委常委、副市长李鹏参加会议。

23 日　十四届市委第三轮巡察工作动员部署会议召开。市委常委、组织部部长、市委巡察工作领导小组副组长胡筱芹主持会议，市委常委、市纪委书记、市委巡察工作领导小组组长田立军出席会议并讲话。

24 日　潍坊市文化广电新闻出版局局长孙俐君到昌邑市调研。市委副书记、市长李玉祥，副市长赵海龙陪同活动。

25 日　全市环卫工作会议暨第二十三届环卫工人节庆祝大会召开。会议对 2017 年度全市环卫工作先进集体和先进个人进行表彰。市委书记吕珊珊出席会议，市委副书记、市长李玉祥出席会议并讲话，市委常委、副市长李鹏主持会议，市领导高敬东、孙永涛出席会议。

同日　市政协召开十三届十次主席会议。市政协主席周娟，党组副书记张天辉，副主席冯义军、孙孝工、吴红玉、李友田、李敏、孙永涛出席会议。听取畜牧业发展情况考察方案汇报；研究市政协十三届二次会议大会发言参考方向。

26 日　市扶贫开发领导小组全体（扩大）会议召开。市委书记吕珊珊出席会议并讲话，市委副书记、市长李玉祥主持会议，市领导王龙堂、胡筱芹、田立军、刘煜、曲伟参加会议。

27 日　市政协召开全体干部会议。传达贯彻全省全市领导干部会议精神，对政协系统学习贯彻中共十九大精神作出动员部署。市政协领导班子成员、专职常委、专门委员会专职副主任和全体机关干部参加会议。

28 日　潍坊市委书记、市人大常委会主任刘曙光到昌邑市就学习贯彻中共十九大精神、推动经济社会发展进行调研并看望慰问老年人。潍坊市委常委、组织部部长林红玉，潍坊市委常委、秘书长刘建国；昌邑市委书记吕珊珊，市委副书记、市长李玉祥，市委副书记王龙堂，市领导胡筱芹、李鹏、刘煜、赵海龙、孔德奎、曲伟陪同活动。

同日　市卫计系统“千医下基层、万户大走访”活动启动暨市人民医院门诊及外科病房综合楼启用仪式在市人民医院外科病房综合楼南广场举行。白求恩医科大学北京校友会副会长高玉民，齐鲁医药学院院长匡奕珍，潍坊市卫计委党委书记、主任吴海源等出席活动；昌邑市领导王龙堂、李中福、周娟、赵海龙参加活动。

29 日　昌邑市组织收听收看潍坊市十七届人大常委会第五次会议专题询问会。市人大常委会主任李中福，副主任李建军、夏麦香、戚风乾、高敬东参加会议。

30 日　市委副书记、市长李玉祥主持召开市政府第 8 次常务会议。传达潍坊市美丽乡村建设暨农业“新六产”现场推进会议精神，研究国土资源执法监管、城区门前环境卫生责任制、不动产登记“一窗受理、集成服务”等方面工作。

同日　市委副书记、市长李玉祥带领相关部门负责人现场调度城市建设和交通公路重点工程。市领导李鹏、赵海龙参加活动。

同日　2017 年第四期科级干部进修班在市委党校举行开学典礼。市委常委、政法委书记庞胜明出席典礼并讲话。

31 日　中国华冶科工集团有限公司总经理周志军一行到昌邑就推进都昌街道棚户区改造项目建设进度进行交流洽谈。市委书记吕珊珊，市领导李鹏、刘煜、孔德奎陪同活动。

是月　昌邑市成功入选“2017 年全国中小城市综合实力百强县市”和“2017 年全国中小城市投资潜力百强县市”。连续 7 年成功跻身综合实力百强县市。

是月　昌邑市老年体育协会奎聚活动站获评“山东省银龄之家”称号。

是月　柳疃镇柳疃社区入选中国 2017 年“书香社区”，是潍坊市入选的 3 个社区之一。

是月　昌邑市人民检察院派驻昌南检察室、昌邑市围子街道办事处民政综合服务中心被授予“山东省老年人公益维权服务示范站”称号。

是月　下营镇军营村获评山东省敬老文化教育基地（示范点）。

是月　昌邑市康洁环卫工程有限公司的“昌邑城乡环卫一体化服务标准化示范”项目、昌邑市宇林生态园的“昌邑宇林农场综合标准化示范区”项目获得潍坊市标准化应用奖，山东同大海岛新材料股份有限公司的“鞋面用聚氨酯超细纤维合成革”项目获得潍坊市标准化创新奖。

11 月

2 日　市委副书记、市长李玉祥带领相关部门负责人到潍坊市政务服务热线受理中心，现场接听“12345”热线。

同日　潍坊市人大常委会考察组到昌邑市考察《潍坊市人大常委会关于推进“四个城市”建设的决议》落实情况。市人大常委会副主任高敬东陪同活动。

3 日　市政协召开十三届十一次主席会议。市政协主席周娟，党组副书记张天辉，副主席冯义军、孙孝工、吴红玉、李友田、孙永涛出席会议。

6 日　昌邑市在市会议中心设分会场组织收听收看中央宣讲团中共十九大精神报告会。

同日　市人大常委会主任李中福主持召开第十二次主任会议。 市人大常委会党组副书记庞明庆，副主任李建军、夏麦香、戚风乾、王明胜、高敬东出席会议。

9 日　市委书记吕珊珊主持召开市委常委会议。会议传达学习中国共产党第十九次全国代表大会及省、潍坊市全委会精神，研究有关事项。

同日　昌邑市组织收听收看省委宣讲团中共十九大精神报告会。市委书记吕珊珊，市委副书记王龙堂，市政协主席周娟等市级领导班子成员参加会议。

9 日至 10 日　山东雅拉食品有限公司澳大利亚活体肉牛屠宰项目顺利通过国家质检总局验收。国家质检总局检疫评估专家组张永年等一行 6 人进行检疫评估，副市长孔德奎陪同活动。

10 日　中国共产党昌邑市第十四届委员会第四次全体会议举行。全会由市委常委会主持。市委书记吕珊珊传达潍坊市委十二届四次全体会议精神并讲话。

同日　昌邑市学习贯彻中共十九大精神宣讲团成立暨宣讲工作动员会议召开。市委书记吕珊珊出席会议并讲话，市委常委、宣传部部长刘世海主持会议。

11 日　全国总工会劳动和经济工作部部长王俊治到浩信集团调研。山东省总工会副主席李臻，山东省总工会生产保护部部长谭博，潍坊市人大常委会副主任、总工会主席张新强，潍坊市总工会常务副主席郭召义，潍坊市总工会生产保护部部长范新利，昌邑市委常委、宣传部部长刘世海，市总工会主席孟凡铎陪同调研。

12 日　潍坊市重点项目观摩点评与会人员到昌邑市现场观摩。潍坊市委书记、市人大常委会主任刘曙光，市委副书记、市长李宽端带队观摩点评。昌邑市委书记吕珊珊等领导参加活动。

同日　市纪委十四届三次全体会议召开。市委常委、市纪委书记田立军出席会议并讲话。

13 日　昌邑市组织对全市重点项目进行观摩。市领导王龙堂、李中福等市级领导班子成员，市法院院长、市检察院检察长，其他在职副县级以上领导干部参加活动。

同日　河南省南乐县政协党组副书记、副主席运献国带领考察团到昌邑市考察美丽乡村建设情况。市政协副主席孙孝工陪同活动。

14 日至 15 日　省双拥模范城考评组在省军区政治工作局处长、省双拥办副主任刘方龙带领下到昌邑市检查考评新一届全国和省级双拥模范城创建工作。潍坊军分区副司令徐延田，潍坊市双拥办领导参加活动。市委书记吕珊珊汇报昌邑市双拥模范城创建工作情况。

14 日至 15 日　潍坊市高新区、坊子区考察团先后到昌邑市参观考察经济社会发展情况。市领导李中福、庞胜明、李友田、孙永涛分别陪同活动。

16 日　昌邑市组织收听收看加快全省社会信用体系建设暨推进涉金融领域失信问题专项治理工作电视会议。副市长赵海龙参加会议。

17 日　市委书记吕珊珊到北京调研指导流动党员工作。市委常委、组织部部长胡筱芹陪同调研。潍坊市在京流动党员党委书记徐健、潍坊市委组织部办公室副主任李楠楠到会指导。

同日　昌邑市举办潍坊市委宣讲团中共十九大精神报告会。潍坊市委宣讲团成员，潍坊市纪委副书记、监察局局长王玉宣讲。

同日　市人大常委会主任李中福主持召开第十三次主任会议。市人大常委会副主任李建军、夏麦香、戚风乾、王明胜、高敬东出席会议。会议议定市十八届人大常委会第六次会议于 11 月下旬召开，并提出建议议程、日程。

17 日至 18 日　高密市、潍城区、诸城市考察团先后到昌邑市参观考察经济社会发展情况。市领导王龙堂、庞胜明、刘焕成、李建军、李友田分别陪同活动。

21 日　潍坊市“双创”政策落实情况督查组到昌邑市进行督查。市委副书记王龙堂陪同活动。

同日　市政协召开十三届五次常委会议。市政协领导班子成员、常务委员出席会议。

22 日　驻昌省、潍坊市政协委员集中考察全市经济社会发展情况。潍坊市政协副主席刘秀平莅临指导。市政协主席周娟，市领导赵海龙、张天辉、冯义军等参加活动。

同日　重庆市渝北区考察团一行到昌邑市考察电子督察平台工作情况。市委常委、办公室主任刘煜陪同活动。

23 日　潍坊市编办主任鞠增玉、副主任陈明山、基层机构编制科科长肖新学到昌邑市调研指导综合行政执法体制改革工作。市委书记吕珊珊，市委常委、组织部部长胡筱芹，市委常委、副市长李鹏陪同调研。

同日　安丘市考察团到昌邑市参观考察文明城市创建社会宣传方面工作。安丘市委常委、宣传部部长李建英带队考察，昌邑市委副书记王龙堂陪同考察。

25 日　全市“思想作风建设年”工作推进会议召

开，对全市“思想作风建设年”活动进行再安排、再部署。市委副书记王龙堂出席会议并讲话，市委常委、组织部部长胡筱芹主持会议。

27 日 国家质检总局党组成员、国家标准委主任田世宏带领调研组到昌邑市调研标准化工作。省质监局领导，潍坊市副市长邓江陵，昌邑市委书记吕珊珊，市委副书记王龙堂，市领导刘煜、王树国参加活动。

同日 昌邑市组织收听收看省委省政府重点工作推进落实情况视频会议。市级领导班子成员，市法院院长、市检察院检察长，其他在职副县级以上领导干部参加会议。

28 日 参加 2017 年度全国服务业标准化培训班暨现场经验交流会的与会人员，现场观摩昌邑市现代服务业标准化工作。国家标准委副主任崔钢，省质监局领导，昌邑市委书记吕珊珊，市委副书记王龙堂，市领导刘煜、王树国及全国 31 个省、自治区、直辖市及新疆生产建设兵团市场监督管理部门分管标准化工作的领导 130 人参加会议。

同日 市十八届人大常委会举行第六次会议。市人大常委会主任李中福、党组副书记庞明庆分别主持会议，副主任王明胜主持水资源开发利用与保护工作专题询问会议。市人大常委会副主任李建军、夏麦香、戚风乾、高敬东出席会议。副市长赵海龙，市法院院长、市检察院检察长列席会议。

同日 潍坊市规划局班子全体成员及业务科室主要负责人一行 15 人到昌邑市参观重点项目规划建设情况。市委常委、副市长李鹏，市人大常委会副主任李建军等参加活动。

29 日 昌邑市在北京名人国际大酒店举行 2017 山东昌邑（北京）项目对接洽谈会。集中签约重点项目 18 个，计划总投资 183.2 亿元。

30 日 潍坊市委常委、统战部部长王兆辉到柳疃镇宣讲中共十九大精神。市委书记吕珊珊，市委常委、办公室主任刘煜陪同活动。

同日 昌邑市组织收听收看全省社会治安综合治理工作创新暨表彰大会。市委书记吕珊珊，市委常委、政法委书记庞胜明参加会议。

是月 龙池镇农业综合服务中心主任寇玉湘荣获农业部授予“最美农技员”称号，是潍坊市唯一一名全国最美农技员。

是月 昌邑市教育局荣获“山东省家庭教育示范基地”称号。

是月 昌邑市《“三位一体”乡村文化传统激活与传承创新实践项目》荣获第三届“山东省文化创新奖”。

是月 昌邑市鼎立薄壳核桃种植专业合作社理事长李治国荣获 2017 年度“齐鲁乡村之星”称号。

是月 山东浩信机械有限公司的“用于商用车的轮端总成”、山东同大海岛新材料股份有限公司的“超细纤维高仿头层皮合成革的制备方法”2 项专利获潍坊市专利二等奖；潍坊金丝达环境工程股份有限公司的“改进的节能连续气化裂解炉”、山东汉兴医药科技有限公司的“2- 氰基 -4’ - 甲基联苯的制备方法”、昌邑市龙港无机硅有限公司的“海洋机械防锈剂及其制备方法”3 项专利获潍坊市专利三等奖。

是月 昌邑市作家张葆海创作的中篇小说《黑色七日》荣获全国优秀文艺作品征评活动一等奖。

是月 昌邑市滨海化工新材料企业孵化中心获批山东省科技企业孵化器。

是月 市路灯管理所被评为山东省城市照明行业先进单位。

是月 山东昌邑乾隆杯酒业有限公司生产的“32%vol 青花墨韵原浆酒”荣获山东省食品工业协会颁发的“2017 年度全省白酒行业评委感官质量金奖”。

12 月

1 日 市人大常委会主任李中福主持召开第十四次主任会议。市人大常委会党组副书记庞明庆，副主任李建军、夏麦香、戚风乾、王明胜、高敬东出席会议。

同日 昌邑市政府安委会组织举行首个《中华人民共和国安全生产法》宣传周活动启动仪式。市人大常委会副主任王明胜，副市长赵海龙，市政协副主席孙孝工参加启动仪式。

2 日 市委书记吕珊珊带领相关部门主要负责人现场调度城建交通公路重点工程。市领导李鹏、刘煜、赵海龙参加活动。

同日　昌邑市举行美国招才引智暨项目对接洽谈会。市委副书记、市长李玉祥出席活动并介绍昌邑市经济社会发展情况、投资环境和人才创新创业政策等，取得良好成效。成功设立海外人才工作站1处，达成合作意向3项。

5日　全市美丽乡村标准化建设推进会议召开。市委副书记王龙堂出席会议并讲话，副市长曲伟主持会议。

同日　中国新闻出版联合集团总编辑、试点文旅产业基金总裁何洪春一行到昌邑市考察潍河沿岸文化旅游、健康养生、体育特色小镇投资建设项目。市领导庞胜明、赵海龙陪同活动。

6日　省委党校常务副校长徐闻到昌邑市调研县级党校和乡镇分校建设及作用发挥情况。市委书记吕珊珊，市委副书记王龙堂陪同活动。

同日　中科院西北生态环境资源研究院副院长、研究员冯起一行到昌邑就“中科院西北生态环境资源研究院昌邑研究中心（所）项目”建设工作进行对接洽谈，并就加快项目落地进行深入交流。市委书记吕珊珊，市领导李明杰参加活动。

同日　潍坊市工会工作（东片）座谈会在昌邑市召开。潍坊市总工会常务副主席郭召义出席座谈会并讲话；昌邑市委副书记王龙堂，总工会主席孟凡铎等陪同。

7日　全市村“两委”换届选举工作汇报会召开。市委书记、全市村“两委”换届选举工作领导小组组长吕珊珊出席会议并讲话，市委副书记、全市村“两委”换届选举工作领导小组副组长王龙堂主持会议，市领导庞胜明、胡筱芹、田立军、王树国、孔德奎出席会议。

8日　昌邑市召开经济社会发展观摩点评会议暨重点工作总结推进会议。会议表彰创建全国文明城市工作先进单位和先进个人、昌邑市中共十九大安保维稳工作先进单位和先进个人，部分镇（街）、市直部门、企业分别作交流发言。

同日　全市村“两委”换届选举工作动员部署会议召开。潍坊市村“两委”换届选举工作督导五组组长陈延标出席会议；昌邑市委书记吕珊珊出席会议并讲话，市委副书记王龙堂主持会议，市领导庞胜明、胡筱芹、田立军、王树国、孔德奎参加会议。

9日　昌邑市村“两委”换届选举工作领导小组办公室全体人员会议召开。市委常委、组织部部长、市村“两委”换届选举工作领导小组办公室主任胡筱芹出席会议并讲话。

同日　山东农业大学教学科研实践育人基地揭牌仪式在昌邑市举行。山东农业大学副校长王振林，昌邑市委常委、组织部部长胡筱芹共同为山东农业大学教学科研实践育人基地揭牌。

10日至11日　各镇（街区）分别召开村“两委”换届选举工作动员部署会议。市领导王龙堂、刘世海、庞胜明、胡筱芹、田立军、李鹏、刘煜、刘焕成、李明杰、王树国、赵海龙、曲伟分别出席会议。

12日　市人大常委会组织部分驻昌邑市的潍坊市人大代表开展代表小组活动，集中考察昌邑市经济和社会事业发展情况。市人大常委会主任李中福，副主任李建军参加考察活动；市委常委、副市长李鹏陪同考察。

13日　中信集团协同部总经理苏国新率考察团到昌邑市参观考察，并召开座谈会。市委书记吕珊珊，市领导刘煜、李明杰、孔德奎参加活动。

同日　省信访局信访督查专员刘东范到昌邑市调研信访基层基础工作。市委副书记王龙堂，市委常委、政法委书记庞胜明陪同活动。

同日　多效型生物肥料产业技术创新战略联盟在昌邑市成立。市委常委、组织部部长胡筱芹出席会议并为联盟揭牌。

同日　山东省安监局检查组到昌邑市专项检查企业全员培训工作。市委常委、副市长李鹏陪同活动。

同日　昌邑市举行喜庆十九大暨纪念《中华人民共和国档案法》颁布三十周年书画展开展仪式。潍坊市档案局副局长邱若铣，昌邑市领导刘煜、曲伟、李友田出席开展仪式。

14日　潍坊市“一县一品”创建总结现场会在昌邑市召开。潍坊市委统战部副部长于来刚，昌邑市委常委、统战部部长刘焕成出席会议。

15日　市政协召开工商联侨台民族宗教界政协委员联谊座谈会。市领导周娟、刘焕成、李敏出席会议。

同日　潍坊市法院系统档案工作现场推进会议在昌邑市人民法院召开。潍坊市档案局副局长邱若铣主持会议；潍坊市中院党组副书记、副院长张广孝，昌邑市委常委、政法委书记庞胜明出席会议并讲话；潍坊市各县市区法院、档案局分管负责人、档案业务人员参加会议。

同日　昌邑市举行“科技服务进千企”培训会议。潍坊市科技合作中心主任姜孟东，昌邑市副市长孔德奎出席会议。

19日　昌邑市召开市级党政班子成员向市纪委全会述责述廉会议。市委书记吕珊珊主持会议并讲话，潍坊市纪委第五纪检监察室副主任姜志春到会指导，市级党政班子成员、市纪委委员参加会议。

同日　省维护老年人合法权益考核领导小组第二考核组到昌邑市现场考核潍坊市维护老年人合法权益工作。市委副书记、市长李玉祥，副市长王树国陪同活动。

同日　市人大常委会主任李中福到昌邑市不动产登记中心调研全市不动产登记工作情况。

20日　市委副书记、市长李玉祥到柳疃、龙池、下营等地督导检查化工、纺织印染等领域企业安全生产工作。市领导李明杰陪同活动。

同日　潍坊市经信委主任马中平到昌邑市调研化工园区建设情况。市委副书记、市长李玉祥，市领导李明杰陪同活动。

同日　十四届市委第四轮巡察工作动员部署会议召开。市委常委、组织部部长胡筱芹主持会议，市委常委、市纪委书记田立军出席会议并讲话。

21日　潍坊市政府党组成员、潍坊滨海海洋经济新区建设推进办公室党组书记马跃启带领调研督查组到昌邑市调研督察昌邑滨海新区建设重大支撑项目情况。市委书记吕珊珊，市委副书记、市长李玉祥，市委常委、办公室主任刘煜陪同调研。

同日　省总工会副巡视员周克民一行3人到昌邑市，督导“查身边隐患、保职工安全、促企业发展”群众性安全生产工作情况。潍坊市总工会副主席刘春强，昌邑市委副书记王龙堂，总工会主席孟凡铎等陪同调研。

同日　昌邑市公开考选年轻副科级干部参加统一笔试。市委常委、组织部部长胡筱芹到笔试现场进行实地督导。本次公开选拔的职位是镇街区内设机构副职，男女各10名。

22日　昌邑市法学会第一次会员代表大会召开。市委副书记王龙堂，市委常委、政法委书记庞胜明，市领导王明胜、李友田出席会议。大会选举市法学会第一届领导机构，安排部署下一步法学工作任务。

23日　全市村“两委”换届选举工作调度推进会议召开。市委常委、组织部部长、市村“两委”换届选举工作领导小组办公室主任胡筱芹出席会议并讲话。

25日　昌邑市企业集中挂牌仪式暨对接资本市场大讲堂举行。市委书记吕珊珊出席仪式；市委副书记、市长李玉祥致辞。昌邑市16家企业在齐鲁股权交易中心挂牌。

26日　昌邑市召开2017年度市直部门单位“比学赶超创先争优”述评会议。全市116个市直部门（单位）结合自身实际，分组进行述职、与会人员对述职部门进行评议投票。

26日至27日　中国共产主义青年团昌邑市第二十次代表大会召开，130名代表出席大会。会议选举产生新一届团市委常委和书记、副书记、挂职副书记、兼职副书记。

27日　市人大常委会主任李中福主持召开第十五次主任会议。市人大常委会党组副书记庞明庆，副主任李建军、夏麦香、戚风乾、王明胜、高敬东出席会议。会议议定市十八届人大常委会第七次会议于12月底召开。

29日　市十八届人大常委会举行第七次会议。市人大常委会主任李中福、党组副书记庞明庆分别主持会议。会议审议通过关于深入学习贯彻中共十九大精神的决议；会议经过审议，决定昌邑市第十八届人民代表大会第二次会议于2018年1月中旬召开。市人大常委会副主任李建军、夏麦香、戚风乾、王明胜、高敬东出席会议。副市长赵海龙，市法院院长，市检察院检察长列席会议。

同日　全市村“两委”换届选举工作情况分析会议召开。市委常委、组织部部长、市村“两委”换届选举工作领导小组办公室主任胡筱芹出席会议并讲话。

同日　昌邑市召开党外人士座谈会，就《政府工作报告（征求意见稿）》听取意见建议。市委常委、统战部部长刘焕成主持会议并讲话，副市长赵海龙出席会议。

12 月　市政协分组开展提案办理情况考察活动。市政协党组副书记张天辉，副主席冯义军、孙孝工、吴红玉、李友田、李敏、孙永涛分别参加活动。

是月　昌邑市获评“山东省电子商务示范县”。

是月　昌邑石化获中国石油和化学工业联合会、中国化工职工思想政治工作研究会联合授予的“党建及思想政治工作先进单位”称号。

是月　昌邑市水利局被省人社厅、水利厅授予“全省水利系统先进集体”称号。

是月　山东省昌邑市昌邑生姜中国特色农产品优势区被农业部等 9 个部门认定为中国特色农产品优势区（第一批）。山东宏大生姜市场有限公司鲁昌宏大牌生姜、昌邑大姜协会昌邑大姜被省农业厅授权使用山东省农产品整体品牌形象标识，有效期 3 年。

是月　昌邑石化荣获山东省信息化与工业化融合促进中心授予的“山东省两化融合优秀企业”称号。

是月　昌邑市获评 2016—2017 年度全省“四德工程”建设示范县（市、区）。

是月　昌邑市文山中学入选首批“全国篮球特色学校”和“全国足球特色学校”。

是月　昌邑市围子街道被山东省人力资源和社会保障厅等 15 个部门联合授予“山东省创业型街道（乡镇）”称号。

是月　昌邑市奎聚街道潍水社区、都昌街道利民社区、围子街道滨河社区、柳疃中心社区通过省人社厅评估验收，获省级“四型就业社区”称号。

是月　下营镇荣获“山东省森林乡镇”称号。

是月　昌邑市奎聚街道东店社区获评“2017 年山东省家庭教育示范基地”。

是月　昌邑市物价局荣获“全国价格宣传工作先进单位”和“全省价格监督检查工作先进集体”称号。

是月　山东奥友生物科技股份有限公司和山东浩信集团有限公司被认定为山东省中小企业“隐形冠军”企业。

是月　昌邑市铸造产业技术创新联盟被山东省科学技术厅认定为省级产业技术创新战略联盟。

是月　昌邑市卜庄镇姜泊村被潍坊市旅发委授予“2017 年下半年乡村旅游标杆示范村”称号。

（供稿人：陈阿荣）

昌邑概况

Chang Yi Gai Kuang

建置区划

【位置　面积】　昌邑市位于北纬36° 26′ 21″—37° 11′ 28″，东经119° 12′ 34″—119° 37′ 21″。地处潍坊市东北部，东与烟台莱州市、青岛平度市隔胶莱河相望，东南与潍坊高密市接壤，西南与潍坊坊子区毗邻，西接潍坊市寒亭区，北濒莱州湾。人民政府驻市区内奎聚街道平安街1669号，电话区号0536，邮政编码261300，距潍坊市政府驻地30公里。

全市土地总面积1627.5平方公里，其中农用地99247.28公顷（耕地73200.95公顷，基本农田60444.33公顷），占总面积60.98%；建设用地34406.81公顷，占总面积21.14%；未利用地29096公顷，占总面积17.88%；人均耕地1.87亩。

（供稿人：宋兆文　马孟娜）

【建置沿革】　昌邑历史悠久。据北孟千戈庄村出土的黑陶片鉴定，属龙山文化。大约4000多年前就有人类居住。据考证，秦行郡县制，都昌称县，属胶东郡。随后，其建制变化极大，境域范围无一定数。至宋建隆三年（962年）析北海唐安乡始称昌邑县。初属北海军，乾德三年，军升为京东东路潍州，昌邑仍属之。金代，昌邑属山东东路益都府潍州。元代，昌邑属山东东西道宣慰司、益都路总管府潍州。明初，昌邑属山东布政使司青州府。洪武九年（公元1376年），改属莱州府。洪武十年五月，并昌邑入潍县。洪武二十二年正月，复置昌邑县，改属莱州府平度州。清朝沿袭明制，属山东布政使司莱州府平度州。1912年，中华民国成立，昌邑隶属山东省胶东道。1925年，改属莱胶道。1927年撤道，直属山东省。1938年2月，日军侵占昌城，国民党县政府迁至旗杆元家。1939年以后，流亡于平度、高密等地，属山东省第八行政区，后划为十三行政区。1945年，改属第十七行政区。1941年1月，昌邑县人民政府在瓦城成立，先后属胶东区西海专区、清河区清东专区。1945年8月，日军投降后，分置昌邑、昌南两县，属胶东区西海专区。同年秋，昌邑县人民政府进驻昌城。昌南县政府开始设在北孟，1949年秋，迁驻饮马村。1950年4月，改属昌潍专区。1956年4月1日，昌南县归并昌邑县，隶属不变。1967年，昌潍专区更名为昌潍地区，1981年改为潍坊地区，1983年改为潍坊市，昌邑从属不变。

1994年6月10日，经国务院批准，民政部和山东省人民政府分别以民行批〔1994〕92号和鲁证字〔1994〕105号文批复撤销昌邑县，设立昌邑市（县级）。昌邑市属省直辖，由潍坊市代管。同年7月18日，正式以昌邑市名义对外办公。

【行政区划】　2017年，辖奎聚、都昌、围子3个街道，龙池、柳疃、卜庄、饮马、北孟、下营6个镇，共9个乡级政区；辖有649个村民委员会，42个社区居民委员会。　（供稿人：董英杰　李鹏飞）

昌邑市各街道、镇所辖行政村（居）、自然村一览表

表 1

镇（街道）	行政村（居）名称	数量（个）	自然村名称	数量（个）
奎聚街道	行政村（39）： 薛家园子、徐家辛庄、郃家辛庄、石湾店北村、石湾店南村、蔺家庄、黄家辛庄、杨家洼、孙家岔河、郭家岔河、高家岔河、沟北崖、沟南崖、虫埠、东逄翟、吴家辛庄、张家辛庄、草庵、李家埠、小逄翟、张家村、大泊子、夏家鄑水、宫家鄑水、孙家道照、刘家道照、徐家鄑水、刘家庄、西逄泽、陶埠、南鄑亭、十字路、花园、东王家庄、初曲、建设、黑埠、石臼、单家 社区居民委员会（21）： 同新家园、东店、五里、南隅、于范城后、郝家城后、王葛山下、董家城后、东隅、西关、铁匠营、关龙、西台、中台、上台、于家山下、南庄头、中庄头、北庄头、辛置三村、辛置一村	60	薛家园子、徐家辛庄、郃家辛庄、石湾店、蔺家庄、黄家辛庄、杨家洼、孙家岔河、郭家岔河、高家岔河、沟北崖、沟南崖、虫埠、东逄翟、吴家辛庄、张家辛庄、吴南庄、草庵、李家埠、小逄翟、张家村、大泊子、夏家鄑水、宫家鄑水、孙家道照、刘家道照、徐家鄑水、刘家庄、西逄泽、陶埠、南鄑亭、十字路、花园、东王家庄、初曲、建设、黑埠、石臼、单家、东店、五里、南隅、于范城后、郝家城后、王葛山下、董家城后、东隅、东关、西关、铁匠营、关龙、西台、中台、上台、于家山下、南庄头、中庄头、北庄头、辛置	59
都昌街道	行政村（61）： 岞埠、中裴庄、南裴庄、北裴庄、家庄、徐林庄、东侯富庄、中侯富庄、西侯富庄、远东庄、博乐埠、东永安、西永安、渔洞埠、肖家埠、渔埠、北兴福、南兴福、长流埠、角埠、申明亭、南候章、高候章、王候章、双台二村、双台一村、南双台、西化埠、东化埠、巡保、太保、前伍塔、中伍塔、后伍塔、陈家洼子、史家洼子、西辛庄、前南逄、单家埠、王家埠、乖场、榆林、白玉村、孟家洼、南马埠、中马埠、北马埠、宋家楼、张固、马芝、两埠、豹埠营、西马埠、蒋家庄、王槈、长埠、前埠、后埠、南褚庄、东褚庄、北褚庄 社区居民委员会（21）： 南吴家庙、东大营、西大营、徐家北逄、刘家北逄、高家北逄、南逄、辛置二村、刘埠、高家道照、王家北逄、韩家屯、西安家埠、东安家埠、大埠、南店、山前、马家村、黄家辛戈、刘家辛戈、傅徐城后	82	岞埠、中裴庄、南裴庄、北裴庄、家庄、徐林庄、东侯富庄、中侯富庄、西侯富庄、远东庄、博乐埠、东永安、西永安、渔洞埠、肖家埠、渔埠、北兴福、南兴福、长流埠、角埠、申明亭、南候章、高候章、王候章、双台、南双台、西化埠、东化埠、巡保、太保、前伍塔、中伍塔、后伍塔、陈家洼子、史家洼子、西辛庄、前南逄、单家埠、王家埠、乖场、榆林、白玉村、孟家洼、南马埠、中马埠、北马埠、宋家楼、张固、马芝、两埠、豹埠营、西马埠、蒋家庄、王槈、长埠、前埠、后埠、南褚庄、东褚庄、北褚庄、南吴家庙、东大营、西大营、徐家北逄、刘家北逄、高家北逄、南逄、刘埠、高家道照、亭子、王家北逄、韩家屯、西安家埠、东安家埠、大埠、南店、山前、马家村、黄家辛戈、刘家辛戈、傅徐城后	81

续表 1

镇（街道）	行政村（居）名称	数量（个）	自然村名称	数量（个）
围子街道	东王、赵家、崔家庄、古河、东堤、郭家道口、侯家坡、密埠店三、西辛、东辛、密埠店二、密埠店一、民丰、唐家、韩家、北陈、前陈、李家、苏家部、郭家部、徐家部、明家部、姚家部、北于部、曲家部、马家部、李才、官道部、西部、杨家部、北朱家寨、南朱家寨、太平、辛立庄、周家、姜二、姜一、南苏、仓街、永兴庄、逄家庄、东邵、祝家、孟家、辛隅、张家庄、苑家庄、杨家庄、马家、古城里、六股路、邢家庄、田家、董家、西王、北密、中密、前密、营斜、戚斜、后斜、孙斜、北金家口、南金家口、南姜村、大姜村、军屯、北陶埠、前陶埠、大太保、二甲、永富庄、马连岔、张家湾、西刘家巷、韩家巷、西丁庄、东丁庄、四甲、南宫、义气镇、张董、董家隅庄、王家隅庄、凤凰庄、谢韩庄、天成店、天保庄、围子、三大章、于家部、聂家庄、西冯家庄、东冯家庄、邹家庄、刘家巷、夏家、南营、辛赵、王珂、西小章、西黄埠、东黄埠、辛富店、东王家庄子、小官庄、大官庄、乔家、戚家、辛城、葛家、搭连营、大章东村、大章北村、大章西村、二大章、东小章、东张庄、西张庄、梁张庄、周家部、梁家部、羊山子、西岭、赵家庄子、宋庄西村、宋庄东村	127	东王、赵家、崔家庄、古河、东堤、郭家道口、侯家坡、密埠店、西辛、东辛、簸箕掌、唐家、韩家、陈家、李家、苏家部、郭家部、徐家部、明家部、姚家部、北于部、曲家部、马家部、李才、官道部、西部、杨家部、北朱家寨、南朱家寨、刘家寨、太平、郭家店、辛立庄、陈家庄、周家、姜家庄、韩家庄、南苏、仓街、永兴庄、逄家庄、东邵、祝家、孟家、辛隅、张家庄、苑家庄、杨家庄、马家、广营、古城里、六股路、邢家庄、田家、董家、西王、密城、营斜、戚斜、后斜、孙斜、北金家口、南金家口、南姜村、大姜村、军屯、北陶埠、前陶埠、大太保、二甲、永富庄、马连岔、张家湾、西刘家巷、韩家巷、西丁庄、东丁庄、四甲、南宫、葛达子、义气镇、张董、董家隅庄、王家隅庄、凤凰庄、新立庄、谢韩庄、天成店、天保庄、围子、瓦屋、三大章、于家部、聂家庄、西冯家庄、东冯家庄、邹家庄、刘家巷、夏家、南营、辛赵、王珂、王珂西荒、西小章、小章西荒、西黄埠、东黄埠、辛富店、东王家庄子、小官庄、大官庄、乔家、戚家、辛城、葛家、搭连营、大章、二大章、东小章、东张庄、西张庄、梁张庄、周家部、梁家部、羊山子、西岭、赵家庄子、宋庄	128
柳疃镇	西辛安庄、太平庄、东申明亭、郭家庄、西营、马家庄、道岔、潮海、张家车道、刘家车道、柳疃、常家庄、前梁家庄、李家庙子、南范家庄、西傅、南西高、东高家庄、东傅、北刘家庄、邓家庄、太平集、七甲、西玉皇庙、北新兴、渔尔堡、北辛安庄、东辛安庄、横地、南五甲、青阜、东二甲、西二甲、北五甲、灶户、谭家庄、老官村、后青、前青、大辛庄、北高、北范、史家庄、南玉皇庙、北玉皇庙、门八街、北孙家庄、曹家庄、老官庄、后官庄、前官庄、北西高、前阎车道、中阎车道、北阎车道、孙家河滩、院头、河崖、久丰屯、金家庄、郭家车道、姜家寨、长胡同、阎家庵、北徐家庄、三官庙、傅戈庄、姜家堤子、高隆盛、西陈、东陈、吴家庙	72	太平庄、东申明亭、郭家庄、西营、马家庄、道岔、潮海、刘家井、张家车道、刘家车道、柳疃、常家庄、前梁家庄、李家庙子、南范家庄、西傅、南西高、东高家庄、东傅、北刘家庄、邓家庄、太平集、七甲、徐家圈、新宅子、后大兴、明家圈、渔尔堡、辛安庄、横地、南五甲、青阜、东二甲、西二甲、北五甲、灶户、谭家庄、老官村、青乡、大辛庄、北高、北范、史家庄、玉皇庙、门八街、北孙家庄、西赵家庄、曹家庄、老官庄、后官庄、前官庄、北西高、前阎车道、中阎车道、北阎车道、孙家河滩、院头、河崖、久丰屯、金家庄、郭家车道、姜家寨、长胡同、小长胡同、阎家庵、北徐家庄、三官庙、傅戈庄、姜家堤子、高隆盛、西陈、东陈、吴家庙	73

续表 1

镇（街道）	行政村（居）名称	数量（个）	自然村名称	数量（个）
龙池镇	东利渔、瓦北、瓦东、瓦西、姚徐邓、沙岭子、王家庄子、魏西、龙街、龙北、北白塔、西白塔、东白塔、齐西、二甲庄、龙东、郭疃、岱邱、马渠、王范庄、泊子、石桥、油坊、楼子、孙家庄、果园、营子埠	27	东利渔、瓦城、姚瓦街、西邓家庄、徐家村、沙岭子、王家庄子、魏西、龙池、北白塔、南白塔、齐西、二甲庄、龙东、郭疃、岱邱、马渠、王范庄、泊子、石桥、油坊、楼子、孙家庄、果园、营子埠	25
卜庄镇	站里、前卜、后卜、王卢、营子、新胜、前卢家、韩家店、东赵、姚家、东马家、白衣庙、金良、金山、新张、郑家坡、小阎家、大阎家、北窑湾、大王家、东任家、铁匠王家、孙家、南任、北任家、姜家、峰台、柳家、大陆、永合、刘庄、毛家寨、前王家楼、后王家楼、三教堂、肖家营、吕家庄、夏店、北王家庄、尹家庄、湾崖、李家泊、东董、东冢、集东、大窑、东辛庄、庄珂、马疃、岳家庄、西石桥、大李家庄、西董、姜泊、后张戈庄、前张戈庄、义气村、铁匠庄、西河南、大河南、大河北、抚安镇、张刘芦、六甲、八甲、李家抚安、赵家庄、王家扶宁、于家扶宁、韩家扶宁、广刘、北张、半截道、李家扶宁、三义村、郝家庄、西河沟、东河沟、西马疃、南泊、北泊、韩家桥、东高戈庄、西高戈庄、后河滩、岔河、中河滩、前河滩东村、前河滩西村、夏家庄、徐家庄、西王家庄、西峰台、东峰台、庙头	95	站里、卜庄、王卢、营子、新胜、前卢家、小卢家、韩家店、东赵、姚家、东马家、白衣庙、金良、金山、新张、郑家坡、小阎家、大阎家、北窑湾、大王家、东任家、铁匠王家、孙家、南任、北任家、姜家、峰台、柳家、大陆、永合、刘庄、小高家庄、毛家寨、前王家楼、后王家楼、三教堂、肖家营、吕家庄、夏店、北王家庄、尹家庄、湾崖、李家泊、东董、东冢、集东、小窑、大窑、东辛庄、庄珂、东石桥、马疃、中石桥、岳家庄、西石桥、大李家庄、西董、姜泊、张戈庄、义气村、铁匠庄、西河南、大河南、大河北、抚安镇、张刘芦、六甲、八甲、李家抚安、赵家庄、王家扶宁、于家扶宁、韩家扶宁、广刘、北张、半截道、李家扶宁、三义村、郝家庄、西河沟、东河沟、西马疃、南泊、北泊、韩家桥、东高戈庄、西高戈庄、后河滩、岔河、中河滩、前河滩、夏家庄、徐家庄、西王家庄、西峰台、东峰台、小院头、庙头	98
饮马镇	肖家庄子、裴家庄子、伊家庄子、宋家屯、史家屯、郝家屯、戴家屯、南孙家庄、李家庄、谢家庄、后谢家营、前谢家营、东南元家、卢元、旗杆元家、松树元家、刘家屯、初家营、贾家庄、三宝庄、流河二村、库户庄、流河一村、董家流河、陈家流河、于家流河、明家庄、红卫村、董家庄、沟流、吴家庄、教书庄、崇德屯、后马兰屯、前马兰屯、杨家桥、西郭家子、东郭家庄子、西金台西南村、西金台东南村、西金台西北村、西金台东北村、肖王、林家埠、西吴家、东金台、王家庄、田家庄、前柳杭、后柳杭、西孙家薛庄、西刘家薛庄、东刘家薛庄、戴家薛庄、石埠张家村、石埠李范村、石埠前村、石埠东村、石埠西村、石埠北村、傅家庄、葛西、葛东、前史家庄、埠头、晴埠、南斜、杨家庄子、初家庄、长太屯、鳌头埠、窑湾、山阳、山阴、顾仙、兴会庄子、后赶仙庄、	101	肖家庄子、裴家庄子、伊家庄子、宋家屯、史家屯、郝家屯、戴家屯、南孙家庄、李家庄、谢家庄、后谢家营、前谢家营、东南元家、卢元、旗杆元家、松树元家、刘家屯、初家营、贾家庄、王家埠、三宝庄、库户庄、流河、董家流河、陈家流河、于家流河、明家庄、红卫村、董家庄、沟流、吴家庄、教书庄、崇德屯、满家屯、后马兰屯、前马兰屯、杨家桥、西郭家子、小西郭家庄子、东郭家庄子、西金台、肖王、林家埠、西吴家、东金台、王家庄、田家庄、前柳杭、后柳杭、西孙家薛庄、西刘家薛庄、张家薛庄、东刘家薛庄、戴家薛庄、小戴家薛庄、董家薛庄、石埠、傅家庄、葛庄、前史家庄、埠头、晴埠、南斜、杨家庄子、初家庄、新安庄、长太屯、鳌头埠、窑湾、山阳、山阴、顾仙、兴会庄子、后赶仙庄、前赶仙庄、吴沟、孟家庄、饮马、左家营子、田家庄子、	96

续表 1

镇（街道）	行政村（居）名称	数量（个）	自然村名称	数量（个）
	前赶仙庄、吴沟、饮马西北村、饮马西南村、饮马东北村、饮马东南村、左家营子、田家庄子、徐家庙子、曹家庄子、杨家楼、常家屯、杨家屯、大张家屯、王家屯、八里庄子、孟家庄子、张家庄子、石家庄子、丰乐屯、佟家营子、大岭、大谢家庄、小营		徐家庙子、曹家庄子、杨家楼、常家屯、杨家屯、大张家屯、王家屯、八里庄子、孟家庄子、张家庄子、石家庄子、丰乐屯、佟家营子、大岭、大谢家庄、小营	
北孟镇	大庄、高阳西村、高阳东村、范家邱、麻姑庄、平正屯、许家屯、黑埠头、苗家上疃、马家上疃、初家上疃、郭家上疃、孙家上疃、周家庄、韩家高阳、东石门、毛家屯、李家井、岳家官庄、岳家屯、东齐家屯、前陈家庄、朱甫、山东、山西、塔耳堡、金李埠、南麻湾、北麻湾、东麻湾、薛家庄、老﨓沟西、老﨓沟东、万和屯、石牛庙、上河头、朱阳后、朱阳前、凤凰屯、凰瑞埠、高家屯、田戈庄、孙家营子、西祝仙屯、东祝仙屯、池后、池前、朱家屯、李家庄子、高家庄子、范家屋子、宋家屋子、温胡、后朱家庄子、前朱家庄子、朱家村、杜卢、北孟二村、北孟一村、朱家巷子、马家庙子、太平村、小望仙庄、大望仙庄、葛家七沟、后周家七沟、前周家七沟、金戈庄、曲家七沟、朱家七沟、小南孟、大南孟、曹戈庄、侯家屯、李戈庄三村、李戈庄二村、李戈庄一村、千戈庄、西官庄、东官庄、常兴屯、黄家庄、西角兰、东角兰、九龙屯、前李家埠、魏马、上坡、后刘家营子、前刘家营子、中李家营子、前李家营子	92	大庄、高阳、范家邱、麻姑庄、平正屯、许家屯、黑埠头、苗家上疃、马家上疃、初家上疃、郭家上疃、孙家上疃、周家庄、韩家高阳、东石门、毛家屯、李家井、岳家官庄、岳家屯、东齐家屯、前陈家庄、朱甫、山东、山西、塔耳堡、金李埠、南麻湾、北麻湾、东麻湾、薛家庄、老﨓沟、万和屯、石牛庙、上河头、朱阳、凤凰屯、凰瑞埠、高家屯、田戈庄、孙家营子、西祝仙屯、东祝仙屯、池子、朱家屯、前李家庄子、后李家庄子、高家庄子、范家屋子、宋家屋子、温家屋子、胡家屋子、后朱家庄子、前朱家庄子、朱家村、杜家村、卢家村、北孟、王家村、朱家巷子、马家庙子、小望仙庄、大望仙庄、葛家七沟、后周家七沟、前周家七沟、金戈庄、曲家七沟、朱家七沟、小南孟、大南孟、曹戈庄、侯家屯、李戈庄、千戈庄、西官庄、东官庄、常兴屯、黄家庄、西角兰、东角兰、九龙屯、前李家埠、魏马、郑家庄、西李家崖子、太平村、上坡、后刘家营子、前刘家营子、中李家营子、后李家营子、前李家营子	92
下营镇	大韩家、廒里、北张家庄、郇家、辛庄、小韩家、小刘家、常家、军营、小姜家庄、北赵家纪家、高家、杨家、北王家、海眼、胡家道口、张家寨、冯家、沟崖、王家庙、后柳、前柳、小院、大院、火道、滩子、北二甲、东辛店、李刘、裴家、吕家、西下营、东下营、曹家店	35	大韩家、廒里、北张家庄、郇家、辛庄、小韩家、小刘家、常家、军营、小姜家庄、北赵家、纪家、高家、杨家、北王家、海眼、胡家道口、张家寨、冯家、沟崖、王家庙、后柳、前柳、小院、大院、火道、滩子、北二甲、同泰庄、梁家庄、东辛店、李家圈、刘家圈、大江、裴家、吕家、下营、曹家店、三甲、孙家庄	40
合　计		691		692

自然地理

【地形　地貌】

地　形　辖区地势南高北低，南部以丘陵为主，主要山丘有塔耳堡山、南孟山、青山、青龙山等。大部分海拔高程在3—33米。辖区北部为平原、洼地。

地　貌　昌邑市地貌按成因类型可分为剥蚀堆积地貌和堆积地貌。

剥蚀堆积地貌　分布于辖区南部，由低山丘陵组成，在长期风化剥蚀、夷平的过程中，地势显得低缓平坦，形成浑圆状残丘、丘陵和准平原。

冲洪积堆积地貌　分布于辖区中部、北部广大地区，由于水流作用，携带大量的泥沙在山前地带堆积，形成洪积裙、洪积扇，各堆积体相连，互相叠加，在山前形成倾斜平原，地势平坦，坡降在3‰—0.3‰之间。

滨海冲积海积堆积地貌，为潍河、胶莱河等河流在下游堆积的冲积物和海积作用形成的滨海平原，坡降为0.2‰—0.15‰之间。

地貌单元划分与土壤分布。根据地形、成因、所处位置并结合生态环境条件等，将全市地貌分为4种不同类型，10个微地貌单元。由于地形地貌类型的不同，相应地生成了不同的土壤类型。

昌南低山丘陵区位于饮马以南，包括饮马镇、石埠经济发展区、北孟镇。水土流失严重，土壤发育较完全，这一地区分布着棕壤、褐土及砂姜黑土。岩性多为钙质岩，局部酸性岩，母质为坡积洪积物、洪积冲积物。

陵　顶　分布在丘陵的顶部，面积小，坡度较大，土层浅薄，局部岩石裸露，以石质荒陵为主，部分生长赤松及其他灌木，自然覆被度小于60%，土壤类型为棕壤和褐土。

陵坡地　分布于丘陵的中下部，坡度大于20度，土层较浅，成土母质多为坡积洪积物。种植作物以粮、棉、林果为主，覆被度大于60%，土壤类型为褐土。

缓平坡地　位于两丘之间的较平缓地带，一般比降较小，土层较深厚，由洪积冲积形成，土壤类型主要有褐土和砂姜黑土。生长作物主要有地瓜、棉花、小麦、玉米等。

昌中冲洪积平原区分布在石埠经济发展区以北至下营镇一带，海拔在6—20米之间，坡降为0.5‰—0.25‰。地表径流较缓，地势平坦，土壤为潮土及部分砂姜黑土，发育良好，砂、壤、粘相间，层次明显，母质为冲积物。土壤类型较好，是全市粮食高产区。分为5种微地貌类型。

微斜平地　由潍河泛滥沉积而成。地面坡降一般在0.3‰左右，地势平坦，坡降小，土层深厚，保水保肥性较好，潜水埋深2—3米，土壤类型大部分为潮土。以种植小麦、玉米等作物为主。

缓　岗　微斜平地的高坡地，由风砂堆积及水流切割而成的沙丘土埠。相对高差5—10米，土壤质地紧砂至砂壤，主要种植土豆、生姜、花生及玉米、小麦等。

沿河洼地　沿胶莱河一侧的带状洼地，潜水埋深在2米左右，矿化度1克/升左右，排水较困难。土壤类型多为砂姜黑土和湿潮土，表层质地多为轻壤至中壤，局部为重壤，主要种植小麦、棉花、高粱等。

河滩高地　沿潍河两侧分布，相对地势较高，潜水埋深在4米左右，矿化度小于1克/升，土壤以褐土化潮土为主，表层质地多为轻壤和砂壤，种植小麦、玉米、花生等作物。

河漫滩地　潍河堤内漫滩，因河床不断沉积淤高而成，随着20世纪80年代初期上游水库截流，河床无水或水流很小，部分土地进行耕作或植树造林。

昌北滨海冲海积平原位于原双台乡北部、柳疃镇的北部、卜庄镇北部，海拔2—6米，地势平缓，坡降小于0.25‰，为海相沉积物和冲积物，岩性为粉砂、粉土。土壤含盐量稍高，地下水位埋藏浅，为咸水（盐水），易受海潮侵袭。土壤类型多为盐化潮土和盐土，是水、旱、粮、棉轮作区。

浅平洼地　由静水或缓流沉积而成，地势缓平而低洼，群众叫“漫洼”。潜水埋深一般1—2米，潜水径流较滞缓、垂直蒸发较强烈，矿化度一般为2—10克/升，部分大于10克/升。土壤类型多为盐化潮土，局部盐土。主要农作物为小麦、玉米、棉花等。

缓平坡地　主要是近河道带坡地、古河道带经自然、人为改造的坡地。土壤多为潮土，潜水埋深2米—4米，矿化度大于2克/升。主要农作物为棉花、小麦、玉米等。

海积平原区主要为处于海拔3.5米以下，易为大海潮侵袭的海滩地区，主要为海积物，土壤类型多为盐土，质地多为紧砂及砂壤。在低洼处生长零星黄蓿、柽柳等盐生植物。多为光板地。

微地貌单元变化较大的就是海滩地，由于防潮堤的修建，海滩地一般不再受海潮影响，因此将这部分土地划为浅平洼地。

昌邑市南部为丘陵、中部平原、北部为滩涂，相应地分布着棕壤、褐土、潮土、盐土。总体来说昌邑市南部、北部生态地质环境变化较大，北部修筑了防潮堤，土壤环境、生态环境均得到改善。丘陵、平原、海滩的分布，使昌邑市地貌景观丰富。

（供稿人：宋兆文　马孟娜）

【河流】　昌邑市共有河流25条，其中省级河流1条（潍河），潍坊市级河流2条（北胶莱河、虞河），县级河流10条（蒲河、北胶新河、吴沟河、漩河、丰产河、堤河、佐家河、中李河、南水北调续建配套工程、胶东调水工程昌邑段），镇级河流12条（渔池河、官河、小新河、麻湾河、五里河、夹沟河、瀑沙河、泥河、清泉河、小龙河、拐子河、尹家河）。

潍　河　全长246公里，流域面积6367平方公里。昌邑境内全长64公里，境内主要支流为拐子河。由饮马镇山阳村西南方向进入昌邑境内，于下营镇西营村西流入渤海莱州湾。流经饮马镇、石埠经济发展区、围子街道、都昌街道、奎聚街道、柳疃镇、卜庄镇、下营镇共8个镇（街区）。

北胶莱河　全长100公里，流域面积3891平方公里。昌邑境内全长58.3公里，由石埠经济发展区前谢家营村东南进入昌邑市，于下营镇廒里村北入渤海。上游段为昌邑市与高密市的界河，中下游段为昌邑市与平度市、莱州市的界河，主要支流包括渔池河、小新河、漩河等，流经石埠经济发展区、围子街道、卜庄镇、下营镇4个镇（街区）。

虞　河　全长75公里，流域面积890平方公里，昌邑境内全长29公里，流域面积301平方公里。由都昌街道肖家埠村西进入昌邑市，流经都昌街道、龙池镇，于龙池镇利渔村北入渤海。

蒲　河　位于昌邑市北部，全长23.5公里，发源于卜庄镇六甲村，流经卜庄镇、下营镇，在下营镇入漩河后流入北胶莱河汇入渤海，流域面积95平方千米。

北胶新河　1973年，昌潍地革委统一规划，组织平度、昌邑、高密3个县进行大型导治，从当时昌邑县流河乡库户庄（今昌邑市石埠经济发展区库户庄村）向上游，开挖一条新河道，流经塔尔堡、北孟、流河3个乡镇（今昌邑市北孟镇、石埠经济发展区），命名北胶新河。北胶新河流经昌邑境内全长15.5公里，分南北两段，南段自北孟镇朱阳前村东至东官庄村东南，北段自石埠经济发展区肖家庄子村东南至库户庄村东。

吴沟河　位于昌邑市饮马镇北部，发源于饮马镇吴沟村，流经饮马镇、石埠经济发展区。原吴沟河河道流经饮马镇张家屯村，随着村庄发展，吴沟河穿村而过，且被胶东调水工程截断导致失去河流作用，现状吴沟河自张家屯村南向东，与胶东调水渠道共用5.6公里，于石埠经济发展区郝家屯村东南入北胶新河。

漩　河　全长35公里，原发源于昌邑市卜庄镇皂沟子村，自南而北至下营镇廒里村北入北胶莱河，1966年打通卜庄镇柳家村至烟潍公路处咽喉伸至密埠洼，后上游延伸至现围子街道大章洼，发源于围子街道辛富店村以北。流经围子街道、卜庄镇、下营镇，在下营镇廒里村东北入北胶莱河，流域面积203平方公里。

丰产河　全长22.58公里，南起都昌街道昌寿路桥，北至龙池镇东利渔村以北汇入虞河，流经都昌街道、奎聚街道、龙池镇。

堤　河　全长23公里，流经奎聚街道、柳疃镇、龙池镇。堤河自奎聚街道虫埠村东南（城北污水处理厂）始，于柳疃镇灶户村西北入渤海，是潍河以西峡山灌区的主要排水干道。流域面积119平方公里。

佐家河　全长10.7公里，由饮马镇杨家庄子村东南进入昌邑境内，流经北孟、饮马2个镇，于饮马镇大谢家庄村东南入北胶新河。

中李河　全长4.3公里，由北孟镇前李家埠村北进入昌邑市，流经北孟、饮马 2 个镇，于北孟镇孙营村西北入佐家河。

南水北调续建配套工程 全长 8.1 公里，由潍河左岸小营口放水闸起，至石渠北端止。

胶东调水工程昌邑段 昌邑境内全长 52.8 公里，自都昌街道西永安村进入昌邑境内，于饮马镇八里屯村出境进入高密市境内。

渔池河 全长 5.4 公里，起点位于北孟镇万合屯村西，终点位于北孟镇东角兰村东南入北胶新河。

官　河 全长 600 米，起点位于北孟镇朱阳前村东南，终点位于北孟镇朱阳后村东。

小新河 全长 12.5 公里，起点位于北孟镇大望仙庄村西南，终点位于北孟镇宋家村东南。

麻湾河 全长 6.1 公里，起点位于北孟镇南麻湾村南，终点位于北孟镇田戈庄村西入渔池河。

五里河 全长 8.4 公里，起点位于北孟镇魏马村，终点位于北孟镇李家庄子村西北入佐家河。

夹沟河 全长 11.5 公里，起点位于都昌街道单家埠村南，终点位于都昌街道昌寿路桥。

瀑沙河 全长 12.9 公里，起点位于都昌街道西化埠村，终点位于都昌街道博乐埠村北入丰产河。

浞　河 全长 19.9 公里，起点位于都昌街道南候章村南，终点位于都昌街道渔洞埠村西北入虞河。

清泉河 全长 3.7 公里，起点位于围子街道东黄埠村东，终点位于围子街道辛富店村东入北胶莱河。

小龙河 全长 8.2 公里，起点位于柳疃镇付戈庄村，终点位于柳疃镇区后西汇入堤河。

拐子河 全长 9 公里，起点位于柳疃镇刘家车道村，终点位于渔尔堡村北入潍河。

尹家河 全长 7.5 公里，起点位于龙池镇瓦城村，终点位于龙池镇官靶路处汇入堤河。

（供稿人：胡　阳）

【海岸　滩涂】 昌邑市位于山东半岛西北部，北濒莱州湾，海岸线东起胶莱河，西至虞河，全长 59.57 公里。

沿海滩涂地域位于莱州湾海岸线以南，昌邑市域北部沿海地区，海拔 0 米—3.5 米，土地面积 43393 公顷，占全市总面积的 26.7%；区域内有下营镇、部队靶场、盐场及新建工业开发园区等单位。该地域地势低洼，易受旱、涝、风、碱、潮等自然危害，不宜发展农业生产，但具有丰富的卤水、石油和广阔的潮间带多种资源，开发潜力巨大。充分利用资源优势，已形成海水养殖、盐、溴生产、盐化工等多种产业。域内 2929 公顷的滩涂上，生长着茂密的柽柳，属国家级海洋生态保护区，是全国唯一的以柽柳为主要保护和管理对象的国家级海洋特别保护区。（供稿人：胡民强）

【气候】 2017 年，昌邑市气温偏高，降水偏多，日照较常年偏少，极端气候事件较常年偏多。

气　温 2017 年，昌邑市年平均气温为 14.0℃，较常年（12.8℃）偏高 1.2℃；年极端最高气温为 39.0℃，出现在 5 月 28 日，较历年极值（41.3℃）偏低 2.3℃；年极端最低气温为 -10.0℃，出现在 1 月 23 日，较历年极值（-19.0℃）偏高 9.0℃；2017 年度昌邑市最高气温≥35℃的天数为 17 天。2017 年 4 月、5 月最高气温平均值为历年来最高，分别为 22.5℃和 29.1℃。5 月 28 日出现的 39.0℃高温为有气象资料以来 5 月最高气温。

降　水 2017 年，昌邑市总降水量为 627.3 毫米，较常年（553.7 毫米）偏多 73.6 毫米，较历年最多值（892.0 毫米）偏少 164.7 毫米，较历年最少值（333.5 毫米）偏多 293.8 毫米；除 1 月、3 月、6 月、8 月及 11 月降水偏多外，其他月份降水均偏少；2017 年度昌邑市出现 1 次暴雨天气，出现日期为 8 月 3 日，降雨量为 124.9 毫米，达到大暴雨量级。

风 2017 年，昌邑市年平均风速为 2.6 米 / 秒，年最多风向为南东南，大风（风速超过 17 米 / 秒）天气日数为 4 天，与常年值（5.2 天）偏少。其中 8 月 6 日出现的大风天气，极大风速达到 25.0 米 / 秒，达到 10 级。

其他天气 2017 年，昌邑市雷暴天气日数为 28 天，较常年值（22.3 天）偏多；大雾天气日数为 27 天，与常年值（26.5 天）基本持平；降雪天气日数为 4 天，较常年值（14.3 天）偏少，说明昌邑市冬季气温偏高，且空气较为干燥。

2017 年，昌邑市日照总数为 2297.2 小时，较常年（2301.9 小时）偏少 4.7 小时，基本与常年持平。

2017 年度昌邑市无霜期为 237 天，初霜出现日期为 2016 年 11 月 1 日，较常年偏晚，终霜出现日期为 2017 年 3 月 7 日，较常年偏早。

（供稿人：崔宝琪　龙晓斌　胡鲲）

自然资源

【土地资源】 全市土地面积 162750 公顷，依据市域地貌类型，农作物生产特点、天然资源条件、经济发展条件及发展方向相对一致等因素，将市域划分为 4 个类型。

沿海滩涂地域 位于莱州湾海湾岸线南侧，市域北部沿海地区，海拔 0 － 3.5 米，海岸线西起虞河口，东至胶莱河口，全长 59.57 公里。土地面积 43393.33 公顷，占全市土地总面积的 26.7%。区域内有下营镇、种畜场、畜牧场、养虾场、盐场、潍北靶场、空军靶场、潍北农场等。

昌北平洼地域 位于沿海滩涂地域以南，咸淡水分界线以北，海拔 3.5 － 6.0 米。土地面积 48513.33 公顷，占全市土地总面积 29.8%。其中，耕地面积 27022 公顷，占该地域土地总面积的 55.7%；园地 776 公顷，占 1.6%；林地 388 公顷，占 0.8%；居民点及工矿用地 4560.2 公顷，占 9.4%；交通用地 1600.9 公顷，占 3.3%；水域 11594.7 公顷，占 23.9%；未利用土地 2571.2 公顷，占 5.3%。

昌中平原地域 位于市域的中部，北至咸淡水分界线，南至饮马镇，海拔 6 － 13 米。地势平坦，土层深厚，土壤肥沃。地域内有奎聚、都昌、围子 3 处街道，卜庄镇和饮马镇北部。土地面积 41720 公顷，占全市土地总面积的 25.6%。其中，耕地面积 27493.5 公顷，占该地域土地总面积的 65.9%；园地 2086 公顷，占 5.0%；林地 876.1 公顷，占 2.1%；居民点及工矿用地 5381.9 公顷，占 12.9%；交通用地 1543.7 公顷，占 3.7%；水域 3629.6 公顷，占 8.7%；未利用土地 709.2 公顷，占 1.7%。

昌南丘陵地域 地处市域南部，最高点为博陆山，海拔 88.05 米。系鲁东丘岭剥蚀残丘区，为缓岗埠岭，地势西高东低。地域内含北孟镇和饮马镇大部。土地面积 29123 公顷，占全市土地面积的 17.9%。其中耕地面积 18405 公顷，占该地域土地总面积的 63.2%；园地 1194 公顷，占 4.1%；林地 378.6 公顷，占 1.3%；居民点及工矿用地 2795.8 公顷，占 9.6%；交通用地 1252.3 公顷，占 4.3%；水域 4397.6 公顷，占 15.1%；未利用土地 699.7 公顷，占 2.4%。该地域多为土层浅薄，土壤肥力低，地下水资源缺乏，地表水（峡山水库）2016 年后，经常依靠南水北调工程加水补给，用水费用大。域内有低产田 22133.5 公顷，占全域土地面积的 76%。（供稿人：宋兆文　马孟娜）

【水资源】 昌邑市属于极度缺水地区，人均水资源占有量不足 300 立方米，不足全国人均占有量（2400 立方米）的 1/7。2005 年后，受持续干旱的影响，全市河道断流，地表水几近枯竭，灌溉用水完全停止供给，水资源短缺、用水安全问题非常突出。地表水濒临枯竭。潍河、胶莱河及其他内河已经断流，地表水面临枯竭，峡山水库蓄水严重不足。降水量分布严重不均。2017 年降水 636.5 毫米，虽然较往年有所增加，但降雨多集中在 7 月 8 月，分布严重不均。地下水位大幅下降。全市地下水位已经由 2005 年的 -9.39 米下降至 2017 年的 -22.8 米，13 年时间下降 13.41 米，每年平均下降近 1.03 米，地下漏斗区已经扩大到 429 平方公里，接近全市面积的 1/4，并且无水补源，海水南侵速度加快，地下水位仍在不断下降。

（供稿人：胡　阳）

【矿产资源】 昌邑市地处沂沭断裂带内，基岩露头极少，几乎全为厚层的第四系覆盖。辖区内矿产资源比较丰富，分布比较集中。已发现石油、天然气、铁、天然卤水、溴、石英、矿泉水、建筑石料等矿产 17 种，矿床（点）43 处，探明储量的矿产 9 种，保有资源储量 24227 万吨，约占潍坊市的 12%。2017 年，共有各类生产矿山企业 39 家，其中铁矿 8 家，石英矿 2 家，溴盐化工企业 28 家，矿泉水矿 1 家。从矿产结构上分析，非金属矿种类较多，储量较大，具有明显优势，其中已开采的主要有：卤水，主要分布于北部沿海，分 3 层，开采历史悠久，已形成年产盐 240 万吨，溴

9900余吨的能力；铁矿石，主要分布于中部地区，埋藏在地下深层0米至-415米，设计年产量445万吨；石英岩，主要分布于饮马镇以北的吕山至青龙山一带，矿体厚度大，品位高，结构简单，设计年产量20.5万吨。2016－2017年，完成4个矿产勘查项目，面积8.27平方公里，在年度年检中全部确认为合格。昌邑市史家庄地区金矿普查项目已获批复，项目资金160万元，已通过潍坊市局野外验收。

（供稿人：宋兆文　马孟娜）

生物资源

【陆生动物资源】　昌邑市有野生动物10门，26纲，100目，420科，1551种（含亚种），涵盖水生动物类、鸟类、两栖类、爬行动物类、兽类及陆生节肢动物类等。

鸟　类　昌邑市现记录鸟类278种，分属18目，49科。主要有白鹳、大天鹅、丹顶鹤、灰鹤、大鸨、大杓鹬、小杓鹬、极北柳莺、红点颏、苍鹭、大白鹭、普通翠鸟、大杜鹃、东方白鹳、中华秋沙鸭、白尾海雕、金雕、丹顶鹤、大鸨、绿鹭、池鹭、蓝翡翠、白头鹎、黑卷尾。

哺乳类　昌邑市现记录哺乳类5目，12科，26种。其中以中、小型兽类为主。食肉目5种，其中黄鼬和赤狐的种群数量较大。兔形目仅1种，为草兔。啮齿目6种，达乌尔黄鼠和中华鼢鼠为本地区有特点的平原害兽，种群数量较大。

两栖类　昌邑市有无尾目7种，铃蟾科、蟾蜍科、蛙科、姬蛙科部分种类在本地有分布。分布的两栖类中优势种有黑斑蛙、中华大蟾蜍，普通种有花背蟾蜍。

爬行类　昌邑市爬行类有龟鳖目1种，蜥蜴目2种，蛇目9种。该地区主要蛇目种类较多，其优势种为虎斑游蛇、黄脊游蛇。

昆虫类　昌邑市昆虫纲动物574种，有地鳖、东方蜚蠊、碧伟蜓、黑印叶箭蜓、黄新叶箭蜓、双斑圆臂大蜓、红蜻、黄蜻、异色多纹蜻、黑丽翅蜻、半黄赤蜻、白尾灰蜻、瘦溏、广斧螳螂、薄翅螳螂、华北大刀螳、中华螳螂、中华剑角蝗、尖头蚱蜢、赤胫蝗、花胫绿纹蝗、短星翅蝗、大青蝗、大垫尖翅蝗、黑背蝗、笨蝗、东亚飞蝗、短额负蝗、长额负蝗、负蝗、棉蝗、中华稻蝗、长翅稻蝗、疣蝗、蒙古束颈蝗、亚洲小车蝗、胫小车蝗、云斑车蝗、日本黄脊蝗、宽翅曲背蝗、黑斑草螽、长翅草螽、长剑草螽、日本管树螽、短翅鸣螽、北方尖头螽、日本拟织螽、黄褐油葫芦、长颚蟋、斗蟋、棺头蟋蟀、黑油葫芦、稻似针蟋、黑臂蟋螽、东方蝼蛄、华北蝼蛄、蠼螋、大蠼螋、黄翅球螋、蚱蝉、本黑蝉、蒙古寒蝉、蟪蛄、华象蜡蝉、蛾蜡蝉、黑角蝉、斑衣蜡蝉、大青叶蝉、尾大叶蝉、窗耳叶蝉、黑尾叶蝉、二点叶蝉、叶蝉、青叶蝉、尾叶蝉、尾大叶蝉、小绿叶蝉、葡萄斑叶蝉、中华似菱纹叶蝉、灰飞虱、褐飞虱、白背飞虱、梨黄粉蚜、榆棉蚜、菜豆根蚜、秋四娘棉蚜、柳长喙大蚜、柳瘤大蚜、紫薇长斑蚜、榆长斑蚜、白杨毛蚜、白毛蚜、柳黑毛蚜、豆蚜、柳蚜、大豆蚜、棉蚜、刺槐蚜、国槐蚜、柳二尾蚜、蒿卡蚜、桃粉大尾蚜、月季长尾蚜、月季长管蚜、桃蚜、柳粉毛蚜、梨圆尾蚜、麦二叉蚜、梨二叉蚜、胡萝卜微管蚜、槐豆木虱、梨木虱、草履蚧、吹绵蚧、康氏粉蚧、紫薇绒蚧、日本龟蜡蚧、褐软蚧、白蜡蚧、大球坚蚧、东方胎球蚧、日本长白蚧、黄杨芝糠蚧、中华糠蚧、片糠蚧、梨夸圆蚧、锤胁跷蝽、三点盲蝽、苜蓿盲蝽、中黑盲蝽、赤须盲蝽、食虫齿爪盲蝽、绿盲蝽、牧草盲蝽、地红蝽、华姬蝽、暗色姬蝽、淡带荆猎蝽、环斑猛猎蝽、黄纹盗猎蝽、双刺胸猎蝽、梨冠网蝽、大眼长蝽、横带红长蝽、泛刺同蝽、宽肩直同蝽、原扁蝽、斑背安缘蝽、平肩棘缘蝽、广腹同缘蝽、粟缘蝽、点蜂缘蝽、大鳖土蝽、黑伊土蝽、褐龟土蝽、蠋蝽、小皱蝽、斑须蝽、麻皮蝽、黄蝽、菜蝽、茶翅蝽、弯角蝽、稻绿蝽、珠蝽、蓝蝽、横纹蓟马、塔六点蓟马、烟蓟马、华简管蓟马、中国虎甲、纹虎甲、花斑虎甲、白边虎甲、齿星步甲、中华广肩步甲、大星步甲、麻步甲、艳大步甲、脊青步甲、黄斑青步甲、毛胸青步甲、后斑青步甲、异角青步甲、异色猛步甲、大头婪步甲、黑足婪步甲、大劫步甲、通缘步甲、短鞘气步甲、伪斑蠡、异色郭公虫、细胸叩头虫、沟叩头虫、花曲柳窄吉丁、苹果小吉丁、柳窄吉丁、六星铜吉丁、山杨柳吉丁、红缘绿吉丁、梨金缘吉丁、花绒坚甲、二星瓢虫、多异瓢虫、红点唇瓢虫、黑缘红瓢虫、七星瓢虫、异色瓢虫、龟纹瓢虫、黑背小瓢虫、深点食螨瓢虫、菱斑和瓢虫、中国豆芫菁、暗头豆芫菁、绿芫菁、腋斑芫菁、蒙古拟地甲、网目拟步甲、黑棕鳃金龟、毛棕鳃金龟、华北大黑鳃金龟、暗黑鳃金龟、棕色鳃金龟、毛黄鳃金龟、小阔胫绒金龟、阔胫绒金龟、小黄鳃金龟、黑绒金龟、黑皱鳃金龟、毛喙丽金龟、铜绿丽金龟、黄褐丽金龟、蒙古丽金龟、亮绿彩丽金龟、黄闪彩丽金龟、琉璃丽金龟、四纹丽金龟、苹毛丽金龟、小青花金龟、褐锈花金龟、白星花金龟、巨锯锹甲、曲牙土天牛、大牙土天牛、芫天牛、隐脊薄翅天牛、桃红颈天牛、红缘亚天牛、刺槐绿虎天牛、槐黑星虎天牛、酸枣虎天牛、家茸天牛、刺角天牛、葡萄脊虎天牛、双斑锦天牛、星天牛、光肩星天牛、桑天牛、梨眼天牛、云斑天牛、异斑象天牛、中黑筒天牛、青杨楔天牛、红颈负泥虫、白蜡梢距甲、白菜蓝跳甲、黄守瓜、葡萄十星叶甲、榆蓝叶甲、榆黄叶甲、白杨叶甲、柳十星叶甲、梨斑叶甲、柳蓝叶甲、麦颈叶甲、中华萝藤叶甲、杨梢叶甲、酸枣光叶甲、梨光叶甲、泡桐龟甲、紫穗槐豆象、黑尾卷象、梨虎象、棉尖象、隆脊绿象、中华长毛象、长毛小眼象、尖齿尖象、棉尖象、北京灰象、大灰象、蒙古土象、波纹斜纹象、果树小蠹、多毛小蠹、中华斑鱼蛉、花边星齿蛉、全北褐蛉、阴啬褐蛉、普通草蛉、丽草蛉、多斑草蛉、叶色草蛉、大草蛉、中华草蛉、条斑次蚁蛉、褐纹树蚁蛉、中华东蚁蛉、追击大蚁蛉、柳蝙蛾、葡萄透翅蛾、白杨透翅蛾、杨干透翅蛾、鸡血藤麦蛾、刺槐种子麦蛾、黑星麦蛾、梨瘿华蛾、苹凹织蛾、榆织蛾、稠李巢蛾、卫矛巢蛾、梨潜皮细蛾、金纹细蛾、国槐潜蛾、旋纹潜叶蛾、杨白潜叶蛾、桃潜蛾、银纹潜蛾、杨银潜叶蛾、刺槐谷蛾、黄胸木蠹蛾、芳香木蠹蛾东方亚种、小木蠹蛾、日本木蠹蛾、榆木蠹蛾、咖啡豹蠹蛾、刺槐蓑蛾、大蓑蛾、黄刺蛾、枣奕刺蛾、黄缘绿刺蛾、双齿绿刺蛾、中国绿刺蛾、梨娜刺蛾、黄娜刺蛾、桑褐刺蛾、扁刺蛾、桃斑蛾、梨叶斑蛾、榆斑蛾、葡萄叶斑蛾、大叶黄杨长毛斑蛾、桃蛀果蛾、黄斑长翅卷蛾、榆白长翅卷蛾、棉褐带卷蛾、梨黄卷蛾、后黄卷蛾、南川卷蛾、苹褐卷蛾、枣镰翅小卷蛾、梨小食心虫、杨柳小卷蛾、桃白小卷蛾、牙白小卷蛾、苹白小卷蛾、黄翅缀叶野螟、大黄缀叶野螟、桃蛀野螟、桑绢野螟、黄杨绢野螟、豆荚斑螟、豆蚀叶野螟、葡萄卷叶野螟、黄伸喙野螟、梨云翅斑螟、麦牧野螟、玉米螟、三条蛀野螟、旱柳原野螟、泡桐卷野螟、豆卷叶野螟、锈黄缨突野螟、杨枯叶蛾、李枯叶蛾、黄褐天幕毛虫、苹毛虫、绿尾大蚕蛾、野蚕蛾、大造桥虫、山枝子尺蛾、木蠊尺蠖、尖尾尺蛾、枯斑翠尺蛾、桑尺蠖、距岩尺蛾、槐尺蠖、榆凤蛾、芝麻鬼脸天蛾、葡萄天蛾、榆绿天蛾、豆天蛾、洋槐天蛾、绒星天蛾、小豆长喙天蛾、枣桃六点天蛾、红天蛾、霜天蛾、蓝目天蛾、雀纹天蛾、芋双线天蛾、杨二尾舟蛾、杨扇舟蛾、腰带燕尾舟蛾、角翅舟蛾、杨小舟蛾、榆白边舟蛾、苹掌舟蛾、刺槐掌舟蛾、榆掌舟蛾、栎蚕舟蛾、槐羽舟蛾、苹蚁舟蛾、梨威舟蛾、黑鹿蛾、红缘灯蛾、豹灯蛾、美国白蛾、粉蝶灯蛾、肖浑黄灯蛾、黄臀黑污灯蛾、人纹污灯蛾、星白雪灯蛾、白雪灯蛾、葡萄修虎蛾、艳修虎蛾、榆剑纹夜蛾、桃剑纹夜蛾、梨剑纹夜蛾、果剑纹夜蛾、曲线禾夜蛾、斜纹夜蛾、陌夜蛾、黄地老虎、大地老虎、小地老虎、八字地老虎、褐纹鲁夜蛾、朽木夜蛾、棉铃实夜蛾、苜蓿夜蛾、宽胫夜蛾、甘蓝夜蛾、翠色狼夜蛾、红棕灰夜蛾、粉缘钻夜蛾、一点钻夜蛾、坑翅夜蛾、葫芦夜蛾、银纹夜蛾、肖毛翅夜蛾、毛胫夜蛾、旋目夜蛾、枯夜叶蛾、小造桥虫、超桥夜蛾、豆卜馍夜蛾、残夜蛾、苹梢鹰夜蛾、点眉夜蛾、石榴巾夜蛾、连茸毒蛾、榆黄足毒蛾、舞毒蛾、古毒蛾、灰斑古毒蛾、戟盗毒蛾、盗毒蛾、杨雪毒蛾、雪毒蛾、曲纹稻弄蝶、白钩蛱蝶、黄钩蛱蝶、大红蛱蝶、蛇眼蝶、柳干瘿蚊、食蚜瘿蚊、狭带食蚜蝇、黑带食蚜蝇、短刺刺腿食蚜蝇、月斑鼓额食蚜蝇、羽芒宽盾食蚜蝇、大灰食蚜蝇、斜斑鼓额食蚜蝇、灰地种蝇、线纹折麻蝇、急钩亚麻蝇、蚕饰腹寄蝇、簇毛刺蛾寄蝇、长鬃刺蛾寄蝇、大型鬃堤寄蝇、黏虫缺须寄蝇、条纹追寄蝇、日本追寄蝇、灰色等腿寄蝇、四斑尼尔寄蝇、灿烂温寄蝇、黄斑眼蝇、榆叶蜂、梨实蜂、杨潜叶叶蜂、柳厚壁叶蜂、烟角树蜂、满点黑瘤姬蜂、舞毒蛾黑瘤姬蜂、白环黑瘤姬蜂、刺蛾紫姬蜂、桑蟥聚瘤姬蜂、梢蛾壕姬蜂、广黑点瘤姬蜂、二尾舟蛾绒茧蜂、网皱革腹茧蜂、褐带卷蛾茧蜂、斑痣悬茧蜂、菜少脉蚜茧蜂、桃瘤蚜茧蜂、麦蚜茧蜂、次生大腿小蜂、广大腿小蜂、单齿长尾小蜂、国槐种子小蜂、刺槐种子小蜂、天蛾广肩小蜂、刺蛾广肩小蜂、黑青金小蜂、卷叶蛾姬小蜂、鹿蛾柄腹姬小、印度啮小蜂、赖食软蚧蚜小蜂、蜡蚧扁角短尾跳小蜂、长喙刷盾跳小蜂、蜡蚧花翅跳小蜂、球蚧盾纹跳小蜂、粉蚧短角跳小蜂、舞毒蛾平腹小蜂、栗瘿旋小蜂、舟蛾赤眼蜂、拟澳洲赤眼蜂、松毛虫赤眼蜂、稻螟赤眼蜂、玉米螟赤眼蜂、杨扇舟蛾黑卵蜂、蠹蛾黑卵蜂、蝽象黑卵蜂、管氏肿腿蜂、黑木工蚁、沙氏举腹蚁、铺道蚁、上海青蜂、红足沙泥蜂、多沙泥蜂骚扰亚种、赛氏沙泥蜂、日本蓝泥蜂、暗缘锯齿泥蜂、黑土蜂、普通钩土蜂、弧丽钩土蜂、黄边胡蜂、日环胡蜂、常见黄胡蜂、柞蚕马蜂、约马蜂、黄胸木蜂。

（供稿人：王圣仟　杨晓燕　温飞燕）

【水生动物资源】

鱼　类　浅海地方性鱼类70多种，主要有刺虾虎鱼、梭鱼、鲻鱼、鲈鱼、鲅鱼、鲳鱼、青鳞鱼、鲚鱼、蛇鲻、鲫鱼、梅童鱼、红娘鱼、鲬鱼、条园豚、带鱼、香梭、小黄鱼、黄姑鱼、白姑鱼等。其中黄姑鱼、白姑鱼、鲈鱼、鲳鱼、毛口鱼、青鳞鱼、鲚鱼、蛇鲻、梅童鱼、红娘鱼、鲬鱼、鳎类、鲆鲽类等鱼类资源已严重衰减，1995年以后带鱼、小黄鱼、大银鱼等已基本绝迹。在本市近岸浅海及河口附近偶有江豚出现。淡水鱼类共有33种，分属9个科，鲤科从种类到数量都是最多的。鲤科：鲫鱼、鲤鱼、草鱼（草鲤）、黑龙江马口鱼（马口浮鱼）、赤眼鳟（闯鱼）、逆鱼（青林子）、鲢鱼（白鲢）、鳙鱼（胖头）、麦穗鱼、沙捶棒花鱼（沙里趴）、翘嘴红鲌（翘嘴鲢子）等。鲶科：鲶鱼。鮠科：黄颡鱼（嘎雅）、餐条（浮梢）。脂鲤科：短盖巨脂鲤（淡水鲳鱼）。鲡鱼科：尼罗罗非鱼。鳅科：花鳅、泥鳅。鳗鲡科：鳗鲡。鳢科：乌鳢（黑鱼）。虾虎鱼科：吻虾虎鱼（光鱼）。养殖鱼类主要品种有鲤鱼、鲢鱼、鳙鱼、草鱼、鲶鱼、乌鳢、短盖巨脂鲤、尼罗罗非鱼及中华鳖。

虾蟹类　共有50多种，主要品种有对虾、背腹褐虾、脊尾白虾、口虾姑、三疣梭子蟹等。

贝　类　主要有毛蚶，自2000年以后产量较少。牡蛎1990年以后极少见。

海　蜇　海蜇资源年份波动较大，产量高低悬殊。1986—2005年，近海地方资源中鱼虾蟹贝类呈现逐年减少趋势

浮游类　淡水浮游动物大约有63种，其中桡足类10属11种，枝角类11属15种，轮虫类20属29种，原生动物类8属8种。浮游动物中以原生动物数量最多，其次是技角类。

底栖类　淡水底栖动物共有40种，分为腔肠动物门、软体动物门、环节动物门、节肢动物门4个门9个目18个科。有经济价值的种类有环棱螺、椎实螺、扁卷螺旋螺、杜氏蚌、卵形蚌、湖蚌、黄蚬、秀丽白虾、日本沼虾、锯齿溪蟹、绒螯蟹等。

（供稿人：胡　阳　胡民强）

【陆生植物资源】

木本植物　有51个科，90个属，167种。代表树种有梨、苹果、李、花楸、木瓜、合欢、紫荆、皂角、国槐、刺槐、棉槐、紫藤、花椒、臭椿、苦楝、香椿、黄杨、黄栌、火炬树、构骨、卫茅、复叶槭、七叶树、栾树、文冠果、枣、葡萄、木槿、青桐、沙棘、紫薇、石榴、常青藤、灯台树、柿树、毛白蜡、连翘、丁香、女贞、楸叶桐、楸树、凌霄、接骨木、金银花、淡竹、银杏、冷杉、雪松、黑松、水杉、侧柏、蜀桧、毛白杨、黑杨、旱柳、枫杨、核桃、白榆、桑树、构树、无花果、白玉兰、鹅掌楸、蜡梅、杜仲、悬铃木、杞柳、蜡条、黄荆、枸橘、枸杞、小叶朴（黑弹树）、柽柳、柘树、山里红、酸枣、棠梨（最后8种为野生树种）等。

草本植物　农作物有小麦、玉米、大豆、高粱、谷子、花生、地瓜、水稻、芝麻、棉花等。瓜菜主要有西瓜、甜瓜、冬瓜、南瓜、西葫芦、丝瓜、黄瓜、葫芦、白菜、菠菜、胡萝卜、水萝卜、青萝卜、茄子、辣椒、葱、蒜、茼蒿、大头菜、芹菜、香菜、韭菜、西红柿、花菜、芥菜、油菜、莴苣、土豆、大姜、小茴香、空心菜、芸豆、扁豆等。野草以碱蓬、黄须菜、苜蓿、甜地丁、蒲、苇、芦、马绊草、结缕草、马鞭草、狗尾草、牛金草、白茅、水稗、三棱、罗布麻、白蒺藜、马磨、履草、马齿苋、旋覆花、大蓟、苦菜、荠菜、麦蒿为多。另有野生绿豆、小麦，野生大豆、高粱已基本绝迹。

药用植物　昌邑引种、野生的中草药材有79个科

160余种。代表种有大姜、土贝母、冬瓜子、山药、紫苏、益母草、防风、小茴香、白芍、丹皮、白茅根、玉米须、芦根、半夏、苡米、白头翁、地榆、木瓜、苦杏仁、桃仁、百合、麦冬、远志、萱草、芦荟、苍耳、百部草、银杏、茵陈、艾、白菊花、花椒、枸杞子、柏子仁、柿蒂、黑白丑、鸡冠子、霜桑叶、梧桐子、白蒺藜、白屈菜、马齿苋、苦楝子、板蓝根、莱菔子、茜草、香附、党参、大皂角、槐米、合欢花、藕节、大枣、酸枣仁、马兜铃、马蔺子、女贞子、车前子、凤眼草、猫眼草、石榴、瓦松、老鹳草、扁蓄、苦丁茶、丁香、金银花、凌霄、杜仲、柽柳、海藻等。

观赏植物　昌邑境内现有花卉61个科，180余种。代表种有半枝莲、菊花、大丽花、凤仙花、木槿、扶桑、牵牛、合欢、紫茉莉、枸杞、夜来香、紫藤、结香、美女樱、樱花、冬珊瑚、含羞草、紫荆、金莲花、中华石竹、虞美人、兰草、剑兰、芍药、牡丹、天竺葵、金橘、代代花、四季海棠、吊钟海棠、鸭跖草、百合、文竹、萱草、吊兰、一叶兰、水仙、君子兰、蝴蝶兰、美人蕉、荷花、蟹爪兰、昙花、苏铁、南天竹、罗汉松、无花果、白玉兰、紫玉兰、广玉兰、蜡梅、鸡冠花、景天、月季、玫瑰、贴梗海棠、华北珍珠梅、米兰、黄杨、月季、石榴、杜鹃花、仙客来、茉莉、桂花、丁香、连翘、夹竹桃、一串红、凌霄、紫藤、金银花、马蹄莲、珠兰、散尾葵、龙舌兰、芦荟、紫薇、一品红、文冠果、山茶花、旱伞草、节蓼、棕竹、水葫芦等。

（供稿人：王圣仟　杨晓燕　温飞燕）

【淡水浮游植物资源】　昌邑市淡水水域的浮游植物种类比较丰富，已鉴别出来的有85种隶属7个门69个属，其中：金藻门15属30种，裸藻门4属4种，绿藻门29属29种，蓝藻门11属12种。1995—2005年，因水质污染，天气较干旱，浮游植物数量锐减，部分种类已经绝迹，只有绿藻习见。在浮游植物中绿藻的种类、数量占绝对优势。

（供稿人：胡　阳　胡民强）

【滩涂生物资源】　滩涂生物资源共有各种生物140多种，大体可分为双壳类、单壳类、甲壳类、多毛类、鱼类等11类。其中，双壳类20多种，多是重要的经济贝类，如文蛤、青蛤、四角蛤、毛蚶、长竹蛏、缢蛏、菲律宾蛤等，也有日本镜蛤、饼干镜蛤、蓝蛤、渤海鸭嘴蛤、寻氏肌蛤等低值贝类。单壳类10多种，主要以托氏蝗螺和肉食性螺类为主，如红螺、扁玉螺、习见织纹螺等。甲壳类约50多种，有中华绒螯蟹、宽身大眼蟹、伍氏厚蟹等可供食用的蟹类，也有经济价值不高的豆型拳蟹、隆线拳蟹等种类。多毛类约30种，比较常见的有多齿围沙蚕、短角围沙蚕、双齿围沙蚕和巢沙蚕等。鱼类主要有虾虎鱼、梭鱼、鲻鱼、颚针鱼、鳎类、鲆鲽类等20余种。

浮游植物　浮游植物种类较多，已鉴定的有85种。以近岸广盐种为主。优势种有骨条藻、大西洋尖菱形藻、日本星杆藻和布氏双尾藻等。

浮游动物　浮游动物约34种，主要物种有权刺纺锤水蚤、太平洋纺锤水蚤、中华蜇水蚤、瘦尾胸刺水蚤、汤氏长足水蚤、双刺唇角水蚤、真刺唇角水蚤、钳形歪水蚤、刺尾歪水蚤、小拟哲水蚤、近缘大眼水蚤、强壮箭虫、夜光虫、桡足类幼虫、多毛类幼虫、长尾类幼虫、短尾类幼虫、海蛇尾长腕幼虫、瓣鳃类后期幼虫等。

底栖植物　浅海底质主要是沙泥质，故而大型藻类种类较少。主要以高等种子植物眼子科的大叶藻为主。有藻类25类，其中绿藻5种，褐藻6种，红藻14种。

底栖动物　底栖动物约83种，主要是软体动物和多毛类。

（供稿人：胡民强）

人口 民族

【人口】　截至2017年11月30日，全市常住人口60.96万人。户籍人口587586人，比上年增加1192人，其中男性292386人，女性295200人，性别比99.05（女=100）。全市共有17岁以下97933人，占总人口的16.67%；18岁—34岁118658人，占总人口的20.19%；35岁—59岁224623人，占总人口的38.23%；60岁以上146372人，占总人口的24.91%。全市总户数190391户，平均每户3.09人。全市城镇人口250827人，占总人口的42.69%。

2017年，全市户籍人口出生7932人，其中男性

4131人，女性3801人，出生婴儿性别比为108.68，出生率为13.50‰。死亡5567人，其中男性3079人，女性2488人，死亡性别比123.75，死亡率9.48‰。全市自然增长2365人，自然增长率4.03‰。

2017年，全市户籍人口共迁入1092人，其中省内迁入529人，占迁入人口的48.44%；省外迁入563人，占迁入人口的51.56%。共迁出2357人，其中迁往省内1578人，占迁出人口的66.95%；迁往省外779人，占迁出人口的33.05%。机械变动净减额1265人，机械增长率为-2.16‰。（供稿人：姜亚玲）

【民族】 昌邑市有29个少数民族，人口668人。其中满族225人、哈尼族77人、蒙古族75人、彝族42人、朝鲜族36人、回族33人、苗族28人、布依族20人、土家族18人、白族17人、壮族16人、拉祜族15人、傈僳族10人、傣族10人、佤族8人、藏族6人、达斡尔族6人、瑶族5人、侗族5人、锡伯族3人、景颇族3人、黎族2人、纳西族2人、维吾尔族1人、仡佬族1人、赫哲族1人、仫佬族1人、水族1人、土族1人。（供稿人：王　前　马丽娟）

经济和社会发展

2017年，在市委、市政府的领导下，全市认真学习贯彻中共十九大和省、潍坊市党代会精神，以习近平新时代中国特色社会主义思想为指导，紧紧围绕昌邑市第十四次党代会确定的“一三四五”（一个目标为全面建成小康社会；三个迈进为绿色产业时代、海洋经济时代和高铁时代；四大战役为安全生态、诚信建设、文明创建和资源保障；五个新城为智慧新城、海滨新城、美丽新城、活力新城和幸福新城）目标任务和思路举措，坚持稳中求进工作总基调，牢固树立和贯彻新发展理念，坚持以提高发展质量和效益为中心，以供给侧结构性改革为主线，加快实施新旧动能转换重大工程，统筹推进稳增长、促改革、调结构、惠民生、防风险各项工作，全市经济运行稳中有进、稳中向好，经济社会发展健康平稳。

【经济发展】 2017年，昌邑市地区生产总值实现442.9亿元，同比增长7.2%（按可比价计算，下同）。人均地区生产总值达到71641元，增长6.9%。第一产业增加值38.51亿元，增长3.6%；第二产业增加值225.52亿元，增长6.6%；第三产业增加值178.89亿元，增长8.9%。三次产业构成比例达到8.7∶50.9∶40.4，产业内部结构进一步优化。全市公共财政预算收入占GDP比重达到7%。

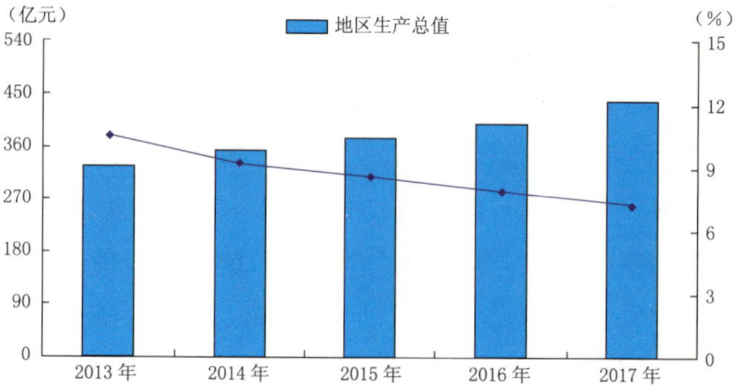

图1　地区生产总值及增长速度

非公有制（民营）经济构成面继续扩大，全市民营经济单位4.72万户，增长26.2%；从业人员达到20.59万人，增长11.3%；注册资本307.37亿元，增长24.2%；纳税额18.32亿元，下降12.3%。其中私营企业6597户，增长15.4%；注册资本241.51亿元，增长25.6%；纳税额7.06亿元，增长2%。个体工商户3.93万户，增长28.8%；注册资本41.24亿元，增长20.1%；纳税额1.11亿元，增长39.2%。农民专业合作社1329户，增长9.7%；出资总额24.62亿元，增长17.7%。

【农业生产】 2017年，全市完成农林牧渔业增加值43.13亿元，增长4.2%（按可比价计算，下同）。其中农业增加值22.27亿元，增长3.3%；林业增加值0.42亿元，增长7.5%；牧业增加值9.51亿元，增长2.5%；渔业增加值6.31亿元，增长5.7%；农林牧渔服务业增加值4.62亿元，增长10.8%。内部结构进一步得到优化调整（见下图）。

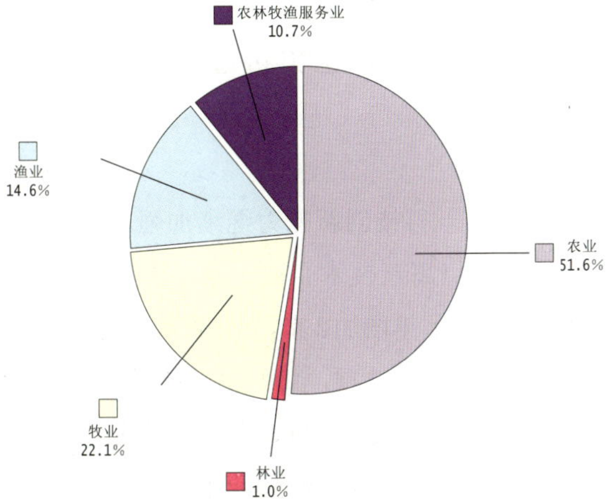

图 2 农林牧渔业增加值比重

2017 年，现代农业快速发展，完成农田水利基础设施投资 8500 万元；拥有 15 家农民合作社成为国家和省级示范社；农产品品牌达到 133 个；农业生产机械化水平继续提升，农机总动力达 96.47 万千瓦，农机原值达 14.04 亿元。粮食产量小幅增长，全市粮食播种面积 118.53 万亩；总产量 50.9 万吨，增长 1.8%。其中夏粮产量 25.6 万吨；秋粮产量 25.3 万吨，增长 9.8%。

【工业生产】 2017 年，全市 279 家规模以上工业企业实现主营业务收入 1019.66 亿元，增长 6.2%；实现利润总额 62.43 亿元，增长 9.3%；实现利税总额 88.49 亿元，增长 7.8%。工业生产稳步推进。以石油化工、盐及盐化工、纺织印染、机械制造、食品加工为主的五大传统优势产业实现主营业务收入 953.22 亿元，增长 6.4%，占全部规模以上工业主营业务收入的 93.5%。其中石油化工业实现主营业务收入 306.15 亿元，增长 3.5%；盐及盐化工业实现主营业务收入 221.62 亿元，增长 8.4%；纺织服装业实现主营业务收入 226.18 亿元，增长 0.9%；机械制造业实现主营业务收入 149.26 亿元，增长 22.9%；食品加工业实现主营业务收入 50.01 亿元。主导产业优势明显。

产业转型步伐进一步加快，昌邑市不断推动优势产业提质增效，突出高端化、智能化、绿色化发展方向，坚持产业转型升级，向传统产业做强、新兴产业做大不断迈进，推动优势产业整体迈向中高端。全市规模以上高新技术产业产值占工业总产值的比重达 27.18%，提高 1.53 个百分点。

【城镇建设】 2017 年，昌邑市完成固定资产投资 389.6 亿元，增长 5.5%。其中第一产业完成固定资产投资 19.87 亿元，增长 78.2%；第二产业完成固定资产投资 265.33 亿元，增长 12.1%；第三产业完成固定资产投资 104.39 亿元。计划投资过亿元项目 140 个，完成投资 270.33 亿元。

全面启动特色小镇建设，年内完成小城镇建设投资 30.2 亿元。新建 6 个潍坊市级以上美丽乡村示范村，全市美丽乡村建设 B 级及以上标准村庄达到 66%。城镇化水平进一步提升，全市城镇化率达到 51.56%，提高 1.2 个百分点。

【对外贸易】 2017 年，消费市场持续活跃，实现社会消费品零售总额 199.75 亿元，增长 10.4%。实现限额以上社会消费品零售额 39.07 亿元，增长 9.9%。其中实现住宿和餐饮业零售额 2.34 亿元，增长 6.4%；实现批发和零售业零售额 36.73 亿元，增长 8%。实现限额以上社会消费品销售额 77.12 亿元，增长 8%。

对外贸易不断提升，进出口保持稳定增长。实现进出口总额 66.77 亿元，增长 20.6%。其中实现进口 20.38 亿元，增长 32.7%；实现出口 46.39 亿元，增长 15.9%。按出口产品划分：纺织服装出口 19.31 亿元，增长 1.5%；化工产品出口 7.49 亿元，增长 4.7%；农副产品出口 1.97 亿元，增长 31.8%；机电产品出口 10.02 亿元，增长 45.8%；其他产品出口 7.61 亿元，增长 25.7%。全市实际到账外资 25781 万元，增长 38.5%；合同利用外资额 5.12 亿元，下降 57.7%。境外实际投资额 1590 万美元，增长 1174%。

【财税金融】 2017 年，昌邑市财政总收入实现 50.5 亿元，增长 5.2%。其中一般公共预算收入 30.79 亿元，增长 5.8%。一般公共预算支出 40.61 亿元，增长 10%。其中一般公共服务支出 3.06 亿元，增长 12.3%；公共安全支出 2.04 亿元，增长 19.1%；教育支出 9.55

亿元，增长11%；社会保障和就业支出5.4亿元，增长26.1%；医疗卫生与计划生育支出3.03亿元，下降14.2%；农林水支出4.65亿元，增长6.2%。实现税收收入40.76亿元，增长10.5%。其中国税收入28.59亿元，增长19.1%；地税收入12.17亿元，下降5.5%。第二产业实现税收31.82亿元，增长0.2%；第三产业实现税收8.92亿元，增长8.6%。第三产业税收占总税收的比重为21.9%。

全市金融机构本外币各项存款余额433.3亿元，比年初增加28.7亿元，增长7.1%。其中住户存款余额300.6亿元，比年初增加12亿元，增长4.2%。贷款余额252.3亿元，比年初增加35.4亿元，增长16.3%。

【人民生活】 科技创新能力继续加强，全市共有国家火炬计划重点高新技术企业1家，国家备案高新技术企业15家，较上年增加2家。知识产权工作成绩斐然，全市完成专利申请840项，其中发明专利申请282项，增长22.1%，获专利授权344项。教育事业快速发展，完成教育投入12.1亿元。新建业小学教学楼、凤鸣学

2017年昌邑市经济社会发展主要指标一览表

表2

指标名称	单位	2017年
土地面积	平方公里	1627.5
镇（街区）数	个	10
行政村（社区居委会）数	个	691
村委会个数	个	649
社区居委会个数	个	42
城镇化率	%	51.56
人口自然增长率	‰	3.24
地区生产总值（当年价格）	亿元	442.92
第一产业	亿元	38.51
第二产业	亿元	225.52
第三产业	亿元	178.89
三次产业构成		
第一产业	%	8.7
第二产业	%	50.9
第三产业	%	40.4
地区生产总值增长率	%	7.2
粮食总产量	吨	509000
其中：小麦总产	吨	256000
秋粮总产	吨	253000
工业总产值（当年价）	亿元	1114.05

续表 2

指标名称	单　位	2017年
规模以上工业产值	亿元	1010.34
规模以上工业企业单位数	个	307
规模以上工业主营业务收入	亿元	1019.7
规模以上工业利润总额	亿元	62.32
规模以上工业利税总额	亿元	88.35
固定资产投资（500万元以上）	万元	3895971
其中：房地产开发投资	万元	146153
社会消费品零售总额	万元	1997508
限额以上社会消费品零售总额	万元	390690
限额以上社会消费品销售总额	万元	771151
进出口总额	万元	667669
出口总额	万元	463910
进口总额	万元	203759
实际到账外资	万元	25781
财政总收入	万元	505004
一般公共预算收入	万元	307943
一般公共财算支出	万元	406138
税　　收	万元	407611
其中：国　税	万元	285941
地　税	万元	121670
第二产业税收收入	万元	318190
第三产业税收收入	万元	89242
年末金融机构本外币各项存款余额	万元	4332550
其中：住户存款本外币余额	万元	3005954
年末金融机构本外币各项贷款余额	万元	2523140
居民人均可支配收入	元	25249
城镇居民人均可支配收入	元	33693
农村居民人均可支配收入	元	17662
公路总里程	公里	2066
全社会用电量	万千瓦时	437127
工业用电量	万千瓦时	345203

校等工程建成投入使用，全面两孩政策稳步推进，年内人口自然增长率3.24‰。就业形势稳定，新增就业6467人，新增农村劳动力转移就业7456人，城镇登记失业率控制在2.19%。社会保障体系进一步完善，农村低保提高到每人每年3800元，城市低保提高到每人每月500元。建成村（居）基层综合文化服务中心629个。农民健身工程覆盖率超过90%。科教文体卫等社会事业稳步发展。人民生活水平明显提高，全市居民人均可支配收入25249元，增长9%。其中城镇居民人均可支配收入33693元，增长8.1%；农村居民人均可支配收入17662元，增长8.3%。（供稿人：魏建昊）

说明：工业数据为2017年月报数据。

精神文明建设

【概况】 2017年，昌邑市精神文明建设委员会，下设办公室（简称市文明办），在市委、市政府的坚强领导下，按照全市精神文明建设工作以创建全国文明城市为总抓手的战略部署，紧紧围绕“创城为民、创城利民、创城惠民”的部署要求，突出道德内涵，强化问题导向，在加强领导中全面推进，在健全机制中持续深化，在齐抓共管中形成合力，取得了显著的阶段性成果，市容市貌明显提升，市民素质明显提升，城市品位明显提升，社会和谐明显提升，得到社会各界和全体市民的大力支持和拥护，也为全市经济社会发展提供强大的精神动力、道德涵养和环境支撑。在省文明办组织的2015—2017年度3次测评中全省排名年年提升。9月，在全省“13进7”淘汰赛中成功入围，被推荐参评第五届全国文明城市。

【夯实创建基础】 为巩固和深化文明城市创建成果，从加强体制机制入手，建立完善创建全国文明城市常态化、长效化工作机制，使文明城市创建由“软指标”变为“硬任务”，不断增强文明城市建设成效。

建立健全组织领导机制 市委、市政府高度重视文明城市创建工作，市委常委会多次专题研究部署，出台《关于创建全国文明城市的实施意见》《关于建立健全文明城市创建工作长效机制的意见》等系列文件，举全市之力做好全国文明城市创建工作。市委书记吕珊珊、市长李玉祥亲自听取创建工作汇报，亲自现场指导检查实地测评站点；各分工包靠市级领导紧靠创城一线，聚焦突出问题协调解决；市人大、市政协组织人大代表和政协委员开展创城工作专项考察。成立由市委、市政府主要领导挂帅的高规格创城工作领导小组，下设办公室，抽调15人集中办公，具体指导、协调、调度、督查创建工作。全市真正形成了党委政府统一领导、文明委及其办公室组织协调、部门各负其责、人大政协监督考察、群团组织密切配合的领导机制和工作机制。

★市长李玉祥（中）调度创建全国文明城市工作（张平平）

建立健全督导督办机制 2017年，市文明办为推动各项任务的落实，结合《全国文明城市测评体系》和《操作手册》要求，制定《全国文明城市测评体系责任分工》，把“测评体系”确定的7个测评项目、58项测评内容、120项测评标准进行细化分解，做到单位、任务、标准、时限4个明确，一级抓一级，层层抓落实，使文明城市创建各项任务真正落到实处。创新督查督办方式，采取市领导现场调度、暗访检查，市委市政府督查室重点督导、联合督查，市创城办（2015年市委为创城成立的机构）日常巡查和专题督办等多种模式，通过下发任务通知书、整改督办单、实行台账式管理等形式，确保整改效果。市级领导牵头组织开展10次现场指导检查，市委、市政府督查室进行重点督查7次。市创城办4个站点组每天进行巡查督查，建立问题整改台账，实行销号管理，对社区、小区、农贸市场、交通秩序、市容市貌等类别站点问题进行反复督查，反复纠治。市创城办累计下发问题整改督查单418个，印发工作简报32期，督办问题2800多个，整改率达95%以上。

建立完善全域动态查访机制 推行城区网格化管理，将全市城区范围和部分部门单位划分为9个网格，调动全市100多个部门参与，以“格”为工作基础，以“网”为运行依托，构建起全员参与、全面覆盖、上下联动的城区管理新模式。市委、市政府主要领导带头上街参加义务劳动，各网格责任单位干部职工主动放弃休息时间，采取徒步方式，深入到各个创城点位巡查，带动了社会各界和广大市民的踊跃参与，取得了明显效果。

交通市容专项整治 坚持以群众对美好生活的向往作为创城工作导向，积极征求和吸纳广大基层单位和市民群众意见和建议，瞄准城郊接合部、老旧小区、背街小巷、建设工地、农贸市场、交通运输、网吧影院、宾馆饭店、旅游景区、铁路公路沿线、窗口单位等重点部位和关键节点进行专项整治，真正将创建的过程变成为民办实事、办好事、解难题的过程。实施城市提质扩容工程，加强城市精细化管理，为城市“通经活络”“强筋健体”，不断提升城市品质。市建设局大力开展城区道路整治和雨污分流工程，建设海绵城市。2015—2017年，累计完成城区道路挖补沥青路基18318平方米，完成沥青砼道路面层修换41422平方米，整修人行道167016平方米，完成中百巷、外贸巷、工人新村巷等背街小巷硬化改造198条。市城管执法大队本着“疏堵结合、便民利民”的原则，对城区建设路市场、利民街夜市、育新街市场、无名路市场、文昌南路市场等5处占道市场进行搬迁整治，共搬迁摊点1200多个，拆除大小棚厦420个，突出解决市场外占道经营、秩序混乱、乱摆乱放、道路不畅的问题。市交警大队在常态管控城区交通秩序的同时，启动全警上路执勤活动，调配220名警力，定路口、定路段、定责任，每天交通高峰时段上路执勤，强力整治违法停车行为，增划停车泊位4200个，有效缓解城区停车难问题。市环卫局在城区保洁精细化提升上狠下功夫，新增配冲洗、洗扫、洒水车10辆，新建移动公厕2个，星级公厕2个，更换垃圾桶1100个，安装太阳能果皮箱300个。市交通局加强公交、客运、出租、公共自行车等实行精细管理、科学管理、规范管理，打造文明创建标杆行业。

市场环境专项整治 市市场监管局组织力量对城区18条街路、4900个经营户、5处市场不间断排查整治，发放文明节俭桌牌2.6万个、宣传画4.8万份、禁烟标识7000张，印制各类餐饮服务规范操作指南、记录等材料6300份。市卫计局加强对医院、宾馆、经营性公共场所的管理，健康证持证率、消毒设施到位率、卫生制度上墙率、“五病”（痢疾、伤寒、病毒性肝炎、活动期肺结核、化脓性或渗出性或接触性皮肤病患者）调离率已达到98%以上，卫生许可证持证率达100%。

文化环境专项整治 市教育局进一步建立健全未成年人思想道德教育领导机制和工作机制，引导学生积极践行社会主义核心价值观并熟背内容，开展“网上祭英烈”“经典诵读”“美德少年”“向国旗敬礼”等10多项活动，发放各种创建文明城市宣传材料90万份，制作更换各种标语、宣传牌1800块，营造了浓厚的创建氛围。市文化局精心打造文化馆、博物馆、图书馆、黄元御故居等公益性文化场馆，各类公益性文化场馆全部对群众免费开放，公共文化服务水平不断提升。市文化执法局大力开展中小学校周边文化市场整治，出动检查人员285人次，检查经营单位57家次，取缔游商地摊7个，没收非法出版物136套（册），为青少年营造了良好的社会文化环境。

社区小区专项整治 奎聚、都昌和围子3处街道大力加强辖区内社区小区设施、社区公共文体场所建设，广泛开展文明市民教育、小区居民宣传普及、公益广告宣传等活动，各实地测评站点软硬件设施全面达标。市房管中心制定出台《昌邑市物业管理行业创建全国文明城市工作方案》，全面整改居住小区内乱搭乱建、垃圾乱堆乱放、车辆无序停放等问题，筹措资金升级改造一批老旧小区和集体宿舍区，居民居住环境得到改善。

【开展三大活动】

道德典型选树活动 实施以培育和践行社会主义核心价值观为主要内容的“文明素质提升计划”，突出“四德”（社会公德、职业道德、家庭美德、个人品德）建设，积极开展文明交通、文明旅游、文明执法、文明服务、文明餐饮、文明上网、文明施工等专项行动，有效解决失德、失范、失信问题，在全社会营造了崇德向善的良好社会风尚。市文明办组织开展“昌邑市道德模范”“昌邑好人”评选活动和身边好人线索推荐活动，选树各级道德模范和身边好人 15 万名，推荐好人线索 14.78 万条。组建以道德模范、身边好人为骨干的道德宣讲团，深入市直部门单位、村（居）、学校及企业开展巡讲活动 136 场，参与群众 3.5 万多人，在全社会形成了崇德向善的浓厚氛围。市电视台、报社在电视、报纸等多种媒体开辟专题专栏，全方面、多角度、大力度进行宣传报道，

志愿服务活动 大力推进志愿服务制度化，让核心价值观成为实际行动。全市共组建志愿服务队 220 支，招募注册志愿者 4.6 万人。团市委组织牵头开展“文明交通”志愿服务活动，牵头 37 个单位包靠城区交通路口，协助交警维护交通秩序；妇联、残联、交通、文化等部门单位组织志愿者在分管领域内开展“关爱春蕾女童”“阳光助残”“和谐交通”等志愿服务活动，市义工联合会开展的“为烈士寻家”志愿服务项目多次获得上级表彰。市文明办、网信办组建“两微一端”网络文明传播志愿者队伍，组织网民参与“创建文明城，你我在行动”“贫困儿童微心愿”“昌邑好人微访谈”等热点主题志愿传播活动，汇聚网络文明、传播正能量。

公益宣传普及活动 加强“讲文明树新风”公益宣传，让核心价值观近在眼前。制订专门的宣传方案，围绕中国特色社会主义和“中国梦”、核心价值观、讲文明树新风、社会信用体系、志愿服务、公民文明旅游、勤俭节约、关爱未成年人等重点内容，立足昌邑特色提高原创性，运用新闻宣传、社会宣传、网络宣传、流动宣传、文艺宣传等多种方式，充分调动起全民全社会参与创建工作的积极性和主动性。印制社会主义核心价值观宣传海报 8.3 万份，市民公约、邻里公约、创建全国文明城市宣传折页 36 万份。设置社会主义核心价值观、关爱未成年人等公益广告牌 7400 多块，城区建筑工地围挡、商业门头 LED 电子屏幕、出租车、公交车等公共区域设施公益广告占比达 90% 以上，营造的全民参与文明城市创建的强势舆论氛围和社会环境。印发“创建全国文明城市倡议书”3000 份；在电视、报纸、网络、微信等主要媒体上开办创城专题专栏，刊播创建工作动态近 300 篇，制作公益广告宣传片 5 个，24 小时不间断播放。利用“文明昌邑”微信公众号平台，向市民推送公益宣传 200 多条。同时，注重发挥舆论监督作用。在电视、报纸、网络等设立“曝光台”专栏，刊发监督性报道 80 多篇，公开曝光群众反映强烈的不文明不卫生不道德现象，有效推动了问题解决。

【创城收获】 2017 年，昌邑市精神文明建设工作以创建全国文明城市为首要任务，凝聚全市的“创城精神”，激发“勇打头阵”的责任担当，在全市上下形成干事创业的良好氛围，全面助推各项工作提档升级。

高扬一面旗帜 创建全国文明城市，市委、市政府高度重视是关键。党委政府旗向所指，即是全市各级各部门展开创城攻坚战的方向。创城工作中，市委市政府总览全局、坚定推进；各级各部门各单位和全体党员干部上下同心、狠抓落实；广大市民众志成城、踊跃参与。全市上下形成同一个意志、拧成一股力量、踏着同一步调，奋力拼搏、扎实有效地打响创城决胜战。经过创城锤炼，党委政府进一步深受拥护、党员干部赢得信任、广大市民坚定信仰。

培育一种精神 创建全国文明城市，齐心协力是基础。创城是一场大考，在困难、压力和挑战面前，在市委、市政府带领下，全党动员、全民参与，咬定一个目标，以拼的勇气、搏的魄力、闯的胆识、韧的执着，不断攻坚克难，进位争先，培育形成“团结协作、勇于担当、善打硬仗、忘我奉献”的创城精神。在这种精神的激励和引领下，全市广大干部群众迸发出空前巨大的参与热情，纷纷投入到热爱城市、建设城市、美化城市行动中。正是有了创建精神“内核”，创建过程成为教育人、感化人、凝聚人的过程，转化为做好其他各项工作的强大精神动力。

锤炼一种作风 创建全国文明城市，硬实作风是保障。在创城工作中，广大党员干部以“思想作风建设年”活动为动力，舍小家、顾大局，发扬“5+2”“白+黑”的连续作战精神，坚守在工作第一线，奋战在创

建最前沿。按照“高标定位、全面达标、分厘必争”的工作要求，抓整改、补短板、促提升，攻克一个个难点，突破一个个关键点，打造一个个亮点，推动昌邑市创建工作上档升级。经过创城这块“磨刀石”砥砺，广大党员干部展现出勇于奉献、攻坚克难、苦干实干的严实作风，以实际行动将创城正能量传达到全市的每一个角落。

树牢一个理念　创建全国文明城市，为民惠民是根本。老百姓对美好生活的向往，一直是创城的出发点和归宿点。工作中，从群众反映最强烈的突出问题入手，下大气力综合施治，切实解决一大批诸如出行难、停车难、住房难、供暖难、物业难、上学难、看病难、文娱难等“老大难”问题，让昌邑这座城市变得更加文明、美丽、和谐、有序、温暖，广大群众拥有越来越多的获得感、归属感、自豪感和幸福感。2015—2017年付出，创城得到了全市人民的一致认同，大家理解创城、支持创城、维护创城，越来越多的党员干部和市民群众乐于为这座城市的文明发展奉献付出、贡献力量。

（供稿人：翟　强）

附：

市民公约

热爱祖国　振兴中华　爱我昌邑　建设家乡
节约资源　保护环境　尊重科学　移风易俗
爱岗敬业　遵纪守法　诚信友善　公平公正
孝老爱亲　邻里和谐　尊师重教　拥军优属
热心公益　助残济困

邻里公约

热爱家庭　尊老爱幼　邻里和睦　互相关心
讲究礼貌　举止文明　遵纪守法　见义勇为
注意卫生　爱惜公物　养护绿化　美化家园
普及科学　计划生育　破除迷信　反对赌博
奉献社会　扶贫帮困　人人参与　共建和谐

组织机构

【市级领导班子】

中国共产党昌邑市委员会

书　　记　吕珊珊（女）
副 书 记　李玉祥
　　　　　王龙堂
常　　委　刘世海
　　　　　庞胜明
　　　　　胡筱芹（女）
　　　　　田立军
　　　　　李　鹏
　　　　　刘　煜
　　　　　刘焕成
　　　　　陈永锁（1月止）
　　　　　李明刚（12月起）

昌邑市人民代表大会常务委员会

党组书记、第一副主任　周　娟（女，1月止）
主　　任　李中福（1月起）
副 主 任　李建军
　　　　　夏麦香（女，1月起）
　　　　　戚风乾
　　　　　王明胜（1月起）
　　　　　高敬东（1月起）

昌邑市人民政府

市　　长　李玉祥（1月起）
副 市 长　李　鹏
　　　　　刘　煜（1月止）
　　　　　王树国（1月起）
　　　　　赵海龙（1月起）
　　　　　孔德奎（1月起）
　　　　　曲　伟（女，1月起）
　　　　　郑本伟（女，挂职，3月起）
　　　　　郭宏新（挂职，12月起）

中国人民政治协商会议昌邑市委员会

主　　席　李中福（1月止）
　　　　　周　娟（女，1月起）

党组副书记　张天辉

副 主 席　冯义军

副主席、党组成员　夏麦香（女，1 月止）

孙孝工

副 主 席　吴红玉（女）

李友田（1 月起）

李敏（女，1 月起）

孙永涛（1 月起）

秘 书 长　王升文（1 月止）

孙孝工（兼，1 月起）

党组成员　姜利国（8 月起）

中国共产党昌邑市纪律检查委员会

书　　记　田立军

常务副书记　郭法安（1 月止）

副 书 记　冯文章

吴旭东（1 月起）

常　　委　孙中华

翟学霞（女）

赵新登

曹玉香（女，1 月起）

昌邑市人民武装部

政　　委　陈永锁（6 月止）

国德军（12 月起）

部　　长　李明刚

【市委机关】

昌邑市委员会办公室

主　　任　刘　煜

昌邑市委机要局

局　　长　李鲁波（8 月止）

杨文明（8 月起）

昌邑市委研究室

主　　任　赵卫东（2 月止）

王永胜（2 月起，12 月止）

刘兆圣（12 月起）

昌邑市委保密办

主　　任　彭卫刚（2 月止）

刘大龙（8 月起）

昌邑市委改革办公室

副 主 任　于大龙（8 月止）

武　雪（女，12 月起）

市扶贫开发领导小组办公室

主　　任　张清涛（1 月止）

张高学（9 月起）

昌邑市委、市政府督查室

主　　任　马亮亮（女）

昌邑市委党史研究室

主　　任　郭富祥

昌邑市档案局（馆）

局（馆）长　刘延安（9 月止）

张艳丽（女，9 月起）

【市人大机关】

昌邑市人大办公室

主　　任　郝甫业（2 月止）

付文峰（9 月起）

人事代表工作室

主　　任　徐龙春（9 月止）

张晓忠（9 月起）

调查研究室

主　　任　张英俊

法制工作委员会

主　　任　闫述增

财政经济工作委员会

主　　任　胡思明（9 月止）

马旭日（9 月起）

教育科学文化卫生工作委员会

主　　任　徐安祥

城乡建设与环境资源保护工作委员会

主　　任　谢立业

农业与农村工作委员会

主　　任　陈光军

信访工作室

主　　任　张晓忠（9 月止）

王新强（12 月起）

预算工作委员会

主　　任　马旭日（9 月止）

姜美霞（女，12 月起）

【市政府机关】

昌邑市人民政府办公室

主　　任　高敬东（2 月止）

　　　　　明兴谱（2 月起）

市政府研究室

主　　任　王永胜（2 月止）

　　　　　姜洪义（9 月起）

市政府法制办公室

主　　任　毕刚清

市政府应急办公室

主　　任　李庆成（12 月止）

　　　　　赵永刚（12 月起）

市史志办公室

主　　任　于希群

市民生服务热线中心

主　　任　吴万春（9 月止）

　　　　　于洪池（12 月起）

市政府外事侨务办公室

主　　任　李　敏（女，2 月止）

　　　　　高开令（9 月起）

市智慧办公室

主　　任　孙兆兴（9 月起）

市行政服务中心管理办公室

主　　任　刘卫兵（2 月止）

　　　　　汤富坤（9 月起）

市政务服务中心管理办公室

主　　任　王启斌（12 月止）

　　　　　陈玲娟（女，12 月起）

昌邑市人民政府油区工作办公室

主　　任　李杰彪

【市政协机关】

昌邑市政协办公室

主　　任　王升文（1 月止）

　　　　　姜利国（8 月起）

研 究 室

主　　任　刘丽丽（女，8 月起）

委员活动工作室

主　　任　王术民

提案委员会

主　　任　孙亚奇（女）

文史资料委员会

主　　任　付星波（8 月止）

　　　　　陈　铭（8 月起）

经济委员会

主　　任　曲　波（8 月止）

　　　　　付星波（8 月起）

人口资源环境外事委员会

主　　任　李磊山（8 月起）

科教文卫体和社会法制委员会

主　　任　赵　涵

市政协机关老干部服务工作室

主　　任　张宝海

【市纪委机关】

办 公 室

主　　任　吴旭东（8 月止）

　　　　　刘继文（8 月起）

组 织 部

部　　长　郭俊峰（12 月起）

宣 传 部

部　　长　刘继文（8 月止）

信　访　室（挂潍坊市国家行政机关工作人员违法违纪举报中心牌子）

主　　任　孙中华

党风政风监督室（挂市政府纠正和行业不正之风办公室牌子）

主　　任　赵新登（8 月止）

案件审理室（挂案件申诉复查室牌子）

主　　任　张传强

第一纪检监察室

主　　任　范　留（8 月止）

第二纪检监察室

主　　任　朱克松

第三纪检监察室

主　　任　孙大鹏

市廉政教育中心

主　　任　王金华

派驻第一纪检组、监察室

组　　长　刘敏善

派驻第二纪检组、监察室

组　　长　王玉杰

派驻第三纪检组、监察室

组　　长　林永春（8 月止）

　　　　　孙忠亮（8 月起）

派驻第四纪检组、监察室

组　　长　马福英（女）

派驻第五纪检组、监察室

组　　长　刘立国

派驻第六纪检组、监察室

组　　长　赵新登（8 月止）

　　　　　王　辉（女，8 月起）

【市委部委办局】

市委组织部

部　　长　胡筱芹（女）

市委老干部局

局　　长　李志国（8 月止）

　　　　　李笑春（8 月起）

市宣传部

部　　长　刘世海

市文学艺术界联合会

主　　席　王鲁兵

市社会科学界联合会

主　　席　代选庆（8 月起）

市委统战部

部　　长　刘焕成

市委政法委

书　　记　庞胜明

市机构编制委员会办公室

主　　任　陆振伟（8 月止）

　　　　　魏　宾（8 月起）

市直机关工作委员会

书　　记　翟海东（8 月止）

　　　　　郑瑞贤（8 月起）

市委、市政府信访局

局　　长　徐学利（1 月止）

　　　　　张丽芳（女，1 月起）

市委、市政府接待办

主　　任　魏　宾（8 月止）

　　　　　李海亮（9 月起）

市委台湾工作办公室

主　　任　张东森（1 月止）

　　　　　徐学利（1 月起）

市委农村工作领导小组办公室

主　　任　刘英凯

市委党校

校　　长　吕珊珊（女）

【群　团】

市工商业联合会

主　　席　李明杰（3 月止）

　　　　　孔德奎（3 月起）

市总工会

主　　席　孟凡铎

市共青年团昌邑市委员会

书　　记　曹馨方（女，9 月止）

　　　　　马梓珺（9 月起）

市妇女联合会

主　　任　高凌云（女，1 月止）

　　　　　高爱莲（女，1 月起）

市科学技术协会

主　　席　彭文涛（1 月止）

　　　　　王海连（1 月起）

市残疾人联合会

主　　席　陆逢刚

市 侨 联

主　　席　张国林

【政法部门】

昌邑市人民法院

院　　长　徐金江

昌邑市人民检察院

检 察 长　宋教德

市公安局

局　　长　王树国

市司法局

局　　长　郑瑞贤（9月止）

　　　　　于卫东（9月起）

【市政府工作部门】

市发展和改革局

局　　长　宋文清

市经济和信息化局

局　　长　夏文泉（2月止）

　　　　　孙建伟（2月起）

市教育局

局　　长　赵赞江（9月止）

　　　　　姜正峰（9月起）

市科学技术局

局　　长　李永兴（2月止）

　　　　　赵卫东（2月起）

市知识产权局

局　　长　张艳丽（女，9月止）

　　　　　任云峰（9月起）

市监察局

局　　长　郭法安（2月止）

　　　　　冯文章（2月起）

市民政局

局　　长　马学彦（2月止）

　　　　　马玉涛（2月起）

市财政局

局　　长　许增贤（2月起）

市人力资源和社会保障局

局　　长　滕林波

市国土资源局

局　　长　潘永贵

市住房和城乡建设局

局　　长　马玉涛（2月止）

　　　　　黄国磊（2月起）

市自来水公司

经　　理　朱同波（9月止）

　　　　　韩晓峰（9月起）

市房产管理服务中心

主　　任　王海连（2月止）

　　　　　韩晓峰（2月起，9月止）

　　　　　齐俊杰（9月起）

昌邑市征收办公室

主　　任　孙忠亮（9月止）

　　　　　王志峰（9月起）

市环卫局

局　　长　齐　琳

市园林局

局　　长　徐国良（9月止）

　　　　　姜成姣（9月起）

市综合行政执法局

局　　长　王启斌（12月起）

市交通运输局

局　　长　刘介松（10月止）

市水利局

局　　长　明兴谱（2月止）

　　　　　张东森（2月起，9月止）

　　　　　郝炳伟（9月起）

市农业局

局　　长　孙建伟（2月止）

　　　　　王圣仟（2月起）

市商务局

局　　长　李星亮

市文化广电新闻出版局

局　　长　于卫东（9月止）

　　　　　李志国（9月起）

市疾控中心

主　　任　董风章

市卫生和计划生育局

局　　长　王传法

市审计局

局　　长　王福州

市环境保护局

局　　长　董明明

市民族宗教事务局

局　　长　高爱莲（女，1月止）

高凌云（女，2月起）

市统计局

局　　长　刘新民

市安全生产监督管理局

局　　长　王升涛

市市场监督管理局

局　　长　宋晓波（2月起）

市金融工作办公室

主　　任　姜喜润（9月止）

毕德清（9月起）

市海洋与渔业局

局　　长　刘万秋（2月止）

李永兴（2月起）

市物价局

局　　长　翟拥军（9月止）

卢兴亮（9月起）

【市政府直属事业单位】

昌邑滨海（下营）经济开发区管理委员会

书记、主任　李明杰

市绿博园生态林场管理委员会

书　　记　王传法

主　　任　李方明

市潍河生态林场管理委员会

书　　记　孙志圣

主　　任　孟凡广

市海洋生态特别保护区管理委员会

书　　记　马玉涛

主　　任　吴德刚

市胶莱河生态林场管理委员会

书　　记　张所友

主　　任　郭光武

潍坊市技师学院昌邑分院

书　　记　张亦明

院　　长　姜正峰

市绿博会筹委办公室

主　　任　王圣仟（2月止）

张清涛（2月起）

市规划局

局　　长　齐乃源

市体育局

局　　长　王建伟（9月止）

翟拥军（9月起）

市林业局

局　　长　王圣仟（2月止）

张清涛（2月起）

市旅游局

局　　长　张新建（2月止）

马坤堂（2月起）

市人民防空办公室

主　　任　韩晓峰（2月止）

彭卫刚（2月起，9月止）

赵锡鹏（9月起）

市畜牧兽医管理局

局　　长　张先举（2月止）

郝甫业（2月起）

市农机局

局　　长　徐秋霞（女，2月止）

彭文涛（2月起）

市投资促进局

主　　任　薛文磊（2月止）

汤富坤（2月起，9月止）

邵振宇（9月起）

市地震局

局　　长　马振波

市供销合作社联合社

主　　任　张高学（9月止）

宫志强（9月起）

市机关事务管理局

局　　长　李振杰（2月止）

刘卫兵（2月起，9月止）

王　波（9月起）

市文化市场综合执法局

局　　长　赵锡鹏（9月止）

王振江（9月起）

市粮食局

局　　长　李秀贞（女，2月止）

刘万秋（2 月起）

市广播影视中心

主　　任　张术叁

市农村经济管理局

局　　长　王　波（9 月止）

翟海东（9 月起）

市沿海经济开发综合执法局

局　　长　王振江（9 月止）

刘卫兵（9 月起）

市检验检测中心

主　　任　马坤堂（2 月止）

王　永（2 月起）

【上属单位】

潍坊市住房公积金管理中心昌邑分中心

主　　任　魏全江（9 月止）

朱春波（12 月起）

市国税局

局　　长　石山才（1 月止）

王　宁（1 月起）

市地税局

局　　长　刘国强

市公路局

局　　长　李茂盛（6 月止）

于会斌（6 月起）

市气象局

局　　长　赵春生

市邮政局

局　　长　高少华

市供电公司

总 经 理　张　扬

盐业公司（盐务局）

总 经 理（局长）　李　秋

移动公司

总 经 理　王春泽

联通公司

总 经 理　付玉山

电信公司

总 经 理　杨新亮

胶东调水昌邑管理站

主　　任　张建国

石油公司

总 经 理　谭　炜（10 月止）

郭晓忠（10 月起）

烟草公司

总 经 理　李更新

新华书店

经　　理　张立群

广电网络公司

总 经 理　李　苇

潍坊市公共资源交易中心昌邑分中心

主　　任　赵锡波

【金融 保险】

中国人民银行昌邑支行

行　　长　郭　海

中国银监会潍坊分局昌邑办事处

主　　任　李秀美（女）

农业发展银行昌邑支行

行　　长　李　飞（1 月起，4 月止）

易学庆（5 月起，12 月止）

昌邑农村商业银行

董 事 长　岳俊强

民生银行昌邑支行

行　　长　李忠波（4 月止）

杜任杰（5 月起）

兴业银行潍坊昌邑支行

行　　长　韩鹏寿

农业银行昌邑支行

行　　长　宫延庆

工商银行昌邑支行

行　　长　孙善伟

建设银行昌邑支行

行　　长　高镇滨（6 月止）

程建华（7 月起）

中国银行昌邑支行

行　　长　孟　咏

邮政储蓄银行昌邑支行

行　　长　孙玉成

潍坊银行昌邑支行

行　　长　原宏丽（女，8 月止）

　　　　　胡蔚丽（女，8 月起）

昌邑北海村镇银行

董 事 长　刘戌卿

中国人寿保险公司昌邑支公司

总 经 理　付宏伟（3 月止）

　　　　　杨星辰（3 月起）

中国人民财产保险公司昌邑支公司

总 经 理　王　飞

中国太平洋人寿保险公司昌邑支公司

总 经 理　杨　建

中国太平洋财产保险公司昌邑支公司

总 经 理　于明山

【开发区 镇街区】

昌邑市经济开发区管理委员会

主　　任　罗志伟

奎聚街道

党工委书记　孙　磊

办事处主任　梁永彦

都昌街道

党工委书记　孙秀卿

办事处主任　夏小伟

围子街道

党工委书记　陈　诚

办事处主任　史志强

龙 池 镇

党委书记　朱永红（女）

镇　　长　杨启乐

柳 疃 镇

党委书记　肖　波

镇　　长　马伟莲（女）

下 营 镇

党委书记　孙效治

镇　　长　刘旭升

卜 庄 镇

党委书记　刘广杰

镇　　长　于子华

石埠经济发展区

党委书记　郝炳伟（1 月起，8 月止）

　　　　　陆振伟（8 月起）

主　　任　范新章

饮 马 镇

党委书记　马守玉

镇　　长　闫胜平

北 孟 镇

党委书记　郭兴平

镇　　长　于遵刚

（供稿人：刘效海　宫婷婷）

中国共产党昌邑市委员会

ZhongGuo GongChanDang ChangYiShi WeiYuan Hui

重要会议

【中国共产党昌邑市第十四届委员会第一次全体会议】1月16日，中国共产党昌邑市第十四届委员会第一次全体会议召开。全会选举产生中共昌邑市第十四届委员会常务委员会委员、市委书记、市委副书记；审议通过中共昌邑市第十四届纪律检查委员会第一次全体会议选举产生的市纪委书记、副书记和常务委员会委员人选。吕珊珊、李玉祥、王龙堂、刘世海、庞胜明、胡筱芹、田立军、李鹏、刘煜、刘焕成均全票当选为中共昌邑市第十四届委员会常务委员会委员。吕珊珊全票当选为市委书记，李玉祥、王龙堂全票当选为市委副书记。会议通过市纪委一次全会选举产生田立军为中共昌邑市第十四届纪律检查委员会书记。

新当选的昌邑市委书记吕珊珊代表新一届市委讲话。吕珊珊就加强市委领导班子建设，提出“高扬理想之旗，坚定信念忠诚干事；善抓发展之要，创新突破勤勉干事；恪尽为民之责，践行宗旨用心干事；倡树实干之风，敢于担当主动干事；汇聚各方之力，发扬民主团结干事；固守清廉之本，严以律己干净干事”6点要求。

【全市经济工作会议】 3月7日，市委副书记、市长李玉祥主持会议。市委书记吕珊珊出席会议并讲话。会议深入贯彻落实上级有关会议精神和市党代会等系列重要会议精神，总结2016年工作、表彰先进，分析形势、部署任务，动员全市上下进一步统一思想、坚定信心，勇于担当、积极作为，奋力完成2017年目标任务，推动全市经济社会持续健康发展。昌邑滨海（下营）经济开发区、市经信局、山东昌邑石化有限公司、山东昌邑灶户盐化有限公司、昌邑市康洁环卫工程有限公司、联合环境水务（昌邑）有限公司分别作表态发言。

【全市表彰奖励暨思想作风建设年动员大会】 4月24日上午，全市表彰奖励暨思想作风建设年动员大会召开。会议全面贯彻落实潍坊市开展作风建设年活动动员大会精神，对昌邑市“思想作风建设年”活动进行动员部署，表彰先进，激励斗志，动员各级党组织和全体党员干部深入开展思想作风建设年活动，以更加务实高效的作风推进各项工作，为践行新理念、建设新昌邑、率先全面建成小康社会提供坚强保障。市委书记吕珊珊出席并讲话，市委副书记、市长李玉祥主持会议，市委副书记王龙堂宣读《中共昌邑市委昌邑市人民政府关于表彰2016年度先进单位和先进个人的通报》。围子街道、饮马镇、市发改局、教育局、建设局、市场监督管理局分别作表态发言。市领导李中福、周娟等出席会议。

【中国共产党昌邑市第十四届委员会第四次全体会议】11月10日，中国共产党昌邑市第十四届委员会第四次全体会议举行。全会由市委常委会主持，市委书记吕珊珊作重要讲话。全会围绕认真学习贯彻中共十九大精神，传达学习潍坊市委十二届四次全体会议精神，审议通过《中共昌邑市委关于深入学习宣传贯彻中共十九大精神的决议》，对今后一个时期的主要任务进行安排部署，动员全市上下以中共十九大精神为指引，不忘初心、牢记使命，勇于担当、拼搏实干，推动发展提质、提效、提速，向高水平全面建成小康社会阔步前进。市委副书记王龙堂作《中共昌邑市委关于深入学习宣传贯彻中共十九大精神的决议（草案）》起草说明。全会表决通过《中共昌邑市委关于深入学习宣传贯彻中共十九大精神的决议》。全会一致认为，中共十九大是在全面建成小康社会决胜阶段、中国特色社会主义进入新时代的关键时期召开的一次具有划时代意义的大会。十九大报告作出中国特色社会主义进入新时代、中国社会主要矛盾发生转化的重大判断，鲜明提出习近平新时代中国特色社会主义思想，明确新时代的基本方略、奋斗目标、战略安排和工作布局，是我们中国共产党在新时代开启新征程、续写新篇章的政治宣言和行动纲领。

【全市经济社会发展观摩点评会议暨重点工作总结推进会议】 12月8日，召开全市经济社会发展观摩点评暨重点工作总结推进会议。12月4日、7日，分别对各镇（街区）全年特别是下半年工作的推进发展情况、工作落实情况进行观摩点评；12月8日，召开对全市重点工作进行总结表彰会议，对下步工作进行部署安排。市委书记吕珊珊强调，要紧紧扭住潍坊“四个城市”和“思想作风建设年”“项目建设突破年”不放松，把十九大提出的战略部署和省委、潍坊市委的要求转化为引领和推动发展的具体举措，统筹做好当前各项重点工作，寻标对标、创先争优，焕发新气象、展现新作为。并要求各级领导班子工作推进中要展现“五种精神”，即胸怀大局的担当精神，只争朝夕的实干精神，无怨无悔的奉献精神，勇争一流的进取精神和敢为人先的创新精神。市委常委、宣传部部长刘世海宣读《关于表彰创建全国文明城市工作先进单位和先进个人的通报》。市委常委、政法委书记庞胜明宣读《关于表彰昌邑市中共十九大安保维稳工作先进单位和先进个人的通报》。会议对先进单位和先进个人进行表彰。都昌街道、建设局、团市委；奎聚街道、信访局、公安局及山东雅拉食品有限公司负责人分别作交流发言。

市委副书记王龙堂，市人大常委会主任李中福，市政协主席周娟等参加会议。市委副书记王龙堂主持会议。

【中国共产主义青年团昌邑市第二十次代表大会】 12月27日上午，中国共产主义青年团昌邑市第二十次代表大会在市会议中心开幕。市委书记吕珊珊代表市委、市政府对大会的召开表示热烈祝贺，向全体代表和全市广大团员青年、青少年工作者致以诚挚的问候。大会听取马梓珺代表共青团昌邑市第十九届委员会所作的工作报告。会上，少先队员代表向大会献词；市总工会代表群团组织向大会致贺词。

市领导李玉祥、王龙堂、李中福、周娟、庞胜明、胡筱芹、田立军、李鹏、刘煜、刘焕成及市群团部门负责人及部分特邀代表、列席代表出席开幕式。潍坊团市委书记刘艳芳到会祝贺。（供稿人：王宝庆）

重大决策与活动

【招商引资，打造“五个新城”】 3月5日，中共昌邑市委、市人民政府印发《关于加强招商引资推进“五个新城”建设的意见（试行）》（昌发〔2017〕5号）。该意见指出：重点要强化招商氛围、明确招商任务、突出招商重点、创新招商方式、完善招商机制和加强组织领导。并强调，领导带头，以上率下。从每一名领导干部做起，带头宣讲招商引资的意义、内涵和功效；带头以改革的精神，创新招商引资的思路、招数和办法；带头开展招商引资的论证、分析和研究；带头实践招商引资项目的洽谈、落地和建设，勇做招商引资的指挥员、战斗员，充当昌邑“五个新城”（智慧新城、海滨新城、美丽新城、活力新城、幸福新城）建设的急先锋，引领广大党员干部群众掀起招商引资工作的新热潮。直至“五个新城”崛起，富足、美丽、幸福的新昌邑建成。

【关于进一步做好移风易俗工作推动提升乡村文明水平的意见】 3月27日，中共昌邑市委办公室、昌邑市人民政府办公室印发《关于进一步做好移风易俗工作推动提升乡村文明水平的实施意见》（昌办发〔2017〕

14号）。为大力推进农村移风易俗工作，深化农村精神文明建设，不断提升乡村文明水平，根据《全省乡村文明行动移风易俗工作方案》和潍坊市要求，结合昌邑市实际而制定。实施意见制定了总体要求、落实农村移风易俗工作重点任务、工作要求等内容，每项内容都作详细规定；并明确全市乡村文明行动移风易俗工作联席会议制度成员单位责任分工。

【党群服务体系建设】 4月9日，中共昌邑市委办公室印发《关于加强党群服务体系建设的意见》（昌办发〔2017〕20号）。根据中央、省委和潍坊市委有关部署要求，结合昌邑市实际制定本意见。意见制定总体要求、搭建市、镇（街区）、村（居）三级平台，推动党群服务全域化、突出为民导向，实现党群服务精准化、创新工作机制，促进党群服务常态化、坚持抓镇带村，推进党群服务长效化、加强组织领导，保障工作落实等6个方面的内容，每项内容都作了详细规定。

【组织开展第四批包村联户和选派第一书记工作】 4月9日，中共昌邑市委办公室、昌邑市人民政府办公室印发《关于组织开展第四批包村联户和选派第一书记工作的实施意见》（昌办发〔2017〕21号）。为深入贯彻落实中央和上级党委、政府关于坚决打赢脱贫攻坚战和推动基层组织建设全面进步全面过硬的部署要求，突出抓好基层本质安全，进一步提升农村基层党建工作整体水平，市委、市政府决定，组织开展第四批包村联户和选派第一书记工作。意见制定了目标要求、干部选派、职责任务、管理考核、组织领导等内容，每项内容都作详细规定。

【推进美丽乡村标准化建设】 4月27日，中共昌邑市委办公室、昌邑市人民政府办公室印发《关于推进美丽乡村标准化建设的实施意见》（昌办发〔2017〕23号）。为深入贯彻落实中央、省和潍坊市关于建设美丽乡村的战略部署，统筹城乡一体化发展，提升社会主义新农村建设水平，加快率先全面建成小康社会进程，结合昌邑实际，为推进美丽乡村标准化建设制定实施意见。内容包括总体要求、坚持标准化建设，全面提升美丽乡村建设水平、着力推进“三产”融合，提高农业支撑能力、积极打造幸福民生，不断增加农民福祉、加强基层基础建设，构建农村社会治理新机制、创新措施办法，提高建设管理水平、加强组织领导，确保各项措施落到实处7个方面的内容，每项内容都作详细规定。

【昌邑市全面实行河长制】 5月21日，中共昌邑市委办公室、昌邑市人民政府办公室，印发《昌邑市全面实行河长制实施方案》（昌办发〔2017〕29号）。为建立健全河流管理保护长效机制，加快推进生态昌邑建设。根据党中央、国务院，省委、省政府，潍坊市委、市政府关于全面推行河长制的部署要求，结合昌邑实际，制定实施方案。方案制定总体要求、组织体系、主要任务、保障措施等内容，每项内容都作详细说明，并规定牵头单位和责任单位。

【开展“四个城市”创建活动】 6月26日，中共昌邑市委办公室、昌邑市人民政府办公室关于印发《昌邑市开展“四个城市”创建活动实施意见》（昌办发〔2017〕36号）。为深入贯彻落实省第十一次党代会、潍坊市第十二次党代会和昌邑市第十四次党代会精神，根据潍坊市部署要求，以创建产业强市、文化名市、活力城市、品质城市“四个城市”统筹推进各项工作，聚焦重点战略，聚力推动落实，在全市上下形成加快建设“四个城市”的浓厚氛围，为开展“四个城市”创建活动而制定实施意见。内容包括明确重要意义、突出重点任务、创新政策机制、强化组织保障4方面内容，每项内容都作详细规定；成立4个相应的领导小组，并明确职责。

【推进生态文明建设】 8月16日，中共昌邑市委、昌邑市人民政府印发《关于加快推进生态文明建设的实施方案》（昌发〔2017〕20号）。方案指出：为深入落实习近平总书记系列重要讲话和考察山东重要讲话、重要批示精神，积极适应和引领经济发展新常态，把生态文明建设摆在突出的战略位置，以健全生态文明制度体系为重点，以推动绿色循环低碳发展为基本途径，以培育生态文明主流价值观为有力支撑，促进生态文明建设与经济、政治、文化、社会建设高度融合，协同推进新型工业化、信息化、城镇化、农业现代化和绿色化，加快建设蓝天白云、青山碧水的生态昌邑，努力实现全域生态化，为全市转型升级、科学发展提供有力支撑。坚持节约优先，保护优先，自然恢复为主。坚持理念先行，培育生态文明主流价值观。坚持统筹规划，有序推进实施。坚持绿色循环低碳发展，深化体制机制改革创新。完善空间规划体系，落实主体功能区战略，构建科学合理的城镇化格局、产业发展格局、生态空间格局，促进国土空间统筹利用、资源要素高效配置。节约高效推进资源利用方式转变，持续改善生态环境质量。围绕实现绿色、循环、低碳发展，建立健全“源头严防、过程严管、后果严惩”的生态文明制度体系，完善生态环境保护与经济发展协调推进的长效机制。到2020年，生态昌邑建设取得重大进展，主体功能区布局基本形成、现代产业体系初步建立，资源能源利用更加高效，经济发展质量和效益显著提高，生态文明主流价值观广泛推行，生态文明建设水平与全面建成小康社会相适应。均衡方向发展，建设智慧新城、海滨新城、美丽新城、活力新城、幸福新城“五个新城”，形成以主体功能定位为引领，科学合理的城乡结构和空间布局。

【“放管服”改革、服务型政府建设】 8月31日，中共昌邑市委办公室、昌邑市人民政府办公室印发《关于深化放管服改革进一步加强服务型政府建设的实施意见》（昌办发〔2017〕49号）。为深化简政放权、放管结合、优化服务改革，加快政府职能转变，进一步加强服务型政府建设，加快推进新旧动能转换，不断增强经济发展活力，根据省委办公厅、省政府办公厅《关于深化放管服改革进一步优化政务环境的意见》（鲁办发〔2017〕32号）和潍坊市委办公室、潍坊市人民政府办公室《关于深化放管服改革进一步加强服务型政府建设的实施意见》（潍办发〔2017〕26号）精神，结合昌邑市实际而制定。实施意见制定了加大削权减证力度，提升放权的“含金量”、加强事中事后监管，提升监管的精准度、简化优化办事流程，提升政务服务效能、强化体制机制保障，激发创新创业活力、强化法治保障，深入推进依法行政、强化组织保障，构建强有力的推进机制等内容，对各项内容作了详细规定。

【发展文艺创作】 9月12日，中共昌邑市委印发《关于繁荣发展社会主义文艺的实施意见》（昌发〔2017〕25号）。为深入落实习近平总书记在文艺工作座谈会上的重要讲话精神，繁荣发展文艺创作，大力发展先进文化，扎实推进昌邑“文化名市”建设，根据中央、省委和潍坊市委关于发展社会主义文艺的部署要求，结合昌邑市实际，就繁荣发展社会主义文艺提出如下实施意见：①把握新时期昌邑市文艺工作的总体要求；②实施文艺繁荣发展重点工程；③完善文艺发展保障机制。每项意见都有详细要求，并规定牵头单位和责任单位。涉及的单位有市委宣传部、市发改局、市财政局、市文化局、市广播影视中心、市文联、市教育局、市社科联、市网信办、潍坊日报社昌邑分社、市人社局、市财政局、市规划局、市建设局、市委组织部、市编办以及各级党委。

【民生热线建设】 10月31日，中共昌邑市委、昌邑市人民政府印发《关于进一步加强民生热线建设提升为民服务水平的意见》（昌发〔2017〕29号）。为进一步加强民生热线（含潍坊政务热线转办事项，下同）建设，不断提升便民为民服务水平，健全完善群众诉求反映处理机制，着力解决事关群众切身利益的突出问题。把握总体要求。民生热线是畅通社情民意、解决群众诉求的有效途径，是政府履行职能、提供公共服务的重要载体，是创新社会治理、优化发展环境、建设文明昌邑的重要平台。做好民生热线工作不仅是民生问题，更是政治责任。努力把热线建设成为党委、政府联系群众的重要平台和为民服务的重要渠道，打造民生服务领域的昌邑品牌。加强组织领导。成立由市长任组长，相关市级领导任副组长，各镇（街区）镇长（主任）和市直有关部门（单位）主要负责人为成员的市民生热线工作领导小组，负责全市热线工作的统筹规划、组织协调和监督考核工作。立或明确热线承办工作机构，完善相应职能，健全相关制度，配齐必要设备，特别要安排一定数量的专（兼）职工作人员具体负责热线办理工作，在全市建立起横到边、纵到底、运行顺畅、职能完善的工作网络，确保人民群众和企业诉求“时时有服务、事事有回音、件件有答复”。优化办理流程。进一步优化受理、转办、反馈、回访、督查、考核流程，规范民生热线办理程序，严格办理要求，努力提高办理时效，推动热线办理质量和服务水平提质增效。加大督办力度。将做好督查督办工作作为民生热线提质增效的重要抓手，按照办结率、回访率、群众满意率“三个100%”的要求，完善督办机制，创新督办方式，加大公众反映问题的协调督办力度，确保公众诉求得到有效解决。严肃责任追究。各镇（街区）、市直各部门（单位）是热线办理工作的责任主体，主要负责人是民生热线工作的第一责任人，分管负责人是具体责任人，要切实落实好热线办理的主体责任，突出问题导向，采取有力措施，确保热线办理效率和办理效果，不断提升群众满意率。强化绩效考核，并建立责任追究机制。制定《民生热线工作责任追究办法》，对推诿、退办、弄虚作假、不正确履行职责等情况进行问责，包括责令作出书面检查、责令道歉、通报批评、行政告诫、停职检查、调离工作岗位等责任追究类型。各责任主体单位要认真对待群众诉求，以思想认识的提高带动作风转变，切实提高市民的诉求件的办理质量和办理水平。

【综合行政执法体制改革】 11月25日，中共昌邑市委、昌邑市人民政府印发《昌邑市综合行政执法体制改革实施意见》（昌发〔2017〕28号）。为创新和完善行政执法体制机制，提高行政执法效能，加快法治政府建设，根据中央、省和潍坊市关于推进综合行政执法体制改革的要求和《潍坊市人民政府关于同意昌邑市综合行政执法体制改革方案的批复》（潍政复〔2017〕29号），结合昌邑市工作实际，制定本实施意见。意见主要内容：①总体要求；②主要内容；③健全完善执法保障机制；④组织实施。

【人民政协民主监督工作】 12月4日，中共昌邑市委办公室印发《关于加强和改进人民政协民主监督工作的实施意见》（昌办发〔2017〕61号）。为认真贯彻落实中央、省委和潍坊市委关于加强和改进人民政协民主监督工作的部署要求，进一步推进政协民主监督制度化、规范化、程序化，切实提高民主监督实效，结合昌邑实际而实施意见。内容包括充分认识加强和改进人民政协民主监督工作的重要意义、把握人民政协民主监督的指导思想和基本原则、明确人民政协民主监督的主要内容、完善人民政协民主监督形式、规范人民政协民主监督工作程序、健全人民政协民主监督工作机制、加强党对人民政协民主监督工作的领导等7个方面，每项内容都作了详细规定。

【李宽端到昌邑市调研】 3月13日，潍坊市委副书记、市长李宽端到昌邑市调研经济社会发展情况。昌邑市委书记吕珊珊，市委副书记、市长李玉祥，市领导李鹏、刘煜、李明杰、赵海龙、孔德奎、曲伟分别陪同有关活动。在康洁环卫集团一楼展厅，李宽端认真听取集团发展情况汇报，与企业负责人亲切交流，详细了解企业管理、垃圾清运处理方式、保洁模式等情况，对企业高度重视标准化作业并积极创新机械化作业的做法给予充分肯定。李宽端详细了解昌邑市回迁安置政策、回迁安

★3月13日，潍坊市委副书记、市长李宽端（左三）到昌邑市调研经济社会发展情况

（张平平）

置小区容积率、小区区位配套、土地利用等情况。李宽端还深入昌邑石化有限公司、同大海岛新材料有限公司、金典化工有限公司等企业，听取企业有关汇报，详细了解企业自主创新、节能减排、环境保护、安全生产等方面的情况。调研期间，李宽端认真听取昌邑市经济社会发展情况特别是滨海开发建设、产业转型升级、教育事业、医疗卫生事业等情况汇报，对昌邑市经济社会发展取得的成绩和下步发展的思路举措给予肯定。他强调，要按照潍坊市第十二次党代会对昌邑发展的定位要求，统筹谋划、扎实推进各项工作，切实增强区域发展竞争力，努力实现更高层次新发展，为加快建设美丽潍坊作出应有贡献。

★ 5 月 18 日，昌邑市妇幼保健院新院启用仪式暨大型公益义诊活动隆重举行　（张平平）

【昌邑市妇幼保健院新院启用仪式】 5 月 18 日上午，昌邑市妇幼保健院新院启用仪式暨大型公益义诊活动隆重举行。山东省妇幼保健协会会长、省妇幼保健院党委书记、理事长郑世存、省妇幼保健协会副秘书长周凤荣、省妇幼保健协会副秘书长高亚莉、潍坊市卫计委调研员吴桂珍、潍坊市妇幼保健院院长高振忠、昌邑市委书记吕珊珊、市人大常委会主任李中福、市政府副市长赵海龙、市绿博园生态林场党委书记、卫计局局长王传法等领导出席启动仪式。

市人大常委会副主任、妇幼保健院院长李建军首先介绍新院整体情况。市妇幼保健院门诊病房楼项目作为市政府的一项重点工程和重大民生项目，这项工程从前期立项到破土动工到圆满竣工历时2年多时间。新院占地 68 亩，建筑面积 4.38 万平方米，开放床位 280 张，总投资 3.1 亿元。新院区主要分为门诊部和住院部两部分，并由连廊相连接为统一整体，围绕孕产保健、妇女保健、儿童保健、计划生育技术服务“四个中心”进行功能分区。昌邑市委书记吕珊珊致辞中说，昌邑市妇幼保健院要以新院启用为契机，自我加压、创先争优，以一流的技术、一流的管理、一流的服务，努力打造昌邑首选、潍坊一流、省内知名的现代化妇幼保健机构。潍坊市卫计委主任吴桂珍，山东省妇幼保健协会会长、省妇幼保健院党委书记、理事长郑世存分别致辞。郑世存、吴桂珍、吕珊珊、李中福一起按动启动球，共同见证昌邑市妇幼保健院新院正式启用。随后相关人员分组参观新院区的门诊楼和病房楼，并对该院的产科综合门诊、新生儿重症监护室、月子中心、智能化免煎中药房、远程胎儿监护中心等给予高度评价。

【赴徐州工程机械集团有限公司考察】 7 月 4 日，市委书记吕珊珊带队赴徐州工程机械集团有限公司考察，实施高位招商，谋求深度合作。市政府副市长孔德奎参加活动。通过实地考察和对接洽谈，对徐工集团发展的高水平、大手笔、大气魄有更加深刻的感受。1 天的考察对接，争分夺秒，衔接紧凑，内容丰富，高效务实。在徐工集团，吕珊珊在徐工集团董事长、党委书记王民的陪同下，先后到挖掘机事业部、起重机械事业部、液压件有限公司、传动机械有限公司、徐工体验馆等地进行参观考察，深入具有世界顶级水平的大吨位起重机、挖掘机等机械设备制造生产线，听取情况介绍、学习先进经验、洽谈合作事宜。王民表示将尽快赴昌邑实地考察、对接交流，加深了解、促成合作。

【谭旭光一行到昌邑市考察调研】 8 月 29 日，潍柴集团董事长谭旭光一行到昌邑市考察调研。市委书记吕珊珊陪同活动，并与谭旭光就加强深度合作进行深入交流。市领导李鹏、刘煜、孔德奎参加活动。谭旭光一行到浩信工业园部分车间进行实地考察调研，听取有关情况介绍，了解产品研发和生产情况，重点就合作项目建设情况进行交流。在随后召开的座谈会上，市委书记吕珊珊代表市委、市政府对谭旭光一行的到来表示欢迎，对潍柴多年以来对昌邑经济发展的支持表示感谢。她说，潍柴集团将部分产业项目布局到昌邑，是对昌邑的支持和信任，也是昌邑面临的大好发展机遇。谭旭光表示昌邑经济社会发展态势良好，产业加快转型升级，投资环境不断优化，令人印象深刻。浩信集团作为昌邑装备制造产业的龙头，发展基础扎实，发展潜力很大，资产状况优良，近年来抢抓发展机遇，加快转型升级，不断做大做强，与潍柴集团的合作非常成功。座谈会上，潍柴集团与浩信集团就双方合作项目进行详细论证，达成一致意见。

【2017 北方（昌邑）绿化苗木博览会暨第二十二届中国园林花木信息交流会隆重开幕】 9 月 21 日上午，全国各地的客商宾朋和社会各界群众欢聚在绿博园，共庆 2017 北方（昌邑）绿化苗木博览会暨第二十二届中国园林花木信息交流会隆重开幕。出席开幕式的领导有：国家林业局总工程师封加平，省政协副主席赵润田，省林业厅厅长刘均刚，潍坊市政协主席苏立科，潍坊市委副书记张小梅，中国林学会副秘书长刘合胜，中国花卉报社社长周金田，潍坊市政府副市长马清民，省林业厅副巡视员董瑞忠，及昌邑市委书记吕珊珊，市委副书记、市长李玉祥，市人大常委会主任李中福，市政协主席周娟等。中国林学会副秘书长刘合胜宣读了国家林业局原局长、全国绿化委员会副主任、中国林学会理事长赵树丛的贺词；潍坊市政府副市长马清民、省林业厅副巡视员董瑞忠分别致辞；国家林业局总工程师封加平，省政协副主席赵润田，省林业厅厅长刘均刚，潍坊市政协主席苏立科，潍坊市委副书记张小梅，中国花卉报社社长周金田，共同按动启动球为大会开幕。

2017 北方（昌邑）绿化苗木博览会暨第二十二届中国园林花木信息交流会以“传播绿色文化，建设美丽中国”为主题，以“产设用结合打造全产业链盛会”为副主题，秉承“开放、合作、共享”的理念，推进苗木产业新旧动能转换。根据苗木行业发展形势和业内需求，新增林木种苗发展高端论坛、全国优秀苗木经纪人大会、中小苗圃发展咨询研讨大会、苗木电商采购大会等高水平专业活动，进一步促进苗木生产、园林设计、绿化施工、苗木电商的跨领域联合与合作，畅通产设用对接的渠道，对推动苗木业融合发展，加快全环节升级、全链条升值具有巨大推动作用。展会共设置绿博园、北方花木城两大展区，600 多个展位。包括绿化苗木展区，容器苗展区，园林机械及园艺资材展区、园艺花卉展区和农资种子展区，主要展出绿化种苗、观赏苗木、容器苗木及相关产品，经济林种苗及相关产品，园艺资材、园林机械、森保、园艺养护产品等。绿博会的成功举办，带动全市苗木业快速发展。全市园林绿化苗木发展到 11.2 万亩，品种 600 多个，苗木企业发展到 300 多家。昌邑市先后被全国绿委办、国家林业局命名为“中国北方绿化苗木基地”和“国家级苗木交易市场”。潍坊金丝达苗木有限公司、昌邑市花木场被评为“全国十佳苗圃”。苗木业已成为昌邑市转变农业发展方式、推动农业产业化经营、促进农民增收的重要产业，绿色已成为昌邑的城市名片。开幕式由昌邑市委副书记、市长李玉祥主持。

【杨东奇到昌邑市调研】 9 月 27 日，省委常委、组织部部长杨东奇到昌邑市围绕充分发挥基层党组织政治功能和服务功能进行专题调研。潍坊市委常委、组织部部长林红玉，昌邑市委书记吕珊珊、市领导胡筱芹、刘煜陪同活动。杨东奇到奎聚党群综合体，听取城市社区网格化管理工作、智慧社区运行、义工工作和“两新”组织党建工作情况汇报；到康洁环卫集团听取集团工作成果、公司党建工作及智慧环卫运行情况的汇报。与干部群众和企业负责人进行面对面交流。杨东奇对昌邑市基层党建工作所取得的成绩给予充分肯定。并指出，昌邑要认真总结在社区网格化管理及智慧社区、“两新”组织党建和企业党建工作中的成功经验，使之成为可借鉴、可复制的“昌邑经验”，在全省范围内推广。

【国庆节升国旗仪式】 10月1日上午，昌邑市委、市政府在市级机关综合服务中心A座楼前举行庄严的升国旗仪式，热烈庆祝中华人民共和国成立68周年，表达全市人民对伟大祖国的由衷祝福和热爱，以庄严神圣的方式铭记历史、缅怀先烈、不忘初心、继续前进。上午8时整，在机关大楼前，市级领导、市直机关干部代表整齐列队，表情严肃、庄重。冒着蒙蒙细雨，英姿飒爽的武警战士迈着铿锵有力的步伐将国旗护送到升旗台。伴随着雄壮的国歌声，鲜艳的五星红旗缓缓升起，所有在场人员高唱国歌向国旗行注目礼。

市委书记吕珊珊出席仪式并讲话，市委副书记王龙堂，市人大常委会主任李中福，市政协主席周娟等市级领导班子成员参加升旗仪式。市委副书记、市长李玉祥主持仪式。

【刘曙光到昌邑市调研】 10月28日，潍坊市委书记、市人大常委会主任刘曙光到昌邑市就学习贯彻中共十九大精神、推动经济社会发展进行调研，并看望慰问老年人。潍坊市委常委、组织部部长林红玉，潍坊市委常委、秘书长刘建国及昌邑市市委书记吕珊珊，市委副书记、市长李玉祥，市委副书记王龙堂，市领导胡筱芹、李鹏、刘煜、赵海龙、孔德奎、曲伟陪同调研。刘曙光一行深入基层镇街、社区、工业园区，就棚户区改造、社区建设、项目建设、产业发展、基层组织建设等有关情况进行深入调研。在奎聚街道101党群服务中心，刘曙光仔细听取情况介绍，观看社区网格化治理现场演示，深入了解智慧化社区建设情况，当了解到昌邑义工联合会现有义工将近4万名、下设27个党支部、114个义工服务中心、860个义工服务站，已经形成全方位、广覆盖、网格化的服务体系时，刘曙光对义工联合会的工作给予充分肯定，代表潍坊市委、市政府对广大义工表示亲切慰问，赞扬他们为社会文明进步付出的辛勤劳动，鼓励他们再接再厉，为倡树社会新风正气作出更大贡献。在康洁环卫产业园，刘曙光走进满国康洁集团展厅，详细解企业经营运作、技术研发、市场开拓、发展战略等情况，仔细询问企业发展中遇到的困难。调研中，刘曙光还认真听取昌邑市潍莱高铁新城片区、潍河绿色发展长廊示范区、昌邑潍水田园综合体、国家智能铸造产业创新（潍坊）中心等有关项目规划建设情况介绍。

当天正值农历九月初九中国老人节，刘曙光专程到济贤养老中心，与工作人员深入交流，详细了解老人的入住情况、护理服务及各类设施的使用情况，并听取昌邑市现有40位百岁老人的情况介绍。

【昌邑市人民医院新门诊及外科病房综合楼启用仪式】 10月28日，昌邑市人民医院新门诊及外科病房综合楼启用仪式在医院外科病房楼南广场隆重举行。白求恩医科大学北京校友会副会长高玉民，齐鲁医药学院院长匡奕珍，潍坊市卫计委党委书记、主任吴海源，昌邑市领导王龙堂、李中福、周娟、赵海龙等出席活动。各镇（街区）党（工）委书记、卫生院院长、社区卫生服务中心主任；市委各部委、市政府各部门、正科级以上事业单位、各人民团体、市人武部主要负责人；昌邑市人民医院理事会、监事会成员；与医院有业务关系的单位领导、医院部分职工代表共计200余人参加仪式。

仪式上，医院党委书记、理事长孙正凯介绍医院的基本情况，高玉民、吴海源、王龙堂分别致辞。仪式现场，高玉民、吴海源、王龙堂、李中福、周娟共同按动仪式启动球。仪式由副市长赵海龙主持。

（供稿人：王宝庆）

市委办公室工作

【概况】 2017年，中共昌邑市委办公室（简称市委办）在中共昌邑市委的正确领导下，深入贯彻落实中共十九大精神以及习近平总书记系列重要讲话精神，以“绝对忠诚、倾情服务、极端负责、无私奉献、精诚团结”20字精神为引领，认真履职、积极作为、创先争优，较好地完成了各项工作任务。市委办荣获“2017年度省级文明单位”“全市中共十九大安保维稳工作先进单位”“全市档案工作先进单位”称号，在2017年潍坊市保密自查自评督查和公文管理工作检查中获得“优秀”等次。

【调查研究】 2017年，中共昌邑市委研究室在市委和市委办公室的正确领导下，围绕市委中心工作，开展有指向、有分析、有对策、高水平的调查研究。从新旧动能转换、环卫产业发展、农村社区实体化运行等6个方面开展专项调研，形成6篇高质量调研报告，为市委决策提供理论依据。其中，创建全国文明城市、稳妥处置“僵尸企业”经验做法的调研报告在新华社《山东要情动态》刊发，并呈送省委、省政府主要领导参阅。为做到正确传达上级精神、全面体现领导意图、有效促进工作开展，共撰写领导讲话、汇报材料、典型发言等500多篇，起草各类通知文件400多个。加大信息挖掘和编报力度，累计上报各类信息1300多篇；创新建立每月工作动态、每季工作亮点报送制度，让领导及时掌握全市工作进展、工作亮点。编发《昌邑信息》13期、《每月工作动态》12期、《每季工作亮点》4期。其中《每季工作亮点》获得市委书记吕珊珊批示：“内容很好，再接再厉！”坚持抓重点、破难点、提亮点，及时总结、宣传推广昌邑经验做法，共在中央、省级、潍坊市级等刊物、媒体刊发典型文章80余篇。其中《做好“六篇文章”深化绿色发展全力打造生态美丽新昌邑》在《山东通讯》刊发；《坚持“六化”引领，推动“小扫帚”变身“大产业”》在省委《调查与研究》刊发；《昌邑市突出“四严”，推动化工产业转型升级》在省化工产业转型升级简报刊发。在《潍坊通讯》、潍坊市委《参阅件》发表13篇，发稿、刊发数量均居潍坊各县（市区）首位。同时，在《大众日报》《潍坊日报》共发表理论文章23篇，进行多层次、广角度宣传推介，提升了昌邑知名度、美誉度。

【信息工作】 2017年，市委信息调研室围绕中心，服务大局，强化责任，努力提升信息报送工作的能力和水平。全年编辑上报省委、潍坊市委信息1000多条，刊发《昌邑信息》19期，编发《每月工作动态》12期，编发《每季工作亮点》4期。围绕上级召开的重大会议、重大决策以及重要工作部署作为信息采集点，迅速收集并及时报送贯彻落实情况，反映存在问题，总结典型经验，提出参考建议等，使上级及时、准确地了解和掌握情况，指导工作，解决问题。中共十九大成功召开后，针对全市党员干部认真学习贯彻十九大精神的浓厚氛围，上报“学、宣、论、带、思、做”学习贯彻十九大精神“六字法”，被潍坊信息采用。11月28日，潍坊市召开全国服务业标准化经验交流暨培训会，迅速整理总结上报反映昌邑市标准化工作成绩的信息《昌邑市实施“标准化+”战略，推动四个城市建设》，在《潍坊信息》上刊发。坚持从基层的实际工作中、从群众的反映中捕捉信息，积极反映民情、民意，发挥信息工作的纽带作用，使信息工作成为“民情通道”。通过加强与各单位的联系，发现、掌握各种情况，把最微观、最具体的情况及时提炼成信息上报各级领导。同时，有针对性地选题，直接到工作一线进行信息调研，把最真实的声音、最鲜活的材料、最迫切需要解决的问题，整理、加工成信息传送到领导手中，真正使信息工作成为连接中国共产党和政府与群众之间的桥梁，成为领导决策的“千里眼”和“顺风耳”。如针对全市社区网格化管理做法，整理上报《昌邑市构建四个体系，实施社区网格化，探索社会治理新途径》的信息，在《山东信息》刊发。充分认识信息工作的重要性，坚持精准定位、精益求精，力争把每篇信息都打造成经得起推敲的精品。凡是需要上级领导及时掌握、立即处置的重要情况和紧急信息，专门下发文件，理顺信息报送程序，坚持第一时间上报。面对重大突发事件、重大安全生产事故、重要社会动态、紧急灾情、疫情以及其他重要紧急情况，坚持随时发生随时报送，并续报事态进展、处置措施和原因、后果以及吸取教训、开展工作情况。坚持上报信息必须实事求是，反映工作进展和成绩的信息恰如其分，反映问题的信息真实准确。面对事实，不粉饰、不拔高、不编造，加强对相关单位报送信息的分析核实，务求信息准确无误。对一些正在发生的重要情况，保持跟踪调查，以确保信息的真实性和准确性。坚持全方位、多领域、多角度地提供信息，防止以偏概全，顾此失彼。准确反映事物的全貌，既反映现象，又反映本质；既反映初始，又反映结果；既反映相关侧面，又反映内在联系。坚持在精准定位中求生存、做文章，全力服务领导决策。根据潍坊市“四个城市”战略部署，针对本市“四个城市”所做的工作，积极与宣传部、建设局等部门对接核实，编写《昌邑市打好“三大战役”，加快文化名市建设》《昌邑市实施雨污分流改造工程，提升城市品质》等信息被上级采纳刊发。在提高信息报送的全面性和积极性方面，着重抓好反映本市特色、体现自身优势的工作经验类信息上报工作，整理形成既符合上级要求又显现昌邑工作的信息，为潍坊市领导提供借鉴。如昌邑作为“苗木之乡”，绿博会是全国林业系统最成功的展会。根据这一特色，围绕苗木这一产业，编写大量关于苗木产业的相关信息被上级采用。围绕改革发展过程中出现的矛盾问题、工作难点等，深入一线开展调研，了解掌握第一手资料，提炼总结，及时上报。如在调研全市宗教工作过程中，通过对接统战部，深入街道社区基层一线，整理报送的《基层反映基层宗教工作，存在问题亟待引起重视》被上级采纳。在坚持为同级领导搞好信息服务的同时，以严肃认真的态度为上级领导做好信息报送服务，使上级领导更加详细地了解昌邑经济社会发展情况。建立全市党委工作信息交流群，鼓励各个单位通过微信群、邮箱等报送工作亮点和经验做法，实现信息资源共享，及时掌握第一手情况。完善信息通报制度。对全市信息报送采用情况定期进行通报，调度各镇（街区）、市直各部门（单位）信息报送工作积极性。完善定向约稿制度。针对选定题目，有的放矢地向部门（单位）约稿，明确事例使用、数据支撑等事项，提高信息报送质量。

【督查概况】 2017年，市委、市政府督查室紧紧围绕市委、市政府决策部署，努力适应新常态，展现新作为，结合工作职能，做好上级及昌邑市重点工作督查、潍坊市科学发展综合考核、镇（街区）科学发展综合考核和市直部门（单位）绩效考核、领导批示事项办理、人大代表建议、政协委员提案办理审核反馈等工作，高质高效完成各项任务目标。督查工作由市委副书记分管、直接向市委、市政府主要领导负责的高规格督查工作体系，提升督查权威。参与重要会议、文稿的筹备制定，事前出谋划策、事中把关审核、事后督促检查，实现督查关口前置，为上级政策及市委、市政府决策部署落实提供保证。明确全市10个镇（街区）和101个部门（单位）督查分管领导和专职工作人员，建立“昌邑督查之窗”微信交流群，打造“专人负责、上下贯通、横向联动”的督查网络，促进督查工作深入、扎实、有效地开展。

【督查机制】 5月26日，召开全市督查业务培训会议，全市110个部门（单位）参加，着重对督查工作要求、督查稿件写作、重点工作调度等内容进行了讲解和要求。做好督查与调研的结合，做好明察与暗访的结合，做好专项督查与联合督查的结合，形成整体优势，保证督查活动的权威性和专业性。建立“督考合一”的工作落实和目标考核评价体系，实行资源信息共享，促使督查、考核无缝融合。特别是对上级及市委市政府安排部署的重点工作，督查结果就是考核结果，对督查3次以上未落实的事项，市直部门绩效考核一票否决，进一步提升督查工作权威，在全市形成“抓平时、促落实”的工作导向。为进一步加强督查工作力量，提高督查工作权威和规范化水平，于5月建立电子督查平台，对重点工作任务从立项、交办、反馈、审核、统计进行全流程电子化操作和动态监管，实现督查工作规范化、系统化、可追溯化。电子督查平台实行一键下发、一键通知、一键反馈，节省中间环节，增强工作时效。将督查工作人员从烦琐的电话通知、催报、往返修改报送中解放出来。制定《昌邑市电子平台工作制度》，明确工作标准和问责办法，对平台发布任务事项接收、办理、反馈不及时，弄虚作假、虚报瞒报，不认真履行职责、工作推诿扯皮的视情节轻重给予通报批评、书面检查、移交纪检组织部门处理等问责处理，提高督查权威。对纳入平台的事项，各级各部门形成“接收办理不敢拖延、任务反馈一定准时、工作内容必须抓好”的强烈共识和高度自觉。督查平台既是部门干事创业的比武台，又是对工作揭丑亮短的曝光台，各项工作进展在平台上实时显示、一目了然，既可以横向对比其他部门工作，清晰了解差距；也可纵向对比本单位近期进展，方便查找问题。同时，实行多样化报送工作进展，除报送文字进展材料外，通过平台实时报送影像资料。通过对同一项目在相同位置和角度拍摄的影像资料直观了解项目具体进展，进一步丰富督查方式，充分调动责任单位积极性，促进督查结果的严谨性和透明性。

【督查工作】 市委、市政府督查室不断创新机制、强化措施，加大督办检查落实力度，全力推动督查工作提质提速提效，全年开展现场督查调研150余次，形成督查专报128期，印发督查通报34期；共接收办理市委、市政府督查通知、会议督查、专项督查、领导批示等71件次，全部按要求在规定时间内办理完成，办结率和按时上报率为100%，未出现逾期提报、未按时完成等记录；共迎接潍坊市级及以上各类督查36次，上报各类文件30余份；加大对上级督查事项和市委、市政府的决策部署落实情况的督查力度与密度，凡列入督查的事项，严格按照“交必办、办必果、果必报、报必快”的工作要求，快速反应、及时分解。对重大紧急督办事项，随批随办、急批急办，重要会议、重要文件的分解立项时限要求是2天以内，不分是否节假日，对督查的事项，形成报告的时限要求是次日，不分是否工作时间。确保上级决策部署执行过程中不偏离、不走样。注重督查与考核并重，激励与鞭策并举。组织全市116个市直部门（单位）进行“比学赶超创先争优”述职评议，结果全市通报并纳入年度考核，激励各市直部门单位担当作为、创新突破，引导部门（单位）不断增强创先争优意识。实施一线工作法，全面提高现场督查比例。工作下沉到一线，做到情况在一线了解，问题在一线排查，矛盾在一线化解，目标在一线考评，重大事项、领导重要批示现场督查率达到100%。坚持重点工作日调度、目标任务日清零制度。为更好地督促目标任务落实，对雅拉生态食品产业园、智能装备制造产业园、文山片区开发等6个市级重点推进项目以及化工园区提升、文明城市创建、十九大安保维稳、清河行动等工作倒排工期、挂图作战，把任务细化分解到天，每日调度进展，无论早晚目标完成情况当晚报市委、市政府主要领导。2017年度，共确定创建全国文明城市、重点工程项目建设、政府工作报告确定任务事项、生态环境综合整治等18项重点督查工作，在督查过程中，按照标准逐项分解落实至责任单位，倒排工期，定期督导，通过看项目、问进度、理问题，总结推广先进经验，研究破解难题对策，推动工作开展。全年18项督查重点工作均按期落实到位；办理人大代表建议84件、政协委员提案95件；共承办主要领导批示信访件75件，办结71件。对“万人下基层主题实践”活动走访群众征集的5403个问题解决情况进行督查，并对已办结问题进行回访，解决问题5340个，问题办结率达98.8%，进一步增强群众满意度和获得感。

【理论学习】 市委办把抓学习作为提升队伍能力素质的有效途径，积极组织开展理论学习和业务学习，切实提高干部队伍的履职尽责能力和服务发展能力。坚持集体学习与督促个人自学相结合，认真组织学习中共十九大精神和习近平总书记系列重要讲话精神，引导办公室工作人员深刻领会精神实质，不断提高政治理论素质。组织办公室工作人员加强岗位应知应会知识的学习，统筹学习公文处理、公文写作、法律法规等方面的知识，努力增加知识储备，不断提高综合素质。督促办公室工作人员把学到的知识应用于工作实践，在干中学、在学中干，学以致用、用以促学、学用相长，提高解决实际问题的能力。坚持围绕中心、服务大局，自觉站在全局的高度思考问题，找准上级精神与昌邑工作的结合点和切入点，担当作为、抓好落实，努力当好市委的“坚强前哨”和“巩固后院”。立足昌邑实际，确定全市“省内赶超乳山、省外学习张家港”整体比学赶超标杆。同时，按照“单项亮点工作对标”的要求，又确定“城市管理服务和特色小镇建设对标杭州，棚户区改造和拆迁拆违工作对标济南”等单项工作比学赶超标杆。寻标对标做法得到刘曙光书记批示肯定。在确定全市比学赶超标杆的基础上，确定市委办自身的比学赶超标杆，全面比学赶超，全面提档升级。依托市委办成立“四个城市”建设协调推进办公室，编制下发全市“四个城市”建设五年规划、三年行动计划和年度工作安排。其中“活力城市”建设由市委改革办牵头，全力做好“活力城市”建设与深化改革的结合文章，各项工作取得较大突破。全面落实改革重点任务。成功处置“僵尸企业”21家，盘活土地3270亩，被省深改办作为全省地方改革案例向中央改革办推荐。组建城投集团、金控集团，成立1亿元过桥基金，融资性担保公司增资2亿元。强化担保圈等金融风险防控，清收处置部分企业不良贷款8亿元。组建昌邑教育集团和市妇幼保健集团，完成绿美园林公司改制。引进世界500强及行业领军外资企业2家，30多家企业实现进出口“零”的突破。满国康洁集团业务覆盖国内25个省（自治区），成立600余个项目部，托管合同额143亿元；抢抓“一带一路”建设机遇，承接巴基斯坦46亿元保洁业务，开创中国环卫产业走向国际市场的先河。与宁夏共享集团合作，建设国家级智能铸造产业创新中心。滨海化工新材料企业孵化中心、铸造产业技术创新战略联盟、辛城农科驿站实现昌邑市省级科技创新平台3个“零”的突破。同大海岛公司荣获潍坊市重大科技创新奖。从新旧动能转换、环卫产业发展等6个方面开展专项调研，形成6篇高质量调研报告，为市委决策提供理论依据；在中央、省级、潍坊市级等刊物、媒体刊发典型文章80余篇，刊发数量居潍坊各县（市区）前列。提炼形成的推进生态文明建设和培育发展农业“新六产”的经验做法分别被山东省副省长李群、于国安批示推广；总结形成的推进环卫产业“六化”发展和坚持标准引领推动环卫产业做大做强的经验做法分别被潍坊市委书记刘曙光、市长李宽端批示推广。

【日常工作】 抓好日常运行，当好“服务部”。共撰写领导讲话、汇报材料、典型发言等500多篇，起草各类通知文件400多个，累计上报各类信息1300多篇；创新建立每月工作动态、每季工作亮点报送制度，让领导及时掌握全市工作进展、工作亮点。发挥中枢作用，当好“协调部”。加强上下联系，搞好内外协调，保障了全市工作的协调有序、高效运转；成功举办180多项重要会议和活动，圆满完成各项接待任务；成功组织举办2017北方（昌邑）绿化苗木博览会暨第二十二届中国园林花木信息交流会。完善工作体系，当好“保障部”。对办公室各项工作制度进行全面梳理，研究制定《办公室工作规范》，实施流程再造，保障市委工作有效衔接、高效运行。强化督导推进，当好“督查部”。对全市54个市级领导包靠的重点工程重点项目，实行周调度、月通报，充分调动责任单位推进工作的积极性；全面使用电子督查业务平台，对督查事项进行全方位动态监控和管理，实现督查全程的规范化、系统化、可追溯化。市委办始终把作风建设作为办公室工作的重要内容，狠抓全体工作人员的党性党风党纪教育，树立“绝对忠诚、倾情服务、极端负责、无私奉献、精诚团结”的办公室精神，推进作风转变，强化干部队伍建设，10多名干部得到提拔重用。认真贯彻执行中央八项规定和上级关于厉行勤俭节约、反对铺张浪费的各项规定，坚持勤俭办一切事业。认真贯彻执行民主集中制，倍加珍惜和维护团结，形成团结干事、创先争优的良好局面。认真落实党风廉政建设责任制，严格遵守《中国共产党党员领导干部廉洁从政若干准则》，生活上注重“小节”，思想上防微杜渐，行动上接受监督，做到自重、自省、自警、自励，维护市委办的良好形象。 （供稿人：王宝庆）

组织工作

【概况】 昌邑市委组织部为市委主管全市组织工作和干部工作部门。2017年，市组织部行政编制18名，工勤人员编制2名，事业编制9名。内设市委组织员办公室等2个机构，另有昌邑市党建研究会、昌邑市人才发展中心2个事业单位和昌邑市现代远程教育工作办公室1个正科级参照公务员管理单位。昌邑市委组织部党支部共有党员25名，配备专职政工干部2名。市组织部在市委的正确领导和上级组织部门的具体指导下，深入学习贯彻习近平新时代中国特色社会主义思想、中共十九大和各级组织部长会议精神，紧紧围绕服务市委中心工作，按照“用一流标准、做一流工作、创一流业绩、建一流队伍”的目标要求，履职尽责、担当作为，求真务实、真抓实干，扎实做好选干部配班子、育人才聚贤能、抓基层打基础各项工作，各项工作取得新进展、实现新突破。

【“两学一做”学习教育】

健全常态督导机制 围绕落实“制度化常态化”要求，细化完善支部生活日、“两新”组织工作活动等规范，建立问题党员干部约谈等制度，实施支部月学习计划报备制度，确保组织生活各项规定落实到位。建立常态化督导机制，实行月调度制度，采取明察暗访、实地督查等方式，促使各级党组织细学深查严改，先后召开27次调度会、9次研讨会、1次观摩点评会，开展现场督导90多次，调阅423个支部档案，下发通报21期，反馈整改问题1200多个。

活化学习教育方式 积极打造多类别、多功能学习教育平台，作为党组织生活的有效补充，增强学习教育实效性。实施党史记忆抢救工程，组织专门力量扎实做好党史资源保护、抢救、整理、利用工作，编印《听老革命讲那过去的事情》2辑6万册，摄制《渤海英魂》《爱在潍水》等党性教育微电影，作为党员干部党性教育教材和中小学生爱国主义教育教材，省委组织部领导批示肯定，拍摄的2部党性教育微电影分获潍坊组织系统电教片特等奖、精品奖。结合庆祝建党96周年，开展寻找身边“最美党员”活动，选树10名“最美党员”和10名“最美党员”提名奖，举办颁奖典礼暨先进事迹报告会，市委书记带领全市领导干部重温入党誓词，引导广大党员干部学习先进、争当先进，淬炼党性本色。

突出党员作用发挥 开展“进百村、联万户，解难题、办实事”万人下基层主题实践活动，组织全市5133名在职在编干部接续开展2轮大规模“连心大走访”，建立走访纪实、定期联系、反馈回访、志愿服务、考核评价“五位一体”常态化走访机制，走访群众17.8万余户，征集意见建议及排查各类问题5403个，集中化解5256个，问题办结率达到97.3%，赢得群众

★ “两学一做”学习教育制度化暨思想作风建设年座谈会

（张平平）

口碑。推行“党建＋义工”服务模式，以党建统领推进义工志愿服务制度化常态化，将全市3.96万多名义工、4980多名党员义工纳入党组织领导下，开展志愿活动，在服务发展、服务民生、服务群众中发挥了先锋模范作用。省委组织部、潍坊市委主要领导调研时给予充分肯定。

【学习贯彻中共十九大精神】 坚持把学习贯彻习近平新时代中国特色社会主义思想和中共十九大精神作为首要政治任务，层层部署、传达贯彻，掀起学习热潮。将十九大精神列入干部培训计划，分层分类组织开展集中轮训，举办专题学习班12期，培训科级以上干部600人次。

【党员干部理论培训】 紧扣市委、市政府工作部署，先后完成党校主体班、各类专题班15期，培训党员干部2300人次。采取“请进来、走出去”方式，邀请知名专家学者举办“潍水大讲堂”2期，培训党员干部1600人；赴国内知名高校举办高级研修班，培训领导干部、企业家41人。完成省、潍坊市32个培训班次调员工作，调训干部63人次。常态化推进党员全员进党校培训，依托各级党校举办各类党员培训班90多期，累计培训党员干部3.2万人次。全面推广现场教学，以打造红色村史馆群落为载体，扎实推进党性教育基地建设，开展红色教育。

【作风建设】 牵头“思想作风建设年”活动，以开展“十大专项活动”为抓手推动问题查摆整改、干部作风建设走向严实硬。潍坊市委主要领导高度评价昌邑整体对标与单项比学赶超标杆的做法，并专门作出批示；寻标对标提标达标工作计划质量、对标学访和“担当作为、创争一流”任务目标公开承诺工作被评为“好”等次。

【正确选人用人】 突出面向基层、重视一线，建立一线识别干部机制；坚持沉入一线、主动了解、跟踪观察，全方位、多角度、立体式识别干部，进一步调动干部担当作为、创先争优的积极性、主动性。先后通过一

线识别储备后备干部 34 名，因工作表现突出提拔重用 12 人，调整不适宜担任现职干部 9 人。

【年轻后备干部培养】 制订后备干部培养五年规划，抓好 3 个“一批”工程，即培养选拔一批 35 岁左右的优秀正科级干部，一批 30 岁以下的优秀副科级干部，一批全日制大学以上学历、专业化水平高、数量充足的后备干部，推动后备干部队伍可持续发展。共调整提拔 35 岁以下正科级干部 14 名，新招录各类专业干部 107 名。

【干部人事制度改革】 加大竞争性选拔干部力度，从潍坊市内党政群机关、事业单位在编在职的国家正式干部中公开选拔 20 名年轻副科级领导干部，树立面向基层、注重实干、群众公认的用人导向。建立干部考察责任追究机制，明确 21 种应当追究干部考察组组长、成员责任的情形，切实提高了干部考察工作质量，此做法中组部《组织工作信息》作了刊发推介。高标准抓好新职务与职级并行试点工作，严格按照职级晋升程序、资格条件、审批权限等，稳步有序推进干部职级晋升。

【干部管理监督】 建立干部监督联动协作机制，组织纪检、检察、审计、信访、卫计等 15 个部门单位实现信息“联网”，消除监督盲区，化解信访隐患，共收集各类干部监督信息 210 多条，暂缓使用 1 人，诫勉 2 人，谈话警示 34 人，全市组织系统信访数量下降 92.6%。严格落实经济责任审计制度，先后对相关单位负责人进行离任审计，进一步规范领导干部行为。继续做好公职人员在企业兼职和出资办企业规范清理、干部档案专项审核工作。

【人才工作联动机制】 将人才工作作为“一把手”项目来抓，年初经济工作会与人才工作会合并召开。制定《人才工作联动办法》《招才引智、招院引所考核认定办法》，成立人才工作办公室，人才工作领导小组各成员单位均设立人才工作科，配备联络员，加强与招商、发改以及产业主管部门信息共享力度，实行部门、产业、项目“三联动”，合力推进全市人才工作。

【招才引智】常态化开展“产业专家昌邑行、重点企业高校行”主题活动，先后举办各类活动 22 次；2 次赴美国、德国、意大利等海外国家招才引智，建立 3 处海外人才工作站；邀请上海、广州等地 47 名昌邑籍专家、企业家回乡考察，设立上海人才工作站，邀请 154 名昌邑籍应届大学毕业生举办“在外学子暑期家乡行”活动。共引进“两院”院士 5 人、“千人计划”3 人、“万人计划”2 人、国家杰出青年基金获得者 1 人、泰山学者 2 人、泰山产业领军人才 1 人。

【支持企业开展科研创新】 加大财政支持力度，市财政投入 1000 万元，支持人才引进和培育；安排专项资金 500 万元，支持科技研发、创新创业、产业聚集等平台发展；投入 500 万元，作为创业带动就业专项资金，实施一次性创业补贴、岗位开发补贴、银行贷款贴息等。以服务新旧动能转换为导向，采取“政府主导、企业参与、学研联动、市场运作”的模式，打造滨海（下营）、纺织印染 2 处产业研究院，集聚 3 位“两院”院士及 47 位产业专家，整理入库课题、项目 120 余个，成功推广科技项目 15 个，其中滨海（下营）产业研究院获评省级科技企业孵化器。积极帮助企业创建研发平台载体，新设 3 处院士工作站，新增中科院独立分支机构 1 处，实现“千人计划”“万人计划”创业“零”的突破。

【优化人才发展环境】 深化领导干部联系专家人才和重点企业制度，99 名领导干部联系 101 名专家人才，组织、人社、科技等部门包靠 41 家重点企业，每月定期深入企业走访，及时帮助协调解决问题。扎实抓好人才激励政策落实，为引进培育的 19 名高端人才、36 名市级本土人才和产学研合作成效突出的 27 家企事业单位，发放奖励资金 540 万元。借助报刊、电视、网站、微信平台等宣传人才工作经验、人才强企典型等，刊发各类人才宣传稿件 94 篇，进一步营造了重才、爱才的浓厚氛围。

【基层党组织管理】

抓好村“两委”班子换届及分析研判工作　参照考察考核市直部门单位标准，组织对全市村“两委”班子运行状况和村干部表现情况进行考察考核，对考核不称职的33名村干部进行诫勉谈话，推荐后备干部1564名；对691个行政村（居）逐一分析研判，切实掌握工作主动权，在潍坊市村（居）“两委”换届选举工作现场推进会议上作经验介绍。突出责任、组织、宣传、保障“四个到位”，扎实推进村“两委”换届工作，相关做法被潍坊市村“两委”换届工作简报刊发。

党群服务体系建设　出台《关于加强党群服务体系建设的指导意见》，推动党群服务中心（站）高效运行。紧扣党员群众生产、生活和精神文化等需求，在饮马镇山阳村、北孟镇小南孟村进行群众再组织化工作试点，通过对传统组织及活动群体进行流程再造、优化重组，分类建立功能型组织。已建立功能型群众组织27个，开展各类活动42次。

抓好村干部教育管理　首次在潍坊市委党校举办全市村级党组织书记培训班，依据“急需急盼”量身设计学习课程，增强培训针对性实效性。实行村党组织书记分类培养工程，遴选30个经济强村书纪实施高端培训，对50个特色产业村书纪实行专业化培训。深化党组织书记岗位、绩效“双考评”机制，利用经济杠杆加强对村党组织书记队伍监管，累计216名村党组织书记因履职不到位被扣发、停发岗位补贴，《山东组织工作信息》对此做法进行推介。组织全市农村干部开展“家访”活动，挨家逐户征求意见，有的放矢解决问题，共走访群众14.8万户，收集问题建议1812条，化解矛盾纠纷106个。实行农村党员干部约谈制度，前移教育管理关口，这一做法《潍坊组织工作》作了刊发推介。

实行农村党员干部约谈制度　围绕及时解决农村党员干部存在的苗头性、倾向性问题，制定实施《约谈管理办法》，对村“两委”成员，明确传达贯彻上级决策部署不力、缺乏干事创业责任心、工作作风简单粗暴、滥用职权谋取私利等8种约谈情形；对普通党员，明确无故不参加组织生活累计3次、利用宗族势力影响工作开展、带头抵制工程项目建设等8种约谈情形，采取个别约谈、集体约谈、专项约谈相结合的方式，将农村党员干部教育管理关口前移，禁早禁小，引导农村党员干部强化党性意识，防止小毛病演变成大问题。共约谈村“两委”干部17人、普通党员23人。

提升村级治理水平　高标准抓好村级审计督查工作，公开招标会计师事务所对全市691个村（居）进行审计，同步抓好村级党务督查工作。审计工作全面完成，1352起问题全部整改到位，给予73名村干部提醒谈话处理、4名违规违纪人员党纪政纪处分。省委组织部调研组专题调研给予肯定。建立村级“三务”（党务、政务、财务）公开工作机制，691个村（居）“三务”工作全部及时规范公开，在潍坊市基层组织建设工作重点任务现场推进会上作经验介绍。对倒排确定的48个软弱涣散村党组织，采取“1名挂点市级领导+1名镇（街区）党政领导班子成员+1名社区书记+1名第一书记”的“四联动”整治模式，全部验收销号。探索推行村级事务社区“阳光听证”制度，通过开展事前听证和矛盾纠纷类听证，推动村级决策由“自主决议”向“公开论证”转变，这一做法被《潍坊组织工作》刊发推介。

强化村级财政运转保障　持续加大财政投入力度，市财政安排村级组织运转经费7500万元，累计为1174名在职村干部发放岗位补贴1422万元，为3003名离任村干部发放生活补贴517万元。实施发展壮大村集体经济“一村一品”项目，总结不同村集体经济增收案例，推行“村集体增收九法”，全面增强村级党组织服务能力。

【基层党建工作】　开展“两新”（新社会组织、新经济组织）组织“品质提升专项行动”，对全市6400多家“两新”组织进行“拉网式”走访调研，彻底摸清底数；率先在潍坊市实体化运行“两新”工委办公室，制定党组织书记管理、指导员选派、协调联动和党组织调整等一系列制度规定。开展“党建+”红色引擎活动，鼓励“两新”组织党组织广泛开展科技攻关、企业文化、公益帮扶等各类活动，创建潍坊市级示范点3个，培育潍水学校“潍水大讲堂”、昌城医院“爱心义诊”等一批优秀活动品牌，潍坊市“两新”组织党建工作推进会在昌邑召开。在城市社区推行“四社联动”服务机制，制定党组织星级化管理、党群服务中心规范化建设等办法，进一步充实工作力量，加大经费保障，共投入社区运转经费339.33万元，为民服务专项经费200万元。深入开展承诺践诺、争行业服务标兵、创优质服务品牌等活动，组织机关在职党员到基层常态化联系走访群众。深入开展“校园党旗红”引领行动，被确定为潍坊市中小学校党建工作创新先行区，在潍坊市中小学校党建工作会议上作典型发言。

【包村联户和选派第一书记】 选派52名第一书记和23名包村人员，实现省定扶贫工作重点村、软弱涣散村和集体经济薄弱村帮扶全覆盖。帮助理顺班子52个，累计投入各类帮扶资金3042万元，硬化道路24公里，安装太阳能路灯271盏，发展村级增收项目33个，办实事好事629件。

【党员教育管理】 深化完善发展党员工作质量保证体系，先后对把关不严的发展党员责任人给予党内警告处分，或进行谈话诫勉，切实维护党员队伍纯洁性。从源头严把非公有制企业党员“入口关”，实行“双政审双公示五联审”（“双政审”：由发展对象所在党组织、流出地或户籍所在地党组织进行双向政审；“双公示”：对吸收为预备党员的发展对象及预备期满拟转正的预备党员，分别在工作地所在党组织、流出地或户籍所在地党组织进行公示，接受党员群众监督；“五联审”：对非公有制企业发展对象，由上级党委、党工委分别向纪检、公安、卫计、人社、信访等5个部门征求意见，对申请入中共非公企业负责人，一并征求税务、市场监管、环保、安监、国土等5部门意见），2016年至今，有8名发展对象因政审不过关、联审不合格等被取消资格，此做法被中组部《组织工作信息》刊发推介。从严抓好复退军人党员教育管理，所有复退军人党员均纳入组织管理，分批组织到党性教育基地开展重走革命路等活动。潍坊市军队退役人员党建工作现场推进会议在昌邑召开时，潍坊市委主要领导作出批示，号召全市学习借鉴。扎实开展流动党员管理服务工作，成立驻京流动党员党总支，增强流动党员归属感。加大党员关爱力度，为179名中华人民共和国成立前入党老党员发放补贴29.8万元，组织对18名解放战争前入党老党员进行健康查体，为24名生活困难党员发放关爱基金25.5万元。

【推进“互联网+党建”工作】 建成运行覆盖市、镇（街区）、村（居）三级可视基层管理服务系统，全市691个村（居）党务村务财务，全部实现网络数字电视公开。管好“灯塔——党建在线”综合管理服务平台，党员注册比例实现100%，扎实开展好党员组织关系转接系统试点、党员学分制管理工作。

【自身建设】

提升素质能力 突出中共十九大精神、组工业务知识等内容，狠抓组工干部理论和业务学习，着力提升综合素质和专业化能力。组织全体组工干部开展“组工干部调研月”活动，围绕破解基层党建工作中的重点和难点撰写调研报告。

强化支部建设 扎实开展“两学一做”学习教育，部领导带头参加支部生活，为部机关党员讲党课，通过重温入党誓词、集体学习研讨等，进一步激发部机关干部勤勉敬业、甘于奉献的热情。扎实做好包村联户工作，积极参与“慈心一日捐”、救助春蕾女童等活动，获评“潍坊市妇女儿童先进集体”荣誉称号。超额完成招商引资任务。

完善工作制度 建立完善内部事务管理、外出汇报会务工作规范等制度，进一步规范机关内部管理。加强工作调度督查力度，建立重点工作月通报制度，以刚性督查推动工作落实。

加强调研宣传 在中组部《组织工作信息》《山东组织工作信息》等潍坊市级以上部刊发稿件19篇，在《人民日报》《中国组织人事报》《农民日报》《大众日报》发表各类文章24篇，编印《组织工作掠影》1册，进一步扩大组织工作影响力。

（供稿人：刘磊杰）

宣传工作

【概况】 2017年，昌邑市委宣传部严格贯彻落实中共十八大，十八届五中、六中全会及十九大精神，在潍坊市委宣传部和昌邑市委的正确领导下，以开展“思想作风建设年”活动为契机，进一步解放思想，在围绕中心、服务大局上积极作为，荣获“第六届全国文明城市提名市”“全国社科组织先进单位”“全省‘四德’工程建设示范市”“山东省社会科学普及示范市”“潍坊市创建国家森林城市工作先进集体”“潍坊市社会科学普及教育基地”“潍坊市基层理论宣讲先进单位”，潍坊市委宣传部“2016年度舆情信息工作先进单位”“2016年度调研部刊工作先进单位”“潍坊市建设学习型党组织示范点”“2017中国画都·潍坊文化创意设计大赛优秀组织单位”“潍坊市‘文明出行’征文活动优秀组织奖”等称号。

【党委中心组学习】 为完善党委（党组）中心组学习制度建设，制定下发《市委理论学习中心组2017年理论学习安排意见》和《全市党委（党组）中心组2017年理论学习安排意见》。丰富党委（党组）中心组学习内容。举办市委理论学习中心组暨全市领导干部专题讲座；协调组织举办市委理论学习中心组2017年集体学习专题讲座，组织召开市委理论学习中心组（扩大）会议，围绕习近平新时代中国特色社会主义思想进行集体学习研讨。截至12月底，为四大班子中心组成员配送《学习活页文选》共50期1600余册；配送《习近平用典》《潍坊市党委中心组成员优秀文章选编》等120余册；为在职副县级以上领导干部编印《昌邑市党委（党组）理论学习中心组学习资料汇编》一书；为全市在职副科级以上干部配备《全面从严治党面对面》1300余册。2017年，有25个单位获评为“潍坊市理论大众化示范点”，21个单位获评为“潍坊市建设学习型党组织示范点”。市委理论学习中心组被选树为潍坊市“迎七一”党委中心组学习典型，分别在潍坊电视台、潍坊日报、潍坊新闻网、潍坊广播电台等媒体集中宣传报道，并在《潍坊日报》二版头条做专题报道；在潍坊市思想政治和理论工作座谈会上被推荐作典型发言。党委中心组的学习做法被《山东宣传信息》和《潍坊宣传工作》两级简报同时推广。

【意识形态管理工作】 建立意识形态工作联席会议制度，印发《中共昌邑市委办公室关于建立意识形态工作联席会议制度的通知》和《关于印发〈昌邑市党委（党组）意识形态工作联席会议工作职责〉的通知》，进一步压实责任。举办市委理论学习中心组暨全市领导干部专题讲座，邀请省委讲师团孔繁轲作《学习贯彻省第十一次党代会精神，做好意识形态工作》辅导报告。抓好社科领域意识形态工作。对全市哲学社会科学报告会、研讨会、讲座、论坛等面上进行全面申报统计摸底。同时完善申报备案制度，坚持“一会一报”，全市范围内邀请的专家一律通过市委宣传部审核备案。《昌邑市多措并举巩固社科领域意识形态安全》在潍坊宣传工作简报上作为典型推广。舆情信息工作稳步推进。2017年，向上报送舆情信息1100余条，承接潍坊舆情约稿50余篇，提报重大舆情课题1篇。及时掌握全市意识形态动向，积极预防苗头性、倾向性问题。

【理论宣讲工作】 形式多样开展“送理论进基层”活动，组织潍坊市宣讲专家库专家进理论宣教基地开展集中宣讲活动16场次；组织开展学习贯彻潍坊市第十二次党代会精神、昌邑市第十四次党代会精神集中宣讲40余场次；组织全市持续深入开展学习贯彻习近平总书记系列重要讲话精神和治国理政新理念新思想新战略、学习贯彻中共十八届六中全会精神等宣讲活动；举办省委讲师团专家进基层宣讲报告会、省委讲师团调研宣讲工作座谈会以及“理论宣讲秀”观摩会议。十九大学习宣传贯彻不断深化。印发《关于做好学习宣传贯彻中共十九大精神宣讲工作的通知》；组织召开昌邑市学习贯彻中共十九大精神宣讲团成立暨宣讲工作动员会，邀请潍坊市纪委副书记王玉作十九大精神宣讲，在全市范围内广泛开展学习贯彻中共十九大精神集中宣讲活动230余场次，协调开展市委常委带头到基层开展中共十九大精神宣讲工作；组织开展市委理论学习中心组成员到基层宣讲中共十九大精神活动，在全市掀起学习贯彻中共十九大精神的热潮。6月，在全市举办“中国梦·党在心中”百姓宣讲比赛，并向潍坊市推荐4名参赛选手。7月，在潍坊市“中国梦·党在心中”百姓宣讲比赛中参加故事类比赛，分别荣获二等奖1名，三等奖1名，优秀奖2名。8月，拍摄微电影《心灵的守望》，荣获潍坊市“中国梦·党在心中”百姓宣讲比赛视频类一等奖。9月，组织拍摄的微电影《心灵的守望》代表潍坊市参加山东省“中国梦·党在心中”百姓宣讲比赛，获视频类二等奖；选送推荐国土资源局王海航《家有老党员》获故事类二等奖。将优秀选手稿件编辑成《百姓身边的故事》，在全市发放。宣讲队伍不断壮大。建立“理论宣讲专家库”与“双百队伍”，成功推荐1名省宣讲工作者协会会员和4名潍坊市宣讲专家库专家；各选拔100名优秀人员组建成昌邑市“百名理论宣讲员”队伍和“百名百姓宣讲员”队伍。11月，山东省委宣讲团副团长张丽一行专程到昌邑调研十九大精神宣讲工作，对昌邑的宣传工作给予高度评价。2017年，市国土资源局获评为“潍坊市十佳理论宣教基地”；市检察院获评为“潍坊市十佳示范大讲堂”；有1人获评“潍坊市十佳百姓宣讲员”。规范提升学习型党组织建设示范点。共有25个单位获评为“潍坊市理论大众化示范点”，21个单位获评为“潍坊市建设学习型党组织示范点”。昌邑农村商业银行股份有限公司被潍坊市推荐为“全省理论宣教基地”。《昌邑市以“四个三”工作法扎实推动理论宣讲工作》经验交流文章在《潍坊宣传》刊发。

【社科工作】 市委宣传部承办山东省暨潍坊市第十四届社会科学普及周开幕式现场会，将昌邑社科工作进行了现场汇报，获得多项表彰。组织征集8个社科课题项目申报2017年度潍坊市社会科学规划重点研究课题。组织推荐优秀社科人才申报潍坊市社会科学院特约研究员；推荐3项优秀课题申报2017年度潍坊社科理论研究课题；柳疃镇、卜庄镇扶安镇村分别被评为潍坊市第2批社会科学普及示范乡镇、村。潍坊市第25次社会科学优秀成果奖获奖作品中，有1人获二等奖，3人获三等奖。

【舆论引导强势推进】 2017年，围绕全市重点工作，在潍坊市及以上平面媒体发表稿件900多篇，其中中央电视台连续2次对昌邑市“红色拜年”等活动进行报道，在农民日报发表头版头条稿件《破解农业现代化建设密码》、大众日报刊发《马路牙石为何矮了14厘米》、潍坊日报刊发头条稿件11个等重点稿件，在《大众日报》《齐鲁晚报》《潍坊日报》《潍坊晚报》刊发专版18个，进一步提升昌邑的知名度。同时，配合中央电视台献礼十九大栏目，协助完成中央电视台《中国影像方志》《辉煌中国》《远方的家——“一带一路”专题》3个栏目在昌邑的拍摄工作。媒体采风实现突破。邀请大众日报社、山东电视台等20家潍坊市级以上媒体到昌邑采风，集中宣传报道“红色拜年”“突破滨海”、第二届乡村旅游节暨第二届龙乡文化节、第八届山阳梨花节等4场活动，形成集约化、全方位、多角度的宣传报道。新闻发布平台更高端。首次在北京举办高层次、高水平的“昌邑市第二届乡村旅游节暨第二届龙乡文化节”新闻发布会；另外还举办旅游推介会、“破案会展”等新闻发布会，实现新闻“一站式”发布、“立体式”传播的效果。对内宣传氛围浓厚。围绕市第十四次党代会及潍坊市第十二次党代会、两会、经济工作会议、思想作风建设年动员大会等重要会议，制定宣传方案，在市内媒体开设“践行新理念建设新昌邑”“实现开门红 迈步新征程”“作风建设进行时”“啄木鸟行动”等专题专栏，组织有声势、有深度的宣传报道，组织有关新闻单位和市直部门播放《将改革进行到底》宣传片和专题片80余次，并安排市内网络媒体进行广泛转发，编写上报山东手机报信息400余篇，微博“昌邑发布”关注度不断提高，形成浓厚舆论氛围。队伍建设更加完善。对各镇（街区）和各部门各单位的通讯员进行摸底统计，建立100人的通讯员队伍，并于5月、6月组织各镇（街区）、重点部门单位共90人参加大众日报、潍坊日报举办的通讯员培训班。建立对各镇（街区）各部门各单位发稿情况进行季度通报制度。

【网络管理】 协调成立市委网络安全和信息化领导小组、市委互联网舆论宣传工作领导小组及办公室，制定2017年网信办“一三五七”（一个目标：争当网信战线标兵，争创网信工作品牌；三项保障：体制保障、机制保障、办公保障；五个平台：互联网舆情信息监看引导、山东手机报昌邑专刊新闻宣传、官方微信公众号信息发布、互联网文化协会新媒体宣传、新媒体管理；七项活动："网络媒体昌邑行"集中采风、新媒体重大主题系列宣传、"清朗网络"专项整治、"我眼中的家乡"——美丽昌邑随手拍网络大赛、特色文化项目推进、2017年"感动昌邑"网络人物评选、宣传培训学习）工作思路；协调成立2个市级网信工作领导小组及其办公室。制订《昌邑市"清朗网络"专项整治活动实施方案》《昌邑市网信工作宣传培训学习活动实施方案》《全市村"两委"换届选举宣传方案》《昌邑市村"两委"换届选举网上舆情监控处置预案》等方案。为提高网信工作业务水平，3月组织人员到临朐县、诸城市进行考察学习。召开全市新媒体宣传管理工作会议，在潍坊市率先实现对网络媒体的登记备案，建立完善"昌邑新媒体"微信群，将全市网络媒体负责人和从业人员纳入其中统一管理。加强对互联网文化协会管理，组织互联网文化协会所属新媒体对全市重点工作进行集中宣传。12月，组织召开全市网络媒体宣传管理工作推进会议，学习新的互联网法律法规，总结全年网信工作，对2018年工作提出要求。

舆论安全得到强化　开展"清朗网络"专项整治活动，协同公安网警及时进行舆论引导。十九大期间，安排专人全天24小时网上值班，未有舆情事件发生。此外根据上级网信办要求，参与省网信办轮训工作。接收并处置潍坊网管处指令160条，编写《网络舆情》12期，删除百度贴吧、昌邑吧不良信息20条。《昌邑市用好"微发布"强化正面舆论引导》被潍坊宣传工作简报用作典型推广。2017年上半年，到昌邑市进行监督性报道的媒体近20家，指导协调有关涉事部门做好舆情应对处置，全市未发生重大舆情事件。

【文明创建持续深化】

创城攻坚抓长效　根据思想作风建设年"十大活动"要求，开展"文明城市创建攻坚年"活动。多次召开全市创建全国文明城市工作推进会议和现场调度会议，组织全市参加义务劳动。落实创建全国文明城市站点督查机制和通报机制、创建全国文明城市领导督查机制。组织开展创建全国文明城市网格化管理工作，加强对各镇（街区）环卫一体化、移风易俗等工作的调度监督。全年发现并整改站点问题1609个。组织全市迎接全国文明城市创建实地考察暗访测评，顺利迎接全国文明城市省级测评，以优异成绩被推荐到中央，顺利完成由中央文明办组织的第五届全国文明城市测评材料申报、实地考察和入户问卷调查工作。对创建全国文明城市工作进行总结，向市委、市政府提报20个创城工作先进单位，46名先进个人予以表彰。

创建氛围更加浓厚　充分利用电视、报纸、网络、新媒体"四位一体"的宣传格局，开设专题专栏，及时报道创建工作的新动态与新经验；利用"文明昌邑"微信公众号和市委宣传部官方微博等新媒体，开展扎实有效的宣传工作。策划微信朋友圈为创城点赞活动，获得极大的反响，半天时间点击量超过6万人次。组织迎接全省2017年度乡村文明行动电话满意度调查，在潍坊市点评过程中承担点评沿线的社会宣传工作。

【市民文明水平】　大力弘扬社会主义核心价值观，制作发放社会主义核心价值观年画、昌邑市市民公约、邻里公约1.2万张、对联2000套。组建全市各级文明单位网络文明传播志愿者队伍，从事志愿服务，参与维护交通秩序。组织全市开展一系列活动，如"向国旗敬礼"主题实践活动、山东省第四届"国学小名士"经典诵读电视大赛观后感征文活动、组织参加潍坊市"我为'四个城市'添光彩"演讲比赛等。"四德"（即爱德、诚德、孝德、仁德）工程持续深入，在全市691个村（居）全面覆盖善行义举"四德"榜。组织各镇（街区）、市直各部门单位上传善行义举"四德"榜有关数据，经推荐，有7个单位"四德"榜入围全省优榜评选。做好道德模范引领，向潍坊市推荐道德模范候选人2名，有1人入选"山东好人"；有4名选手通过潍坊市第四届"国学小名士"经典诵读电视大赛复赛，向潍坊市推荐7名美德少年候选人。文明单位评选不断完善。组织开展2017年省级、潍坊市级文明单位、镇（街区）、村（居）、校园复查推荐活动及2016—2017年度昌邑市级文明单位推荐评选工作，极大地调动全市各单位的积极性。推荐报送全省第五批乡村文明家园示范村3个（卜庄镇前王村、扶安镇村、西董村）。成功申报乡村文明行动"百镇千村"建设示范工程第五批省级项目示范村2个（卜庄镇扶安镇村、前王村），获得上级扶持资金20万元，向潍坊市委宣传部申报社会主义核心价值观广场1个，获得扶持资金2万元。

【文化产业】 2017年，积极实施文化产业支撑工程，以大项目为支撑，膨胀龙头文化企业，提升全市文化产业整体实力。青山秀水旅游度假区、龙乡水韵·千年古村文化旅游景区、博陆山生态文化体验区等一批重点项目加快建设。市镇两级建设22个重点文化产业项目，总投资达35.5亿元，1—5月文化产业核心层投资达2.91亿元（潍坊市8个市中投资额第4名）。积极申请上级文化产业发展专项资金，推荐潍坊博陆文化旅游有限公司博陆山生态文化体验区项目、昌邑华艺电影传媒有限公司维客利影城项目申报潍坊市文化产业发展专项资金。

【企政工作】 组织2017年度“厚道鲁商”品牌形象榜上榜企业遴选工作，按照规定环节，选出山东浩信集团有限公司等9家企业参与市级“厚道鲁商”品牌形象榜上榜遴选工作。加强企业政工队伍建设。组织企业参加潍坊市企业文化建设专题研修班，提升全市企业政工干部队伍综合素质。组织2017年度政工职称考试评审工作。

【基层公共文化服务】 市文化馆、图书馆新馆均实施免费开放并积极组织开展各类文化辅导、人才培训、展览和全民阅读活动，逐步将其打造成为全市文化惠民的主阵地。整合各级文化项目资金，推进镇街文化站、基层综合文化服务中心、农家书屋和文化基层服务点建设。“海疆文化驿站”增至2处、文化基层服务点增至36处。卜庄姜泊村被评为第四批山东省历史文化名村。下营镇辛庄村、石埠东村、龙池瓦东村3个村被授予先进基层综合性文化服务中心，都昌街道综合文化站被评为潍坊市先进镇街综合文化站、有2名站长被评为潍坊市优秀镇街综合文化站长。《昌邑扎实推进公共文化服务体系建设》一文，被《山东宣传工作》刊发，并进行典型推广。

【群众文化活动】 开展形式多样的群众文化活动，先后举办“魅力昌邑·浓情四季”、纪念中国共产党成立96周年暨全民族抗战爆发80周年、“著名作家走进昌邑·二月兰笔会”“我们的中国梦·文化进万家”等主题的文化活动50余场次，参与演出文艺队伍达到40余支2200余人，群众达到10万余人次。其中“我们的中国梦·文化进万家”民间文艺展演被评为潍坊市2017元旦春节文化惠民活动十大品牌。组织召开全市历史文化遗产资源概况报告会和全市文艺社科工作座谈会。4月，启动文山潍水文化旅游系列活动，组织举办第八届山阳梨花节、第二届昌邑乡村旅游龙乡节暨第二届龙乡文化节等多项活动。在全市范围内组织开展“庆国庆·喜迎十九大”大合唱比赛活动，全市各行各业的12支代表队通过演唱爱国歌曲，进一步增强“四个意识”，弘扬爱国主义精神，展现全市喜迎十九大的精神风貌。举办名家书画展。先后举办“大道之行”陈丙利博士画展、“青春笔墨·时代气象”——当代16位书画博士迎春邀请展、2017“迎新春”书画展、昌邑籍名人书画巡展4场大型书画展，展出作品1000余幅，近万人参观展品。加大文化精准扶贫力度。为10个省定贫困村每个村都配送公益电影固定放映架。组织开展“文化走基层”系列活动，先后到卜庄姜泊村、柳疃北西高村进行文艺辅导。共组织各类辅导、培训16次，培训人数1200余人。大力开展全民阅读活动。先后组织举办全民阅读基层行活动之阅读进军营、进校园、潍坊市第三届读书朗诵大赛昌邑赛区总决赛、2017“书香潍水·全民阅读”“齐鲁阅读季·新华书店日”等具有地方特色的阅读活动，旨在打造“阅读之城”“书香之城”文化品牌。

【文艺精品工程】 2017年，昌邑市有1人荣获全国征文大赛二等奖、潍坊网络文艺作品大赛三等奖；1人荣获2016年潍坊市优秀文艺作品小说类一等奖、7人荣获小说类三等奖、1人荣获诗歌类二等奖、2人荣获文艺评论类三等奖；1人荣获“书香国土”第五届读书大赛三等奖。李发宁获评“感动潍坊2016”十大网络人物殊荣。潍坊市“首届科普摄影大赛”中摄协会员获得一等奖、二等奖各1个、三等奖2个、佳作奖14个、网络人气奖5个的好成绩。10月，市摄影家协会主席赵涵创作的《伙伴儿》入选由中国文联、中国摄影家协会和农业部共同主办的“中国摄影家协会成立60周年暨新农村纪实摄影工程10周年全国摄影展览”，并应邀出席在北京中华世纪坛现代艺术馆举办的颁奖仪式，作品入选“新农村建设全国纪实摄影十年精品展”。另外，有1件新闻作品荣获潍坊第四届“风筝都文化奖”优秀文化作品奖，1人荣获潍坊第四届“风筝都文化奖”优秀文化人才奖；有2人获第四批齐鲁文化之星。市委宣传部编制的《文化昌邑》宣传画册，在全市发放，对昌邑文化发展进行宣传。

【文艺志愿服务】 市文联深入实施“文联万家”文艺志愿服务活动，组织动员引导各文艺家协会和文艺志愿者，深入农村、社区、学校、企业等开展文艺志愿服务活动。美协在春节前开展送书画下乡活动，书协到部分镇（街区）与书法爱好者进行书法交流，民协开展文艺志愿服务走进学校（李家埠小学）、企业（北海村镇银行）、农村（龙池瓦北、卜庄姜泊、奎聚初曲）系列活动。

【队伍管理从严从实】 建立并完善竞争、激励、考核、监督等机制，干部整体素质得到提高。结合“思想作风建设年活动”，不断加强党风党纪教育，严格遵守各项规定，在机关管理工作中加强制约监督。部机关全体人员对照“四种精神”（担当进取、勇争一流；改革创新、敢为人先；开放包容、海纳百川；崇尚法治、规范理性）查找不足，实现作风建设新突破。积极开展“寻标对标提标行动”。到高密、莱州两地实地进行寻表对标学习考察。按照“进百村、联万户、解难题、办实事”万人下基层主题实践活动要求，对卜庄镇487家农户进行实地走访，了解村民存在的困难和有关建议，解决45个问题，做好走访记录并上报。根据“精准走访企业帮扶升级年”活动要求，组建帮扶小组深入走访并了解企业存在的困难，提出解决问题的意见和建议。 （供稿人：徐晓敬 潘凤杰）

“四个城市”建设

【概况】 2017年，中共昌邑市委、昌邑市人民政府认真贯彻落实潍坊市委、市政府部署要求，坚持以加快新旧动能转换、提高发展质量效益为主线，以推进“四个城市”（产业强市、文化名市、活力城市、品质城市）建设为统领，聚焦重点战略，统筹推进工作，聚力抓好落实，确保把“四个城市”建设任务落到实处。成立“四个城市”建设协调推进委员会，设立4个专项委员会，分工负责推动落实相关领域工作任务。依托市委办公室组建“四个城市”建设协调推进办公室，暂按5年运行期设置，抽调、选调、遴选30多名精干人员，成立综合协调、调研指导、督导考核奖惩、创建活动、执纪巡察、舆论宣传等6个小组，实行集中办公，全力推动“四个城市”建设工作。昌邑市在潍坊市“四个城市”建设科学发展综合考核中获得潍坊8县市唯一的“优秀”等次，被授予“‘四个城市’建设先进单位”称号。

【科学谋划精准施策】 全面对接、深入研究潍坊市“四个城市”五年规划、三年计划和年度工作安排，找准与昌邑特色优势的契合点，充分运用好前期精准寻标对标成果，编制昌邑市五年规划、三年计划和年度工作安排。8月24日，召开市委常委会议研究《昌邑市开展“四个城市”创建活动实施意见》，并提交市委十四届三次全体会议审议通过后，印发各镇（街区）及相关部门。召开务虚会议进行头脑风暴，汇报讨论“四个城市”的意见思路，达到思路统一、步调一致。强化支撑项目建设，以关键环节的重点突破，带动创建工作整体提升，全面推动“四个城市”建设。2017年，全市有25个项目被纳入潍坊市“10·30·100”（10个核心支撑项目，30个关键支撑项目，100个支撑项目）项目库。

【打造“产业强市”】 抢抓产业转型、动能转换重大机遇，以市内11个拳头产业为引领，推动传统优势产业转型升级工程和战略性新兴产业跨越工程，加速构建规模大、结构优、质量好的产业体系。筛选形成总投资1188亿元、82个项目的新旧动能转换重大项目库。8个项目纳入潍坊市产业强市“10·30·100”项目。1—11月，完成计划投资93.1%。雅拉生态食品产业园被列入省重点项目，创造了当年引进、当年建设、当年投产的“雅拉速度”。投资50亿元，规划总面积20平方公里的潍水田园综合体被列为省唯一试点项目，获得省级财政资金支持1.46亿元。积极融入国家、省、潍坊市发展战略，坚持与潍坊滨海经济技术开发区、寿光滨海（羊口）经济技术开发区错位发展、联动发展，打造“一体两翼”（“一体”指在潍坊蓝色经济的规划版图上，滨海开发区为这片区域的中心；寿光北部、昌邑北部为“蓝色”区域的“两翼”）格局中的重要一翼。开展中小企业专项培育计划，建立中小企业专项服务平台，为企业全方位全流程提供人才、技术、融资、研发、营销等服务，促进中小微企业健康发展。昌邑康洁环卫集团保洁业务在积极拓展国内市场的同时，成功承接巴基斯坦保洁业务，开启了中国环卫走向国际市场的先河。2017年，昌邑市成功入选“全国秸秆综合利用项目试点市”“全国农村一二三产业融合发展项目试点市”，“昌邑大姜”入选山东省第二批知名农产品区域公用品牌。推动绿色发展和农业“新六产”的经验做法分别在全省推广。

【打造“文化名市”】 实施文化传承创新、文化服务提升、文化交流传播的“三大工程”。昌邑拥有不可移动文物784处，居全省第3位；拥有国有馆藏可移动文物867133件，总量位居全省前列；红色文物资源总量居潍坊市第1位。《“三位一体”乡村文化传统激活与传承创新实践》项目获省文化创新奖，为潍坊市唯一获奖单位。龙池镇齐西村、卜庄镇夏店街村、卜庄镇姜泊村分别被列入第4批省级历史文化名村名单；饮马镇山阳村被列入全国第2批“宜居村庄”示范名单。柳疃社区入选中国2017年“书香社区”，成为潍坊市3个入选的社区之一。连续成功举办15届绿博会和12届中国园林花木信息交流会，绿色品牌效应逐步放大。在市图书馆、文化馆通过国家一级馆验收的基础上，开展总分馆制试点，推动基本公共文化服务标准化、均等化发展。实施博物馆改造提升工程，对原有建筑进行修缮，新建主馆，进一步提升服务功能。加大优秀文化作品和优秀文化人才的宣传推介力度，传播昌邑声音、讲好昌邑故事。深度挖掘整理昌邑“九名”（名人、名胜、名牌、名品、名馆、名典、名事、名论、名企）资料，编制《文化昌邑》一书，并入围全省文化创新奖。围绕昌邑作为“近代海上丝绸之路”起点、“昌邑茧绸”发源地这个核心做好文章，开展文山潍水系列文化旅游活动，积极筹拍《闯关中》影视剧。

【打造“活力城市”】 在潍坊市率先推行“多图联审”、不动产登记“一窗受理、集成服务”，审批提速80%以上。“僵尸企业”处置做法被省深改办作为全省17个地方改革案例之一向中央改革办推荐。加快推进教育改革，组建昌邑教育集团组，山东环境工程职业学院已列入山东省“十三五”高等学校设置规划，建成后将实现昌邑人民的“大学梦”。扎实推进农村产权制度改革，基本完成农村土地承包经营权确权登记颁证，在全省率先开展土地承包经营权抵押贷款业务。坚持技术创新与宽领域创新、机构创新与“双创”（大众创业、万众创新）、政策激励与贴身服务相结合，加快建设创新型城市，连续4次荣获“全国科技进步先进市”称号。园林、行政执法、广播电视、群团等领域改革深入推进。组建城投集团和金控集团，助推城市建设和企业发展。适应开放经济新要求，进一步扩大双向贸易、双向投资，发展外经外包，引进外智，提升双向开放水平。全力支持纺织产业创业园、华海云商创新创业孵化基地、东方创业谷创业孵化基地、大学生创业园等创业载体加大争创力度，强化各类高端创业资源要素集成融合，力争向潍坊市及以上示范创业平台迈进。坚持出口进口并重，大力提升外贸发展水平。充分利用广交会、华交会等国内展会平台，扩大进出口额。全国服务业标准化培训暨现场经验交流会在昌邑召开，推进环卫产业“六化”发展和坚持标准引领推动环卫产业做大做强的经验做法分别被中共潍坊市委书记刘曙光、市长李宽端批示推广。国家智能铸造产业创新（潍坊）中心落户昌邑。建成产业技术创新战略联盟8处，招院引所18处，柔性引进“两院”（中国科学院、中国工程院）院士、国家“千人计划”专家等国家级人才58人，并与4位院士签约合作，人才聚集效应加快显现。

【打造“品质城市”】 2017年，坚持“三区并进、一带贯通”（“三区”指突破滨海、提升市区、崛起昌南；“一带”即潍河绿色发展长廊）战略，实施市政基础设施项目36项、总投资2.93亿元。以潍莱高铁昌邑南站建设为契机，加快15平方公里高铁新城规划设计，完善基础设施和公共服务配套，推动中心城区东扩南移，打造昌邑城市新地标、东部新门户。稳步推进5100户棚户区改造任务，总投资21.7亿元的都昌街道棚户区改造项目，总建筑面积超过74万平方米，是历史上最大的民生工程，建成后将成为万人居住小区。以入选“首批国家智慧城市试点市”为契机，不断提升城市智慧化管理水平，健全完善城市管理、公共服务、安全防范等体系，20个服务平台及应用系统建成使用，技术水平和应用效果在全省领先。积极探索“家校一体化”教育模式，着力提升办学满意度，在全省137个县（市区）群众满意度测评中昌邑市位列第3名。全面加快海绵城市建设，建成排水管道220公里，雨污分流比例87%以上，城市品质、市容环境实现大幅改善。市人民医院新外科病房综合楼和市妇幼保健院新院分别建成投用；投资2.5亿元的济贤养老中心项目一期工程完工；由南京金陵酒店管理公司负责管理的金陵御景湾酒店正式建成投用；总投资5000万元的颐爱养老康复中心开始建设。发挥先进典型的示范带动作用，大力弘扬中华传统美德和优秀传统文化，积极培育和践行社会主义核心价值观，形成文明和谐新风尚。构建市、镇、村（居）三级党员义工服务体系，打响“昌邑义工”品牌。深入开展以“爱德、诚德、孝德、仁德”为主要内容的“四德”工程建设，全市村（居）四德榜覆盖率达到100%；积极宣传落实昌邑市市民公约和邻里公约，努力营造社会和谐环境。（供稿人：王金磊）

统战工作

【概况】 市委统战部内设办公室、统战科和民宗科3个科室，与市民宗局合署办公。2017年，全面加强机关中共建设，以学习贯彻习总书记系列重要讲话和十九大精神为主线，推动“两学一做”学习教育常态化制度化。依法加强民族宗教事务管理，维护民族宗教领域持续和谐稳定；出色完成十九大期间维稳安保工作；上级部门主要领导及班子成员到昌邑调研指导工作32人次；潍坊市“一县一品”创建总结现场会在昌邑召开；广东佛山、山东曲阜、寿光等10多个县（市区）先后到昌邑参观考察；争取“泛海助学金”23万元，救助学生46名；争取少数民族专项资金3万元，建成民族团结进步教育基地1处，示范点3处；为帮扶村多方筹集资金81.4万元，修建道路4250平方米。引进项目1个，到位资金3000万元，完成计划100%。创建潍坊市统一战线教育基地1处，潍坊市统战工作示范点2处。工作做法在各级各类媒体累计刊播79次，其中潍坊市级以上37次；申报省级实践创新成果通过初选，并推荐至中央统战部；申报潍坊市理论调研宣传成果3个；“昌邑作风在线”发表信息18篇；形成调研文章4篇，分别在省市统战刊物发表。“昌邑统战”公众号发布原创信息72条。《立足文化优势、开展文化统战不断扩大统一战线的凝聚力和影响力》一文获2017年度潍坊市统战理论调研优秀成果二等奖。被评为2017年度全省统战工作信息先进单位、潍坊市统战信息工作先进单位和潍坊市民族宗教信息工作先进单位；有1人被省委统战部授予“全省统战信息先进个人”。2017年度，潍坊市统一战线

★ 潍坊市“一县一品”创建工作总结现场会在昌邑召开　（张平平）

科学发展考核为优秀等次。

【基层规范化建设】　市委统战部出台《关于加强基层统战工作规范化建设的实施意见》，按照"五有"（有专兼职人员、有办公场所、有规章制度、有工作档案、有必要经费）、"三规范"（规范工作机构、规范职责任务、规范工作机制）标准，要求全市10个镇（街区）实现统战工作组织和基层统战团体的全方位覆盖。先后召开全市基层统战工作规范化建设现场会和调度会，确保工作有序推进。经考核验收，全市10个镇（街区）、99个村（居）达到标准，形成了"纵向到底、横向到边"的统战基层网络。重点加强市、镇（街区）、村（居）、部门单位的统战干部队伍、工作阵地、基本制度规范化建设，实现三级工作网络"五有""三规范"。

【打造创新品牌】　指导10个镇（街区）分别形成当地独具特色的统战资源品牌，并总结形成全市统战工作品牌——"同心花开·合力昌邑"，重点打造五大版块：以围子街道、龙池镇、卜庄镇为示范点，打造"同心·激发文化统战活力"版块；以滨海（下营）开发区、柳疃镇、饮马镇为示范点，打造"同心·增强非公经济动力"版块；以都昌街道、石埠经济发展区、北孟镇为示范点，打造"同心·激活服务民生内力"版块；以奎聚街道为示范点，打造"同心·发掘新的阶层潜力"版块；以卜庄镇为示范点，打造"同心·汇聚海外侨智侨力"版块。以品牌创建统领党外代表人士、非公经济人士特别是新生代企业家、文化统战等多领域工作全面提升，形成"全市有品牌、各镇有特色、领域有亮点"的生动局面。

【非公有制经济发展】　协调成立昌邑市非公有制新生代企业家联合会，为年轻一代民营企业家们搭建交流合作的平台，并组织开展银企对接、互访互学、专家讲座等丰富多彩的活动。在下营、柳疃、北孟等地开展的银企对接活动为企业注入贷款共计1.4亿元，邀请经济、法律等方面的知名专家到昌邑授课4次，组织40余名新生代企业家到上海财经大学参加高级研修班。引导非公有制经济人士积极投身扶贫攻坚、感恩行动和光彩事业，面向困难弱势群体累计捐资20余万元。引导非公经济人士积极建言献策，围绕昌邑经济社会发展共征集建议提案10余个，意见建议20余条。

★ 昌邑市成立新的社会阶层人士联谊会　（马丽娟）

【新的统战工作】　出台《昌邑市新的社会阶层人士统战工作联席会议制度》，建立新的社会阶层人士数据库，共涵盖民营企业及外资企业中管理技术人员、社会组织和中介组织、新媒体代表人士、自由职业者4类群体共108人。探索新阶层代表人士发现、培养、管理和使用机制，为潍坊市新的社会阶层人士联谊会推荐会员12人。通过联席会议制度，联谊会平台和3处实践创新基地，开展"新阶层·党旗红"主题活动，团结引导新阶层人士广泛参与创新创业、公益慈善、法律援助、文化惠民等社会服务。成立昌邑市新的社会阶层人士联谊会，分别在昌邑市义工联合会、"东方创业谷"打造全市首批新的社会阶层人士统战工作实践创新基地，通过举办专题讲座、组织统战沙龙、召开座谈会等形式，组织引导新的社会阶层人士培育和践行社会主义核心价值观。

【党外代表人士队伍建设】　2017年，开展全市党外代表人士大调研活动，对全市党外代表人士进行全面调研。召开全市统战工作会议，市委领导出席会议并讲话。认真落实《关于建立市级领导班子党员干部与党外代表人士联谊交友制度的意见》，每名市级党员领导干部联系2名党外代表人士。把党外代表人士队伍建设列入对镇（街区）科学发展考核的内容，作为党政领导班子和领导干部考核内容。8月份，举办全市党外人士培训班暨党外人士情况通报会。认真落实党外人士安排使用的各项政策规定。在政治安排方面，党外人大代表 84 人，占总人数的 34.71%，党外政协委员 141 人，占总人数 58.03%。对增补政协委员的提名推荐工作和考察工作，联合市委组织部向纪检、卫计、公检法等 20 个部门就增补人选存在影响担任政协委员的问题书面征求意见，严把增补委员推荐人选的政治关、素质关。在实职安排方面，积极贯彻落实培养选拔党外干部工作各级会议精神。从全市一般干部队伍中提拔重用 1 名党外干部，从科级党外干部队伍中提拔重用 2 名领导干部担任部门正职。

【原行政办公区征收改造工作】 8 月 22 日，根据市委、市政府安排，成立原行政办公区（市府街 1 号）征收改造指挥部，正式启动片区征收改造工作。分 5 个工作组入户征询全体拟被征收户是否同意房屋征收。经汇总，同意征收改造的比例为 96.49%，达到潍坊市规定的同意率需在 80% 以上的要求，正式启动征收改造工作程序。10 月 17—25 日，入户进行调查登记，同时推选评估机构，共填写调查登记表 247 户，详细掌握住户的年龄、家庭情况、健康状况、原工作单位、房产登记、土地登记、选择征收补偿方式、选择回迁安置户型等情况，并进行了公示。根据住户推选情况，昌邑市正源房地产评估有限公司以 72% 的比例当选为实施本片区预评估工作的责任公司。根据《昌邑市国有土地上房屋征收与补偿意见》（昌政发〔2016〕12 号）文件，结合片区的实际情况，多次召开指挥部办公会讨论研究，经过 6 次修改完善，形成《原行政办公区房屋征收补偿方案（征求意见稿）》。12 月 12—15 日，入户发放征收补偿方案，12 月 18—25 日，组织实施入户预评估。 （供稿人：王　前　马丽娟）

对台工作

【概况】 2017 年，中共昌邑市委台湾工作办公室（简称市台办），应有编制 6 人，实有编制 6 人。市台办在市委市政府的正确领导下，立足本部门的工作特点，落实责任、制度措施，使对台经贸、对台宣传、对台交流等工作取得了较好成绩。

★ 鲁台经贸洽谈会昌邑市项目签约仪式 （徐学利）

【对台经贸与交流】 2017 年，新增台资企业 2 家，签约项目 2 个，总投资 4200 万美元。至此，全市累计批准台资企业 17 家、台属企业 12 家，台企发展保持良好的态势。文化交流重点加大两岸社区、青少年文化交流等活动，共计邀请台商 60 余人到昌邑参观考察，先后组织赴台交流团组 4 个，随团团组 8 个，接待台胞团组 3 个，计 24 人。第 23 届鲁台会期间，共邀台知名人士 18 人到昌邑与会，签约潍坊市新旧动能转换重点项目 1 个，总投资 742 万美元；协议项目 2 个；组织 500 名专业人士参加本届鲁台会海峡两岸博览会。通过交流，既宣传推介昌邑，又增进昌台友谊。

【对台宣传】 2017 年 9 月，第 23 届鲁台经贸洽谈会期间，市台办印发《魅力昌邑》宣传册和宣传光盘各 200 份，宣传推介昌邑，扩大昌邑在台湾的知名度。在市级以上各类媒体发表稿件 36 篇，其中国家级 14 篇，省级 4 篇，市级 18 篇。尤其涉台服务一文《完善三项机制，维护台商合法权益》被国台办、省台办全文刊载。

【涉台服务】 深入开展“进台企、话亲情、助发展，与台资企业联谊”活动，推进“亲情、优质、温暖”服务台企模式。领导班子成员分头深入走访昌邑的台资台属企业，了解企业的基本情况和存在的问题，明确每个组应走访的台企与重点台胞、台属对象，对发现的问题及时解决和归纳整理，为他们当场解决实际困难和问题共 20 余个；不能及时处理的由班子专题研究，集中梳理。共梳理问题30余条，协调有关部门单位得到妥善解决。完善涉台事件应急预案和台商投诉制度，公布了公开投诉电话，实行24小时值班制度，台商投诉案件结案率达100%。

【自身建设】 以“思想作风建设年”为契机，进一步完善机关学习、工作等各项规章制度，全面推进机关法制化、制度化、规范化建设，提升对台干部做好新时代对台工作的能力和水平，努力将台办打造成“四型”（学习型、创新型、效能型、廉洁型）机关。完善中共民主生活会制度，不搞“一言堂”。先后完善“三会一课”制度、工作制度等党建制度。抓好党员干部队伍建设，落实党风廉政建设责任制，层层签订廉政承诺书，落实单位主要领导第一责任人和班子成员“一岗双责”（“一岗”：领导干部职务所对应的岗位；“双责”：领导干部既要对所在岗位具体业务工作负责，又要对所在岗位党风廉政建设责任制负责）责任制。

（供稿人：王德智）

机构编制工作

【概况】 昌邑市机构编制委员会的办事机构是市编制委员会办公室（简称市编办），设立市行政审批制度改革办公室，下辖市事业单位监督管理局、市机构编制电子政务中心2个事业单位。2017年，市编办深入贯彻中央、省和潍坊市关于机构编制工作总体要求，紧紧围绕市委、市政府“一三四五”思路举措，以“思想作风建设年”活动为契机，主动规范，主动担当，主动创新，主动落实，主动争先，深化行政审批制度改革，持续推进政府职能转变，深入推进综合行政执法体制改革和事业单位改革，推进公立医院法人治理结构建设，完善事业单位监管体系，加强机构编制管理创新，优化机构编制资源配置，不断加强机关自身建设，圆满完成各项工作任务。2017年度潍坊市机构编制系统绩效管理工作评价中，获满分700分，为“优秀”等次，为12个县（市区）第一名；先后获“2017年度潍坊市级文明单位”“2017年度山东省机构编制信息宣传工作先进单位”“2017年度潍坊市机构编制信息、宣传、调研工作先进单位”“《机构与行政》宣传工作先进单位”“三八红旗集体”“潍坊市五四红旗团支部”“先进职工之家”等称号。

【行政审批制度改革】

规范权力运行 调整市级权力清单3次，共计调整388项，其中取消124项、承接66项、新增150项、调整24项，整合24项；为全市10处镇（街区）、47个市直部门（单位）、98个村（居）编制公共服务事项清单6497项，配套编制服务指南4376项，形成覆盖市镇村（居）三级的清单网络。编制公布年检事项31项、政府指定培训事项24项，公布“零跑腿”和“只跑一次”事项清单322项，切实为权力运行划好“跑道”，消除“暗门”，亮出“家底”。

完善随机抽查体系 印发《昌邑市市级“双随机、一公开”监管随机抽查事项清单》（“双随机、一公开”即在监管过程中随机抽取检查对象，随机选派执法检查人员，抽查情况及查处结果及时向社会公开），梳理完成全市34个具有行政执法主体资格的部门、单位随机抽查事项清单222项，并在市政府门户网站和机构编制网站同步公开，实现随机抽查事项全覆盖。各部门、各单位开展随机抽查2849次，抽查对象4401个，立案查处124个，取得了良好的执法效果。优化审批流程首创民办幼儿园设立相关事项“全链条”优化工作，审批周期由96个工作日缩减至15个工作日，审批时

★2017年9月5日，潍坊市编办主任鞠增玉（右二）到昌邑市检查指导机构编制工作 （黄继鹏）

限提速80%以上。率先开展投资建设领域“多图联审”工作，审查时限由原来的44个工作日缩短至平均9个工作日，审批时效提速近80%。打造了全省最快不动产登记“一窗受理20分钟”昌邑速度，实现审批周期由30个工作日向3个工作日的突破，该经验做法在《大众日报》和省政府办公厅《内部情况通报》宣传推介。

【综合行政执法体制改革】 召开综合行政执法体制改革动员会议，印发《昌邑市综合行政执法体制改革实施意见》和《关于明确和规范昌邑市综合行政执法机构有关机构编制事项的通知》等综合行政执法体制改革配套文件，完成市综合行政执法机构设置、职能调整、领导配备、人员划转、挂牌运行等工作，在市直层面，搭建综合行政执法局—执法大队—执法中队的组织架构，在镇级层面，搭建“镇街主导、部门参与、资源统筹、联合执法”的镇（街区）综合执法平台。将18个领域，涉及10个部门（单位）的全部或部分行政处罚权纳入综合行政执法范围，与保留的单设执法队伍构建了“1+7”（“1”是指综合行政执法队伍，“7”是指市人力资源和社会保障局、市交通运输局、市文化广电新闻出版局、市卫生和计划生育局、市环境保护局、市市场监督管理局、市安全生产监督管理局部门的专门执法队伍）综合加专业执法监管模式。其中单设的执法队伍提前进入改革，部门内只保留1支执法队伍，顺利完成交通运输综合行政执法体制改革，先行将未纳入保留范围的市商务综合执法大队等3支执法队伍承担的行政执法权归并到行政主管部门，并结合“三定”修订，将具有行政执法主体资格的市审计局、市体育局等部门（单位）的行政执法权明确由1个内设机构承担。

【分类推进事业单位改革】 及时调整领导小组成员，制定重点任务分解表，落实责任。全面梳理从事生产经营类事业单位、“僵尸”及公益三类事业单位情况，坚持“一类一策”“一户一策”，形成改革清单。顺利完成“僵尸”事业单位集中清理工作，共撤销事业单位10家，调整转型事业单位1家，规范事业单位主要职责33家，进行事业单位法人登记21家，调整实有2人及以下事业单位20家，真正实现“清僵尸、顺资源、增效用、添活力”的目标。完成从事生产经营类事业单位扎口管理、公益三类事业单位改革和公立医院人员控制总量内新进人员计划备案工作。

【重点领域体制改革】 按照上级部署要求和职责分工，配合做好盐业体制改革、监察体制改革、环保机构监测监察执法垂直管理制度改革、行政执法监督机构组建、疾控中心机构编制调整等相关工作。

【完善事业单位监管体系】

推进公立医院法人治理结构建设 指导市人民医院和市妇幼保健院制定工作方案，按时完成理事会、监事会组建，成功召开首届理事会会议，审议通过章程，按新的体制机制运行。出台外部理事（监事）报酬及管理、公立医院人员控制总量备案及高层次人才专项编制使用、科研经费管理等办法，编制对公立医院的管理权责清单，落实公立医院自主权。督促公立医院确定外部监事办公场所，2名外部监事到位开展工作，理事按规定履行职责。指导市妇幼保健院成立福佑集团，完成13名省内外高水平医疗学术专家的聘请工作，实现上联下和，学科共建。前期试点单位市育秀学校、市图书馆召开年内两次理事会会议。

开展事业单位绩效考评工作 完成2016年度绩效考评等级确定，考评结果在市政府门户网站公示。有关部门按规定落实考评结果运用。2017年，将324家事业单位全部纳入考评范围，绩效考评连续3年实现全覆盖。6月，结合学校学年度考核，会同教育部门到学校开展实地考评。6月底，完成业务工作目标审定下发。8月底确定考评指标，9月底，昌邑市委、市府两办文件印发实施方案并在网站公示。扎实开展“两代表一委员”、主管部门及市级分管领导评价等。12月，组建4个考评组到事业单位开展实地考评。向相关部门发函确定“一票否决”及减分认定事项。汇总各项考评成绩，确定考评等级。

不断完善事业单位监管方式 扩大业务范围清单化管理试点范围，完成教育、卫生、文化系统106家事业单位的清单编制，覆盖率达到30%以上。在270

家事业单位法人中开展信用等级评定，评选产生13家“诚实守信明星单位”予以通报表彰。280家事业单位法人按时完成年度报告公示。分两次开展事业单位“双随机、一公开”监管，对存在问题的4家单位下达通知限期完成整改。推行异常名录管理，提高单位依法办事意识。对全市300余家事业单位开展监督检查，发现问题100余条，限期整改。做好机关事业单位统一社会信用代码赋码管理，事业单位登记率达到80%以上。开展事业单位登记管理现场核查。发挥联席会议作用，共同做好事业单位监管工作。

【机构编制管理创新】

优化机构编制资源配置 充分利用各项改革时机，在“收”和“减”上作文章，实行机构和编制“双限额”，备足资源储备量，充分发挥机构编制部门“统”的功能、“调”的抓手，确保最大程度地优化配置机构编制资源。全年共调研论证部门（单位）提报的机构编制事项61项，规范调整机构设置53个，盘活编制资源301名。贯彻落实控编减编和“财政供养人员只减不增”精神，科学安排用编进人计划。截至2017年底，财政供养人员比上年度减少74人，财政供养人员控制在编制总额内400名左右。

规范机构编制管理 印发《关于对全市机关事业单位机构编制工作进行专项督导的通知》，分5个督导小组于5—7月对全市400余家机关事业单位开展了机构编制工作专项督导，形成了69条问题清单和73条建议清单。问题清单全部书面反馈相关部门（单位），建立整改台账，明确了整改措施和时限；建议清单经市编办专题办务会研究后，将可行性建议纳入了机构编制日常工作。印发《机构编制事项审核审批工作规范》，有效地促进了机构编制的集中统一管理，坚持“一变动，一调整”（即机构编制事项一发生变动，机构编制统计资料册随之调整）的原则，建立健全机构编制管理台账，重新修订《昌邑市机构编制统计资料》，进一步规范机构编制管理工作。

创新机构编制管理方式 完善机构编制动态调整机制，制定储备编制管理、高层次人才专项编制管理、周转编制管理、编制分类管理四个办法，加强专项编制管理。严格专项编制使用流程，对部门（单位）申报的用编请示专题研究、跟踪问效，对符合收回编制要求的立即核销收回，充分发掘现有人员编制潜力，为高层次人才、专业人才和重点领域急需人才的编制使用搭建平台。创新应用实名制信息系统数据分析能力，对全市机关事业单位人员年龄层次、事业单位人员岗位结构、全市机关事业单位进人情况进行分析，对60多个部门（单位）的用编进人计划进行调整，提高工作效率和准确率，改善人员结构。

积极创建信息化建设品牌 着力推进“互联网+机构编制”典型创建，推进机构编制云平台建设，充分利用“智慧昌邑”平台，实现数据互联互通。扎实推进机构编制人员经费共用信息管理平台建设，完成4部门数据比对完善工作，共修改机构信息600余条，人员信息1.2万余条，提出功能性业务需求20余条。加强平台应用，先后完成“三定”方案修订、镇（街区）人员年龄结构分析、用编进人计划审定等，并试用4部门管理平台开展年度用编计划网上报送工作。推进实名制数据库数据更新完善，更新机构信息1500余次，人员信息2.3万余次，办理增减编业务3000余次，实现对机构编制人员的精准管理。实现中文域名和网上名称管理2个“全覆盖”。

做好政府部门“三定”规定修订工作 印发《昌邑市政府部门“三定”规定修订工作实施方案》，按照“先易后难、上下对应、立足实际”的原则，组织精干力量，分批压茬推进审核工作。同时，做好结合文章，先行制定11个综合行政执法改革涉改部门（单位）的“三定”规定。深入推进政府购买服务工作。联合市财政局进一步明确规范政府购买服务审核的原则及流程，批复市住建局、市国土资源局等购买服务事项，深入推进政府购买服务工作。

【机构编制监督检查】

推进“四位一体”长效机制 即机构编制评估工作、跟踪问效、机构编制审计、问题整改台账为“四位一体”长效机制。2017年，对23个部门7个镇（街区）的63个机构编制批复事项，实施跟踪问效，发现问题6个，且全部督促整改到位。认真落实机构编制管理和

执行情况审计制度，将机构编制管理和执行情况纳入审计报告。严格按照上级要求，经部门自查、系统排查、实地督查，建立机构编制问题整改台账，健全完善机构编制审批与问题整改联动机制。

注重政策法规宣传 建立机构编制政策法规作为课程进党校讲授的长效机制，使机构编制政策法规进党校常态化，全年共4次进党校课堂授课，分别就行政审批制度改革、事业单位监管、机构编制监督检查进行宣传，取得了实效。制定《昌邑市机构编制系统关于开展人员下基层化解信访件和矛盾纠纷活动的实施方案》并认真排查，全年无一例信访、投诉举报事件发生。

【机关自身建设】

开展各种活动，提升服务水平 积极开展“两学一做”学习教育和“思想作风建设年”活动。开展“两大督导调研”“三大讨论”“四个主题年”“五争”“百日奋战，践诺争先”等丰富多彩的党建活动，切实提高干部队伍素质。扎实开展寻标对标提标活动，先后赴潍坊、寿光、杭州等9个地区编办学习先进经验做法。加强机关内部管理，充分发挥机关办务会引领带动作用，形成会议纪要26期，解决问题40余个。

丰富活动载体，加强党群建设 开展市县文明单位创建、革命烈士纪念馆“祭奠英烈、重温入党誓词”、“金点子征集”、“身边的感动征集”、庆“七一”硬笔书法比赛、健步走、读书会、学雷锋、妇联牵手关爱等活动，激发干部干事创业的热情。印发《关于进一步加强机构编制信息宣传调研工作的意见》，强化信息宣传调研工作制度建设，在《中国机构改革与管理》发表市长署名文章1篇，《机构与行政》发表经验类文章2篇，在中央、省、潍坊市网站发表信息稿件137篇，被《大众日报》《潍坊日报》和《潍坊日报·今日昌邑》先后采用70篇。扎实开展包村联户、“三招三引”（招商引资、招才引智、招院引所）工作。坚持“党群共建促和谐”和“包村帮扶促发展”两条主线，为山阴村抓好村两委建设，带强班子，配齐队伍，推行巷长制，落实村民自主管理。争取帮扶资金10万元，协调资金26万元，打造村级综合服务体，整修村办公室，硬化道路580米。引进毓秀小区建设项目，认定到位资金3400万元，积极与山东农业大学对接，为潍坊金丝达实业有限公司引进山东农业大学昌邑教学科研实践育人基地项目等。市编办先后获得“2017年度潍坊市级文明单位”“先进职工之家”“潍坊市五四红旗团支部”“昌邑市三八红旗集体”等称号。昌邑市编办有1人被大众报业集团（大众日报社）、山东省机构编制委员会办公室评为“2017年度《机构与行政》宣传工作先进个人”。（供稿人：李　娜）

全面深化改革工作

【概况】　2017年，中共昌邑市委认真贯彻落实中共中央、中共山东省委和中共潍坊市委改革决策部署，紧紧围绕问题导向、精准发力、完善机制、督察落实“四个关键”，创新推进机制，全力改革攻坚，各项改革举措稳步推进并取得良好成效。

【凝聚改革推进合力】

强化组织领导 中共昌邑市委、市政府主要领导高度重视全面深化改革工作，全面落实“一把手”主体责任，重点改革事项主要领导亲自抓、亲自推、亲自促，确保改革举措落实落地。市委主要领导先后于5月、11月分别到省委改革办、中央改革办进行对接，就昌邑市城乡环卫一体化、“僵尸企业”处置、居民身份证“三项制度”等经验做法专题汇报、争取支持。调研材料《昌邑市处置“僵尸企业”的探索与启示》被省委改革办作为山东省2017年第一批地方改革案例、“城乡环卫一体化”经验做法拟列入国家改革开放40周年典型案例分别上报中央改革办。制定印发《提请市委全面深化改革领导小组会议审议的改革方案报审办法》。先后召开市委全面深化改革领导小组会议4次，研究重点改革事项的市委常委会议10次，市政府常务会议8次；市委、市政府共出台改革类文件118个；市直部门单位配套出台改革类文件105个。充实加强改革办工作力量，做到有牌子、有人员、有单独场所，确保人力物力配备到位，并制订完善协调、督查、学习等工作制度，确保各项改革工作有序推进。

★ 昌邑市综合行政执法体制改革工作动员会议（张平平）

强化督查考核　制定印发《2017 年度改革工作要点》《2017 年度改革任务台账》等文件，将年度改革任务量化细化分解，任务明确到部门、责任落实到人员，确保任务目标清晰、职能权责明确。坚持采取实地督查、跟踪督查，专项会议、印发通知等形式，每季度对改革任务完成情况进行调度，特别是对年初确定的园林局改革、筹建教育集团等重点改革事项，在市委改革办督查的基础上，列入市委、市政府督查室重点督查范围，通过电子督查平台，每月进行调度、通报，确保及时掌握改革动态，调动落实积极性。建立完善考核机制。将改革工作纳入市直部门单位绩效考核，每月调度落实情况，确保各项改革举措切实落到实处、取得实效。市委、市政府督查室共开展专项督查 10 余次，市委改革办开展专项督查调度 5 次，专项培训 4 次。

强化宣传引导　2017 年，建立宣传引导机制，把宣传作为推动改革落实、调动群众参与积极性的有力抓手；加大宣传力度，并把改革宣传作为市直部门单位改革工作考核的重要依据，营造人人支持、参与改革的浓厚氛围。共上报各级改革办典型案例 10 余篇，其中被潍坊市委改革办推荐中央改革办 1 篇，被省深改办推荐中央改革办 1 篇，在潍坊市委改革办刊发 3 篇；在潍坊市级以上报纸、刊物、电视、部门单位工作简报、信息等刊发改革信息 408 条。有 14 项信息得到省、市主要领导的批示。其中《深入践行“两山论”全力建设生态美丽新昌邑》被常务副省长李群作出批示；《做好“四篇文章”加快培育“新六产”增强农业发展新动能》被副省长于国安作出批示；《深入推进“六化”发展实现“小扫帚”变身“大产业”》《昌邑市以党建统领做好军队退役人员稳定工作》《潍坊寻标对标提标达标行动阶段工作情况汇报“昌邑做法”》被潍坊市委书记刘曙光作出批示；《坚持标准引领打响服务品牌满国康洁集团领航环卫产业走向世界》被潍坊市政府市长李宽端作出批示。

【打造改革昌邑模式】

突出“自选动作”　采取部门提报、书记点题等方式，在抓好上级“规定动作”的基础上，年初确定了 10 项“自选动作”，进行领导包靠、重点探索，增强改革活力。其中深化园林局改革及市绿美园林绿化公司改制，实现事企分开、建管分离、管养分离，再造一个“新康洁”。推进混合所有制办学改革，筹建昌邑教育集团，对文山中学进行改制；由满国康洁环卫集团等投资，建设环境工程职业学院，全面开工建设并被列入省“十三五”高等学校设置规划。选取柳疃镇姜家寨村、西傅村，龙池镇齐西村和卜庄镇姜泊村等 4 个村实施农村污水处理一体化试点，采取“一村一站”模式，建设污水收集管网和污水处理设施。打造城乡环卫一体化“昌邑模式”，康洁环卫集团先后承接安徽、河北、宁夏等 20 个省、自治区 160 多个市县的 600 多个道路清扫保洁、垃圾清运服务项目，合同额 143 亿元；成功运行巴基斯坦卡拉奇市服务期 10 年、合同额 100 亿元保洁项目；通过巴基斯坦旁遮普省费萨尔巴德等 5 市环卫保洁项目资格预审；签订海湾六国及非洲市场合作协议，马尔代夫、瓜达尔港运营协议，与尼泊尔、柬埔寨、哥伦比亚等五国达成合作意向，打响昌邑环卫品牌。

突出探索创新　坚持把创新作为推动改革的总抓

手，先后有服务业标准化、组建外经贸企业工会联合会、“事前听证”工作法等19项创新工作在国家、省、潍坊市层面进行推广。其中率先组建外经贸企业工会联合会，得到省、潍坊市总工会的充分肯定。2月，潍坊市外经贸企业工会联合会组建工作现场推进会在昌邑召开。实施党史记忆抢救工程，做好党史资源保护、抢救、整理、利用工作，此做法被省委组织部进行全省推广。农村改厕后续粪便处理做法被省建设厅在全省进行推广。8月，潍坊市政法委书记工作经验交流会暨全市网格化建设现场推进会昌邑召开，会上，在全市推广昌邑实施社会治理网格化的经验做法。在潍坊市率先推行基本建设项目“多图联审”和不动产登记“一窗式”服务做法，对103个基本建设项目实行“多图联审”，审批时效提速近80%；打造全省最快不动产登记“一窗受理20分钟”昌邑速度，该成果在昌邑市召开的潍坊市加快推进“放管服”改革现场观摩推进会议上进行推广。潍坊市军队退役人员党建工作现场推进会在昌邑召开，昌邑创新做好军队退役人员党建工作的做法在潍坊市推广。服务业标准化工作，《城乡环卫一体化服务规范》等4项标准发布为山东省地方标准，并申报国家标准，11月28日，作为潍坊市唯一观摩现场承接全国服务业标准化培训班暨经验交流会。

突出先行先试　推行向上对接工作机制，每月调度通报对接情况，形成创先争优、先行先试的浓厚氛围，积极争取国家、省、潍坊市试点。2017年，承接国家、省、潍坊市试点10项。其中争取国家农村一、二、三产业融合发展示范县和国家农作物秸秆综合利用试点县2个国家级试点；争取国家农业综合开发支持田园综合体建设省级试点项目，该项目为山东省田园综合体唯一试点项目；积极推进中小学教师“县管校聘”改革，被列入山东省首批中小学教师“县管校聘”管理改革示范区。

【经济领域改革】　建立房地产市场平稳健康发展机制。加快推进棚户区改造工程，启动棚改项目33个，涉及5100户、1.8万余人。探索推行就业、医疗、交通、教育“一体化”大片区改造安置模式，并广泛吸引社会资本进入，破解资金瓶颈。申请农发行信贷支持12亿元；1—12月，全市完成房地产开发投资122465万元，同比增长14.2%。开展降低企业成本“711”专项行动，共为企业降低税费、物流、电力等成本7.37亿元。推进两化融合管理体系贯标试点，共有10家企业列入潍坊市第一批“两化”融合重点培育企业，昌邑石化被评为“山东省2017年度两化融合优秀企业”。加快产业转型升级平台建设。浩德机械、亿润暖通等4家企业获潍坊市级工程技术研究中心和重点实验室；金晶生物“863计划”项目通过科技部验收；新建院士工作站3处；滨海化工新材料企业孵化中心获省级科技企业孵化器，铸造产业技术创新战略联盟获省级技术创新战略联盟，辛城农科驿站获省级农科驿站，实现省级科技创新平台3个“零”的突破。加快电商产业发展，建立淘宝大学昌邑培训基地，开展电商培训9期计2500余人次；被评为2017年度山东省电子商务示范县。深化“放管服”改革，共调整市级权力清单388项；10处镇（街区）、47个市直部门（单位）、98个村（居）编制公共服务事项清单6497项，配套编制服务指南4376项，形成覆盖市、镇（街区）、村（居）三级的清单网络。公布“零跑腿”和“只跑一次”事项清单322项。实施“项目建设突破年”活动，1个项目列入省重点建设项目，12个项目被列入潍坊市重大建设项目；新落户项目22个，总投资67.7亿元；招商引资到位资金110亿元。深化电力体制改革，19家企业列入省直供电交易试点，全年结算电量11.67千瓦时；8家企业列入2018年跨省直接交易，列入企业个数和交易电量分别居潍坊市第1位、第2位。加快金融领域改革。143家规模以上企业完成规范化公司制改制，完成计划率100%；16家企业在齐鲁股权交易中心集中挂牌。实施新一轮提升市区计划，实施雨污分流改造工程，新铺设雨水管道23公里、污水管道21.7公里，改造混流管道20.7公里，雨污分流比例达到87%以上，改造力度和提高幅度均居潍坊市县（市区）前列。深化招商合作体制改革。1—12月，实际到账外资2.9亿元，同比增长37.1%；落户世界500强及行业领军企业2家；引进世界500强企业合作项目6个，总投资683.7亿元。前三季度，共完成招商引资到位资金110亿元，占年度招商引资指导性计划的91.7%，其中潍坊市认定实际到位市外资金过5000万元的项目32个，认定到位资金34.2亿元；完成招院引所项目3个，招才引智10名；引进总部（分支机构）10个；引进高端养老机构1个。加快标准化建设。城乡环卫一体化服务标准化示范项目获潍坊市标准化示范项目，昌邑市宇林农场综合标准化示范区项目获标准化试点项目，同大海岛鞋面用聚氨酯超纤维合成革项目获标准化创新奖。

【农业农村领域改革】 推进农业供给侧结构性改革，新建鑫盛蔬菜标准化示范园区、青山庄园红岫家庭农场蔬菜标准化示范园区、绿色大地蔬菜标准化示范园区。昌邑大姜成功申报第2批山东省知名农产品区域公用品牌。宏大市场“鲁昌宏大生姜”获省第2批知名农产品企业产品品牌。完成宏大大姜市场无公害品牌认证；新增农产品品牌60个。深入推进美丽乡村建设，65%的村达到美丽乡村建设B级及以上标准；完成改厕任务2008户；完成村级公路网化项目389.6公里。深化农村产权制度改革，全市611个村完成农村土地承包经营权确权登记颁证工作，确权面积78.78万亩，颁证到户11.68万本。深化供销社综合改革。以为农服务中心为依托，推广“3公里土地托管服务圈”模式，开展大田作物托管服务面积25万亩。发展壮大实体性合作经济组织，实现“村社共建”行政村全覆盖，组建镇级农民专业合作社联合社10家。实施农业水价综合改革。委托山东省水利科学研究院编制完成《2017年度农业水价综合改革实施方案》，完成农业水价综合改革面积5万亩。2017年，全市贫困户416户、769人，省定贫困村4个，减贫计划完成率达到100%。

【民主法制领域改革】 加强政协委员活动室建设，建成提升政协委员活动室33个。完善人大代表联系群众制度，开展“双联双创”（市人大常委会组成人员联系人大代表、人大代表联系人民群众，依法履职创业绩、立足本职创一流）活动，出台《昌邑市人民代表大会代表联系办法》，市人大常委会领导分工联系10—15名人大代表，每名人大代表至少联系10名选民，并承诺为民办实事1—2件。全市各级人大代表联系人民群众6839人次，为民办实事389件。出台《昌邑市新的社会阶层人士统战工作联系会议制度》，率先成立潍坊市首家县级新的社会阶层人士联谊会；依托市义工联和“东方创业谷”试点建立新的社会阶层人士统战工作实践创新基地，打造了新阶层人士“同心·精准社会服务”品牌。潍坊市“一县一品”创建工作年度总结会议在昌邑召开，昌邑作为典型现场进行观摩。扎实推进群团改革工作，完成改革方案编制工作。完成691个村（居）妇代会改建妇联任务，选聘兼职妇女干部1000余人；先后成立巾帼文明劝导队、“爱在潍水　法律护航”妇女儿童维权联盟、妇女儿童维权中心、法律服务工作站等。

【文化体制改革】 推进基层综合性文化服务中心提升工程。建成622个村（居）综合性文化服务中心，达标率91.02%；10个省定贫困村全部达标建成文化活动室，提前1年完成建设任务；下营镇辛庄村、饮马镇石埠东村、龙池镇瓦东村获潍坊市先进基层综合性文化中心称号；都昌街道综合文化站获潍坊市先进镇街综合文化站称号；柳疃社区入围2017年全国“书香社区”发现活动。社区非遗活态传承新机制中的“乡村文化传统激活与传承创新实践”获第三届山东省文化创新奖，是潍坊唯一的获奖县（市区）；“西河大鼓”“锔艺”“魏记小磨香油制作工艺”“玉皇会”“昌邑传统婚俗”等5个项目入选潍坊市第五批非物质文化遗产代表性项目名录。青山秀水旅游度假区、龙乡水韵·千年古村文化旅游景区、博陆山生态文化体验区等一批重点项目加快建设。投资35.5亿元，建设市、镇（街区）两级重点文化产业项目22个。建立新闻发布制度，共举办各类新闻发布会6场。其中，6月20日在北京梅地亚中心召开昌邑市第二届乡村旅游节暨第二届龙乡文化节新闻发布会；9月12日在潍坊富华大酒店召开2017中国（昌邑）北方绿化苗木博览会暨第二十二届中国园林花木信息交流会新闻发布会。

【司法和社会治理体制改革】 完善多元化纠纷解决机制，建立诉调对接中心，在3处法庭建立诉调对接工作站；加强诉前调解工作，设置15个人民调解室，诉前化解246件；加强多元化解矛盾纠纷工作，矛盾纠纷调处率达到98%以上；建立以人民调解为基础的“专业调解、警民联调、检调对接、诉调对接”和“听证法、律师参与社会矛盾化解”4+2社会矛盾化解机制，矛盾纠纷排查化解率达到98.27%。推进行政执法监督体制改革，设立行政执法监督局，完成交通领域综合执法体制改革。推进公共法律服务体系建设，完成“一村（居）一法律顾问”和“一村（居）一警务助理”工作，691个村（居）实现法律顾问、警务助理配备全覆盖。新建设市公共法律服务中心1处，镇（街区）全部建成公共法律服务中心，村（居）全部建成司法行政工作室，构建起三级公共法律服务平台。开展政法干警“心连心”大走访活动，共走访群众15338户，为群众解决问题584个。建立完善律师参与化解和代理涉法涉诉信访案件工作制度。开展“信访积案化解年”活动，潍坊市交办的15件信访件化解13件，化解率86.7%，完成潍坊市85%的任务指标。探索实施“事前听证”机制，其中组织信访听证270余次，化解复杂疑难信访事项300余项，全市越级访、集体访分别下降21.4%、24.3%，迎接了省委政研室、省司法厅、民政厅、省委省政府信访局等专题调研。推进省法院家事审判改革试点，建立家事纠纷综合协调解决机制，审结家事纠纷案件194件，案件调撤率达83.1%。

【社会事业体制改革】 深化县级公立医院综合改革，完善公立医院法人治理结构，市人民医院、市妇幼保健院完成理事会、监事会组建工作，召开理事会成立大会及理事会第一次会议，审议通过章程。市人民医院、市妇幼保健院综合门诊楼均投入使用，市妇幼保健院成立福佑集团。破解中小学“大班额”问题，累计投资3亿元，先后完成10处学校建设，新增学位7500个，提前完成省定破解大班额任务。加强中小学党建工作。全市所有中小学校实现党组织和“红旗讲堂”全覆盖，并实现校长、党组织书记“一肩挑”；成立党建研究会；开展“双亮双争双评”[“双亮”：亮身份、亮承诺；“双争”：争当岗位明星、争创双强六好（双强即党建强、发展强，“六好”即生产经营好、企业文化好、劳动关系好、党组织班子好、党员队伍好、社会评价好）；“双评”：评选星级党员、评选党建工作示范点）]和“双美评选”（“双美”指最美党员、最美教师）活动；昌邑被确定为潍坊市中小学校党建工作创新先行区，市外国语学校党支部被确定为省委组织部“两新”组织党建工作联系点。9月，昌邑市获批山东省首批中小学教师“县管校聘”管理改革示范区。全面完成农民工职业技能提升、权益保障、公共服务3个“三年行动计划”，开展就业技能培训8737人，岗位技能提升和转岗培训2548人，创业培训1162人，分别完成计划的130.6%、114.77%和113.92%。实施全民参保登记计划，应采集16989人，有效入库16989人，有效入库率100%。完善中医药发展机制，全市基层医疗卫生机构建成国医堂13处，并通过潍坊市卫计委验收，其中3处通过省卫计委验收。

【生态文明体制改革】 扎实推进产业提升绿色发展、清洁能源替代改造等“十大工程”（产业提升绿色发展工程、清洁能源替代改造工程、工业点源深度治理工程、车辆污染综合管控工程、城建环卫精细管理工程、集中供热优化整合工程、城镇废水综合利用工程、河流湿地生态保护工程、农业面源污染防治工程、环境安全风险防控工程），163项重点任务全部按时间节点完成，印发“三八六”（潍坊市2013年提出的环保战略行动，具体内容略）环保行动《通报》5期，下达整改通知276份。实施城镇污水处理厂升级改造工程，柳疃工业园污水处理厂二期工程、下营污水处理厂升级改造工程建成投用；工业集聚区污水全部实现集中处理并安装自动在线监控装置。城区160辆公交车全部更新为新能源纯电动公交车；城乡拥有新能源纯电动公交车107辆，占城乡公交总数的72%；实施公共自行车3期工程，完成19处站点建设及安装调试。抓好水资源消耗总量和强度双控工作，水资源消耗总量控制在潍坊市下达指标17950万立方米以内；万元GDP用水量下降8%，农田灌溉水有效利用系数0.6667。全面落实河长制，建立起覆盖全市25条河流的市、镇（街区）、村三级河长组织体系；采取河长助理定期向河长汇报制度、每月市级领导带队，采用“四不两直”（不发通知、不打招呼、不听汇报、不用陪同接待和直奔基层、直插现场）方式检查等方式，扎实开展“清河行动”，全市河流全部完成整治，整治面积524.2万平方米；在潍坊市率先开展河长公示牌设立工作，作为样板在潍坊市推广；推进“智慧河长”建设，在潍河城区段以及重点闸、坝等处安装视频监控点120余处，实现重点水域实时监管。积极创建循环经济示范市，潍坊市金丝达新能源科技公司被认定为山东省循环经济示范基地，龙池工业园被认定为潍坊市循环经济示范园区。

【党建制度改革】 强化基层党建工作创新，与镇（街区）党（工）委书记逐一签订抓基层党建工作目标责任书，召开全市基层党建工作现场推进会议，市委书记带队对14处基层党建示范点进行观摩、评议打分。推进党群服务体系建设，出台《关于加强党群服务体系建设的意见》，推动党群服务站（中心）规范高效运行；实施发展壮大村集体经济“一村一品”项目，推行“村集体增收九法”（土地流转、项目服务、边角经济、场所经营、电商孵化、资本运作、旅游开发、改造提升农村市场和“抱团”增收法），增强村级党组织服务能力。高标准抓好村级审计督查工作，公开招标会计师事务所对全市所有村进行审计，并逐村出具审计报告，691个村（居）全部完成审计督查，发现问题2433起，全部整改到位，给予73名村干部提醒谈话处理，做法得到省委组织部专题调研，经验做法在潍坊市进行推广。探索打造产业研究院，依托滨海化工新材料孵化中心、中国棉纺城，打造昌邑滨海（下营）产业研究院、昌邑市纺织产业研究院。开展“产业专家昌邑行”活动，邀请管华诗、刘昌明、冯守华3位院士及国家“千人计划”专家江河清、泰山学者周功克等参加奥友生物科技院士工作站揭牌仪式、首届海岸柽柳论坛、中科院青岛生物能源与过程所专家团队昌邑行和有关项目对接签约仪式，累计整理入库课题、项目120余个。建立人才工作联动机制，采取“一事一议”办法，成功引进国家“千人计划”专家高培良、李勇，联合创办山东奇谱创能生物科技有限公司，实现引进国家“千人计划”专家创业零的突破。推行“互联网+党建”做法，参加潍坊市第九届党员教育电视片观摩交流活动，微电影《渤海英魂》被评为一等奖；《爱在潍水》被评为二等奖第一名，并被省委组织部微信公众号“鲁组轩”采用。

【纪律检查体制改革】 搭建“线上+线下”融媒体党风廉政教育平台，经验做法在潍坊市进行推广。严格执行中国共产党问责条例和省、潍坊市问责办法，推动“失责必问、问责必严”成为常态。加大问责力度，先后对43人进行问责，其中党政纪处分30人，诫勉谈话11人。完善市级党政班子成员向市纪委全会述责述廉工作，与14名市级班子成员、102名有关部门单位主要负责人进行述责述廉。全面做好巡察工作，设立巡察办和5个巡察组，出台《关于建立党委巡察制度的实施意见》《昌邑市委巡察工作五年规划（2017—2021）》；从基层抽调20余名干部进入巡察机构，组织实施4轮巡察。积极实施监督执纪“四种形态”（约谈函询、组织处理、职务调整和立案审查），加强与司法机关、行政执法机关的协作配合，定期排查司法和行政处罚类线索。采取纪检监察室监督联系指导镇（街区）执纪审查工作等措施，加大执纪审查力度，并坚持纪律审查情况一月一通报，促进问题线索承办、“四种形态”处理及立查案件快查快结。共立查案件315起，党政纪处分352人；运用“四种形态”处理党员干部2965人。 （供稿人：于大龙）

信访工作

【概况】 中共昌邑市委、市人民政府信访局（简称市信访局），内设办公室、处信查办科（加挂网络信访投诉科牌子）、接访科（挂人民群众来访接待室牌子）、群众工作指导科4个科室；下属事业单位有昌邑市信访事项复查复核办公室。2017年，全市信访工作在市委、市政府的正确领导和上级业务部门的精心指导下，紧紧围绕为中共十九大胜利召开营造良好环境这个政治任务，强力推进信访“事要解决”，积极预防和化解信访突出问题，不断提升信访工作效能和群众满意度，全市信访形势总体平稳。全年上访次数和人次数同比分别下降17.9%、17.1%；市一级受理来访、群众来信、

★ 2017年9月8日，召开全市信访工作会议（刘建宁）

网上投诉全部得到妥善处理。非访登记人次数同比下降76.9%。在重要时间节点和重点时期未发生非正常上访事件，圆满完成十九大安保信访工作。全市信访工作获得潍坊市信访工作考核第1名，获“优秀”等次。市信访局被评为昌邑市中共十九大安保维稳先进单位。有3人分别被表彰为潍坊市中共十九大安保维稳先进个人，记三等功1次；潍坊市全国“两会”安保维稳工作先进个人，昌邑市中共十九大安保维稳工作先进个人，记三等功1次；昌邑市中共十九大安保维稳工作先进个人。

【源头预防】 “治本控源”，狠抓信访源头预防，推动矛盾纠纷依法及时就地化解。从根本上消减信访问题，是做好信访工作的治本之策。全面推行重大社会事务决策事前听证模式。针对信访听证大多是在信访问题已经发生、问题解决更加复杂的实际，将听证关口前置，实行重大社会事务决策事前听证，对涉及群众切身利益、存在信访稳定隐患的决策超前进行听证，广泛听取相关干部、群众、法律人士各方意见建议，形成最大共识，确保决策符合民意、切实可行，将矛盾纠纷止于未萌、化于未发。对一次听证尚未结服的，坚持多次听证，把听证的过程变成疏导转化和深入做好思想工作的过程，直至问题解决。2017年，召开事前听证会370余起，预防信访不安定因素480多个，有力维护了党委政府形象和社会稳定大局，为全市社会经济发展营造了良好环境。全面推行信访网格化管理。将信访信息员、代办员队伍融入社区网格管理体系，形成“社区有网、网中有格、格中有人、人负其责”的长效机制。信息员及时搜集研判各类信访信息，对矛盾纠纷分层分类落实包靠化解措施，实现“小事不出村、大事不出乡、难事不出市、系统内问题不出系统”的目标。全市已配备信访信息员832名，覆盖全市691个行政村（居）和147个居民小区。全面推进社会力量参与多元化。鼓励支持不同领域、不同行业具有专业知识和群众工作经验的人员，参与到矛盾纠纷化解中来。开展“一村（居）一法律顾问”工作，发挥律师、基层法律服务工作者、司法所工作人员等法律专业知识丰富、受到群众信任的优势，增强纠纷矛盾化解的公正性、透明度和公信力。加强农村社区人民调解组织建设，与“警民联调”“律师参与”等有机结合，完善“大调解”工作格局，建立健全矛盾纠纷排查、预警、化解工作机制，充分发挥群众的力量促进社会关系和谐，弘扬道德和法治精神，及时预防和化解社会矛盾，维护基层社会稳定和谐。

【信访“事要解决”】 严格按照习总书记“三到位一处理”（2013年，习近平总书记对信访工作作出重要指示，提出了“三到位一处理”原则：诉求合理的解决问题到位、诉求无理的思想教育到位、生活困难的帮扶救助到位、行为违法的依法处理）的要求，切实维护群众合法权益，用解决问题的成效提升信访工作公信力。依法依规解决群众诉求。对有政策法规依据的，严格落实有关政策法规；对问题已经依法化解仍继续不断上访的，靠上耐心细致地做好思想工作；

对确有实际困难的，及时帮扶解困，让群众感受到党委政府的关心和温暖；对违法违规信访，依法处理违法行为。全力化解信访积案。把化解信访积案作为维护社会稳定的重要抓手，将2017年作为“信访积案攻坚化解年”，印发《关于切实做好市级领导包案化解信访积案工作的通知》，结合潍坊市“万人下基层”化解信访积案活动，对排查出来的57起重点信访积案，按照“属地管理”和“谁主管谁负责”原则，明确1名包案市级领导和具体承办单位、具体责任人，坚持多主体参与、多手段运用，全面加大化解和稳控工作力度，部分“钉子案”“骨头案”得到有效化解。着力提升信访事项办理质量。扎实开展信访基础业务规范化检查，全面提升信访基础业务规范化水平，对每件信访事项进行“回头看”，对照检查重点，一个环节一个环节地抓细节、查漏洞、促整改；对新登记的信访事项，从一开始就把握各环节，规范受理办理、督查督办、复查复核各项规程，做到扎实、细致、到位，不留任何程序上的瑕疵，以程序规范保证信访事项处理公平公正。狠抓质量效率，最大限度提高初信初访一次性结服率和群众满意度。紧紧盯住及时受理率、按期办结率、群众满意率，压实初信初访首接首办责任，全面推行“五个面对面”（接访、交办、沟通、反馈、回访面对面）工作法，努力在第一时间、第一地点解决好群众的合理诉求，用解决问题的实际效果和担当为民的优良作风赢得群众满意。

【畅通信访渠道】 聚力深化改革，激发信访工作活力，加强信息化支撑，用好“互联网＋信访”等新模式，全面畅通信访渠道，更好地方便群众反映利益诉求，提升信访工作现代化水平。全力打造网上信访主渠道。深入拓展信访信息系统应用，实现有信访业务的职能部门单位全覆盖。充分利用昌邑市网上信访受理平台和中国昌邑门户网站“网上信访”链接入口，引导和帮助群众通过互联网提出信访诉求，初步构建起“信息网上录入、流程网上管理、活动网上督查、绩效网上考评”的信访工作新模式。加大网上信访网下办理力度，实行快速流转、初信交办、退回督办等制度，确保受理办理周期缩短15%以上，让群众由衷感到网上信访好用管用。严格落实领导干部接访下访制度。善于用好领导资源，积极协调党政领导干部接难案、解难题、破困局。市“两办”印发2017年度《市级领导公开接待群众来访日程安排》，每个工作日有1名市级领导公开接待群众来访，面对面倾听群众呼声。对领导干部接访案件，全部实行跟踪问效，接待、督办、落实、反馈“一条龙”，增强实效性，确保群众反映的合理诉求能够依法及时就地妥善解决。完善全面联合接访机制。建立完善联合接访制度、考勤制度、岗位管理制度，规范工作纪律，保证联合接访工作的合理有序进行。联合接访对来访事项实行一站式受理、一条龙办理、一揽子解决，对诉求简单明了、能够当场解决的信访问题，按照《信访事项简易办理办法（试行）》的规定及时办理；对情况比较复杂无法当场化解的，由责任单位按照国务院《信访条例》和《山东省信访条例》的规定，限时调处办结。

【落实信访工作责任】 建立完善组织领导体系，统筹协调推动信访工作各项措施落实到位。市委、市政府主要领导、分管领导亲自调度协调指挥信访工作，对重大疑难信访问题主动包案处理，与信访重点人员面对面沟通，与他们建立信任和沟通的桥梁；其他领导落实一岗双责，抓好分管工作范围内的信访问题。全市上下“永远说不”的信访稳定工作理念牢固树立，主动担当、主动作为、依法作为的工作作风进一步夯实。各镇（街区）、各部门把维护社会大局和谐稳定作为当前工作的重中之重抓实抓好，主要负责人以身作则，亲自过问，亲自部署，亲自抓好各项信访维稳措施落实，真正实现主要领导负总责、分管领导具体负责、其他领导一岗双责，一级抓一级、层层抓落实的领导体制，为解决和化解信访突出问题提供组织保障。严格落实部门单位责任，明确“属地管理、分级负责、谁主管、谁负责”的工作原则，压实属地党委政府和职能部门解决信访问题的责任主体，把信访工作摆在突出位置，严格落实“三到位一处理”的要求，把“事要解决”作为出发点和落脚点，及时就地解决群众合理诉求，维护群众合法权益。根据国务院《信访条例》和《山东省信访条例》《信访工作责任制实施办法》及山东省实施细则，严格落实信访部门责任，积极统筹、协调、指导、监督本地区的信访工作，协调处理重要信访问题。坚持以人民为中心，对群众反映问题全程跟踪、一盯到底，及时纠正责任单位不作为、乱作为，杜绝以改革为借口把矛盾往外推、往上推，做到为党委政府负责、对群众负责。加大督导检查力度，通过明察、暗访、回访等多种形式，及时发现和解决工作中存在的问题。对久拖不决、涉及面广、群众反映强烈的重大疑难信访问题，列入市委、市政府重点督查事项，推动问题化解。对问题突出、长期打不开局面的，采取重点管理、约谈等措施，对责任落实不力，引发重大信访事项的，实行责任倒查，严肃问责。通过严肃追责问责，进一步做到以责促行，以责问效，层层传导压力，倒逼落实信访维稳责任。（供稿人：刘建宁）

市直机关党建工作

【概况】 中共昌邑市委市直机关工作委员会（简称市委市直机关工委），作为市委领导市直机关中共工作的工作部门，担负着对市直机关中共建设工作牵头抓总、协调指导、宏观规划、检查监督的重要职责。2017 年，充分发挥市直机关党组织的政治优势和组织优势，团结带领机关党员干部，在强化自身建设的同时，不断加强和改进新常态下的机关中共基层组织建设科学化、规范化水平，机关党建工作迈上新台阶。至 2017 年 12 月，市委市直机关工委所属党委 3 个，总支 10 个，支部 120 个，共有党员 2506 名。

【“两学一做”学习教育】 2017 年持续推进“两学一做”学习教育常态化、制度化。详细制定市直机关学习指导计划，落实党课宣讲、专题讨论、民主评议等重点步骤，加强工作指导和督查。围绕重点难点问题，每期选择一个热点话题展开讨论，集思广益，加大对党员干部的培训力度，强化宗旨意识和廉洁意识，努力打造服务发展的新型党员干部队伍。将“两学一做”学习教育贯穿始终。认真落实“基础在学、关键在做”的要求，坚持问题导向，自觉做到忠诚履职、勇于担当。联合组织部门，先后对所辖 58 个部门单位的党建工作档案材料进行调阅打分，确保学习教育扎实推进。深入贯彻中央一系列会议精神，认真落实习总书记系列重要讲话，按照全面从严治党战略部署，强化薄弱环节，解决突出问题，充分发挥机关党建工作在服务经济社会发展中的重要作用，以“服务中心、建设队伍”为核心任务，充分发挥机关党组织的政治优势和组织优势，深入推进学习型、服务型、创新型党组织建设，做到走在前列、起好带头作用，为实现更高层次新发展提供有力保障。

【学习型党组织建设】 发挥好市直机关党校、廉政警示教育基地的作用。5 月 19 日，按照市直机关党校全年教学计划和潍坊市纪委、潍坊党校关于在基层党校开设警示教育专题课的要求，在市直机关党校举办警示教育专题培训班，邀请市检察院职务犯罪预防局的领导授课，全系统内 60 余名党组织负责人参加专题培训。11 月，举办市直机关中共十九大精神宣讲报告会，紧扣中共十九大报告原文，围绕十九大报告中的新论断、新思想、新使命、新部署、新要求进行全面、系统、深入的阐述解读，对习近平新时代中国特色社会主义思想的历史地位和丰富内涵作系统地和辅导，市直机

★ 5 月 19 日，市直机关警示教育培训 （王晓颖）

关各部门党组织共计 300 余人参加本次报告会。

【基层党组织建设】 强化管党治党责任，加强基层组织建设。下发《关于把市委常委所在支部建设成示范支部的通知》，市委常委以上率下、示范带动，“关键少数”的作用得到充分发挥。3 月，按照市委组织部要求，对所辖“两新”组织采取逐家走访、实地查看、谈话了解等方式进行调研，在了解企业经营状况的同时，征求对开展中共活动、党组织建设、党员队伍建设等方面的意见建议，摸清“两新”组织基本信息、党建工作等底数。为积极推进“互联网 + 党建”工作，推动中共建设和组织工作创新发展，省委组织部积极建设“灯塔——党建在线”综合管理服务平台，积极组织各基层党组织开展综合管理服务平台党组织和党员基本信息采集以及“灯塔——党建在线”综合管理服务平台“宣传应用月”活动，确保平台管理使用工作顺利开展、取得实效，推进基层党建工作实现信息化。建立健全党建述职评议考核制度。1 月 18 日，市委市直机关工委组织召开市直机关党组织书记述职评议会议。通过开展述职评议，进一步推进机关党建全面提升，带动机关党建走向严紧硬。实行日常动态测评和年终评议相结合，考核结果作为实绩评定的重要内容。

【党员干部队伍建设】 严格执行党组织审批成立程序，及时补选、配强基层党支部领导班子。认真落实《中国共产党发展党员工作细则》，严格党员条件，规范党员发展程序，制定合理的党员发展年度计划，吸引机关优秀青年向党组织靠拢。2017 年，新发展党员 20 名。组织开展选树优秀典型活动。“七一”市直 3 名党员被评为“最美党员”，2 名党员获得“最美党员”提名。积极探索建立科学有效的党员教育管理制度，努力实现管理规范化、中共活动经常化、党内生活制度化。坚持“三会一课”制度，定期开展民主评议党员活动，做到组织活动有计划安排、有具体内容、有检查落实、有详细记录。健全完善党员关爱帮扶机制，提高党组织服务水平。通过走访慰问、谈心谈话、结对帮扶等措施，加大对生活困难党员的帮扶力度。11 月份，为深入推进全市“两新”组织党建工作，加强“两新”组织党务人才队伍建设，根据上级要求，对所辖“两新”组织党务工作人才库数据进行更新。

【机关作风建设】 深化联系和服务群众，做群众的贴心人。做好包村帮扶工作，积极研究制定对下营镇小院村帮扶工作具体方案，在“万人下基层”主题活动中主动与镇（街区）搞好衔接，科学安排走访人员和走访时间，统筹安排各项工作，上半年共走访群众 229 户，下半年又对 251 户群众进行了回访。机关群团工作有效开展，形成工作合力。系统内现成立妇委会 24 个，积极开展“巾帼向党、建功新城”“春蕾计划”等创建活动，2017 年获“潍坊市先进基层妇女组织”称号。在昌邑市“庆国庆—喜迎十九大”大合唱比赛中获二等奖。扎实做好征兵工作。按照“一季征兵，全年准备”的要求，做好宣传发动、报名登记、初检初审。扎实做好老干部工作，建立老干部诉求台账，主动为他们排忧解难。围绕“五个新城”建设，开展生态健步走比赛、有氧慢跑等系列活动，振奋广大干部职工干事创业的激情。

【反腐倡廉工作】 强化党风廉政建设责任，树立良好形象。各党组织进一步明确在推进党风廉政建设中的职责，细化任务，传导压力，推动“两个责任”落实到位。党组织书记认真履行“第一责任人”的责任，班子成员强化“一岗双责”，推动具体工作任务落实。把履行党风廉政建设责任制情况，作为部门、单位党组织书记工作述职的重要内容。年初和系统内的各部门签订了《党风廉政建设责任书》。将加强反腐倡廉教育作为“三会一课”和政治理论学习的重要内容，并通过案件通报、典型案例剖析等形式强化岗位廉政教育。建立警示教育常态化机制，各单位党组织每年至少集中开展 1 次廉政专题学习，让党员干部真正受警醒、明底线、守规矩。（供稿人：王晓颖）

档案工作

【概况】 2017 年，昌邑市档案局（馆）紧紧围绕潍坊“四个城市”和昌邑“五个新城”建设，认真学习中共十九大精神，扎实开展思想作风建设年活动，攻坚克难，锐意进取，充分发挥档案服务中心工作，服务经济发展作用，各项工作都取得了新进展、新成效。

【档案馆建设】 2017年，中共昌邑市委两次召开常委会议研究部署档案馆建设问题，把档案馆建设列入城市总体规划和市级财政预算；昌邑市第十四届党代会和十八届一次人代会均将开工建设档案馆写入工作报告。成立昌邑市档案工作整改落实协调领导小组，各成员单位明确分工，责任到位，保证了新档案馆建设正在有序顺利进行。

【档案资源建设】 中共昌邑市委办公室以昌办印发〔2017〕163号通知，对档案资料征集范围、征集时间提出明确要求，加大档案资料接收进馆的力度。2017年，昌邑档案馆举行毛体书法家王家斗《毛泽东书信墨宝集》捐赠仪式，以此提高全社会的捐赠意识。全年共接收进馆档案911卷，接收《淡若洪流》《毛泽东墨宝集》等图书、资料107册，照片4700余张。同时，对库房进行盘点清理，全面摸清底子，清楚明白管理。累计清理、分类装订报纸档案3600余份，拍摄牌匾、锦旗照片250张。为社会各界提供文档服务，档案资料查询全部免费，全年接待来馆查档335人次，查阅利用档案1086卷，打印、复印文档5000余份。

【档案法治建设】 中共昌邑市委办公室、昌邑人民政府办公室联合印发《昌邑市开展档案业务工作督导的实施方案》(昌办发〔2017〕56号)，从督导范围、督导内容、实施步骤、工作要求等方面对全市档案业务督导工作提出具体要求，保证督导工作有章可依。成立昌邑市档案工作领导小组，负责全市档案业务工作督导的统筹协调、组织推进工作。领导小组下设办公室，负责抓好各项工作任务落实，保证督导工作组织有力。档案局成立3个督导小组，对142个部门(单位)进行督导检查，逐一形成反馈意见，提出整改建议，提高全社会档案收集、保管和利用诸方面的法制意识。

【安全体系建设】 档案安全是档案工作的重中之重，是档案工作的生命线。牢固树立安全第一，预防为主思想，认真落实“九防”要求，定期对库内电源、消防、杀菌器材进行检查维护，落实制度，责任到人，坚决杜绝松懈和侥幸心理。库房报警系统、值班电话与科长、局长手机相连，出现问题第一时间接收，马上反应、立即处置。开展电子档案容灾备份，将新形成的电子档案数据备份于省电子文件（档案）中心，确保电子档案绝对安全。

【业务指导】 克服业务人员少、工作量大等不利因素，将档案指导关口前移，加班加点，跟踪服务。召开全市档案工作会议，安排部署具体工作。举办档案业务培训班，邀请潍坊市档案局专家为全市档案业务人员授课，提高档案从业人员素质。成立档案业务指导小组，由分管副局长牵头，抽调业务精干人员组成3个组，对全市镇（街区）、部门单位的档案整理、规范化建设、档案科学化管理测评等各方面进行跟踪指导，提高档案意识，增强档案工作的主动性、积极性。

【创新档案编辑与研究】 征集出版2017年《昌邑大事记》，分为重要会议活动、人事任免、表彰奖励、气象信息4个板块，力求全面、准确、真实记载全市重要工作活动和重大事件，系统留存资政资料，传承历史，弘扬正能量。印发《大事记编写规范》，对会

★ 全市档案工作会议暨档案业务培训现场 （刘伟妮）

议、活动、重大项目、表彰奖励等区分不同情况，制定规范的大事记编写模板，保证存真求实，客观论述。同时，完成《昌邑年鉴》2017 卷档案工作供稿任务，启动 2005—2015 年《昌邑大事记》编写工作。

【档案工作宣传】 开展纪念《中华人民共和国档案法》颁布 30 周年宣传活动。通过沿街横幅、档案宣传咨询、电子屏滚动播放宣传字幕等多种形式引导各单位、各部门更加规范、主动的做好档案工作。开展“走进档案馆”活动。抓住创建文明城市的有利时机，邀请社会各界人员参观档案馆，赢得社会的广泛支持。举办喜庆十九大暨纪念《中华人民共和国档案法》颁布 30 周年书画展，征集优秀书画作品 90 多幅，庆祝中共十九大胜利召开，深入宣传推广《中华人民共和国档案法》。利用爱国主义教育基地开展主题教育活动，根据创城要求，基地改造升级，更新展板内容、充实实物展示，全年接待参观 930 余人次。加强新闻媒体宣传。2017 年，累计在省档案信息网刊登信息 2 篇、潍坊市档案信息网刊登信息 13 篇、潍坊日报今日昌邑刊登信息 8 篇，昌邑新闻、昌邑 360 等节目播出档案工作、做法 6 次。

【科学化管理测评】 2017 年，昌邑市法院、市供电公司的档案工作分别通过省级“示范”等级验收。通过省级验收鉴定，昌邑“示范单位”达到 4 个；“合格单位”达到 51 个。12 月，潍坊市法院系统档案工作现场推进会在昌邑市人民法院召开。潍坊市法院系统各分管院长、办公室主任、档案员，各县（市区）档案局分管局长、业务科长共 80 余人参加会议，昌邑市法院档案工作科学化管理的做法在潍坊市法院系统推广。

【党风廉政建设】 认真贯彻落实全面从严治党主体责任要求，加强基层党建和党风廉政建设，落实一岗双责，管好班子、带好队伍，一丝不苟、不折不扣地落实好党风廉政建设各项任务要求。严格执行中央“八项规定”，始终把纪律规矩挺在前面，健全“三会一课”制度，坚持民主集中制，制定《专业技术职务评聘暂行办法》等相关制度，并抓好落实，保证重要决策公开公示，透明操作。围绕市委、市政府“一三四五”的思路举措，强化担当意识、抓紧意识、争先意识、规矩意识，解决 4 个方面的问题，扎实开展好各项活动。扎实开展学标对标活动，潍坊市内对标寿光档案局，市外对标临沂市临沭县档案局，学习好的经验做法，提高工作水平。扎实开展万人下基层主题实践活动，走访群众 275 户，收集意见建议 10 条，解决问题 10 件。坚持周四党员集中学习制度，通过讲党课、个人研读、撰写体会、集体交流等形式开展多种形式的思想教育，重点落实以学促做，努力打造一支作风硬、敢担当的党员干部群体。 （供稿人：陈阿荣）

党史工作

【概况】 2017 年，昌邑市委党史研究室深入贯彻中共十八大、十九大精神，贯彻落实习近平总书记系列重要讲话精神，认真践行中央“四个全面”战略布局和省市决策部署，贯彻上级党史工作方针、政策，制定本市规划；凝神聚力、克难奋进，积极开展党史资料征集、整理、编写和宣传教育活动，充分发挥党史“存史、资政、育人”的作用，圆满地完成各项工作任务。另外，组织部党建研究会也做了大量的党史研究工作。

【实施党史记忆抢救工程】 组织部党建研究会组织机关干部、企业职工、教师在内的 86 名党员义工和部分中小学生组成 13 支小分队，对全市中华人民共和国成立前老党员、老战士、老模范逐人走访，面对面聆听他们回忆中共光荣历史，记录他们奋斗的闪光足迹，关心他们的身体和生活状况。对本人“口述资料”和

★ 胶北特委旧址 （郭富祥）

子女亲属补充资料，通过录音、录像、笔记等形式做好留存；对个人勋章、证书、档案等实物资料，通过复印、扫描、拍照等形式做好留存。共整理记录文章360余篇，征集实物资料1100余份。组织党史工作人员、作协会员、老干部等成立党史记忆编纂小组，将征集到的碎片式“口述历史”资料逐一核实、完善，编印《听老革命讲那过去的事情》2辑6万册，摄制党性教育微电影，作为党员干部党性教育教材和中小学生爱国主义教育教材；组织广大党员干部开展以党史为主题的专题大讨论，推动党史教育入脑入心、触动心灵。以上做法得到省委组织部领导的批示肯定。

【打造党史党性教育基地】 成立由市政协副主席任组长的教育基地建设工作领导小组，由组织部、党史研究室牵头主管，有关部门和镇（街区）分工负责、共同落实深入挖掘市内红色资源和历史文化资源，以打造红色村史馆群落为载体，对市内40余处革命旧址、纪念地逐步修缮提升，打造高品质党史教育和爱国主义教育基地。从党史研究室、博物馆、作协等部门挑选12名骨干负责撰写宣讲稿，从电视台、镇（街区）挖掘8名业务能手专题研究讲解工作，从党校和市直学校选调部分教师负责现场教学。通过外出考察、座谈、调研等方式充分论证，邀请延安干部学院教授和沂蒙党性教育基地建设专家现场指导，建成3线11处教学点。其中，以感悟抗战精神为主题，打造昌邑抗战殉国烈士祠、西海军分区后方医院旧址等基地；以重温光荣历史为主题，打造市党史馆、胶北特委等基地；以传承红色基因为主题，打造徐迈事迹陈列馆、峻青文学馆等基地，形成具有特色的教育基地网格。先后有5万余人次到昌邑开展红色教育、红色旅游，潍坊市委组织部、党校等多个部门单位到昌邑调研指导。

★ 红色马渠 （郭富祥）

为潍坊市党性教育基地及昌邑市党性教育基地建设提供布展材料。召开专题动员会议，在全市范围内积极宣传党史党性基地的重要意义。协调各部门、镇（街区）开展布展资料的搜集和上报，为党性基地的建设提供充足的实物、图片和影像资料。为其他部门红色教育基地的建设提供布展指导。分别协助卜庄姜泊村、西董村，龙池马渠村打造红色教育基地。为其提供党史资料，进行现场布展指导，并在基地打造过程中提供党史资料的审核把关工作。积极申报第3批党史教育基地。进一步促进重要党史基地的保护、管理和开发；认真做好党史基地的资料搜集和上报工作，共上报省级党史教育基地2处，潍坊市级党史教育基地6处。“昌邑县抗战殉国烈士祠”被正式命名为第3批山东省党史教育基地。

【党史资料征编】 2017年，完成《红色印记——中共昌邑历史简明读本》编写工作，全书分为四大板块，共计7万余字。完成《执政山东——社会主义建设时期县委书记口述历史》系列丛书资料的搜集整理以及上报工作。整理完成10位历任县委书记简历及口述资料，共计10万余字。完成《改革开放实录（潍坊卷）》专题的上报及《改革开放实录（昌邑卷）》的专题征集工作，已征集专题30余个，其中入选潍坊卷专题6个。

【党史宣教工作】 挖掘昌邑党史宣传材料。多次邀请山东省党史专家对昌邑历史上发生的重大党史事件进行解读和定位。拍摄《饮马暴动》宣传片，采访省党史专家丁龙嘉教授口述昌邑党史事件，形成珍贵的党史资料。重视开展对中小学生党史知识的普及和宣传。与昌邑市关工委联合筹办全市青少年党史国史知识竞赛活动，在全市中小学生中收到了良好的宣传教育效果。努力扩大昌邑党史知名度，在潍坊党性教育基地布展大纲基础上，积极挖掘昌邑党史发展历程中取得的重要成果以及发生的重大事件，充实昌邑板块布展内容，扩大昌邑影响力。配合上级党史部门，做好《红色齐鲁365》的拍摄准备工作，上报《红色龙池》和《饮马农民暴动》2个专题，后期将制作成电视片和同名书籍；整理上报《中共山东画史》图片资料，由省委党史研究室出版《中共山东画史》新民主主义革命时期卷；为《红军将士在山东》编纂工作提供党史资料。开展党史问题咨询服务活动。全年为社会各界提供党史咨询30多人次，向市直有关部门及学校赠送党史书籍100余册，协助驻昌部队、省委党校、潍坊市委党校、兄弟县（市区）党史部门等单位查证核实有关党史事件和党史人物的生平简历。

【党史人才培养】　积极参加山东省、潍坊市党史部门组织的业务培训班。全年共计参加业务培训10人次，极大地促进党史业务水平的提高，有利于党史工作的开展；组织申报党史优秀成果以及山东党史人才库优秀党史人才，充分展示昌邑党史部门取得的优秀成果，激励广大党史工作者爱岗敬业、奋发有为。

（供稿人：王　帝）

党校工作

【概况】　2017年，中共昌邑市委党校（简称昌邑党校），属市委直属事业单位。校长由市委书记吕珊珊（女）兼任；昌邑党校同时加挂昌邑市行政干部学校牌子；昌邑党校按副县级规格设立机构，常务副校长兼党委书记1人，副书记1人，副校长3人；内设办公室、教务科、理论教研室、经济学教研室、行政学教研室、总务科、图书馆7个副科级编制科室，财务科为内部科室。有教职工30人，其中参照公务员管理人员9人，专业技术人员19人，工勤人员2人。有教师17人，财务人员1人，图书管理人员1人。其中具有高级职称7人，中级职称12人。教师专业分布在中共党史、思想政治教育、行政管理、中文、历史、法学、经济管理等学科。

【干部培训】　2017年，昌邑党校举办科级干部进修班4期，机关事业单位干部培训班2期，全市基层妇女干部培训班1期；另外，全市农村社区党支部书记参加了潍坊市委党校举办的培训班。全年共培训党员干部1350余人。昌邑市委党校结合全市“思想作风建设年活动”，举办3期“加强思想作风建设、提高落实能力”科级干部轮训班，培训轮训1000余人；举办4期“中共十九大精神专题学习班”，培训轮训副科级以上干部1200余人。

【党员培训】　2017年开始，昌邑党校根据中共潍坊市委“两学一做”学习教育常态化、制度化的安排，利用3年时间对全市32506名党员进党校进行集中培训。2017年，举办24期党员培训班，培训普通党员7900余人。其中全市村（居）党员妇联干部培训班2期，培训400人；农村党员培训班15期，培训5400人；机关事业单位党员培训班5期，培训1500人；企业和社会组织党员培训班2期，培训600人；党员发展对象培训班1期；圆满完成2017年全市党员进县级党校培训任务。

【理论宣讲】　昌邑党校选派7名骨干教师到基层党

★ 2017年市委党校党员培训班　（范　婷）

校讲党课23场次，培训党员干部4500余人次；选派4名精干教师参加昌邑市委党代会精神宣讲团，到镇（街区）和市直部门宣讲潍坊市第十二次党代会、昌邑市第十四次党代会精神、昌邑市2016年政府工作报告11场次，培训党员干部2000余人次；有2名教师作为昌邑市委中共十九大会议精神宣讲团成员，4名教师作为潍坊市宣讲专家库成员到所联系的镇（街区）、市直部门、村（居）宣讲十九大会议精神。

【基层党校建设】 为贯彻落实省委、潍坊市委部署，按照昌邑市委要求，全面推进基层党校（党校分校）规范化建设，出台《基层党校建设管理规范》，从健全基层党校机构设置、师资队伍、课程设置、教学管理入手，加强基层党校规范化制度化建设，逐步实现党校教育全覆盖。2017年，全市22所分校共举办238期培训班，培训党员32506人次。

【工作举措】

坚持党性教育 始终坚持党校姓党原则，一切教学、科研和办学活动都坚持党性原则、遵循中共政治路线，做到中共重大理论成果、重大战略部署及时进课堂。将中共十九大精神和习近平总书记系列重要讲话作为重点内容，突出主业主课、突出党性教育，加强中共理论教育、党性修养教育、政治理论、理想信念、党风党纪和履职尽责教育在教学中的主导地位；改进教学方法，在坚持和完善研究式、体验式、模拟式、学员论坛、社会调查等有效教学方法的基础上，重点搞好现场教学，市内现场教学突出红色教育，突出党史党性教育培训；坚持从严管理，从严治校，对学员遵守学习纪律实施百分考核，使学员不断增强党性意识，得到党性锻炼。

完成党员进党校培训任务 坚持全覆盖常态化，完成党员进党校培训任务。培训课程把中国特色社会主义理论体系教育放在首位，把党章作为加强党性修养的根本标准和必修课，加强中共纪律和党员廉洁自律教育，拧紧思想“总开关”；按照贴近党员特点、贴近当前实际的要求，建立完善师资库，丰富培训课程，坚持专职和兼职相结合的原则，建立师资队伍；从严管理，狠抓培训纪律。以小组、社区、部门等为基本单位组织专人带队，确保参训党员一个不漏。坚持高标准严要求，抓好教职工队伍建设。组织教师开展读书活动、新课试讲、教学竞赛等活动，在教师中开展“评名课、评名师、评名作”三评活动，通过评课、评教、评文章，在教师中评选出名课、名师、名作，督促教师提升自身素质，提高教学水平。

（供稿人：朱旭芳　汲淑艳）

老干部工作

【组织设置】 2017年，市委老干部局（简称老干部局）与市纪委、市委组织部、市编办对接，成立离退休干部纪工委，明确工作人员，以会代训，要求各离退休干部党员牢记使命，尊崇《中国共产党章程》，坚定信念、提高觉悟，加强作风建设，遵纪守法、廉洁奉公。健全离退休干部委工委—党总支—党支部—党小组四级离退休干部党组织体系，在离退休干部社团组织中建立党支部，实现组织建设的有效覆盖。文山诗书社党总支去年成立后，带动11个党支部开展文化创作、文化养老、文化惠民工作，被确定为潍坊市“两新”组织党建工作示范点。发挥好老干部之家网——“不见面的党建指导员”的作用，加强离退休干部网上党建工作，在论坛版块发帖量位居前列。

【工作职责】 市老干局按照中共昌邑市委在第12次、14次市委常委会上，专题研究落实潍坊市老干部工作会议精神的要求，组织多种形式的老干部活动，为他们参与全市改革发展创造更好的机会和条件。先后组织召开县级老干部庆新春座谈会、秋季观摩座谈会及“庆祝十九大·喜看新变化”经济社会发展新形势观摩等活动。市委书记吕珊珊多次向老干部通报工作情况，听取意见建议，专门部署老干部分批次观摩7个镇（街区）工作亮点和原行政办公区改造工程等工作。

【党建工作】 将离退休干部党建工作纳入全市组织工作要点，规划、部署、推进、考核、表彰“五同步”。在全市“最美党员”评选活动中，有2名老干部获得“最美党员”荣誉称号，1名老干部获得“最美党员”提名奖。组织市直部门单位的离退休干部党支部书记参加第三期党校党员培训班。印发《市委老干部局与市直有关部门贯彻昌办发〔2017〕41号文件精神责任分工衔接方案》和《老干部工作要点》。坚持参加每周五的集中学习日活动，带领全局党员干部把思想教育作为首要任务，坚持用党章党规规范党组织和党员行为，用习近平总书记系列重要讲话精神武装头脑、指导实践、推动工作，不断增强党组织和党员政治意识、大局意识、核心意识、看齐意识，不断增强党自我净化、自我完善、自我革新、自我提高能力，确保党员领导干部忠诚干净担当、发挥表率作用，确保广大党员党性坚强、发挥先锋模范作用。开展支部工作法总结活动，规范“三会一课”、组织生活会、民主评议党员、流动党员教育管理等制度，落实党费新基数标准，并从收缴、返还、使用、监督、究责5个方面继续进行严格要求，督促老干部党员切实履行义务。印发《关于在全市推行离退休干部党员“政治生日”制度的通知》，进行工作调度，并为无活动场所的单位16名老干部党员过集体“政治生日”。过“政治生日”老干部党员达300余名。

【红色资源教育作用】 在市委组织部、离退休干部工委的部署下，多次组织老干部到昌邑抗战殉国烈士祠、西海军分区后方医院、胶河战役纪念馆、胶北特委、峻青文学馆等本土红色资源基地参观学习。开展“深挖口述史料，讲好革命故事”活动，组织老干部、在职人员联合义工协会，记录中华人民共和国成立前老党员、老战士、老模范的奋斗足迹，选取64篇文章、编印3万册《听老革命讲那过去的事情》。

【志愿服务】 成立“鄑邑常青树”老干部志愿活动指挥中心，下设艺术表演、书画创作、普法宣传、文化传承、健身指导5个专业团组，组织老干部开展下乡送春联、书画作品义卖、敬老院慰问演出等志愿服务活动。成立老年大学关工委，开展党史国史教育、诗词进校园、峻青诗歌朗诵会等活动。

【系列主题活动】 深入开展学习贯彻习近平总书记系列重要讲话精神和治国理政新理念新思想新战略、学习贯彻中共十八届六中全会精神、学习贯彻省第十一次党代会精神、学习政论专题片等6个专题学习。开展老干部“激发正能量，喜迎十九大”专题活动。组织50名老干部填写“建言十九大”调查问卷，对10名老干部进行“畅谈十八大以来变化，展望十九大胜利召开”访谈。将每月的支部生活日与离退休干部党员“政治生日”结合起来，以“纵比知足、横比知福”为主题，单位负责人代表党组织与离退休干部党员谈心谈话。组织老干部撰写“夸夸我家这五年·细数改革新变迁”征文。十九大胜利召开后，下发通知组织全市离退休干部党组织和党员采取集中学习、座谈讨论、专题报告会等形式展开学习宣传贯彻活动。市关工委组织“五老”（即老干部、老战士、老专家、老教师、老模范）关爱宣讲团骨干成员集体再次观看“十九大”开幕会。举办全市离退休干部党支部书记学习贯彻十九大精神暨党建工作培训班，为参训学员作《十九大报告的新思想、新论断、新提法、新举措》辅导报告。发挥“火车头”作用，向离退休干部党支部委员发放《中共十九大精神老干部学习材料汇编》。以中共19大召开和文山诗书社成立25周年、“诗词之乡”创建15周年为主题，组织18名老干部出版个人诗书画专集。老干部集体创作“十九大报告中十九句话”书画作品，12月下旬开始到各镇（街区）巡展。

（供稿人：付振永　孙兆欣）

关心下一代工作

【概况】 2017年，昌邑市关工委认真落实中共十八大、十九大会议精神，认真贯彻落实习近平新时代中国特色社会主义思想，积极做好全市关心下一代工作，被山东省关工委、省文明办授予“全省关心下一代工作先进集体”，昌邑市教育局等6处单位被授予“潍坊市关心下一代工作先进集体”。这是昌邑市关工委继获得“全国关心下一代工作先进集体”后，第3次被授予“全省关心下一代工作先进集体”称号。2017年12月29日，市委书记吕珊珊对关心下一代工作再次作出批示：祝贺关工委被授予山东省先进集体。希望各级关工委及广大“五老”志愿者在新的一年里，深入学习贯彻中共十九大精神，以总书记对关心下一代工作的重要指示为指引，结合昌邑实际，出特色、出亮点、出经验、出典型，作出更大贡献。

【主题活动】

加强对青少年的社会主义核心价值观教育　坚持在青少年中开展感恩教育、中华诗文诵读和才艺培养“三项活动”，注重发挥“五老”志愿者的示范和传承作用，通过言传身教、技艺传授、入校讲座、假期办班、比赛活动等形式，配合学校从多方面提升青少年的文化素养和才艺水平，得到社会广泛赞同和支持。开展“诗词进校园”活动，成为对青少年进行社会主义核心价值观教育的有效形式，帮助中小学成立诗书社 100 多个，受教育青少年 10 万余人次，省关工委作为关心下一代的活动品牌在全省进行推广。

围绕重点开展主题教育活动　坚持“每年一主题，一年一台戏”。2017 年为“党史国史教育年”，以“讲两史、建基地、看展板、编读本”为抓手，全面推进党史国史教育进学校、进社区、进机关、进企业活动，在全市举办 32 场党史国史选拔赛，并于 2017 年举行了全市青少年党史国史现场总决赛，活动得到潍坊市关工委和市委领导肯定，在潍坊工作会议上作了典型发言。

发挥优势、重实效　坚持做好“五老”宣讲活动。“五老”志愿者具有政治、威望、经验、亲情、时间、空间等优势，是开展关心下一代工作的主要依靠力量。全市组建以“五老”为主体的报告团、宣讲团 11 个，涵盖思想道德、传统文化、法制教育、党史国史、健康指导等内容，定期到学校、机关、企业、社区等开展各类教育宣讲活动，开展活动 100 多场次，受教育人数达 4 万多人次。

【校外教育】　各级关工委依托老干部之家、道德讲堂、党性教育基地、四点半学校、教育基地等，发挥“五老”优势利用节假日组织青少年进行校外教育、社会实践和公益活动，保证青少年校内校外教育的连续性，成为学校教育的有益补充。全市 27 处“四点半学校”，300 多名“五老”和社会志愿者义务为双职工子女和留守儿童提供节假日看护，2000 多个家庭受益。在部分村史馆、名人纪念馆设立 11 处“关心下一代传统文化教育基地”，组织有文化特长的“五老”志愿者义务为青少年进行传统文化讲座。

【“五老”社会监督员活动】　“五老”在开展文明城市创建，关注青少年的人身安全，净化社会文化环境，维护青少年合法权益等方面，做大量的工作。与文化执法部门开展的“五老”网吧义务监督活动取得显著成效，160 多名“五老”网吧义务监督员，先后帮助 20 多名孩子摆脱网瘾取得的经验在潍坊市进行推广，成为昌邑开展关心下一代工作的又一品牌。

【协调配合】　2017 年，市关工委积极协调、配合、支持、会同有关部门扎实开展青少年活动，形成搭台唱戏、借台唱戏、同台唱戏的工作局面。先后联合党史研究室、教育局等 6 个部门举行全市青少年党史国史知识现场决赛；会同市老干局等在潍河峻青广场举办“黎明河边传名篇，潍水情深颂峻青”诗歌朗诵会，在假期组织开展了“老战士进学校、进社区、进企业”活动。联合团市委、民政局一起举办“全市青少年节水宣传暨牵手关爱行动”启动仪式，为 200 名困难青少年送去资助。与市广播电台开办“四点半之声”广播栏目，与妇联共同举办“新华书店杯”青少年暑期经典诵读大赛”，共吸引全市 324 组家庭参加。与公安局等开展“警校家与青少年共成长”活动，与卫计局、妇幼保健院开展“口腔健康进校园”活动，与文广新局、图书馆开展“爱昌邑　爱我家”青少年新春诵读会，与民间艺术家协会开展“民间艺术进校园”活动。这些活动贴近青少年实际，得到学校和家长们的认可。市委、市政府领导每年都对关工委工作作出批示，给予鼓励和支持。各级关工委也坚持以青少年为本，不少单位从本部门、本单位的工作实际和特点出发，为青少年做好事解难事办实事。2015 年后，市关工委已先后与 20 多个部门、企事业单位联合举办大型青少年活动，市广播电台去年报道各类关心下一代活动 18 次，《今日昌邑》登载各类信息 21 次。全市关心下一代事业形成党委统一领导、有关部门支持配合、关工委主动作为、全社会广泛参与的工作格局。

（供稿人：黄利滨　颜　鑫）

昌邑市人民代表大会

Chang Yi Shi Ren Min Dai Biao Da Hui

重要会议

【昌邑市十八届人民代表大会】

昌邑市十八届人大一次会议　于1月20—22日在市会议中心举行。本届市人民代表大会共有代表242名，实有代表242名，实到236名。会议听取审议了昌邑市人民政府代理市长李玉祥代表昌邑市人民政府向大会作的《政府工作报告》，市人大常委会第一副主任周娟作的《昌邑市人民代表大会常务委员会工作报告》，市人民法院院长徐金江作的《昌邑市人民法院工作报告》，市人民检察院检察长宋教德作的《昌邑市人民检察院工作报告》。会议表决设立《市十八届人大专门委员会的决定草案》《市十八届人大一次会议选举办法草案》和《市十八届人大各专门委员会组成人员人选表决办法草案》，书面印发《昌邑市2016年国民经济和社会发展计划执行情况》《2017年计划草案的报告》和《昌邑市2016年预算执行情况报告》《2017年预算草案的报告》。

大会选举李中福为市十八届人大常委会主任，李建军、夏麦香、戚风乾、王明胜、高敬东为市十八届人大常委会副主任，庞明庆、孟凡铎、郝甫业等27人为市十八届人大常委会委员；选举李玉祥为市人民政府市长，李鹏、王树国、赵海龙、孔德奎、曲伟为市人民政府副市长，徐金江为市人民法院院长，宋教德为市人民检察院检察长；选举于彩芹等37人为昌邑市出席潍坊市第十七届人民代表大会代表。

会议表决通过市十八届人大各专门委员会组成人员的人选名单，表决通过关于《政府工作报告》的决议、关于《昌邑市2016年国民经济和社会发展计划执行情况》与《昌邑市2017年计划草案报告》的决议、关于《昌邑市2016年预算执行情况》和《2017年预算报告》的决议、关于《昌邑市人民代表大会常务委员会工作报告》的决议、关于《昌邑市人民法院工作报告》《昌邑市人民检察院工作报告》的决议。

根据《山东省实施宪法宣誓制度办法》和《市人民代表大会及其常务委员会宪法宣誓仪式组织实施细则》，本次大会选举的市十八届人大常委会主任、副主任，市人民政府市长、副市长，分别集体向宪法宣誓。市人民法院院长、市人民检察院检察长、市人大常委会委员和市人大各专门委员会组成人员将由市人大常委会主任会议组织在市人大常委会上进行宪法宣誓。

市政府党组副书记、副市长，市政协党组副书记、副主席，市法院院长，市检察院检察长，其他副县级领导干部，驻昌邑的全国、省人大代表，市委各工作部门主要负责人，各群团组织主要负责人，市直有关部门、单位主要负责人，省、潍坊市驻昌有关单位主要负责人，大会秘书处各组负责人列席会议。

【市人大常委会会议】

市十七届人大常委会第三十三次会议　于2017年1月18日召开。市人大常委会党组书记、第一副主任周娟参加会议并讲话，市人大常委会副主任李建军主持会议。

会议经过审议，决定昌邑市第十八届人民代表大会第一次会议于1月下旬召开。不是昌邑市人大代表的市政府党组副书记、副市长、党组成员，市政协党组副书记、副主席，市法院院长，市检察院检察长，其他副县级干部；驻昌邑的全国、省人大代表；市委各工作部门主要负责人；各群团组织主要负责人；市直有关部门、单位主要负责人；省、潍坊市驻昌有关单位主要负责人；大会秘书处各组负责人列席会议。出席市政协十三届一次会议的委员列席第一次、第二次全体会议，各镇（街区）镇长（主任）列席第一次全体会议。

会议听取审议关于选举代表的代表资格审查报告、市十八届人大一次会议筹备工作情况的报告，拟定市十八届人大一次会议议程草案、主席团和秘书长名单草案、议案审查委员会组成人员名单草案、计划预算审查委员会组成人员名单草案、市十八届人大各专门委员会组成人员名单草案，议定市人大常委会在市十八届人大一次会议上的工作报告。

市人大常委会党组副书记、副主任庞明庆，副主任董凤杰、戚风乾，以及市人大常委会委员出席会议。市政府副市长赵海龙，市法院院长徐金江、市检察院检察长宋教德，市人大各专门委员会和常委会工作机构负责人，市政府办公室负责人，各镇（街区）人大（办）主要负责人列席会议。

市人大常委会领导班子“两学一做”学习教育专题民主生活会 于1月24日召开，市人大常委会主任李中福主持会议，党组副书记庞明庆，副主任夏麦香、戚风乾、王明胜、高敬东出席会议。副主任李建军列席会议。

市十八届人大常委会第一次会议 于2月20日召开。市人大常委会主任李中福，副主任李建军分别主持会议。会议听取审议市人大常委会党组副书记庞明庆宣读的主任会议关于人事免职事项的提请、市政府副市长赵海龙宣读的李玉祥市长关于人事任命事项的提请和市人社局负责人关于提请任命人员的情况介绍，并采取无记名投票表决的方式，依法决定人事任免事项。李中福向被任命的26名市政府组成人员颁发任命书。市十八届人大常委会委员、市法院院长和本次会议任命的人员分别进行宪法宣誓。被任命人员代表作表态发言。

市人大常委会党组副书记庞明庆，副主任李建军、夏麦香、戚风乾、王明胜、高敬东，以及市人大常委会委员出席会议。市政府副市长赵海龙，市法院院长徐金江，市人大各专门委员会和常委会工作机构负责人，市政府提请任命人员，市政府办公室、市人社局负责人，各镇（街区）人大（办）主要负责人列席会议。

全市镇（街区）人大工作会议 于3月24日召开。市人大常委会主任李中福出席会议并讲话，党组副书记庞明庆主持会议，副主任李建军、夏麦香、戚风乾、高敬东出席会议。市人大常委会党组成员、全体机关干部，各镇（街区）人大主席（主任）、副主席（副主任）、秘书参加会议。

市十八届人大常委会第二次会议 于3月28日召开。市人大常委会主任李中福，党组副书记庞明庆分别主持会议。会议审议通过市人大常委会关于加强自身建设的决定、常委会议事规则、常委会组成人员守则等制度，作出关于设立市十八届人大常委会代表资格审查委员会的决定。常委会组成人员在审议中认为，市十八届人大常委会履新伊始，把修订完善制度摆在重要位置，在法律框架内行权履职、探索实践的同时，不断完善制度体系，形成一套切合实际、操作性强的工作制度，为常委会依法履职提供有力保障。

会议听取审议市法院执行工作情况的报告。常委会组成人员在审议中认为，市法院认真贯彻落实上级要求，把解决“执行难”问题作为法院工作的重点，不断完善执行机制，加大执行力度，推进执行改革，加强队伍建设，多举措解决“执行难”问题，维护法律权威和当事人的合法权益，为经济社会发展提供良好的司法保障。会议听取审议市委常委、市政府副市长李鹏宣读的李玉祥市长关于人事任命事项的提请和市人社局主要负责人关于提请任命人员的情况介绍。会议采取无记名投票表决的方式，依法决定任命郑本伟为市人民政府副市长（挂职）。会议经过表决，通过关于接受徐龙春辞去市人大常委会委员，郝甫业、高凌云辞去市人大代表职务的决定。市人大常委会副主任李建军、夏麦香、王明胜、高敬东，以及市人大常委会委员出席会议。市委常委、市政府副市长李鹏，市法院院长，市检察院检察长，市人大各专门委员会和常委会工作机构负责人，市政府办公室、财政局、人社局、各镇（街区）人大（办）主要负责人列席会议。

市人大常委会机关思想作风建设年动员会议　于4月25日召开，学习贯彻全市表彰奖励暨思想作风建设年动员大会精神。市人大常委会党组副书记庞明庆主持会议并讲话。

市十八届人大常委会第三次会议　于5月26日召开。市人大常委会主任李中福，副主任夏麦香分别主持会议。会议听取审议了市政府关于城市旧村改造及棚户区改造工作情况的报告、关于旅游业发展情况的报告和市人大常委会执法检查组关于检查贯彻实施“安全生产法”情况的报告。常委会组成人员在审议中认为，实施城市旧村改造及棚户区改造是一项民生工程，是全面建成小康社会的迫切要求，也是提升城市建设管理水平、促进昌邑市经济社会全面可持续发展的一项重要工作。全市依法稳步推进城市旧村改造及棚户区改造工作，提升了城市整体形象，改善了群众居住条件，为建设美丽新城起到了重要的推动作用。关于旅游业发展情况，市政府坚持把旅游业作为战略性产业培育，全市的旅游业发展呈现出多点开发、重点推进的态势，为打造旅游大市、旅游强市奠定了坚实的基础。关于贯彻实施《中华人民共和国安全生产法》情况，全市始终把安全生产工作摆在首要位置，作为一切工作的重中之重来抓，安全生产形势保持了总体稳定、趋于好转的发展态势，为全市经济社会又好又快发展提供了有力保障。会议还听取了市法院关于员额法官履行法律程序的报告、市检察院关于员额检察官履行法律程序的报告。根据相关规定，市检察院检察长宋教德进行了宪法宣誓。市人大常委会党组副书记庞明庆，副主任李建军、戚风乾、王明胜、高敬东，以及市人大常委会委员出席会议。市政府副市长赵海龙，市法院院长徐金江，市检察院检察长宋教德，市人大各专门委员会和常委会工作机构负责人，市政府办公室、财政局、安监局、房管中心、旅游局、各镇（街区）人大（办）主要负责人，部分市人大代表列席会议。

市人大常委会党组理论学习中心组专题学习会议　于6月16日召开，传达中央关于推进“两学一做”学习教育常态化制度化精神。市人大常委会党组书记、主任李中福主持会议，党组副书记庞明庆，党组成员、副主任夏麦香、戚风乾、王明胜、高敬东出席会议。

市人大常委会机关党员大会　于6月30日召开，市人大常委会主任李中福参加会议并讲话，市人大常委会副主任夏麦香、戚风乾、王明胜、高敬东及机关全体党员干部参加会议。

市十八届人大常委会第四次会议　于7月25日召开。市人大常委会主任李中福，副主任戚风乾分别主持会议。会议听取审议市政府关于社区矫正工作情况的报告、关于气象服务工作情况的报告。常委会组成人员在审议中认为，市政府认真贯彻落实社区矫正工作的有关规定，积极推进社区矫正工作法治化规范化建设，社区矫正工作取得明显成效，有力地维护社会和谐稳定。关于气象服务工作情况，认为市政府坚持公共气象为“经济社会发展和人民安全福祉”服务的宗旨，切实加强公共气象服务、气象预报预测和综合气象观测系统建设，强化应急气象保障，为全市发展当好决策气象参谋。会议还听取了市政府关于城市基础设施建设情况的报告、关于优化行政审批服务营造良好发展软环境情况的报告。市人大常委会党组副书记庞明庆，副主任李建军、夏麦香、王明胜、高敬东，以及市人大常委会委员出席会议。市政府副市长王树国，市法院院长，市检察院检察长，市人大各专门委员会和常委会工作机构负责人，市政府办公室、财政局、建设局、司法局、气象局、政务服务中心管理办公室、各镇（街区）人大（办）主要负责人，部分市人大代表列席会议。

市人大常委会机关全体党员会议　于9月8日召开，市人大常委会党组书记、主任李中福讲党课，党组副书记庞明庆，副主任夏麦香、戚风乾、王明胜和机关全体党员参加会议。

市十八届人大常委会第五次会议　于9月28日召开。市人大常委会主任李中福，副主任高敬东分别主持会议。会议听取审议市政府关于市十八届人大一次会议期间代表建议批评和意见办理工作情况的报告、2017年上半年国民经济和社会发展计划执行情况的报告、2016年市级财政决算草案的报告、2017年上半年预算执行情况的报告、2016年市级预算执行和其他财政收支的审计工作报告。会议决定批准昌邑市2016年市级财政决算。常委会组成人员在审议中认为，市政府及其有关部门紧紧围绕全市工作大局，扎实工作，积极进取，各方面工作都取得较好的成绩。关于代表建议办理工作，认为市政府及各承办单位对代表建议办理工作高度重视，不断完善办理工作机制，规范办理工作流程，增强办理工作实效，解决一些群众关注的热点难点问题。关于2017年上半年国民经济和社会发展计划执行情况，认为上半年，全市上下紧紧围绕市委“一三四五”思路举措，坚持以推进供给侧结构性改革为主线，积极推进结构调整和新旧动能转换，全市经济社会运行呈现稳中有进、进中向好的发展态势。关于2016年市级财政决算、2017年上半年预算执行情况，认为市政府及财税部门主动适应经济发展新常态，实施积极的财政政策，依法加强税收征管，财政收入实现稳步增长，财政支出结构持续优化。关于2016年市级预算执行和其他财政收支的审计工作情况，认为审计部门紧紧围绕经济社会发展大局，不断加大审计力度，在推动新预算法贯彻实施、严格规范财政预算管理、落实国家宏观经济政策和民生政策等方面，充分发挥审计监督作用，促进经济平稳运行和健康发展。会议审议通过市人大常委会关于镇(街区)人大(办)组织人大代表评议镇（街区）职能部门工作的意见。会议还听取审议市人大常委会党组副书记庞明庆宣读的主任会议关于人事任免事项的提请和相关情况介绍，市政府副市长赵海龙宣读的市长李玉祥关于人事任免事项的提请和相关情况介绍，并采取无记名投票表决的方式，依法决定人事任免事项。李中福向被任命人员颁发任命书。本次会议任命人员进行宪法宣誓。被任命人员代表作表态发言。市人大常委会副主任李建军、夏麦香、戚风乾、王明胜，以及市人大常委会委员出席会议。市法院院长，市人大各专门委员会和常委会工作机构负责人，市政府办公室、发改局、财政局、人社局、审计局、各镇（街区）人大（办）主要负责人，部分市人大代表列席了会议。

市十八届人大常委会第六次会议 于11月28日召开。市人大常委会主任李中福、党组副书记庞明庆分别主持会议，副主任王明胜主持水资源开发利用与保护工作专题询问会议。会议听取审议副市长曲伟代表市政府所作的关于水资源开发利用与保护工作情况的报告，并进行专题询问。专题询问中，9名市人大常委会委员和3名人大代表围绕水资源开发利用与保护工作的热点难点，富有针对性的询问14个问题，市发改局、经信局、财政局、水利局、环保局、建设局、自来水公司等部门单位认真坦诚、实事求是地回答询问。会议以无记名投票、打分的方式，对水资源开发利用与保护工作情况进行满意度测评。市委常委、市政府副市长李鹏代表市政府作发言。会议还听取审议市人大常委会考察组关于物业管理工作情况的考察报告、市政府关于义务教育均衡发展情况的报告。市人大常委会副主任李建军、夏麦香、戚风乾、高敬东，以及市人大常委会委员出席会议。市政府副市长赵海龙，市法院院长，市检察院检察长，市人大各专门委员会和常委会工作机构负责人，市人大农业与农村委员会委员，市政府办公室、公安局、经信局、财政局、国土资源局、建设局、水利局、农业局、卫计局、环保局、物价局、规划局、房产管理服务中心、自来水公司主要负责人，市法院、市检察院、市发改局、教育局有关负责人，各镇（街区）人大（办）主要负责人列席会议。全国人大代表刘国田和部分潍坊市、昌邑市人大代表应邀列席会议。

市十八届人大常委会第七次会议 于12月29日召开。市人大常委会主任李中福、党组副书记庞明庆分别主持会议。会议审议通过了关于深入学习贯彻中共十九大精神的决议。要求市人大及常委会、各级人大代表要深入学习贯彻中共十九大精神，把学习贯彻中共十九大精神作为首要政治任务，切实把思想和行动统一到中共十九大精神上来，把智慧和力量凝聚到落实中共十九大提出的各项目标任务上来，把学习贯彻中共十九大精神的具体行动体现到履职实效上，确保十九大精神落实落地。会议审议通过关于接受邵振宇等人辞去市人大代表职务的决定草案、市十八届人大二次会议筹备工作情况的报告、补选代表的代表资格审查报告，拟定市十八届人大二次会议议程草案、主席团、秘书长名单草案，议定市人大常委会在市十八届人大二次会议上的工作报告。会议经过审议，决定昌邑市第十八届人民代表大会第二次会议于2018年1月中旬召开。不是昌邑市十八届人民代表大会代表的市政府党组副书记，市政府副市长，市政协党组副书记，市政协副主席，在职的市人大常委会原副主任，市法院院长，市检察院检察长，其他副县级干部；驻昌的全国、省人大代表；市委各工作部门主要负责人；各群团组织主要负责人；市直有关部门、单位主要负责人；省、潍坊市驻昌有关单位主要负责人；大会秘书处各组负责人列席会议。出席市政协十三届二次会议的委员、各镇（街区）镇长（主任）列席第一次全体会议。

会议还听取审议市人大常委会党组副书记庞明庆宣读的主任会议关于人事任命事项的提请和市人大常委会人事代表室负责人关于被提请任命人员的相关情况介绍，市政府副市长赵海龙宣读的市长李玉祥关于人事任命事项的提请和市人社局主要负责人关于被提请任命人员的相关情况介绍，并采取无记名投票表决的方式，依法决定人事任命事项。李中福向被任命人员颁发任命书。本次会议任命人员进行宪法宣誓。市人大常委会副主任李建军、夏麦香、戚风乾、王明胜、高敬东，以及市人大常委会委员出席会议。市政府副市长赵海龙，市法院院长，市检察院检察长，部分市人大专门委员会和常委会工作机构负责人，市政府办公室、市人社局主要负责人，各镇（街区）人大（办）主要负责人，拟提请任命人员列席会议。

（供稿人：张晓忠　张英俊）

主要工作

【主动作为】　市人大常委会始终从全市发展的大局谋划和推进人大工作，依据人大工作的定位和特点，主动融入，履职尽责，推动了市委重大决策部署的贯彻落实。

坚持中共领导，坚定正确政治方向　常委会把坚持中共领导作为做好新时代人大工作的根本政治原则，旗帜鲜明讲政治，牢固树立政治意识、大局意识、核心意识、看齐意识，坚决在政治立场、政治方向、政治道路上同以习近平为核心的党中央保持高度一致，确保中共基本理论、基本路线、基本方略在人大工作中不折不扣贯彻执行。坚决维护市委总揽全局、协调各方的领导核心作用，坚定在市委领导下开展工作，思想上对标对表、行动上紧跟紧随、执行上坚定坚决，始终与市委同心同力、合力合拍。坚持党管干部原则与人大依法任免相统一，严格任前法律知识考试、供职报告、表态发言、颁发任命书等程序，全年共任免国家机关工作人员54人，组织向宪法宣誓43人次，保证了党委意图顺利实现。

认真履行职责，推动重大决策落实　中共十九大召开后，常委会及时进行传达学习，研究制定贯彻落实措施，作出《关于学习贯彻中共十九大精神的决议》，把中共主张及时转化为全市人民的共同行动。常委会组成人员充分发挥标杆示范作用，带头学习、带头宣讲、带头抓好贯彻落实。全市各级人大代表发挥桥梁纽带作用、模范带头作用，团结带领全市人民群众积极投身昌邑“五个新城”建设。认真落实市委部署要求，把代表提出的“关于对天水路进行全面维修的建议”列为1号建议，督促市政府加快改造进程，缓解中心城区交通压力，方便百姓出行。

围绕服务中心，助推经济社会发展　常委会牢固树立全局观念和大局意识，正确处理人大工作与中心工作的关系，主动服从和服务于全市工作大局。认真落实中央和省、市委关于健全人大讨论决定重大事项制度的有关规定，依法审议决定重大事项，支持政府加快推进基础设施建设、城区道路提升、棚户区改造等重大工程项目。常委会领导班子成员积极参与科技创业、产业发展、招商引资、扶贫帮困、校园安全、十九大安保维稳等重点工作，坚持一线调度、靠前指挥，出谋划策、破解难题，各项工作进展顺利。深入开展包村联户工作，选派机关干部到奎聚街道东逄翟村担任“第一书记”，多方筹措资金97万元，帮助硬化村内道路287米、安装变压器2台、架设高低压线路1930米、铺设电缆1200米，有效改善了村民生产生活条件。

【增强监督实效】　常委会始终把握正确导向，突出重点，在依法实施监督中增强工作实效。

★ 市人大召开水资源开发利用与保护工作专题询问会 （胡 阳）

着力推进生态文明建设 常委会把生态文明建设作为监督重点紧紧抓在手上，针对全市水资源短缺、经济发展与水资源矛盾突出的问题，组织开展水资源开发利用与保护工作专题询问，着力破解水资源瓶颈制约，推进生态文明建设。为组织好这次专题询问，主任会议多次讨论研究，制定实施方案，明确询问内容、时间安排、方法步骤和职责分工。询问前，实行市镇两级人大联动，五级人大代表全程参与，5个调研组围绕地下水管理与重点水利工程建设、污水处理与中水回用、城市节水与“海绵城市”建设、农业节水与农业面源污染防治、工业节水与节水技术改造5个专题，深入开展调研，广泛征求意见，收集到各方面的建议意见7800多条；询问会上，常委会委员和人大代表针对14个问题进行询问，7个应询单位回答询问，整个询问过程依法、规范、严谨、有序，体现专题询问的应有之义，取得良好的社会效果。

着力推动民生持续改善 常委会把促进民生改善作为监督工作的出发点和落脚点，依法履职，精准发力，推动民生事项落到实处。听取审议城市旧村改造及棚户区改造工作情况报告，建议抓住国家加快棚户区改造的有利时机，用好用活政策，改善群众生活条件，提升群众居住水平，让群众更多地享受到经济社会发展成果。听取审议义务教育均衡发展情况报告，要求加大投入力度，完善经费保障机制，优化教师队伍结构，提升教育教学质量，办好人民群众满意的教育。听取审议物业管理工作情况的考察报告，从建立完善监管机制、组建小区业委会、规范物业管理行为等方面提出建议意见。常委会还听取审议旅游业发展、气象服务工作情况的报告，听取城市基础设施建设、优化行政审批服务、民族宗教等工作情况汇报，对城市建设、不动产登记等工作进行考察，督促市政府牢固树立“护民、亲民、利民”理念，将服务和保障民生的各项措施落到实处。对常委会的审议意见，市政府高度重视，采取有力措施，认真加以落实，有效推动各项工作持续改进。

着力维护社会公平正义 常委会把维护公平正义作为履职之基，强化监督职能，深化监督措施，督促支持“一府两院”依法行政、公正司法。对贯彻实施《中华人民共和国安全生产法》情况进行检查，要求严格落实安全生产责任制，加强重点领域监督检查，提高全民安全生产意识，保障人民群众生命财产安全。对法院执行工作进行调研，督促市法院规范执行权力运行，完善执行联动机制，提高执行案件质效，提升群众的满意度。对全市公安工作进行考察，指出要加强执法规范化建设，提高处置突发事件能力，严厉打击违法犯罪活动，为全市经济社会发展保驾护航。对社区矫正工作进行调查，建议加大宣传力度，增强群众知晓率，切实发挥社区矫正在化解社会矛盾、预防重新犯罪、构建平安昌邑中的作用。听取市法院、市检察院关于法官、检察官员额制改革情况的汇报，支持全面推进司法责任制改革，对首批遴选入额的46名法官、27名检察官进行备案。认真开展规范性文件备案审查工作，对市政府报送的规范性文件逐一进行备案审查，维护法制的统一、尊严、权威。坚持把做好信访工作作为解社情民意的重要途径，对77件次群众来信来访进行交办、督办，维护群众的合法权益。

着力促进公共财政稳健运行 常委会把预算审查监督放在重要位置，不断改进预决算审查监督方式，

依法管好人民的“钱袋子”。听取审议2017年上半年国民经济和社会发展计划、财政预算执行情况的报告，审查批准2016年市级财政决算，作出相应决议，要求细化预算编制，优化支出结构，确保重大改革及重点领域资金需求。听取审议审计工作报告，对审计发现的问题，加强跟踪监督，督促抓好整改落实，确保财政资金使用安全，促进经济社会稳定发展。组织预算审查监督咨询专家组成员对部门预算进行调研，把好年度预算“初审关”，增强预算编制的科学性、可行性。首次会同财政部门编制《2018年预算解读》，让代表了解预算编制和预算构成情况，更好地开展审查监督。

常委会始终把发挥代表作用作为人大工作的动力源泉，创新方式，完善机制，支持和保障人大代表依法履职。

【强化服务保障】 常委会把加强代表学习培训作为提高代表履职能力的重要工作。4月份，邀请省人大常委会有关专家领导，就人民代表大会制度、地方组织法、代表法等内容对全体代表进行集中授课辅导，进一步增强代表的履职意识和责任意识，为代表依法行使职权、充分发挥作用奠定坚实基础。落实常委会组成人员联系代表办法，采取多种形式保持与代表的经常性联系，传递昌邑市经济社会发展的思路举措，在增强群众观念、践行群众路线、维护群众利益中凝聚共识。坚持人大代表列席常委会会议、定期向人大代表寄送资料等制度，邀请人大代表参加调查考察、执法检查活动682人次，让代表全面掌握人大工作动态，拓宽代表的知情知政渠道。搭建履职平台，拓宽代表履职途径常委会把代表小组及活动室建设作为推进人大工作的有效载体，指导镇（街区）人大加强主席团会议室、代表活动室、代表信息公开栏等硬件建设，同时对代表工作制度、代表档案管理、代表活动记录等进行规范，对镇（街区）人大代表小组活动室建设情况进行观摩点评，使代表履职环境明显改善。全市已建成潍坊市、昌邑市和镇级人大代表小组活动室51个。定期组织开展代表小组活动，加强服务指导，实现代表履职经常化、代表活动多元化。在全市各级人大代表中开展以“市人大常委会组成人员联系人大代表、人大代表联系人民群众”“依法履职创业绩、立足本职创一流”为主要内容的“双联双创”活动，引导代表带头加强学习、带头脱贫攻坚、带头维护稳定、带头移风易俗、带头依法履职，以实际行动凝聚全市创新发展的强大合力。活动开展后，常委会领导成员联系代表267人次，各级人大代表联系群众6839人次，公开承诺为民办实事319件。

【创新办理方式】 昌邑市十八届人大一次会议以后，代表共提出建议84件。常委会及时整理分类，转交“一府两院”（市人民政府、市法院、市检察院）办理，并通过电视台、人大信息网向社会公开，接受社会监督。常委会坚持把督办代表建议作为保障代表权利、解决民生问题、督促“一府两院”改进工作的重要途径，建立常委会领导成员领办、专门委员会督办工作机制，采取承办单位与代表座谈互动、常委会领导带队督导等措施，提高了建议办理工作的针对性和可操作性。坚持重点建议重点督办制度，选取保护水资源、加快崛起昌南等10件建议进行重点督办，以点带面促进代表建议落实。市政府坚持把代表建议办理工作列入年度考核内容，进一步提高办理质量，代表所提建议全部办结，代表满意率、建议落实率较往年都有较大提升，推广中水回用技术、改善开发区软环境等一些涉及生态环境保护、投资环境优化的问题得到有效解决。

【自身建设】 常委会始终把自身建设摆在突出位置，确保各项工作进一步规范，履职水平进一步提高。

作风建设常抓不懈 大力加强机关党建工作，扎实推进“两学一做”学习教育常态化制度化，常委会党组的核心领导作用得到有效发挥，常委会机关党支部的战斗堡垒作用和党员先锋模范作用明显提升。深入开展“思想作风建设年”活动，机关干部的精神面貌振奋向上，工作效率不断提高。扎实推进精神文明建设，常委会机关成功创建为潍坊市级精神文明单位。坚决落实全面从严治党主体责任，着力推进党风廉政建设，认真落实“一岗双责”，严格执行中央八项规定，保持地方国家权力机关为民、务实、清廉的良好形象。

制度建设不断完善 把制度建设作为提高履职水

平的重要环节，明确工作责任，规范工作程序，不断健全议事与决策机制。按照市委“思想作风建设年”的要求，人大机关组织到诸城、龙口等地开展“对标学访”，带着课题上门请教，吸取借鉴成熟经验，提升人大工作的专业化水平。按照总结、继承、完善、提高的原则，修订完善常委会议事规则、主任会议议事规则、常委会组成人员守则等工作制度，努力推动常委会工作制度化、规范化、程序化，更好地发挥地方国家权力机关的职能作用。

宣传工作全面加强 坚持内外宣传相结合，在发挥《昌邑人大》刊物宣传作用的基础上，建成昌邑人大信息网站，全面加强对外宣传，多层次、多角度宣传人大及常委会依法履职的成功经验、创新做法和人大代表的典型事迹，在《山东人大工作》《人民权利报》等市级以上新闻媒体发表稿件100余篇，扩大人大工作的社会影响力。市人大常委会被评为2017年度全省人大新闻宣传先进单位。注重加强理论研究，形成的《县级人大及其常委会行使重大事项决定权的实践与思考》一文，荣获全省人大系统优秀调研论文二等奖。

上下联系更加紧密 自觉接受上级人大的工作指导，主动配合省和潍坊市人大常委会在昌邑市开展调研考察活动10余次。积极参加上级人大组织的学习培训，注重加强与兄弟县（市区）人大的联系沟通，学习借鉴经验，促进工作开展。坚持常委会领导成员联系镇（街）人大（办）工作制度，督促严格落实每年召开人代会不少于2次、人大主席团会议每季度召开1次的要求，实现市镇（街）人大（办）工作整体推进、同步发展。

【人事任免】 1月22日，昌邑市第十八届人民代表大会第一次会议，选举李中福为昌邑市第十八届人民代表大会常务委员会主任，李建军、夏麦香（女）、戚风乾、王明胜、高敬东为副主任。选举李玉祥为昌邑市人民政府市长，李鹏、王树国、赵海龙、孔德奎、曲伟（女）为副市长。选举徐金江为昌邑市人民法院院长、宋教德为昌邑市人民检察院检察长。表决通过昌邑市第十八届人民代表大会内务司法委员会、财政经济委员会、教育科学文化卫生委员会、城乡建设与环境资源保护委员会、农业与农村委员会、民族侨务外事委员会的主任委员、副主任委员、委员。

2月20日，昌邑市第十八届人民代表大会常务委员会第一次会议，根据市人大常委会主任会议的提议，免去郝甫业的市人大常委会办公室主任职务。根据昌邑市人民政府市长李玉祥的提请，任命：明兴谱为市政府办公室主任；宋文清为市发展和改革局局长；孙建伟为市经济和信息化局局长；赵赞江为市教育局局长；赵卫东为市科学技术局局长；王树国为市公安局局长；冯文章为市监察局局长；马玉涛为市民政局局长；郑瑞贤为市司法局局长；许增贤为市财政局局长；滕林波为市人力资源和社会保障局局长；潘永贵为市国土资源局局长；黄国磊为市住房和城乡建设局局长；刘介松为市交通运输局局长；张东森为市水利局局长；王圣仟为市农业局局长；李星亮为市商务局局长；于卫东为市文化广电新闻出版局局长；王传法为市卫生和计划生育局局长；王福州为市审计局局长；董明明为市环境保护局局长；高凌云为市民族宗教事务局局长；刘新民为市统计局局长；宋晓波为市市场监督管理局局长；王升涛为市安全生产监督管理局局长；姜喜润为市金融工作办公室主任。

3月28日，昌邑市第十八届人民代表大会常务委员会第二次会议，根据《中华人民共和国地方各级人民代表大会和地方各级人民政府组织法》的规定，经主任会议提议，决定设立昌邑市第十八届人民代表大会常务委员会代表资格审查委员会，负责处理有关代表资格方面的事宜。根据徐龙春的请求，决定接受其辞去昌邑市第十八届人民代表大会常务委员会委员职务，报昌邑市人民代表大会备案。根据郝甫业、高凌云的请求，决定接受2人辞去昌邑市第十八届人民代表大会代表职务，其昌邑市第十八届人民代表大会常务委员会委员资格相应终止，报昌邑市人民代表大会备案。根据市人民政府市长李玉祥的提请，决定任命：郑本伟为市人民政府挂职副市长。挂职时间1年。

9月28日，昌邑市第十八届人民代表大会常务委员会第五次会议，根据市人大常委会主任会议的提议，任命：付文峰为市人大常委会办公室主任；张晓忠为市人大常委会人事代表工作室主任；马旭日为市人大常委会财政经济工作委员会主任；徐龙春为市人大民族侨务外事委员会副主任委员；黄瑞东为市人大常委会奎聚街道工作办公室主任。免去：徐龙春的市人大常委会人事代表工作室主任职务；胡思明的市人大常委会财政经济工作委员会主任职务；张晓忠的市人大常委会信访工作室主任职务；马旭日的市人大常委会预算工作委员会主任职务；邵振宇的市人大常委会奎聚街道工作办公室主任职务。根据市人民政府市长李玉祥的提请，决定任命：姜正峰为市教育局局长；于卫东为市司法局局长；郝炳伟为市水利局局长；李志国为市文化广电新闻出版局局长；毕德清为市金融工作办公室主任。决定免去：赵赞江的市教育局局长职务；郑瑞贤的市司法局局长职务；张东森的市水利局局长职务；于卫东的市文化广电新闻出版局局长职务；姜喜润的市金融工作办公室主任职务。

12 月 29 日，昌邑市第十八届人民代表大会常务委员会第七次会议，根据邵振宇、曹馨方、郭法安、徐秋霞、王志峰、郝炳伟等 6 人的请求，决定接受其辞去昌邑市第十八届人民代表大会代表职务。曹馨方、郭法安的昌邑市第十八届人民代表大会常务委员会委员资格相应终止，报昌邑市人民代表大会备案。根据市人民政府市长李玉祥的提请，决定任命：郭宏新为市人民政府挂职副市长。挂职时间 2 年。根据市人大常委会主任会议的提议，任命：王新强为市人大常委会信访工作室主任；姜美霞为市人大常委会预算工作委员会主任；郝洪波为市人大常委会办公室副主任；徐建林为市人大常委会调查研究室副主任；孙振仁为市人大常委会石埠经济发展区工作办公室副主任。昌邑市第十八届人民代表大会代表名额为 242 名。市十八届人大一次会议时实有代表 242 名。市十八届人大一次会议后，有 2 名代表出缺，陈永锁转业安置，时述山去世。郝甫业、邵振宇、曹馨方、郭法安、徐秋霞、王志峰、高凌云，郝炳伟等 8 名代表向市人大常委会辞去代表职务。市十八届人大代表尚缺 10 名。根据《中华人民共和国选举法》和《山东省县乡两级人民代表大会选举实施细则》的规定，补选黄瑞东、付文峰、马梓珺、刘新民、王永胜、高爱莲、陆振伟等 7 名为市十八届人大代表。昌邑市第十八届人民代表大会常务委员会第七次会议经过审议，同意代表资格审查委员会关于补选代表的代表资格审查报告，确认补选的 7 名市人大代表的代表资格有效。经过补选，昌邑市第十八届人民代表大会代表有 239 名。

（供稿人：张晓忠　张英俊）

昌邑市人民政府

Chang Yi Shi Ren Min Zheng Fu

重要会议

【全市经济工作会议】 3月7日，在市会议中心第一会议室召开。吕珊珊、李玉祥等市级领导班子全体成员出席会议；市法院院长，市检察院检察长，其他在职副县级领导干部；市纪委常委；各镇（街区）党（工）委书记、镇长（主任）和分管经济工作的负责人；市委各部委、市政府各部门、正科级以上事业单位、各人民团体、市人武部主要负责人；市纪委、市监察局各派驻纪检组组长、监察室主任；市委各巡察组组长；昌邑滨海（下营）经济开发区、市发改局、经信局、商务局、投资促进局中层以上干部；市政务服务中心进驻部门、单位分管行政审批工作的负责人；2016年度特大型、大型、中型企业法人代表、规模以上企业法人代表及优秀新生代企业家；受表彰的单位和个人代表参加会议。会议由市委副书记、市政府市长李玉祥主持。共有4项议程：①市委副书记王龙堂宣读《中共昌邑市委昌邑市人民政府关于表彰2016年度全市经济工作先进单位和先进个人的通报》；②市委常委、副市长李鹏宣读《中共昌邑市委办公室昌邑市人民政府办公室关于公布2016年度全市特大型、大型、中型企业及优秀新生代企业家名单的通知》；③市委书记吕珊珊讲话；④表态发言。

【全市安全生产工作会议】 3月14日，在市会议中心第四会议室召开。市领导李玉祥、王龙堂、李鹏、李明杰、王树国、赵海龙、孔德奎、曲伟出席。各镇（街区）镇长（主任）、分管负责人、安监所所长，市安委会成员单位主要负责人，有关企业法人代表参加。会议有2项议程：①市长李玉祥代表市政府与镇（街区）、部门、单位代表（下营镇、奎聚街道、建设局）签订《2017年度安全生产目标责任书》；②副市长李鹏讲话。会议由市长李玉祥主持。

【全市环保工作会议】 3月23日，在市会议中心第五会议室召开。市领导李玉祥、孔德奎出席；各镇（街区）党（工）委书记，市直有关部门、单位主要负责人参加。会议由副市长孔德奎主持。会议有2项议程：①市环保局局长董明明通报环保重点工作；②市长李玉祥讲话。会议期间，市委办公室发放《中共昌邑市委昌邑市人民政府关于调整昌邑市环境保护委员会成员的通知》；市环保局印发《昌邑市迎接环境保护督查工作实施方案》《深化三八六环保行动实施十大工程加快绿色发展2017年度工作计划》《各镇（街区）各有关部门整改问题清单》《关于提交环保督察相关材料的通知》《昌邑市扬尘污染综合整治工作方案》《昌邑市突出环境违法问题集中整治专项行动方案》等文件。

【全市农业农村暨扶贫开发工作会议】 4月28日，在市会议中心第五会议室召开。市领导王龙堂、曲伟、李方明、孟凡广出席。各镇（街区）党工委书记、分管负责人，市委农村工作领导小组成员单位、市扶贫开发领导小组部分成员单位、市社区建设推进工作领导小组部分成员单位、市委市政府督查室、市物价局、广播影视中心、自来水公司、园林局主要负责人参加。会议由副市长曲伟主持。会议有3项议程：①副市长曲伟代表市政府与都昌街道、围子街道签订《农产品质量安全责任书》；②市委副书记王龙堂讲话；③奎聚街道、围子街道、柳疃镇、建设局、交通局、农商行分别作表态发言。

【全市安全生产会议】 5月22日，在市会议中心第四会议室召开。市领导李玉祥、王龙堂、刘世海、李鹏、刘煜、李明杰、王树国、赵海龙、孔德奎、曲伟和市人民法院院长、市人民检察长及各镇（街区）党（工）委书记、安监所所长，市委各部委、市政府各部门、正科级以上事业单位、各人民团体、市人武部主要负责人，市安全生产督查组全体成员、市安监局中层以上干部、有关企业法人代表。会议由副市长李鹏主持。会议有2项议程：①市安监局局长王升涛通报全市安全生产情况；②市长李玉祥讲话。

【全市化工产业安全生产转型升级专项行动推进会议暨环保工作紧急会议】 7月3日，在市会议中心第四会议室召开。市领导李玉祥、王龙堂、刘世海、庞胜明、田立军、李鹏、刘煜、李明杰、王树国、赵海龙、曲伟出席；各镇（街区）党（工）委书记、镇长（主任）；市直有关部门（单位）、有关企业主要负责人参加。会议由副市长李鹏主持。会议有3项议程：①市政府党组副书记李明杰代副市长孔德奎讲话；②副市长李鹏讲话；③市长李玉祥讲话。

【绿博会筹备工作调度会议】 9月18日，在绿博园第二会议室召开。市领导王龙堂、曲伟、李方明出席；各镇（街区）党（工）委书记，市委办、组织部、政法委、宣传部、市府办分管负责人，市委农工办、团市委、妇联、人大办、政协办、经信局、教育局、财政局、人社局、建设局、交通局、农业局、商务局、文化局、卫计局、审计局、市场监督管理局、安监局、绿博会筹委办、旅游局、机关事务管理局、广播影视中心、园林局、环卫局、城管执法大队、公路局、气象局、供电公司、移动公司、联通公司、电信公司主要负责人，市公安局分管安全保卫、交通管理负责人参加。会议由副市长曲伟主持，有2项议程：①市委办、市委宣传部、市公安局、市建设局、绿博会筹委办及围子街道分别汇报绿博会筹备工作情况；②市委副书记王龙堂讲话。

【昌邑市城乡规划委员会2017年第一次会议】 10月11日，在市级机关综合服务中心A座1106会议室召开。市领导李玉祥、李鹏、孔德奎、张所友和城乡规划委员会委员参加。会议分2个阶段召开。第一阶段李玉祥、李鹏和城乡规划委员会委员参加；会议由市长李玉祥主持。审议9项修建性规划：①审议《润泽华庭修建性详细规划》；②审议《政亨·龙泽苑修建性详细规划》；③审议《昌邑市奎聚街道东隅社区棚户区改造项目修建性详细规划》；④审议《半山兰亭修建性详细规划》；⑤审议《辛置三社区棚户区改造项目修建性详细规划》；⑥审议《恒辉·康桥嘉苑修建性详细规划》；⑦审议《大成府修建性详细规划》；⑧审议《昌邑·潍水龙城修建性详细规划》；⑨审议《天和名苑二期修建性详细规划》。第二阶段李玉祥、李鹏、孔德奎、张所友和卜庄镇镇长及城乡规划委员会委员参加；会议由市长李玉祥主持，有4项议程：①研究《昌邑市城南片区（奎聚路以东）控制性详细规划及城市设计》；②研究《昌邑市城南片区（奎聚路以西）控制性详细规划及城市设计》；③研究《密埠店机械装备产业园控制性详细规划及城市设计》；④市长李玉祥讲话。

【昌邑市创建新一届全国双拥模范城工作会议】 10月12日，在市会议中心第五会议室召开。市领导李玉祥、王龙堂、王树国、孔德奎、李明刚、彭峰出席。各镇（街区）镇长（主任），市双拥工作领导小组成员单位、有关部门、企业、驻昌部队主要负责人参加。会议由市委副书记王龙堂主持，有2项议程：①副市长孔德奎宣读市双拥工作领导小组《关于做好新一届全国双拥模范城争创工作的实施意见》；②市委副书记、市长李玉祥讲话。

【全市安全生产工作会议】 10月12日，在市会议中心第二会议室召开。市领导李玉祥、李鹏，各镇（街区）镇长（主任），市经信局、教育局、公安局、民政局、建设局、交通局、商务局、卫计局、安监局、市场监督管理局、公安消防大队主要负责人参加。会议由副市长李鹏主持。会议有 2 项议程：①副市长李鹏安排部署当前安全生产工作；②市长李玉祥讲话。

【全市环卫工作会议暨第二十三届环卫工人节庆祝大会】 10 月 25 日，在市会议中心第四会议室召开。市领导吕珊珊、李玉祥、李鹏和市人大、市政协领导出席；各镇（街区）镇长（主任）、分管负责人；市委各部委、市政府各部门、正科级以上事业单位、各有关企业、各人民团体、市人武部主要负责人；市建设局领导班子成员；受表彰先进集体主要负责人；环卫行业先进个人代表；市环卫局及康洁环卫集团部分干部职工代表，共计 290 人参加。会议由市委常委、副市长李鹏主持，共有 2 项议程：①表彰先进；②市委副书记、市长李玉祥讲话。

【全市统计工作会议】 10 月 25 日，在市会议中心第五会议室。市领导李玉祥、李鹏出席；各镇（街区）镇长（主任）、分管负责人、综合统计办公室主任、负责 1% 人口抽样调查工作的人员及负责基本单位名录库月度调查工作的人员；统计局全体人员参加。会议由副市长李鹏主持，会议有 2 项议程：①由市统计局局长刘新民通报各镇（街区）1—9 月经济指标情况；②市长李玉祥讲话。 （供稿人：于希群 孙 栋）

★ 10 月 25 日，全市统计工作会议召开 （张平平）

重要活动

【市政府领导调研财税工作】 1 月 11 日，市领导李玉祥、李鹏、高敬东，市政府研究室主要负责人、市财政局、国税局、地税局主要负责人、分管负责人到市国税局二楼西侧会议室召开座谈会。活动由市委常委、副市长李鹏主持，共有 3 项议程：①市国税局汇报 2016 年度工作情况及 2017 年工作打算；②市地税局汇报 2016 年度工作情况及 2017 年工作打算；③市委副书记、代市长李玉祥讲话。

★ 1 月 11 日，市领导调研财税工作 （张平平）

【走访慰问柳疃镇中华人民共和国成立前老党员、生活困难党员、高层次人才劳动模范和贫困户优抚对象】 1 月 24 日（腊月二十七），市领导李玉祥、戚风乾、王明胜、李友田、孟凡铎、马玉涛、明兴谱、李笑春到柳疃棉纺城、西傅村、姜家寨村、刘家车道村、横地村、老官村走访慰问中华人民共和国成立前老党员、生活困难党员、高层次人才、劳动模范、贫困户和优抚对象，给他们送去慰问金、慰问品及慰问信。

【走访慰问春节期间坚持生产的干部职工】 1 月 25 日（腊月二十八），市领导李玉祥、王龙堂、周娟、刘世海、庞胜明、田立军、李明杰、曲伟、明兴谱参加。对市人民医院、市自来水公司第一水厂、市长途汽车站和市公安局春节期间坚守工作岗位的干部职工进行节日慰问。

【重点项目集中开工暨山东雅拉食品有限公司雅拉生态食品科技园项目奠基】 3月11日，市领导吕珊珊、李玉祥、王龙堂、李中福、周娟及市级领导班子全体成员，市法院院长，市检察院检察长，其他在职副县级领导干部；各镇（街区）党（工）委书记、镇长（主任），市委各部委、市政府各部门、正科级以上事业单位主要负责人、山东雅拉食品有限公司总经理翟海峰和柳疃镇300名干部职工参加山东雅拉食品有限公司雅拉生态食品科技园等63个项目的开工仪式活动。活动仪式由市委副书记王龙堂主持，共有5项议程：①总经理翟海峰介绍项目情况；②市长李玉祥致辞；③市领导为项目奠基；④奠基结束后，各镇（街区）党（工）委书记、市委办公室、市发改局、教育局、交通局、商务局、环保局、潍坊市技师学院昌邑分院主要负责人在各自展板前简要汇报各自开工项目情况；⑤汇报结束后，市级领导班子全体成员，市法院院长，市检察院检察长，其他在职副县级领导干部到下营雨泽林场参加植树造林活动。

【全市植树节活动暨林业工作会议】 3月11日，市委、市人大、市政府、市政协领导班子全体成员，市法院院长，市检察院检察长，其他在职副县级领导干部；各镇（街区）党（工）委书记、镇长（主任），市直有关部门、单位主要负责人，下营镇全体机关干部到下营雨泽林场参加植树活动。植树活动结束后，市领导王龙堂、曲伟、李方明、刘介松、孟凡铎、孟凡广及市直有关部门、单位主要负责人，各镇（街区）镇长（主任）、分管负责人、林业站长、到下营镇政府五楼会议室参加全市林业工作会议。会议由副市长曲伟主持，共有2项议程：①市委副书记王龙堂讲话；②下营镇、柳疃镇、饮马镇、北孟镇分别作表态发言。

【环保工作调研】 3月18日，市领导李玉祥、孔德奎、明兴谱和市委、市政府督查室、市政府研究室、市经信局、建设局、交通局、环保局、畜牧局、自来水公司及围子街道党工委书记到美澳嘉园、城市金典、市自来水公司第二水厂、昌邑市日合机械有限公司、山东昌邑石化有限公司、山东昌邑石化热电有限公司、昌邑市华昌公交车有限公司进行调研活动。

3月28日，市领导李玉祥、孔德奎、明兴谱及围子街道党工委书记、市政府研究室、市经信局、建设局、交通局、环保局、畜牧局、自来水公司主要负责人到市自来水公司第一水厂、第二水厂、昌邑市日和机械有限公司、山东昌邑石化有限公司、山东昌邑石化热电有限公司、昌邑市华昌公交车有限公司、城北污水处理厂现场听取各单位情况介绍，调研环保工作。

【市政府领导调研农业工作】 4月16日，市领导李玉祥、曲伟、明兴谱和市委、市政府督查室、市政府研究室、市农业局、林业局主要负责人及都昌街道、围子街道、柳疃镇、石埠经济发展区、饮马镇、北孟镇、市水利局、供销联社、农开办主要负责人参加。分别到市地表水净化水厂、宏大农产品批发市场、绿博园会展中心、艾森集团、石埠经济发展区西郭土豆市场、宝通街梨花小镇、昌邑鑫盛农作物种植项目区、和田旺公司和青乡为农服务中心等9处单位听取各单位汇报，分别进行调研。

【调研纺织印染产业工作】 5月11日，市领导李玉祥、孔德奎、明兴谱及市委、市政府督查室、市政府研究室、市发改局、经信局、国土局、环保局、安监局主要负责人、柳疃镇党政主要负责人到柳疃镇义泰祥家纺、柳疃家纺、华宝纺织、富润科技调研。现场调研结束后，在柳疃镇政府二楼会议室座谈；座谈会由副市长孔德奎主持，共有3项议程：①与会企业围绕各自一季度运行情况、存在的问题、下步发展方向及打算发言；②与会部门、单位发言；③市长李玉祥讲话。

【盐及盐化工产业工作调研】 5月9日，市领导李玉祥、李明杰、孔德奎、明兴谱和市委市政府督查室、市政府研究室、市发改局、经信局、国土局、环保局、安监局主要负责人；下营镇、柳疃镇党政主要负责人

★市长李玉祥（右一）调研盐及盐化工　（张平平）

到汉兴医药、海天生物化工、北澳化工、新澳化工、润安化学、福莱蒽特化工进行调研。现场调研结束后，在灶户公司二楼会议室座谈；座谈会由副市长孔德奎主持，共有 3 项议程：①与会企业围绕各自一季度运行情况、存在的问题、下步发展方向及打算发言；②与会部门、单位发言；③市长李玉祥讲话。

【机械制造产业工作调研】 5 月 12 日，市领导李玉祥、孔德奎、明兴谱和市委、市政府督查室、市政府研究室、市发改局、经信局、国土局、环保局、安监局主要负责人及围子街道党政主要负责人到通达弹簧、广通机械、亿润暖通设备、浩信康浩信集团进行调研。现场调研结束后，在围子街道三楼会议室座谈；座谈会由副市长孔德奎主持，共有 3 项议程：①与会企业围绕各自一季度运行情况、存在的问题、下步发展方向及打算发言；②与会部门、单位发言；③市长李玉祥讲话。

【首届海岸柽柳论坛】 5 月 19—21 日，在昌邑宾馆电视电话会议室举行。出席领导及专家有中国科学院院士刘昌明，中国科学院新疆生态与地理研究所研究员刘铭庭，水利部水利水电规划设计总院高级工程师、教授李宗礼，中国科学院西北生态环境资源研究院副院长、研究员、博士生导师冯起，中国科学院西北生态环境资源研究院科研处副处长、研究员、博士生导师陈拓，中国科学院西北生态环境资源研究院研究员、博士生导师司建华，中国科学院西北生态环境资源研究院研究员、博士生导师张小由，中国科学院西北生态环境资源研究院研究员、博士生导师高前兆，中国科学院西北生态环境资源研究院研究员、博士生导师刘蔚，中国科学院西北生态环境资源研究院助理研究员唐霞，中国科学院西北生态环境资源研究院助理研究员伍修锟，中国科学院西北生态环境资源研究院助理研究员李宝锋，中国科学院西北生态环境资源研究院博士生马小红，中国科学院西北生态环境资源研究院博士生朱猛，内蒙古阿拉善林业科学研究所所长田永祯，国家海洋局第一研究所研究员张朝晖，兰州大学教授徐世建，河西学院副院长、教授张勇，河西学院教授王进，河西学院副教授高海宁，甘肃东大山林场场长李刚，中国科学院烟台海岸带研究所博士张宇轩，中国科学院烟台海岸带研究所博士肖扬，鲁东大学环境学院教授衣华鹏，山东省林科院研究员刘德玺，山东省蚕业研究所副研究员杜建勋，青岛海洋生物医药研究院海洋药物工程技术中心主任周鲁宁，青岛海洋生物医药研究院海洋中药研发中心副主任杨雪，青岛海洋生物医药研究院项目管理部副部长颜景泉，东营市林业局高级工程师陈树亮，东营市东茂耐盐碱植物有限公司总经理王天培，国家海洋局北海分局环保处处长于子江，国家海洋局北海监测中心主任姜锡仁，国家海洋局烟台海洋监测中心站副站长纪灵，省海洋与渔业厅调研员崔洪国，潍坊市海洋环境监测站副站长隽云昌，昌邑市委副书记、市政府市长李玉祥，昌邑市委常委、组织部部长胡筱芹，昌邑市政府党组副书记，昌邑滨海（下营）经济开发区党工委书记、管委会主任李明杰，昌邑海洋生态特别保护区管委会主任吴德刚，昌邑市政府党组成员、办公室主任明兴谱，昌邑市海洋与渔业局局长李永兴及山东奥友生物科技股份有限公司主要负责人；5 月 20 日在昌邑宾馆电视电话会议室举行论坛开幕式，由李明杰主持，共有 7 项议程：①昌邑市委副书记、市长李玉祥致辞；②国家海洋局北海分局环保处处长于子江致辞；③中科院西北生态环境资源研究院副院长冯起致辞；④副院长冯起宣读《中国科学院西北生态环境资源研究院（筹）关于冯起等职务任免的通知》；⑤颁发聘书；⑥副院长冯起与市长李玉祥签订《中国科学院西北生态环境资源研究院昌邑研究中心建设意向书》；⑦副院长冯起与山东省林业科学研究院副院长刘德玺签订《战略合作协议书》。开幕式结束后，举行学术报告会。

【昌邑市龙港无机硅院士工作站暨废弃钠钙玻璃制备油水分离材料项目签约仪式】 5月20日，在昌邑宾馆商务会议室举行。出席领导及专家有中科院院士、全国人大代表、吉林省科协主席、九三学社中央委员、吉林大学教授冯守华，白求恩医科大学教授韩岚，青岛科技大学国家重点实验室培养基地副主任、教授王磊，吉林大学教授黄科科，昌邑市委副书记、市政府市长李玉祥，昌邑市委常委、组织部部长胡筱芹，昌邑市政府党组成员、办公室主任明兴谱，昌邑市科技局局长赵卫东，昌邑市龙港无机硅有限公司董事长王敬伟及柳疃镇、饮马镇镇长，市委组织部分管负责人，市科协、投促局主要负责人参加。仪式由胡筱芹主持，共有3项议程：①市长李玉祥致辞；②冯守华院士致辞；③冯守华院士与董事长王敬伟签订合作协议。

【赴即墨乳山荣成三市考察学习经济社会发展及创建文明城市工作】 6月5—6日，市领导李玉祥、刘世海、郑本伟、李明杰、王树国、赵海龙、孔德奎、曲伟、明兴谱及各镇（街区）镇长（主任）、市委办公室、宣传部、市编办、市政府办公室、研究室、市发改局、经信局、科技局、建设局、商务局、文化局、规划局、旅游局、园林局、环卫局、城管执法大队、交警大队主要负责人，共36人。赴即墨乳山荣成三市考察学习经济社会发展及创建文明城市工作。

【赴张家港、江阴、常熟、昆山四市考察学习】 6月21—23日，市领导李玉祥、李中福、周娟、刘焕成、郑本伟、赵海龙、曲伟、明兴谱及镇（街区）党（工）委书记和市委办公室、市委市政府督查室、市委宣传部、市政府办公室、研究室、市文化局、旅游局、园林局、环卫局、公安交警大队主要负责人，共34人。到张家港市、江阴市、常熟市和昆山市进行为期3天的考察学习活动。

【“智慧昌邑”战略合作协议签约仪式】 7月11日，在市政府第一会议室。参加人员有中国联通潍坊市分公司总经理张志辉，中国联通潍坊市分公司副总经理程振学，中国联通潍坊市分公司综合部经理刘友勇，昌邑市委书记吕珊珊，市委副书记、市政府市长李玉祥，副市长孔德奎，市政府党组成员、办公室主任明兴谱，市经信局局长孙建伟，中国联通昌邑市分公司总经理付玉山，中国联通昌邑市分公司副总经理张兰东。中国联通昌邑市分公司负责与潍坊联通公司对接有关事宜，提供合作协议文本，李玉祥代表昌邑市人民政府、张志辉代表中国联通潍坊市分公司对“智慧昌邑”战略合作协议签约。

【城建重点工程调研】 8月9日，市领导李玉祥、李鹏、孙磊、明兴谱及市委、市政府督查室、市政府研究室、市财政局、建设局、规划局、征收办主要负责人到公园道壹号、恒鼎·新都汇、奥林匹克花园、王葛关龙片区、文山西路西70亩工业用地、建筑公司东地块、翠峰御景、邑城水岸北区进行工程调研。

【重点项目调研】 9月13日，市领导李玉祥、孔德奎，市委、市政府督查室、市政府研究室、市经信局、财政局、教育局、环卫局、围子街道主要负责人到潍坊技师学院昌邑分院、环境工程职业学院、环卫设备生产基地、康洁环卫产业园、智能装备制造产业园、浩信工业园、永富弹簧厂进行调研。现场调研结束后，在围子街道政务服务中心三楼会议室举行座谈会。

【林木种苗产业发展高峰论坛】 9月20日，在市会议中心第四会议室举行。参加人员有国家林业局总工程师封加平、中国林学会副秘书长刘合胜、国家林业局林改司副司长王俊中、国家林业局林改司副司长吴勇、省林业厅副巡视员董瑞忠、潍坊市政府党组成员兼滨海海洋经济新区建设推进办公室党组书记马跃启、国家林业局国有林业和林木种苗工作总站副处长于滨丽、省林木种苗和花卉站站长姜岳忠、潍坊市林业局局长刘跃东及昌邑市委副书记、市政府市长李玉祥；其他与会领导及专家中国林科院研究员郑勇奇、浙江农林大学教授斯金平、国家林业局林改司副处长英犁、中国林学会办公室干部林昆仑、中国林学会学术部主任曾祥谓、省林木种苗和花卉站副站长解荷锋、省林业信息中心科长储秀美、省林木种苗和花卉站科长蹇兆忠、昌邑市委常委兼组织部部长胡筱芹、昌邑市政府副市长曲伟及省各地市林业局分管副局长、种苗站站长、辖区内代表性企事业单位负责人、潍坊市各县（市区）林业局局长、种苗站站长、林业企业代表负责人；各镇（街区）镇长（主任）、林业站长及苗木企业代表负责人等参加活动。会议由中国林学会副秘书长刘合胜主持，共有3项议程：①潍坊市政府党组成员、滨海海洋经济新区建设推进办公室党组书记马跃启致辞；②山东省林业厅副巡视员董瑞忠致辞；③国家林业局总工程师封加平、中国林科院研究员郑勇奇、浙江农林大学教授斯金平依次授课。

【中国林学会、山东农业大学战略合作协议签约仪式】 9月20日，在市会议中心第五会议室举行昌邑市人民政府与中国林学会、山东农业大学战略合作协议签约仪式。中国林学会副秘书长刘合胜，中国林学会学术部主任曾祥谓，山东农业大学副书记朱莉，昌邑市委副书记、市政府市长李玉祥，市委副书记王龙堂，市人大常委会党组书记、主任李中福，昌邑市政协党组书记、主席周娟，副市长曲伟及各镇（街区）镇长（主任）、分管负责人、林业站站长、市委台办、农工办、党校、科协、教育局、科技局、民政局、人社局、国土局、建设局、水利局、农业局、海洋与渔业局、林业局、旅游局、畜牧局、农机局、投促局、供销联社、粮食局、经管局、沿海执法局、油区办、园林局、职教中心、潍管局、气象局主要负责人及分管负责人参加。仪式由市委副书记王龙堂主持，共有5项议程：①副市长曲伟致辞；②中国林协会副秘书长刘合胜致辞；③山东农业大学副书记朱莉致辞；④刘合胜、李玉祥分别代表中国林学会和昌邑市人民政府签署战略合作协议；⑤朱莉、李玉祥分别代表山东农业大学和昌邑市人民政府签署战略合作协议。

【城建项目调研】 10月30日，市领导李玉祥、李鹏、赵海龙、明兴谱及市财政局、国土局、建设局、交通局、规划局、林业局、园林局、公安交警大队、公路局主要负责人到石化路道路挖补罩面及交通街道路新建工程、天水路雨污分流挖补罩面及天水路道路北延工程、解放路道路新建工程、奎聚路道路新建工程、妇幼保健院西侧景观绿化工程、文东路道路新建工程、兴昌街道路新建工程、同大街道路新建工程现场进行调研。

【青岛大学生命科学学院协同创新基地揭牌仪式】 11月15日，在山东昌邑乾隆杯酒业有限公司会议室举行青岛大学生命科学学院协同创新基地揭牌仪式。参加人员有青岛大学生命科学学院党委书记薛冰，青岛大学生命科学学院院长李荣贵，青岛大学生命科学学院食品科学与加工系主任胡迎芬，青岛大学生命科学学院生物技术系副主任常诚，青岛大学生命科学学院博士李子超，青岛大学生命科学学院原副院长、科技转化平台负责人魏西玉，昌邑市委副书记王龙堂，昌邑市政府副市长孔德奎，昌邑乾隆杯酒业有限公司董事长丛陆军和市经信局、科技局、农业局、市场监管局主要负责人，昌邑乾隆杯酒业有限公司创新团队、职工代表30人参加活动。仪式由副市长孔德奎主持，共有4项议程：①市委副书记王龙堂致辞；②青岛大学生命科学学院党委书记薛冰讲话；③山东昌邑乾隆杯酒业有限公司董事长丛陆军汇报协同创新基地建设有关情况；④王龙堂与薛冰共同为协同创新基地揭牌。

【重点工程重点企业调研】 12月16日，市领导李玉祥、李鹏、孔德奎、高敬东及市委市政府督查室、市政府研究室、市发改局、经信局、商务局、环保局、安监局主要负责人；都昌街道、围子街道、市房管中心、征收办主要负责人到浩信工业园、山东同大集团、昌邑华晨集团、山东昌邑石化有限公司、西安家埠片区棚户区改造项目、卫生局片区北区棚户区改造项目、市供电公司进行调研活动。

（供稿人：于希群　孙　栋）

市政府办公室工作

在市委、市政府的正确领导下，市政府办公室紧紧围绕中心、服务大局，进一步强化服务意识，转变工作作风，提升行政效能，切实发挥沟通协调、参谋助手、后勤保障等职能作用，圆满完成了各项工作任务，为市政府工作高效有序运转提供有力保障。

【提升履职尽责能力】　组织政府办公室党员干部认真学习贯彻中共十九大会议精神，深刻把握习近平新时代中国特色社会主义思想精神实质和丰富内涵，开展自学和集中学习，撰写心得体会，在学懂、弄通、做实上狠下功夫，切实增强政治理论修养，夯实理想信念根基。坚定不移用习近平新时代中国特色社会主义思想武装头脑、指导实践、推动工作，真正把学习转化为分析问题、解决问题的实际本领，转化为服务大局的具体举措。牢固树立和自觉践行政治意识、大局意识、核心意识、看齐意识，坚决维护习近平总书记的核心地位，在思想上政治上行动上同以习近平为核心的党中央保持高度一致。在贯彻落实上级路线、方针、政策和市委、市政府决策部署方面，态度坚决，措施有力，确保政令畅通、落实到位。

【推动各项工作】　发挥综合协调作用，提升以文辅政能力。共办理文电3000多份，处理请示1500多份，组织会务400多次，圆满完成农业部农村土地承包经营权确权登记调研、中央和省政府环保督察组督查、中国昌邑“互联网＋县域产业”峰会、绿博会等大型会议及重要政务活动的组织协调工作。主动加强与市委、人大、政协办公室的沟通联系，及时交流信息，形成工作合力。把日常文字和调查研究作为服务政府决策的重要手段，创造性开展工作，努力探求新思路、新方法、新途径，确保工作思路与政府决策一致，工作重点与全市中心工作合拍。共起草文件、领导讲话等材料1600多份，在潍坊市级以上刊物发表调研文章19篇，《关于深化绿色发展建设生态美丽城市的调研报告》荣获全省政府系统优秀调研成果二等奖；《关于加快发展新六产培育农业新动能的调研报告》《关于积极稳妥处置“僵尸企业”的调研报告》分别荣获潍坊市政府优秀调研成果二等奖、三等奖。上报信息3677篇，被上级刊物采用380篇，被省级以上领导批示6篇，采用信息数量和质量均居潍坊前列。《深入践行“两山论”，全力建设生态美丽新昌邑》《做好“四篇文章”加快培育“新六产”增强农业发展新动能》2篇文章在省政府《内部情况通报》刊发，常务副省长李群、副省长于国安分别作出批示要求在全省总结推广；2017年省政府《内部情况通报》刊发2篇，实现了历史性突破；《聚焦“四新”“四化”以新旧动能转换引领提质增效》《争当引领开放发展的排头兵》《一手抓清理退出、一手抓治理重生，积极稳妥处置“僵尸企业”》3篇文章在省政府研究室《决策参阅》刊发，其中僵尸企业处置做法作为全省17个地方改革案例之一上报中央改革办。加快推进城市数据库二期，对城区管网信息进行普查，已进入收尾阶段并完成初验。按照智慧潍坊任务要求，完成上报7所幼儿园、4个社区为试点单位，6个“智慧洗车”和10个“云支付”等项目。民生热线受理群众诉求4.5万多件，按时办结率和综合满意度均居潍坊第1位。印发《昌邑市法治政府建设实施纲要（2016—2020年）》，建立法律顾问专家库，审核把关政府文件、合同、协议及其他法律文书80余件。对全市62件规范性文件和80件政策类文件进行全面清理，提出保留、废止、修订、失效意见。开展行政执法案卷评查，共检查卷宗80余卷，评查得分居潍坊市县（市区）第1位。认真做好外事侨务工作。积极为企业申办发放APEC商务旅行卡，为10家企业办理邀请函备案手续，成功邀请来自巴基斯坦等国家的客商52人次到昌邑市进行商务洽谈、设备采购，达成合作意向金额约400万美元。组织14家企业参加“2017海外华商博士投资创业潍坊行对接会”，达成初步合作意向2项。办理因公出国团组4批9人次，分别赴美国、加拿大、德国、意大利等国家开展经贸洽谈、招才引智活动，成功设立2处海外人才工作站，达成2项合作意向，对接5名海外高层次人才到昌创新创业。扎实做好招商引资、金融、机要网络、应急管理、行政、无线电管理、史志、车辆管理等工作。引进的棉纺城12兆瓦屋顶分布式光伏发电、贵和嘉园2个项目都已建成，认定到位资金8750万元，超额完成招商引资任务。扎实做好金融工作，完成54家规模企业规范化公司制改制，16家企业在齐鲁股权交易中心集中挂牌；组建城投集团、金控集团，成立1亿元过桥基金，融资性担保公司增资2亿元；强化担保圈等金融风险防控，清收处置部分企业不良贷款9.5亿元。做好省政务专网、省应急专网、潍坊市“协同统一政务平台”电报收发工作，实现公文接收零差错、零延误。强化应急检查与演练，妥善处置“2·14”钻井溢气等突发事件，创新开展的社会应急联动工程被列为全市新旧动能转换重大工程。会议中心承接各类会议395次，文化广场承接各类活动21场，文化中心承接演出、书画展等活动130场。扎实做好志书编撰类工作，《昌邑市志（1986—2005）》完成出版印刷；《昌邑年鉴（2017卷）》正式出版印刷。严格执行公务用车管理制度，重新统一公车标识，进一步提高车辆管理和服务水平。

【为民务实清廉】　深入推进“两学一做”学习教育常态化制度化，扎实开展“思想作风建设年”活动，大力弘扬公仆、工匠、创新、奉献、自律“五种精神”，政府办公室争当全市机关的表率，办公室工作人员争当全市公务员的表率。扎实开展连心走访活动，走访群众1700多户，切实为群众办实事、解难题。加强民主集中制建设，努力提高民主化和科学化水平，营造风正气顺心齐、团结和谐干事的良好氛围。严格落实党风廉政建设责任制，认真执行廉洁从政准则，扎实推进办公室党风廉政建设，强化对机关干部的监督和管理，切实做到为民、务实、清廉。

（供稿人：于希群　孙　栋）

应急管理

【概况】　昌邑市应急管理委员会办事机构是市应急管理委员会办公室（简称应急办），隶属市政府办公室，其主要职能是负责全市应急管理工作。2017年，应急办认真贯彻落实省、潍坊市关于应急管理工作的一系列部署要求，进一步健全组织体系，科学修编预案，加强监测预警，严格值守应急，积极锻炼应急队伍，大力开展宣教培训活动，有效提高应对突发事件的能力，最大限度地预防和减少突发事件的发生及其造成的损失，确保全市公共安全和社会稳定。

【应急管理体制】　市应急办在履行值守应急、信息汇总、综合协调、服务监督等方面发挥应急管理枢纽作用；各镇（街区）及有关部门、单位相应建立健全应急管理工作领导机构和办事机构，应急管理成员单位达到59个。全市进一步强化防汛抗旱、防震减灾等专业机构应急指挥与协调职能，职责分明、运转高效的应急管理体制进一步完善。

【值守应急】　市应急办工作人员严格执行24小时值班制度，特别是在中共十九大召开期间，重点加强人员值守力量，实行一天一调度，紧急事件随时报，保证市政府与上级、各镇（街区）、市政府各部门联络畅通，及时掌握和报告市内外相关重大情况和动态。认真接听电话，准确记录内容要点，及时处理转办，确保信息畅通。

【应急预案管理】　对各级各类预案编制修订情况进行调查摸底，新编制修订专项预案4个，已编制市总体应急预案1个，专项应急预案31个，部门应急预案79个，镇（街区）总体应急预案10个。各村（居）、企业、学校也都编制应急预案。各级各类应急预案基本覆盖各类突发公共事件。

【监测预警及信息发布】　强化监测预警能力建设，在各村（居）、学校和易发生事故灾难的单位设立基层信息报告员，负责报告和先期处置各类突发事件。面对强对流、大雾、寒潮、干旱等多种灾害性天气的袭击，及时向全市各有关部门及广大市民发送预警预报信息。2017年，共发布各类预警信号83期，并通过手机短信、电子显示屏、“12121”电话、传真及微信公众号等方式第一时间向公众发布，有效减少和降低突发事件及其造成的危害。

【应急队伍建设】 2017年，依托市公安消防部队组建的应急救援大队扩充至108人，配消防车34辆，热像仪、测温仪27件，破拆装备23件，救生装备82件，承担全市各类灾害事故的应急救援任务；组织沿海防台风暴潮抢险队180人，配备汽车2辆、照明灯30只、照明电源1台；防汛抗旱机动大队，机动队共20人；汛期落实常备队16人，抢险队2.65万人，后备队2.7万人。突发公共卫生事件应急救援医疗队4支，配备相应的医疗器械；组织防汛抢险队4.42万人，后备队4.47万人。此外，应急通信、广播电视确保按时播出、自来水抢险、天然气保障等应急救援队伍全部建立健全；组建的1200人的志愿者队伍，积极抓好演练和日常训练工作。

【应急资源管理】 将应急基础设施建设和物资储备工作作为应急管理工作的基础性工作来抓，进一步加大各级财政投入力度。积极为各级应急管理机构配备车辆、通讯等必需的应急设施；加强公共安全基础设施建设，利用城市公园、绿地等地域，规划建设紧急、临时或中长期避难场所5处，总面积为26.4万平方米，可容纳13.2万人疏散安置；重点加强抗洪抢险、消防特勤、医疗救治等应急处置装备建设，进行必需物资储备，应急物资储备网络初步形成。面对全市近几年水资源短缺的现状，投资1100万元，建设潍河抗旱应急水源工程，积极协调潍河上游客水和胶东调水1800万立方米，弥补水源不足问题。

【应急培训与宣教】 市应急办会同市公安消防、安全生产、地震等部门充分利用全国消防日、国际减灾日、“5·12”汶川地震纪念日、“7·28”唐山地震纪念日等专项宣传活动，组织开展突发事件应对法和应急知识科普宣教活动，发放宣传材料、各类科普读物1万多本，光盘200多份，有效提高群众参与应急管理的意识和能力，营造了全社会共同关心、齐心协力做好应急管理工作的良好氛围。依托市青少年综合培训基地，充分整合教育、人防、地震、气象等部门的应急资源，建设青少年应急管理教育培训基地。每年对全市5000余名初一新生进行应急知识普及教育，推动应急管理工作进学校、进家庭。另外，市委党校将应急管理知识列入干部培训课程，结合干部轮训工作，分期分批进行应急法律知识培训。

【社会应急联动工程建设】 市应急办在认真借鉴先进地区经验的基础上，会同市公安局创新开展社会应急联动工程建设。主要内容是搭建市应急委、指挥中心、职能部门、镇（街区）、村（居）五级工作站组织架构，完善社会应急联动体系；建立健全社会联动工作机制。依托“智慧昌邑”前期建设成果，整合现有应急资源，强化科技支撑，构建“统一指挥、快速反应、联合行动”的应急指挥平台。强化突发事件“事前防范、事中处置、事后恢复”的全过程标准化建设，加快构建昌邑市“大应急”格局。通过科技与智慧的支撑，实现应急管理工作“管理日常化”“应急精准化”的工作要求。

（供稿人：李庆成　王志勇）

史志工作

【优化队伍建设】 2017年7月，昌邑市政府办公室重新聘任史志编辑人员，新组成的5名成员较原来5人年龄由68岁降至46岁，大专以上文化程度由60%提高到80%；在新组成的5人中，有2人为大学刚毕业的年轻人。经过调整，形成一支热心史志工作、具有一定文字功底和撰写水平，又能运用现代化信息手段，进行科学规范运作的史志编辑工作队伍。编辑人员除史志、年鉴纂写工作外，还担负昌邑市方志馆的建设和管理以及指导全市镇、村、企业、部门志书的编纂等工作。

【《昌邑市志（1986—2005）》出版发行】 新组成的史志编辑人员，遵循史志工作“争一流、出精品”的宗旨，在方志出版社专家的指导下，对《昌邑市志（1986—2005）》由于扩版出现的问题进行校正修改，核实完善插图，并撰稿补充“附录”和“索引”，使志书体例得已完备。11 月，1736 千字的《昌邑市志（1986—2005）》出版刊行。

【首卷《昌邑年鉴》出版】　根据潍坊史志办工作会议要求，积极编写首卷《昌邑年鉴》征稿方案。9 月 27 日，昌邑市人民政府召开全市《昌邑年鉴》2017 卷供稿专题会议，下发征稿方案，启动《昌邑年鉴》撰写工作。会后编辑人员加班加点，催促、整编各单位、各部门上报材料。11 月完成初稿，交付方志出版社；12 月，一部 750 千字，图文并茂的《昌邑年鉴》2017 卷正式出版。

【完成省、市供稿工作】　史志编纂人员在撰写《昌邑市志》《昌邑年鉴》的同时，科学分工，密切合作，加班加点，精益求精的按时完成山东省、潍坊市史志工作的供稿任务。9 月 26 日，完成《潍坊市志（1991—2012）·昌邑部分》4 万字的供稿任务；11 月 4 日，完成《山东解放区志·昌邑部分》《山东抗日根据地志·昌邑部分》，分别为 4.6 万字和 2.5 万字的供稿任务。同时，还对 1987 年版《昌邑县志》翻印进行细致的校对。另外，接待外来人员询查相关资料 16 人次；解答围子街道部分村编写村志疑难问题 20 余次。

★全市史志工作会　（张平平）

【培训工作】　昌邑市史志办分别于 6 月和 10 月份 2 次派人参加省史志办举办的全省精品志书、名镇名村志编修培训班。参训人员经过听取省史志办领导的动员报告和史志专家的授课、专题讲解，提高了对史志工作的认识和志书编写专业水平。

（供稿人：张述智）

民生热线服务中心

【机构与职能】　昌邑市民生热线服务中心为昌邑市人民政府办公室所属公益一类事业单位，副科级规格，财政拨款。核定事业编制 4 名，配备主任 1 名。主要职责：①负责受理人民群众和社会各界关于全市经济社会发展的意见、建议；②负责受理人民群众和企业单位在生产、生活或经营过程中遇到的困难、问题和咨询求助；③负责受理人民群众对政府各部门工作职责、办事程序和政策规定的咨询、意见、建议，对政府、政府各部门及其工作人员关于工作作风、工作质量、行政效能等方面的投诉；④负责受理人民群众反映社会生活中的热点、难点问题，以及对社会生活中发生的属于政府方面解决的有关意见和建议等；⑤收集分析研究人民群众和社会各界反映的带有倾向性、苗头性问题和重要社情民意信息，报送市领导参考决策；⑥负责对人民群众来电（含自助方式）的记录、分类、转办、交办、协调、督查、反馈和归档工作，协调督促职能部门（单位）妥善处理好群众和社会各界通过民生热线反映的问题；⑦负责对民生热线网络单位热线事项受理工作进行指导、监督和考核，确保服务质量和工作效率；⑧负责受理市民对家政、维修、中介、法律、消费等生活服务领域的求助服务；⑨承办潍坊市政务服务热线办公室转办的群众来电反映事项；⑩承办市政府办公室和上级业务部门交办的其他事项。

【民生热线工作】

群众来电受理　2017 年，民生热线紧紧围绕市委、市政府工作部署，以“群众满意度”和“一次办结率”为抓手，深入开展“创新+”行动年活动，努力打造民生服务新标准、新特色、新亮点，加快推进创新发展，不断拓展服务范围，切实改进办理方式，全面提升群众满意率，真正发挥好党委政府联系群众、服务群众的平台作用。全年受理群众有效反映事项45021件，比上年增加2000余件。其中承接潍坊市政务服务热线转办事项18062件，本市电话受理24821件、微信823件、街头一键通463件、热线网站766件、新浪微博57件、热线信箱17件、短信11件、手机APP 1件。民生热线直接答复和协调办理19671件，制单转网络单位办理25350件。2017年第一季度沿用2016年考核办法，“一次办结率”居潍坊市县（市区）第1位；二季度启用新的考核办法，潍坊转办工单按时办结率为97.51%、综合满意度为90.85%，2项指标均居潍坊市县（市区）第1位。

技能培训　召开全市民生热线培训会议，启用潍坊政务服务热线三级网络平台。简化受理转办流程，实现潍坊、昌邑、镇（街区）三级联动，热线办理更加快捷高效。受理座席全程负责所接工单的接听、转办、催办、回访等工作，对所办工单质量负责，对处办质量较差的工单退回重办，提高办结率和满意度。开展“对标赶超”“热线之星”“每月受话点评”等评选活动。组织开展健步行、户外骑行、室外拓展、趣味游戏、励志教育等活动，增强团队的凝聚力和向心力。建立民生热线在线微课堂，开展阅读、朗诵等活动和《高效团队建设与管理探索》主题课程，打造文化热线、书香热线。

工作制度建设　依据《关于进一步加强政务服务热线建设完善群众反映诉求处理机制的意见》（潍发〔2017〕19号），结合本市热线工作实际，出台《关于进一步加强民生热线建设提升为民服务水平的意见》《关于印发＜民生热线受理工作制度＞等制度办法的通知》等，制定受理、分流转办、调查办理、督办、回访、考核评价等全过程处理机制，建立《领导干部派单制度》《承办主体联合认定工作细则》《督办办法》《考核办法》《责任追究办法》等制度办法，进一步规范全市热线建设，完善办理机制、工作流程、督办考核、评价使用工作规范，强化工作责任，加大督办考核力度，切实提高群众诉求的办理质量和效率。同时，随着潍坊市委、市政府深入推进“作风建设年”活动，组织开展领导干部接听热线活动，民生热线根据潍坊市要求，建立《党政主要领导接听潍坊政务服务热线制度》，高标准筹备接听方案，严格跟进领导接听后续工作的督办落实，有效解决一大批疑难复杂问题，群众满意度显著提升。11月2日，市委副书记、市长李玉祥赴潍坊市政务热线中心现场接听群众来电20件，潍坊传媒网、山东电视台“直通12345”等栏目进行了专题报道，所有的接听件均在规定时限内圆满解决或妥善答复，得到了较好的社会反响和群众的一致好评。

网络单位管理监管　2017年，修订出台《民生热线网络单位办理工作考核办法》，继续将办理工作纳入对镇（街区）科学发展考核、部门年度绩效考核范围，以热线系统平台统计数据为评分基础，坚持日常考核与集中考核相结合、定量考核与定性考核相结合、以定量考核为主的考核方式，力求使考核结果真实反映网络单位热线工作实绩，为相关考核提供依据，为领导决策提供有效信息参考。各镇（街区）、市直各部门（单位）是热线办理工作的责任主体，主要负责人是民生热线工作的第一责任人，分管负责人是具体责任人，切实落实好热线办理的主体责任，突出问题导向，采取有力措施，确保热线办理效率和办理效果，不断提升群众满意率。制定责任主体单位热线办理工作考核办法，突出“群众满意度”“一次办结率”考核导向，对热线办理情况进行量化考核，考核结果纳入镇街区科学发展考核、部门（单位）年度绩效考核体系，并对先进单位、先进个人进行年度表彰，通过考核进一步提高热线工作效率、办理质量和为民服务水平。加强考核结果运用，每季度进行综合排名通报。制定《昌邑民生热线工作责任追究办法》，对推诿、退办、弄虚作假、不正确履行职责等情况进行问责，包括责令作出书面检查、责令道歉、通报批评、行政告诫、停职检查、调离工作岗位等责任追究类型。各责任主体单位要认真对待群众诉求，充分认识群众诉求对政府工作所起到的推动作用，以思想认识的提高带动作风转变，切实提高市民诉求件的办理质量和办理水平。民生热线工作重心向解决问题倾斜，充分利用新闻媒体舆论监督作用，既充分正面宣传引导表扬先进典型，也对办理不力部门单位进行批评曝光，达到市民反映问题快办真办实办的效果。设立民生热线社会监督员，深入到市民中直接听取群众的呼声，向热线及时反馈信息，并对网络单位办理进行监督，对重点问题开展回访，并参与一些疑难杂件问题的处理，加大热线办理实效，真正帮助群众解决实际诉求。

要情专报 依托热线系统平台统计数据成立民生大数据分析中心，定期梳理群众诉求事项，以数据、图表等形式分类汇总，鲜明呈现一段时期群众生产、生活动态及社会经济发展情况，编印呈阅件、月分析、季度通报、政务信息专刊、快讯、舆情专报等，及时向市领导汇报，为领导掌握情况、科学决策提供参考。2017 年，印发政务信息专刊 22 期、月分析 12 期、季度通报 4 期、舆情专报和快讯各 3 期，市领导呈阅件 21 期。

创新服务理念，拓展服务内容 充分发挥话务资源优势，开展信息咨询、民意调查、满意度回访、电话客服培训、受理技能传授等服务。2017 年 7 月，完成数字城管“12319”热线客服人员岗前培训；8—9 月，根据市创城办安排，完成群众关于城市建设管理、市容市貌提升等方面的各类诉求（包括投诉举报、意见建议等）受理；11 月，完成 2017 年镇（街区）科学发展综合考核群众满意度测评工作。每半年通过热线微信公众号（cymsrx7112345）、网站等渠道开展 1 次民生热线问卷调查，征集市民对热线工作的意见、建议，全面准确掌握工作情况，增进群众对民生热线的支持。继续完善昌邑民生热线（cymsrx7112345）微信、微博、网站等信息媒介宣传功能，定期发布工作动态、政策解读、便民资讯、热线反馈等内容，宣传政策法规，传播公共服务、社会生活信息。共发布微信 408 期、微博、热线网站、手机 APP 实时更新。借助民生热线服务平台系统，完善便民服务平台，继续吸纳加盟家政、维修、养老、医疗、中介等各类便民服务资源，储备大容量数据库，满足市民在日常生活、养老、医疗等方面的诉求。（供稿人：孙兆兴 杨蕊）

智慧城市建设

【概况】 2017 年，昌邑市智慧昌邑建设办公室（简称市智慧办），属市政府直属事业单位。其主要职能是对全市信息资源管理，指导、协调与组织信息资源的开发利用；指导协调全市电子政务建设；合理配置资源，会同有关部门建设和完善信息标准体系，推动公共信息资源共享，规范信息化建设运行机制，促进信息技术的推广应用；组织协调全市信息安全体系建设、统筹规划系统数据库灾难备份建设。市智慧办内设综合科、项目建设科、智慧政务科和网站管理及信息安全科 4 个职能科室。共核定事业编制 16 名，配备主任 1 名、副主任 3 名，科长 4 名，副科长 2 名。

【应用系统运行维护】 2017 年，市智慧办加强对机房及相关设备的维护保养及巡检工作，对机房里的设备进行集中检查，特别对机房的环境空调设备及存储设备进行集中维护。并与华戎公司联合完成机房设备运行情况的健康度评估工作。

【“物联昌邑”建设】 物联城市是智慧城市发展建设的重点，对实现智慧城市创新发展和物联城市建设具有重要意义。市智慧办研究制定了“物联昌邑”建设方案，全面推进“物联昌邑”建设，突出智能泊车、智慧市政、智慧环保、智慧环卫、车联网、智慧水务、智慧养老、智能楼宇、智慧农业、智能制造和智慧物流等 12 类应用，全力推进相关项目建设。

【信息化项目统一管理】 为加强和规范政府系统、党政机关、事业单位信息化管理，推动信息化基础设施集约建设和信息资源共享利用，提高财政资金使用效益，市智慧办出台《昌邑市信息化项目管理办法》，统一负责全市信息化项目的建设、运营、维护，构建起全市统一的信息化项目管理体系。

【政务信息资源目录梳理】 按照上级要求，市智慧办认真组织开展政务信息资源目录梳理工作，下发通知、召开会议、及时调度，率先在潍坊市非试点县（市区）中完成政务信息资源目录梳理工作，共梳理53个相关单位政务资源信息1171项，及时高效高标准的导入省政务信息资源共享交换平台，为政务信息资源整合共享打下基础。

【政府门户网站运行维护】 按照国务院《全国政府网站普查评分表》，市智慧办从网站的功能性、各栏目维护更新情况及互动交流等各方面对网站进行维护，确保网站不出问题，实现政府网站安全运行。同时，协调国土资源局、文化局、民生热线服务中心等8家行政部门在政府门户网站子栏目开始正常运营。

【智慧城市宣传】 通过电视、报纸、新媒体等各种有效形式，大力开展智慧城市宣传，着力营造“建设智慧城市，共享品质生活”的良好氛围。11月份，开通“昌邑智慧城市”微信公众号、设计“智慧昌邑”标徽、印制宣传手册，将智慧昌邑建设成果通过公众平台展示给广大市民，提升广大市民对智慧城市的感知度，提高城市公共服务质量和水平。

智慧昌邑各应用系统功能的不断丰富和完善，以及与“智慧山东”“智慧潍坊”战略的无缝对接和深度融合，将进一步提升全市的智慧化水平，为广大市民提供更优质的生活条件。

（供稿人：孙兆兴　姜文婷）

人事工作

【概况】 昌邑市人力资源和社会保障局（简称人社局），组建于2010年2月，是市政府工作部门之一，负责全市人力资源和社会保障工作，内设办公室、规划财务科、就业促进和劳动关系科、职业能力建设科、专业技术人员管理科、事业单位人事管理科、工资福利科、社会保险科、工伤保险科、外国专家办公室等10个科室和社会保险事业管理中心、人力资源管理服务中心、人事培训考试中心、劳动保障监察大队、劳动人事争议仲裁院、居民医疗保险管理中心、创业贷款担保中心、人事档案管理服务中心8个事业单位，共有职工160人。

【公务员管理】 2017年，昌邑市共考录19名公务员和7名参公人员，其中市直机关3名，镇（街区）机关16名，及时为各级机关补充了优秀人才。配合组织部门开展了新公务员职务与职级并行制度试点工作。及时对公务员和参公人员情况进行了摸底，认真核实了个人档案信息，确保了数据的准确。在规定时间内按规定程序，为符合条件的1144名公务员（参公人员）进行了职级套改，为符合条件的171名公务员（参公人员）进行了职级晋升。及时开展公务员信息管理系统的数据维护工作。

【事业单位人事制度改革】 2017年开展5次事业单位招聘考试，共招聘269名事业单位工作人员，其中公立医院（人民医院和妇幼保健院）招聘25名医生，教育系统招聘120名教师，综合类事业单位招聘94名工作人员，技师学院昌邑分院30名教师。及时完成涉改人员的划转工作。根据编办下发的事业单位改革方案，及时为涉改单位办理人员划转手续，确保单位各项职能工作的正常开展。

【信息录入】 2017年，有11687名人员信息入库，同时人员调动、工资业务启动运行，完成工资首月业务，实现人员“进、管、出”全过程管理。逐步实现全市范围内基础管理、人事计划、人员调配安置、公务员录用、登记、奖惩、任免、事业单位招聘、岗位设置、岗位管理、工资审批等人事业务网上办理，进一步提升人事管理科学化、规范化、信息化水平，提高人事管理工作效率。对全市法官、检察官和司法辅助人员工资制度进行改革。

【养老保险制度改革】 昌邑市于2015年10月启动机关事业单位养老保险制度改革工作，参保范围为全市按照公务员法管理的单位、参照公务员法管理的机关（单位）、事业单位及其编制内的工作人员。共有参保人员18689人，其中在职人员12064人，月征缴养老保险费1900万元，退休人员6625人，月发放养老金3093万元，离休人员127人，月代发离休费98万元。《国务院关于机关事业单位工作人员养老保险制度改革的决定》颁布后，经办人员认真学习“决定”精神以及省相关文件精神，多次参加上级举办的业务研讨会，并结合该市实际开展专题实地调研，收集相关意见建议，形成了可行性调研报告。改革工作开展前，积极对机关事业单位参保人员进行基础信息采集，审核机关事业单位上报单位性质、在职和离退休人员的各项信息，组织人员录入微机系统，进行数据测算、上报。加强沟通，建立多部门协调机制。工作中，市人社部门积极向党委政府汇报，与财政部门及时协调沟通，确保改革所需资金及时到位，明确不纳入本次机关事业单位养老保险制度改革范围人员的待遇发放问题；与编制部门协调对接，明确参保单位和参保人员范围。确保机关事业单位养老保险制度改革工作的顺利开展，保证目标任务的按时保质完成。

5月11日，人社部社保中心副书记郭建华、待遇核定处处长朱文等一行5人，在省社保局党委委员、总会计师方庆旭，潍坊市人社局党委委员、社保中心党总支书记、主任郭祥锋等陪同下，到昌邑市开展机关事业单位养老保险制度改革调研并召开座谈会议。调研组实地查看市民之家人社局窗口各项工作开展情况，随后召开专题座谈会议。座谈会上，调研组介绍此次机关事业单位养老保险制度改革调研活动的背景，详细听取机关事业单位养老保险制度改革汇报，肯定昌邑的经验做法，并与参会人员进行深入交流，就相关问题进行研讨。

【军转安置】 2017年，根据军队转业干部接收安置政策，接收自主择业军转干部6名。市军转办积极发挥服务协调作用，及时为自主择业军转干部办理人事档案和党员关系转接、子女入学、落户等手续，帮助军转干部尽快适应身份转变，融入地方工作。

【专业技术人才培养】 2017年，组织专业技术人员继续教育报名7962人次。为380人评定初级专业技术资格，协同其他主管部门呈报各系列中级专业技术资格申报材料100余人次，为146人申报了副高级专业技术资格评审材料，为3人申报正高级专业技术资格。组织各类专业技术资格、执业（职业）资格考试报名资格审核600余人次，办理、发放各类证书300余人次。评选昌邑市第八批专业技术拔尖人才，共有15人入选。新增硕士及以上高层次人才350人，其中国家“千人计划”1人，泰山学者1人。编印《企业重点人才政策摘录》及企业人才情况调查表，深入重点企业了解情况，摸清企业高层次人才现有情况及需求状况。6月中旬组织昌邑市新生代企业家20余人赴上海参加昌邑（上海）人才工作站揭牌仪式，并对接洽谈项目。组织并带领山东环境工程职业学院等单位及企业赴长春、北京、武汉、成都等地参加“山东——名校人才直通车”人才招聘会，为企业与人才之间搭建平台，满足企业招工用工需求。开展全市人才供需情况调查，摸清情况，科学评估，准确把握今后一个时期全市各类人才供需情况。

★人社部领导到昌邑调研人事工作 （鲍志广）

【职业技能人才培养】 鉴定各类职业技能人才5066人，其中初级工4567人、中级工26人、高级工473人。25人通过机关事业单位工勤人员技术等级考核鉴定，其中初级工8人，中级工13人，技师4人。组织84人参加“金蓝领”培训鉴定。新增潍坊市首席技师4名，潍坊市技术能手2名，昌邑市首席技师15名。

【引进外国专家人才】 协助企业引进外国专家 10 人次，申报黄河三角洲地区急需人才项目 2 项，申报国家高端外国专家项目 1 项，申报国家级引智示范推广项目 1 项，组织有关企业参加“湖南省大专院校人才招聘会”“山东——名校人才直通车”活动，组织 2 家单位参加“海内外专家潍坊行”活动，在美国华盛顿和麻省理工学院设立海外人才工作站 2 处，为 9 名高层次人才发放“潍坊市人才绿卡”，为 2 家企业争取到潍坊市引智专项资金。

【招才引智】 2017 年，人社局加大招才引智力度，共引进 240 名博士、硕士及副高级职称以上人才。其中为昌邑市人民医院引进“泰山学者”1 人；为金丝达引进“千人计划”专家 1 人。组织评选第 8 批昌邑市专业技术拔尖人才，涉及教育、卫生、工程、新闻、金融等多个领域共 15 人，已通报表彰。编印《企业重点人才政策摘录》及企业人才情况调查表，深入重点企业了解情况，摸清企业高层次人才及打算引进的高端人才的底子。6 月中旬，组织新生代企业家 20 余人赴上海参加昌邑（上海）人才工作站揭牌仪式，并对接洽谈项目。组织并带领山东环境工程职业学院等单位及企业赴长春、北京、武汉、成都等地参加“山东——名校人才直通车”人才招聘会，为企业与人才之间搭建平台，满足企业招工用工需求。

【高技能人才队伍建设】 2017 年，共鉴定各类技能人才 5066 人。申报齐鲁首席技师、泰山领军人才（产业技能类）各 1 人；选拔评审第 4 批昌邑首席技师 15 人；山东昌邑石化有限公司、昌邑乾隆杯酒业各 1 人，被推荐申报鸢都产业领军人才。实施“金蓝领”培训和千名青年技师培训计划，组织 83 名职工在潍坊北海高级技工学校参加培训。联合市劳动竞赛委员会、市总工会下发《第二十届全市职工技能（技术）比赛实施意见》，与市总工会联合举办技能大赛。

【引才育才】 开展外国智力专项摸底。与 10 个镇（街区）和有关部门逐个对接，走访有外国专家工作的 12 家企业，筛选出 16 名外国专家进行交流座谈，为更好地开展人才工作奠定基础。积极争取人才引进优惠政策，尽心为人才服务。为山东金晶生物技术有限公司的美籍华人、“鸢都友谊奖”获得者陈树林申报“齐鲁友谊奖”，为山东金晶生物技术有限公司申报 2018 年度国家高端引智项目，为潍坊金丝达集团申报 2018 年度国家引智基地项目争取资金和政策扶持，提高企业聘请高端外国专家的积极性；同时为 3 名外国专家办理“外国人来华工作许可证”，为 1 名出国培训人员办理出国培训手续。为山东同大集团有限公司、昌邑市康洁环卫工程有限公司等单位的 5 名高层次人才发放“潍坊市人才绿卡”，为 4 名高层次人才申报第 2 批人才绿卡。为引进人才、留住人才起到积极作用。为山东金晶生物技术有限公司、昌邑市明兴饲料有限责任公司 2 家企业申报并成功获批 2017 年度黄河三角洲地区引进急需人才专项经费 20 万元。组织市人民医院相关科室负责人参加“2017 双百博士潍坊行”系列活动之“旅欧博士潍坊行”活动，并与高层次人才进行对接洽谈，为医院与国外知名医学专家建立长期友好协作关系、进一步扩大对外交流和提高医疗水平提供平台。在美国华盛顿和麻省理工学院设立 2 处海外人才工作站，聘请麻省理工学院张立文博士担任海外人才工作站站长，开展多种形式的国际交流与合作。组织并带领妇幼保健院和潍坊金丝达新能源科技有限公司参加潍坊市海内外专家行活动。

（供稿人：朱克亮）

政务服务

【概况】 昌邑市政务服务中心管理办公室下辖昌邑市公共资源交易中心，为副科级公益一类事业单位；该中心 2017 年 4 月更名为潍坊市公共资源交易中心昌邑分中心（简称昌邑分中心），使用潍坊市统一的交易信息系统，接受潍坊市公共资源交易中心业务指导，其隶属、规格性质不变。昌邑市政务服务中心服务大厅面积 4500 平方米，划分为企业设立登记服务区、基本建设项目服务区、中介超市服务区、社会民生服务区、社会事务服务区和国税、地税综合服务区等 6 个功能区，同时设立不动产登记分中心，为市民提供不动产登记全链条服务。2017年，昌邑市政务服务中心共进驻70个部门和单位，包含53个职能部门、12个中介单位、3个银行机构，2个公共服务机构，工作人员256人。共进驻各类行政审批服务事项435项，其中行政许可与便民服务事项398项，中介服务事项30项，银行服务事项7项。昌邑市政务服务中心共办理各类行政审批服务事项24988件，按时办结率100%；群众满意率100%。政务服务中心各项工作得到社会各界的广泛赞誉，荣获“昌邑市直部门绩效考核先进单位”“先进职工之家”“文明示范窗口”“五四红旗团支部”等称号。

【政务环境】 昌邑市政务服务中心以“打造高效政务服务平台、深入优化政务环境”为己任，锐意进取，奋勇争先，深化落实“放管服”（即简政放权、放管结合、优化服务）改革，强力推进“两集中、两到位”工程，全面推行建设工程项目施工图“多图联审”、不动产登记一窗受理、模块化审批、登门服务、预约服务、审批代办、电话回访等创新服务措施。通过严格管理，加强作风建设，认真落实首问负责、一次性告知、并联审批、AB岗、限时办结等工作制度，政务服务工作走在了潍坊市前列，有力转变工作作风，显著优化了政务环境。

【“多图联审”建设项目】 在潍坊市率先推行“多图联审”基本建设项目。探索建立“并联审查、一窗受理、一次报审、限时办结”的图审工作机制，对涉及图纸审查的住建、人防、规划、消防、气象、卫计6个部门窗口进行科学整合，设立“联合审查办公区”，增设联合受理窗口，统一受理联合审查申请及图纸等材料，并编制《建设工程施工图设计联合审查办事指南》。推行并联审查，实行限时办结制，其中大型工程项目初审承诺15个工作日办结，中小型工程项目初审承诺10个工作日办结，复审承诺2个工作日办结。自运行以来，全市共有171个项目实行“多图联审”，审查时限由原来的44个工作日缩短到了平均9个工作日，提速80%。潍坊市编办、潍坊市政务办领导先后到昌邑进行实地专题调研，对该项工作给予充分肯定。11月10日，潍坊市政务服务系统贯彻落实中共十九大精神加快推进“放管服”改革现场观摩推进会议在昌邑市召开，潍坊市及各县（市区）政务服务办领导到市政务服务中心进行现场观摩和座谈，潍坊市政务办领导对昌邑基本建设项目“多图联审”的做法给予高度评价，成为潍坊市政务服务工作亮点。

【不动产登记】 昌邑市政务服务中心不动产登记分中心全面推进不动产登记、房屋交易和税务部门业务改革，对房屋交易、税收、网上缴费、不动产登记全过程的整链条优化再造，探索建立“前台统一受理、后台分类审批、统一窗口出件”的服务新模式，审批环节少、办事程序化、办事效率高，打造出全省最快不动产登记“一窗受理20分钟”的“昌邑速度”，群众满意度显著提升。

★昌邑市政务服务中心服务大厅外貌 （王兵兵）

【政务服务平台延伸】 全面推进政务服务网络建设，积极推行政务服务平台向镇（街区）及社区延伸，为省、市、县、镇四级政务平台互联互通和全市政务服务“一网通”打下坚实基础。2017年，完成10个镇（街区）、98个村（居）的网上政务服务大厅建设和4555项公共服务事项的录入、审核、发布、培训工作，政务服务平台实现向镇（街区）及村（居）的全面覆盖。

【民办幼儿园设立相关事项】 充分利用“互联网+政务服务”，依托山东省政务服务平台，实现事项关联，明确后台审批人员和内部流转程序，实现全市“民办幼儿园设立”相关事项网上全程流转办理，确保民办幼儿园设立相关事项线上线下同步推进。

【政务服务电话回访制度】 每月安排专人对各“窗口”单位已办结的全部承诺件和部分即办件进行电话回访，实现承诺件电话回访覆盖率100%。回访内容包括服务质量与效率、是否一次性告知、是否按承诺时限办结等方面。对回访征求到的意见、建议由中心管理办公室做好分类登记，将群众反映的问题经核实后及时反馈，“窗口”单位限时整改。电话回访结果作为每月红旗窗口与先进个人评选及年度考核的重要依据。通过电话回访，深入跟踪了解“窗口”办件质量与服务水平，不断提升政务服务群众满意度。实施行政审批否定报备制。对不予受理或不予许可决定实现100%报备，纳入全程监督，杜绝了行政审批不作为、乱作为、推诿拖延等问题。

【代办服务项目】 将昌邑市委、市政府确定的重大产业、重点工程、高新技术项目及重点招商引资项目纳入行政审批“绿色通道”办理，由政务服务中心全程无偿代办，由专人负责、专门督办，有力保障了重点工作及民生实事的顺利实施，得到市领导的充分肯定和业主单位的高度赞誉。

【立足岗位，创先争优】 认真开展“两学一做”学习教育与“思想作风建设年”活动。制定《“两学一做”学习教育常态化制度化的实施方案》，明确安排学习任务，学习内容、学习方式。以开展“思想作风建设年”活动为抓手，深入推进党风廉政建设，严格落实首问负责、一次性告知、限时办结、考核评议、问责追究等工作制度。公开投诉电话，设立投诉信箱和投诉记录本，开辟网上投诉渠道，严查审批违规行为，提高政务服务社会满意度。学树典型，引导政务服务。深入开展政务服务质量再提升专项活动，不断提升效能环境，每月开展优质服务红旗窗口和优质服务先进个人评选，每月评选“党员示范岗”，实行亮牌服务。积极开展学树身边典型活动，评选文明服务、廉洁自律先进典型予以表彰，激励工作人员立足本职、创先争优。 （供稿人：王　强）

外事侨务

【落实侨务政策】 2017年，昌邑市人民政府外事侨务办公室（简称市外侨办），加大涉侨法律法规宣传力度，落实侨务政策，切实依法维护涉侨人员利益。印制《侨法宣传手册》500余份发放给归侨侨眷，并在政府门户网站等平台进行侨法宣传，新一步普及侨法知识，营造了知侨法、懂侨法、贯彻侨法、依法护侨的良好氛围。市财政为31名无退休金收入的归侨、17名早期归侨企业退休职工发放补助款13万余元，帮助归侨侨眷改善生活状况。

【华侨接待工作】 2017年9月，接待“邢云峰奖学金”设立者——加拿大华侨邢兆泰一行5人，到文山中学参观访问，邢兆泰与师生代表交流座谈，听取了学校近年来对奖学金的管理和发放情况介绍，市外桥办赠送昌邑市的形象宣传片和昌邑摄影图册，希望他们常回家看看，他们表示要继续关心支持家乡教育事业。2017年，共接待华人华侨20余人次，进一步联络了感情，宣传推介昌邑市经济社会发展成果。

【利用侨务资源】 2017年5月，组织14家企业参加“2017海外华商博士投资创业潍坊行对接会”，与100多名海外华商博士就生物医药、节能环保、新材料、新能源等高端项目进行了现场对接洽谈，达成初步合作意向2项，搭建昌邑市企业利用海外资本、管理、智力、技术等比较优势提升自主创新能力的良好平台。

【因公出国管理和服务工作】 2017年，办理因公出国团组4批9人次，其中自组团1批6人次，随省、市团3批3人次，分别赴美国、加拿大、德国、意大利等国家开展经贸洽谈、招才引智活动。拜访当地高等院校、科研机构和科技企业，举办招才引智推介会，介绍全市经济社会发展、人才技术需求、创新创业环境和人才政策等。团组通过举行招才引智座谈会、项目对接洽谈会等形式，大力推介昌邑市经济社会发展情况，宣传“三招三引”政策，先后与一批海外单位和高层次专家人才达成合作、引进意向，成功设立2处海外人才工作站，达成2项合作意向，对接5名海外高层次人才到昌邑创新创业，并与海外相关人才、企业、协会等建立起长效交流互动机制。出国团组在对外推介昌邑特色优势、提高昌邑对外开放整体水平等方面起到了积极促进作用。

【发挥职能优势】 积极服务外向型企业“走出去”，宣传推介企业人员持APEC商务旅行卡，可5年内免签往来亚太经合组织16个经济体的优势。2017年，为山东同大海岛新材料有限公司、山东成泰化工有限公司等3家企业7人提交了申请材料，已为24家企业成功申办并发放了52张APEC商务旅行卡。方便企业人员走出去开展经贸活动。做好企业外国客户到昌邀请函备案审核工作。为10家企业办理邀请函备案手续，成功邀请来自巴基斯坦、土耳其、伊拉克、尼日利亚等国家的客商53批75人次到昌邑进行商务洽谈、设备采购，促成昌邑企业与外国客商达成合作意向金额约400万美元。

【提升城市国际化水平】 2017年，认真贯彻落实《潍坊市人民政府关于印发提升潍坊国际化水平工作计划（2015—2018年）的通知》要求，牵头做好提升城市国际化考核工作。充分利用道路、医院、景点等工程新建改造的有利契机，与项目主管部门、业主单位及时进行沟通对接，将双语标识设置纳入总体规划设计，与主体工程同步进行建设。市妇幼保健院投资119万元新建了一套完善的双语导示标识系统，安装双语标识牌1936块，人民医院新建门诊综合大楼投资100多万新设置660块双语标识牌。有2处大型医疗卫生机构在新建项目中全面设置更新双语标识，进一步提升对外形象，成为昌邑双语标识建设的示范样板工程。同时，协调推进6个国际化重点项目及国际化医院、国际化学校的建设，医疗、教育等领域国际交流合作水平进一步提升。利用“山东潍坊”微信公众号等新媒体平台对昌邑大型节会、旅游文化资源、重点项目及“五个新城”建设进行系列报道，在《人民日报》、中央电视台等新闻媒体，对康洁公司走出国门开展环卫业务、金丝达公司生活垃圾资源化利用等项目及昌邑积极融入“一带一路”发展等工作进行重点宣传报道，进一步提升昌邑的对外形象和知名度。

（供稿人：高开令　逄佩佩）

机关事务管理

【概况】 2017年，昌邑市机关事务管理局紧紧围绕市委、市政府的中心工作，深入贯彻落实《党政机关厉行节约反对浪费条例》《机关事务管理条例》《山东省机关事务管理办法》，立足于管理、服务、保障职能，按照管理规范化，服务人性化，节能常态化的要求，切实转变服务理念，扎实推进后勤服务保障工作，为市级机关高效运转提供有力保障。

【公共机构节能】 认真贯彻落实国务院《公共机构节能条例》，加大公共节能宣传力度，提升公共机构节能意识，以点带面，推进节能工作开展。健全管理体制，加强与经信局、建设局等部门合作，建立执行有力，运转顺畅的公共机构节能组织协调机制和行之有效的节能监督机制。完善制度措施和考核评价体系，建立节能目标责任制和表彰奖励机制，增强业务人员的节能责任意识。强化节能基础性工作，完善能耗统计和报送制度，建立覆盖全市的公共机构能耗统计信息化平台。加强重点领域节能管理，在办公建筑、公务用车、机关水电等方面积极采取措施，积极节能降耗。通过实施一系列节能措施，各项能耗指标明显下降，完成年初制定任务目标。

【后勤服务保障】 转变服务理念，不断探索机关后勤社会服务化，全方位建立物业监督监管机制和管理目标奖惩制度，打造餐饮、安保服务名牌，实现物业服务由粗放型向精细化管理的转变。机关后勤服务社会化全面实施，积极推进机关后勤服务外包，采用“自管与托管相结合”的模式，外请社会服务机构，承接综合服务中心A、F、G座及原房管中心办公楼的秩序维护、卫生保洁、绿化美化、大型设备维保等工作，服务外包率达70%以上。规范化管理食堂，推行采购、仓管、验收监管制度。对餐厅人员进行食品安全责任分解，对餐厅卫生、储存加工、清洁消毒工作流程进行优化，对原材料购置、食品加工各个环节严格地点、样品寄存，确保食品卫生监管无盲区，同时坚持优质低价的服务标准，注重品种搭配调剂，创建机关满意食堂。对机关综合服务中心3处餐厅，启用就餐卡身份识别系统，定期检查就餐环境，饭菜质量、价格、卫生，不断改善用餐秩序和就餐环境，满足干部职工就餐需求。

【公共资产管理】 加强国有资产管理，办公场所调整后与财政局国资办对有关资产进行清点，及时调整资产账目，确保国有资产不流失、不损坏。定期不定期对办公区域内的办公用房、消防、供暖设施及中央空调系统和水电暖系统维护保养，确保办公区域内设施设备完好，运转正常。严格按招投标、询价等规范程序，控制预算，合规操作、科学施工、严保质量，做好办公用房的基础维修改造工作。在深入调研，统筹规划的基础上，根据昌邑市机构改革和实际需要，严格按照办公用房配备使用标准，结合实际需求合理确定用途，研究制定整合调配方案，注重资源整合、资源共享、节约成本、规范管理，对市直机关办公用房进行合理调配，突出公共服务职能相近、地点相对集中、便民高效的原则，对办公用房统一进行调配管理，对清理腾退的统一整合使用。制定出台符合实际的办公用房统一管理办法，建立统一产权，集中管理，授权使用，运营高效的资产管理体制，提高资产利用率，缩减行政成本，实现昌邑市机关房产管理制度化、规范化、法制化。

【机关日常管理】 深化综合办公区巡查制度，局班子成员带领科室负责人开展巡查，重点检查卫生保洁、设施设备、食堂管理、车辆停放、大院环境等，发现问题落实责任，认真整改。坚持快速反应机制，设立“7123196”“7112086”维修热线和24小时值班制度，实现随叫随到，一站式即时服务，确保机关综合办公区消防、电梯、水电等设施设备运转高效顺畅。成立机关综合办公区安全领导小组。与6个部门签订安全目标责任书和消防安全目标责任书。定期邀请安监、消防等部门对机关办公区各单位及电梯、配电室、空调机组、食堂等进行安全检查，发现隐患及时整改，隐患整改率达100%。

（供稿人：刘建富　李文军）

中国人民政治协商会议昌邑市委员会

Zhong Guo Ren Min Zheng Zhi Xie Shang Hui Yi Chang Yi Shi Wei Yuan Hui

中国人民政治协商会议第十三届昌邑市委员会于2017年1月换届产生，共有委员240人，常委会组成人员46人。市政协第十三届委员会下设办公室、研究室、委员活动室3个办事机构，提案工作专门委员会、文史资料工作专门委员会、、人口资源环境外事工作专门委员会、科教文卫体和社会法制工作专门委员会5个专门委员会。

重要会议

【市政协全委会议】

政协第十三届昌邑市委员会第一次会议 1月18日至21日，在市会议中心举行。会议听取并讨论市委书记吕珊珊的讲话；听取并审议十二届市政协常务委员会工作报告和提案工作报告；列席市十八届人大一次会议，听取并讨论市政府工作报告及相关报告、法检两院工作报告；审议通过市政协十三届一次会议提案审查情况报告；选举产生政协第十三届昌邑市委员会主席、副主席、秘书长和常务委员；审议通过大会政治决议。

【市政协常委会议】

市政协十三届一次常委会议 3月9日，在市级机关办公大楼B座召开。市政协领导班子成员、常务委员出席会议。会议学习传达潍坊市政协十三届一次会议精神；审议通过《政协昌邑市委员会常务委员会关于加强自身建设的意见》《政协昌邑市委员会关于加强政协委员管理的意见》《政协昌邑市委员会提案工作规则》和《市政协2017年工作要点》；审议通过有关人事事项；安排部署下步工作。

市政协十三届二次常委会议 7月18日，在市级机关办公大楼B座召开。市政协领导班子成员、常务委员出席会议。会议学习传达中共山东省委员会第

★5月17日，市政协开展滨海生态环境治理情况考察 （董　峰）

十一次代表大会精神；听取市政府关于全市上半年经济社会发展情况的通报；听取市发展和改革局、市经济和信息化局工作情况汇报，并对两部门工作进行民主评议；协商讨论市政协《关于加快推动昌南崛起的调研报告》《关于滨海生态环境治理情况的考察报告》；审议通过《政协昌邑市委员会常务委员会关于授权主席会议对违纪违法政协委员及时作出处理的决定》和有关人事事项。

市政协十三届三次常委会议 8月16日，在市级机关办公大楼B座召开。市政协领导班子成员、常务委员出席会议。会议专题研究政协第十三届昌邑市委员会专门委员会设置工作。

市政协十三届四次常委会议 9月29日，在市级机关办公大楼B座召开。市政协领导班子成员、常务委员出席会议。会议传达潍坊市政协有关会议精神；听取市政府关于市政协十三届一次会议以来提案办理情况通报；听取市教育局、市科技局工作情况汇报，并对两部门工作进行民主评议；协商讨论市政协《关于加快全市旅游业发展的调研报告》；审议通过《政协第十三届昌邑市委员会专门委员会组织通则》和有关人事事项。

市政协十三届五次常委会议 11月21日，在市级机关办公大楼B座召开。市政协领导班子成员、常务委员出席会议。会议传达中国共产党第十九次全国代表大会精神、潍坊市政协十三届四次常委会议和市委十四届四次全体会议精神，审议通过《政协昌邑市委员会关于深入学习贯彻中国共产党第十九次全国代表大会精神的决议》。

【市政协主席会议】

市政协十三届一次主席会议 2月10日，在政协会议室召开。会议研究市政协领导班子分工事宜，强调工作纪律、会议纪律、学习制度等。

市政协十三届二次主席会议 2月22日，在政协会议室召开。会议听取政协各委室2017年工作计划汇报，研究市政协2017年工作要点和工作计划。

市政协十三届三次主席会议 2月28日，在政协会议室召开。会议传达潍坊市政协十三届一次会议精神，研究《关于加强政协委员管理的意见》《关于在全市政协组织和政协委员中开展“强化作风树形象、协商议政促发展、建言献策惠民生”主题实践活动的实施意见》《关于开展“委员活动日”活动的实施意见》以及《政协工作年度考核办法》等。

市政协十三届四次主席会议 3月6日，在政协会议室召开。会议传达市委常委（扩大）会议精神，研究市政协十三届一次常委会议议程和日程安排，审议《政协昌邑市委员会2017年工作要点》《关于加强市政协常委会自身建设的意见》《政协昌邑市委员会提案工作规则》以及有关人事事项。

市政协十三届五次主席会议 4月28日，在政协会议室召开。会议传达潍坊市政协信息工作、文史工作等会议精神，研究昌邑市贯彻落实意见，研究崛起昌南调研方案和滨海生态环境治理情况考察方案。

市政协十三届六次主席会议 6月9日，在政协会议室召开。会议传达潍坊市政协机关建设座谈会等会议精神，听取市政协赴高密市、即墨区“对标学访”考察情况报告、赴江浙地区考察特色小镇建设情况报告以及赴关中地区考察学习移民文化情况的汇报，研究市政协“思想作风建设年”有关活动安排。

市政协十三届七次主席会议 7月13日，在政协会议室召开。会议研究市政协十三届二次常委会议有关事项，听取关于加快推动昌南崛起调研情况的汇报、关于滨海生态环境治理考察情况的汇报；研究市政协十三届一次会议提案协商督办实施方案等。

市政协十三届八次主席会议 8月8日，在政协会议室召开。会议学习习近平总书记在省部级主要领导干部专题研讨班上的重要讲话精神、习近平总书记在庆祝中国人民解放军建军90周年大会上的重要讲话精神，研究关于开展加快全市旅游业发展情况调研的实施方案、2017中国（昌邑）北方绿化苗木博览会“花雨绿韵·拥抱昌邑”书画展方案和政协委员活动室建设现场推进会活动方案。

市政协十三届九次主席会议 9月25日，在政协会议室召开。会议学习《习近平总书记的成长之路》，研究市政协十三届四次常委会议议程和日程安排，听取《昌邑政协》刊物扩版方案和《政协昌邑市委员会特约文史研究员选聘与服务办法》，研究关于加快全市旅游业发展情况的调研报告，审议有关人事事项。

市政协十三届十次主席会议 10月25日，在政协会议室召开。会议研究市政协委员活动室现场推进会和2017年第4次“委员活动日”活动实施方案；研究首批特约文史研究员推荐名单和文史资料工作座谈会暨特约文史研究员聘请仪式活动方案；听取畜牧业发展情况考察方案汇报；研究市政协十三届二次会议大会发言参考方向。

市政协十三届十一次主席会议 11月3日，在政协会议室召开。会议研究《关于加强和改进人民政协民主监督工作的实施意见（代拟稿）》，研究驻昌邑市省和潍坊市政协委员集中考察全市经济社会发展情况活动方案和2017年度政协工作考核方案；听取市政协提案办理情况考察、2017年度提案办理满意度测评办法以及工商联侨台民族宗教界政协委员联谊座谈会活动方案汇报。

【市政协其他重要会议活动】

市政协党组民主生活会 1月23日，在政协会议室召开。市政协党组书记、主席周娟，党组副书记张天辉，党组成员、副主席孙孝工、李友田出席会议，副主席冯义军、吴红玉、李敏、孙永涛列席会议。周娟代表市政协领导班子作对照检查，并带头作自我批评、查摆问题。党组其他班子成员逐一发言，剖析问题，开展相互批评，提出整改措施。

十三届政协委员培训班 3月22日，在会议中心举办。潍坊市政协研究室张耀才主任对政协知识进行详细解读。会议还对市政协“委员活动日”和“强化作风树形象、协商议政促发展、建言献策惠民生”主题实践活动进行安排部署。全体市政协委员、省和潍坊市驻昌政协委员、全体政协机关干部参加。

“思想作风建设年”活动动员会议 4月25日，在政协会议室召开。会议传达贯彻落实全市“思想作风建设年”动员大会精神，部署政协思想作风建设工作。

提案工作培训班 5月19日，在会议中心举办。邀请潍坊市政协提案委工作室主任王钦殿，从提案的酝酿、选题、调研、撰写、办理协商等各方面为全体政协委员做辅导报告。

全市“健康昌邑·光明行动”大型义诊救助活动启动 7月7日，在下营镇举行“健康昌邑·光明行动”大型义诊救助活动启动仪式，历时一年对全市的眼病患者尤其是白内障患者进行义务筛查和救助手术的实施。市政协副主席李友田出席活动。

相约绿博会、喜迎十九大“花雨绿韵·拥抱昌邑”书画摄影展 9月21日，书画摄影展在市文化中心举行。潍坊市政协主席苏立科、中国经济林学会常务副会长宋会刚、省林业厅林木种苗和花卉站副站长解荷锋，昌邑市领导李玉祥、周娟、刘世海、夏麦香、赵海龙等出席活动。

喜迎十九大、建设新昌邑“健康昌邑杯”书画摄影展暨政协书画联谊会文化艺术中心落成仪式 9月30日，书画摄影展暨书画联谊会文化艺术中心落成仪式举行。省政协副秘书长王琳，省政协办公厅副巡视员陈金秀，潍坊市疾控中心主任亓传敬和省政协委员艺术团部分成员出席活动。昌邑市领导周娟、刘世海、赵海龙、孙孝工、李友田参加活动。

委员活动室建设现场推进会 11月15日，市政

★喜迎十九大、建设新昌邑“健康昌邑杯”书画摄影展暨政协书画联谊会文化艺术中心落成仪式
（李 锐）

协组织召开委员活动室建设现场推进会，先后到柳疃镇纺织行业政协委员活动室等进行实地参观，并举行座谈会，听取换届以来各市直政协委员界别活动组、镇（街区）政协委员联络工作室政协工作开展情况的汇报。市政协副主席孙孝工、吴红玉参加活动。

（供稿人：刘丽丽　董　峰）

重要工作

2月22日，欢送昌邑市出席潍坊市政协十三届一次会议委员。市委书记吕珊珊、市委副书记王龙堂、市政协主席周娟出席活动。

3月16日，市政协举办历史文化遗产资源概况讲座。 邀请市博物馆副馆长、研究员王伟波对昌邑市历史文化资源进行全面介绍。市政协领导班子成员以及政协机关干部参加讲座。

3月27日—31日，市政协党组副书记张天辉，副主席冯义军、孙孝工、李友田、李敏、孙永涛分别带队，以学习贯彻上级“两会”和昌邑市重要会议精神以及加强委员联谊交流为主题，分组开展“委员活动日”活动。

4月，市政协组织委员开展崛起昌南专题调研。从“经济引领、产业支撑”层面，摸清昌南的基础现状、面临机遇，找准制约昌南发展的主要因素，从而提出具有针对性和可操作性的意见建议。市政协副主席冯义军参加活动。

4月17日，市政协组织委员对昌邑市创建全国文明城市情况进行专题视察。市领导周娟、刘世海、张天辉、孙孝工、李友田参加活动。

5月8日，市政协主席周娟到挂点联系的都昌街道家庄村调研，详细了解村情、村党组织建设等方面情况以及面临的困难和问题，现场办公，研究解决村庄农田灌溉用电问题。

5月17日，市政协组织部分政协常委、委员及驻昌潍坊市政协委员，对滨海生态环境治理情况进行专题考察。市领导周娟、李明杰、孙孝工、孙永涛参加活动。

5月23日和6月1日，市政协组织部分驻昌省、潍坊市政协委员、市政协常委和委室负责人，分别到高密市和青岛即墨市开展“对标学访”考察活动。市政协主席周娟，副主席孙孝工、孙永涛参加活动。

6月10日，市政协领导班子成员和机关干部，利用周末时间参与创城活动，走上街头开展义务劳动，为昌邑市创建全国文明城市工作加油助力。

7月14日，市政协在卜庄镇夏店社区举办畜禽养殖技术知识讲座，邀请专家从动物疫病防控、三区划分及粪污处理等方面进行培训。市政协副主席冯义军参加活动。

7月27日—8月4日，市政协党组副书记张天辉，副主席冯义军、孙孝工、李友田、李敏、孙永涛分别带领相关委室负责人，参加分工联系活动组的“委员活动日”活动。

8月1日，市政协组织全体机关工作人员收听收看庆祝中国人民解放军建军90周年大会电视直播，认真聆听习近平总书记的重要讲话。

8月9日—10日，市政协主席周娟、副主席冯义军、李敏、孙永涛分别主持召开提案办理协商会议，就有关提案进行集中协商督办。

9月6日，市政协副主席李敏带领文史委工作人员到安丘市政协学习考察政协文史工作情况。

9月8日，市政协全体机关干部，走上街头开展义务劳动，清理垃圾、美化环境，以实际行动助力创城工作。市政协副主席孙孝工参加活动。

9月11日，市政协组织全体干部职工举行“慈心一日捐”活动。市政协领导班子成员带头捐款，奉献爱心。

9月12日，市政协组织有关政协常委、委员和市直有关部门负责人，就加快全市旅游业发展情况开展专题调研。市政协党组副书记张天辉、副主席孙永涛参加活动。

10月18日，市政协领导班子成员和全体机关干部集中收听收看中国共产党第十九次全国代表大会开幕盛况，认真听取习近平代表中共十八届中央委员会所作的报告。

10月21日，市政协组织离退休干部观摩全市经济社会发展情况，市政协主席周娟，副主席冯义军参加活动。

10 月 26 日，市政协组织开展送法进校园活动。市政协副主席李友田出席活动，邀请法律界政协委员到育秀学校讲授法律知识。

10 月 27 日，市政协召开全体干部会议，传达贯彻全省全市领导干部会议精神，对政协系统学习贯彻中共十九大精神作出动员部署。市政协领导班子成员、专职常委、专门委员会专职副主任和全体机关干部参加会议。

10 月 31 日，市政协组织部分政协常委、委员，对全市畜牧业发展情况进行专题考察。市政协副主席冯义军参加活动。

11 月 22 日，驻昌邑市省、潍坊市政协委员对全市经济社会发展情况进行集中考察。潍坊市政协副主席刘秀平和文史委有关人员莅临指导。市政协领导班子成员陪同活动。

11 月 28 日—30 日，市政协领导班子成员和机关科级以上干部积极开展“万人下基层”主题实践活动集中回访工作。

12 月 5 日—21 日，市政协由分管领导带队，分组开展“委员活动日”活动。市政协党组副书记张天辉，副主席冯义军、孙孝工、吴红玉、李友田、李敏、孙永涛参加活动。

12 月 6 日—15 日，市政协分组开展提案办理情况考察活动。市政协党组副书记张天辉，副主席冯义军、孙孝工、吴红玉、李友田、李敏、孙永涛分别组成 7 个考察组，对建设局、经信局、公安局、交通局、卫计局、教育局、环保局承办的市政协十三届一次会议提案办理情况进行考察、评议。

（供稿人：刘丽丽　董　峰）

各专门委员会工作

【提案工作】　市政协十三届一次会议期间，共收到委员提案 120 件，经审查，其中 10 件不符合立案条件，作为委员建议转有关部门处理；因内容相近并案处理 15 件；实际立案 95 件，分别转交 28 个部门（单位）办理，全部按期办复。从反馈情况看，委员对提案办理结果满意和基本满意率达到 98.9%。全委会期间，遴选出 10 件重点提案，呈报市委书记、市长阅批。通过加强培训辅导、注重选题引导、严格审查把关等措施增强委员履职意识，提高提案质量。实施市政协领导分工联系提案承办单位、开展提案办理协商和督办工作制度。6 月，对承办提案集中的市建设局、交通局、环保局等单位，由主席、副主席分别深入各自所联系的单位，开展提案办理协商活动。12 月，组织提案委员及相关专委会，对公安、教育、卫计等 7 个系统分别开展提案办理专题考察活动，有效发挥示范引领和辐射带动作用。严格协商程序。要求提案承办单位在办前、办中、办后主动与提案者进行沟通协商，提案办理前详细了解委员提交提案的内容、目的，提出办理的有效措施；办理中充分征求提案者意见，修正偏差；办理后及时听取提案者的建议，形成答复，确保办理实效。组织政协委员和提案承办单位就提案质量和办理质量进行双向评议，开展年度优秀提案和提案承办先进单位评选活动，进一步调动工作积极性。在《人民政协报》《联合日报》及潍坊政协网等国家、省、市级媒体，发表宣传昌邑市政协提案工作的稿件 50 余篇，扩大提案工作的社会影响力。

【文史资料工作】　夯实工作基础，文史队伍有新加强。依托文史资料工作专门委员会的龙头作用，为开展文史资料工作提供组织保障。发挥特约文史研究员的骨干作用，制定出台《特约文史研究员选聘与服务办法》，聘请 27 名特约文史研究员，并召开文史资料研究工作座谈会。发挥社会各界力量的支撑作用，加强与党史、史志、文化、档案等部门以及社会各界的沟通联系，扩大文史资料来源。坚持三亲特色，文史征编有新气象。编辑出版 32 万余字的《昌邑（柳疃）丝绸史》，挖掘“海丝”文化。深入征集整理昌邑籍志愿军官兵相关资料约 6 万字。赴陕西省西安市阎良区、蒲城县、富平县考察学习，做好编纂《昌邑人闯关中》前期准备工作。配合潍坊市政协征集《潍坊籍两院院士》张福绥院士资料。积极创新实践，文史平台有新开拓。对《昌邑政协》杂志进行改版，以“宣传政协工作、体现文史特色，挖掘地方文化、服务昌邑发展”为宗旨，从季刊变为双月刊，丰富“政协工作掠影”等内容形式，充实更多的历史文化研究内容。广泛团结协作，文史交流有新成效。9月，赴安丘市政协进行考察学习。10月，配合潍坊民俗博物馆征集民俗资料1万余字、照片20余张、砖雕剪纸作品6件。承接河北省枣强县、潍坊市寒亭区、东营市东营区政协到昌邑市的考察活动。

【经济工作】 始终把加强学习作为提升参政议政水平的重要举措，取得显著成效。组织本委成员深入学习中共十八届五中、六中全会和十九大精神以及习近平新时代中国特色社会主义思想，进一步提高政治素质和业务本领。围绕中心，服务大局，认真开展调研、考察活动。先后组织开展加快推动昌南崛起的调研和畜牧业发展情况专题考察。积极组织开展加快推动昌南崛起调研，提出坚持规划为先，明确昌南崛起的思路定位等6条建议；认真组织开展全市畜牧业发展情况考察，提出加快推进标准化规模化发展等5条建议。形成专题报告，报送市委、市政府。贴近实际，服务群众，扎实有效地开展咨询服务活动。结合农村养殖户实际需求，在卜庄镇夏店社区举办畜禽养殖技术知识讲座。邀请市畜牧局、疫控中心专家，分别从动物疫病防控、三区划分及粪污处理等方面的相关知识进行培训。加强互动，促进交流，充分发挥联系广泛优势。加强与经济界委员的联系，在分管主席的带领下，走访企业10余家，主动上门为委员企业搞好服务，及时协调解决遇到的困难和问题，使委员企业不断做大做强，受到企业家委员一致好评。

【人口资源环境外事工作】 积极参政议政，精心组织调研考察活动，为促进党政科学决策提供参考依据。4—6月份，组织部分政协常委、委员及驻昌潍坊市政协委员，对滨海生态环境治理情况进行专题考察。同时，根据委员建议先后赴浙江、上海等地学习考察，综合实地考察、座谈交流和外出考察情况，形成专题考察报告，市委书记吕珊珊对考察报告作出重要批示，有力推动相关工作的进展。为进一步推动全市旅游业发展，9月，组织部分政协常委、专委会成员和有关部门负责人，选择昌邑市有典型性和代表性的旅游景点进行实地调研，召开加快旅游业发展专题协商会，采取集中座谈和小型探讨相结合的方式，组织委员、部门、企业等充分交流，听取不同方面的意见建议，赴青州市、平度市进行考察学习先进工作经验。李玉祥市长对此次调研活动取得的成果给予充分肯定，作出批示要求有关部门认真采纳落实建议，推动“四个城市”和“五个新城”建设。借助昌邑市作为省政协人资环委基层联系点的优势，主动争取工作指导和支持，创造性地推动自身工作开展。10月，省政协副主席王乃静带领考察组，到昌邑市考察国家森林城市创建工作。7月，潍坊市政协副主席刘树亮率领人资环外委调研组，到昌邑市就“中心城区空气异味治理”问题开展调研活动。

【科教文卫体和社会法制工作】 充分发挥专委会自身工作特点和委员主体优势，创新形式，积极组织开展服务和谐构建活动。联合市民政局、市残联、市卫计局、市人民医院共同开展“健康昌邑·光明行动”大型义诊救助活动，对全市10个镇（街区）691个行政村（居）的55岁以上老年人免费进行白内障筛查，并确定2000名符合条件的白内障患者实行免费手术。开展送法进校园活动，联合市司法局，组织司法系统政协委员和法律专家到育秀学校开展活动，举办“预防青少年犯罪”普法知识讲座，学校师生500余人参加听课。深化“万人下基层”主题实践活动，对都昌街道南裴村的150户群众进行集中回访，征求意见建议，解决实际问题。把促进发展作为履行职能的第一要务，紧扣中心开展工作。积极组织市政协委员和驻昌潍坊市政协委员，对全市创建全国文明城市情况进行全面考察，并向市委提出针对性意见。迎接潍坊市政协公安执法规范化调研，为潍坊市政协调研提供丰富的调研内容。参与“对标寻标”考察活动，赴胶东经济发达地区参观学习。积极做好常委会听取部门汇报民主评议工作，对教育局和科技局的工作开展专项考察，并形成客观公正的考察报告，为常委会民主评议奠定基础。充分发挥政协书画联谊会人才智力密集的优势，广泛联谊各协会，开展丰富多彩的书画联谊活动。春节前夕，组织20余名书画联谊会成员到都昌街道渔洞埠村开展“送春联下乡”活动，为全村群众免费写春联100余幅；举办第八届山阳梨花节暨第五届山阳群众文化艺术节书画摄影联展；成立政协书画联谊会文化艺术中心，同时举办喜迎中共十九大·建设新昌邑“健康昌邑杯”书画摄影展；举办2017中国（昌邑）北方绿化苗木博览会喜迎中共十九大“花语绿韵·拥抱昌邑”书画展。

（供稿人：刘丽丽　董　峰）

中国共产党昌邑市纪律检查委员会

Zhong Guo Gong Chan Dang Chang Yi Shi Ji Lv Jian Cha Wei Yuan Hui

2017年，全市各级纪检监察组织以迎接、学习、贯彻中共十九大为主线，以习近平新时代中国特色社会主义思想为指导，在市委和上级纪委的坚强领导下，自觉提高政治站位，强化监督执纪问责，实干抓紧，创先争优，纪检监察工作迈出新步伐，认真学习贯彻中共十九大精神，坚定正确政治方向；夯实全面从严治中国共产党政治责任，促进工作落细落实；持之以恒纠正“四风”，推动党风政风持续好转；全面从严执纪审查，创新完善教育监督体系，促使权力正确运行；不断加强自身建设，打造素质过硬的纪检监察队伍，全市党风廉政建设和反腐败工作取得新进展、新成效。

重要会议

【中国共产党昌邑市纪委十四届一次全会】 2017年1月16日，中国共产党昌邑市纪委十三届八次全体会议召开。市纪委委员应到29人，实到29人。会议通过选举办法；推荐通过监票人；选举产生中共昌邑市第十四届纪律检查委员会常务委员会委员、书记、副书记，田立军当选为中共昌邑市第十四届纪律检查委员会书记，冯文章、吴旭东当选为副书记。

【中国共产党昌邑市纪委十四届二次全会】 2017年2月12日，中国共产党昌邑市纪委十四届二次全体会议召开。市委书记、市人大常委会主任吕珊珊出席会议并讲话。市委常委、市人大常委会、市政府、市政协及市法院、市检察院领导出席会议，有关方面负责人参加会议。深入学习贯彻中共十八届六中全会精神，认真贯彻十八届中央纪委七次全会、省纪委十届八次全会、潍坊市纪委十一届十次全会和中共潍坊市第十四次代表会议精神，总结2016年全市纪律检查工作，部署2017年任务。全会审议通过市委常委、市纪委书记田立军代表市纪委常委会所作的《强化使命担当忠诚履行职责持续推动全面从严治党向纵深发展》的工作报告。

★十四届二次纪委全会 （张平平）

【中国共产党昌邑市纪委十四届三次全会】 2017年11月12日，中国共产党昌邑市第十四届纪律检查委员会第三次全体会议召开。出席全会的市纪委委员26人，列席31人。全会深入学习贯彻中共十九大全会精神和省纪委十一届二次全会、潍坊市纪委十二届二次全会、中共潍坊市第十四届四次全会精神，对全市纪检监察系统学习贯彻中共十九大精神进行安排部署。

（供稿人：翟雪霞　孟　鑫）

重要工作

【学习贯彻中共十九大精神】 把学习宣传贯彻中共十九大精神作为首要政治任务，通过召开市纪委全会、组织集体学习、开展集体研讨等方式，组织纪检监察干部深学细研中共十九大报告全文和新修定的《中国共产党章程》，深刻领会习近平新时代中国特色社会主义思想的精神实质和丰富内涵，准确把握中共十九大精神的思想精髓和核心要义，系统掌握关于全面从严治中共新理论、新论断、新部署、新要求，努力学出更坚定的信仰、更强烈的担当、更纯粹的忠诚和觉悟。在“潍水清风”微信公众号、昌邑纪检监察网、报刊等“线上+线下”融媒体宣传教育平台开设学习专栏，市纪委副书记参加全市宣讲，大力宣传中共十九大精神，营造浓厚氛围，迅速掀起学习中共十九大全会精神的热潮，使中共十九大精神成为凝聚人心、鼓舞士气、推动工作的持久动力。

【全面从严治党政治责任】 协助市委分类制定镇（街区）、市直部门《2017年度党风廉政建设责任书》，以责任清单的形式明确镇（街区）党（工）委六大类、18项主体责任、纪（工）委五大类11项监督责任，市直部门党组织六大类、19项主体责任，督促各级层层签订责任书，形成上下贯通、层层负责的责任落实链条。协助市委修订《市委市政府领导班子成员党风廉政建设岗位职责》等制度，督促市级党政班子成员强化主体责任意识，落实“一岗双责”要求。协助市委分解落实党风廉政建设主体责任，将党委主体责任目标任务细化、量化到相关责任单位，做到责任清、任务明。建立党风廉政建设日常考核台账，每季一调度、半年一考核。由市委常委、党员副市长带队组织参与全面从严治党、党风廉政建设、意识形态工作主体责任落实情况重点检查，对各镇（街区）和8个市直部门工作情况进行重点考核，考核成绩纳入全市科学发展综合考核。建立健全市纪委常委联系镇（街区）制度，每月至少督导一次镇（街区）落实“两个责任”情况。坚持并完善廉政谈话制度，市纪委常委与10个镇（街区）、27个市直部门（单位）的党政主要负责人进行廉政谈话，推动主体责任落实。认真落实《问责条例》和省委实施办法，严格实行“一案双查”，问责党员干部43名，给予党政纪处分30人。

【落实中央八项规定】 盯紧老问题、关注新动向，开展常态化监督检查，畅通举报渠道，紧盯重要节点，坚持常态化明察与交叉式暗访相结合，织密无处不在、无时不有的监督网。强化铁腕式执纪审查，把违反中央八项规定精神行为列为执纪审查重点，全市共查处违规公款吃喝、公款旅游、违规发放津补贴或福利、大操大办婚丧喜庆等问题86个，给予党纪政纪处分19人。深入开展“为官不为”整治年活动，查处不作为、乱作为，履职不力、监管失责等“为官不为”问题103个、党政纪处分39人。根据“思想作风建设年”活动统一安排，组建明察暗访人才库，牵头开展作风建设专项督查，发现问题108个，处理116人。

【整治不正之风和腐败现象】 加大对侵害群众利益的不正之风和腐败问题查处力度，将该项工作开展情况列入党风廉政建设责任制年度考核。制定《昌邑市2017年度整治和查处群众身边的不正之风和腐败问题工作考核办法》，从考核方式、考核内容、组织实施等方面作出明确规定，采取年度考核和月度考核相结合的考核方式，将工作任务分解在平时，落实到位。完善线索共享机制，加强与信访、审计、民政、财政、国土、农业、水利、卫生、教育、工商等部门单位的联系沟通，畅通信访举报渠道，建立侵害群众利益的不正之风和腐败问题线索台账，将信访举报、上级交办、公检法移送、执法监察、办案、审计中发现的包括违规违纪问题线索进行认真梳理，分类登记造册，及时研究处理。严格将监督执纪“四种形态”运用于执纪审查全过程，按照《践行监督执纪“四种形态”工作规范》，规范对党员干部进行提醒谈话、函询、批评教育、责令作出书面检查、诫勉谈话等处理及纪律处分的情形作出明确规定。全市立案查处侵害群众利益的不正之风和腐败问题 86 起，给予党政纪处分 92 人，其中查处扶贫领域问题 4 起，给予党政纪处分 6 人。实施多维度通报曝光，充分利用潍水清风网站、“潍水清风”微信公众号等媒体，对查处的问题全部进行通报曝光，强化不敢、知止的氛围。

【监督执纪“四种形态”】 坚持“惩前毖后、治病救人”，科学运用监督执纪“四种形态”，既从严“惩”，又力促“治”，切实体现抓早抓小、全面从严。全市共运用监督执纪“四种形态”处理党员干部 2965 人，第一种形态 2612 人，占比达 88.1%；立案审查 315 起，党政纪处分 352 人。构建完善信、访、电话、互联网、微信“五位一体”信访举报受理平台，在全市公共场所张贴“一键举报”二维码，畅通群众多元化信访举报渠道。在市级新建一处高标准走读式谈话场所；对各镇（街区）谈话室进行规范提升，配备照相机、摄像机、执法记录仪等执纪审查工具，完善有关制度，筑牢执纪审查安全防线。把提质增效贯穿执纪审查工作全过程，建立健全“三五三”问题线索快查快结工作机制（规范三项流程：分办流程、交办转办流程、审结流程；缩短五个时限：分办时限、初核时限、答复时限、立查时限、审理时限；完善三项制度：督办催办制度、“一案双考”制度、领导约谈制度），制定实施调度通报考核、案件质效问题清单、执纪审查安全保障等“十项制度”，问题线索按期办结率达 91%，工作提速 51%，全省执纪审查质量抽查成绩列潍坊市县（市区）第 1 名。

【健全完善党和国家监督体系】 加强对同级党委及其成员的监督，组织 14 名市级党政班子成员、10 名镇（街区）党（工）委书记和 102 名市直部门主要负责人向市纪委全委会述廉。坚持关口前移，由市纪委书记、副书记带队与 39 名新提拔、调整的副科级及以上领导干部进行任前廉政谈话，增强新提拔干部廉洁自律意识。推动开展巡察工作，建立健全巡察工作领导体制和工作机制，组建巡察机构，制定巡察计划，选优配齐巡察干部，对 2 个街道、22 个市直部门开展政治巡察，巡察利剑作用初步显现。加强派驻监督工作，派驻纪检组对 129 个单位实施常态化监督联系，全面掌握被监督单位党风廉政建设整体情况，派驻监督“探头”作用有效发挥。按照上级和市委部署要求，积极稳妥推进国家监察体制改革试点，完成人员转隶、机构设置、组建挂牌等工作，1 月 22 日市监察委员会正式挂牌成立。

【廉政宣教】 坚持系统布局，创建线上线下“融媒体”廉政教育体系。线上，借力“互联网 +”，打造“一馆一微一网”教育平台。一馆即“昌邑市网上廉政教育 3D 展馆”，为全省纪检监察系统首家。建有大厅、清风文苑、榜样风采等 8 个板块，采用最先进的 3D 技术，将廉洁资源在逼真、形象的虚拟场景中进行全方位、立体化展示，浏览者只要通过电脑或手机，就可随时随地“走进”展馆，接受廉洁教育。一微即“潍水清风”微信公众号。该微信公众号定期更新，以图文并茂的形式，向广大党员干部推送上级精神、党内法规解读、典型案例等内容。一网即昌邑纪检监察网。设置组织机构、新闻动态、党风廉政等 8 个版块，成为集舆论引导、信息发布、社会监督等一体的综合性网络教育平台。线下，积极发挥实体基地和传统媒体作用。实施“一镇一品”廉政教育阵地工程，组织各镇（街区）深入挖掘优秀传统文化、红色文化和旅游资源中的廉洁元素，建设各具特色、内容丰富的廉政教育阵地，形成“一镇一品”的廉政教育格局。打造“一体两翼”廉政教育基地，将市廉政教育基地、昌邑市预防职务犯罪警示教育基地和市廉政文化长廊整合形成“一体两翼”的廉政教育格局。巩固传统媒体宣传阵地，充分发挥电视、报纸受众面广的优势，主动对接、主动发声，在《昌邑新闻》报道廉政新闻 22 次，《潍坊日报·今日昌邑》等媒体刊发廉政稿件 85 篇，及时传递昌邑纪检好声音。积极加强廉政宣传教育，先后举办党章党规党纪辅导报告3次，征文活动4次，征文256篇，讲好昌邑市正风反腐故事，营造浓厚的廉政文化氛围。深化警示教育，组织观看《永不停歇的征程》等警示教育片，组织全市中层以上人员和重点领域、关键岗位的党员干部到法院参加旁听等方式，切实提高党员干部守纪律、讲规矩意识和拒腐防变能力。

【自身建设】 积极寻标对标提标。认真开展“思想作风建设年”活动，确立“潍坊市内对标昌乐，省内对标新泰”的目标，并组织部分纪检监察干部先后到昌乐、青州、新泰市对接学习，开展“担当作为、创争一流”任务目标公开承诺活动，让争先进、创一流成为自觉行动。注重提高履职本领。设立每周五下午“潍水清风讲堂”，开展学习中共十九大精神、《中国共产党纪律检察机关监督执纪工作规则（试行）》及其实施办法等主题研讨活动20余次。在积极组织参加上级业务培训的基础上，先后举办业务普及班和素质能力提升班，组织科级领导干部赴浙江大学进行高端培训，派出16名年轻干部轮流到市委、市政府信访局见习接访，进一步提升纪检监察干部综合素质能力。不断加强自我管理监督。出台《委局干部积分制管理实施办法》《纪检监察宣传工作考核办法（试行）》，激发机关内生动力。健全关爱机制，开展系统内走访谈心活动，及时了解干部思想动态。牢固树立“信任不能代替监督”理念，组织纪检监察干部全员填报个人有关事项，并按不低于10%的比例抽查核实，有效防止“灯下黑”。

（供稿人：翟雪霞　孟　鑫）

社会团体

She Hui Tuan Ti

昌邑市总工会

【概况】 2017年，市总工会在市委和潍坊市总工会正确领导下，认真学习宣传贯彻中共十九大精神，主动服务全市大局，全力做好服务职工工作，各项工作取得新的进展。获得全国总工会基层职工互助保障工作考核优秀等次；山东省职工体育工作先进单位；潍坊市工会工作先进单位、学习型党组织示范点、帮扶资金管理使用先进单位、工会经审工作特等奖、潍坊市工会财务人员业务技能竞赛团体二等奖等称号；代表市政府参加第34届潍坊国际风筝会风筝放飞大赛获得团体一等奖、最佳巨型风筝创新奖、最佳风筝放飞表演三等奖。连续14年保持省级文明单位称号。

【政治学习】 认真学习，广泛宣传，推动中共十九大精神落到实处。把学习宣传贯彻中共十九大精神放在工作的首要位置来抓。市总工会党组把“支部生活日”建成学习中共十九大精神的“周末大讲堂”，形成个人学和集体学相结合、线上学与线下学相配合、理论学与实践学相统一的局面。市总工会党组对基层工会学习中共十九大精神专门作出安排部署，提出明确要求，把学习宣传贯彻中共十九大精神推向深入，各级工会组织和广大工会干部进一步增强做好新时期工会工作的责任感使命感，呈现出奋发有为、比学赶超的精神风貌。

【职工技术创新】 组织开展昌邑市第二十届职工业务技术比赛。设置比赛项目10个大项，20个小项，全市1万余名职工参加比赛。参加潍坊市职工创新创业大赛，获得二、三等奖各一项，1人获潍坊市职工技术创新能手称号。有1人获得富民兴鲁劳动奖章，1个单位获得省工人先锋号称号；1个单位获富民兴潍劳动奖状，3人获富民兴潍劳动奖章，2个单位获潍坊市工人先锋号称号。加强劳模精神、工匠精神宣传。举行潍坊市工匠精神巡回报告会昌邑专场。4人被评为潍坊市“能工巧匠”。开展“追寻劳模足迹　弘扬劳模精神”活动。参与《潍坊劳模影像志》编纂，提报全国、省、潍坊市级劳模材料164人（份）。

【工会改革】 研究制定《昌邑市总工会改革实施方案》，由市委印发实施，相关改革工作稳步推进。产业工会工作进一步完善，理顺二级产业工会组织体系，进一步夯实外经贸工会联合会组织基础。承办潍坊市县级外经贸工会联合会组建工作座谈会、潍坊市推进化工行业工会组建观摩会议。开展“百日建会”行动。贯彻落实全国总工会《工会基层组织选举工作条例》，印发条例3000册，举办条例培训班，组织2000余名工会干部参加条例知识竞赛。新建基层工会36家，发展会员3000余人，实行工会主席公推直选的20家。有1家基层工会被评为省模范职工之家、1名工会主席被评为省优秀工会工作者；4家基层工会被评为潍坊市先进职工之家、6名工会主席被评为潍坊市优秀基层工会主席。

【“查保促”维护职工权益】 开展行业“查保促”

活动专项行动，进一步充实完善“查保促”“三员队伍”，人员达1100多人。通过开展知识竞赛、制作宣传中性笔、印制明白纸、宣传扑克等方式，广泛进行宣传。代表潍坊市总工会承接省总工会“查保促”工作专项督导，得到上级充分肯定。深化厂务公开民主管理，维护职工民主政治权益。开展工会与行政沟通协商机制建设，印制《工会与行政沟通协商机制工作手册》1000册，举行专项业务培训2期，培植示范点26家，部分镇（街区）通过召开工会与行政沟通协商机制现场观摩会议等措施，进一步推动工作向基层延伸。1家企业被评为省推行协商民主强化社会责任先进单位，1名职工被评为省推行协商民主强化社会责任优秀个人。职代会建设持续推进，全市国有、集体及其控股企事业单位职代会和厂务公开制度建制率达到100%。深入推进工资集体协商，维护职工合法经济权益。积极宣传贯彻《山东省企业工资集体协商条例》，举办全市企业工资集体协商知识竞赛，3000余名职工参加预决赛，6支代表队分获一、二、三等奖。开展工资集体协商“要约行动”，重新登记续聘专职工资集体协商指导员3名，打造示范点45家。昌邑市规模以上企业工资集体协商建制率、集体合同签订率达到90%以上，履约率达到100%。开展女职工建功立业“四项行动”，举办女职工“美丽健康知识讲座”，组织1.7万余名女职工进行健康查体，女职工专项集体合同签订率达到100%；建立爱心妈妈小屋10处，进一步维护女职工的合法权益和特殊利益。

【服务体系提质升级】 加快社区、企业职工服务站建设，为职工提供一站式、全方位服务。组建昌邑市志工服务队伍。发展职工志愿服务者1万多名。对困难职工（农民工）进行再摸底、再核实、再登记，做到精准识别。“四季服务”持续推进，帮扶救助职工152人，发放帮扶金24.51万元；组织200余家企业，参加全市的人才招聘会，为1500名下岗失业人员、进城务工人员、农民工提供工作岗位；为职工送降温物资合计13万元；为50名困难职工子女，发放助学金10.5万元。职工互助保障工作不断提升。全市共有120家企事业单位参加职工互助保障计划，参保职工2.03万人次，参保金额82.6万元，受益职工550人次，受益金额54.6万元。继续推进工会会员服务卡发放工作，累计发卡1万余张。开展一线职工疗休养活动，118名一线职工参加疗养。

【文化引领】 开动职工书屋大篷车6次，赠阅图书杂志3000余册。继续与市电视台、市报社等媒体联合，开展“昌邑工匠风采”展播，宣传先模集体、人物50个。举办职工乒乓球比赛、象棋比赛、职工羽毛球比赛、篮球联赛等活动。参加第34届潍坊国际风筝放飞比赛获得团体一等奖、创新一等奖；代表潍坊市总工会参加省第七届职工运动会开幕式、健步走比赛，取得男子组个人冠军、女子组第8名的好成绩。

【财务审计】 工会经审工作规范化建设努力做到“四个结合”：与工会基础工作规范化建设年活动相结合。将工会经审工作电子台账规范化建设纳入到工会基础工作规范化建设年活动中，凸显工会经审工作地位，保证工作有序推进。与业务培训相结合，培训工作“按系统、划区域、分镇街”分头进行，以规范化的试点单位为典型，优秀试点单位经审负责人现场传授经验，面对面、手把手讲解电子台账填报方法。与问题整改相结合，针对在年度工会财务经审工作检查发现的问

★全市工会经审工作现场推进会议（昌邑）现场 （鲁　进）

题，要求被审计单位明确审计整改责任，建立审计结果和整改报告制度，做到查缺补漏，及时整改。与风险防控相结合，成立由市经审会主任为组长、经审会委员及专业资质人员为成员的昌邑市工会经费管理风险防控工作小组，明确工作小组成员的岗位职责，按照定期检查和动态调阅相结合，针对发现的问题，及时提醒督促整改，防患于未然。2017 年 9 月 27 日，潍坊市工会经审工作现场推进会议在昌邑市召开。

【产业工会】 把规范完善产业工会组织建设、推进作用发挥作为深化产业工会建设的目标和要求。在石化医药工会联合会，重点突出作用发挥，如开展行业工资集体协商、化工行业“查保促”专项行动、帮扶救助等。在外经贸工会联合会重点夯实工作基础，筹备成立纺织印染工会分会、机械制造分会，进一步筑牢外经贸工会联合会组织基础。继续对苗木产业工会联合会、铸造业工会联合会、纺织业工会联合会、印花业工会联合会等进行规范完善，构建基层工会由社区工会联合会和行业工会联合会双覆盖的组织网络。潍坊市总工会先后于 2 月、8 月，分别在昌邑市召开组建县级外经贸企业工会联合会调研座谈会、推动化工行业工会组建观摩会议，推广昌邑市的经验做法。

（供稿人：徐延波）

共青团昌邑市委员会

【概况】 2017 年，昌邑团市委在市委和潍坊团市委的正确领导下，以全力打造“责任团委”“活力团委”“创新团委”为目标，坚持“凝聚青年、服务大局、当好桥梁、从严治团”四维格局，不断增强政治性、先进性、群众性，积极开展各类活动，突出抓好团的建设，在青春志愿服务、精准扶贫、青春创业、青少年思想引导等方面作出新贡献，团结带领广大团员青年开拓创新、真抓实干，推动昌邑共青团各项工作取得新的进展。被评为创建全国文明城市工作先进单位、潍坊市学雷锋活动示范点等称号。

【责任团委】 围绕全市项目建设和招商引资年，积极实施“请进来、走出去”战略，邀请潍坊青联委员到昌邑调研，组织昌邑青联、青企协会员到先进地区学习，增长学识见识，宣传昌邑区位资源优势。加强青年创业平台建设，扎实建好“东方创业谷”青年创业园、“柳疃棉纺城”青年电商孵化基地等多家创业服务实体平台，深入推进鲁青基准贷、昌青贷等青年创业金融项目，为 3 名创业青年申请低息贷款 230 万元，解决创业初期融资难问题。深入实施青春创业行动，鼓励发展“农村电商”，开展“青年电商培训班”5 期，培训农村青年 300 余人，扶持农村青年开办网店。抓好农村青年致富带头人培育工作，发挥团组织资源优势广泛开展创业指导、技能培训等活动，带动更多青年就业创业。

围绕创建全国文明城市，组建全市青年志愿者服务队，以“青春志愿·共助创城”为主题，广泛开展志愿服务活动，组织开展全市交通文明志愿者大培训暨“沙场练兵”动员会，营造良好创城氛围。围绕文明出行，在全市 40 多个重点路口设置“共青团交通文明岗”，组织志愿者开展文明引导工作，唱响青年志愿者之歌。深化“青年碳汇林”“抗旱保水”“保护母亲河”等系列活动，累计开展环保志愿活动 30 余次，发放宣传材料 1 万份。常态化组织志愿者参与“全国十艺节”“全省地震演练”“全省乡村文明行动现场会”“绿博会”“龙乡文化节”等大型赛会活动，发挥青年突击队作用。

召开全市共青团青春扶贫动员会，制订精准扶贫工作方案，明确公益助学、结对帮扶、技能培训、创业指导、志愿服务五大方向，并以“金晖助老”“牵手关爱”“希望工程·微心愿”“创新创业·助力扶贫”等具体活动为抓手，扎实开展青春扶贫工作。启动“牵手关爱行动”，全年开展牵手关爱活动 15 期，结成帮扶对子 200 对。实施“金晖助老”项目，志愿者 1V1 帮扶 100 名建档立卡贫困老人，为贫困老人送去棉衣、棉被等过冬物资。扎实开展“微心愿”活动，帮助达成学生心愿 300 余个。围绕党员联系困难群众，帮助 2 户困难群众申请民政救助、助学金 6700 元，为困难群众生产生活出谋划策。

【活力团委】 在全市中小学中部署开展“核心价值

观记心中”“我的中国梦”“喜迎十九大—我向习爷爷说句心里话”主题实践教育活动，加强青少年思想政治教育。召开各界青年代表座谈会，围绕学习贯彻中共十九大精神、习近平总书记系列重要讲话精神、中共昌邑市委第十四次代表会议精神等，结合自身工作实际，就如何构筑“中国梦”“富民强市”等畅谈认识和体会。

开展全市困难青少年摸底调查工作，对全市困难青少年进行全方位摸底调查，梳理规范全市困难青少年学生信息库，为困难青少年提供资助奠定基础。同时结合“1+100”联系青年和包村联户工作，及时调查、掌握所包靠乡镇、社区、村的困难青少年信息，尽可能的帮助基层做好扶贫帮困工作。举办各类“希望工程”助学活动30余期，发放助学金10.8万余元，资助青少年435名。

以“三八六”环保活动为主题，实施青春绿色行动，持续深化“保护母亲河——潍河”“小手拉大手 共筑碧水蓝天”“全市青少年节水宣传”等系列活动。植树节期间，组织近千名学生团员、志愿者开展义务植树活动，累计植树造林3万余棵；与海洋与渔业局联合，连续5年开展“百万鱼苗放流”活动，邀请全市中小学1000余名师生代表，到下营港进行鱼苗放流300万尾。组织开展“昌邑市青年环保骑行”活动，组织200余名环保志愿者上街骑行，宣传低碳生活的文明理念。

围绕“共青团+社会组织”，注重发挥社会组织力量，支持“昌邑义工”社会组织健康成长。在推荐“为烈士寻家”项目荣获全国志愿服务铜奖的基础上，重点打造“听老革命讲那过去的事情”青少年爱国主义教育活动，组织义工走访调研200名中华人民共和国成立前老党员，以他们的革命事迹影响带动孩子们增强爱国意识。

【创新团委】 团市委将2017年定为基层组织建设“深化年”，通过深入实施基层团建统筹工程，狠抓“团组织+团干部+团员”三维一体化建设，织牢县级团组织服务网。统筹推进全市共青团改革工作，抓住“走进青年、转变作风、改进工作”大宣传大调研等契机，制定团干部联系青年等特色项目，聚焦解决脱离青年问题，建设“青少年想要的共青团”。制定出台《共青团昌邑市委改革实施方案》，就强“三性”（政治性、先进性、群众性）、“去四化”（机关化、行政化、贵族化、娱乐化）提出具体要求。深入推行“横纵交错、机制完善、科学运行、服务为主”的组织架构新模式，对所有团组织进行规范提升。全市各类团组织已达到300余个，基本实现共青团组织全覆盖。

坚持向从严治党看齐，落实从严治团各项要求，召开全市团干部作风建设动员会，深化共青团“思想作风建设年”活动，提出发扬“三必须两不怕”精神，从严抓好团干部作风建设，努力锻造一支听党指挥、作风过硬、敢于担当、勇于争先的青年干部队伍。加强团干部政治修养，要求团干部务必按照作风建设要求，严踩高压线，端正作风，树立良好形象。

加强青年之家建设，在青年最关心方面设计平台，通过实实在在服务，吸引和留住青年。围绕就业创业，打造“东方创业谷”“新华创客”2处示范青年之家，举办“创业沙龙”“高端论坛”等活动30余场次，丰富青年业余生活，为青年创客提供就业创业、沟通交流、社会融入等方面服务。围绕志愿服务，打造“社区志愿服务站”—青年之家，组织青年参与志愿服务活动，营造青年公益文化氛围，提供志愿服务有形化阵地。

（供稿人：迟海燕）

昌邑市妇女联合会

【服务大局】 昌邑市妇联开展“巾帼心向党，扬帆新征程”“建设法治昌邑，巾帼在行动”及“学雷锋”主题巾帼志愿服务等系列活动，参入妇女达1万余人次，在昌邑市“五个新城”建设中展示巾帼风貌。按照习近平总书记“三个注重”的要求，持续开展最美家庭、文明家庭、优秀家庭角色等创评活动，有600多个家庭和个人分别荣获省、潍坊市和昌邑市荣誉称号，褚素荣、王玲两个家庭被评为首届山东省文明家庭。发挥妇女儿童活动中心、各级妇女儿童家园作用，开展家庭教育、征文比赛、技能培训等各类活动50多场次。组建巾帼文明劝导队，参与社会治理创新。在村（居）组建600多支巾帼文明劝导队，对家庭矛盾、邻里纠纷、文明出行、环境卫生等方面的不文明行为进行劝导，开展各类服务3000余人次，为家庭和谐、社会稳定作出贡献。

【引领妇女创业】 多措并举推进“双创”。举办2017年“春风送岗位”女性专场招聘会暨“巾帼脱贫行动”妇女创业项目展示会，吸引600余名妇女入场求职、洽谈，展示推介妇女就业项目11个，达成就业意向150余人。开展“新农村新生活”家政服务培训进社区行动，帮助城乡妇女特别是失地妇女、下岗失业妇女、农村贫困妇女拓宽脱贫致富渠道，全年12个社区组织培训，培训妇女3000余人，安置就业353人，李峰峰、于爱玲等荣获潍坊市第三届巾帼家政技能大赛个人三等奖。实施“巾帼电商·居家创业”工程，邀请创业导师对300多名村(居)妇联主席、致富带头人、巾帼创业者联谊会会员和贫困妇女进行分类培训，打牢妇女居家创业基础。开展“巾帼建功”实践活动。继续开展“争创巾帼文明岗·争当巾帼建功明星”活动，激励广大女性参与岗位建功、岗位创新、岗位成才。市城建、档案馆、市社会保障局等5个单位被评为潍坊市巾帼文明岗，崔昌杰、魏云红等6人被评为潍坊市巾帼建功明星。定期组织巾帼创业者联谊会活动，通过组织会员企业观摩交流、学习现代经营管理知识、参观社会事业发展亮点等方式，拓宽会员眼界，打造资源共享、抱团发展的女企业家成长平台，组织各类活动5次，新增联谊会员9人，推荐7人加入潍坊市女企业家协会。实施巾帼脱贫行动，大力发展“巾帼脱贫”示范基地建设。建立“巾帼脱贫”示范基地5处，昌邑远华园艺有限公司被表彰为潍坊市“巾帼脱贫”示范基地并获2万元项目资金扶持。积极发展“大姐工坊”，广泛联系发动相关企业，利用镇、村闲置土地、房屋，创设厂房式、居家式生产加工服务点，以“大姐工坊+贫困妇女”模式开展精准扶贫，吸纳有劳动能力的妇女就业，开办“大姐工坊”10处，为108名贫困妇女提供就业岗位，润天草制品农民专业合作社、潍坊博陆文化旅游有限公司、石埠青山庄园红岫家庭农场等3处“大姐工坊”被命名为山东省巾帼居家创业就业脱贫行动“大姐工坊（大姐农家乐）”。

【保障妇女儿童权益】 出台《昌邑市妇女发展“十三五”规划》《昌邑市儿童发展“十三五”规划》和《2017年为妇女儿童办实事的通知》，从健全妇女儿童关爱服务体系、关注妇女儿童身体健康、维护妇女儿童合法权益、优化妇女儿童发展环境等方面推动妇女儿童事业健康发展。继续做好农村妇女“两癌”免费检查工作，检查妇女1.51万人。实施女性安康工程，参保人数达到4000余人。继续加强同财政、人社、金融等部门的对接，不断畅通妇女小额担保贷款和贴息申报、审批渠道，有36名妇女获得小额担保贷款，贷款金额690万元。争取中国妇女发展基金会“妇科疾病无创治疗”和“超早期宫颈癌筛查”2个公益项目落地昌邑，在妇幼保健院举行项目示范医院揭牌仪式。为都昌街道利民社区争取省级妇女儿童家园项目1个，配套资金10万元。启动婚姻家庭辅导工作，招募由妇联干部、五老志愿者及社会爱心人士等50余人组成的婚姻家庭辅导志愿者团队，在民政局婚姻登记大厅成立婚姻家庭调解站，为前来离婚的家庭进行调解和辅导，参与调解100余对，成功率达到28%，得到当事人和社会的普遍赞誉。设立“夏季结对、成长培训、冬衣送暖”3个项目，使“春蕾计划”成为一个贯穿全年的慈善工作，全年资助春蕾儿童392名，发放资助金24万余元，棉衣368件。“六一”儿童节，举行“一路相伴·携爱同行”春蕾计划表彰大会暨结对仪式，表彰春蕾计划爱心使者45名、爱心单位25个和春蕾之星12名。开展“贫困母亲”救助行动，发动社会各界关注、关心贫困母亲，走访慰问贫困母亲110名，发放救助款物计2万余元；争取全国妇女“两癌”专项救助7人，省妇联“她基金”救助1人，救助款8万元。巾帼维权工作再上新台阶，开展“三八”妇女维权宣传月活动和反家暴、禁毒、防艾等法律宣传活动，发放各类宣传材料8000余份。在潍坊市率先成立“爱在潍水·法律护航”妇女儿童维权联盟，整合社会力量保障妇女儿童合法权益，全力维护家庭和社会的和谐稳定。常态化做好妇女维权工作，提升专业化维权水平，市妇联已有4人考取国家三级心理咨询师，3人考取婚姻家庭咨询师资格，基本形成人人能接访、人人会接访的专业化接访格局，接待妇女群众来信来访案件 204 件，处结率达到 100%。

★ 2 月 16 日，在奎聚东店村试点村妇代会会改联工作，市妇联主席高爱莲（左一）参加（李雯雯）

【组织建设】 联合市委组织部、市委党校举办 2017 年全市基层妇女干部培训班，对 50 名基层妇女干部进行政策理论、妇联业务知识、家庭教育、心理咨询等知识的培训，并赴济宁政德教育基地进行现场教学。举办两期村（居）党员妇联主席培训班，培训人员 395 名，为党员进县级党校培训常态化打头阵。在机关事业单位及“两新”组织中开展妇女组织集中组建活动，做到“哪里有妇女，哪里就有妇女组织”，2017 年，新建机关事业单位妇工委 1 个、妇委会 34 个、“两新”组织妇委会 72 个。创新妇女组织模式，在奎聚街道试点行业妇联组建工作，成立制造业、服务业、新兴产业三个行业妇联，填补妇女组织的“空白”领域，拓宽妇联组织的覆盖面。全面推行“会改联”。完成全市村（居）妇代会改建妇联工作，1045 名妇女加入妇联专兼职干部队伍，延伸妇联工作的手臂。

【妇联改革】 出台《昌邑市妇联改革实施方案》，计划利用 2 年的时间，全市各级妇联实现结构优化调整、基层工作力量充实壮大、组织覆盖拓展延伸。认真开展思想作风建设年活动，制定《昌邑市妇联关于深入开展思想作风建设年活动的实施意见》，组织机关干部分别赴寿光、莱州等地进行对标学习，全面提升服务妇女儿童的水平和能力。圆满完成“进百村、联万户、解难题、办实事”万人下基层主题实践活动。根据市委安排部署，分别到围子街道西部村、辛立村、南朱家寨村入户走访，详细了解村民的问题和要求，征求意见建议 32 项，全部解决。同时，结合妇联工作实际，在走访活动中对贫困儿童、贫困母亲情况进行排查摸底，做到精准帮扶，累计资助款物 3600 元。

（供稿人：李雯雯）

昌邑市科学技术协会

【科学普及】 精心组织以“创新驱动发展、科学破除愚昧”为主题的昌邑 2017 年“全国科普日”系列活动，通过送科技下乡、赶科普大集、发放科技明白纸等形式，宣传科学思想、科学精神、科学方法、科学知识，教育引导广大群众崇尚科学、反对迷信愚昧。全年共印制下发明白纸 2 万余份、宣传折页 5000 张，发放各种宣传资料 1 万余份，深受群众欢迎。推动科普文化深入实施，组织参加潍坊市“科普文化进万家”暨首届科普摄影大赛并取得优异成绩，市科协获“潍坊市首届科普摄影大赛优秀组织奖”。制定《关于进一步加强数字科普工作建设提升基层公共科普文化服务能力的意见》，推进公共科普文化服务体系建设。

【提高全民科学素质】 加快推进“十三五”时期全市科学素质纲要工作，增强服务全民科学素质提高的能力。认真履行全民科学素质工作领导小组办公室职责，牵头推动全市“十三五”时期科学素质纲要工作深入实施。完善公民科学素质建设联合协作机制，加强与市直有关部门联系，促进科普工作制度化、规范化，形成科普工作新合力。发挥电视台、网站、手机、微信等平台载体作用，通过知识竞赛、编印宣传手册、科普挂图、建设科普 e 站、推广科普中国落地应用等形式，扎实做好“十三五”时期纲要知识的宣传学习，不断扩大公众对科学素质纲要的知晓度和覆盖面。抓住关键环节，突出工作重点，扎实有效地开展全民科学素质工作。着重抓好未成年人、农民、城镇劳动者、领导干部和公务员“四大重点人群”科学素质的提升工作。尤其是未成年人科学素质提升工作，与市教育局合作举办一系列形式多样的主题活动。

【科技人才托举工程】 助力科技工作者成长成才。加大青年科技人才培养、举荐力度。注重科技人物宣传，突出对基层一线和青年科技人才的宣传，优化人才成长和发展良好环境。积极向上举荐科技人才。昌邑凯特新材料有限公司董事长兼总经理、教授、高级工程师张新堂被推选入省级智库高端人才队伍。昌邑市人民医院主任医师訾凤国被授予“第六届潍坊市优秀科技工作者”称号。增强服务创新驱动发展的能力，组织企业参加 2017 年“院士专家潍坊行”等活动。根据昌邑市企业对人才、技术、项目等方面的需求，组织有关企业开展与人才专家精准对接活动，解决企业关键技术问题，促进产学研用合作。

【科技培训】 继续开展“走进农家—科普大讲堂”这一提升农民素质的名牌活动，在继续聘请相关方面专家技术人员进行科技下乡、科普培训的基础上，针对昌邑市具有一定规模和发展潜力的行业（大姜、大蒜、土豆、葡萄）分别举办高产栽培培训班。在全市 10 个镇（街、区）共举办培训 26 场次，参训农民达 2 万人次，培养专业农民 1000 人。开展科技咨询活动 30 场次，直接受益群众 1 万人次。

【基础建设】 培植都昌街道西城社区、西永安葡萄种植协会受到中国科协、财政部表彰奖励。大力推进基层科普基础设施建设。推进“科普中国 e 站”建设。全年，建成 2 处“乡村 e 站”、2 处“社区 e 站”、2 处“校园 e 站”。继续实施数字科普工程。对安装的 50 台数字科普电视加强日常维护，定期派人下乡巡查，并聘请专业人员处理电视故障，确保数字科普电视科普工作顺利进行，充分发挥数字科普终端的宣传阵地作用。科学推进 10 个扶贫村数字科普终端建设进度和质量，发挥数字科普在精准扶贫和科学普及中的重要作用。培育潍坊市级以上科普教育基地。昌邑市中小学生综合实践活动基地、潍水学校青少年毒品预防教育馆、奎聚小学科普教育实践基地被潍坊市科协、教育局认定为第三批潍坊市科普教育基地。昌邑市外国语学校被省科协、省教育厅授予“山东省科普示范学校”称号。

（供稿人：齐玉玲）

昌邑市工商联合会

【概况】 2017 年，昌邑市工商联合会认真学习习近平新时代中国特色社会主义思想，深入开展“两学一做”学习教育活动。组织全市 90 多位新生代企业家开展“听党话、跟党走、接好班”征文活动；认真学习中共十九大全会精神，各项工作取得好成绩。被评为山东省工商联系统“五好商会”、潍坊市工商联系统“五好”县级工商联。

【培训服务】 昌邑市工商联组织会员企业参加 2017 山东民营企业人才招聘会。组织企业家赴上海财经大学参加素质提升高级研修班和潍坊市新生代企业家创新转型升级培训班；邀请著名经济学家魏杰到昌邑为全市领导干部和企业家专题授课。联合市金融办开展昌邑市企业新四板挂牌工作，向企业就上“四板”开展宣传服务工作。组织会员企业赴济南参加山东省—日本山口县经贸洽谈会、新疆五家渠市招商引资推介会。

【参政议政】 引导会员企业积极参与“春蕾女童计划”，共资助春蕾女童 44 名，累计捐款 10 万余元。到围子街道杨家村开展万人下基层主题实践活动。与市扶贫办、市农发行就政策性金融支持“万企帮万村”达成精准扶贫行动战略合作协议。

【组织建设】 召开昌邑市工商联第十次会员代表大会，选举产生执委 120 人、常委 39 人、副主席 12 人、

★昌邑市工商联第十届会员代表大会 （郝　岩）

商会副会长5人，圆满完成换届任务。市委书记吕珊珊出席会议。 （供稿人：翟亚丽）

昌邑市文学艺术联合会

【精品工程】　市文联积极动员各协会开展文艺精品创作，推出一批反映昌邑市实际的文艺精品。作协会员姚凤霄散文集《凯风自南》由山东友谊出版社出版，李云杰散文集《在晨跑中飞翔》由团结出版社出版；摄协出版摄影画册《昌邑摄影》一书，赵涵受邀为《山东画报》拍摄10名省级优秀教师，被《山东画报》专刊发表。音协会员范会伟为第二届龙乡艺术节创作主题曲《龙乡之歌》，曲谱交由央视7套，将进行二度编辑。微电影《那时花开》被列为潍坊市重点文艺作品，并获得扶持资金2万元。组织专人深度挖掘整理昌邑市“七名”相关资料，编制《文化昌邑》宣传画册。

【文化活动】　注重满足群众对文化活动需求。充分利用春节、元宵节等传统节日，先后举办不同层次、不同类别的文化活动100余场次，参与演出文艺队伍达到80余支3000余人，观众达50万余人次。注重传统与现代相结合，积极搭建活动载体，先后举办“水墨行吟”—高立峰迎新春山水画作品展、“翰墨飘香”全市迎春美术作品展、“问道经典”魏云飞中国画作品展、“大道之行”陈丙利博士画展、“青春笔墨·时代气象”—当代16位书画博士迎春邀请展、2017“迎新春”书画展、昌邑籍名人书画巡展、实力画派吕双明·刘红师生油画展等大型书画展12场，展出作品2500余幅，近3万人参观展品。通过开展多层次、多形式的群众文化活动，在丰富群众文化艺术生活的同时，提升昌邑文化名气，助推“文化名市”建设。

【参加文艺评奖活动】　市文联积极组织协会会员参加上级各类文艺评奖活动。作协会员作品《乘一叶慈悲越界来》在《山东文学》2017年5期发表，获阳光下的风全国征文大赛二等奖、潍坊网络文艺作品大赛三等奖；长篇小说《大清神鼎》在全国优秀文艺作品征评大赛中荣获一等奖，中篇小说《黑色七日》在“践行伟大中国梦”全国优秀文艺作品征评活动中荣获一等奖。潍坊市“首届科普摄影大赛”中昌邑市摄协会员获得1个一等奖，1个二等奖，2个三等奖，14个佳作奖，5个网络人气奖的好成绩。摄协赵涵作品《伙伴儿》入选“新农村建设全国纪实摄影十年精品展”。

【培训学习交流】　年初组织召开全市文艺社科工作座谈会，听取各协会工作汇报和打算。组织昌邑市作协骨干参加潍坊市文学创作骨干研修班。东方农民书画院每月举行1次笔会并定期到初中、小学讲授书法公开课，在学校掀起传承书法艺术的写字热。市音协组织全市30多人的歌曲培训活动，取得良好效果。摄协先后3次组织会员参加由《中国摄影报》《大众摄影》在潍坊举办的各种摄影大篷车活动。按照“深入生活、扎根人民”主题实践活动总体部署，在毛泽东主席《在延安文艺座谈会上的讲话》发表75周年和第4个“中国文艺志愿者服务日”之际，联系省文联、省文艺志愿服务团、省书协组织艺术家小分队到省级示范镇驻地、潍坊先进基层党支部昌邑市柳疃镇柳疃村党支部开展文艺志愿服务及采风活动。组织动员引导各文艺家协会和文艺志愿者，深入农村、社区、学校、企业等开展文艺志愿服务活动。美协在春节前开展送书画

★ 4 月 22 日，昌邑潍水美术馆开馆暨第一届昌邑籍书画名家作品邀请展（褚卫贞）

下乡活动，书协到部分镇（街区）与书法爱好者进行书法交流，文协开展文艺志愿服务走进学校、企业、农村等活动。（供稿人：赵晓丹）

昌邑市社会科学界联合会

【概况】 2017 年，昌邑市社科联紧紧围绕市委、市政府的中心工作， 立足实际，解放思想，开拓创新，积极开展社科普及、社科研究等工作，取得较好的成效。被授予“全国先进社科组织”。

【社科普及】 积极拓展社科普及活动的新途径、新方法，精心安排部署，力求丰富社科宣传普及内涵，扩大社科普及影响。5 月，成功承办潍坊市第十四届社会科学普及周开幕式。积极举办高层次的人文社科知识普及讲座，5 月 25 日，邀请山东师范大学教授、社科处副处长孙书文到潍坊市技师学院作中华优秀传统文化《仁爱三义》专题讲座；7 月 21 日，邀请省委讲师团团长孔繁轲为全市各级党委中心组成员作意识形态工作的专题辅导报告。依托绿博园、博物馆、龙池镇抗日战争纪念馆等潍坊市社科普及教育基地，在社科普及周期间，根据各基地的不同性质、功能和特点，分别组织市民、中小学生到基地参观学习，通过图片展示、现场讲解、专题讲座等形式，宣传普及社会科学知识，充分发挥基地的示范带动和辐射作用。10 月，柳疃镇被评为“潍坊市社会科学普及示范乡镇”。

【重点课题研究】 围绕全市经济社会发展热点难点问题，正确引导和积极鼓励全市广大社会科学工作者，深入开展社科研究，推出一批有价值有深度的研究成果，2017 年昌邑市社科研究工作成绩斐然，其中：市第一中学张景和所著《守望生命——一名普通高中校长自主办学的实践与探索》获潍坊市第二十五次社会科学优秀成果奖二等奖；市人民医院魏培玉所著《紧密型医疗集团化管理的路径与研究》、市博物馆王伟波所著《李煦行乐图稽考》、市文山中学穆俊鹏等所著《有效教学与教育管理》获三等奖。

（供稿人：张旭霞）

昌邑市残疾人联合会

【残疾人社会保障】 市残联积极与财政、人社部门沟通协调，密切配合，全面落实残疾人社会保障政策，为 349 名重度残疾人落实提前 5 年领取养老保险金政策，为 1568 名重度残疾人落实居民养老保险政府补贴，为 59 名灵活就业的残疾人发放每月 100 元的社会保险补贴；配合民政部门对 1852 名困难残疾人生活补贴材料和 4148 名重度残疾人护理补贴材料进行审核；为 124 名残疾学生和 90 名贫困残疾人子女发放助学补贴 23.49 万元。实施家庭无障碍改造工程，按照“公开、公正、透明，兼顾个性化和人性化需求”的原则，为 14 户建档立卡贫困重度残疾人家庭实施无障碍改造。落实残疾人机动轮椅车燃油补贴政策，为 27 名下肢残疾人发放燃油补贴 7020 元。

【残疾人康复救助】 昌邑市残联与卫计局、人社局等六部门联合出台《昌邑市残疾人精准康复服务行动实施方案（2016—2020 年）》，明确精准康复服务内

★市残联举办残疾人实用技术培训班　（李中超）

容、标准及定点评估和服务机构等内容，为实施精准康复服务行动提供依据。加强康复人才培养，积极参加省市举办的各类精准康复培训班。组织各镇（街区）残联理事长、残疾人专职干事、社区康复协调员，学习精准康复实施方案，掌握工作流程、基本康复知识、入户评估、转介流程和信息收集、填报等内容。举办两期社区康复协调员培训班，以普及健康基本知识和基本技能为目标，加强预防、保健、康复、健康教育等康复知识的培训，使社区康复协调员熟悉社区康复服务模式，掌握社区康复服务档案的建立方法，提高直接为残疾人服务的能力。邀请山东中医药大学康复系主任黄海英教授对昌邑市基层卫生院的康复医生进行培训。依托儿童康复中心和基层卫生院对有康复需求的残疾人家属进行康复知识和基本技能的培训。

以镇（街区）为单位，组织基层残联、乡镇卫生院以及社区康复协调员开展精准康复需求入户筛查工作，通过筛查，全市有康复需求的残疾人 1856 人，其中辅助器具需求 1457 人，基本康复服务需求 399 人。根据筛查评估结果，制订工作计划，分别通过项目运作的方式开展服务。实施 0—9 岁抢救性康复救助工程，为全市 59 名残疾儿童实施精准康复救助，其中昌邑市残疾人康复中心（昌邑市妇保院儿童康复中心）53 人，潍坊市妇幼保健院 5 人，奎文区博爱儿童康复中心 1 人。整合资源，开展精准康复服务行动，依托乡镇卫生院和精神病防治中心，为 235 名因中风、脑溢血等造成的肢体残疾进行康复治疗和训练救助，为 53 名贫困精神残疾人实施服药补助和住院补贴，为 32 名残疾少年实施特殊教育，进行认知等训练。扎实开展残疾人辅助器具精准适配工作。根据前期康复需求入户筛查情况，为残疾人适配轮椅、智能防褥疮尿不湿床垫、坐便洗澡椅等辅助器具 17 类 1458 件。创新模式，开展居家护理服务活动。昌邑市人民医院奎聚社区卫生服务中心创新工作方法，探索新型医保服务模式，开展居家护理服务活动，为 20 名因年老、疾病、伤残等导致人身某些功能全部或部分丧失、常年卧床、生活无法自理的残疾人，提供医疗护理服务。开展“健康昌城．光明行动”白内障复明工程，与昌邑市人民医院眼科中心联合，为全市有手术适应证的白内障患者免费实施复明手术 500 例。

根据潍坊市《关于做好残疾人家庭医生签约服务工作的通知》要求，昌邑市主动作为，紧密配合卫计局，合力推进残疾人家庭医生签约服务工作。全市各基层医疗卫生单位共组建家庭医生签约团队 434 个，为 5789 名残疾人进行家庭医生签约服务工作，签约率达到 70% 以上。

【残疾人教育就业】　抓好职业技能培训。根据残疾人特点，采取送技术上门等方式，深入各镇（街区）进行现场授课，举办电子商务、花卉栽培、大姜种植、葡萄种植、家畜饲养等残疾人实用技术培训班，免费培训残疾人 120 名，提高他们的就业创业能力，切实帮助残疾人实现致富增收。积极选拔优秀人才，组织残疾人参加潍坊市第六届残疾人职业技能竞赛，荣获优秀组织奖。

抓好扶贫开发工作。组织实施贫困残疾人“助残致富奔小康”项目，帮扶 50 户贫困残疾人家庭发展小种植、小养殖、小手工、农副产品加工等适宜残疾人就近就便、简单易行，可以居家从事的成本低、收益好、见效快的自主就业创业致富项目；实施“百千万残疾人就业创业扶贫工程”，扶持 16 名残疾人实现自主创业。做好残疾人按比例就业工作，对 425 家用人单位进行残疾职工用工调查，征收残保金 305 万元。

【宣传与文体活动】 精心组织第 27 次“全国助残日”活动。通过市电视台、电台、报社等新闻媒体，对各级各部门开展的扶残助残活动及先进个人事迹进行集中宣传报道。参加第九届全省残疾人艺术会演，并推荐 1 名选手参加第九届全国残疾人艺术会演（东部片区），荣获一等奖。积极参加潍坊市第十届残疾人运动会，组织 14 名残疾人运动员参加 4 个大项、16 个小项的比赛，荣获“体育道德风尚奖”。

【残疾人组联维权】 新办理残疾人证 727 件，其中为行动不便的残疾人提供上门办理 76 人次。加强残疾人专职干事培训，提高基层服务能力和服务水平。深入开展矛盾纠纷大排查工作，畅通残疾人诉求表达机制，及时了解掌握辖区重点残疾人员，做好信访维稳工作，2017 年共接到残疾人信访来电 10 件，处结率 100%，无上访事件发生。 （供稿人：初小辰）

昌邑市红十字会

【无偿献血】 昌邑市红十字会利用街头宣传咨询、电视广播、橱窗开辟宣传栏等形式，广泛开展无偿献血、预防艾滋病知识等宣传活动。启动“应急爱心血库”，于 2 月 27 日—3 月 1 日完成爱心血库献血工作，共献血 599 人次，合计 11.98 万毫升，其中文明单位参加献血 280 人次，卫计系统献血 66 人次（不含市人民医院、妇幼保健院），各镇（街区）及其他企事业单位献血 253 人次。满足全市医疗临床用血需求，保障人民群众生命安全，实现全市医疗临床用血 100% 来自无偿献血。

【急救知识宣传】 昌邑市红十字会在 9 月 9 日组织昌邑市人民医院、昌邑市妇幼保健院等市直医院和乡镇基层医疗机构在街头开展 2017 年“世界急救日”主题宣传及义诊活动，向全市广大市民普及急救知识。活动受到欢迎，使广大群众认识红十字、理解红十字、支持红十字，扩大红十字会的影响。为切实提高红十字会的影响力，进一步提高全民参与红十字事业的自觉性和积极性，加强人们对健康的关注、对生命的热爱，昌邑市红十字会采取多种形式，全力推进宣传工作，切实发挥红十字会特殊作用，积极参与全市的艾滋病防治工作。

【疾病救助行动】 昌邑市红十字会认真履行职责，帮助患重大疾病的困难家庭，帮助多个白血病儿童及先天性心脏病儿童申请救助。通过多种形式大力宣传“人道、博爱、奉献”的红十字精神，形成全社会积极参与红十字事业的氛围。市红十字会收到棉被、衣服、粮油等救助物资一批。红十字会利用“博爱齐鲁送温暖”活动，走访慰问造血干细胞捐献志愿者及困难家庭，帮助他们解决生活中实际困难。

【普及红十字精神】 发放预防艾滋、日常自救及器官、遗体捐献手册、材料千余份。加大防艾的宣传力度，提高人们对器官、遗体捐献的认识。接受器官、遗体捐献咨询数 10 人次。协助人民政府开展无偿献血宣传推动工作，参与、推动无偿献血工作。开展捐献造血干细胞捐献宣传、组织捐献工作。积极参加潍坊红十字会组织的各类培训学习活动，并在学习后加强对昌邑救护队伍及昌邑群众的救护知识普及。组织各医疗机构多次深入社区、学校开展救护知识宣传。

（供稿人：张正君）

军　事

Jun Shi

中国人民解放军
昌邑市人民武装部

【政治思想】　部机关坚持以习近平新时代中国特色社会主义思想为引领，及时跟进领悟转化运用，牢固确立习近平强军思想在部队建设中的指导地位。把学习贯彻中共十九大精神作为一个重要政治任务，深入开展“维护核心、听从指挥”主题教育和推进“两学一做”学习教育常态化制度化活动，系统学习《中国共产党章程》《中国共产党廉洁自律准则》《中国共产党纪律处分条例》等法规文件，确保在思想上政治上行动上同党中央、中央军委保持高度一致。督促各基层人武部抓好民兵政治教育工作，保证军令政令畅通，思想步调协调一致。

【战备训练】　为适应省军区系统新职能新使命，大力推进民兵应急分队常态化专业化规范化建设，全面提升应对多种安全威胁、完成多样化军事任务的能力，组建常备应急分队、阶段性常备应急分队和遇有任务临机拉动的应急分队3支应急队伍。5月，常备应急分队参加公安局组织的防暴恐演练，锻炼队伍，受到市领导的肯定。针对全市基层武装部长调整面大的实际，部党委克服各种困难，组织2期专武干部和民兵干部集训，主要进行军事知识和基本军事技能训练，提高专武和民兵干部适应本职工作的业务能力，培养顽强的战斗意志和优良作风，达到平时战备值勤的需求。扎实组织民兵防空分队新大纲试训，形成4个课目、4万万余字教案，高质量完成上级赋予的试训任务。组织一期市应急维稳连集训，通过训练，锻炼队伍，提高应急分队执行任务能力。8月底，完成200余名双合格应征青年的役前教育训练任务；组织专武干部和民兵连长实弹射击训练。顺利组织专武干部和应急分队实弹射击训练；组织150名民兵预备役人员，担负2017中国（昌邑）北方绿化苗木博览会暨第二十二届中国园林花木信息交流会安保任务。

【后备力量】　在民兵组织整顿的基础上，结合国防动员潜力调查，进一步规范队伍、明确责任，有力地促进国防动员工作科学发展。按照上级的统一部署要求，组织开展国防动员检验评估准备工作，充实人员物资、完善计划方案，明确职责定位，联合国防动员成员单位汇总数据、分析研判形势，全面掌握全市动员潜力基本情况，为组织实施演练和评估奠定基础。会同市教育局出台关于在普通高中学校成立国防后备生办公室的相关政策，进一步明确国防后备生工作机构组成、主要职责和工作制度，提高后备力量总体水平。

【征兵工作】　2017年，上级加大优质兵员的征集比例，全市征兵工作紧紧围绕提高新兵质量这个核心，牢牢抓住征集大学生和应届高中毕业生这个重点，积极适应征兵改革新政策、新变化，注重调整工作思路，研究出台政策措施，着力解决重难点问题，完成上级赋予的征集任务。启用新体检站，按照上级建设标准，结合实际设置，重在堵塞漏洞，保证体检环节紧密有序科学高效。在征兵宣传环节，加大宣传力度，坚持精准宣传和普遍宣传相结合，找准具体人员定位宣传，宣传效果明显。在政审、定兵环节，做到严格把控，信息公开，及时公布，设置举报箱、举报电话，全程接受监督员监督，反复重申征兵工作纪律，保证廉洁征兵工作持续推进，未发现违反纪律的现象和问题。通过各镇（街区）、教育、卫生、公安等部门共同努力，昌邑市大学生兵员征集数量、比例均创新高。在回访过程中各部队对昌邑市兵员素质和质量给予充分的肯定，被潍坊市评为征兵工作先进单位。

★5月，专职人武干部集训　（康国涛）

【军民融合】　作为推动军地共同发展的一项重大战略，人武部在发挥军民融合发展推进军民深度融合发展、加强涉军案件法律援助服务和全面开展国防教育等内容作为全市双拥工作重点。新命名1个潍坊市级“国防教育基地”和3个昌邑市级“国防教育基地”，加强国防教育的宣传阵地。扎实做好包村联户工作，抓好“双千精准扶贫”，积极组织全体干部职工参加“慈心一日捐活动”。全市各级对武装工作的关心支持力度进一步增强，促进军民融合发展的思路更加清晰，实现国防后备力量建设的制度化、规范化目标更加明确，实现中国梦强军梦的斗志更加昂扬。

【推进改革】　随着军队改革的不断深入，改革靴子正式落地。按照上级的统一改革部署，7月，人武部在机关科室、机关编制、人员结构等方面进行全面调整改革。改革始终坚持全面贯彻落实中央军委改革强军思想，在新体制编制、新使命任务的引领下，部机关一班人坚持用习近平总书记系列重要讲话精神武装头脑、定向领航、谋篇抓建，贯彻落实“四个坚持”战略要求，自觉服从调整改革大局。针对人员调整情况，迅速调整各类组织，明确人员责任分工，健全规范秩序，工作运行平稳有序。按照国防动员系统“五部”职能要求，谋划推进转型，加强在思维理念、动员指挥、学习教育、人才培养、安全管理、纯正风气等方面寻找新思路、新举措。

【安全管理】　深入开展“学法规、用法规、守法规”活动，定期组织法规考核、军容风纪检查，官兵、职工的条令意识和法纪观念得到增强。扎实开展“五项整治”和“百日安全竞赛”，坚持挂账销号排查整治安全隐患，促进经常性安全管理工作末端落实。加强关键岗位涉密人员政治考核和教育管理，构建网络防范系统，推进核心要害部门建设，安全保密秩序更加规范。认真落实安全工作机制，每季度至少组织一次安全检查、分析一次安全形势，讲评部署一次安全工作；坚持把依法治军、从严治军作为基础性、经常性工作紧抓不放，确保四个秩序有效落实。

【队伍建设】　认真落实“五部”建设要求，党委班子建设质量水平不断提升。主动适应军队体制调整改革后领导关系的新变化新要求，始终坚持党管武装根本原则，抓紧抓好民兵预备役部队建设，努力打造过硬的后备力量。坚持把学习贯彻习近平总书记重要讲话精神特别是国防和军队建设重要论述，作为班子建设的首要任务抓紧抓好。党委“一班人”带头学习讲话精神，学习党章党规，武装头脑、指导实践，始终保持坚定的政治立场与党中央保持高度一致。认真落实机关理论学习日制度，每月不少于1次集体学习。牢固树立在讲团结中干事业的思想，认真落实民主集中制原则，坚持重大问题集体研究，在大项开支、物资采购等方面，充分听取班子成员意见建议。班子成员积极参与集体领导，深入搞好调查研究，高度负责地提出合理化建议，党委集体领导坚强有力，党内生活的政治性原则性战斗性进一步增强。加强党风廉政建设，贯彻落实党委主体责任和纪委监督责任，党委能够自觉接受纪委的监督。坚决整治“四风”问题，贯彻执行中央八项规定和军委十项规定，加强作风建设，把压力压势真正传导末端，着力纠治“微腐败”问题。（供稿人：国德军 康国涛）

双拥工作

【概况】 2017年，全市上下认真学习中共十九大会议精神和习近平新时代中国特色社会主义思想，围绕市委、市府工作中心，发扬拥军优属、拥政爱民的光荣传统，积极为驻军改善基础设施和生活条件，协助部队完成系列军事演习和战备训练任务。驻昌部队官兵发扬拥政爱民的传统，把驻地当故乡，在急、难、险、重任务中，甘于奉献发挥重要作用，形成融洽的军政军民关系。双拥工作得到省军区、省“双拥”办领导的肯定。

【拥政爱民】 驻昌部队勇挑重担、冲锋在前，多次协助地方进行抢险救灾，挽回经济损失4000余万元，树立文明之师、威武之师的良好形象。深入实施“民兵富民工程”，引导民兵预备役人员主动参与防汛抗旱、平安昌邑建设等重点工作，在处置突发事件中充分发挥好生力军、突击队的作用，实现战斗力和生产力相互促进、共同提高。驻昌部队官兵积极参与地方建设，与市直有关部门、企业、学校结成共建点40多个，为地方训练学生、职工、民兵5万人次，在学生中广泛开展国防教育，培养全民国防意识，树立国防观念，培养尚武精神。先后培训驾驶、消防、机械维修等专业技术人才1300多人次，帮助修建道路45公里，义务植树150亩，为地方经济发展作出贡献，军民之间结下友谊。

【军地协调】 协调相关部门做好驻训部队过境路线规划、道路执勤保障、开辟绿色通道等工作，为驻训官兵提供生活、后勤保障等方面便利。在市委、市政府领导下，成立驻昌部队全面停止有偿服务领导小组，协调军地落实中央关于军队全面停止有偿服务相关工作任务，该任务涉及单位多、面积大，利益冲突大等棘手问题，矛盾突出，数量和难度均位列潍坊市前列。小组先后采取召开专题会议、现场调查了解、协调司法机关协助等方式，按照上级要求全力协调推进。

【拥军优属】 做好节日和重大活动日期间走访慰问工作。2017年春节、“八一”建军节和国庆节期间，市委、市政府及有关部门组成慰问团，深入驻昌部队以及重点优抚对象、立功受奖军人家庭进行走访慰问，送去大饽饽、挂面、面粉和食用油等价值42万元的慰问款物。通过茶话会、座谈会等形式向驻昌部队官兵介绍全市经济社会发展情况，听取他们的意见和建议，了解并帮助他们解决实际困难。通过电视台、报社、电台和公众号等主流媒体，以“声、屏、报、网”的形式，大力宣传拥军优属、拥政爱民的先进事迹和先进典型；建立昌邑“双拥”网站，重点宣传全市双拥政策和双拥工作动态；在市区主要路口设立大型永久性双拥宣传标志牌，主要道路和出租车电子屏定期滚动播放军警民共建活动内容，营造良好的双拥氛围。“八一”期间，开展双拥宣传月活动，组织双拥工作成员单位在城区繁华地段和各镇（街）驻地、社区中心村，采取组装宣传车、印发通告和宣传材料，播放专题片等形式，广泛开展双拥宣传。依托市烈士陵园、

★昌邑市委、市政府领导慰问部队官兵 （牛洪刚）

龙池烈士祠、饮马烈士陵园等爱国主义教育基地，组织党员群众，特别是青少年参观瞻仰，缅怀革命先烈的丰功伟绩。

【军地和谐共建】 军警民联防联治维护社会稳定。驻昌部队与公安部门、驻地村庄、企事业单位协作，实行联合治安执勤，共铸安全防范网络。驻昌部队积极参与维护社会治安、勇于承担急难险重任务，为维护全市社会安全稳定发挥重要作用。驻昌部队还主动与驻地村庄共建，结对帮扶贫困户，定期组织小分队走访慰问，为驻地敬老院和困难群众捐款捐物、义务诊疗等。军民联手广泛开展各类活动。驻昌部队组织文艺队伍深入基层演出，与周边社区、村庄开展“军民携手共树文明新风”“八一军民联谊”“书法比赛”等活动。驻昌部队还与中小学校、村庄、企事业等40多个单位建立军民共建关系，与共建单位联手举办军民联欢晚会、组织篮球友谊赛等，极大地促进军民团结。

（供稿人：国德军　康国涛　董英杰　李鹏飞）

人民防空

【概况】 2017年，在市委、市政府关心、支持和业务上级的具体指导下，市人防办巧借寻标对标东风，瞄准先进，坚持高标准定位，强化工作措施，各项工作均取得显著成绩，实现走在前列的工作目标。荣获“全省人民防空工作先进集体”，是潍坊市受表彰的3个县市之一。

★昌邑市人民政府被山东省人力资源和社会保障厅、山东省军区司令部、山东省人民防空办公室授予“全省人民防空先进单位”

（吴克东）

【人防教育】 同教育局联合，制定并实施五年规划，着力推进“五进”活动，为2处学校制作室外宣传栏，编印《防空防灾知识读本》8000册，7000余名初中新生人手一册，在人防教育基地专题培训，省人防办转发做法。

【应急演练】 市区防空警报音响覆盖率、完好率达100%。圆满完成“6·15”警报试鸣任务。同民政、地震、气象联合组织防灾减灾知识宣传活动。在潍坊市人防办组织的人防机动指挥车集中演练活动中，圆满完成规定任务。

【人防宣传】 围绕优化工作环境，加大宣传力度，市委、市政府信息、简报共用稿6篇。创办《昌邑人防》，印发10期，及时上报工作动态。发放业务明白纸1000份，发放征求意见函200封；编发公众号30期，《今日昌邑》刊用稿件14篇。潍坊以上媒体用稿32份，其中省办2篇。用稿在潍坊业务系统第3名。组织开展纪念《中华人民共和国人民防空法》颁布实施20周年暨“我心中的人防”中央大道杯奖征文、摄影比赛，2230人参加，收到稿件3123份。

【队伍建设】 加强党的建设，履行党风廉政建设主体责任，坚持把党风廉政建设和人防业务建设密切联系在一起，抓紧抓好抓实。扎实开展“两学一做”学习教育，做到边学习边整改边提高。建立健全规章制度，修订13项规章制度，照章理事管人，配套健全“五簿一册”，作为日常工作考核记录，探索建立激励机制，着力解决干与不干一个样、干好干坏一个样、干多干少一个样。公开招标选定图审机构，编印《人防工程质量监督全过程管理手册》，在审批阶段发放，让开发商早明白，让施工方照着干，让监督方依规管，让大家按此练（兵），组织6人次参加省市组织的按纲施训，提高自身的业务水平。（供稿人：吴克东）

法　治

Fa Zhi

综　述

【概况】　2017年，市政法委紧紧围绕市委“一三四五”的战略部署，扎实开展基层基础治理创新年、排查四类风险、“打霸治痞”等专项活动，深入推进平安昌邑、法治昌邑和过硬政法队伍建设，全面提升政法综治维稳工作能力和水平，为全市经济社会发展和中共十九大胜利召开营造安全稳定的社会环境、公正规范的法治环境。昌邑市被潍坊市委评为2017年度平安建设暨维护稳定工作先进单位。

【维护社会稳定】　全市上下牢固树立“发展是第一要务，稳定是第一责任”的意识，圆满完成各级“两会”、省市党代会、“一带一路国际高峰论坛”等重大活动期间和敏感时期的安保维稳工作。特别是中共十九大期间，实现“五个不发生”的目标。昌邑市被潍坊市委、市政府授予“潍坊市中共十九大安保维稳工作先进县（市区）”。做好以党建促涉军人员稳定工作，健全组织统筹体系、指挥调度体系、具体落实体系，大力宣传复退军人先进典型，弘扬正能量。9月，潍坊市军队退役人员党建工作现场推进会议在昌邑市召开，得到潍坊市委领导的充分肯定。信访工作方面，信访事项及时受理率、按期办理率均为100%，上访量同比下降15.3%。实施事前听证机制，经验做法在潍坊市去省访系列业务工作会议上交流发言。

【服务经济发展】　全力助推“五个新城”建设，市政法部门相继出台服务保障“五个新城”建设、服务和保障全市重点项目建设等工作意见10余个。充分发挥审判职能作用，对涉及重点企业、重点项目的案件开辟“绿色通道”，快立、快审、快执。围绕维护公共投资安全，联系9个重点工程开展预防服务，联合有关部门在重大工程招投标领域全面开展行贿犯罪档案查询，受理查询5700余次，有效防止污点企业参与政府工程。严打经济犯罪，共破获经济类案件160余起，为企业挽回损失5000余万元。强化法律服务，推进“普惠型”法律援助网络建设，建设军人军属法律援助站、“爱在潍水，法律护航”妇女儿童法律维权站等专门性法律援助站点，办结法律援助案件432件。

【化解社会矛盾】　扎实推进社会矛盾化解，充分发挥人民调解、行政调解、司法调解“三调联动”整体效能，发挥人民调解“第一道防线”作用，成立专业性调委会，为社会经济发展营造稳定和谐环境。全面落实领导包靠重点信访积案制度，完善定期通报、约谈和黄牌警告制度，非正常上访人次明显下降。

【平安昌邑建设】　深入推进以“雪亮工程”为重点的公共安全视频监控建设应用，全市社会面监控探头总数达2.5万个，首批30个技防示范村全部建设完毕。扎实开展“破案会战”集中行动，抓获犯罪嫌疑人986名，破获刑事案件1524起，同比上升12.2%。组织开展“打霸治痞”专项行动，处理犯罪嫌疑人167人，打掉霸痞团伙4个，抓获团伙成员17人；打掉恶势力团伙14个，抓获成员46人。推进“无命案乡镇（街道）、

★ 2017 年 8 月 4 日，潍坊市政法委书记座谈会暨网格化建设现场推进会在昌邑市召开（张平平）

无刑事案件村（居）”综治创建活动，全市无命案镇（街）覆盖率达到 80%，无刑事案件村（居）覆盖率达到 75.9%。推进市、镇（街区）、村（居）3 级综治中心建设，创新社区网格化管理工作，在全市 98 个社区设立基础网格 832 个。2017 年 8 月 4 日，潍坊市政法委书记座谈会暨网格化建设现场推进会在昌邑市召开，省委研究室、法制日报社先后到昌邑市调研经验做法。昌邑市在 2017 年度潍坊市综治暨平安建设考核工作中获“优秀”等次。市综治办被省委、省政府授予“全省社会治安综合治理先进集体”称号。

【法治昌邑建设】 深入推进依法行政工作，健全完善政府法律顾问制度，决策的科学化、民主化、法治化水平不断提升；统筹推进司法责任制改革，遴选产生 45 名入额法官、26 名入额检察官全部到岗到位，法官、检察官、司法辅助人员、司法行政人员各归其位、各尽其责，提高司法效率。推进审执团队组建，着力将组建新型审判团队作为司法改革的重要环节来抓，制定组建新型审判团队、新审判机制运行等多项制度规定。横向在刑事、民事、行政审监、速裁、法庭及执行部门组建了 15 个审执团队。加大基层普法依法治理力度，市委、市政府“两办”印发《关于推进“一村（居）一法律顾问”工作的实施意见》，推动公共法律服务向基层延伸。深入开展法治宣传教育活动，开展“法治下乡赶大集”“开学法治第一课”“企业经营者法治讲座”等“法律六进”（进机关、进农村、进社区、进校园、进企业、进军营）活动，提升昌邑市经济社会发展法治活力。

【法学会建设】 切实推进法学会建设，发文成立市法学会。积极发挥广大法学工作者的作用，在各类专业刊物上发表论文 10 余篇。学会会员张景平、缪欣撰写的《未成年人检察工作有关情况的调研报告》入选山东省检察机关精品调研库；会员撰写的《加强侦防一体化机制建设，提升侦查与预防工作合力》发表于《山东检察》；《新贪污贿赂司法解释对受贿罪与渎职罪相关规定的演进及司法适用的思考》7 月在全省检察机关公诉部门职务犯罪公诉工作优秀论文评比中获三等奖；《受贿罪利益要件与损失型受贿罪有关问题探讨》发表于潍坊学院学报。

（供稿人：韩亚宁）

法治政府建设

【法治建设】 市委、市政府对法治政府建设高度重视，认真履行推进法治政府建设第一责任人职责，在市委常委会议和市政府常务会议上听取法治政府建设、综合行政执法体制改革、行政执法监督体制改革等工作汇报，对《昌邑市 2016 年度法治政府建设情况报告》《昌邑市法治政府建设实施纲要》《昌邑市综合行政执法体制改革实施意见》《昌邑市重大行政执法决定法制审核实施办法》等多项文件进行审议研究。制定印发《昌邑市法治政府建设实施纲要（2016—2020 年）》《昌邑市 2017 年法治政府建设重点工作计划》，对进一步推进法治昌邑建设进行全面部署，对年度法治建设任务进行逐项分解，确保各项任务扎实有序推进。

【完善工作机制】 调整充实昌邑市法治政府建设工作领导小组，由市政府市长任组长，常务副市长任副组长，法制办、监察局、财政局等部门主要负责人为成员，具体负责全市法治政府建设工作的协调、指导、督促、检查。各镇（街区）及部门也结合各自实际，成立由主要负责人任组长的领导小组，形成上下贯通、左右协调的网络体系，为全面推进法治政府建设工作提供坚强的组织保障。

【法制宣传】　严格落实“谁普法谁执法”普法责任制，在执法中普法，从根本上改变执法普法“两张皮”的现象；推进法治宣传固定阵地建设，在各镇（街区）推广建设法治文化主题公园（广场）建设，“一镇一品、一园一韵”的法治文化格局初步形成；推进“法律六进”活动细化深化，注重按需普法、以案释法，开展“法治下乡赶大集”“开学法治第一课”“企业经营者法治讲座”等“法律六进”活动676起，在微信公众平台开办“热点普法”“以案释法”宣传专栏，升级电视普法栏目《说法》，增强全民法治观念；在《潍坊法治》刊载调研文章3篇，上报依法行政信息500多篇，宣传依法行政工作。

【法制队伍建设】　严格落实省《关于进一步加强县（市）政府法制机构建设的意见》精神，在市府办加挂市政府法制办牌子，配备主任1名，专职副主任2名，核定行政编制5名。同时，全市重点执法部门单位均设立法制科室，同步配备专职法律人员和相关设备。

【“放管服”改革】　建立“领导小组调度推进、职能办督导考核、牵头部门主动落实”的“放管服”工作机制，创新设立“推进政府职能转变工作先进单位”专项奖，并在地方主流媒体设置推进政府职能转变专栏，提升部门工作积极性。规范行政权力运行，为全市10处镇（街区）、47个市直部门、98个社区编制公共服务事项6155项、配套编制服务指南4376项，形成覆盖市镇村三级的公共服务清单网络。优化公共服务领域，重新梳理教育、公安、民政、卫计、市场监督管理、中介机构等10余项权力事项和中介测评事项，探索通过综合受理、联合审批、同步出证等方式，最大限度精简优化办事流程和环节。全省首创民办幼儿园设立相关事项“全链条”优化工作，审批周期由96个工作日缩减至15个工作日，审批时间减少81个工作日。率先开展投资建设领域“多图联审”工作，审查时限由原来的44个工作日缩短至平均9个工作日，审批时间减少35个工作日。打造全省最快不动产登记“一窗受理20分钟”昌邑速度。全力推进政务服务平台向社区延伸工作，确保群众小事不出村、大事不出镇，足不出户便可享受政府服务。

【建设政务服务网上大厅和实体大厅】　开通昌邑市政务服务网上大厅，与省级政务服务平台、市政府门户网站、政府信息公开系统实现互联互通、数据共享，全面公开昌邑市31个部门（单位）涉及的261项行政权力事项的事项名称、实施主体、实施依据、收费标准、办事流程、办理期限、办理结果，接受社会监督，实现网上咨询、网上申报、在线预审、在线反馈预审结果、限时反馈办理结果等功能；健全完善政务服务实体大厅。本着便民利企的原则，将全市247项行政许可事项，国、地税、不动产登记中心等相关服务事项集中到政务服务大厅进行办理，避免群众多次跑腿。

【信用信息公开】　依托信用中国（山东潍坊）、政府门户网、微信公众号、大厅LED屏等媒体平台，加强对信用红黑榜、行政许可信息、行政处罚信息等内容的公开，不断提升企业公共监管力度。由法院、地税、建设、市场监督管理局等部门提供并发布信用“红黑名单”7次，其中红名单169个，黑名单213个，自发布以来，在社会上产生广泛影响，有5家企业补齐税款，52名自然人补交欠款。

【建立科学民主决策制度】　认真执行重大行政决策程序规定，严格遵守重大行政决策“五步走”法定程序。先后制定《昌邑市重大决策社会稳定风险评估提醒制度》《昌邑市重大决策社会稳定风险评估备案制度》《昌邑市重大行政决策程序规定（试行）》及《市政府重大行政决策合法性审查办法（试行）》等制度，进一步健全完善依法决策机制，确保政府决策的科学性、合法性。开展社会稳定风险评估，推行市镇村“三级风险评估”，全市共评估各类重大项目41个，引进第三方评估8个，实现新突破，预防不稳定问题的发生。

【推进法律顾问制度全覆盖】 把建立完善法律顾问制度作为推进依法行政、建设法治政府的重要举措来抓，制定《关于建立政府法律顾问制度的意见》《昌邑市人民政府法律顾问工作规则》，对政府法律顾问的工作职责、聘任及解聘条件、服务流程及经费支付等做出明确规定。全年市财政拨专款20万元，聘请2名省内知名律师作为政府专职法律顾问。组建政府法律顾问专家库，经推荐、审查、公示等程序，确定23名政府法律顾问专家库成员。加强对全市法律顾问队伍的动态管理，建立包括市政府、部门及镇（街区）法律顾问在内的法律顾问数据库，并进行实时调整。有效发挥法律顾问作用，在政府重大决策、规范性文件制定、合同签订等方面，全面落实法律顾问审查职能。政府法律顾问及专家律师参与决策论证、政府合同、文件审查、信访案件处理、行政复议诉讼案件研究等70多人次，提出建议200余条。

【制定规范性文件、政策文件与清理】 根据《山东省规章和规范性文件备案规定》《山东省行政程序规定》，编制2017年度规范性文件制订计划，对关系改革发展的重大事项，提前介入，优先研究制定出台。进一步扩大公众参与度，规范性文件草案均在政府网站公布，征求社会各界的意见建议，实行采纳情况说明制度，切实做到开门“立法”。落实规范性文件统一登记编号公布制度，对全市各级各部门的规范性文件实行统一登记、统一编号、统一公布。规范性文件公布后及时向同级人大及上级政府备案。经市政府法制办合法性审查并统一登记编号公布的市政府规范性文件3件，均及时报送备案。为维护法制统一和政令畅通，优化全市政策环境，组织对全市现行有效的62件市政府规范性文件和180件政策类文件进行全面清理，印发《昌邑市人民政府关于公布政府规范性文件、政策类文件清理结果的通知》，决定保留政府规范性文件及政策类文件158件，修改15件，废止41件，宣布失效28件，清理结果向社会公开。对省及潍坊市立法及规范性文件征求意见项目，认真研究落实，按时反馈意见。组织好《潍坊市大气污染防治条例》《潍坊市湿地保护管理办法》等立法项目的调研工作。

【综合行政执法体制改革】 印发《昌邑市综合行政执法体制改革实施意见》和《关于明确和规范昌邑市综合行政执法机构有关机构编制事项的通知》等综合行政执法体制改革配套文件，按照时间节点顺利完成市综合行政执法机构设置、职能调整、领导配备、人员划转、办公场所调整、挂牌运行、相对集中行政处罚权公告等工作。将市容环境卫生、市政管理等18个领域的全部或部分行政执法权纳入综合行政执法范围，与保留的单设执法队伍构建“1+7”综合加专业执法监管模式，将原来分散式的“多头执法”转变成现在集中式的“一管到底”，最大限度地聚集行政资源，有效降低行政成本。

【行政执法公开规范】 制定印发《全面推行行政执法公示制度执法全过程记录制度重大执法决定法制审核制度实施方案》《昌邑市重大行政执法决定法制审核实施办法》，转发执行《山东省行政执法信息公示办法》《山东省行政执法全过程记录办法》，文件同时要求各部门单位同步制定实施细则及具体办法。通过部署工作任务，明确完成时限，稳步推进“三项制度”各项工作，确保行政执法行为严格规范。抽调业务骨干组成行政执法案卷评查小组，组织对重点领域及全市范围行政执法案卷的评查活动，对照案卷评查标准，共评查各类卷宗123卷，发现100余处问题，制作30份执法监督建议书发送相关单位，并督促整改。对十佳优秀执法案卷制作单位通报表彰。严格实行行政执法人员资格认证和证件管理制度，凡未经统一培训和上机考试不合格的，坚决取消执法资格。组织全市700多名执法人员进行公共法律知识培训及执法考试，考试情况及时通报，确保考试通过率有效提高。

【科学界定政府职能】 将推行政府权力清单制度作为转变政府职能、激发市场活力、深化反腐倡廉、建设法治政府的重要抓手。建立权力事项动态管理机制，按照法律、法规修订要求，对权力事项进行及时调整，凡未纳入清单的权力事项，一律不得实施，坚决消除权力设租寻租空间。2017年，调整市级权力清单3次，共计调整388项，其中取消124项、承接66项、新增150项、调整24项，整合24项；加强科学监管，推进执法检查的公正、公平、透明，将市级34个行政执法部门纳入《“双随机、一公开”监管随机抽查事项清单》编制范围，梳理完成222项，在市政府门户网站同步公开，并实施信用监管、链条监管、网格监管、外援监管等多种监管方式并存，打造全方位、立体化监管模式。

【接受监督】 积极贯彻《山东省行政执法监督条例》，制定出台《昌邑市行政执法监督体制机制改革工作实施方案》，成立市政府行政执法监督局，编制3人，具体负责市政府行政执法监督的具体工作；完善审计监督制度，强化专门监督，严格落实审计整改工作责任制，对发现的问题，及时依法进行处理，促进行政机关依法行政。自觉接受党内监督、人大监督、民主监督、司法监督、社会监督和舆论监督，办理人大代表建议84件、政协委员提案95件，全部在规定时间办理完毕，实现建议提案当面答复率、代表委员满意度双100%的目标；落实行政机关负责人出庭应诉制度，要求行政机关负责人必须出庭应诉，尊重并自觉履行人民法院依法作出的生效判决裁定，履行率100%；发挥好昌邑民生热线平台作用，累计受理群众诉求4.5万余件，按时办结率和综合满意度两项指标均居潍坊市第1位。

【化解矛盾纠纷】 扎实开展矛盾纠纷大排查大化解百日整治专项行动，共排查各类矛盾纠纷501起，化解率达到98.2%。进一步完善“专业调解、警民联调、检调对接、诉调对接”“听证法、律师参与社会矛盾化解”“4+2”工作模式，着力构建各部门协调联动、各方面广泛参与的多元化矛盾纠纷解决机制。充分发挥政法机关职能作用，积极构建以“司法便民工作站”为载体，以人民调解员、人民陪审员、司法联络员为骨干的“一站三员”矛盾化解新格局，矛盾纠纷大排查大化解百日整治专项行动的经验做法被《山东政法综治工作简报》刊发。

【行政复议应诉】 扎实推进行政复议规范化建设，制定印发《昌邑市行政复议规范化建设实施方案》，设立案岗、审理岗，增加2名工作人员，行政复议应诉人员达到4人。注重复议应诉人员能力的培养，通过组织参加各类政治和业务培训，办案人员政治素养和业务能力明显提升，编写4篇典型行政复议和行政应诉案例入选《潍坊市行政复议应诉典型案例》。配套行政复议办案场所、设施设备，行政复议办案场所与市公共法律服务中心一体建设，包括立案大厅、审理室、调解室、档案室等200多平方米，配齐电脑、打印机、复印机、扫描仪、高拍仪等设备，审理室安装配备监控系统和智能化同步录音录像视频系统。提升行政复议信息化，复议案件全部纳入行政复议应诉平台运转，配备办案手机，保障通信费用，实现移动办案，行政复议规范化建设稳步推进。在案件审理中，充分发挥好行政复议裁决委员会和政府法律顾问作用，确保行政复议案件办理质量，树立行政复议机关权威。全年收到复议申请26件，受理25件，全部审结，其中维持17件，撤回5件，驳回1件，责令履行法定职责2件；办理行政应诉案件2起，均为复议后政府共同应诉的案件，2起案件已审结，未出现败诉情况。转发执行《潍坊市行政应诉办法》，对行政机关负责人出庭应诉、确定应诉承办单位等制度作出明确要求，建立行政应诉案件负责人出庭应诉督促制度，将行政机关负责人出庭应诉情况纳入全市依法行政工作考核。各级各部门按照“谁主管、谁出庭”的要求，积极出庭应诉，全年部门及镇（街区）27起行政诉讼案件，负责人出庭率为100%。

【健全领导干部学法制度】 抓住领导干部这个关键少数，将法律法规纳入领导干部学习培训内容，推行政府领导干部任前法律知识培训考试制度，结合中共十九大精神的贯彻学习，深入学习习近平总书记治国理政新理念、新思想、新战略，切实提高领导干部运用法治思维和法治方式解决问题的能力。举办全市领导干部高端法制讲座，邀请全国知名专家学者作法制专题辅导报告；依托“潍水大讲堂”，组织依法行政专家论坛，邀请潍坊市政府法制办领导现场授课指导；深入推进“法治机关”创建工作。依托“法律六进”活动和“送法进机关”活动，切实提高机关干部学法守法意识和运用法治思维分析解决问题的能力。

【执法人员培训】 有计划地组织行政执法人员参加国家、省、潍坊市和昌邑市举办的法律培训班。以审验和新申领行政执法证为契机，组织执法人员进行专业法律知识和公共法律知识学习培训，由市政府法制办就行政法相关公共法律知识进行集中授课。统一组织参加潍坊市公共法律知识考试，以考试通过率评价执法人员法律素质，切实提高执法人员执法水平和能力。 （供稿人：刘艳艳 张金凤）

公安工作

2017年，市公安局在昌邑市委、市政府和潍坊市公安局的正确领导下，认真贯彻落实全市公安工作会议精神，以中共十九大安保为主线，以打造五型警队、创新五大警务为引领，围绕中心，服务大局，切实打好维护社会政治治安稳定主动仗，打造昌邑公安品牌，完成潍坊市公安局交给的各项任务，为中共十九大的召开和全市经济社会发展创造良好的社会治安环境。

★7月1日，昌邑市公安局2017民警荣休纪念仪式 （魏华忠）

【信息预警】 主动进攻，预知预警，不断开创社会稳定新局面。进一步拓宽领域、延伸触角，全面搜集影响社会稳定的各类情报信息，确保发现早、情报精、信息准，为党委政府决策提供支撑。全年，收集各类情报信息1400余条，以要情形式上报市委、市政府60余期，预警和制止上访事件51起，全市上访事件同比下降32.6%。特别是中共十九大安保期间，成立工作专班，第一时间汇总研判，第一时间预警防范，确保重大政治案件和群体事件预警率100%。4月份开展反恐专项斗争，对全市33家重点单位反恐防范工作进行常态式、拉网式检查，确保各项防范措施和工作责任落实。严格贯彻“不过夜”落地处置预警性、行动性线索及案件线索“清零”的要求，全市未发生因涉恐线索搜集不及时而延误的涉恐警情。严格落实“一分钟处置”机制，在市委、市政府设置驻勤点，每天设置3个班组，每组6人，实行24小时不间断勤务模式，确保及时发现处置突发性事件，出动警力4390余人次，妥善处置群体性上访事件125起，打击处理违法人员4人。强化综合治理，积极开展矛盾纠纷排查化解，先后排查化解矛盾纠纷700余起，在重大工程、项目推进中协助镇（街）和有关部门处理重大疑难事件130余起。针对基层换届，早谋划、早下手，积极配合有关部门进行深入摸排，摸清底数，建立台账，逐一应对，切实把问题消灭在萌芽、化解在源头，维护良好的选举秩序。规范信访秩序，进一步理顺集访处置机制，由专业警种作为处置集访事件的主力，强化实战演练，一手抓打击，一手抓曝光宣传，让群众清清楚楚知道集访造成的后果，引导其通过合法渠道解决诉求，取得明显效果。强化重点人员稳控，对全市涉稳重点人进行梳理摸排，逐人建立台账，明确稳控责任，并全部纳入情报平台实时管控，特别是涉军群体稳控是潍坊最稳定的，受到上级领导的批示肯定。加强肇事肇祸精神病人管控，全市三级以上严重精神障碍患者全部入库，有肇事肇祸倾向的精神病人全部落实稳控，并录入全市重点人员一体化管控平台。

【打击防范】 主动亮剑、精准打防，不断开创社会治安新局面。以破案会战为主线，坚持打防结合，以打促防。抓获犯罪嫌疑人986名，破获刑事案件1524起，同比上升12.2%，社会治安持续稳定。强化大要案件侦破，年内发生的4起现行命案全部在短时间内侦破，实现命案现案侦破率100%的目标。6月8日，经过上马攻坚，成功破获2007年石埠商业街强奸杀人案件。10月，成功破获2017年“4·23”公安部毒品目标案件。在河北省廊坊市摧毁枪支加工窝点一处，抓获刑事犯罪嫌疑人21人，行政违法嫌疑人19人，直接破案50余起，附带破案件10余起，缴获各类毒品共计800余克、各类枪支7支、子弹1000余发、制造枪支子弹原料一宗，中共十九大前成功打掉盘踞在河北廊坊的制造贩卖枪支和贩毒团伙，斩断河北至天津、内蒙古、山东等省市的多条贩毒渠道，获取100余条涉枪、涉毒的犯罪线索。公安部领导和山东省公安厅领导相继对该案作出批示肯定。10月18日，成功抓获1名潜逃22年命案逃犯，社会反响强烈。严厉打击侵财类违法犯罪。全年共抓获侵财类犯罪嫌疑人153名，破获侵财类刑事案件125起。先后破获系列盗窃电动车、系列盗窃门头房、入户抢劫等影响广泛的案件，治安环境进一步净化。加大对涉黑涉恶案件的查处力度，始终保持高压严打态势，全年打掉涉恶团伙14个，处理霸痞、涉恶类犯罪嫌疑人170人。潍坊市公安局“秋风”行动视频启动仪式后，昌邑市公安局连夜进行专门安排部署。根据前期摸排的线索，9月29日凌晨，成功打掉一霸痞团伙，抓获团伙成员8名。严厉打击民生领域犯罪，严厉打击传销、非法集资、制假售假、食药环等违法犯罪行为，破获案件100余起，抓获犯罪嫌疑人120余人，有力的保障辖区人民群众的生命健康安全。深入开展巡防。制定并下发《十九大安保期间昌邑市城区巡逻工作方案》，并按照潍坊市公安局统一部署于8月26日起启动二级巡防勤务，9月23日调整为一级勤务，10月10日调整为一级加强勤务，以城区巡防为重点，按照奎聚、东苑、都昌、车站派出所辖区划分为4个网格化巡区，对发案重点区域24小时巡逻，强化考核奖惩和后勤保障，进一步提高治安防控能力。出动巡逻车辆1820辆次、巡逻警力6300人次，盘查车辆3670辆，人员1.32万人。开展治安大清查，在全市范围内组织开展治安清查集中统一行动，共出动警力281人，检查过往车辆374辆，检查人员409人，清查重点部位场所127个，出租房屋156间，有力净化社会治安环境。

【安全生产监管】 主动预防、精细监管，不断开创公共安全管理新局面。以“三个不发生”创建为主线，全面强化公共安全监管，全市没有发生大的安全事故。加强道路交通安全管理，对全市65家“两客一危”及货运企业负责人进行集中约谈，进一步压实主体责任，累计向安委会提报并向交通部门通报公路安全隐患18处，全部落实整改；将警力最大限度的投放到路面一线，以每周3次的频率，不定点、不定时开展集中统一行动，严查严处醉驾酒驾、疲劳驾驶、超员超载、超速行驶等严重违法行为。严格落实交警执法站24小时勤务制度，充分利用机动车缉查布控系统，对重点车辆和重点违法精准打击，检查车辆3.93万辆，查处交通违法行为3.04万起。加强消防安全管理，检查单位3134家，发现并整改隐患9235处，处罚单位115家，行政拘留15人，责令“三停”37家，临时查封65家，办理消防责任事故罪1起。加强治安安全监管，对全市15家寄递物流企业进行检查，检查276家次，查处非法寄运案件25起；对昌邑市2家涉爆企业全部检查，发现隐患1处，当场整改；对全市62家剧毒、易制爆企业进行检查，检查189家次，发现隐患11处，当场整改10处，下发整改通知书1份，处罚易制爆危险化学品违法行为2660次；通过多种形式对57家加油站点进行暗访检查共413次，发现和整改各类隐患问题43处，下发整改通知书16份；检查旅馆262家，关停3家，处罚6家，发现安全隐患117处，当场整改108处，下发责令整改通知书9份；检查各中小学、幼儿园3786所次，排查校园内部各类安全隐患58处，下发隐患整改通知书15份，整改隐患58处，排查整治校园周边各类治安乱点25处。

【基础建设】 主动布局，固本强基，不断开创基层基础工作新局面。下发《昌邑市公安局基层基础建设三年攻坚战信息化实施意见》，加快推进基础信息化建设与应用工作，大力提升公安基础工作的信息化支撑和保障能力，全面提升公安基础信息化体系作战能力。主要包括“天网工程”建设应用、健全完善视频信息综合应用平台、推进数据资源整合等12项重点工作。从视频监控入手，全力打造智慧昌邑升级版，刑事治安警情同比下降20%以上，万人发案数全潍坊最少。做实社区警务，创新推行以硬件标准化、人员专业化、手段科技化、管理动态化、联动社会化、服务常态化、保障规范化为核心的“七化”社区警务，将社区警务工作主动融入党委政府总体布局、融入公安大局、融入社区工作，建立1名民警、2名辅警和若干网格员的“1+2+N”城区社区警务模式和“一村一警务助理”农村社区警务模式，对夯实基层基础、提高基层社会治理能力、破解治安防控难题起到重要作用。全市已配备警务助理690名、网格员134名，该工作在全市铺开。特别是在涉军维稳方面发挥重大作用，昌邑市网格化做法被省公安厅、潍坊市公安局改革办予以肯定。6月28日上午，昌邑市在奎聚街道101党群服务中心举行警务助理、网格员工作推进会议暨奎聚街道警务助理、网格员装备发放仪式。8月4日潍坊市委政法委书记经验交流会暨网格化建设现场推进会在昌邑市召开，大大推动昌邑市城市社区网格化警务工作。做强规范执法。牢固树立“规范执法是基本警务也是基础警务”的工作理念，更加注重问题导向、需求引领、效果检验，更加注重数据支撑、合成规范、体系保障，做优做精软件，做强做实硬件，以新举措、新成效打造“规范警务”新品牌，焕发出昌邑执法规范化建设的新活力。全局受理信访案件同比下降38%，初访案件同比下降30%，规范执法成效显现。

★春季整训 （葛　颂）

【服务经济】 以为党委政府分忧、让人民群众满意为着力点和出发点，牢固树立服务意识，主动作为，善于作为，全力服务经济社会发展大局，借力推动公安工作健康深入发展。全年破获经济类案件160余起，为企业挽回损失5000余万元。大力整治盐企税收秩序，为昌邑市增加税收2000余万元。积极开展连心大走访活动，400余名民警入户走访8000余户群众，党委委员带头走访，主动列席走访村的支部生活会，进一步密切干群关系。紧紧抓住人大代表、政协委员渠道，全面收集群众意见建议，全年收到提案、建议36件，全部按时按质办结，满意率100%。2月7日开建“您为民说话　我保民平安”人大代表、政协委员微信互动交流群，487名代表、委员加入，收集落实意见建议150余条。深化户籍、车驾管等窗口服务，在全市率先召开新闻发布会，公开32项服务承诺，进一步完善一窗式受理、一站式办证系列制度，多层面打造温馨贴心、规范高效的管理服务环境，最大限度为群众提供便利。全年办理户籍业务15万次、车驾管业务13万次、出入境业务6900次，群众满意率达到95%以上，窗口服务管理水平明显提升。

【队伍建设】 主动引导，盘活资源，不断开创队伍建设新局面。始终坚持把政治建警置于队伍建设的首要位置来抓，教育引导广大民警牢固树立政治意识、大局意识、核心意识、看齐意识，确保在思想上、政治上、行动上都能与以习近平同志为核心的党中央保持高度一致。认真落实党风廉政建设责任制，坚决执行中央八项规定、公安部“三项纪律”等一系列制度规定，筑牢民警拒腐防变的思想道德底线。坚持以职业化训练为导向，按照“干什么学什么、缺什么补什么”的原则，组织开展岗位练兵、专业培训、技能比武、业务交流等活动，不断提升民警的业务素质。全面开展“春季整训”活动，全体民警和保安队员每天下班后利用1个小时时间接受理论、队列、体能、技能训练，进一步提精气神、抓执行。组织开展“昌邑公安．读书月”、换岗执勤体验以及“如何认识执行力、如何提升执行力”大讨论活动，通过文化育警，训练引导民警提升职业认同感、内在驱动力。通过完善考核奖惩机制和强化民警执行力训练，不断激发提升广大民警的自觉行动力，培养民警负责、敬业的精神，培养民警服从、虔诚的态度，培养民警完美的执行能力，从而提升整个公安队伍的责任心、荣誉感和纪律意识，提升干事创业的自觉性、主动性和勇于担当、善于担当的能力，切实提升整个队伍的履职能力和水平，涌现出李纪友、付星潭、马延安等先进典型。李纪友的事迹受到省委书记刘家义、副省长孙立成等领导批示肯定。7月1日上午，“阳光路上”——昌邑市公安局2017民警光荣退休纪念仪式在昌邑剧院顺利举办，昌邑市委书记吕珊珊等有关领导以及部分市人大代表、政协委员，老民警代表，民警家属代表和全体民警共计700余人参加活动。本次活动，不仅表达对退休老干部的敬意和祝福，展现昌邑公安辉煌的历史，更激励队伍，凝聚警心。

2017年，邀请人大代表、政协委员、特邀监督员考察检查看守所，主动接受社会各界的监督。大力推进监所医疗卫生社会化，为被监管人员提供平等的医疗服务，进一步完善“所院协作”机制，畅通被监管人员就医“绿色通道”，切实保障在押人员合法权益。积极开展“两保障两并重”教育。牢固树立“尊重和保障人权”的法制观念，进一步提升公安监管执法公信力。

用良好的监区文化氛围和丰富多彩的监区文化生活陶冶在押人员的情操。定期进行大课教育，培养在押人员树立正确的世界观、人生观、价值观。通过组织开展朗诵、歌咏等比赛活动，既培养在押人员的学习兴趣，又从思想上树立起热爱生活的理念，丰富他们的精神文化生活。通过读好书增长知识，从知识中汲取力量，使其早日回归社会。　（供稿人：郑世勋）

【消防工作】 2017年，全市消防工作在市委、市政府的领导下，以有效防范和坚决遏制较大以上火灾事故为目标，以落实消防工作目标责任书为抓手，严格落实消防安全责任，狠抓火灾隐患排查整治，全力提升基层基础建设水平，火灾防控能力进一步提高，消防工作整体态势持续良好。市政府召开全市消防工作、夏季消防检查、电气火灾防控等专题会议。都昌街办及刘辛社区被省政府安委会评为全省消防安全工作先进乡镇（街办）、先进社区。

基础保障 市政府将城区第二消防站列入全市重点建设项目，总投资2350万元，城区新建72具市政消火栓，各镇（街区）新增市政消火栓90具。市政府投入912万元，为消防大队配备2部举高喷射消防车、1辆抢险救援车和24台侦检设备。将消防业务经费提高40%，政府专职消防员个人年度经费提高38%。制定实施《昌邑市城区消防专项规划》，新建镇级消防队4支，实现城乡灭火救援体系全覆盖。新增企业消防队1支，全市企业专职消防队已达7支。

整治火患 市领导多次带队开展消防安全督查和夜查。消防大队联合教育、住建、民政、统战、安监等部门开展对学校、燃气、养老服务机构、宗教场所、加油站、涉氨制冷专项检查。2017年，消防大队共检查单位3092家（次），发现并督促整改火灾隐患9184处，处罚单位115家，罚款125.71万元，责令“三停”37家，临时查封64家。立案查处一起消防责任事故案件，有力的震慑消防安全违法行为。

宣传消防知识 市广播影视中心落实“有线电视开机播放消防宣传画面”。市委党校将消防安全讲座纳入干部培训班。市总工会举办全市职工消防技能比赛。市公安局、教育局联合开展“警、校、家”牵手平安创建活动，各公安派出所在社区警务室设立消防体验室，广大学生、社区居民能够零距离接受消防互动式教育，大力提升消防安全意识。市教育局和消防大队开展中小学生进警营活动12次，开展消防安全宣传教育“进军训”活动。2017年11月9日，市政府隆

重召开全市消防安全宣传月启动仪式。累计举办各类消防安全培训197期，发放消防宣传单8000余份，累计超过15700人次接受消防安全教育，实现对各镇（街）及重点行业系统的全覆盖，有力提升全民消防安全意识。

提高应急救援水平 消防大队以提高部队综合实战能力为目标，着力强化消防官兵基础体能技能训练、熟悉演练、常态化轮训，优化等级力量调派，规范安全作战程序，提升初战控火能力，全面提升部队打赢制胜能力，实地熟悉演练单位211家，修订灭火救援预案173份。先后获得潍坊市公安消防部队第五届“鸢都消防杯”篮球比赛第1名、全市消防部队春季体能大比武活动第3名。饮马消防中队完成事业单位法人登记。2017年，共接处警1115起，出动车辆2025车次，出动官兵12150人次，救助群众96人，受到党委政府和社会群众的一致好评。

（供稿人：王洪磊）

检察工作

【概况】 2017年，昌邑市检察院在市委和上级检察机关的领导下，认真学习贯彻中共十九大精神和习近平新时代中国特色社会主义思想，按照“坚持一条主线，聚焦一个主业，落实三项任务，推进三个深化，实现四个提升”的工作思路，坚持高点定位、勇争一流，忠实履行法律监督职责，努力打造过硬检察队伍，各项检察工作在新起点上取得进步。连续10年被评为全国检察宣传先进单位，连续15年保持“省级文明单位”称号，检察服务大厅连续两届被最高人民检察院授予“全国文明接待室”。

★3月20日，昌邑市检察工作会议 （桂召学）

【反贪、渎工作】 立案侦查贪污贿赂犯罪案件14件20人。其中，大要案14件20人，涉及科级干部9人。立查安丘市国土资源局局长薛某某等贪污、受贿窝案3件5人，涉及正科级干部3人，彰显党和政府惩治腐败的坚定决心，赢得人民群众的信任和支持。坚持办案力度、质量、效率和安全相统一，取得良好的法律效果、政治效果、社会效果。查办玩忽职守案、渎职侵权案5件5人，其中正科级干部1人，副科级干部2人，涉及教育、畜牧、农业等多个领域。

【预防职务犯罪】 强化职务犯罪预防工作，针对交通、建设、金融等特定领域，推行订单式预防。积极组织开展警示宣传教育15次，受教育2800余人次。扎实开展检察官联系大项目工作，选派18名检察官定点联系投资山东雅拉食品有限公司食品园科技一体化项目等9个重点工程开展预防服务。全面开展行贿犯罪档案查询，受理查询5700余次，有效防止污点企业参与政府工程。与昌邑市邮政公司联合开展“预防职务犯罪邮路”活动。认真落实预防工作年度报告制度，市委、市人大、市政府、市纪委主要领导分别对昌邑市检察院惩治和预防职务犯罪年度报告作出批示。

【诉讼监督】 深入推进平安昌邑、法治昌邑建设，与公安、法院等机关密切配合，严厉打击影响人民群众安全的严重刑事犯罪，全年办理审查逮捕案件226件316人、审查起诉案件731件1033人，依法保障人民群众安居乐业。严格落实宽严相济刑事政策，对16名轻微犯罪人员作出不捕或不诉决定，减少社会对抗，促进社会和谐。认真做好中共十九大安保维稳工作，积极参与社会治安防控体系建设，组织开展“打霸治痞”专项整治、“排查安全隐患，防范四类风险”、涉法涉诉矛盾纠纷排查调处、信访积案集中清理等专项行动，从严从快办理涉霸痞案件27件60人，妥善处理群众来信来访216件，涉检信访继续保持赴省进京零上访，被市委表彰为中共十九大安保维稳工作先进集体。

主动适应新形势新任务，聚焦法律监督主责主业，不断更新监督理念，拓宽监督渠道，改进监督方式，完善监督体系，让人民群众在每一个司法案件中都感受到公平正义。全年共监督侦查机关立案5件，依法不捕不诉95人，追捕追诉34人，刑事抗诉4件。办理民事行政检察监督案件51件，提起行政公益诉讼案件1件。办理又犯罪案件4件，羁押必要性审查46件，发现纠正社区矫正罪犯脱管漏管问题10个，监督收监执行1人。驻看守所检察室再次通过全国一级规范化检察室验收，办理的朱某某刑罚交付执行法律监督案件和刘某某羁押必要性审查案件等2起案件被最高人民检察院评为全国检察机关精品案件。

【保障民生】 坚持以人民为中心，围绕人民群众对美好生活的向往，坚持检察跟着民意走、工作围绕民生干。紧紧抓住群众最关心、最直接、最现实的利益问题，开展查办发生在群众身边、损害群众利益的职务犯罪专项行动，严惩教育、涉农、惠农等基本民生领域职务犯罪13人。主动回应群众关切，惩治生产销售有毒有害食品、销售假药等刑事犯罪41人，保障人民群众“舌尖上的安全”；严厉打击盗伐滥伐林木等破坏环境资源犯罪25人，依法保护绿水青山。加强和改进民生检察工作，注重加强对农民工、老年人、未成年人、留守儿童等特殊群体的司法保护。依托派驻检察室，开展老年人普法维权进社区公益行动，派驻昌南检察室被评为山东省老年人公益维权示范站。强化未成年人检察工作，建立涉罪未成年人批捕、公诉、预防一体化机制，实行分案起诉、犯罪记录封存、观护帮教等措施，对18名涉罪未成年人依法作宽缓处理，促其改过自新、回归社会。积极开展防治校园欺凌专项活动，与学校联合开展“亲职教育”，努力为青少年营造和谐安全的成长环境，经验做法入选全省检察机关加强未成年人司法保护十大典型事例。

认真组织开展“进百村、连万户，解难题、办实事”万人下基层活动，深入农户2100余户，提供法律服务328次，帮助解决困难问题147个。积极做好包村联户和派驻“第一书记”工作，帮助发展经济，修建道路，改善村居条件，赢得群众信任和赞誉。建成公开透明、便民高效的检察服务大厅，受理群众诉求142件，对来访群众实行一站式服务，诉求一条龙解决，依法维护群众合法权益。

【司法规范化建设】 稳妥推进司法责任制改革和检察改革 遴选员额检察官26名，42名检察辅助人员、5名司法行政人员均定岗到位，实行员额检察官、检察辅助人员、司法行政人员分类管理，科学组建办案团队，积极构建权责明晰、公正高效的检察权运行新机制，真正做到“谁办案谁决定、谁决定谁负责”。深入推进以审判为中心的刑事诉讼制度改革，如期完成行政公益诉讼试点任务。认真落实国家监察体制改革要求，积极配合做好职能划转、人员转隶、线索移交等各项工作。坚持全院行动，全员参与，推动“六型”基层检察院创建工作深入开展。突出智慧建设、创新建设，研发“睿目”行政执法检察监督平台，积极打造自动比对、自动发现、自动预警的智慧监督模式，有效破解行政执法检察监督案件发现难、审查难的问题，进一步增强行政执法检察监督工作的质效，促进相关行

★6月30日，入额检察官宣誓 （桂召学）

政执法部门依法行政。昌邑市委将该项工作列入2017年改革工作要点，市政府拨付专项建设经费150万元，作为“智慧昌邑”子项目在全市行政执法部门推广应用。该项工作被评为潍坊市检察机关2017年十大创新亮点第1名。建成全新的检务指挥中心，升级可视化检务监督管理系统，实现司法活动全面记录、全程留痕、无缝监督。完善网上案件质量评查、流程监控预警和工作通报等机制，进一步提升司法规范化水平。

全过程、全方位、常态化推进检务公开，全力打造“阳光检察”，取得明显效果。建成应用“一站式”检察服务大厅，对来访群众进行一站式服务，一条龙解决，实现对外服务职能的集约化管理。检察服务大厅连续两届被最高人民检察院授予“全国文明接待室”。完善律师参与化解和代理涉法涉诉信访工作机制，充分保障律师依法行使执业权利。开设“两微一端”新媒体宣传平台，举办检察开放日、检察宣告、案件公开审查等活动，建立良性互动的检察公共关系，以公开促公平、以公开促公正，赢得人民群众信任和支持。

【党建工作】 坚持以政治建设为统领，以坚定理想信念为根基，执行新形势下党内政治生活若干准则，严格执行民主集中制，认真落实“三会一课”、民主生活会、组织生活会等制度，进一步规范党内政治生活，提升党员干警政治素养。将党建工作与信息技术深度融合，研发应用“昌邑检察智慧党建”手机APP，进一步提升党建工作信息化水平，在潍坊市检察机关党建工作会议上作典型发言。坚持抓班子带队伍，抓队伍促工作。围绕学懂弄通做实要求，组织干警认真学习贯彻中共十九大精神，统一思想、凝聚力量、引领行动，树牢“四个意识”，增强政治定力。拓展“两学一做”学习教育成果，推进“两学一做”学习教育常态化制度化。积极开展“思想作风建设年”“两转变两提升”“寻标对标提标达标”等活动，组织干警到“全国先进检察院”寿光市检察院和“守望正义、群众最满意的基层检察院”青岛市黄岛区检察院进行对标学习，固强补弱，全面提升各项检察工作水平。发扬昌邑“丝路”精神，引导干警树立“敢想敢干、敢于创新、敢于担当”的赶超意识，推动各项工作上档升级。打造检察讲堂、读书交流、微信研讨、检校共建、专家咨询等五大学习平台，组织开展专业化精准化素能培训和业务练兵。与烟台大学法学院、华东政法大学联合开展检校共建活动，组织干警进行综合素能培训90余人次，干警综合素质不断提升，业务型、专家型检察人才不断涌现，2名干警分别被评为潍坊市公诉标兵和优秀公诉人，7名干警分别入选全国、全省检察业务人才库。加大先进典型宣树力度，团支部被授予山东省“五四红旗团支部”，1名干警参加潍坊市检察机关先进事迹宣讲，1名干警被评为昌邑市“最美党员”。

【从严治检】 认真贯彻全面从严治党、全面从严治检新要求，党组认真履行党风廉政建设主体责任，党组书记承担第一责任人责任，班子成员和部门负责人对分管范围内党风廉政建设负主要领导责任，层层传导压力，逐级强化责任，推动工作落实，确保了党风廉政建设工作取得实效。持之以恒抓好中央八项规定精神落实，加大正风肃纪力度，积极开展“为官不为”集中整治，严格落实党风廉政建设“两个责任”，坚持每季度召开党风廉政建设联席会议，认真落实廉政谈话制度，筑牢拒腐防变的纪律防线，确保队伍不出问题。派驻昌南检察室被表彰为全省检察机关“无违法违纪、无责任事故”先进单位。

（供稿人：于晓波　桂召学）

法院工作

【概况】 2017年，昌邑市人民法院在市委、市人大、市政府、市政协和上级法院的领导、监督、支持下，深入学习贯彻中共十九大精神和习近平新时代中国特色社会主义思想，牢牢把握司法为民、公正司法主线，全面做好审判执行工作，深入推进司法改革，大力加强自身建设，各项工作取得新发展，为维护社会公平正义、促进经济社会发展作出积极贡献。荣获“全国法院思想宣传工作先进单位”“全省家事审判方式和工作机制改革试点法院”“省级档案工作科学化管理示范单位”等称号。

【执法办案】　紧紧围绕市委中心工作，认真履行审判职能作用，公正高效地审理好每一起案件，全年共处结各类案件6595件，为经济社会发展提供有力的司法保障。主动回应人民群众平安需求，审结各类刑事案件573件702人。坚持宽严相济刑事政策，对犯罪情节较轻的初犯、偶犯、未成年犯、老年犯等，依法从轻、减轻或免除处罚。推进以审判为中心的刑事诉讼制度改革，强化庭审实质化，充分发挥庭审在查明事实、认定证据、保护诉权、公正裁判中的决定作用，杜绝冤假错案。围绕市委“一三四五”战略重点和统筹发展战略布局，处结借款、保险、股票、买卖等各类商事案件1815件，为公民、法人挽回经济损失1.3亿元。牢固树立新发展理念，依法审理涉及全市重点工程、重点项目建设的纠纷案件。综合运用法治手段清理“僵尸企业”，化解过剩产能，稳妥审理昌邑市广告公司等企业破产案件。在审判活动中切实防范企业资金链断裂引发连锁反应，慎用查封、扣押措施，采取债转股、分期履行、劳务抵债等“放水养鱼”方法，帮助困难企业恢复生机。着眼于有效维护人民群众合法权益，促进社会和谐，依法审结各类民事案件2522件。积极推进家事审判方式和工作机制创新，设立家事审判合议庭，健全家事调解员、家事观察员、家事调查员、心理辅导员的“四员”队伍，联络妇联、教育、民政等部门，构建家事纠纷联动调处机制，促进家庭邻里和睦。严格履行司法审查职能，依法审理征地拆迁、工商管理、治安处罚等行政案件；完善行政争议协调处理机制，加大对土地征用、房屋拆迁、资源保护等领域纠纷的协调和解力度，既支持行政机关依法行政，又保护行政相对人的合法权益。加强非诉行政执行工作，支持城建、计生、交通、环保等部门的行政执法工作。围绕“基本解决执行难”目标，集中开展“凌晨突击”“执行会战”“百日执行攻坚”等专项行动，对涉民生、涉金融案件进行全面清理，攻克一批“钉子案”“骨头案”。不断完善执行联动机制，与相关部门在查找拘留被执行人、打击拒执犯罪、惩戒失信党员等方面强化合作，形成破解“执行难”合力。积极构建“一处失信，处处受限”惩戒机制，综合运用征信网站、广播电视、微博微信等平台公开曝光失信被执行人，68名被执行人迫于压力履行法律义务，维护当事人合法权益。

★6月18日，昌邑法院党组书记、院长徐金江到潍坊市华彤电气有限责任公司走访调研
（卢　栋）

【司法为民】

司法便民措施　健全诉讼服务中心功能，开通诉讼服务网和诉讼服务热线。进一步完善审判流程、庭审直播、执行信息、裁判文书“四大公开平台”，及时向当事人推送案件信息，直播庭审实况，全年上网公布裁判文书5839份。发扬司法民主，加强人民陪审工作，案件陪审率达99.7%。积极畅通信访救济渠道，完善申诉来访接待处理规程，加强法律释明，共处理来信来访368件（次）。开展“万人下基层”和信访积案专项清理，采取带案下访、包案督导等措施，依法解决当事人的合理诉求，较好完成中共十九大维稳安保任务。健全特困刑事被害人、申请执行人和涉诉信访人救助制度，发放救助金、缓减免诉讼费用19万元，充分彰显司法文明。全面加强人民法庭建设和管理，优化人民法庭职能配置，3处人民法庭共审结各类民事案件2098件，占全院民事案件总数的45%，人民法庭维护稳定、促进发展、服务群众的一线作用更加凸显。

创新社会治理　组织开展法官进社区、进机关、进企业、进农村、进学校活动，协助党委政府进行社会稳定风险评估，针对企业安全管理、民间借贷、青少年犯罪等提出司法建议 32 条。以“发案少、诉讼少、信访少”为工作目标，不断完善多元纠纷解决机制，主动对接各类调解组织，强化诉调对接平台建设，在院机关设立诉调对接中心，3 处人民法庭设立诉调对接工作站，组建“调裁一体、即调即裁”工作团队，推行“诊、调、裁、审”的四步工作流程，为群众化解纠纷提供更多便利。坚持“请进来”“走出去”，积极邀请机关干部、社区工作人员等担任特邀调解员，参与纠纷化解工作。加强对基层纠纷化解的现场指导，法官走出法院参与调处纠纷 115 起，提供法律咨询 3600 余人次。

司法改革　按照上级统一部署，在完成员额法官遴选任务的基础上，打破法院原有内设机构框架，对审判庭设置进行实质意义上的整合，对人员配置在全院进行优化组合，构建 15 个由法官、法官助理、书记员、法警组成的审判执行团队。分类制定法官、司法辅助人员、司法行政人员权力清单、责任清单和业绩考评办法，确保权责清晰、配合有力。坚持放权与监督相结合，院庭长不再签发未参加审理案件的裁判文书，确保将“让审理者裁判、由裁判者负责”落到实处。完善专业法官会议制度，加强发改案件分析点评，统一裁判尺度。充分发挥院庭长办案的示范作用，明确院庭长办案任务数量要求，形成以主审法官办案责任制为核心，以审判团队管理为架构的新型审判权运行模式。

【自身建设】　以推动“两学一做”学习教育常态化制度化、深入开展“思想作风建设年”“两转变两提升”主题活动为总抓手，全面加强干警队伍建设。坚持以开展活动促队伍建设、促审判执行工作开展，根据活动要求，在全院大力倡树务实之风、和谐之风和争先之风，认真解决思想作风存在的突出问题，以问题解决倒逼作风转变和工作水平的提升。通过开展“怎样对待当事人”大讨论、“解决执行难攻坚战”“信访积案化解年”等 9 项载体活动，进一步锤炼工作作风，提升服务水平。切实加强干警纪律作风建设，结合“思想作风建设年”活动，制定《纪律作风专项督查制度》，成立纪律作风专项督查小组，不定期到机关庭室和人民法庭开展督查，发现问题现场纠正，现场解决。对发生问题多的庭室，约谈其主要负责人。围绕联系服务群众、加强机关效能建设、从严管理干警等方面，完善相关管理制度，实现以制度管人、管事、管案。坚持对重点工作部署实行项目化管理，每月一调度、每季一总结，提高工作效能，保证各项工作的规范有序运转。高度重视党风廉政建设，严格落实党风廉政建设党组主体责任和纪检组监督责任，建立廉政形势分析研判制度，每季度对来访来信反映的问题，进行分析研判，过滤廉政风险。建立违纪案例警示制度，定期编发违法违纪典型案例，时刻敲响警钟。建立廉政谈话制度，对有违法违纪苗头干警及时谈话提醒、批评教育，真正让咬耳朵、扯袖子、红红脸、出出汗成为常态，确保不发生违法违纪的人和事。

增强公正司法能力　切实把思想政治建设放在首要位置，引导干警牢固树立政治意识、大局意识、核心意识、看齐意识，始终在思想上政治上行动上同以习近平为核心的党中央保持高度一致。扎实推进“两学一做”学习教育常态化制度化，把革命传统教育、理想信念教育列为日常必修课，通过法官宣誓、“做合格法官”学习讨论等形式，引导干警增强“四个自信”，坚定职业信仰。坚持“支部建在庭上”，推行支部书记党建责任述职考评制度，激发干事创业热情。积极适应司法责任制改革要求，开展庭审观摩、案例研讨和优秀文书评选等活动，加大审判实务培训力度。加快“智慧法院”建设，建成科技法庭 13 个，推广应用“智审”办案辅助系统，为法官办案、审判管理提供有力的信息化支撑。

提升工作执行力　围绕加强机关效能建设、改进工作作风、从严管理干警等方面，完善 6 项规范化管理制度，实现以制度管人、管事、管案。组织开展“庸懒散”专项治理，对各项工作部署实行项目化管理，以季度为单位确定工作重点，每月一调度、每季一总结，提高工作效能。加强审判规范化管理，推动开庭排期自动化、庭审监控视频化、确认结案微机化、案卷归档电子化，实现对立案、审判、执行各个环节的实时动态监管。落实均衡结案、繁简分流、诉前鉴定等措施，督促法官加快办案节奏，提高审判效率，法官年人均结案146件，服判息诉率达96.8%。

树立廉洁司法形象　深入开展“思想作风建设年”活动和政法系统“两转变两提升”活动，认真查摆和整改作风建设方面存在的突出问题，促进作风转变。坚持不定期开展审务督查，严格庭审纪律，规范司法行为。开展对标提标达标活动，组织实地考察学习，制定赶超方案，推动工作提档升级。严格落实党风廉政建设主体责任和监督责任，制定责任追究办法，层层传导压力，压实责任。建立违纪案例警示、廉政谈话、廉政形势分析研判、内部查纠四项制度，组织开展廉洁司法集中教育、廉洁司法大家谈等活动，筑牢干警拒腐防变的思想道德防线。完善廉政风险防控机制，着重加强重点岗位、重点人员的业内、业外监督，严格落实任职回避、防止内部人员干扰办案制度，规范法官与律师的关系，努力消除不廉行为滋生条件。

【服务工作】　围绕市委、市政府工作部署，积极拓展审判工作职能，制定服务和保障全市重点项目建设等工作意见和措施，并认真落实，切实做好配合保障工作，取得良好效果。围绕困难企业破产重整、处置“僵尸企业”、房屋征迁等热点、难点问题，开展专题调研，及时了解司法需求，提出法律意见和建议，增强司法服务的实效性。充分发挥审判职能作用，对涉及重点企业、重点项目的案件开辟“绿色通道”，快立、快审、快执。特别是围绕转方式调结构，结合审判工作中发现的问题，采取风险预警、司法建议等措施，努力为企业挽回经济损失。积极参与社会治安综合治理，依法参与社会稳定风险评估工作，针对审判实践中发现的经济发展、社会治理等方面存在的隐患和问题，及时向有关机关、单位提出司法建议12条，促进相关工作机制完善。

【执行工作】　围绕“基本解决执行难”目标，持续加大执行工作力度，共执结各类案件1448件，为群众兑现合法债权4.25亿元，实际执行率居潍坊市法院前列。集中开展“凌晨突击”“执行会战”“百日执行攻坚”等专项行动，用足用活查封、扣押、拘留等强制措施，对涉民生、涉金融案件进行全面清理，攻克一批“钉子案”“骨头案”。不断完善执行联动机制，认真贯彻执行市“两办”出台的支持法院破解执行难的实施意见，深化与市纪委、市委组织部、公安、检察、司法行政、金融、国土、地税等部门的协作，在查找拘留被执行人、打击拒执犯罪、惩戒失信党员等方面强化合作，共对159人实施司法拘留，对6人移送追究刑事责任，形成破解“执行难”合力。积极探索智慧执行模式，深化“总对总”“点对点”网络查控系统应用，对被执行人存款、房屋、车辆、证券等主要财产形式实现“一网打尽”。积极构建“一处失信，处处受限”惩戒机制，综合运用征信网站、广播电视、微博微信等平台公开曝光758名失信被执行人，对528人（次）在申请贷款、出境和乘坐飞机、高铁等方面进行限制，68名被执行人迫于压力履行了法律义务。司法拍卖由现场拍卖全部转为线上网络拍卖，共在淘宝网开展司法拍卖69件，拍卖成交46件，成交金额2250万元，溢价率达18%。

（供稿人：卢　栋）

★“一村（社区）一法律顾问”工作推进会　（王治波）

司法行政

【概况】 2017年，昌邑市司法局以中共十八大和十八届四中、五中、六中全会以及习近平新时代中国特色社会主义思想为指引，深刻领会学习中共十九大全会精神，以“走在前列”为目标，以群众需求为导向，以公共法律服务体系建设为“纲”，统筹普法宣传、人民调解、社区矫正、公证、法律援助、司法鉴定各个“目”，统筹推进，整体协调，推进司法行政由高速发展向高质量发展转变。昌邑市构建起覆盖市、镇（街区）、村（居）公共法律服务体系，打通解决群众法律难题的“最后一公里”。落实“谁执法谁普法”普法责任制，抓好重点人群普法，推行以案释法、按需普法，全市尊法守法学法用法的法治氛围浓厚。以“村两委”换届选举为契机，推进调解组织规范化建设，开展敏感时期和季节性矛盾纠纷专项排查调解，因人预防、因地预防、因事预防、因时预防，深入推进律师参与涉法涉诉矛盾纠纷化解工作，引导群众依法实现利益诉求。全年调解矛盾纠纷2193件，调解成功率98%以上。特殊人群管控更加稳健。开展社区矫正执法标准化建设，为各司法所配备社区矫正人员“人脸识别”考勤记录仪，社区矫正管理工作开始由“人防”向“技防”转变。继续推广社区服务基地建设经验，配齐心理咨询师，行为矫正与心理矫正软硬兼施，提升工作效果。全年接收社区矫正人员347人，在册598人，无脱管漏管现象发生。安置帮教工作稳步推进，安置率和帮教率均为100%。稳妥推进公证处改革，逐步落实企业化管理制度，拓展公证业务范围，更好地服务经济社会发展。强化律师、法律服务工作者、司法鉴定人的管理工作，建立诚信档案，净化服务市场环境，提升工作档次水平。

【法治昌邑建设】 1月4日，召开全市普法依法治理工作会议，安排部署昌邑市普法依法治理工作。市普法办制定《昌邑市2017年普法依法治理工作要点》，量化任务，细化措施，健全普法宣传教育机制，提升法治建设水平。12月3日，昌邑市印发《关于推进落实国家机关“谁执法谁普法”普法责任制的实施意见》，落实“谁执法谁普法”普法责任制。形成“党委领导、人大监督、政府实施、各部门齐抓共管、全社会积极参与”的“大普法”工作格局，普法依法治理内涵更深、覆盖更广、效果更实。

紧紧围绕工作中心，加强与经济社会发展、维护和谐稳定、人民群众生产生活密切相关的法律法规的学习宣传，组织开展“3•15”国际消费者权益日，“6•25”全国土地日，“全国扶贫日”“法治宣传教育月”，“12•4”国家宪法日等大型法治宣传活动，以点连线，以线构面，使普法宣传贯穿全年始终，融入工作大局。积极贯彻落实《山东省法治宣传教育条例》，深入学习宣传条例内容，以条例为指导，广泛开展法治宣传教育活动，开展宣传活动76场，印发宣传资料2万余份，全市58万名普法对象不同程度地接受法治教育。

坚持分类施教，重点学法对象成效显著。“法律进机关、单位”着重抓好领导干部这个“关键少数”，加大领导干部学法用法考法力度，组织各部门各单位运用“潍坊市在线学法考法平台”，将学法、考法情况、成绩作为干部评先树优的标准之一，达到以考促学的目的。利用全市举办科级干部进修班的有利时机，培训党员干部500余人，全市机关干部依法执政和依法行政能力得到进一步增强。“法律进乡村、社区”坚持普治并举，提升基层民主法治水平，围绕全市创建文明城市活动，在奎聚街道城北社区开展“送法进社区”活动；在围子街道开展“科普宣传周”活动；到帮扶联系村庙头村开展“万册法律图书进乡村”活动；在龙池镇、石埠经济发展区开展“送法下乡”活动。通过一系列形式多样的活动，将法治送到群众身边，有效维护社会和谐稳定。昌邑市围子街道围子村被评为山东省“民主法治示范村（居）”。“法律进学校”坚持普法教育从青少年抓起的工作理念，注重培育法治观念。先后在昌邑一中、实验中学、育秀学校等开展“法治大讲堂”“开学第一课”活动，实现城区学校全覆盖。完善“法治校长”长效机制建设，印发《关于组织全市“法治校长”开展法治宣传教育和法治学校创建工作的通知》，并在全市中小学生中开展“警校家与青少年共成长”活动，为青少年身心健康成长创造良好条件。

全方位、多形式搞好法律宣传。踊跃向潍坊普法办撰稿，运用《普法简报》媒体，大力宣传昌邑市在普法依法治理工作中的好经验、好做法；与市电视台联合制作《说法》栏目4期；推进法治宣传固定阵地建设，在各镇（街区）建设法治文化主题公园（广场）；建立健全媒体公益普法制度，充分利用报刊、广播、电视、网络等媒体开辟法治宣传栏目，推动“法治昌邑”“和谐昌邑”建设向纵深发展，“执法中普法”强法治。为使法治宣传落地有声，由“软指标”变为“硬实力”，注重发挥执法单位优势，执法者化身普法者，执法过程变为普法过程，执法案例便是普法案例，边执法边普法，让群众不仅学懂法，更要用好法，法治宣传由“耳听为虚”变成“眼见为实”。认真开展各类主题宣传活动。“6·25”全国土地宣传日与市法制办、市国土局一起走上街头，宣传土地有关政策；12月是“山东省法治宣传教育月”，组织全局工作人员参观市法治宣传教育中心，受到一次很好的廉政教育；“12·4”国家宪法日组织全市500余人参加“运动健身 法治兴昌”徒步活动，宣传《中华人民共和国宪法》等国家基本法律，倡树社会主义法治理念，践行社会主义核心价值观，助力法治创建活动深入开展。

【法律服务】 2017年，成功构建完成市、镇、村（居）三级公共法律服务体系。在市级层面，9月，建成昌邑市公共法律服务中心，打造“一站式”公共法律服务平台，并在11月份迎接潍坊市司法局的观摩点评，“公共法律服务＋听证”、法律顾问“四诊法”等工作模式得到潍坊市司法局肯定。在镇（街区）层面，结合综治维稳中心建设，依托司法所和法律服务所，建设镇（街区）综合服务平台，4月，在都昌街道马埠社区建成社区司法行政综合服务中心，做到“法律服务到社区、人民调解进家门”。特别是服务丰泉水库建设工作，服务中心深入群众中间，法律明政策、调解化矛盾，将涉水库建设的矛盾纠纷100%化解在社区，积累司法行政服务重大工程建设的实践经验。在村（居）层面，推进社区司法行政工作室、农村社区新型调解组织、“一村（居）一法律顾问”三项工作，全部社区完成司法行政工作室建设和社区调解组织规范化建设，“一村（居）一法律顾问”工程8月正式运行，村（居）法律顾问在基层治理中的法律专业优势有效凸显，维护基层和谐稳定。

强化律师、律师事务所执业监督管理。2016年度的年度检查考核工作于2017年3月下旬开始，5月中旬结束。全市5个律师事务所顺利完成年度注册检查考核工作，合格率达到100%，下发《关于2016年度执业律师、执业法律服务工作者注册工作的通告》，并将相关信息在局微信公众号、媒体上进行公布，做到相关信息公开透明，便于当事人查询了解。12月11日至15日，对全市各律师事务所执业管理情况、队伍建设情况、制度及机制建设情况、卷宗档案管理等相关情况进行实地检查。采取听、查、看等方式进行，检查与指导相结合，边考评边督促，较好地规范律师事务所的管理。建立律师信用档案，组织对全市40名律师建立信用档案，完善每名律师个人相关信息、履行法律援助义务、年度办理案件情况等信用信息，通过信用管理规范律师职业道德，严格执业纪律。明确律师佩戴标志牌执业，通过律师履职期间佩戴标志牌，进一步提升律师队伍诚信度，增强律师职业责任感，规范和净化法律服务市场，保障律师依法执业权利，树立昌邑市律师诚信、专业、严谨、规范的行业形象。

强化基层基础工作。加强对基层法律服务所和法律服务工作者的管理，认真抓好年度检查工作，全市11个基层法律服务所、48名基层法律服务工作者通过年度检查。结合年度检查组织基层法律服务所召开所务会议，通过并签订《基层法律服务执业手册》，进一步规范基层法律服务统一收案、统一收费，统一制作登记簿、案卷档案盒，规范案卷格式和装订标准，明确案卷完结装订时限。在基层法律服务工作者队伍中积极开展以“两转变两提升”为主题教育实践活动，提高基层法律服务工作者爱岗敬业为民精神，为确保教育实践行动落到实处，制定科学的教育计划，狠抓基层法律服务工作者队伍建设，进一步增强基层法律服务工作者队伍爱岗敬业意识，提升为民服务能力和水平，全面加强基层法律服务工作者队伍规范管理。加强司法所规范化建设，按照省级规范化建设的建设标准，在机构建设、队伍建设、制度建设、业务建设、基础设施建设等方面，加大工作力度，积极作为，建立健全各项规章制度，定期组织开展矛盾纠纷排查，积极参与重大疑难矛盾纠纷化解，自觉开展思想政治建设和主题教育实践活动，认真践行政法干警核心价值观。及时上报各种统计报表、数字、材料，管理有据可循，运转灵活有序。有6个司法所达到省级规范化司法所建设标准。

提升法律援助工作的档次和水平。以规范化建设为重点，健全法律援助网络体系。完善镇（街区）法律援助工作站点，与市妇联共建法律援助工作站，提升昌邑市法律援助网格规范化建设。以群众利益为着力点，提升法律援助服务质量。重点抓质量监控体系，加大对办案人员的指导管理力度。加强对案件质量的考核评估，强化办案质量管理，提高服务质量，确保为当事人提供符合标准的法律援助。办案质量均达到规定的标准，受援人的满意程度反映良好。宣传工作为抓手，促进法律援助知晓度。创新宣传机制，将法律援助宣传同普法宣传相结合，加大法律援助公共法律教育的宣传力度，扩大法律援助的社会知晓度。全年，计受理承办各类法律援助案件572件，办结432件，完成潍坊市法律援助中心下达给昌邑市的受理450件，办结405件的任务指标。在572件法律援助案件中，公证32件，刑事诉讼43件，行政诉讼3件，民事诉讼及非诉讼案件494件，其中涉及群体性案件4起，涉及人数195人，为7起涉法涉诉信访案件提供法律援助服务，挽回和避免经济损失647万余元，其中涉及农民工等劳动者追索劳动报酬107万余元，维护受援人的合法权益，维护社会稳定。

【矛盾纠纷化解】　积极构建社会矛盾纠纷预防化解体系。建立健全以镇（街区）调委会为主导，以社区调委会为主体，以“镇、社区、村居、村民小组”四级调解网络为基础，以行业性专业性调委会为补充的人民调解组织网络体系。积极探索完善多方联动调解模式。在都昌街道马埠社区进行试点，建立司法行政工作综合服务中心，完善人民调解、听证室、法律顾问室等建设，建立社区人民调解员库、听证人员库，推行“三步”调解法，积极参与化解各类矛盾纠纷，并在面上推广；指导各镇（街区）完善“警民联调”调解室，建立律师、法律服务工作者参与矛盾纠纷化解制度，提高调解效率。培训人民调解员2000余人次，各级人民调解委员会排查各类矛盾纠纷案件2232件，调处2193件，调解成功率达98.5%。

【特殊人群管控】　开展社区矫正、安置帮教安全隐患专项整治活动，强化矫正人员日常管理。针对当前形势任务和监管现状，以预防和减少社区服刑人员、安置帮教对象重新违法犯罪为目的，以排查整治社区矫正、安置帮教工作安全隐患为主线，以督查落实社区矫正、安置帮教各项制度措施为重点，加大对社区帮教人员的监管力度，于4月中旬至10月开展社区矫正、安置帮教安全隐患专项整治活动，全面准确查清当前社区服刑人员的底数以及刑罚执行的基本情况，在活动中，社区矫正办公室还联合市检察院对专项整治活动进行督查，对10个司法所进行全面走访和检查，全面摸清影响社区矫正、安置帮教安全稳定的隐患，排查出重点人员11人，针对每人制定管控方案，做到无一例脱管、漏管及重新犯罪现象发生。

严格刑罚执行措施，切实加强社区矫正人员的守法观念。严格按照《社区矫正实施办法》和省厅“四个规范”的要求，细化矫正流程，规范矫正执法，全年对违反管理规定的矫正人员给予警告处分61人次，给予治安管理处罚2人，提出撤销缓刑建议2人次，撤销假释收监执行1人（8月18日在市公安局、检察院配合下，将在逃的徐某送交山东省未成年犯管教所执行尚未执行完毕的刑罚）。通过严格的刑罚执行措施，给社区矫正人员敲响警钟，提高他们矫正的自觉性。

全力配合市人大做好对昌邑市社区矫正调查工作。6月下旬，昌邑市人大常委会副主任戚风乾带领调查组对全市社区矫正工作情况进行调查。调查组一行到都昌司法所和市社区矫正服务基地进行实地调研，认真听取负责人情况介绍，详细询问工作中面临的困难和问题。调查组组织召开座谈会，先后听取市政府、市人民法院、市人民检察院、市公安局、市司法局、市财政局、市编办、市人大常委会内司工委等部门关于昌邑市社区矫正工作相关情况的汇报，就工作中存在的一些突出问题进行认真探讨。调查组认为，市政府认真贯彻落实关于社区矫正的相关规定，克服人员和经费不足等客观困难，较好地完成全市社区矫正工作任务，为法治昌邑建设做出积极贡献。

【维护稳定】 认真做好特殊时期维护社会稳定工作。在十三届全运会、厦门“金砖会晤”、中共十九大全会期间，按照安全隐患专项整治活动要求，加强日常监管，突出重点人员管理，全力做好社区矫正安全稳定工作。做好日常汇报工作，为各司法所配备“人脸识别”考勤记录仪，对社区矫正人员实行每日报到考勤制度，确保全市社区矫正人员无脱管、漏管情况发生。严格外出审批，对未经批准私自外出的矫正人员马上追回，给予警告处分。同时，切实做好突发事件应急处置和舆情应对工作，发生突发事件时严格按照突发事件应急预案妥善处置，及时请示汇报，加强信息报送，确保社区矫正工作持续安全稳定。安置帮教工作有序推进，监所服刑人员信息核查、反馈及时，刑满释放与解除矫正人员衔接管理到位，刑释解教人员信息管理系统核实率、回执率均达到100%。充分发挥爱国苗木基地、石埠金昌羊绒2处帮教安置基地作用，加强对刑释解教人员的帮教安置。全年接收刑释解教人员62人，安置率和帮教率达100%。

【作风建设】 以“思想作风建设年”活动为指引，打造“境界高、能力强、形象好”的司法行政干部队伍，着力推进“两学一做”学习教育常态化制度化，每月确定2天为集体学习日，通过集中学习，在全系统营造风清气正的良好氛围，9月，昌邑市司法局饮马司法所代表潍坊市司法局参加山东司法行政系统“法治的光芒”宣讲会，是唯一一个登台宣讲的司法所，并获得二等奖，充分展现昌邑市司法行政队伍精神面貌。结合司法行政职能优势开展“万人下基层”活动，深入基层，帮群众解决实际困难，把握群众对司法行政工作“最迫切”需求，共走访群众790户，征求群众意见建议12条，现场为群众解决问题6件，夯实司法行政工作的群众基础，提升司法行政工作的公信力。

（供稿人：王治波）

经济管理与监督

Jing Ji Guan Li Yu Jian Du

发展改革

2017 年，昌邑市发改局认真贯彻落实市委、市政府决策部署，紧紧围绕“一三四五”目标任务和思路举措，坚持稳中求进工作总基调，统筹推进稳增长、促改革、调结构、惠民生、防风险各项工作，较好地完成年度计划目标。顺利通过“潍坊市级文明单位”复核。

【宏观调控】 编制《关于昌邑市 2016 年国民经济和社会发展计划执行情况与 2017 年计划草案的报告》，经市第十八届人大一次会议审议通过。编制印发《昌邑市 2017 年国民经济和社会发展计划》，定期跟踪调度各项预期指标和约束性指标。编制《关于昌邑市 2017 年上半年国民经济和社会发展计划执行情况的报告》，经市十八届人大常委会第五次会议审议通过。建立全市经济运行分析定期调度机制，按月度、季度对全市经济运行形势进行科学分析，形成月度和季度经济运行简报、半年经济运行形势报告供市领导决策参考，全年共编制发布《经济运行简报》11 期。组织起草《昌邑市农村一二三产业融合发展实施方案》《昌邑市创新农村基础设施投融资体制机制实施意见》等文件。牵头组织完成落实五大发展理念、国务院第四次大督查、农村产业融合发展等 20 余项专题调研工作，汇总整理形成全市新旧动能转换产业专题调研材料 18 份。

★ 11 月 2 日，省发改委委托专家对昌邑市 2014—2015 年千亿斤粮食项目进行抽查 （陈苹苹）

【新旧动能转换】 践行新发展理念，以新旧动能转换带动经济结构优化提升。积极落实上级工作部署，编制完成并积极组织实施《昌邑市实施新旧动能转换重大工程工作方案》，新旧动能转换重大工程全面启动。建立全市新旧动能转换项目库，筛选上报新旧动能转换重大项目 82 个，总投资 1181.7 亿元，其中列入省新动能转换项目库 3 个。健全完善工作推进机制，积极做好重点事项的争取和推进工作，扎实搞好 31 个项目和 29 项调研课题研究，筛选提报拟纳入潍坊总体方案和规划的项目和重大事项 11 个大项 61 个小项。

【“四个城市”建设】 履行牵头职责，

全力推进产业强市、文化名市、活力城市、品质城市建设。高质量编制完成五年规划和三年行动计划，分别建立19项指标体系。建立项目清单，最大限度把任务具体化、项目化、园区化、工程化。谋划产业强市建设核心、关键、重要支撑项目66个，其中8个项目列入潍坊台账；谋划品质城市建设核心、关键、重要支撑项目36个，其中5个项目列入潍坊台账。细化、实化项目台账，逐月分解建设进度，层层落实工作任务。产业强市86个重点项目、7个承载园区、5个战略创新平台和品质城市57个重点项目、5个战略创新平台、3个典型示范提升工程按年度工作计划顺利推进。

【固定资产投资】 全市完成固定资产投资389.6亿元，同比增长5.5%。第一产业完成投资19.9亿元，同比增长78.2%；第二产业完成投资265.3亿元，同比增长12.1%；第三产业完成投资104.4亿元，同比降低14.4%。从全社会投资完成情况看，主要有以下特点：房地产投资仍呈现较快增长态势。全年完成房地产投资14.62亿元，房地产投资同比增长48.5%。都昌街道棚户区改造、新澳化工新型染料产业园、雅拉食品园区科技一体化等67个新开工过亿元项目完成投资61.9亿元，华电风电二期、污泥无害化处置、天沐光伏发电、凤鸣学校、中水回用等项目建成投用，实现投资20.8亿元。全市过亿元项目总投资及完成投资分别同比增长71.2%和25%，对全市固定资产投资增长的支撑作用较强。

【重点项目建设】 实行重点项目月调度机制，全年实施过千万元项目378个，其中过5000万元项目184个。重点项目雅拉食品科技园区一体化项目列入2017年省重点，三峡山东昌邑莱州湾海上风电项目列入省首个海上风电试点示范项目，连续5年争取到全国新增千亿斤粮食产能规划田间工程项目；新澳化工新型燃料、鸾华化学双钠生产、凤鸣学校、中水回用等12个项目列入潍坊市重大建设项目，宏大生姜市场农产品物流园区、琨福大姜蔬菜批发市场2个项目列入省现代物流项目3年滚动投资计划，青山秀水生态文化旅游等63个项目列入潍坊市构建现代产业体系重点项目。实施重点项目快速审批机制，将审批事项全部纳入投资项目在线审批监管平台，不断完善事中事后监管制度，审批提速75%。济青高铁轨道板铺设工作全部完成，主要设备全部安装到位。

【扩展服务业规模】 全市实现服务业增加值178.89亿元，增长8.9%，增速位列潍坊8个县（市）第2位。其中现代服务业规模增长势头强劲，占服务业增加值比重达到53.14%。质量效益不断提升，全市规模以上服务业实现营业收入20.85亿元，增长14%，高于潍坊市平均增幅8.4个百分点，列8个县（市）第1位；服务业实现税收8.92亿元，增长8.6%，高于潍坊市平均增幅6.6个百分点，列8个县（市）第4位。电子商务发展迅速，设立省内首家县级淘宝大学培训基地，利用中国棉纺城电商产业园等园区平台建立营销网络渠道，实现电子商务交易额180亿元，获评省电子商务示范市。环卫产业已拓展到25个省（自治区）、120多个县（市、区），并在巴基斯坦、海湾六国和非洲等开展环卫保洁业务，成功承办全国服务业标准化现场会。博陆山风景区、青山秀水旅游度假区、龙乡水韵·千年古村文化旅游区等

★ 浩信集团加工六厂 （纪伟东）

重点项目顺利推进，绿博会、山阳梨花节、龙乡文化节等节会影响力不断扩大，接待游客366.94万人次，实现旅游消费总额41.76亿元，同比分别增长10.7%和15.9%。

【县域经济和区域合作】 县域经济快速发展，全市实现地区生产总值442.92亿元，同比增长7%，3次产业比例为8.7 ∶ 50.9 ∶ 40.4。实现社会消费品零售总额199.75亿元，同比增长10.4%，高于潍坊市平均增幅1.5个百分点，列8个县（市）第2位。辖区内金融机构实现本外币各项存款余额433.3亿元，比年初增加28.7亿元，增长7.1%。昌邑市连续7年迈进“中国中小城市综合实力百强县（市）”“中国最具投资潜力中小城市百强县市”，连续2年入选“中国中小城市创新创业百强县市”，且位次连年提升。主动加强区域合作，加强与青岛方面的互访交流，学习青岛地区规划、市场、产业、创新体系、生态环境保护、基础设施、文化建设和社会管理等领域的先进做法。积极到青岛开展招商活动，通过经贸恳谈活动、部门对接洽谈等多种方式积极对接青岛，承接青岛辐射和产业转移。对成功引进的软晶生态养生床垫项目、年产2万吨CK增粘剂项目、年产2万吨高碳醛醇项目和阻燃纺织品用硅基阻燃剂研制与应用等多个项目，高度重视，及时调度进展情况，发现问题及时帮助协调处理。全面落实青岛到昌邑市投资企业招商引资政策，认真执行《加快北部沿海开发建设实施意见》《关于加快发展服务业的意见》等有关政策，对到昌邑市投资的企业提供良好的投资和创业环境。

【产业转型升级】 牵头的15项改革任务进展顺利。产业转型升级工作，组织实施《2017年培育现代产业体系工作计划》《昌邑市产业强市建设五年规划和三年行动计划》中服务业发展计划和任务目标，争取省惠民流通项目专项资金170万元，争取省服务业专业人才1人，引导资金30万元，成功为昌邑龙港汽车城、洗衣机高端减震底角及搁物架2个项目争取潍坊市现代产业竞争性用地指标80亩。蓝色经济方面，突破滨海力度加大，重新编制完成下营工业园、龙池工业园发展规划，龙池工业园北扩发展空间1900亩，建成鹏昊净水等配套工程；昌邑滨海（下营）经济开发区基础设施投资进一步加大，路、水、电、热、气等设施配套健全，达到“五通一平”标准；昌邑海洋精细化工产业园列入全省首批“蓝黄”两区特色产业园。组织完成2017年国民经济动员潜力调查工作，积极帮助企业（立辉重工）申报国民经济动员中心，积极组织企业做好“民参军”系统统计工作。社会信用体系建设方面，积极宣传社会信用建设，组织召开社会信用体系建设工作推进会议，开展“信用宣传月”活动；全力推进行政许可和行政处罚信息“双公示”，上报潍坊行政许可信息4843条，处罚信息1027条；发布信用“红黑名单”7批，其中“红名单”169个，“黑名单”212个。社会信用代码存量转换工作稳步推进。引导并要求52家市信用体系建设联席会议成员单位，结合本单位职能权限，主动将惩戒严重失信企业和严重失信自然人（或法人）嵌入日常行政管理工作。

（供稿人：徐　杰　冯立群）

市场监管

【概况】 2017年，市市场监管局根据市委、市政府部署要求，围绕服务新旧动能转换，落实“多证合一、一照一码”政策措施，发展各类市场主体5606户。申请注册商标163件，推荐4件商标参与注册国际商标、3个项目获潍坊市标准化应用奖、1个项目获潍坊市标准创新奖，组织争创59家省及潍坊市级“守合同重信用”企业。组织参与潍坊市争创为国家食品安全示范城市，开展省级食品安全先进市创建。在昌邑市举办全国服务业标准化培训班暨现场经验交流会。发挥市场合同管理、商标和广告监管、公平交易执法、企业主体准入监管、药品和医疗器械监管、质量和标准化管理、特种设备监管、保健食品和化妆品市场监管以及网络交易市场监管等综合职能作用，打击经济违法违章行为，营造良好发展环境。构建消费维权新机制，受理投诉举报1500件，维护消费者合法权益。

【实施标准引领工程】 按照中共昌邑市第十四次代

表会议提出“强化标准引领作用”的要求，把标准化作为打造品质城市、活力城市的动力，支持帮助企业和其他经济社会组织参与国际、国家、行业和地方标准制修订。全市企业主持起草或参与制定国家标准2项、行业标准2项、省地方标准6项。推进“美丽乡村标准化建设”，有36个以标准化打造的潍坊市级以上旅游品牌、4个省级旅游强镇。全市有50多种农作物实现标准化生产。特别是以标准化为主题打造的城乡环卫一体化“昌邑模式”，引起国际、国内高度关注。以“一带一路”为引领，走出国门，参与亚非多个国家的环卫工程。11月27日，国家标准委主任田世宏等领导到昌邑市调研考察城乡环卫一体化标准化建设。11月28日，参加全国服务业标准化培训班暨现场经验交流会的31个省市自治区和新疆生产建设兵团的130名代表，参观考察昌邑市现代服务业标准化项目现场，对昌邑市服务业标准化工作的做法给予高度评价和肯定，把昌邑市服务业标准化工作向国际标准委作了汇报，引起关注。这是昌邑市承接的首次国家级现场会。

【食品核查】 针对食品生产流通环节监督抽检不合格食品处置流程不理顺、食品生产流通违法违章行为不能及时有效查处等问题，研究制定《食品生产流通环节监督抽检不合格食品核查处置工作规范》，对抽检不合格食品处置明确谁来办、办什么、何时办以及办到什么程度等等，提出具体明确的标准要求，进一步理顺内部工作秩序，提升食品安全监管效能，为潍坊市创建为国家食品安全示范城市、昌邑市争创省食品安全先进市发挥积极作用。11月21日，潍坊市食药局向全系统转发规范，并上报省食药局参评全省食品安全监管创新项目。

【特种设备安全工作】 针对昌邑市化工企业多、特种设备数量多的实际，开展特种设备安全大培训。从4月开始，对10处镇（街区）的企业负责人和特种设备管理员2700人进行培训，促进安全生产，为社会稳定作出贡献。

【强化服务】 落实注册制度便利化和“多证合一、一照一码”政策措施，实行注册资本登记制度改革、名称、住所（经营场所）登记改革，严格落实前置审批事项目录，推行“013”服务法，支持各类市场主体总量持续增长，发展各类市场主体5606家，企业1213家、农民专业合作社89家，全市市场主体总量4.31万家。

【品牌建设】 实施商标品牌提升工程，构筑商标品牌体系。全市申请商标511件，国家工商总局核准163件，有效注册商标1748件。全市拥有中国驰名商标8件、国家地理标志证明商标16件、山东省著名商标27件。指导企业开展国际商标注册，确定“同大及图”“鼎立”“派康”“乐春”4件商标注册国际商标，向国家工商总局商标局申请并被受理。提高质量，构筑标准化品牌体系，建议把标准化品牌创建纳入品质城市建设重要内容，市委、市政府主要领导高度关注，成立由市政府分管领导为主的标准化品牌创建领导小组，加大推进力度，促进标准化工作的发展。推荐昌邑市大陆梨枣专业合作社和奥孚苗木繁育有限公司成功立项省级农业标准化示范项目。推荐昌邑城乡环卫一体化服务标准化、昌邑宇林农场综合标准化示范区获得

★ 11月28日，参加全国服务业标准化培训班暨现场经验交流会的代表参观考察昌邑市服务业标准化项目现场 （刘东辉）

潍坊市 2017 年标准应用奖，山东同大海岛新材料股份有限公司《鞋面用聚氨酯超细纤维合成革》获潍坊市 2017 年标准创新奖。推荐 2 家企业 3 个产品争创山东名牌。推荐山东同大海岛新材料股份有限公司起草制订的防护手套用聚氨酯超细纤维合成革等 4 个行业标准发布实施，推荐山东满国康洁环卫集团起草的 3 个国家标准顺利通过国家标准委第一次论证答辩。全市国家地理标志保护产品 3 个、国家级服务业标准化示范项目 1 个、省农业综合标准化示范项目 1 个、山东名牌产品 1 个、山东省服务名牌 1 个、省长质量奖（提名奖）1 个。开展“守合同重信用”争创，指导近千家骨干企业建立以法人为主的合同管理小组。举办 12 期企业合同培训会，讲解反欺诈、反虚假等相关法律法规知识，帮助企业维护自身权益。推荐 59 家企业争创省和潍坊市级“守合同、重信用”企业。办理动产抵押登记 54 起，助企融资 6.9 亿元。指导昌邑北方花木城市场管理有限公司争创为 2017 年潍坊市文明诚信市场。保安全，构筑食安品牌体系，在全市食品生产流通和餐饮服务行业开展“食安山东”系列品牌争创。全市拥有“食安山东”食品生产示范企业 1 家、流通示范单位 20 家，“食安山东”餐饮服务示范店 12 家、示范学校 5 家、示范街 3 条。

【计量民生】 检定安全防护用强检计量器具 1.2 万余台（件）、首检民用“四表”8500 余台（件）。全市 60 家加油站、310 台加油机在用强检计量器具受检率 100%。全年检定、校准各类计量器具 2.5 万余台（件），其中强制检定计量器具 2.3 万余台（件）。完成定量包装商品监督检验 182 批次。协助潍坊市市场监督管理局完成 91 批次定量包装商品检验。完成 7 项社会公用计量标准复查换证，建立 3 项社会公用计量标准。

【食品安全】 认真履行食安办职责，向上争取 133 万资金，用于食品药品监管，扎实组织开展国家食安城市和省食安城市创建。签订《2017 年度食品安全责任书》，全面实行食品安全“首问责任制”和“一票否决制”。开展“守护舌尖安全”专项整治，出台《2017 年食品小作坊小餐饮和食品摊点管理条例实施方案》，对食品小作坊、小餐饮实行登记，食品摊点备案制度，全市登记备案“三小”业户 1012 家，小作坊 113 家、小餐饮 617 户、食品摊点 282 户。联合开展“食药安全，创新圆梦”食品药品科技周科普宣传活动，发放食品安全资料 2700 余份，开放科普基地 12 个。开展食品安全宣传周活动，举办宣传活动 349 余场，宣传对象 6 万余人，发放宣传材料 7 万余份。加强“双四”宣教工作，并在智慧昌邑网、《潍坊日报·今日昌邑》和电视台开设专栏，发布食品安全动态，公示食品安全相关信息。举办食品安全突发事故应急桌面推演。加强食品生产企业分级分类监管，全市 76 家食品生产企业全部完成年度评级，其中 A 级企业 15 家、B 级企业 61 家。推行赋码追溯，全市 76 家食品生产企业已有 68 家企业完成赋码追溯，强化第三方快检托管，2 家农产品批发市场托管快检室已检测蔬菜水果等食用农产品 6.09 万批次，合格率 100%。组织全福元、佳乐家 2 家超市参与“放心肉菜示范超市”创建。督促食品供货商建立追溯体系，全力做好中共十九大期间进京大姜抽检。以食品供货商为重点，指导供货商落实进货、销售查验和记录制

★3 月 15 日，执法人员检查商场超市食品质量 （刘东辉）

度，建立以“一本通”为载体的追溯体系。鼓励有条件的供货商建立电子追溯体系。组织全市食品供货商进行集中培训，对零售商进货查验情况进行检查，形成倒逼机制，完善追溯体系。开展肉制品、水产品、食用添加剂专项整治。强化流通环节分级分类监管，对3家大型商超、7个市场、38个超市实行分级分类。对3家大型超市、1处批发市场、5处农贸市场、20家中小型超市实施韭菜双证制管理，确保韭菜产品可追溯。深化寻找笑脸就餐行动，推进餐饮服务食品安全监督量化分级管理。全市持证餐饮单位量化分级597个，量化分级率100%，其中A级76个、B级264个、C级257个。以学校食堂、大型以上餐饮单位为重点，培育“明厨亮灶”餐饮单位130家。加强餐饮服务业培训，参训单位687家，参训人员2420余人。联合市教育局举办全市中小学（幼儿园）食品安全管理工作培训会，提高学校食堂食品安全管理水平。做好重大活动餐饮服务食品安全保障，为梨花节、国际禁化武组织核查、中高考等重大活动提供食品安全保障，实现“零事故、零投诉”。加大重点领域食品安全监管，会同市教育局对45家学校、托幼机构食堂进行监督检查，对存在问题的6家学校食堂已限期整改完成，对32家学生“小饭桌”经营单位全部公示。会同民政局检查养老机构19家。开展旅游景区、农村集体聚餐等重点区域专项整治，检查餐饮单位512家，对35家进货查验记录不全、17家餐具容器标示不清的餐饮单位，督促整改。严格落实保健食品经营许可，发放保健食品经营许可证40个。强化食品和化妆品抽检，食品生产流通领域靶向性抽检541批次，专项抽检578批次。餐饮服务业抽检168批次。参与潍坊市争创为全国食品安全示范城市。

【维护药、械市场秩序】 制定《昌邑市市场监督管理局2017年度药品市场监督检查计划》《昌邑市市场监督管理局进一步加强流通使用环节中药饮片专项检查工作方案》等，明确监管任务、监管重点以及考核标准，对各监管所进行业务指导，确保各监管所有序地开展药械日常监管工作。规范审批，严格把好准入关。受潍坊市局委托，进行医疗器械经营企业的开办、变更的现场验收工作，在验收过程中坚持达不到开办验收标准的坚决不放行。现场验收20余家药品经营企业，6家三类医疗器械经营企业，有计划地进行药械日常监管工作。药品市场监管中，将含麻黄碱类药品、特殊管理药品、疫苗、对储存温度有特殊要求的品种列为重点检查品种，围绕药品购进、验收、储存和养护等环节，严防假劣药品流入，规范经营使用行为。对发现问题的企业一律要求提交整改报告，确保监管成效。医疗器械日常监管工作，将二、三类医疗器械生产企业、三类医疗器械经营企业及一级以上医疗机构和社区服务中心作为重点监管对象。监管过程中，注重宣传法律法规，督促企业按照标准进行自查并规范，对于日常监督检查发现的问题，及时进行跟踪检查。对230家药品经营企业，13家一级以上医疗机构，11家社区卫生服务中心，4家医疗器械生产企业，27家三类医疗器械经营企业进行全覆盖监管，全年共下发责令整改书227份。有重点地开展药械专项整治。开展疫苗专项检查，主动与市疾控中心沟通联系，摸清辖区接种单位底数，对涉苗单位进行全覆盖检查。重点检查疾病预防控制机构和接种单位疫苗进货渠道合法性，冷链管理是否符合规定，质量状况是否符合要求。检查涉苗单位22家，无违法违规行为。开展中药饮片专项检查。是否从合法企业购进并索取资质和票据，按规定做出购进、验收、养护记录。中药饮片的运输、储存、陈列、养护是否符合GSP规定。是否存在经营使用掺杂使假、染色增重、受潮、霉变、虫蛀、变质的中药饮片的行为。专项整治检查经营使用单位351家，经营单位53家，使用单位298家，完成中药饮片抽验26批次，发现不合格中药饮片4批次，已经全部处置。开展麻醉药品和精神药品监督检查专项监督检查。为规范全市麻醉药品和精神药品市场秩序，在全市开展麻醉药品和精神药品专项监督检查，防范和打击麻醉精神药品和含可待因复方口服溶液流入非法渠道以及非法制贩、滥用行为。经检查，未发现违法违规行为。开展城乡接合部和农村地区药店诊所药品质量安全集中整治。收到123家药店（连锁门店100家，单体店23家）和21家诊所的自查报告。进行全范围的风险排查，检查中发现，部分药店、诊所存在药品摆放零乱、近效期药品未能及时发现、计算机系统使用不熟练等问题。对于问题严重的单位责令整改；对违法违规的单位立案调查，立案3起。开展装饰性彩色平光隐形眼镜专项整治，重点检查供货者资格是否经过审核，经营产品有无医疗器械注册证等相关资质证明材料，产品进货渠道是否合法，是否建立购进、验收、销售等相关台账。对于检查中发现的有关企业未建立完整的进货查验记录、销售记录及销售记录未按规定保存的情形，责令其限期改正，在工作中跟上督导检查。开展定制式义齿专项整治行动，重点检查产品是否具有注册证，是否从有经营资质的企业购进，是否有购进验收记录。专项检查共检查使用单位28家，针对检查中发现的个别单位未建立完整的进货查验记录，责令其限期改正。开展体外诊断试剂专项监督检查，重点从合法资质、仓储管理、冷链运输、质量追溯、人员培训5个方面进行监督检查。昌邑市辖区内有2家体外诊断试剂经营企业，25家体外诊断试剂使用单位，未发现违法违规行为。开展避孕套经营企业专项检查，重点检查经营者是否取得医疗器械经营许可证或者备案凭证，采购的避孕套来源是否合法、是否具有注册证，是否按照有关要求建立经营管理制度。检查经营企业108家，经检查发现部分企业未向供应商索取资质资料和产品注册资料，责令其改正。开展医疗器械生产经营“规范实施年”活动和无菌和植入性医疗器械专项监督检查。认真实施药品监督抽验及快检计划，抽取26批次中药饮片、36批次西药，并全部送至潍坊市食品药品检验检测中心检验，发现不合格药品4批次。推进信用等级评定和风险因素等级评定工作。按照日常监管、专项整治情况，开展药品经营使用单位信用体系建设工作和安全风险因素分级管理工作，在日常监管中根据相对人信用等级和风险因素等级确定检查频次和检查内容，以促进诚信建设。加强药品不良反应和医疗器械不良事件监测工作。对药品和医疗器械使用风险情况进行评估上报，收集评价药品不良反应710例，器械不良事件360例。开展药品安全风险隐患大排查大整治，排查药品批发企业和零售企业连锁企业总部4家，药品零售（含连锁）企业89户，药品使用环节26户；医疗器械生产环节3户，经营环节70户，使用环节26户，发现药品使用单位存在B级隐患的23家，药品零售企业存在B级隐患的11家，C级隐患的3家，责令其改正。

【保健食品和化妆品市场监管】 严格落实保健食品经营许可工作。发放保健食品经营许可证40个，全年新开办以及去年整改到位的保健食品经营单位全部完成许可。进一步完善监管信用档案，全市大中型商场超市、化妆品专卖店以及兼营企业的建档工作全面完成。按照网格划分，以保健食品化妆品批发企业、大型商场超市为重点单位、以增强免疫力、改善睡眠类、辅助降血糖、减肥类、抗疲劳类保健食品和美白祛斑类、防晒类、染发类等特殊化妆品为重点品种进行监管，监管覆盖率达到100%，建立监管档案，及时上传监管信息至山东省市场监督管理局电子监管网。开展全市保健食品流通环节集中整治百日行动、对29批次祛痘类不合格化妆品的专项检查专项整治，规范昌邑市保健食品化妆品经营秩序。稳步推进化妆品不良反应监测。对2家潍坊市级化妆品不良反应监测哨点，4家县级化妆品不良反应监测哨点进行培训，上报不良反应43例，完成潍坊市市场监督管理局下达的监测任务。开展保健食品化妆品监督抽检，完成保健食品11批次、化妆品9批次抽样送样工作。开展全市基层化妆品市场监管规范化建设3年提升工程。自2017年开始，在全市开展化妆品市场监管规范化建设。用3年时间，全方位落实化妆品监管责任、主体责任，保护消费者权利，初步实现化妆品监管的规范化、标准化，提升全市化妆品整体安全水平。

【特种设备维护与监管】 对12家检验检测机构进行监督检查，要求提交自查报告。对9家涉环保类检验检测机构全面检查。普查强制检定计量器具使用。对华彤电器公司生产的电线电缆监督检查。对全市27家危化品获证企业进行生产许可证证后监管抽查。配合省级认证认可专家对3C生产企业、管理体系认证企业、自愿性认证企业等进行监督检查。加强特种设备监管，对10处镇（街区）、2700余名企业负责人和特种设备安全管理人员集中培训，发放宣传资料3000余份。开展化工行业转型升级特种设备“大排查、快整治、严执法”专项行动，重点抽查电梯、液氨制冷以及在用超期未检特种设备，检查各类特种设备使用单位128家、特种设备1356台，处罚17家特种设备使用违法行为单位。推进10吨及以下燃煤锅炉清零行动。对13台10吨以下燃煤锅炉向环保局和相关镇（街区）通报，对未主动办理注销登记的320台锅炉在《潍坊日报·今日昌邑》公告注销，配合各镇（街区）政府完成10吨及以下锅炉清零。

【主体准入监管】 结合落实前置审批审查，按照有关规定进行“双告知”，发放告知书300份。配合市政府及市发改局共同完善信息公示，每周定期报送有关企业登记信息，并通过“信用山东”“信用潍坊”等网站公示信息。全面做好年报公示。个体年报信息公示3.05万户，年报公示率99.28%；企业年报信息公示5506户，年报公示率94.51%；农民专业合作社信息公示1211户，年报公示率99.02%。开展无证无照经营专项整治，城区、专业市场和镇（街区）驻地持证持照率97%，集贸市场和农村村庄持证持照率95%。

【反不正当竞争执法】 贯彻落实新修定的《反不正当竞争法》，以供电、供气等公用企业，房地产、涉医涉药等行业为整治重点，依法整治不正当竞争突出问题，引导企业加强自律，诚实守信，公平竞争。开展“促竞争、树品牌、保民生”专项执法行动、打击涉老洗脑式营销百日行动、医药领域不正当案件查处、“九阳”注册商标商品打假等专项打假维权行动，查处案件25起。加大知名企业、知名商标、知名品牌保护力度，向省工商局申报12家知名企业、20个知名品牌为重点保护企业和重点保护领域，实施政企联合打假维权。检查药品经营企业19家、体验式医疗器械经营企业3家，立案查处2家企业。在昌邑市被潍坊市4部门认定为“无传销城市”基础上，继续把打击和防范传销列为全市社会安全稳定的重要内容、关键环节，强化组织领导、强化群防群治、强化科技支撑、强化宣传教育，形成党政同抓、社会共管、部门监管、社会监督的良好机制。按照国家工商总局、省市局部署，在全市组织开展打击网络传销、打击以“招聘、介绍工作”为名从事传销等专项执法活动；与公安机关加强部门协作，落实网格化监管措施，把打击和防范传销纳入基层巡查监管重点，实现对重点人员、重点场所、重要集会、重要活动的有效监控，并在情报信息共享、案件移送、日常监管、执法行动等方面开展广泛合作。建议各镇（街区）动员各村（居）加强对外来人员、闲置房屋的有效监控，并聘请200余名打击传销义务信息员，随时举报非法传销动态性苗头问题，严防传销蔓延。组成由市场监管、公安、社区工作人员共同参与的“打传快速反应机动队”，对传销活动快速打击。将教育、发动群众作为遏制非法传销的有效途径和治本措施。不间断开展打传防传知识“进社区、进村庄、进机关、进学校、进市场、进企业”“六进”活动。配合教育部门加强对大中专学生的专题辅导，教育他们树立健康学习生活理念，自觉远离传销组织和行为。组织各类形式的宣讲会20次、街头宣传咨询2次，发放宣传材料2000份，清查招聘企业260家，发布警示提示25条，悬挂各类宣传标语120条，参与活动学生和受众群众数量达到4600人。

【部门协作执法】 充分发挥职能作用，积极配合相关部门做好维稳协作执法工作，与公安机关签订《关于在查处经济违法犯罪活动中加强协作联动的意见》，建立健全信息共享、联动协查和联动保障机制，开展调查研究、联合执法、双向移送、日常协调等工作。与公安机关共同开展“5·15打击和防范经济犯罪宣传日”活动，在全福元超市广场开展打击和防范经济犯罪宣传和咨询活动，并在现场设立咨询台和展板，对市民的提问进行讲解，向市民发放宣传材料500余份。做好流通领域烟草市场秩序整治，与市烟草专卖局召开联席会议，开展联合执法5次，检查烟草经营业户260余户，立案查处无证经营烟草案件10起，有力的维护烟草市场秩序。出动执法人员800人次，在全市范围内开展对“中央币”等数字货币、虚拟货币的风险排查，集中打击制售封建迷信用品、“黑广播”违法犯罪、境外电视网络接收设备、非法生产销售军服军品、查缴非法政治性出版物、有害出版物等专项行动，共排查相关企业、个体户722家，有力地维护市场秩序。

【油、煤监管红盾行动】 加大成品油市场监管。抽样监测加油站28家，随机抽取车用汽油、车用柴油、普通柴油57个批次，处理举报2起。配合实施环境保护“十大工程”，规范煤炭市场经营秩序，清理取缔无照经营煤炭行为，查处禁燃区内销售散煤及其制品等行为。配合有关部门开展打击非法生产、非法改装、非法拆解回收机动车行为。指导城区农贸市场开办单位落实开办责任，引导各类商贸城加强规范管理。配合有关部门做好旅游、拍卖、粮食、野生动物保护、动物疫情防控等市场规范管理。开展“红盾护农”行动，对30家生产资料经营业户抽检60个批次。加强商标广告市场监管，开展侵权商标行为专项检查，强化地理标志专项保护，开展打击假冒伪劣、打击侵权制假“双打”行动。开展互联网金融广告和以投资敛财名义从事金融活动专项整治。

【保护消费者权益】 2017年，成立城区消费者投诉处理中心，有效解决城区投诉问题，受理投诉举报242起；全年受理投诉举报1500起。受理投诉举报工作，潍坊市工商局、潍坊市消费者协会给予充分肯定。开展“2017年度‘3·15’国际消费者权益日纪念”活动，15个单位和企业共同宣传“网络诚信、消费无忧”年主题。市人大、市政府、市政协领导现场检查指导。制定下发《关于正确应对职业索赔（职业打假）、有效规避职业风险的通知》，有效应对职业打假。指导流通业户履行有效义务，为消费者履行修理、退货、更换义务32起，制作调解协议书28份，下达终止调解通知书16份。开展“地条钢”、学校周边、“牙签弩”等重点消费侵权行为专项整治。抽检电风扇、电吹风、电开水煲、电动剃须刀小家电类商品50组，合格率98%。

【网络市场监管】 成立专门网监机构，配备工作人员，明确工作职责和线上线下一体化监管机制。完善网络经营主体数据库，登记4.28万户电子商务经营主体，其中企业4028家、个体工商户3.88万户、第三方交易平台6个。检查网络经营主体912户次、网站和网店经营者331户。强化网络执法办案。通过举报投诉、主体建档、日常监督检查等多途径发现案源，处理涉及网络购物消费投诉举报107起，其中食品安全32件、服装类5件、日常用品33件。查处网络交易违法案件2件。

（供稿人：冯景仁　徐言斌）

检验检测

【概况】 2017年，市检验检测中心（简称双检中心）认真履行职责，充分发挥职能优势，深化服务意识，积极投身文明城市创建活动，各项工作取得较大进步，为全市食品农产品质量安全体系建设做出应有的贡献。全年检验检测样品3396批次，比2016年增长58%。食品类2778批次，其他社会组织和个人委托检验560批次，尿碘检测322批次。2017年，被昌邑市文明办授予“昌邑市级文明单位”称号、被昌邑市总工会授予“先进职工之家”称号、被共青团昌邑市委授予“红旗团支部”称号、被共青团潍坊市委授予“潍坊市五四红旗团支部”称号；双检中心开发的“互联网+”食品安全追溯平台及检验检测服务系统两大平台，获两项国家著作权专利，这套新系统在省同行业检测领域范围内属首例，被潍坊市委市直机关工委评为2017年度县

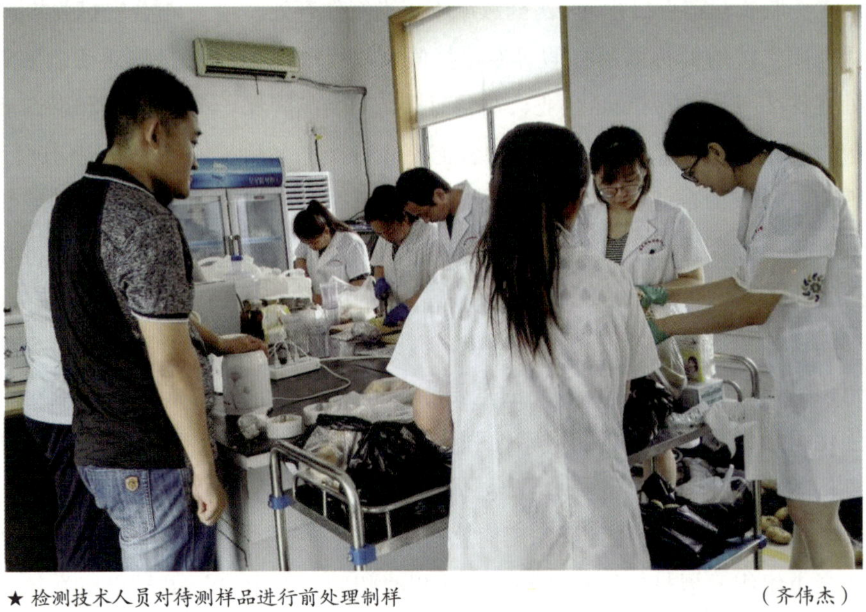

★ 检测技术人员对待测样品进行前处理制样　（齐伟杰）

级“优质服务项目”。

【研发检测新技术】 强化对专业技术人员的业务培训。双检中心先后派出110人次，培训气相色谱仪、液相色谱仪、原子吸收仪等一系列的应用技术。专门聘请仪器厂家的技术人员上门开展现场技术培训18次。分别聘请潍坊市食药局检验检测中心、潍坊市农产品检验检测中心的专家就实验室建设、实验新技术、新方法开展培训17次；通过多种形式的培训辅导，开拓专业技术人员的视野，提高整体素质、综合技能和业务研发水平。该中心完成大姜多种农药残留高效快速简便定性定量检测技术研究、9种人工合成色素的高效液相色谱法、超高效液相色谱串联质谱法快速测定水果蔬菜中阿维菌素、氨基甲酸酯类等22种农药残留量3项检验技术省科技厅查新，并申报专利技术。

【农产品专项抽查】 中秋、国庆、中共十九大期间，双检中心积极配合市市场监督管理局、市林业局、市农业局在全市范围内集中开展为期近2个月的农产品质量安全隐患大排查行动，取得较好效果。专项整治行动主要针对时令蔬菜、水果、水产品、大姜进行全面抽检。全市成立由相关职能部门、双检中心专门人员组成的督导组，到镇入村、进入农贸市场开展全覆盖无遗漏抽检，抽检期间严格做到镇不漏村、村不漏户、不漏地块。抽检时，进行现场抽样，抽样单由业主当场确认签字，每天所抽样品由督导组统一集中分类检测。针对大姜种植户，对种植面积在8亩以上的样品进行重点、专项抽查活动，抽检样品410批次。

【检验检测进社区】 为推动食品、农产品安全工作向基层延伸，按照检验检测工作要为全市经济建设服务，为全市人民食品安全服务的宗旨，市检验检测中心于2017年8月下旬到9月中旬，历时20天的时间，在全市10个镇（街区）开展“检验检测进社区”活动。由中心3名副主任带队，分3个小组共进驻全市10个镇（街区）的20个村（居），针对百姓关注的食品、农产品、药物残留等热点、难点问题，每处镇（街）免费检测4个批次的蔬菜、水果、饮用水及各种农产品，宣传食品安全检测知识，为基层群众解疑释惑，满足群众食品安全需求。

【拓展检验检测业务】 检验检测中心积极参与周边县（市区）的检测任务招投标工作，参与市环卫局昌邑市第二垃圾处理厂环境检测、济南市商河县食药局食品检测和坊子区水务局水质检测项目投标。全年中标金额228.5万元。 （供稿人：李世娟）

物价管理

【概况】 2017年，市物价局认真落实上级业务部门要求，坚持以供给侧结构性改革为主线，以推进“四个城市”建设为抓手，以“思想作风建设年”为契机，不断完善价格调控，深化价格改革，优化价格服务，为全市经济社会发展营造良好的价费环境。荣获“2017年度全省价格监测优秀单位”。

【价格管理】

价格监测 认真贯彻落实山东省价格监测预警管理办法，坚持日常监测与应急监测相结合，常规品种监测与特色品种监测相结合；作为省物价局的监测直报点，在全市建立24处监测点，对生猪、生产资料等200多个品种进行实时监测；对大蒜、鸡蛋等价格波动较大的品种启动应急监测。做好价格监测信息发布，联合大型超市和批发市场，通过电视、报纸的形式发布市场价格信息。

稳定价格 结合昌邑市实际，认真落实社会救助和保障标准与物价上涨挂钩联动机制，有效应对物价波动对困难群众生活的影响，保障群众基本生活需求。根据《山东省定价成本监审目录》，对列入成本监审目录的重要商品和服务价格的制定调整前开展成本监审工作。稳步推进农业综合水价改革工作。与昌邑市水利局联合下发《关于规范农业用水价格管理的指导意见》。

【价费管理】 按照潍坊市物价局统一部署，对昌邑市214个行政事业、部分经营性收费单位，2016年度

★ 2017年12月26日，召开农业综合水价改革座谈会 （董丽丽）

的收费标准执行情况、收支情况进行审核监管和收费统计。昌邑市物价局牵头起草《昌邑市公平竞争审查制度实施方案草案》，经昌邑市政府常务会议审议通过并予以发布；牵头建立由21个市直部门组成的公平竞争审查工作联席会议制度；召开公平竞争审查工作会议及成员单位联络员培训会议，要求各成员单位建立自我审查制度，有序开展存量清理，审查政策措施72件，可以继续实施的政策措施63件，属例外规定可以继续实施的政策措施2件，需要废止的政策措施7件。为加强城区公立医疗机构床位价格管理，维护医患双方合法权益，根据上级要求，对城区公立医疗机构医疗服务价格进行重新汇总整理发布。对昌邑市人民医院、城东医院、市立医院、皮防站等6家城区公立医院进行实地考察，规范城区二级公立医疗机构病房床位价格。根据鲁价格二发〔2017〕11号文件规定对昌邑市预防接种服务收费标准进行明确。在对昌邑市新建住宅小区物业管理情况进行实地查看的基础上，研究制定物业收费标准，并不定期对各住宅小区物业服务情况进行明察暗访，对服务不达标准的物业公司及时督促整改，有效维护住户的合法权益。对山东九洲物业管理有限公司昌邑分公司管理的昌邑市人民医院停车场跨白天和夜间2个收费时段收费标准做出详细解释，有效避免收费误解和纠纷的发生。根据上级业务部门要求，结合实际，对昌邑市公办幼儿园收费标准及普通道路车辆救援服务收费等有关问题进行明确。

【价格监督检查】 元旦、春节、“五一”等节假日期间，对商场、超市的明码标价进行检查规范，对模糊标价、未标明原价、只标明现价、商品价签标示的降价时限未注明、有些商品只写“特价”“惊爆价”等不规范的标价形式，责令限期整改，及时纠正不规范标价行为。发放价格政策提醒告诫函，节假日前期，向出租车公司、公交车营运公司、昌邑汽车站、昌邑各大超市等经营场所发放《昌邑市物价局关于保持市场价格稳定提醒函》，要求各单位在节日期间严格执行国家、省、市的价格法律法规和相关政策规定，切实加强企业内部价格管理，维护市场价格的基本稳定。组织开展涉企收费、教育收费、商品房明码标价、医用耗材价格监管等专项检查，对检查过程发现的违规问题进行处理，减轻企业负担，维护群众合法权益。依照潍坊市物价局安排，向16个单位下发相关文件，要求各相关单位积极开展自查，昌邑市物价局有步骤、有重点地开展全市供水、供气、供暖、电信领域价格检查。畅通群众诉求渠道，切实维护群众利益。把“12358”价格举报作为物价部门服务发展、服务企业、服务群众的重要窗口和平台，制定完善行政执法责任制度、价格举报登记台账管理制度、案件办理时限及责任制度等多项规范性制度。全年受理民生热线转办件、人民群众来信来访及“12358”电话举报咨询89件，涉及物业管理48件，水电价格21件，交通施救收费12件，其他8件。对每件举报均按照规定及时调查处理，回复率达100%。根据潍坊市物价局统一要求，建立完善价格执法人员名录库和随机抽查事项清单，确保“双随机一公开”覆盖率达到100%。

【成本监管】 落实农产品成本调查办法，加强数据分析研究，先后完成农户种植意向调查、农户存售粮情况调查、农户购买农资情况调查、小麦玉米棉花成本预测、小麦成本直报等成本调查任务，为政府制定农产品价格政策提供重要依据。认真落实降低企业成本相关政策。按照省、市要求，选取昌邑市规划局、国土局、疾控中心、美澳天然气等有代表性单位进行现场调账摸底，对各单位涉及的行政事业性收费和政府性基金、行政审批前置中介服务费、行业协会商会收费、经营服务性收费等进行统计汇总，为省、潍坊市物价部门提供真实有效的数据。联合市财政局转发《财政部、国家发展改革委关于清理规范一批行政事业性收费有关政策的通知》的通知（昌财字〔2017〕36号），取消41项行政事业性收费，有效减轻企业及个人负担。根据省、潍坊市价格主管部门全年的工作目标、任务安排，进行污水处理费成本监审。严格按成本监审工作规程和国家的财经政策开展工作，取得的成本监审成果符合实际，公平合理，受到业务上级的充分肯定，得到被监审单位的认可和理解，为价格的调整提供较为科学的依据。

【价格认证】　全年受理价格认定业务127件，认定总额16841.41万元。其中受理公安机关提出的案件83件，认定额99.99万元；涉纪检监察案件2件，认定额315.27万元；法院案件2件，认定值5.38万元；检察院案件1件，认定额0.55万元；行政案件5件，认定额857.92万元；价格争议案件2件，认定额4.5万元；重点工程32件，金额15557.8万元，为提出机关提供质量高效的价格认定结论。健全价格矛盾调解联动机制，融入矛盾大调解体系。在价格认定过程中，将价格争议调解工作融入实际工作中，围绕市委、市政府中心工作、大局工作和社会热点、难点问题，主动作为，对征地过程中出现的补偿标准中价格方面的问题从专业角度上进行调解，在已经进行的潍莱高铁征地、棚户区改造、地表水厂建设、城区道路改扩建、热力管道铺设、河流治理、重点工程用地等征迁补偿工作中，取得良好的效果。

【价格认定新模式】　围绕政府中心工作，做好重点工程价格认定，引入第三方中介机构进行具体业务工作，由昌邑市物价局价格认证中心对其评估标准及价格水平合理性进行审核，既保证评估价格的平衡性，又能把好财政资金的支出关，这种模式使有限的人力物力，发挥出更大的价格认定优势，平衡多方利益的同时，最大限度地保证社会的和谐稳定。截至12月29日，审核第三方报告32份，涉及金额15557.8万元，各项重点工程都顺利推进。（供稿人：张　帅）

统计工作

【概况】　2017年，市统计局认真学习贯彻中共十九大精神，以习近平新时代中国特色社会主义思想为指导，紧紧围绕中共昌邑市委第十四次代表会议确定的“一三四五”目标任务和思路举措，坚持稳中求进工作总基调，牢固树立和贯彻新发展理念，以全面、准确、及时的统计数据和优质高效的统计服务，为保障“十三五”时期经济社会良好发展提供强有力的数据支撑。连续12年获潍坊市文明单位称号；连续9年获省统计系统文明单位称号；连续18年获全省统计宣传工作先进单位称号；获得2017年全省统计系统先进集体；获中国信息报社统计宣传工作先进单位；获山东省第三次农业普查先进集体；获2017年山东省1%人口抽样调查先进集体；获潍坊市统计局2017年度先进县（市区）统计局评比第1名；获潍坊市统计系统“作风建设年”活动暨第八届“中国统计开放日”主题演讲比赛优秀组织奖。

【帮扶救助】　在市委、市政府的领导下，市统计局以坚持壮大集体经济，增加农民收入为目标，以发展特色产业，提高素质培训为重点，全面落实驻村扶贫工作责任制，扎实开展驻村扶贫工作，认真制定扶贫规划，为卜庄镇中河村筹措资金5.5万元，新建300平方米的文体健身广场1处。开展“联村组、包农户、进民家、解难题”扶贫帮困活动，全局干部职工30人，结对帮扶困难户5户。重点走访2户特困户，送去食油、面粉、大米等生活用品。通过结对帮扶工作的开展，在干部职工和贫困户之间架起桥梁纽带，使干部职工得到教育，使贫困户感受到中共温暖，增强战胜困难的信心和勇气。

【农业普查】　为全面摸实摸准全市农业家底，昌邑市农普办紧跟省、潍坊市农业普查机构进度，坚持“稳步推进，适度超前”的原则，提早规划，精心组织，做好农业普查调查摸底、入户登记、数据录入、行政村表数据上报、乡镇表数据上报工作。为确保录入上报数据的质量，昌邑市农普办组织全市各级农普机构加强对基层普查员的业务指导和数据审核，确保上报数据基础牢固、质量扎实。按上级主管部门对数据的要求，再次梳理各种农业普查数据材料，严格要求普查员对所管辖区域的普查资料进行整理归档，对于上级普查机构查询的各类问题迅速回应，对查询到的问题尽快核实，并向上级普查机构做出说明。全市农业普查工作取得阶段性成果，得到上级农普部门的充分肯定。

【1% 人口抽样调查】 严格按照国家和省调查方案，成立抽样调查工作协调小组，按照“统一领导、分工协作、分级负责、共同参与”的原则，做好调查工作的组织与实施，精心选聘调查员、认真组织培训强化复训、严格做好样本框的编制和核实、广泛宣传动员。在此基础上，扎实开展调查摸底，引导广大调查对象依法配合调查， 如实申报调查项目，入户登记时加强数据质量控制和抽查，把握各调查阶段及重要指标，发现问题，及时解决，把问题和差错消灭在源头，规定任何单位和个人不得虚报、瞒报、拒报、迟报， 不得伪造、篡改调查数据， 调查数据真实反映客观实际、调查数据真实可靠。

【常规统计】 精心组织实施农业、畜牧业、工业、能源、投资、房地产、建筑业、贸易、服务业、社会、科技、人口、工资、旅游、文化产业、健康服务业、企业电子商务交易、四众平台、重点互联网平台、信息化、交通能源消费等领域各项常规统计任务；圆满完成地区生产总值、文化产业增加值等核算工作；做好开发区统计、部门审批统计及县乡卡联网直报工作；做好企业用工、劳动力、住户调查、海洋经济、统计信息系统基本建设情况、企业创新、工业生产者价格等调查工作。严格执行联网直报各项规定，坚持即报即审即验，全市 495 家“四上”企业（具体包括规模以上工业企业、房地产企业和资质等级以上建筑业企业、限额以上批发零售业、住宿和餐饮业企业、规模以上服务业企业）、113 家投资法人单位联网直报实现按时报送率、审核率“两个 100%”，主要指标与历史数据及相关指标的逻辑性、关联性不断提高。严格执行《统计数据质量管理办法》，实现源头报送、评估评审等数据生产过程的全面管控，确保基础数据客观合理、宏观数据衔接匹配，与客观发展实际情况相符。

【统计改革】 加快推进国民经济核算改革。积极做好 GDP 统一核算的准备工作，强化对各县（市区）GDP 总量及增速的审核评估，改进年度和季度 GDP 核算方法，加强文化产业增加值核算、非公有经济增加值核算，确保数据有效衔接。适时开展“三新”增加值核算，全面启动 2017 年投入产出调查，配合省局研究自然资源资产负债表编制制度。继续推进固定资产投资统计改革。投资统计改革继续推行财务支出法和形象进度法 2 套制度并行，进一步加强对 2 种方法投资数据结构的分析和比对，研究数据差异的原因，采取有效措施保证投资数据真实反映昌邑市实际。不断深化服务业统计改革。加强服务业中新经济统计调查研究，进行新服务业企业综合情况、互联网金融等专项调查。密切关注国家服务业统计改革进展，积极开展试点工作，踏准服务业统计改革的步伐。做好科技创新统计工作。推动企业科技统计报表改革，实现统计口径由“科技”向“研发”转轨。建立非工业研发统计年报制度。建立创新综合统计制度，反映“双创三新四众”（创新、创业、新经济、新产业、新业态、众创、众包、众酬、众扶）发展状况，创新调查周期由每 2 年 1 次改为 1 年 1 次，将规模以下小微企业纳入调查范围。积极稳妥推进绿色发展指标体系建设。继续做好成品油、天然气生产和流通统计制度改革，重点解决自备电厂发电和用电全面进入统计核算问题，实现网上直报与电力部门数据口径协调一致。稳步落实绿色发展指标体系和绿色发展统计制度，创建全市应对气候变化基础统计体系，为生态文明建设目标考核提供统计支持。

【统计服务】 提高统计服务决策水平，强化经济运行监测，统计信息发布及时、全面，咨询服务工作取得很大进展。积极开展新常态下的经济分析研究。紧扣适应和引领经济发展新常态，深度挖掘统计资料，科学研判经济形势，及时开展预测预警，为市委、市政府定向调控、精准施策提供量化依据和重要参考。加大信息报送力度，完善统计分析、信息报送考核办法，努力为社会各界提供更好的统计信息服务。加大统计监测力度。紧扣“十三五”时期发展脉络，聚焦供给侧结构性改革的新形势、新需求，加强对产能过剩、企业质效、房地产等重点领域的统计监测；积极关注新产业、新业态和新商业模式发展。做好统计产品的生产和提供工作。及时、准确、实事求是地搜集、整理、编制各种统计产品，每月编发《昌邑统计月报》《统计快报》各1期，每年编发《统计公报》《昌邑统计年鉴》各1册，年底制作《统计卡片》。统计数据、信息每月在政府信息网公布。建立“昌邑统计”微信公众号，周期性发布全市统计数据和相关统计新闻。按照《统计法》及相关法律法规，做好统计数据的咨询、提供等服务工作，为进行国民经济宏观调控提供决策依据。完善统计评价职能。围绕全市科学发展综合考核，提供统计技术支持和保障，做好相关指标数据的收集测算报送工作。继续发挥社情民意调查的沟通桥梁作用，及时完成市委、市府交办的群众满意度电话访问工作。

【统计法制】 全力推进行政执法监督体制机制改革工作，把各项改革任务落到实处。坚定不移地贯彻落实中央领导重要批示精神，从讲政治的高度，强化在提高数据质量、反对统计造假上的主体责任，增强担当意识、风险意识、底线意识，坚持抓源头、强法治、严规程、建机制，坚决防范数据造假、弄虚作假，推动统计数据质量不断提高。将统计法律知识培训贯彻于统计调查全过程，利用统计开放日、宪法宣传日等节点开展普法宣传活动。组织市、镇（街区）统计人员参加上级统计部门组织的统计法律、法规培训。广泛、深入地宣传《统计法实施条例》，提升统计系统依法统计、依法治统能力和水平，完善统计体制，为依法开展第四次全国经济普查营造良好的社会氛围，向中国信息报社统计信息部投稿8篇，组织统计法答题267份，有2人参加统计执法考试并考取执法证。

【统计基层基础建设】 为贯彻《潍坊市人民政府进一步加强统计工作的意见》（潍发〔2017〕28号）文件精神，2017年11月，昌邑市召开由镇（街区）镇长（主任）、各部门统计负责人和统计人员参加的全市统计工作会议，要求全市各部门立即行动，按照上级要求将统计机构、人员落实到位。充分认识做好统计工作的重要性，夯实统计基础。市政府出台《关于进一步加强统计工作的通知》在全市下发。要求各镇（街区）根据上级要求，明确统计机构和统计人员编制和数量，进一步提升统计人员素质和要求，做到专业化、知识化、年轻化。昌邑市编办下发《关于进一步加强统计工作的通知》（昌编办发〔2017〕96号），要求各镇（街区）从事业编中明确3—4名人员专门从事统计工作。各镇（街区）按照通知要求落实编制，对统计硬件设施进行大幅度改进和优化，配发专用硬件设施，更换老旧电脑，将统计工作所需经费列入预算或实报实销，确保统计工作经费的落实到位。

【统计党建】 深入贯彻落实中共十八届一系列全会、中共十九大会议精神，坚持以围绕统计工作抓党建，抓好党建促统计的工作思路，扎实推进党员队伍思想建设、组织建设、作风建设、反腐倡廉建设和制度建设。紧密结合“两学一做”学习教育常态化教育活动，坚持从源头预防，从制度上强化，在治理上下功夫，不断增强全局党员干部拒腐防变的能力，深入推进抓好党风廉政建设工作，做到未雨绸缪，确保不出差错。全局党员干部工作中着眼“为民、务实、清廉”为主要内容，增强服务基层、服务群众的能力和本领，突出责任意识、担当意识，清廉意识，坚定不移把党风廉政建设活动引向深入，扎实推进作风建设常态化。坚持“围绕中心抓党建、抓好党建促业务”的工作定位，贯彻落实好“三会一课”、组织生活会、民主评议党员、党员发展和党费收缴等制度，积极落实党建工作职责，完善党建活动阵地建设，夯实机关党建工作的基础，推进以党建引领促进落实各项工作。

（供稿人：魏建昊）

审计监督

【概况】 2017年，昌邑市审计局在市委、市政府和上级审计机关的领导下，以习近平新时代中国特色社会主义思想为指导，认真贯彻落实中共十九大和十九届二中、三中全会精神，主动适应新常态、践行新理念，坚持把审计工作自觉融于经济社会发展大局，依法审计、尽职尽责，各项工作取得新成效。按照实现审计监督全覆盖的要求，完成审计项目96个，提出审计建议126条，促进增收节支1.7亿余元。局机关2017年被潍坊市文明委授予“潍坊市文明单位”，被昌邑市总工会授予“先进职工之家”，在昌邑市2017年度部门述职评议中获优秀等次。

【落实政策跟踪审计】 加大对上级重大政策措施落实情况的跟踪审计力度，完成对全市2016年度精准扶贫、盘活财政存量资金、公立医院综合改革、2016年度简政放权放管结合优化服务等政策措施落实情况跟踪审计，开展对水环境保护和污染防治政策措施落实情况跟踪审计。通过审计，发现有令不行、有禁不止行为，发现经济社会运行中的突出矛盾和风险隐患，深入分析问题成因，提出具体可行性整改意见，推动政策措施落实到位。

【财政预算执行审计】 完成2016年市级预算执行及其他财务收支审计，延伸审计6个部门单位，于9月28日向昌邑市十八届人大常委会第五次会议作《2016年市级预算执行及其他财务收支审计工作报告》。完成对部门预算执行审计发现问题的整改工作；完成2016年度税收征管情况审计。通过审计，强化部门支出责任，加强预算绩效管理，推动公共资金安全高效使用和部门履职尽责，推动中央八项规定和国务院“约法三章”落到实处。

【经济责任审计】 以加强权力运行的制约和监督为重点，开展经济责任审计。对柳疃镇、龙池镇、住建局等部门（单位）的41名主要领导干部进行任期经济责任审计，提出审计建议81条。通过审计，客观评价领导干部任职期间的职责履行情况，揭示领导干部在权力行使和经济责任履行过程中存在的主要问题，促进领导干部守法、守纪、守规、尽责。

【政府投资审计】 完成政府投资造价审计项目42个，审计项目建设资金8.76亿元，审减金额1.71亿元，审减率19.52%。特别是在市文化中心项目审计中，积极协调各方，严格审核把关，审减工程造价1.07亿元，审减率达26.17%。在此基础上，根据市政府安排开展涉水涉地、潍河清淤和堤顶路建设等项目的跟踪审计工作。

【其他审计】 完成对昌邑市财政资金信息化管理、项目融资贷款（除政府性债券）、未纳入政府债务系统的融资等情况的审计调查，完成2014年至2015年公务支出及公款消费审计、华邑实业集团及6个子公司的资产负债审计、省三级联动数字化审计重点延伸资金及疑点落实情况审计和2016年昌邑市财政收支审计，参加全省养老保险基金审计。

【规范化建设】 按照省审计厅和潍坊市审计局的要求，健全完善了机关管理制度、财务管理制度、保密制度、档案管理制度、重大事项报告制度、审计质量检查办法、审计现场管理办法、审计业务会议制度、审计业务流程等项管理制度。严格按照省审计厅和潍坊市审计局的要求开展审计，特别是严格落实法治审理制度和审计业务会议制度。针对潍坊市审计局质量检查提出的问题，逐个项目进行审核整改，把整改的过程作为学习、规范的过程。重新梳理审计业务流程，从审计工作方案、审计通知书、审计实施方案、实施审计、审计报告、审计决定书、审计档案等环节入手，加强审计业务管理，促进审计提速提质提效。根据潍坊市审计局制定的9项考核办法，结合昌邑实际，研究制定《昌邑市审计局审计工作综合考核办法》，将各项考核指标量化分解到班子成员，将完成情况纳入考核。

【基层建设】 保持“走在前列”的目标定位，继续开展比学赶超、为官不为整治、干群心连心走访等活动，以扎实的作风抓作风，干部队伍素质进一步提升。实行班子成员担任组长制，每个班子成员包靠1个科室担任审计组组长，采取走出去学、请进来教的办法，到昌乐、曲阜审计局对标学习，学习经责审计、审计质量管控等方面的先进经验，制定赶超目标措施，对照目标要求进行达标、提标。组织党员干部参观“党史党性教育基地”“烈士祠”等，用红色教育坚定理想信念，激发干事创业热情。组织党员干部深入石埠经济开发区，开展联系群众走访活动，走访 10 个村的 785 户家庭，收集梳理涉及群众切身利益的问题 37 条，并上报有关部门。组建“创城”志愿者服务队，利用休息时间走上街头开展义务劳动，进一步增强机关凝聚力和战斗力。实行有能力的年轻人担任主审制，让年轻人有充分锻炼的机会，并配备 1 名审计经验丰富的老师傅进行传帮带，使年轻人能够尽快独当一面，成为专业人才。结合“规范化建设年”活动，进一步梳理完善《审计质量检查暂行办法》《审计现场管理办法》《审计业务会议制度》《审理业务流程》等工作制度。选派业务骨干参加杭州、海阳培训班，不断提高业务能力素质。积极转思路、转方式，把移交移送作为审计工作的重点之一，加强与相关部门的联系沟通，全年向税务部门移送案件 3 件。

（供稿人：王宏伟　陈伟伟）

安全生产监督管理

【概况】 2017 年，昌邑市安监局紧紧围绕全市经济和社会发展大局，坚持安全发展、改革创新、依法监管、源头防范、系统治理的基本原则，牢固树立红线意识和底线思维，压紧压实安全生产责任，健全完善安全生产监管体制，加强安全风险分级管控和隐患排查治理双重预防机制建设，不断提升安全基础保障能力，防止和减少生产安全事故的发生，全市的安全生产形势持续稳定向好。市政府获“全省安全生产工作先进单位”荣誉称号。

★5 月 22 日，2017 年全市安全生产大会　（黄宁波）

【行政审批】 危险化学品生产许可、危险化学品经营许可、烟花爆竹经营（零售）许可、第三类易制毒经营备案等行政许可事项，全部纳入市安全生产监督管理局驻政务服务中心窗口，集中受理，统一办理。全年办理危险化学品生产许可证 27 个，危险化学品经营许可证核发 48 个，烟花爆竹经营（零售）许可证核发 294 个，第三类易制毒经营备案 21 个。市安监局驻政务服务中心窗口连续 12 个月被评为“优秀服务红旗窗口”，12 人次被评为“优秀服务先进个人”。

【专项整治】 以“严排查严整治严执法、评估评级评优”（简称“三严三评”活动）综合整治集中行动为载体，努力推进“大排查、快整治、严执法”集中行动，组织开展危险化学品、涉氨制冷、道路交通运输、消防安全、道路交通等重点领域和行业专项整治，排查整改一批事故隐患。依法严厉打击非法生产、经营、使用危险化学品等行为，运用安全倒逼机制，促进化工产业转型升级。关闭危险化学品生产企业 4 家，注销安全生产许可证 4 家，对所有化工企业完成“四评级一评价”（能源评、安全评、环保评、水源评）工作。检查危化品运输车、校车、客车、渣土车等重点车辆，组织开展交通运输安全检查 42 次，检查车辆 2.6 万辆次，整改隐患 653 起。组织开展人员密集场所、燃气单位、养老服务机构、加油站、涉氨制冷等专项检查，检查单位 678 家次，发现并督促整改火灾隐患 753 处，处罚单位 24 家，临时查封 11 家，有力夯实基层火灾防控基础。开展建筑施工安全质量标准化示范工地建设，强化施工现场安全管理。检查 187 个单体建筑工程，下达隐患整改通知书 77 份，其中停工整改通知书 35 份，消除施工安全隐患 284 条，隐患整改率达到 100%。市财政出资 60 万元，聘请 5 家专业中介机构，对危险化学品、涉氨制冷、溴素、一般化工等242家企业进行3轮“诊断式”检查。各镇（街区）、行业主管部门也通过购买服务方式，对有关企业进行专项排查治理。

【“网格化”监管】 编制完成并由市政府发布《昌邑市安全生产“十三五”规划》。大力推行网格化建设，全市建立安全生产监管一级网格1个（市本级）、二级网格10个（镇级）、三级网格691个（村级），举办网格员培训班2期，培训网格员980余人，把目标任务和工作责任落实到每个环节、每个岗位、每名人员，形成闭环的压力传导链、可追溯的责任落实链。全市排查出生产经营单位2.54万家，全部纳入网格化管理。通过聘请中介机构专项检查、企业内部专家自查、同业企业互相检查、监管部门综合检查等方式，开展全方位、立体式的隐患大排查，做到监管不留空当，检查不留盲区，整改不留死角。加强安全生产标准化创建工作，全市创建三级以上标准化企业1140家，高危行业和规模以上企业全部完成。全面加快安全风险分级管控和隐患排查治理“两个体系”建设，建成449家。围绕增强应急处置能力，积极做好培训和宣教育工作。定期组织高危行业、重点企业和学校、商场等人员密集场所应急救援演练，制定安全生产事故应急救援预案1200余个，参加应急救援演练企业达400余家，消防应急逃生演练和观摩达7000余人次。6月份，组建昌邑市危险化学品应急救援大队及3个化工园区中队，有效提升危险化学品应急救援能力。启动大培训模式，举办各类安全生产培训班38期，参训企业1750家，培训人员4200余人，其他从业人员3.6万人。开展第16个“安全生产月”活动，首次举办安全生产主题文艺演出，印发宣传材料2.4万份，悬挂各类条幅320余条，接受咨询5600余人次。组织企业负责人、安全专家进社区、进厂矿上安全知识公开课1600余次。开通“昌邑市安监局”微信公众平台，关注人数达600余人，受教育人员6万余人，有力提高安全生产的社会认识度。从全市人大代表、政协委员中选聘30名安全生产义务监督员，对安全生产工作进行全程监督，让安全生产工作公开透明、阳光运行。强化督查确保效果。坚持月检查、季通报、半年督查、年终考核制度，积极开展督查检查活动，督促工作落实。市政府安委会11个专门督查组，深入镇（街）、部门、企业，重点就省、市安全工作会议精神和各级领导重要指示批示精神贯彻落实、安全生产大检查等工作开展情况进行专门督查，确保安全生产各项工作顺利开展。

【执法监察】 继续推行“四不两直”检查方式，以执法监察队伍为主体，执法、监管、专家三位一体，配套联动，加强一线执法，加大执法监察频次和密度。对非法生产、存在重大隐患又拒不整改或整改不到位的生产经营单位，坚决依法严肃处理。检查生产经营单位800余家，下达执法文书860余份，对存在隐患和问题严重的17家企业予以关停，立案34起，处罚176万元。健全完善督查问责常态化工作机制，通过不间断地督导检查、警示约谈、挂牌督办等形式，督促监管部门和生产经营单位认真履行职责、抓好整改。加大问责力度，全年有9名有关责任人员被追责。积极稳妥做好群众举报和信访工作，处理各类信访、举报53件，反馈率100%。2017年，上级检查频次增加，4月省异地执法检查、6月省政府安委会巡查、7月国家安监总局化工行业专项督导、9月国务院安委会安全生产大检查督导、10月省中共十九大安全生产执法检查等督导检查10余次。对各类督导检查，市委、市政府高度重视，各镇（街区）和各有关部门扎实工作，密切配合，均取得较好成绩。全市未发生较大以上生产安全事故。

【签订安全生产责任书】 层层签订安全生产责任书（承诺书），将安全生产责任落实到镇（街区）、部门、生产经营单位及车间班组和岗位，签订责任书1.12万余份。在矿山、危险化学品、烟花爆竹、交通运输、建筑施工、民爆器材、涉氨等高危企业实行安全生产承诺制，由企业向当地政府及安监部门、行业主管部门呈报安全生产承诺书1300余份。

（供稿人：黄宁波）

国有资产管理

【事业单位、国企改革】 积极开展事业单位改革，出具事业单位办公场所证明160余份。对经营类事业单位自来水公司摸清实情，提出转为国有独资企业收回事业编制的建议；为组建教育集团，牵头实施对文山中学、潍坊工业学校资产评估审计。指导国土勘察测绘研究院改制为大昌勘察测绘研究有限公司。为搞好山东广电网络有限公司上市前的资产处置，给市政府提出以土地房产抵顶昌邑市对网络公司欠款的建议，使这项工作走在潍坊市的前列；将原教育局所属的服装、印刷2家企业纳入国资部门管理；借鉴康洁环卫改革的经验，对昌邑市园林绿美工程有限公司提出以增资扩股将国有独资企业改为国有参股企业的指导性意见。积极参与城投、金控国有企业组建，适时制定出经营目标考核和薪酬管理办法。

【国资监管新机制】 树立“大国资”理念，将国有企业，行政事业国有资产统一管理，建立资产报告制度，月、季、年报正常化。对政府性资产、政府性债务形成的资产进行统计，17亿元的资产逐步纳入监管。以资产处置为推力点，强化资产处置。审核批复有关资产报废报告50份，涉及资产总额1500万元。整合资源，盘活存量资产，调剂资产1200万元。靠制度建设走上规范化轨道。资产清查后，下发做好盘盈、盘亏资产的通知。机关车改后，适时下发做好公务用车账务处理的通知。出台行政事业单位国有资产租赁及转让管理暂行办法，建立起国有企业一年一度的审计制度。借助济南国资公司，建立起昌邑市148家行政事业单位资产管理信息系统，数据库中资产总额达48亿元。与市公共资源交易中心配合，建立国有产权交易出让项目备案制度。委托潍坊拍卖有限公司先后举行车辆、土地、房产、苗木等拍卖会6次。做好原广告公司破产清算工作。审核原国企破产、托管等职工独生子一次性补助393人次。处理事业单位改企待遇降低、国有资产流失、国企职教幼教待遇落实等方面的来信来访25人次，避免重访、越级访。

（供稿人：张兴涛）

农村经济管理

【农村财务审计与监管】 3月，通过公开招标，聘请2家会计师事务所对全市691个村（居），2015年1月至2017年2月的所有财务收支事项等进行审计。针对农村财务管理工作的特点，本次审计抓住“三个重点”，把牢“四个环节”的审计策略。“三个重点”：财务收支项目，采用审查书面资料的方法进行顺查与逆查；货币资金和有形资产，采用直接盘点现金与实物的方法；债权债务，包括承包合同结算兑现，采用核对、复核、查询的方法。“四个环节”：把牢各项收入账的清查，是否有漏收或收入不入账；把牢各项费用，是否有虚假开支；把牢货币资金盘点核对，银行账户、库存现金是否账实相符；是否有白条抵库及挪用公款等违法违纪问题；把牢债权债务账户核对，是否与账户相一致。整个审计过程实行分层质量监控制度，执行三级复核监督，即审计人员自查，项目负责人一级审核，质量监管负责人二级复核，主任会计师三级复核。设立村级审计办公室，组成人员13人实行集中办公。通过实行自查自纠、下达通知书、收集材料、召开进点会、实施审计、整改落实“六步工作法”，对会计师事务所出具的审计报告和审计底稿进行复审、抽审，对审计结束的村逐一列出审计问题清单，建立问题台账，逐条问题进行研究并提出合理化整改建议，要求镇（街区）进行限期内整改。整改结束后每村出具整改报告，整改报告同审计报告、审计底稿、审计问题台账、审计问题清单等进行全部入档管理，切实把每个村（居）的村务财务审清楚，把发现的问题改到位，确保审计质量。通过村级审计，进一步规范村级班子和村干部履职行为，推动全面从严治党向基层延伸，为村（居）“两委”换届选举工作奠定坚实基础，促进农村财务规范化建设，夯实农村稳定发展。

【土地确权与流转】 认真落实中央决策部署，积极推进农村承包土地经营权确权登记颁证，切实维护农民的合法权益，勇于探索、不断创新的做法及取得的成绩得到国家农业部、省农业厅肯定。省人社厅、农业厅、财政厅等九部门联合下发《关于表彰全省农村土地承包经营权登记颁证先进集体和先进个人的通报》，昌邑市农村经济管理局被山东省土地确权表彰工作领导小组授予山东省农村土地承包经营权确权登记先进集体荣誉称号。全市家庭承包土地经营权流转39.93万亩，占家庭承包耕地面积的46.39%，出租（转包）37.56万亩，占家庭承包土地经营权流转面积的94%。为有需求的经营主体和土地流转大户办理10本农村土地流转经营权证，总面积为3673.87亩。发放抵押贷款1450万元。

【发展新型农业经营主体】 根据昌邑市农业农村实际，市经管局以农村会计培训班为契机，大力宣传新型农业经营主体相关政策，鼓励广大农民、种粮大户及相关有意团体积极创办新型农业经营主体。为方便群众了解主体成立及注册方面的相关业务知识，专门印制新型农业经营主体申请注册流程图册，发放各镇（街区），并公开科室电话，建立微信平台，在农民与各有关部门之间搭建桥梁，为各类农业新型经营主体成立助力加油。注册农民合作社1358家，成员1.53万人，注册资本22.73亿元，涵盖种植业、畜牧业、渔业、林业、农机服务等多个经营领域。各类家庭农场506家，共流转土地面积4万多亩。按照上级相关精神，采取国家、省、市、县四级联创，梯次推进的方式，积极开展新型农业经营主体示范社创建活动。全市创建农民合作社国家级示范社3家，省级示范社12家，潍坊市级示范社48家；省级示范家庭农场4家，潍坊市级23家。先后争取上级财政补贴40余万元。另外，为实现精准扶贫，经管局指导贫困村组建各类新型农业经营主体，引导贫困户以土地入股和务工的形式加入到经营主体中，在政策和项目资金安排上优先给予支持。

（供稿人：史介忠　徐咪咪）

农　业

Nong Ye

综　述

2017年，市委、市政府把农业农村工作摆在重要位置，以新发展理念统筹“三农”工作，全市农业农村发展取得明显成效。农村居民人均可支配收入达到17662元，同比增长8.3%。10个省定贫困村全部摘帽，累计脱贫9000多户、1.7万余人，在2017年潍坊市年度考核中取得满分成绩。

【提升农产品质效】　“昌邑大姜”入选省第二批知名农产品区域公用品牌，昌邑市成功入选首批全国特色农产品优势区，获批国家级出口食品农产品质量安全示范区。苗木种植面积达11.2万亩，苗木企业达300多家，连续成功举办15届绿博会和12届中国园林花木信息交流会。昌邑市被评为“全国农村一二三产业融合发展项目试点县”，培育农业“新六产”相关经验做法得到省领导的批示肯定，潍水田园综合体被列入省级唯一试点项目。

【推进农村改革】　基本完成农村土地承包经营权确权登记颁证，供销社综合改革稳步推进。在全省率先推出土地承包经营权抵押贷款业务，办理土地抵押贷款1450万元。农业龙头企业、家庭农场、农民专业合作社等新型农业经营主体发展到1999家。

【美丽乡村标准化建设】　积极开展以净化、硬化、绿化、美化、亮化“五化”为重点的村容村貌集中整治，累计清理“三大堆”40万个，拆除违建建筑1.4万多处，行政村通油路率、环卫托管率均达100%，村庄亮化率95%以上，制定《关于推进美丽乡村标准化建设的实施意见》《昌邑市美丽乡村标准化建设工作方案》，实行分步骤、分阶段推进美丽乡村标准化建设。完成10个特色园区、20个特色村建设，全市美丽乡村建设B级以上标准村庄占比达到66%。昌邑市被评为“中国美丽乡村建设典范市”“全省生态文明乡村建设工作先进市”。在省考核办统一组织实施的县（市区）群众满意度访问中，昌邑市“居住环境”访问成绩居潍坊市12县（市区）第1位。

【城乡社区网格化管理】　建立村级事务社区“阳光听证”制度，实行城乡社区网格化管理，完善“三务”阳光公开工作机制，推行村级审计“六四三”工作法，村级事务管理规范化、制度化水平不断提升。基本完成村“两委”换届选举工作，支部书记、村（居）委会主任“一人兼”比例达84.7%，支部成员、村（居）委会成员交叉任职比例达80.8%。

【招商引资】　市委农工办招商引资指导性计划3000万元，引进山东西伯利亚国际实业股份有限公司年加工1万吨蜂蜜及食用菌项目，到位资金3800万元。

（供稿人：于宝华）

种植业

【概况】　2017年，昌邑市农业局认真学习习近平新时代中国特色社会主义思想，把中共十九大全会精神落实到实处，把“三农”工作放在首位。创建农业部粮食高产示范片53个、省政府粮食高产示范方10个。与青岛农业大学合作建立粮食绿色生产技术试验示范基地，集成试验示范绿色生产技术，实现“一控两减三提高”目标。

落实强农惠农政策，核实耕地地力保护补贴面积62.67万亩，落实补贴资金7833.75万元。统计核定小麦收获面积50亩以上种粮大户（家庭农场）791户，发放生物有机肥1468.22吨，落实补贴资金189.4万元。坚持按照“政府引导、市场运作”原则，认真落实政策性农业保险政策，有效减少自然灾害对农业生产的影响。全年政策性保险投保面积总计78.92万亩，其中小麦投保面积47.37万亩，棉花投保面积1.55万亩，玉米投保面积30万亩。作物受灾面积总计19.6万亩，累计理赔金额1735.69万元，其中小麦受灾面积19.1万亩，理赔金额1702.13万元；玉米受灾面积0.5万亩，理赔金额33.56万元。

【粮食生产】 全市粮食总播种面积118.53万亩，总产量达到50.9万吨，其中小麦种植面积62.68万亩，平均单产408.44公斤/亩，总产量25.6万吨；玉米播种面积55.85万亩，平均单产453公斤/亩，总产25.3万吨。

【经济作物提质增效】 “昌邑大姜”入选山东省第二批知名农产品区域公用品牌。“昌邑大姜”区域公用品牌成为潍坊市第二个区域公用品牌。昌邑市成功申报国家级“中国特色农产品优势区”。全市棉花种植5.12万亩，产量0.48万吨；花生种植2.89万亩，产量0.9万吨；蔬菜种植13.6万亩，产量53.6万吨，其中大姜种植7.8万亩，产量32.4万吨。

【整治农资市场】 市农业局以国家级食品安全城市创建为契机，强化宣传培训，积极规范引导，深入开展农资打假集中整治行动，严格落实农资监管责任，严厉打击制售假劣农资产品行为，着力创新农资监管长效机制，农资市场秩序持续好转。坚持逢进必审原则，对进入昌邑市农资市场的各类经营主体和产品严格进行资质审查，登记备案农资生产企业110家、种子品种40个、化肥产品80个、农药产品1500个、农资经营单位507家。以案件查处为抓手，形成打击震慑高压态势。积极开展春秋季农资打假、农药集中整治等行动，采取拉网式大排查、突击检查等形式，集中力量对农资生产、销售相对集中的区域及批发市场、专业市场和集散地进行重点检查，对具有违法行为记录的经营户及乡村流动商贩进行重点监控，不留死角、不设盲区，出动执法车辆120多车次、执法人员600多人次，抽检农药产品13个、肥料产品12个。调解处理纠纷140多起、立案查处6起，有力地震慑生产经营违法行为。强化农资市场主体的诚信责任意识，采取召开农资监管工作会议、举办农资经营人员培训班等形式，安排全年农资监管工作任务，宣传培训农业相关法律法规，讲解农资经营具体事项，确保农资经营人员懂法、守法，培训农资经营人员80多人次。引导成立昌邑市农资批发市场，充分发挥信息交流、技术培训、信用建设、市场营销、监督约束等作用，规范农资市场秩序，减少坑农害农事件发生。充分利用电视、报纸、网络等媒体进行宣传，依法推介一批质量可靠、信誉度好的农资企业和产品，组织42家诚信单位开展“放心农资下乡进村活动”，出动宣传车12车次，接受群众咨询达300多人次，悬挂标语横幅60多条，印发《关于有奖举报经营使用神农丹等禁限用农资的通告》《昌邑市农产品用药规范》等宣传材料2万余份。

【创建农产品质量安全基地】 做好潍坊市农产品质量安全示范镇（园区）创建和山东省标准化生产基地创建工作。卜庄镇、青山庄园家庭农场、饮马镇天福园种植专业合作社、北孟镇新河家庭农场、昌邑鑫浩家庭农场成功申报潍坊市级农产品质量安全示范镇（园区）；昌邑市青山庄园家庭农场、饮马镇天福园种植专业合作社、北孟镇新河家庭农场、昌邑鑫浩家庭农场、宏大生姜市场生产基地、琨福农业公司生产基地成功申报山东省标准化生产基地。协助潍坊绿色大地、青山庄园、鼎立核桃、天福园生态农场、新河家庭农场等企业取得“三品一标”农产品53个。全市有农业标准化生产基地12处，农产品标准化生产程度达到80%以上。争取资金180万元，为10个镇（街区）统一配备农产品质量安全检测车，提升镇（街区）农产品质量安全监管水平。制定昌邑市农产品质量安全监测计划并抽检样品903个，合格率99.6%。

【提升农业持续生产能力】 全市累计推广小麦、玉米、棉花、大姜、花生、马铃薯等各类作物测土配方施肥技术面积142万亩，技术覆盖率达到92%，通过提高测土配方施肥技术的入户率、覆盖率和到位率，扎实有效地推进测土配方施肥技术的应用，有效减少农用化肥施用量，降低化肥对生态环境的污染，取得明显的经济效益、生态效益和社会效益。推广水肥一体化技术应用面积达到3.26万亩，新建生姜水肥一体化示范区3个。同常规灌溉施肥相比，每亩减少灌溉用水30%—40%，减少化肥用量30%—50%，节省用工90%以上，从而节约水资源，减少因过量施用化肥造成的面源污染，保护生态环境，真正促进农民节本增收。推广高效、低毒、低残留农药、生物农药和先进施药机械，推进病虫害统防统治和绿色防控，减少化学农药使用量。全年化学农药使用量比2016年减少2%；建立农作物病虫绿色防控示范基地，大力推进专业化统防统治与绿色防控融合，到2020年农作物病虫害统防统治覆盖率达到40%以上，努力实现农药施用量零增长。

（供稿人：王圣仟　杨晓燕）

畜牧业

【概况】 2017年，以推进畜牧产业供给侧结构性改革为主线，坚持以品牌畜牧业为统领，不断加快畜牧产业结构调整，逐步优化产业区域布局，推广标准化规模生产，加强畜牧业面源污染治理，完善重大动物疫病防控，增强动物卫生监督执法，强化畜产品质量安全管控，全市畜牧业继续保持健康平稳发展。全市生猪存栏量39.32万头，出栏量60万头；禽存栏量500万只，出栏量5000万只；奶牛存栏1072头，生产优质牛奶0.4万吨，肉牛存栏2000头，出栏1439头；羊存栏4.2万只，出栏5.2万只；肉类总产量12.86万吨，禽蛋产量0.91万吨，奶类产量0.38万吨。有7家养殖企业通过无公害产品及产地认证，位列潍坊市无公害认证县（市区）排名第3名。全市有1家养殖场获得“省级标准化示范养殖场”称号，8家养殖场获得“潍坊市级标准化示范养殖场”称号；获得“无公害畜产品”产品认证10个。

【重点项目建设】 山东雅拉生态食品科技园项目设备安装完毕，通过潍坊市和省畜牧兽医局的验收，并取得动物防疫条件合格证。利鑫养殖有限责任公司鸭场项目，总投资5000万元，占地158亩，建成鸭舍15栋。山东中发鸭业有限公司祖代种鸭场项目，总投资3100万元，引进南特祖代种鸭380个单元，每月向市场提供2300单元以上南特父母代种鸭。同力宝牧业有限公司项目，总投资1.5亿元，占地260亩，包括年出栏2万头生猪的育肥猪场、有机肥厂、有机蔬菜水果种植基地各1处，项目开工建设，是可推广的种养结合有机农业项目。

现代畜牧业示范县项目总投资772.8万元，项目申请财政补助资金385万元，养殖场自筹387.8万元；山东省基层农业技术推广体系改革与建设项目，争取项目资金20万元；益民种猪场等9家养殖场获得省、潍坊市级示范场称号；昌邑市高产优质苜蓿示范建设项目，种植优质金皇后紫花苜蓿3000亩，投资300万元，每亩补助600元，申请财政补助180万元，项目单位自筹120万元；昌邑市粮改饲试点项目，该项目全部用于补贴草食畜规模场收储全株青贮玉米3500吨，项目总投资105万元，其中省级补贴资金21万元，其余84万元为自筹资金。

【畜产品质量安全监管】 昌邑市的613家规模化养殖场、68个屠宰场、29家饲料生产和49家兽药经营企业推行ABC分类监管，确定监管频次，落实监管责任，相关经验在全省推广。与全市养殖场、屠宰场、兽药经营企业等签订畜产品质量安全责任书，提高畜产品从业人员的主体责任意识。全年出动执法人员2000余人次，对全市养殖场、屠宰场和兽药生产经营单位等加大监督检查力度，开展兽药、饲料、瘦肉精等专项整治行动。养殖环节瘦肉精检测 1.22 万份，屠宰环节瘦肉精监督检测 5465 份，全部检测均为阴性，抽检检测肉蛋奶 184 批次，全部合格。开展畜产品质量安全专项执法行动，对屠宰厂、规模养殖户等重点部位进行定期或不定期监督执法，开展打击私屠滥宰和加工制售病死畜禽违法犯罪行为专项整治行动，全年查处违法案件 2 起，涉案金额 0.3 万元。全市共设立病死畜禽无害化收集点 22 个，全年发放病死畜禽无害化处理宣传挂图 1500 份，病死畜禽无害化处理承诺书 3900 份。无害化处理病死猪 37.07 万头，牛 1 头，羊 78 只，确保动物性食品安全源头治理。

★ 对全市 68 名防疫协检员进行培训　（刁鹏飞）

【畜牧业面源污染治理】　全面推进全市范围内所有禁养区养殖场户的关闭搬迁工作，制定《昌邑市畜禽养殖禁养区、限养区、适养区划定方案》，科学划分畜禽养殖区域，合理划定禁养区、限养区、适养区。绘制“三区”分布图，公布禁养区内需关闭搬迁的养殖场数量和名单。出台关闭搬迁的政策措施，全市禁养区内养殖场户全部关闭搬迁。针对限养区、适养区畜禽养殖产生的粪污污染，按照“一控两分三防两配套一基本”（简称“12321”）标准，加快规模畜禽养殖场区粪污处理配套设施建设，重点对规模化养殖场进行粪污处理设施改造提升，规模化养殖场的粪污设施配套率达 98%，粪污污染得到有效控制。开展现代畜牧业标准化养殖场创建活动，加大畜禽养殖场区标准化新建和改造力度。加强畜禽粪污资源化利用，以有机肥和沼气为主要利用方向，按照“种养结合、农牧循环”的发展要求，推广粪污沼气生产技术，有 39 家养殖场建成沼气池；推广有机肥生产技术，依托禾田旺、青山种猪场等多家企业有效开展养殖废弃物资源化综合利用，年生产有机肥 20 万吨；推广堆积发酵和粪污除臭技术。全年采购微生物发酵菌 7000 公斤，免费发放给 8 个示范基地和 85 个示范户。全市 80% 的养殖场利用生物技术，有效地减少畜禽粪污污染。

【畜产品卫生检疫】　强化产地检疫、屠宰检疫程序，实行痕迹化管理。全市建成 14 处检疫申报点，检疫电子出证规范运行。检疫生猪 23.8 万头，鸡 13799.27 万羽，鸭 5196.01 万羽。鸡产品 7.02 万吨，鸭产品 2.33 万吨，猪产品 1.01 万吨。强化屠宰检疫，规范屠宰企业的各项记录，建立健全动物入场和动物产品出场登记制度、检疫申报制度、消毒制度、无害化处理制度、疫情报告制度、责任制度等各项管理制度，完善畜产品追溯体系建设，上市畜产品检疫合格率 100%，病害动物及其产品无害化处理率 100%，保障畜产品质量安全。

【重大动物疫病防控】　强化重大动物疫病防控，提高抗疫病风险能力。全年重大动物疫病防控工作充分发挥村级防疫协管员作用，初步建立市、镇、村三级动物防疫工作体系，狠抓疫情报告制度和疫苗发放管理，全面落实防疫资金和物资储备，确保全市重大动物疫病清净无疫。组织实施春、秋、冬三季高致病性禽流感、口蹄疫、小反刍兽疫等重大动物疫病集中强制免疫工作，严格落实免疫责任制和责任追究制，与全市 691 名村级防疫员签订责任状，并对防疫工作开展 3 次督导检查。全年购进和发放禽流感疫苗 1338.4 万毫升、新城疫－禽流感二联活苗 1100 万羽份、口蹄疫 133 万毫升、小反刍兽疫 4.64 万头份，100％完成昌邑市的强制免疫任务；动物免疫标识佩带率达 100%。全面开展畜禽疫病监测和免疫抗体检测工作，重点对口蹄疫、禽流感、布病等动物疫病进行监测，及时指导养殖户对存栏畜禽进行程序化免疫和有针对性的疫病防治。检测 366 批次，采集并检测畜禽样品 1.2 万份。禽血清 560 份、禽棉拭子 1.04 万份、猪血清 350 份、牛血清 150 份、羊血清 500 份（检测指标约 1.1 万余次），经检测，抗体水平符合要求，病原学未检出阳性。积极开展流行病学调查工作，流行病学调查共计调查禽 1000 余万只、畜 35 余万头（只）。全市动物疫病趋势比较平稳，除部分地区和季节偶有零星发病，未发现大规模疫病和重大动物疫病。

（供稿人：王珊珊、陈子龙）

水 利

【概况】 2017 年，昌邑市水利局在市委、市政府的正确领导和上级业务部门的大力支持下，紧紧围绕市委、市政府“一三四五”总体思路举措，坚持“节水优先、空间均衡、系统治理、两手发力”的治水方针，牢固树立“绿水青山就是金山银山”的理念，不断解放思想，凝心聚力，担当抓紧，强力推进各项重点工程和重点工作，全市水利工作有新的发展。被省人社厅、水利厅授予“全省水利系统先进集体”荣誉称号；全国农田水利项目县建设获得省级优秀等次；承接的 2 项潍坊市纳入深化改革重点考核事项分别在潍坊各县（市区）位列第 1 名和第 2 名，潍坊科学发展综合考核“万元 GDP 用水量”指标在潍坊各县（市区）位列第 1 名。

【防汛抗旱】 全力以赴打好抗旱攻坚战。面对连续干旱、城乡居民供水困难的严峻形势，多次去潍进省联系协调调水指标，获批日供水 5 万立方米，解决城乡居民生活用水问题。争取潍坊市抗旱资金 340 万元，

★ 6 月 30 日，潍坊市潍河市级河长制工作推进会议在昌邑市召开 （胡 阳）

昌邑市投入抗旱资金 4500 万元，为抗旱工作的顺利开展提供有力保障。市防汛抗旱指挥部办公室派出 5 个防汛检查督导组，对全市 10 个镇（街区）的防汛责任制落实、水毁工程修复、河道清淤除障及防汛抢险料物储备、队伍配备等情况进行督导检查。进入汛期，防汛抗旱指挥部办公室昼夜 24 小时值班，坚持领导带班和工作人员值班双岗双责，严肃防汛纪律，及时上情下达，时刻关注雨情、水情、工情、灾情，为度汛安全发挥重要作用。

【实行“河长制”】 河长制是全年的重点工作，对全市所有河流现状、基础资料进行摸底调查基础上，建立市委书记、市长任总河长的覆盖市、镇、村三级的河长制组织体系，全市设立县级河长 8 名、镇级河长 59 名、村级河长 376 名，成立由分管市长任主任的昌邑市河长制办公室，层层织密责任网，确保河长制工作扎实有效开展。完善市镇两级河长制实施方案，建立健全河长制工作考核办法及有关制度。设立高标准各级河长公示牌 423 块，营造社会共同关心、支持、参与的良好氛围。全面完成河流“八乱”问题排查，为“清河行动”提供科学依据。扎实推进“清河行动”，整治“八乱”问题 588 处，提前完成全部清理任务。潍坊市级河流清河进度位列潍坊市各县（市区）首位，省河长办推广昌邑市水利局的经验做法。加强入河排污口设置审批和监督管理工作，建立巡查、检查台账，开展入河排污口全面排查整治行动，封堵非法入河排

污口 10 处，代表潍坊市接受水利部入河排污口整治工作督查，通过河长制工作省级验收。

【丰泉水库工程建设】 总投资 2.1 亿元，在都昌街道马芝村南建设丰泉水库，占地 624 亩，设计总库容 510 万立方米，工程规模为小（1）型，工程等别为 IV 等，主要建筑物级别为 4 级，水库最大蓄水位 21 米。该项目 7 月开工建设，已完成外围工程建设。

【地表水净化水厂工程】 在胶东调水干渠南侧、都昌街道榆林村北、石化路西 300 米处建设水厂一座，占地 108 亩，水厂采用常规给水处理工艺，设计净水规模为 10 万吨 / 天。充分利用现有流域外引调水资源和部分雨洪资源，将用地表水替代地下水，彻底解决全市水资源问题。同时，投资 166.7 万元，进行昌南水厂维修改造工程，铺设管道 9.7 公里，安装警示桩 5000 根，安装各类水表 1550 块。同时，强化水质检测，确保水质安全。

【蒲河河道生态修复工程】 投资 4200 万元，进行蒲河河道生态修复工程。工程主要包括河道工程、生态修复工程、建筑物工程三部分。其中，河道工程包括清淤疏浚、开挖筑堤，清淤疏浚总长度 20.8 公里，新筑堤防总长度 9.47 公里，堤防培厚加高 16.1 公里，生态修复工程共布置各类具有水质净化功能水生、湿生植物总面积约 20 万平方米。建筑物工程共包括新建木栈道 1 座、倒虹吸 1 座、低溢流坝 3 座、拦河坝（带调节闸）、生产桥各 1 座，及维修涵洞 4 座，调节堰及跌水共计 9 座和泥结碎石管理道路 17.7 公里。已完成清淤疏浚河道 5 公里，新建建筑物 3 座。

【县建农田水利项目】 投资 1947.76 万元，发展高效节水灌溉面积 1.42 万亩，涉及围子、石埠两街区。新建机井 174 眼，维修机井 15 眼，铺设 0.63 兆帕 Φ110PVC-U 管道 83.7 公里，安装增压管 30 公里、微喷带 696.3 公里，安装出水口 1350 个，疏浚排水沟 3000 米，安装 160 千伏安变压器 6 台，敷设 VLV3×35 型 380 伏低压电缆 32.85 公里。石埠经济发展区 0.22 万亩农田内，新建机井 32 眼，维修机井 2 眼，新建大口井 2 座，铺设 0.63 兆帕 Φ110PVC-U 管道 13.7 公里，安装出水口 254 个，疏浚排水沟 3600 米，安装 100 千伏安变压器 2 台，敷设 VLV3×50 型 380 伏低压电缆 6 公里。结余资金建设内容：新建机井 12 眼，铺设 Φ90PVC-U 管道 5.3 公里，安装出水口 106 个，埋设 VLV3×35+1×16 型号低压电缆 3000 米。项目已完成项目法人验收及工程审计。

昌邑市水利局承担的潍坊市科学发展综合考核指标共 2 项，分别为“万元 GDP 用水量”和“节水灌溉工程新增面积”。在市委、市政府的正确领导和上级业务部门的大力支持帮助下，“万元 GDP 用水量”位列潍坊市各县（市区）第 1 位；“新增节水灌溉面积”指标完成 4.35 万亩，超额完成目标任务，该项指标得满分。同时，根据《昌邑市 2017 年农业水价综合改革实施方案》，完成改革面积 5.21 万亩的农业水价改革任务。

【应急调水补源】 投资 1100 万元，参照河道型水库供水模式，在昌邑市胶东调水渠道潍河分水口处新建闸门 1 座，铺设 3800 米长输水管道 2 条，利用河道自然落差建设管道输水工程，调引黄河水和长江水至潍河金口大桥下游，蓄水至潍河城东橡胶坝，工程于 3 月中旬开工，4 月 20 日竣工通水。协调争取胶东调水长期用水指标，至年底累计调引客水 1362 万立方米，缓解城区水源枯竭、居民生产生活用水紧张问题，改善城区水生态环境，提升城市形象，增添城市品质和活力。 （供稿人：胡　阳）

【胶东调水】 2017 年，山东省胶东调水工程昌邑管理站（以下简称昌邑管理站）严格按照省胶东调水局、潍坊分局统一调度，做好为青岛、威海、潍坊、烟台 4 市引水送水工作，领导一线带班，组织精干力量分为 5 个班次全天候坚守岗位，认真落实水清观测、水质检测和水位按时上报制度，科学合理调度，确保了引水送水工作安全高效。全年昌邑段过水量 9.02 亿立方米，是工程投入运行后引水流量最大、引水量最多的一年。

调水供水　昌邑管理站积极协调，配合水利局为昌邑市争取分水量1362万立方米（其中长江水1186万立方米，黄河水176万立方米），缓解城市生活用水矛盾，基本保障昌邑用水需求，维护地方经济发展和社会的和谐稳定。工程的公益性、基础性、战略性进一步彰显。

护水工作 在胶东调水工程沿线连年干旱的严峻形势下，根据省胶东调水局、分局和潍坊、昌邑市要求，按照属地管理的原则，沿途有关镇（街）和昌邑管理站分别成立护水工作队（组），突出重点，轮流值班，加强对输水河巡视，全力做好护水工作，有效遏制工程沿途非法取水现象，保障引水送水安全有序运行。

（供稿人：张发孟）

【自来水设施建设】 2017年，市自来水公司开展以"团结协作、担当干事、创新发展、廉洁服务"为主题的"服务提升年""思想作风建设年"活动，加强自身建设，提高政治素养，围绕市委、市政府中心工作，不忘初心，履力前行。发放920封征求意见函，征求用户意见，满意度达98%。获2017年度潍坊市供水企业质信评价第4名。在市直部门单位比学赶超创先争优述职评议中列第二组第20名。全年完成奎聚路等11条城市基础设施建设改造提升政府和社会资本合作PPP项目供水管网10公里改造，新建消防栓73具。组织实施城区630块DN40以上智能远程水表安装。借助都昌棚户区改造建设，经市政府批准，对供水直管到户工作进行试点，实施4000户户表改造。供水管网新建及改造PPP项目社会资本方SPV公司成立，完成招标确定实施企业。

（供稿人：刘国林）

【潍河管理】 2017年，昌邑市河道管理服务中心以青山绿水就是金山银山为抓手，建立完善河道巡查工作责任制等10项相应规章制度，中心领导班子成员分管的工作进一步细化，建立岗位责任制。认真贯彻落实《河道管理条例》和上级指示精神，不断加大管理力度，采取日常巡查、接警执法、联合执法的做法，对破坏河道上的水利工程和防汛工程以及各种违法行为进行严厉打击和彻底查处，全年查处违法案件40余起。配合相关部门搞好宝通街、济青高速、济青高铁和青岛至潍坊输油管道跨河工程的协调及手续办理，对工程施工期间的河道安全跟上监督管理。有效地保护潍河河道的生态环境。

砂资源管理 建立健全砂资源管理机制，明确分工，健全队伍，落实责任。始终坚持一线执法，采取日常巡查、迂回执法、"110"接警和集中联合执法等方式加大执法力度。无论昼夜还是节假日，在市公安局护砂大队积极配合下随时赶赴现场执法。全年夜间接警执法129次，查扣非法车辆18辆，查处非法采砂案件32起，有力打击非法采砂行为。积极配合潍坊市水利局开展联合执法行动，在潍坊市组织的统一行动中行动迅速，积极协调，完成执法任务。受到潍坊市水利局领导的表扬。

专项维护工作 为确保潍河大堤堤防安全，保证汛期安全行洪，建立汛期值班巡查制度，落实工作责任制。在汛期前，对昌邑市所辖潍河大堤进行全面细致排查，对险工险段实行重点检查，对排查中发现的险情隐患，急需维修加固堤段及时向市防汛指挥部汇报，进行维修，进入汛期局领导班子成员带头实行全员24小时值班制度，夜间值班人员统一在单位值班室上岗，特殊天气重点调度，确保潍河安全度汛。

包村联户工作 根据市委包村联户工作部署，河道管理中心派出第一书记帮扶省级贫困村北孟镇李家井村，全年帮助新打机井10眼、单位帮扶抗旱资金5.6万元，硬化村北村西道路1000米，村内小巷全部实现路面硬化，新建桥梁3座，加快该村脱贫致富步伐。

（供稿人：姜清风）

海洋与渔业

【概况】 昌邑市濒临渤海莱州湾南岸，海岸线长59.57公里，海域总面积681.68平方公里。2017年，全市拥有海洋捕捞渔船98艘，海水养殖面积2.8万公顷（海上扇贝养殖19640公顷，滩涂贝类6557公顷，海水池塘1733公顷，工厂化养殖70公顷），淡水养殖面积200公顷。水产品总产量20.07万吨，其中海洋捕捞产量1.67万吨；海水养殖18.24万吨（鱼类1.05万吨，虾蟹海参0.64万吨，贝类16.55万吨）；

淡水养殖产量 0.16 万吨。实现渔业产值 26.81 亿元。

【渔业资源修复】 2017 年，全市争取增殖放流资金 1648.18 万元，放流品种包括中国对虾、海蜇、三疣梭子蟹、半滑舌鳎、牙鲆和黑鲷6个品种，放流数量达 4.65 亿单位，圆满完成放流任务，改善昌邑市近岸水域生态群落结构，有效增加渔业资源群体数量扎实做好增殖放流工作。

【渔业科技】 积极推广渔业养殖新技术。推广海参、单环刺螠混养 1000 亩，引进养殖新品种斑石鲷。组织培训班 7 次，免费培训渔民 400 余人。建立省级渔业技术推广与示范基地、打造智慧昌邑平台各 1 处。池塘水质综合调控技术获省海洋与渔业科学技术一等奖。

【水产品质量安全】 强化水产品质量监管，确保水产品质量安全。开展水产品质量安全集中检查活动，共检查养殖户 243 家，养殖大棚 490 个，检测水产品 180 批次，发放、张贴水产品质量安全宣传材料 500 余份，并与养殖户签订《水产品质量安全承诺书》。

【海洋管理】 推进海洋经济创新发展示范项目建设。对全市重点项目深度挖掘，认真梳理，高标准策划包装，年内有5个海洋经济创新发展项目列入潍坊市项目库。扎实做好海域使用金征收工作。征收海域使用金 440 多万元，其中县级 30 多万元。

【渔政管理】 与船东签订安全生产责任书和禁止进入敏感水域作业责任书，加强日常监督管理，多次下达禁止进入敏感水域作业的预警通知，确保渔业生产安全，没有发生渔船涉外事件。会同公安边防部门加大对重点海域、重点时段、渔港的执法巡查力度，严厉打击和查处海上违规捕捞行为。伏休期间，查获违规作业渔船 2 艘，清理“地笼”450 余块 9000 多米，有效维护伏季休渔秩序。

【惠渔政策】 扎实做好渔用燃油补贴的申报发放工作，对全市捕捞及养殖渔船认真审查，从严把关，及时将 1072.02 万元的渔用燃油补贴发放到位。争取上级补助资金 389.6 万元，拆解渔船 7 艘，功率 487 千瓦。

【项目申报实施】 成功申报并获批 2017 年省级海域使用金及海洋生态损失补偿资金支出项目、2017“海上粮仓”建设发展资金项目、国内油价补贴转移支付渔业基础设施项目、物种资源保护费项目、现代渔业发展平台项目，争取上级项目资金 7516.42 万元。投资 3100 万元的潍河入海口东侧海岸带整治修复项目已完成市级初验；投资 2000 万元的胶莱河西岸区域综合整治修复项目（一期）完成总工程量的 90%；投资 203 万元的中国对虾良种基地种业提升建设项目和投资 42 万元的物种资源保护费项目（南美白对虾亲本更新项目）全部完成。

【“三招三引”工作】 引进到位资金 6982.8 万元，完成全年目标的 225.5%。5 月 19 日—21 日组织举办首届海岸柽柳论坛。为中国科学院刘昌明院士等 4 位专家学者颁发“中国科学院西北生态环境资源研究院昌邑海洋生态与工程研究中心学术委员会聘书”，中国科学院西北生态环境资源研究院和昌邑市人民政府签订《中国科学院西北生态环境资源研究院昌邑研究中心合作建设意向书》。成功引进泰山产业领军人才 1 人，并与昌邑市渔技站和昌邑市浩源养殖有限公司签订专家聘用协议。

（供稿人：胡民强）

林　业

【概况】 2017 年，加快苗木产业新旧动能转换，推进高端化、产品标准化、经营集团化、会展专业化、“苗木文化旅游”一体化，全市完成成片造林 1.2 万亩，有林地面积达到 38 万亩。全市苗木面积 11.2 万亩，苗木企业 300 多家，从业人员 2.8 万人，年产值 16 亿元。不断加强监测预警、检疫御灾、防治减灾等能力建设，有效维护林业生态安全。

【造林绿化】 以沿海防护林建设、水系绿化、村庄绿化、道路绿化工程为重点，完成成片造林 1.2 万亩；

新建林网1万亩，完善林网2万亩；苗木改造提升1万亩；新建绿化示范村50个；义务植树110万株。其中包括新建更新潍河桑园1000亩；核桃标准化生产示范园1500亩；冬枣梨枣基地1300亩；博陆山梨园500亩等。积极引进社会投资造林，抓好北京客商投资建设的面积1000余亩的雨泽林场。结合“两河”流域开发在堤顶公路两侧各栽植优质高效绿化树种一行，大堤外侧建设以花乔木为主的50米绿化景观带；在胶济铁路按照每侧不低于35米的标准，补齐缺口断带，造林840亩。完成潍坊市下达的年度造林任务。

【林业产业】 昌邑市坚持立足特色，发挥优势，积极做好供给侧改革的文章，以加快新旧动能转换为主线，强化苗木产业和与旅游、加工、物流、城建等二、三产业的融合发展。新发展苗木基地3000亩，提升改造标准化苗木基地1万亩，新发展核桃、梨枣等特色经济林5000多亩，有力地促进全市林业产业上档升级。加大对食用林产品的监测力度，推进果品标准化生产，扎实做好无公害食品、绿色食品、有机农产品和地理标志产品的认定工作，从源头上确保经济林产品质量的安全。

【森林资源保护】 将全市38万亩林地纳入森林资源目标责任制管理机制，不断加强监测预警、检疫御灾、防治减灾等能力建设；根据实际重新规划，确立10处县级测报点、10处乡级测报点，设置专业护林员43名，测报员10名，发放杀虫灯、诱捕器、灭火器材等设备300多台，实行市镇联动网络化实时监管；“物理防治法”得到潍坊市林业局的肯定。在林木采伐过程中，严格按照森林采伐限额规定，采伐现场勘查631份，林地征占用手续2起。加大对木材经营管理安全检查力度，发放安全生产告知书20份，安全隐患整改通知书14份，查处乱砍滥伐盗伐林木及破坏野生动植物违法案件20余起。宣传组织森林保险投保2500亩，维护全市林业和谐稳定。整理完成5413卷林权登记档案并移交给不动产登记局。

【林业科技】 加大科技创新力度，增加科技投入，加强与中国林科院、北京林业大学、山东农业大学、山东省农科院等科研院所的沟通合作，加大林木新品种研发和推广力度。昌邑市自主选育的“满堂红”“红霞”“香荷”“银杯”“淑媛”“雪琴”6个海棠品种和“美慧”“海霞”2个观赏桃品种获国家林业局颁发的“植物新品种权证书”，“高川”和“拿斯露”2个海棠品种被山东省林木品种审定委员会审定为“山东省林木良种”，对丰富昌邑市植物品种资源，良种推广，增强科技创新活力，提升昌邑苗木品牌地位，具有重要的推动作用。昌邑市林业局被山东省林业厅评为“山东省林业科技工作先进集体”，李治国在全省林业科技创新大会上被评为“全省林业优秀青年科技工作者”，陆运泽、李元、朱绍远3人被山东省林业厅评聘为“山东省林业科技乡土专家”。

结合高铁新城有关片区建设，不断加大招展引商、招才引智、招院引所工作力度、广度和深度，打出招商引资“组合拳”。省林科院与昌邑远华园艺有限公司共同建立的“山东远华观赏植物研究院”，建设种质资源汇集区、品种测定区、品种展示区、种苗繁育区、应用展示区等科研基地，成为全国品种多、门类全的紫藤种植基地，以此为基础，成立登记注册工

★ 植树节 （温飞燕）

作有序进行；经过反复争取，中国林业科学院拟将申报的中国北方抗逆植物种质资源基地落户昌邑（签署合作意向），将汇集全球暖温带地区抗逆树种，为苗木产品品种创新提供坚实平台；山东省林业科学研究院在立辉苗木场“海棠种质资源基地”建设完成。

（供稿人：温飞燕）

农业机械

【概况】 2017年，昌邑市农业机械总动力为96.47万千瓦，农业机械总值14.04亿元。农用拖拉机保有量2.4万台，其中大中型拖拉机8162台；联合收割机保有量2151台，其中小麦联合收割机1059台、玉米联合收割机1092台；播种机7529台，其中免耕播种机2379台；秸秆粉碎还田机982台；其他收获机械2616台，其中马铃薯收获机776台、花生收获机567台、青饲料收获机10台；拖拉机配套农具1.64万部，其中大中型5922部、小型1.05万部。全年完成机耕4.94万公顷（其中机械深耕2.43万公顷、机械深松8000公顷）、机播9.65万公顷（其中精少量播种2.59万公顷）、机收9.56万公顷；小麦、玉米生产，马铃薯耕作、播种、收获全部实现机械化；花生耕作、播种实现机械化；大姜耕作、开沟实现机械化；棉花实现机械化播种、覆膜，机械化采摘实现破题；全市农机化综合水平达96.86%。全市农机化总投入3904万元，农业机械购置投入3512万元；实现农机服务与经营总收入23562万元，利润8554万元。

【农机补贴】 全年对11个大类32个小类62个品目的农业机械进行补贴。全年落实国家农机购置补贴资金1053.58万元，补贴各类机具684台（套），惠及农户451户，落实农机报废更新补贴资金322.65万元，报废、更新农业机械各83台。建立“两级防控、三次公示、四个严把”工作机制，从根本上杜绝农机补贴政策实施过程中出现优亲厚友，徇私舞弊的可能，保障农机补贴政策的规范实施。

【技能培训】 4月19日与潍坊农业机械同业发展公会承办由潍坊市农业机械管理局、昌邑市人民政府主办的“潍坊市第十一届（春季）农机科技下乡活动”。本届科技下乡活动在昌邑市围子街道董家隅庄村举办。来自省内外的20多家农机企业、各县（市区）农机局以及昌邑市200余名农机手、种粮大户参加，活动以普及粮食作物、大田经济作物全程机械化、智能化为目的，通过土地深松联合耕整和精量播种施肥技术、新型植保技术，提高农作物产量和作业效率，切实做到农机与农艺的融合，加快全市农机化转型升级。11月举办新型职业农民培训和农机合作社带头人培训班，对全市40名农机合作社带头人进行产业经营、安全技术操作、法律法规等方面的培训，进一步提高全市农机作业服务组织的经营能力和水平，促进农机作业服务提档升级。

【新技术新机具推广应用】 结合实际，采取召开现场会、举办培训班等形式，大力推广玉米联合机收、机械化深松、保护性耕作、机械化植保、粮食烘干等农机新技术新机具，使昌邑市的农业机械化生产由耕播收生产环节向产中植保环节、产后处理环节延伸，实现主要农作物机械化生产环节全覆盖。9月29日，在围子街道曲部村召开“三秋”农机生产暨农机合作社带头人培训现场会。现场会上，集中演示玉米联合收获、玉米籽粒直收、秸秆还田、机械化深松深耕及耙平镇压、小麦精量播种等农机新技术新机具，并对农机从业人员开展技术技能培训，全面提高昌邑市“三秋”农机生产机械化水平。按照《潍坊市农机局、潍坊市财政局〈关于印发潍坊市2017年农机深松整地作业补助试点工作实施方案〉的通知》（潍农机计字〔2017〕5号）文件要求，根据《省农机局、省财政厅关于印发＜山东省2017年农机深松整地作业补助试点工作实施方案＞的通知》（鲁农机计字〔2017〕18号）文件精神，在柳疃镇实施农机深松整地作业项目，完成作业任务0.8万公顷，其中非补助任务0.6万公顷，补助任务0.2万公顷，补助资金共105万元，圆满完成深松任务并推广应用土地深松技术，同时配套推广小麦免耕播种技术。将农机大户、粮食种植大户、部分农机合作社纳入到这一体系之中，将其作为基层农机管理服务的重要组成部分。新聘任特邀农机技术推广员10人，进一步充实基层农机推广网络。以“农机直通车”服务平台建设为契机，将农机具推广、跨区作业、农机产品质量、农机惠农政策等内容纳入这个平台进行统一的信息发布反馈，使各项工作政策信息更加及时快捷的传达到基层农机从业人员。有270余名农机手和农机合作社加入到服务平台。

【农机维修服务保障】 对农机维修网点和各农机生产厂家、经销商的“三包”维修服务力量进行整合，形成联动机制，在春耕备播、“三夏”“三秋”农机生产关键节点，组织农机维修服务力量成立服务小分队，深入田间地头、作业现场，开展巡回服务，以最快的反应速度、最好的维修质量为农机手提供服务。昌邑市圣达农机有限公司被评为山东省“五星级文明农机维修网点”，为潍坊市唯一获评的五星网点；至诚农机有限公司被评为四星级文明农机维修网点。

【农机合作社建设】 支持引导农机合作社、农机手开展规模经营，延伸产业链条，提升经营效益。积极探索应用新型的农机社会化服务模式，推进托管作业、承包作业等服务模式，扩展服务内容，创新利益联结机制，促进农机作业服务提档升级。全市有农机专业合作社有137个，固定资产总额2.1亿元，入社社员1780户，农机专业合作社农机服务总收入达1769万元。农机专业合作社的发展呈现主体多元化、形式多样化的特点，主要有4种类型：农机大户联合型，即由具有丰富农机作业、市场经营、技术维修经验的农机大户强强联合，形成规模优势，或由农机大户发起，联合种粮大户、农机手等自愿带机、带资按股份制原则入社；村干部带动型，即由村干部牵头，组织本村农机户带机入社，进行本地农机作业服务和跨区作业服务；乡村集体作业组织改制型，即以原农机作业队机械为主，吸收村民、农机大户、农机经营者以资金、机械的形式入股，组成利益共享、风险共担的合作社；龙头企业领办型，即农机经销企业利用营销、技术、市场、资金等优势，与农机户、农民联合创办农机合作社，企业作为成员单位发挥其经营管理优势，形成农机产品销售、售后服务、维修、农机作业服务一体化的产业链条。

（供稿人：王国华）

农业综合开发

【土地治理】 2017年，建成国家农业综合开发实施土地治理项目1个，总投资1190万元，全部为上级财政资金，中央财政资金850万元，省财政资金306万元，潍坊市财政资金34万元，建设高标准农田0.8万亩。项目新打机井138眼；埋设低压电缆22公里，架设高压电缆2000米；新上变压器9台；开挖疏浚排水沟9公里；铺设0.6兆帕 φ160PVC管道37公里，铺设0.6兆帕 φ110PVC管道17公里；低压灌溉管道配套出水口670个；新建D1000单管管涵8座，新建D800单管管涵2座，新建D800双管管涵1座；栽植树木3560株；复修5米宽砂石路1000米、4米宽砂石路11公里、3米宽砂石路6公里，新修4.5米宽水泥硬化路1000米。

土地治理项目完工后新增高标准节水灌溉面积0.8万亩，年节约水量80万立方，改善除涝面积0.8万亩，项目区排涝标准达10年一遇，建筑物防洪标准

★ 市长李玉祥（前右二）调研土地治理项目 （王明杰）

达 20 年一遇；通过安装变压器，埋设地下电缆，引入清洁能源，实现“油改电”，不仅提高灌溉效率，减低灌溉成本，而且减少柴油燃烧带来的环境污染；通过营造农田防护林网，提高林木覆盖率，改善田间小气候，涵养了水源，防止水土流失；小麦 0.8 万亩，亩增产量 100 公斤，年增产 80 万公斤；玉米 0.8 万亩，亩增产 100 公斤，年增产 80 万公斤。年可新增产值 320 万元。

【产业化发展项目】 实施产业化发展项目 2 个。潍坊市昌邑 8 万公斤杂交萝卜良种繁育基地扩建项目，位于昌邑市围子街道东冯村，总投资 430 万元，其中财政资金 210 万元，自筹资金 220 万元，项目新建现代化防潮干燥贮藏仓库 1948 平方米，晒场 378 平方米，防雨棚 389 平方米；昌邑市 500 亩速生白蜡种植基地扩建项目，位于下营镇，总投资 145 万元，其中财政资金 70 万元，自筹资金 75 万元，项目新修砂石路 2000 米，输电线路 1000 米，浇灌管道 3000 米，定植速生白蜡苗 10 万株，购买农用机械 4 套，仓库 60 平方米。

【建设田园综合体】 2017 年，中央一号文件提出建立田园综合体。昌邑潍水田园综合体经过公开竞争立项、专家评审，7 月被确定为山东省唯一省级田园综合体建设试点项目，被列入潍坊市、昌邑市“品质城市”建设重大支撑项目。项目建设周期为 3—5 年，将累计获得财政资金 1.7 亿元。西依鲁北第一河——潍河，南北两侧为青山、博陆山，“两山一河”，依山傍水，生态环境优良，文化底蕴深厚。这里交通发达，区位优势明显，产业特色突出。项目规划面积 20 平方公里，总投资约 50 亿元，建设核心区域、生态景观区域、辐射带动区域三大板块。其中，核心区域规划 6500 亩，投资 16 亿元，重点打造“一带一廊两翼三组团”。

一带：“潍水滨河景观带” 依托潍河，融合乡土文化、田园文化、滨水文化，打造滨水景观带，建设涵盖“阳光沙滩”“树屋营地、房车营地、帐篷露营”等休闲群落；建设滨水文化广场，为市民提供全新的交流活动场所；滨河生态木栈道加入环保科技、时尚浪漫元素，形成“荧光栈道”，白天吸光夜晚如梦似幻。重点打造“潍水光影秀”，运用最新全息激光技术与投影、水幕、音乐等多种视听的 5D 光影大片《醉美潍水》，展示昌邑本土文化和民俗特色。

一廊：“田园休闲体验廊” 以“如意长廊”连接南北片区的花海景观体验廊道，郁金香、兰花等营造花海长廊，打造集花卉种植、婚纱摄影、休闲娱乐等为一体的花海种植观光园。主题花卉产业园集合月季观赏、牡丹观赏、郁金香观赏等造型，打造集产、学、研、游于一体的主题花卉园。

两翼：“如意长廊”连接北侧的“皇姜小镇”和南侧的“潍水童乡” 皇姜小镇以发展文化旅游为主，充分借用姜文化特色，围绕“艺术、生活、创新、休闲、养生”，打造集文化体验、古方康养、景观科普、田园休闲、创新创业、主题居住等功能于一体的旅游小镇。潍水童乡以田园景观为基础，开发与乡村田园相关的休闲娱乐项目，建设如潍乡现代农业园、田间集市、主题大棚、森林露营地、艺术公园等，主要以发展农业观光、农业旅游、农事体验、种植采摘等产业。

三组团 康养教育组团：包括综合服务中心、游客接待中心、春台酒店、小镇商街、学校教育。加工物流组团：包括物流园区、展示中心、冷库、交易中心、姜产业深加工示范基地。现代农业组团：包括共享农庄、千亩大姜种植示范基地。（供稿人：王明杰）

扶贫开发

【概况】 2017 年，市扶贫开发领导小组办公室，对 2016 年底未脱贫的 416 户，全部落实“四个一”制度，即：每户一本《帮扶手册》，落实一个帮扶（关爱）小组，制订一个脱贫计划，明确一项帮扶措施，做到户有帮扶册、村有登记账、镇有汇总簿、市有电子档案。为规范扶贫对象动态调整检查验收工作，确保动态调整质量，根据上级有关文件精神，研究制定《昌邑市扶贫对象动态调整检查验收暂行办法》，明确总体要求、验收标准、方法程序等。根据《山东省贫困人口动态管理办法》，严格贫困人口和贫困村退出标准和程序。11 月底，昌邑市 2017 年贫困户 416 户 769 人、省级贫

★ 为全市未脱贫的416户、769人全部建立《贫困户帮扶手册》和《扶贫手册》（元珊珊）

困村全部脱贫退出，贫困村摘帽，减贫计划完成率达到100%。

【搭建产业扶贫平台】　昌邑市将省、市、县三级财政专项扶贫资金集中使用，切块分配到6个脱贫任务相对较重的镇（街区），每个镇（街区）实施1个产业扶贫项目，所产生的收益用于帮扶无劳动能力贫困人口的脱贫。项目于9月份完成竣工验收，帮助300多户贫困户实现稳定脱贫。围绕进一步规范项目管理，做好项目收益分配，研究制定《昌邑市扶贫项目资产管理办法（试行）》《关于统筹整合使用财政涉农资金支持脱贫攻坚的实施意见》等制度，发挥扶贫资金的最大效益。

【建立互助养老机制】　为解决“老孤困”贫困人口生活难题，提高其生活质量，研究起草《昌邑市农村互助养老扶贫长效机制建设实施方案》，充分发挥农村幸福院、社区服务中心等载体作用，设立“互助养老服务站”和配餐中心，通过政府购买服务、扶贫项目收益投入、公益性岗位支持等方式，聘请有劳动能力的居家贫困妇女，为贫困失能老人提供日常生活照料和免费午餐供应等服务，变送钱、送物为送服务、送关爱，同步解决“脱贫”和“解困”2个难题。

【社会扶贫】　研究制定《昌邑市扶贫开发领导小组2017年工作要点》，进一步明确市扶贫开发领导小组成员单位脱贫任务目标，着力构建大扶贫格局。开展“10·17”扶贫日活动，通过悬挂横幅标语、媒体集中宣传等方式营造人人参与扶贫的良好氛围，扶贫日前后，全市帮扶（关爱）小组开展“大走访、送温暖”活动，自发捐款为贫困户购买米面油等物资，到贫困户家中进行走访，宣传党和国家的扶贫政策，了解贫困户需求，协助落实“一户一策”帮扶措施，帮助解决实际困难和问题。帮助贫困群众解决冬季春节期间生活难题。根据省和潍坊市《关于帮助贫困群众解决冬季春节期间生活难题的通知》要求，按照“量力而行、尽力而为、抓住最需”的原则，综合、分类、精准落实御寒取暖、生活照料、走访看望等帮扶措施，保障建档立卡贫困群众冬季春节期间生活无难题。共筹集发放资金、物资总计130.32万元，覆盖5635户贫困群众。

（供稿人：元珊珊）

工　业

Gong Ye

综　述

2017年，全市307家规模以上工业企业完成工业增加值同比增长6.4%；实现主营业务收入1019.66亿元、实现利税88.35亿元、实现利润62.33亿元，同比分别增长6.24%、7.83%和9.27%。工业用电量34.52亿千瓦时，同比增长12.1%，占全社会用电量的78.8%。销售收入过亿元工业企业共178家，其中昌邑石化达到292.6亿元，其他过20亿元的企业2家；10亿至20亿元企业6家。利税过千万的工业企业共157家，其中过亿元的企业10家；5000万至1亿元企业19家。实缴税金过10亿元工业企业1家，昌邑石化实缴税金13.8亿元；过千万的企业有23家。累计开工项目241个；完成工业投资265.3亿元，同比增长12.1%；技改投入178.8亿元，同比增长4.9%。

【技术创新】　龙港无机硅阻燃剂被列入山东省重点新产品推广目录；同大集团被列入山东省百年品牌企业培育工程，3家企业加入山东品牌建设促进会。3个项目被列入山东省企业重点技术改造项目导向计划；浩信浩德精密机械公司铸造生产线技改项目争取2016年度省第二批“机器换人”技术改造专项资金55万元。新增省级企业技术中心3家、潍坊市企业技术中心5家和工业设计中心3家。入选鸢都产业领军人才（传统产业创新类）1人。浩信机械重型重载商用车轮毂单元总成、同大海岛易染聚酯绒面超纤革获得潍坊市第二届“市长杯”工业设计大赛银奖和铜奖，获奖励资金7万元。

【“雅拉速度”】　昌邑市柳疃工业园的雅拉生态食品科技园，投资10.7亿元，占地380亩。主要经营雅拉食品进口澳大利亚活体肉牛屠宰及深加工项目。该项目，1月8日签约落地，15日确定选址，3月11日开工奠基，6月11日完成一期基建主体建设。9月底完成设备安装，10月底一期正式投产。年可屠宰肉牛20万头，加工高档牛肉制品10万吨。不到10个月的时间，该项目就创造当年引进、当年建设、当年投产、当年达效的“雅拉速度”。

（供稿人：范吉祥　范向娟）

信息化

山东金典化工有限公司通过2017年国家“两化融合”管理体系贯标试点企业评审。康洁环卫被列入山东省物联网示范平台。石化、浩信机械、瑞其能电气等10家企业列入潍坊市第一批“两化融合”重点培育企业名单。昌邑石化凭借在全省“两化融合”方面的突出成绩，被评为“山东省2017年度‘两化融合’优秀企业”，公司总经理张树生被评为“山东省2017年度‘两化融合’先进个人”。组织召开全市工业企业“两化融合”评估暨工业控制信息系统安全专题培训会议，组织企业参加第二届中国制造业与互联网融合发展博览会、2017年潍坊市企业首席信息官（CIO）培训等活动。选取近30家企业开展工业企业“两化融合”评估。不断完善光网城市建设，加大骨干网升级改造力度，提高互联互通水平和宽带网络接入速率。截至12月底，全市固定电话用户25.2万户，移动电话用户68.6万户，国际互联网用户 73.4 万户。

（供稿人：范吉祥 范向娟）

产业发展

【概况】 推进传统产业与新动能加速融合，集中优势资源培育石油化工、盐及盐化工、机械装备等传统优势产业和新能源、节能环保等战略性新兴产业，加快“成龙”配套，培育产业集群，进一步增强产业发展后劲。实施产业发展提升计划，培育 10 元亿级、50 元亿级、百亿元级、千亿元级梯次递进的龙头企业。2017 年，2 家规模以上石油化工企业实现主营业务收入、利税、利润总和分别为 306.15 亿元、29.23 亿元、17.41 亿元，同比分别增长 3.5%、13%、18.4%。83 家规模以上盐及盐化工企业实现主营业务收入、利税、利润总和分别为 221.62 亿元、24.24 亿元、17.31 亿元，同比分别增长 8.4%、3.4%、9.5%。102 家规模以上纺织印染企业实现主营业务收入、利税、利润总和分别为 226.18 亿元、15.11 亿元、12 亿元，同比分别增长 0.9%、12.5%、11.3%。37 家规模以上机械装备企业实现主营业务收入、利税、利润总和分别为 149.26 亿元、10.98 亿元、8.84 亿元，同比分别增长 22.9%、20.8%、19.2%。20 家规模以上食品加工企业实现主营业务收入、利税、利润总和分别为 50.01 亿元、3.51 亿元、2.68 亿元，同比分别下降 0.2%、16.4%、16.1%。

★ 工信部节能司副司长杨铁生、省政府节能办综合处处长邓召军、潍坊市经信委主任马忠平、副主任王成喜等部门领导、专家到潍坊金丝达新能源科技有限公司实地考察该公司自主研发的气化无烟炉技术 （马丙祥）

【山东昌邑石化有限公司】 2017 年，昌邑石化认真贯彻落实集团公司和油气公司各项工作部署，发挥计划统领作用，持续开展设备预防性维护、工艺优化和技术改进，推进生产精益管理，生产装置实现安全稳定运行；实施预算管理，继续开展制度标准化建设和信息化系统深化应用，发挥电商平台和电商采购优势，推进管理提升；完善建立“风险分级管控”和“隐患排查治理”双重预防机制，继续推进 SHE 管理体系建设，安全环保工作运行平稳，未发生一般及以上安全事故和环保事件；继续推进山东化工原料基地项目的申报与批复，国Ⅵ汽油产品质量升级项目获得油气公司批复；全年完成加工量 614.3 万吨，实现销售收入 292.6 亿元，利税 30 亿元。企业已连续 10 年营业收入过百亿元，进入山东省纳税百强，潍坊市纳税百强前 3 名。落实从严治党要求，发挥党组织在重大决策中的决定作用，加强党风廉政建设，全面提高党建工作水平，企业效益和发展质量持续提升，较好的完成全年各项任务指标。公司先后获全国“石化行业两化融合优秀实践奖”、“全国重合同守信用企业”、中国“质量信誉 AAA 级企业”、省级“安全文化示范企业”、省级“节能先进单位”、省级“环境友好企业”、潍坊市“十强企业”和“功勋企业”等荣誉。

安全环保和 SHE 体系建设 昌邑石化公司强化安全生产和环保治理，全年装置保持安全稳定运行，废气、废水均全时段达标排放。顺利取得热电锅炉和石油炼制行业排污许可证，FCC 烟气脱硫除尘和燃煤锅炉脱硝除尘投用运行，烟气中的 SO_2、NOx 和烟尘浓度达到国家超低排放标准。继续推进 VOCs 治理，污水处理场异味改造项目投用运行，厂区异味得到有效治理。继续推行

★ 昌邑石化 100 万吨连续重整装置 （刘新刚）

风险分级管控与隐患排查治理体系建设，组织培训 700 余人次；完善建立公司风险点档案，完成重大危险源备案登记和危化品法律法规的识别更新组织宣传贯彻学习；领导干部带头参加包靠部室的 SHE（安全环保健康）活动，开展有感领导活动 80 次，对 SHE 的推动效果显著；修订完善岗位说明书和安全生产责任制，明确业务条线和属地安全管理责任，签订 SHE 责任书 837 份，发动员工上报分析未遂事件 65 件，发放激励性奖励 4.37 万元。

装置运行　加强生产和装置的精细化管理，装置非计划停工次数为零，全部装置实现安全稳定运行。根据生产装置防腐蚀设防值，科学调兑混炼比例，优化电脱盐运行，脱后含盐合格率 100%，使常减压装置进料达到优，原油加工量较同期增加 77.59 万吨；供暖结束后投用 DCC 发电机组，实现中压蒸汽全部凝结成水并回收利用，累计发电 1275 万千瓦时；每月召开工艺例会，强化操作工技能培训和中控合格率考核，规范工艺指标变更程序，产品中控合格率平均达到 99.13%；继续深化 DCS 应用管理，DCS 控制回路考核覆盖率达到 80% 以上，主要生产装置 DCS 自控率平均达到 96%，工艺平稳率实现 91.16%。加热炉平均热效率达到 91.87%，较同期提高 0.41%；实施电脱盐高热废水回收改造，优化工艺、伴热凝结水使用及汽包排污操作，控制循环水场水质浓缩倍数在 3.5 以上，实现吨油耗新鲜水 0.77 吨 / 吨，较同期降低 0.03 吨 / 吨；浮渣全部实现回炼，利用隔油池做好含油污水回收，加工损失率完成 0.62%，较同期降低 0.02 个百分点；对进厂“三剂”（缓蚀剂、催化剂、降凝剂）由质检中心出具质检报告，对 10 种自采助剂组织使用部门进行标定，“三剂”吨油费用实现 15.88 元 / 吨，较同期降低 1.31 元 / 吨；强化成品油调和管理，实现一次调和成功率 99.18% 以上，产品出厂合格率达到 100%；优化高温凝结水利用，实施低温热利用改造，年减少蒸汽消耗 6.08 万吨；对柴油加氢和重整装置的 2 台压缩机进行余隙调节改造，优化循环水场 10 台水泵运行，电机功率大幅降低，每天节约电量 3.42 万千瓦时；整改现场能源浪费和用能不合理情况 40 处，吨油耗电较同期降低 1.27 千瓦时 / 吨。

完成全厂防雷防静电专项检测、电力系统谐波检测及 243 台压力容器、1033 个安全阀、18.21 公里压力管道和 19 个球罐的到期检验和登记；设备腐蚀管理预警平台上线运行，通过采取管线定点测厚、防腐蚀探针和红外热成像等检测手段，监控设备腐蚀情况，为设备安全长周期运行提供保障；继续推广 TPM 示范区，每月对 30 台大机组进行润滑油油质分析化验，大机组同步运行率 100%；对全厂 303 台机泵每日进行测震、测温并记录数据，实现设备预防性维护，主要设备完好率实现 100%。

积极参与油气公司组织的装置对标达标竞赛活动，查找不足，优化装置运行，在 4 个季度竞赛中综合排名 3 次获得第 1 名，1 次获得第 2 名，已连续 2 年获得装置竞赛“优胜单位”。选派 4 人参加集团绿带培训班，70 人参加黄带培训，培训考试通过率 100%。本年度实施绿带项目 10 个、黑带项目 4 个，有 8 个项目通过集团公司评审，实现效益 800 万元。在集团公司持续改进工作表彰中，有 4 个项目被评为优秀项目，1 人被评为优秀推动者，公司获得“持续改进工作优秀企业”称号。

内控体系建设　完成“风险调查问卷”填报，组织进行风险识别，识别出安全风险和环保风险2个重大风险。内控信息化2期项目成功上线运行，项目基建、技改管理及物资库存管理中存在的问题通过信息化手段得到有效解决，使内控点得到有效控制。完善风控组织机构设置和职责权限，根据内控要求修订制度45项并发布执行，强化制度执行和监督检查，全年督查48次，督查制度条款1626项，督查发现问题112项并完成整改，进一步提升内控管理。

信息化建设　开展ERP系统运行指标对标活动，18个对标项，其中17项考核为优秀，ERP系统可用性为100%。开展RTDB深化应用项目“回头看”评价工作，梳理完成38个项目的评价；实施车辆自助出门系统、终端机改造、客存管理系统、通用客户清账、危化品物流信息平台等12个“两化融合”项目，累计实现效益2055万元；梳理生产装置和罐区高危区域监控摄像头72处并明确责任岗位，制定《监控系统使用管理规定》，对公司高危区域24小时监控升级管理。做好日常网络及软硬件维护管理，完成计算机的加域和360天擎系统安装工作；成立信息安全管理委员会和信息安全管理办公室，开展信息系统的安全自查128项，对查出的隐患进行整改。完成“两化融合”管理体系内审并通过工信部专家的审核，公司被山东省信息化与工业化融合促进中心授予“山东省‘两化融合’优秀企业”，并获全国石油石化企业“信息化优秀示范单位”荣誉称号。

专利、技改　昌邑石化公司完成专利申请15项（包括发明专利1项），其中“汽油加氢装置”实用新型发明获得集团公司2017年度专利优秀奖。昌邑石化拥有自主知识产权专利55项。汽柴油加氢国V质量升级改造项目成功投产运行，柴油产品质量不仅达到设计标准，而且达到国VI车柴的标准，产品硫含量小于10ppm；实施公司级技改项目90项，完成61项。公司实施的常减压装置换热流程优化及加热炉节能改造项目获得集团公司“中国化工技术改造一等奖”。

重点项目建设　国VI汽油质量升级项目获得油气公司批复，完成可研报告的编制和项目中涉及的3种专利技术的招标。山东化工原料基地项目列入《山东新旧动能转换综合实验区建设总体方案》，项目计划分三期建设，一期建设150万吨/年芳烃项目，二期、三期分别建设1000万吨/年炼油和100万吨/年乙烯项目，该方案得到国家工信部、国家发改委、山东省发改委的初步确认。昌邑市政府投资20亿元为企业周边需动迁的6个自然村新建楼房，为项目落地创造条件。一期芳烃项目可研报告、申请报告已编制完成，环评、安评和社会稳定风险分析报告已完成80%，项目用地预审和规划选址上报待批复。

【山东浩信集团有限公司】　山东浩信集团有限公司始建于1995年，总部位于山东潍坊昌邑市经济技术开发区，占地面积1500亩，资产总额50亿元，员工总数4200余人，年产铸件36万吨，是潍坊市工业企业50强之一，同时也是全国铸造百强企业之一。

集团下设山东浩信机械有限公司、山东浩信浩德精密机械有限公司、潍坊浩信康迈机械制件有限公司、潍坊浩泰机械有限责任公司等10个子公司，主要从事商用车、乘用车、工程机械、农业机械底盘类和发动机类零部件的研发与制造，是国内较大的商用车轮端产品研发生产制造基地、是全球知名的缸体、缸盖供应商。集团拥有山东省企业技术中心、博士后创新实践基地和山东省汽车制动件精密铸造技术工程实验室，企业通过ISO/TS 16949国际质量体系认证、ISO 14001环境管理体系认证、OHSAS 18001职业健康和安全管理体系认证，获“中国驰名商标”“山东省高新技术企业”“省级文明单位”等荣誉称号。2017年，集团公司销售突破50亿元，上缴税金总额2.26亿元，其中总部在昌邑板块实现销售收入45亿元，上缴税金总额1.68亿元，

【山东同大集团】　山东同大集团是多元化经营的大型企业集团，有5家独资子公司和1家控股上市公司，集团资产10亿元，占地面积1350亩，有员工1100余人。主要产品有海岛超细纤维人工皮革、印花镍网、新型锂电池、纺织机械、高档服装面料布等，主导产品海岛超纤皮革年生产能力7500吨，印花镍网年生产能力55万支。与中国最大的军需轻工生产企业际华集团合作，生产的功能性超纤革等材料用于军靴、腰带、服装、

帽檐等军用装备的制作。承担完成2个国家重点技改项目，是世界第二大印花镍网制造中心和国内最大的海岛超纤人工革生产基地，是国家定点生产细纱机的重点企业之一。主持起草国家标准1项、行业标准3项；承担国家火炬计划4项、省部级科研30多项，获得国家科技进步奖3项、省科技进步奖10余项，拥有国家专利50多项， 建有“博士后科研工作站”。“同大”商标被评为中国驰名商标、山东著名商标，1种产品被评为中国名牌，1种产品被评为国家免检产品，6种产品被评为国家级重点新产品，3种产品被评为山东名牌。2017年，实现主营业务收入7.6亿元，利润2201万元；实交税金5185万元。

【昌邑华晨集团】 昌邑华晨集团是2001年成立的民营企业，位于昌邑经济开发区，是一家集纺纱、织布、印染、服装为一体的大型综合产业集团，从设计研发到精益生产，从终端销售到品牌运作，拥有完整的产业链体系。集团下设纺纱、织布、印染、污水处理、服装科技等多家子公司，在海外布局6个办事处。经过不断发展，企业规模实力不断壮大，成为山东省守合同重信用企业、潍坊市工业百强企业、潍坊市百强民营企业、潍坊市诚信民营企业、潍坊市外贸出口先进企业、潍坊市和谐企业，昌邑市环境保护模范企业、昌邑市十佳纳税大户、昌邑市出口创汇大户、昌邑市文明单位，省总工会信得过基层工会、省农行AAA级信用企业等。2017年，主营业务收入达到18亿元，纳税总额4122万元，在职员工3000人。

集团下属的纺纱工厂拥有15万锭环锭纺，引进德国赐来福公司的气流纺机42台，可以提供从8支到120支纯棉、涤棉、CVC、黏胶等高品质纱线，拥有潍坊市级技术中心承接开发新型纤维的纺纱技术。织布工厂拥有3500余台织机。印染工厂拥有5台先进印花机，主要产品为各类蜡印、仿蜡花布，年生产能力1.2亿米。

华晨集团围绕科学发展、和谐发展、率先发展的目标，坚持发展绿色生态企业的理念，不断加大投入力度，积极调整优化产业和产品结构，积极推进企业转型升级，加强节能降耗管理和措施，提高产能，形成精梳精纺、织染及后整理加工出口一体化的纺织产业链，为昌邑以及潍坊市纺织业中的重点龙头企业。投资15亿元建成40万锭精梳精纺，全部引进代表国际一流水平的德国赐来福和日本村田自动络筒机，瑞士立达并条机，意大利精梳机，马佐里和经纬股份的细纱机等国际上最先进、高配置、高效能、低能耗的精梳精纺，其中投资2.8亿元引进2万头德国赐来福大型高档气流纺设备42台。主要产品有60—180支的精梳纱、差别化纤维、天然织物面料、坯布等十几个系列，200多个品种。所做织物远销日本、韩国、美国、俄罗斯、意大利、南非、尼日利亚等发达国家及新兴国家和地区，并与国际知名品牌商建立紧密战略合作伙伴关系。 （供稿人：范吉祥 范向娟）

中小企业

2017年，全市非公有（民营）经济单位数量发展到4.72万户、从业人员20.59万人，同比分别增长26.2%、11.3%。其中规模以上中小企业发展到270家，实现主营业务收入615.3亿元、利税50.66亿元、利润39.69亿元。棉纺城被工信部正式确定为第三批国家小型微型企业创业创新示范基地。认定省级小企业创业辅导基地1个，潍坊市级小企业创业辅导基地3个，省级创客空间2个。认定省级“一企一技术”研发中心和创新企业及潍坊市级“一企一技术”研发中心和创新企业各1家，培育认定市级“专精特新”中小企业4家。 （供稿人：范吉祥 范向娟）

节能降耗

【推广新项目】 扎实推进节能环保产业发展。抓好列入产业推进计划的东江环保工业废物处理和固废处置、中信环境公司的中水回用等重点项目建设，昌邑市节能环保产业逐步形成以城矿环保产业园和金丝达环境工程为代表的垃圾资源化利用、以东江环保为代表的工业危险废物无害化处理、以中信环保为代表的污水资源化利用以及污泥无害化处理等多领域协同发展格局。

★ 华电瑞其能二期风电项目 （王治国）

【实施工业绿动力计划】 制定印发《昌邑市煤炭消费减量替代方案》，实行能耗强度和能耗总量“双控审批”，新上燃煤项目实行煤炭消费等量或减量替代，完成全市煤炭消费控制任务。深化“三八六”环保行动，重点实施《产业提升绿色发展工程》和《清洁能源替代改造工程》，各项工程进度均达到要求。新村中学太阳能集热应用项目被列入省财政支持计划，并验收合格，4 处企业燃煤锅炉实施电能替代享受电能优惠政策。争取城市公交车燃油补贴 142 万元。

【节能降耗和循环利用】 市县联动对山东石化有限公司、海天生物有限公司等 6 处企业开展“打非治违”专项治理节能执法监察，对海能化学、海天生物化工等重点用能企业开展执行产品能耗限额标准情况监察。完成金丝达省级教育示范基地创建和龙池工业园市级循环经济示范园区创建，并通过各级组织的专家验收。总结提报潍坊金丝达实业有限公司、潍坊东元连海苦卤回收再利用、山东城矿循环经济发展、昌邑龙池循环经济示范园、昌邑润德生态纤维有限公司植物秸秆提取优质纤维 5 个循环经济模式。东江环保蓝海环境有限公司固废处理资源化利用项目列入中央预算内投资生态文明建设项（第一批），成为全省获国家资金支持的 17 个重点项目之一。瑞其能永磁直驱风力发电机组列入山东省节能产品目录。

（供稿人：范吉祥　范向娟）

电　力

2017 年，国网山东省电力公司昌邑市供电公司在市委、市政府的领导下，紧紧围绕全市“一三四五”目标任务和思路举措，深入落实“作风建设年”活动要求，坚持“四个服务”宗旨，为地方经济发展和社会民生提供供电保障。完成售电量 39.14 亿千瓦时，位居全省 98 个县级公司第 5 位，同比增长 13.24%。昌邑电网拥有 220 千伏变电站 3 座，110 千伏变电站 17 座（其中客户站 2 座），35 千伏变电站 76 座（其中客户站 62 座），变电总容量达 373.29 万千伏安，10 千伏至 110 千伏线路 2944.7 公里。网供最高负荷达 64.6 万千瓦，日最高供电量 1327 万千瓦时。

【安全管理】 国网昌邑市供电公司开展安全生产大整顿、大检查、基建现场反违章等专项行动，整改问题 138 项。落实“日管控”机制，公司领导到岗到位 57 人次，各级管理人员到位监督 693 人次，查处行为违章 120 处。开启作业现场视频监控 185 处，安全管控平台使用情况获省公司督导组好评。中共十九大保电期间，对 27 座变电站、66 条重点线路及 95 个重要用户实施全面巡视防护，出动保电人员 858 人次、车辆 332 台次，完成中共十九大保电稳定服务任务。开展线路防护宣传月、易漂浮物治理专题月、树障清理攻坚月等活动，及时发现上报 1 处遮阳网搭挂 220 千伏线路隐患，对 105 处重大隐患盯防 163 天次。实施配网安全隐患专项整治行动，常态开展防雷、绝缘、通道专项治理，联合政府进企业查隐患，主动开展客户设备试验和检修，配网故障跳闸同比降低 36.96%，降幅居全潍坊市第一。开展火灾和大震疏散等应急演练，配合市政府修订《昌邑市大面积停电事件应急预案》，公司“高层小区保电应急处置演练”被省公司选为教学模板片。成功应对“8·6”突发恶劣天气和负荷连创新高的严峻考验，完成迎峰度夏和防汛任务。

★ 机井通电工程施工现场 （张志强）

开企业客户服务座谈会、“煤改电”政策宣传贯彻现场座谈会。深化“大服务”机制应用，开展营销服务“零投诉”劳动竞赛。完成供电所优化设置，选聘246名台区经理，实施“网格化”供电服务，“全能型”供电所建设全面推行。拓展“互联网+营销服务”，推广微信、电e宝等线上方式，覆盖客户超过24万户。高压业扩服务规范率和线上受理率均达100%。严格按照市政府《昌邑市燃煤小锅炉“清零”行动实施方案》要求，积极推进电能替代，完成替代电量1.5亿千瓦时。积极服务光伏发电，新并网1028户、发电容量49兆瓦。深化星级供电所建设，新创建1个四星级供电所、3个三星级供电所。完成“多表合一”采集建设2383户。完成计量2级库房维修与信息化建设，更换09规约终端6016只。坚持“不停电就是最好的服务”理念，开展带电作业1236次，减少居民停电时间0.23小时/户。

【智能电网建设】 国网昌邑市供电公司持续优化电网发展环境，高质量完成“十三五”配电网滚动规划修编和配网规划数据优化治理等工作，完成110千伏廒里输变电工程核准等6项前期工作。以“超前建设电网，支撑昌邑经济社会发展”为己任，大力推进智能电网建设，积极向上级公司争取建设资金3.32亿元。争取资金1.32亿元，竣工投产110千伏南逄输变电和35千伏城西站主变增容工程，新增变电容量7.3万千伏安、输电线路28.2公里，开工建设110千伏廒里输变电工程，进一步强化电网网架结构。争取资金2亿元，全面打赢农网改造升级“两年攻坚战”，完成73个村、3665眼机井的通电改造工作，新建改造中低压线路561.72公里、新增配变463台，户均容量提升至2.17千伏安，解决11.4万亩农田灌溉难问题。机井通电工程在潍坊率先竣工，1项工程获省公司“配网优质工程”。3月，跨济青高速线路迁改工程率先竣工，高效完成都昌棚户区电缆隧道建设等3项市政工程。积极对接西傅热电厂、海天生物等负荷切割事宜，助力全市节能减排、生态发展。

【优质服务】 国网昌邑市供电公司坚持以客户需求为导向，严格窗口服务首问负责制和限时办结要求，切实提升客户服务满意度。建立直购电大客户服务常态沟通机制，走访32家星级客户，组织昌邑企业家召

【党建工作】 全面开展大学习大宣讲大落实，学习宣传贯彻中共十九大精神。开展党支部书记抓党建工作述职评议，顺利完成党建机构优化调整。推进党建基础建设年，2项成果分获市公司“电网先锋党支部发布赛”一等奖和“政工专业大讲堂”二等奖。全面推广应用省公司《党风廉政建设履责工作手册》，修订完善“三重一大”决策管理制度。扎实开展巡视巡察自查自纠，全面梳理整改11个专业领域问题。举办各类“班组大讲堂”408期，参培4126人次。依托各协会开展职工文体活动20余次，公司足球队获潍坊公司五人制足球2017新锐赛季军。积极开展慰问一线职工、金秋助学、困难职工帮扶等活动，发放救济金4.6万元。推进“善小·潍电义工”道德品牌建设，积极开展助学跟踪回访、安全用电宣讲等公益活动。公司团委被授予市公司“五四红旗团委”“潍电义工”荣获“潍坊市青年志愿服务先进集体”，营销部继续保持“山东省青年文明号”荣誉称号。完成档案室升级改造，

公司被评为山东省档案工作科学化管理示范单位。

（供稿人：田文革）

盐　业

【概况】 2017年，盐业公司以盐业体制改革为契机，以转型发展为主线，大力实施创新驱动，积极推动新旧动能转换，推动全市盐业走上科学发展集约经营的轨道。全市盐业加快转型调整工作步伐，一些大项目、新项目、高新技术项目不断落户项目区。昌邑盐业公司积极充当北部开发的主力军，引进的高档澳洲食品级海盐战略合作项目于6月9日建成投产，填补国内市场空白；引进的竹盐碱盐合作项目，提高精盐生产的档次，丰富全市食盐品种体系。利用原盐生产新工艺、新技术嫁接改造传统原盐生产模式，为盐业传统产业革新发展探索新的路径。昌邑盐业公司获得山东省盐业系统“先进单位”“省级文明单位”“省管企业先进基层党组织”等称号。全市制盐企业10家，盐田面积90万公亩，原盐产能保持在400万吨；制溴企业16家，提溴机组34套（一次提溴机组32套、二次提溴机组2套），年产溴素3.5万吨；其他盐化工产品有染料中间体、医药中间体、空气熏蒸剂等溴素深加工产品，加工能力4万吨；国家食盐定点企业山东昌邑盐化精盐厂，生产加工粉精盐、颗粒盐、小包装食盐、精制海盐、日晒盐25个品种，年产能力10万吨。

【盐业生产】 合理压减产能，盐业资源得到有效保护。由于过度开采地下卤水，出现卤水资源急剧衰减、生产成本持续升高的问题。从盐业持续发展、健康发展的角度考虑，昌邑市委、市政府针对盐业卤水日益枯竭的状况，采取多条政策和措施保护资源，维护开发秩序。继续实施“三不一无”和冬季溴素休产限产及盐溴配套联产制度，原盐生产压缩面积12万公亩，压减产能60万吨，使盐业实现有序开发，可控增长。全市盐田面积维持在90万公亩左右，原盐产量保持在350万吨的水平；溴素产量3.2万吨。产品结构不断优化，产品品种大幅增加。全市盐业已形成以盐、溴为主导，以精制盐、燃料中间体、医药中间体、空气熏蒸剂、k酸、钙粉和纯碱等七大系列90多个品种，仅山东昌邑盐化精盐厂新增食盐品种12个。经济总量不断扩大，骨干企业快速发展。全市盐业营业收入19亿元，同比增长11.7%。为国家和昌邑市财政收入作出贡献。一批骨干企业迅速发展壮大，有13家盐业企业获得昌邑市委、市政府在经济工作会议上表彰奖励。

【行业管理】 市委、市政府重视沿海经济发展，将盐业作为支柱产业来抓，从政策、措施等各个方面给予支持，把昌邑滨海经济发展作为“十三五”规划战略重点以及实现新跨越的最大战略空间，把滨海（下营）作为盐及盐化工项目聚集区，进一步明晰功能定位，制定出台一系列促进政策，带动和促进盐及盐化工及相关衍生产业的发展。盐业公司认真履职尽责，始终把发展振兴盐业作为最大目标，配合政府和上级主管部门为全市盐业发展起到服务、管理、督导、协调、促进的作用。坚持依法治盐，使盐业产销步入正轨。实施结构调整，推动盐业走向集约经营、规模发展。利用一切资源为盐业企业搞好服务，促进全市盐业科学发展、和谐发展。

昌邑盐业公司引进新工艺改造传统盐业生产方式，为盐业生产优质高产、提高产出效益探索可行路径。骨干制盐企业，加快盐田技术改造，提升全市盐业科学技术水平。新的盐及盐化工项目的投产、系列盐化工产品的研发更体现出“科技兴盐”的战略意义。在规范完善十大企业运行，巩固组织结构调整成果的基础上，按照《全国制盐工业结构调整指导意见》的要求，继续寻求盐业企业的组织整合，继续膨胀规模，在全市形成2—3个产能80万—100万吨的大型盐业集团，促进盐业向更大更强迈进，切实增强昌邑盐业的核心竞争力。充分利用“昌邑原盐”地标，提高昌邑原盐美誉度。“昌邑原盐”为国家地理标志证明商标，适用于昌邑大部分原盐产品，借助这一品牌，加大昌邑原盐宣传力度，充分体现昌邑原盐的高品质和海盐特色，进一步提高市场占有率，打造昌邑原盐新形象。

发挥行业管理和盐政管理主体作用，加强原盐生产和调运秩序的日常监管，与税务、公安、沿海执法、市场监管等部门密切协作配合，强化巡查巡管，有效防止私运原盐、偷漏税款行为。在市委、市政府组织的本年度市直部门单位述职评议工作中，以总分 91.5 分高居驻昌垂管部门第 4 位，取得优秀等级。

【食盐经营】 市盐业公司精盐厂生产各类食盐 3.8 万吨，增长 66%；销售各类食盐 2.4 万吨，增长 47%。市内销售小包装食盐 1198 吨，同比持平；市内销售小工业盐 9717 吨，同比增长 14.6%。

市内食盐经营 2017 年，是食盐专营（经营）史上十分特殊的年份，市场放开、经营主体多元、外来食盐低价竞争、私盐冲击，是市内食盐专营面临的主要矛盾。改变思想观念，积极主动参与竞争，完全以市场化模式推销食盐。转变服务观念，提升服务水平，真正把客户当上帝。依托本土优势，加大舆论宣传，打造昌邑的专营主体地位。靠质量、价格、服务让广大消费者信赖，把握市内市场竞争主动权，推动食盐销量继续增长，凸显专营团队的素质能力。

精盐厂食盐生产经营 面对食盐市场放开的冲击，坚持以我为主，注重发挥自身优势，主打海盐产品竞争市场。着力抓好产品宣传，组织参加全国性盐产品展销会 3 场，其他展销会 4 场，不放过任何宣传的机会，增加在客户中的印象。以市场为导向，大力开发食盐新品种。全年新开发海盐系列产品 10 种，包括泡菜海盐、凉拌海盐、高钙海盐、煲汤海盐等，并对自然晶盐、海晶盐、颗粒盐 3 种产品的企业标准进行续展。与供销公司协作配合，全面抓好市场布局，产品销区不断扩展，同广东、山西、河北、辽宁、浙江、河南、江苏等地区业务往来不断增多，小包装呈现产销两旺的喜人局面，全年生产小包装食盐 1.15 万吨，同比多产 1.1 万吨，全年销售小包装食盐 1.05 万吨，实现零的突破。在抓好生产经营的同时，完成柳疃保税区澳盐包装车间项目建设，对原有老车间进重新装修改造，小包装车间新上 2 条自动化生产线，7 月底完成 2 号仓库建设，煤改气工程在规定时间内建成使用，厂区进行重新规划和绿化，完成固定资产投入 1204.1 万元，生产能力大幅提升，仓储能力进一步提高，产品品种进一步丰富，厂容厂貌显著改善，为定点企业验收做好充分的准备工作。

【食盐宣传】 2017 年 5 月 15 日，是国际第 24 届“防治碘缺乏病日”，围绕“每天一点碘，健康多一点”宣传主题，昌邑市盐业公司与昌邑市市场管理、昌邑市疾控中心、昌邑市电视台等部门，积极做好宣传引导，消除误解和模糊认识，严防私盐趁机而入，始终掌握市场主动权。在昌邑市佳乐家超市、全福元超市门前开展联合宣传活动，现场设立宣传展板、悬挂宣传横幅，向广大市民发放宣传资料，宣传人员与广大市民开展互动活动，讲解正确食用碘盐防病知识，传授鉴别真假碘盐的方法，开展食盐碘含量现场检测。装饰宣传彩车，巡回乡镇、社区，进村入户、深入集贸市场宣传，让广大消费者提高主动食用合格碘盐、自觉抵制假劣碘盐的意识。在电视台 360 栏目，制作防治碘缺乏病宣传专题片，在黄金时段连续播放，使食用合格碘盐防治碘缺乏病，提高人口素质家喻户晓，深入人心。

【盐政执法】 根据国务院《盐业体制改革方案》关于放开市场、取消食盐国家定价有关规定，食盐市场经营主体呈现多元化发展，一些制售假盐分子趁机扰乱市场，制售假盐，市场面临失控局面。盐政执法以对国家、对人民负责精神，严格按照国务院《盐改方案》和山东省人民政府《盐改实施方案》要求，严格监管市场，查处制售假盐、违规经营行为，力保全市食盐安全。从规范、严谨执法入手，坚持着装上岗，执法全程录像，完全按规范程序操作，重大案件集体讨论，并及时上报执法平台和纪委监督部门，所有案卷整理规范，顶住恶意举报的压力，维护盐政执法形象。准确把握盐改有关政策，做到处理案件裁量准确。在 4 月份外地盐大量低价冲销时，坚决查扣违规食盐，稳定市场，并取得天津长芦行政诉讼案的一审胜诉。继续发挥部门联合执法威慑作用。与公安联合行动 10 余次，法院强制执行案件 3 起，并积极参与市政府组织的北部源头运销秩序专项整治，受到政府有关领导高度评价。全年查获涉盐案件 345 起，案件数位列全潍坊市前 3 名，罚没收入 5.8 万元，没收非法盐产品 52.77 吨，有效的维护全市盐业市场秩序。

【原盐生产与经营】 2017 年，原盐价格缓慢回升，企业发展意愿有所增强，有很多小的制盐业户从原来的停产、半停止逐步恢复全面生产，全市停产面积从原来的20万公亩减少到11万公亩，全市产盐345万吨，增长11%。市人民政府采取积极的扶持政策，改革盐资源税征收办法，由原来的从量计征改为从价稽征，有效减轻企业负担。通过一系列行之有效的措施，促使制盐效益有所提高。由于海盐、进口盐、井矿盐进入昌邑市场，造成市场竞争加剧。各制盐企业潜心研究市场，认真分析市场变化，从每一次变化中抽丝剥茧寻找商机，及时作出有力的经营决策，在激烈的竞争中站稳脚跟，最大限度地保住市场份额。昌邑盐业公司工业盐经营团队，发挥“昌邑原盐”销售主渠道作用，利用微信平台，把每天市场变化动态反映到各制盐企业，让企业做出正确的销售计划。注重客户关系管理，始终保持与用户高层沟通联系，平时加强工作对接和服务工作，加深在客户中的印象。努力提高发运能力和水平，认真把控选盐、调运、发货各环节效率和质量，确保整个流程不出问题，如在供应荣成腌制盐业务中，无论原盐质量、发运时间和接货数量，都严格按照用户要求做精做细，以服务、实力确保第一供货商位置不动摇，全年发运原盐120万吨，维护工业盐经营在全省同行业的优势地位。全市全年销售原盐330万吨，基本实现产销平衡。

【溴素生产与经营】 全市制溴企业针对资源下降、环保要求严、停产时间长、部队终止有偿服务等诸多不利因素，多措并举，挖潜降耗，控资源，稳发展。山东鸿昌化工有限公司完成固定资产投入463.2万元，新打、补打卤井86眼，改造地下管道9797米，改造吹溴蒸馏设施系统，更换、淘汰一批陈旧线路和变压器，完成煤改气更换锅炉及配套气站建设，有效利用废卤、废酸再生产，使生产条件进一步完善，生产管理向严细发展，主要考核指标创同行业最好水平。灶户盐化、廒里盐化等企业根据市场价格变动趋势，在确保正常生产经营的同时，主动开展外购溴素经营业务，赚取利润差价，增加经营收入，成为效益的有益补充。

（供稿人：孟祥斌）

【滩涂开发与建设】 为做大昌邑盐溴这一支柱产业，加强卤水资源管理。坚持统一规划、有效保护、合理开发、综合利用，搞好“服务执法”，对新打卤水井审批业务实行现场查看、上门服务，提高盐溴产业后续发展能力。针对部队停止经营影响部分溴盐企业生产问题，在市委、市政府的统一领导下，与部队方面加强沟通，努力争取政策范围内最合理处理方式；在不缩短限产时间的前提下，根据溴产品价格市场走向合理调整限产日期，减轻溴盐产业的负面影响。为维护盐溴产业的长远利益，根据有关溴盐联产的要求，在冬季、雨季等原盐生产淡季，根据制盐所需提溴卤水的实际情况对溴素生产企业停产限产，严禁卤水空排，严守生态红线。停产限产期间，采取多种形式，对各制溴企业停产限产情况进行不间断巡查检查，做到令行禁止，每年可节约卤水5000余万立方米。2017年，协助海天公司新建4500吨海水提溴项目、东元连海公司新建苦卤提溴项目，均不使用地下卤水资源。

加强基础设施管护。蒲东防潮大坝和潍东大坝全长19.5公里，是北部沿海经济综合开发和人民生产、生活的重要屏障。多年来，北部沿海屡次遭受特大风暴潮的侵袭，致使防潮大坝及有关设施多处严重受损。每次遭遇风暴潮，沿海执法局领导立即启动防风暴潮预案，干部职工全员行动，按照分工，各就各位，各司其职，领导干部和党员往往出现在最危险的地段，及时进行应急性抢修，化险为夷，确保大坝安全。市海洋与渔业局向省海洋与渔业厅申报胶莱河入海口西岸区域综合整治修复项目，争取资金，对蒲东大坝东坝危险坝段进行维修加固。2017年度，投资12万余元对大坝出现的裂缝，进行除草、抹缝、堵洞处理，增强坝体抵御风暴潮的能力。牵头搞好128公里沿海主干道路维护。本着“辖区负责、定员定段、责任到人、统一标准”的原则，进一步细化责任，提升标准，及时跟上对养护情况进行检查、验收、评比。克服砂石原料大幅上涨、维修资金不足等困难，科学安排资金和管护措施，根据道路的实际情况，对部分主干道路进行链轨车平整，节约道路的用料，增加道路的平整度，保证道路畅通。

搞好海水供应。渤海扬水站建于1988年5月，拥有一座 35 千伏变电站、3 台大型全调节轴流泵等设备，主要任务是为海天生物化工有限公司和 4800 亩海水养殖供应海水。由于多年海潮侵蚀，且许多主要部件已超出安全使用年限，设备老化非常严重，存在严重安全隐患，随时出现故障隐患。扬水站一旦停止运转，海天生物化工公司必然全面停产，广大海水养殖业户也必将遭受巨大损失。2017 年，先后投资 70 余万元，更换维修了 1 号机组的外壳和转轮体、叶片等，对站内主要用电设备进行电气试验，消除了安全隐患。2017 年，渤海扬水站安全运行 920 泵时，提水 7820 万立方，无重大和责任事故发生。（供稿人：毕信本）

油区办工作

【协调服务】 全年协助油田企业新打油气井 10 口，维修进井道路 5.2 公里。协助油田企业在主要交通道路口及井站安装监控系统，整合油区稽查力量，不定期巡查，确保油区秩序稳定。争取油田投资 170 万余元用于道路维修，加固桥梁、修建管涵等；协调油田企业向昌邑缴纳税款 2284 万元；组织协调青岛港董潍管线工程施工企业中油建一公司向昌邑缴纳税款 247 万元。

【重点项目】 在潍坊市重点项目董潍管线昌邑段工程中，油区办全程服务，出动车辆 136 车次，施工现场办公 378 人次，处理阻碍施工事件 12 次，走访群众征求意见 500 多人次，有效化解矛盾 30 多次。主动与青岛港务集团对接，积极争取青岛港投资 7000 万元，于 2017 年 3 月开工建设年输送能力 400 万吨的董潍管线昌邑支线（柳疃镇北西高村分输站到昌邑石化）。该工程建成，确保昌邑石化实现三线输送原油及成品油，有效助推昌邑石化持续高效发展。该工程得到省油区办、青岛港的高度评价，省油区办用简报的形式进行表扬，青岛港务集团专门向昌邑市政府发来感谢信，对昌邑市的工作表示感谢和肯定。

针对昌邑市冬季因部分居民采用天然气炉取暖，冬季用气量大的实际，油区办反复做油田的工作，促成鲁明公司 11 月追加投资 90 万元，对已停产的一口油井进行油改气技术作业，日增产天然气 3000 立方米，最大程度上支持昌邑城区居民冬季用气。

加快建设柳疃门八分输站。为配合昌邑市企业“煤改气”工作的开展，多次赴中石化山东天然气公司对接，反复阐明尽快建设分输站的经济效益和社会效益。最终引起中石化山东天然气公司领导的重视，通过调整工作计划，充实工程施工人员等措施，加快建设进度，并且根据昌邑市企业的需求，确定将该分输站由一级分输站调升为三级分输站，供气能力大幅提升，将为昌邑市经济社会事业持续发展提供强有力的能源保障。

【管道监管安全生产】 加大《中华人民共和国石油天然气管道保护法》宣传力度，按照省市油区办要求会同油气管道企业出动宣传车 100 多次，向管道沿线村庄、住户发放管道安全宣传材料 3000 多册；建立管道巡护协调机制，协调中石油、中化工、山东联合能源、山东港联化等油气管道企业与潍坊众诚公司签订管道巡护协议，做到专业公司交叉巡护，有效确保油气管道安全运行；会同管道沿线派出所抓好管道治安综合整治，油区办组织管道企业稽查队伍和公安派出所联合对管道进行治安巡查，抓获打孔盗油案件 1 起，避免经济损失。油区办会同安监、公安、消防等部门，检查管道安全生产企业 4 家 8 批次，油田企业 2 家 6 批次，发现问题 3 个，督促相关企业及时整改到位。

（供稿人：朱俊亮）

商　务

Shang Wu

商贸服务业

【概况】　2017年，市商务局在市委、市政府的领导下，牢牢把握稳中求进的工作总基调，统筹推进稳增长、调结构、促消费、拓市场、惠民生等重大举措，实现全市商务经济稳步发展。全年完成进出口总额66.77亿元，同比增长20.6%，其中出口46.39亿元，同比增长15.9%、进口20.38亿元，同比增长32.7%。全年实

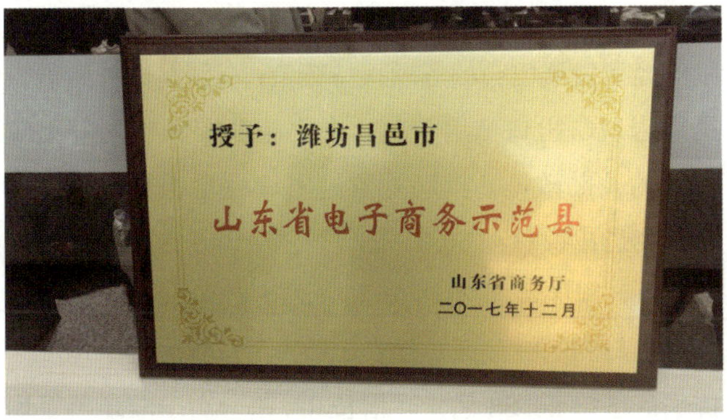

★ 山东省电子商务示范县奖牌　（王晓明）

际到账外资2.58亿元，同比增长38.51%。新增境外实际投资1590万美元，增长1174%。社会消费品零售总额达到199.75亿元，同比增长10.4%。设立省内首家淘宝大学培训基地，昌邑市成功获评山东省电子商务示范县；单位被山东省对外经济贸易工会委员会表彰为工会工作先进单位；潍坊市商务局颁发全市商务政策申报和绩效评价工作先进单位；商务市场运行监测综合考评位列潍坊市各县（市区）第1名。

【创新开放模式】　多举措发展对外贸易，外贸进出口和境外投资稳步增长。走访外经贸企业100余家，宣讲政策，帮助解决问题16个。为40家企业申领中央、省发展资金350余万元；组织45家企业参加境内外展会，开拓新市场；引导“海盈跨境通”、鲁凯航等外贸服务平台服务企业近100家，推动30余家“零”业绩企业出口。境外投资进展顺利，康洁集团在巴基斯坦卡拉奇市的环卫保洁项目完成境外投资1250余万美元，全市完成境外实际投资额1590万美元，比2016年增长1174%。

【扩大外资利用规模】　2017年，利用外资稳中有进，实际到账外资2.58亿元，同比增长38.51%。落户世界500强及行业领军企业2家。昌邑市商务局引进总投资10亿元的雅拉生态食品产业园项目，一期工程实现当年引进、当年建设、当年投产，创造“雅拉速度”。

【电子商务】　围绕“政策+平台+园区+人才”的“点线面”模式持续发力，推动电子商务跨越发展，成功创建第三批省级电商示范县。围绕大姜、梨枣等特色优势产业，培育农村区域电商品牌，利用阿里巴巴、淘宝等平台线上线下进行销售。组织40家食品农产品企业及电商服务企业参加潍坊市举办的2017世界食品农产品电子商务大会。依托邮政“买卖惠”，建立县乡村三级服务体系，积极推动“农资产品下乡”和“农产品进城”。培育电子商务典型企业、园区、平台。支持企业建成生姜电商平台、棉纺织电商平台、石化电商平台、跨境电商平台等区域线上平台。重点规划建设棉纺城电商产业园、跨境电商产业园，华海云商

产业园。涌现出亿润、金彤工贸等典型发展电商企业。投资200万元与淘宝大学培训学院合作设立淘宝大学培训学院昌邑培训基地，全年培训10期，培训政府人员、跨境企业、电商精英、电商创业人员2500人次。实现电商交易额180亿元。

★ 第三批电子商务示范县授牌仪式（王晓明）

【商贸物流】 编制《昌邑市商业网点规划》《昌邑市现代物流发展规划》，邀请专家进行评审。推动市场体系建设，山东宏大生姜市场物流园区改扩建项目、华海贸易广场“互联网+”项目、琨福大姜蔬菜批发市场等市场体系项目配套建设冷链仓储和冷藏车，完善市场物流配套支撑。山东宏大生姜市场有限公司被评为全国农产品冷链流通标准化示范企业。推动北方绿色物流园、宏大生姜市场农产品物流园区、通达冷链物流园等A级物流项目的建设。积极对接农商互联工作。推动宏大生姜种植—贮存—运输一体化标准管理体系建设项目，宏大生姜市场、琨福大姜市场被评为“潍坊市农商互联十大特色市场”，宏大生姜市场有限公司被评为“潍坊市农商互联十大冷链物流企业”，青山庄园、毅硕中草药、鼎立薄壳核桃被评为“潍坊市农商互联特色农产品企业（合作社）”，乐春牌大饽饽等8种产品进驻潍坊市农商互联赋码中心，实现二维码追溯；通过农商互联大会，多家企业与客商达成合作。加强市场运行监测，实施消费促进活动、“千家万店讲诚信”活动，实现社会消费品零售总额199.75亿元，增长10.4%。为“同文堂笔庄”毛笔、“乾隆杯牌”酒水申报“潍坊老字号”。对单用途商业预付卡、再生资源回收行业、药品流通做好监督管理工作。

（供稿人：王晓明　殷强）

对外经济贸易

【外贸进出口】 2017年，市委办印发《关于推进工业经济发展的意见》，认真落实潍坊市加快开放发展若干政策措施，为外贸稳定增长提供政策和制度保障；继续开展外贸企业“大走访、大宣讲、大服务”活动，帮助企业解决遇到的困难和问题；组织企业充分利用广交会等国内展会平台和国际展会，特别是省、潍坊市确定的国外100家重点展会平台抢抓订单；借助“海盈跨境通”和潍坊鲁凯航昌邑办事处等外贸综合服务平台为外贸企业提供海外营销推广、外贸人才培训、报关、商检、物流等服务；引导帮助外贸企业利用跨境电商平台寻找新订单，开拓新市场，推动小微企业和“零”业绩外贸企业出口；认真落实各级政府为鼓励外经贸发展出台的各项扶持政策，特别是国外参展、出口退税、出口信用保险、中小企业国外市场开拓等方面的补贴政策，推动外贸进出口稳定增长。全年完成货物进出口总额66.77亿元，位于潍坊8个县（市）第5位，同比增加20.6%，高于潍坊市平均水平3.5%。其中出口46.39亿元，增长15.9%，与潍坊市平均水平持平；进口20.38亿元，增长32.7%，高于潍坊市平均水平13.3%。市场结构进一步优化，与昌邑有贸易关系的国家和地区达到30多个，有进出口业绩的企业达到209家；年进出口额过亿元的企业11家；推动25家有资质、无业绩的企业实现零的突破，新增进出口额1.6亿元；对新兴市场出口稳步增长，抵御市场冲击的能力持续增强。产品结构进一步优化。利用各级外经贸发展基金，支持高附加值产品出口，特别是机电产品、高新技术产品出口。贸易结构进一步优化，进口占进出口总额的比重达到30.5%，比上年提高3%，进口和出口“失衡”的问题进一步改善。

【对外经济合作】　积极跟进国家“一带一路”倡议，以国际产能合作、海外承包环卫项目为重点，支持企业“走出去”发展，对外经济合作取得新突破，全年实际完成境外投资额1590万美元，增幅高于潍坊市平均水平1174%。昌邑市康洁环卫工程有限公司投资建设的康洁环卫（巴基斯坦）有限公司2017年完成投资1250余万美元，开始正常运营。组织开展在巴基斯坦其他城市的市场开拓和其他国家的市场考察工作。

【实际利用外资】　全市利用外资稳中有进。实际到账外资2.58亿元，同比增长38.51%。落户世界500强及行业领军企业2家：中圣清洁能源投资（江苏）有限公司独资成立的昌邑中圣清洁能源有限公司，总投资1455万美元，注册资本727万美元；中信环境技术投资（中国）有限公司独资成立的中信环境再生水（昌邑）有限公司，总投资8500万元，注册资本3450万元。昌邑市商务局引进的总投资10亿元的雅拉生态食品产业园项目，一期实现当年引进、当年建设、当年投产。认真做好外资招商工作，积极参加香港山东周、中日韩产业博览会等活动，多途径寻找外资项目；通过现有项目深度挖掘增资潜力，支持企业以利润再投资、股东借款、股权质押贷款等方式增资。推广企业并购方式，通过外商投资企业“服务大使”制度，主动为企业搞好服务，优化营商环境。

（供稿人：王晓明　殷强）

现代物流

【概况】　深入贯彻落实省、市关于物流业发展的决策部署，牢固树立“创新、协调、绿色、开放、共享”的发展理念，坚持按照“市场启动、工业拉动、贸易带动、产业推动、平台驱动”的发展思路，适应信息技术发展的新趋势，以提升物流业整体服务质量和效率为主线，以基础设施建设和技术装备应用为支撑，推动物流业与农业、工业和商贸流通业等产业融合发展，积极营造有利于现代物流业发展的政策环境，着力建立和完善现代物流服务体系，加快提升物流业发展水平，为全面建成小康社会提供物流服务保障。物流规模和效率逐步提升，全市物流投资总额达20.1亿元。

【物流市场主体建设】　随着经济总量的稳步上升，物流企业群体不断成长，企业逐步注重提升服务功能，拓展服务范围。昌邑成泰物流有限公司成功申报5A级物流企业。山东宏大生姜市场有限公司成功申请“全国农产品冷链流通标准化示范企业”。涌现出棉纺城物流中心、成泰物流以及宏大生姜市场、琨福大姜批发市场等服务生产和流通的大型物流网点，物流市场主体建设加快。昌邑市物流和产业结合度相对较高，辐射范围广。石油化工物流、纺织物流、农产品物流等专业物流发展较快，产品销往全国并出口国外，推动昌邑市优势产业发展壮大，特色产品在全国的知名度越来越高。专业物流的发展，带动一批相关人员就业，增强经济发展韧性，对税收的贡献不断扩大，基础性地位得到有效巩固。

【政策支持】　充分认识物流业的社会基础设施功能，加大土地、财政、税收等政策支持。坚持依法依规用地和节约集约用地的原则，在符合相关规划的前提下，对规划新建、改建和扩建的重点现代物流项目在建设用地、规划选址、开发建设等方面予以优先保障。统筹设立物流业发展专项资金，加大对现代物流业发展的支持力度。专项资金重点支持港口物流的建设、现代物流企业的引进和培育、物流公共信息平台的建设和物流人才的培养与引进等。认真落实物流业相关税收优惠政策，研究完善支持物流企业做强做大的扶持政策，研究配送车辆进入城区作业的相关政策，完善城市配送车辆通行管控措施。

（供稿人：王晓明　殷强）

招商引资

【招商思路】　立足昌邑市实际，通过广泛调研和征求意见，完成《关于加强招商引资推进“五个新城”建设的意见》《关于进一步强化招商工作组织领导体系的通知》《昌邑市招商引资工作考核认定办法》《2017年度全市招商引资指导性计划》等文件的起草和印发工

★ 12 月 21 日，昌邑市参加 2017 潍坊（上海）重点合作项目签约仪式 （邵振宇）

作，统一招商工作思路，明确全市招商任务和招商重点。

【招商体制】 强化组织领导，调整市招商引资工作委员会，市委、市政府主要领导任主任，负责全市招商引资工作的组织领导和统筹协调，研究确定招商引资方针政策，综合协调解决工作中的重大问题。市招商引资工作委员会下设招商活动组织委员会、绩效考核工作委员会、优化招商环境委员会 3 个专门委员会，分别由相关市级分管领导任主任，负责全市招商引资工作的推进、协调、服务等工作。成立各类园区招商引资推进工作小组，由联系园区所在镇（街区）的市委常委任组长，负责园区招商引资工作的实施和推进。各镇（街区）、15 人以上的部门和中型以上企业全部成立招商小分队，15 人以下的部门设立招商引资专职人员，专职从事招商工作，形成强大工作合力。下达全市招商引资指导性目标，全面落实各镇（街区）、市直有关部门（单位）招商主体责任。层层分解任务，明确责任落实。根据各镇（街区）和市直部门（单位）实际情况，差别化安排招商引资指导性计划。

【招商信息工作机制】 加强与山东、潍坊商会、驻潍外地商会、北京开宝投资管理有限公司、上海东方龙商务咨询有限公司等异地投资促进机构的交流对接，多渠道收集招商项目信息。借助“中国华侨之乡”优势，发挥昌邑籍在外人员的牵线搭桥作用。对全市闲置招商资源和规模以上企业招商合作需求进行摸底调查，收集全市闲置招商资源 30 条，企业对外合作需求信息 91 条。通过互联网媒体多角度宣传推介招商信息，全面开启“互联网 + 招商”的全新模式，实现招商合作项目信息共享，形成招商合作良性循环，实现效益最大化。对不能在当地落户的项目及时流转，确保项目留得住。完善招商项目服务机制，制定切实可行的项目跟踪服务制度，明确服务内容。对在谈项目，加强调研、考察，加快推进洽谈进度；对已签订协议、合同的重点项目，加强协调，尽快完成上报、审批工作；对在建重点项目，创造条件，改善环境，积极促进建成投产；对投产重点项目，加强配套服务，使企业尽快上规模、见效益。完善招商项目考核机制，明确各招商责任单位任务目标，加强招商项目考核。市招商引资工作委员会统一领导全市招商引资考核工作，由市投资促进局牵头，抽调督查、发改、监察、财政、国土、审计、环保、统计等部门精干人员组成考核认定小组，严格按照《昌邑市招商引资工作考核认定办法》进行考核认定，一季度一考核一通报，半年总结评价。强化考核结果运用，坚持把“一票肯定”及“一票否决”及干部管理等政策执行落实到位，充分调动广大党员干部谈招商、议招商、干招商的工作积极性。

【招商成果】 通过参加潍坊市举办的风筝会、鲁台经贸洽谈会、中日韩产业博览会等重大节会活动以及在全国重点招商区域组织的各类专题活动，既宣传昌邑的投资环境和产业优势，又签约储备一批大项目、好项目，对接洽谈项目 27 个。食品园区科技一体化、年产 10 万吨丁烷脱氢及深加工等 14 个项目参加集中项目签约仪式，总投资 165.56 亿元。市委、市政府主要领导亲自带队赴北京、上海、广州、深圳等地区开展项目对接活动，先后与三峡集团、中信环境技术有限公司、南京中圣集团等国内知名企业达成合作意向，

★ 2017年9月4日，昌邑市参加第23届鲁台经贸洽谈会潍坊市新旧动能转换重点项目签约活动在潍坊富华国际会议中心举行

（王爱玲）

促成三峡新能源昌邑莱州湾海上风电项目、雅拉生态食品产业园项目等重点项目的签约落地。全市各招商小分队积极主动，开展80多次小分队式、有针对性的对接洽谈活动，对接有明确投资意向的客商300多名。对接青岛星宇化学有限公司汽车专用新材料生产项目、中华国际网络电视台国际畜牧产业园项目、善耕原生物科技发展公司建设“现代生态农业产业园”项目、中国建筑第六工程局有限公司建筑工业化预制混凝土构件工厂、绿色建筑产业园、基础设施投资建设项目等项目。

2017年，全市完成招商引资到位资金133亿元，同比增长40.6%。其中潍坊认定到位资金54.8亿元，向上级争取用于项目建设的无偿资金9.51亿元，实际利用外资3547万美元，招院引所项目3个，招院引校项目1个，招才引智30名，引进总部（分支机构）项目23个，引进高端养老机构1个。新开工项目99个，总投资68.01亿元；续建项目74个，总投资36.82亿元。一产项目18个，总投资14.96亿元；二产项目99个，总投资62.19亿元；三产项目56个，总投资27.68亿元。全市新开工、新落户及在谈招商引资项目共计108个，总投资316.95亿元。其中新开工项目46个，总投资132亿元，分别占42.6%、41.6%；新落户项目22个，总投资67.71亿元，分别占20.4%、21.4%；在谈、意向项目40个，总投资117.24亿元，分别占37%、37%，新落户世界500强及行业领军企业2家。

在做好招商引资工作的同时，加大科研院所、研发机构以及高端人才等引进力度，提升招商引资工作整体水平。成功引进“两院”院士4人，建设院士工作站3处；引进国家“千人计划”“万人计划”专家各2人，其他专家人才87人，新增合作项目47个。

【会展经济】 借助绿博会效应，昌邑市苗木产业积聚起持续健康发展的新势能、新优势，逐步走向苗木高端化、标准化、集团化、专业化、“苗文旅”一体化经营，全市苗木业效益和影响日益扩大，林业转型发展迈出新步伐。昌邑市苗木种植面积达到11.2万亩，品种600多个，各类园林绿化苗木存圃量达到1.7亿株，年产值达16亿元，打造出一张精美的“绿色昌邑”名片。

绿博会的信息交流、技术推动、市场推动为苗木产业的发展带来新机遇。昌邑市积极转变生产方式，苗木生产从规模数量型向质量效益型转变。坚持“做高端，出精品”，培育具有本地特色和自主知识产权的名优品种。通过资源整合，政策聚集等措施，引导企业之间采取联合、重组等方式进行多种形式的合作，优势互补，培植1—2家苗木企业上市资源，培植单体1万亩以上苗木基地3个。结合高铁新城建设这个大背景，不断提高绿博会的影响力和吸引力。以绿博园、中国（昌邑）北方花木城等为支撑，将苗木生产与休闲旅游、养生度假等融为一体，实现资源重组、延长产业链条。

通过绿博会搭建的产学研平台，加强与国家、省市主管部门对接，积极联系林业研究院所、涉林院校、知名专家等智力和人才，开展苗木产业科技领域的深度合作和交流。绿博会期间市政府与中国林学会、山东农业大学签署战略合作框架协议，按照协议中国林学会、山东农业大学与昌邑市将在农业供给侧结构性改革、新旧动能转换、一、二、三产业融合、增创农业发展新优势等方面进一步加强合作，努力谋求合作共赢、共同发展。自主选育了14个苗木新品种（观赏海棠、观赏桃），5个山东省林木良种，实现昌邑市林木良种和林木新品种的双突破。大力发展苗木电子商务业务、“互联网+”的应用，跟爱淘苗合作搭建和利用各类网络信息平台。

突出绿博会和产业优势，成功吸引生态园林精英俱乐部ELEC（Ecology-Landsacape Elites CLub）筹备会议在山东昌邑举行。会上，铁汉生态、杭州园林、绿地博大绿泽、天域生态、大千生态、乾景园林、美丽生态、诚邦股份、岭南园林、普邦股份、美晨科技（赛石园林）等上市公司总裁级会晤首次破题，针对生态及园林行业上市公司创新合作的可行性、筹划成立精英俱乐部 ELEC 具体事项等内容进行深入探讨，此次业界精英聚会圆满成功。提升绿博会和昌邑知名度，对中国园林行业的发展具有重大推动作用。

【总部经济】

完善工作推进机制 建立健全市总部经济发展领导小组办公室牵头协调作用，上下联动的协调推进机制，围绕全市研究确定的发展总部经济任务目标，通过制定工作落实方案、加强对镇（街区）、市直部门的指导。各单位建立相应的工作机制，确保完成工作任务。

加强考核调度 财政局牵头制定企业事业单位总部引进发展和考核认定办法，通过昌邑市人民政府《关于加强企业事业单位总部引进发展和考核认定的通知》（昌政办字〔2017〕37 号）给 10 个镇（街区）、46 个市直部门（单位）分解落实 2017—2021 年引进发展总部经济的任务 330 个及结算中心、运营中心任务 50 个，同时将企业事业单位总部（分支机构）及结算中心、运营中心引进发展认定结果纳入招商引资考核，成果显著。全年完成上报 23 家，比 2016 年增长 3.6 倍，累计注册资本 6.6 亿元，完成投资 14 亿元。根据潍坊市下达的目标任务，结合全市总部经济工作的总体任务目标，各部门积极完成目标任务。加强同级部门间协作配合，市统计做好与工商部门的对接，及时掌握全市新设立企业情况；加强上下级部门沟通汇报，市统计、人社、民政等部门做好与上级部门的工作对接，按要求及时做好认定工作，由市财政局汇总后报市政府。总部经济纳入市委、市政府重点督查事项。3 次通过昌邑市委市政府督查室给各镇(街区)政府、各市直部门单位下达《提报新引进总部经济情况的通知》、转发《潍坊市 2017 年上半年全市新引进企业事业单位总部（分支机构）情况的通报》。

优化政策服务环境 注重用政策环境吸引企业、服务环境留住企业、资源环境发展企业，全方位推进总部经济发展。强化政策扶持，认真落实市委、市府关于总部经济发展的扶持政策，制定出台昌邑市的实施细则，用足用好专项资金，全力扶持总部经济发展。强化资源保障，加强金融服务平台建设，深入开展银企对接活动，为总部企业的引进和发展提供良好的金融服务；加强用地保障，将总部企业的办公用地、项目用地纳入年度土地供应计划。强化政务服务，深化行政审批制度改革，进一步梳理办事流程，提高办事效率，促进本地企业做大做强，外地企业总部引得进、留得住。

（供稿人：夏岷江）

供　销

【概况】 2017 年，昌邑市供销合作社联合社（简称市联社）在市委、市政府的领导下，在上级社的指导下，紧紧围绕农业供给侧结构性改革，坚持服务“三农”宗旨，以深化综合改革为抓手，以提升服务能力为根本，着力搭建为农服务综合平台，加快构建上下贯通、便捷高效、功能完备的新型现代农业社会化服务体系，培育农业农村发展新动能。以控股成立的潍坊丰瑞农业科技有限公司为投资运营主体，建成柳疃青乡、围子大章 2 处为农服务中心，探索以为农服务中心为基础，涉及农资经营、智能测土配肥、职业农民培训、农业

★ 9 月 4 日，国家农开办“三省两市”领导及专家到昌邑市调研农业综合开发工作（孙广伟）

机械服务、粮食烘干储存等服务内容的为农社会化服务新模式，实现大田作物从耕种到加工销售全程社会化服务，促进农业适度规模经营。6月6日，中华全国供销合作总社党组成员、理事会副主任邹天敬到昌邑调研供销社综合改革工作，对昌邑市供销社工作取得的成就给予充分肯定。市联社在潍坊市供销合作社系统2017年综合业绩考核中荣获优胜单位二等奖。市联社工会工作委员会被昌邑市总工会评为2017年度工会工作先进单位。

【机采棉种植推广】　充分发挥已建成的“机采棉良种繁育推广技术中心”核心作用，建成机采棉良种繁育基地5000亩。建成机采棉种植示范园区1.2万亩。组织实施申报的“机采棉种植高效节水灌溉示范项目”，建成机采棉高效节水灌溉示范园区5000亩。从良种供应、节水灌溉、机械播种、配方施肥、农药喷洒、机械采摘等环节全面推进机采棉全方位、系列化服务，亩均节支增效350元，仅此一项就可为棉农实现增收600万元，取得较好的经济和社会效益。

【发展实体性合作经济组织】　按照“四位一体”（基层社、村两委、农民合作组织、资金互助组织）工作机制，积极领办参办农民专业合作社及其联合社。深入实施“党建带社建，社村共建”，大力发展为农服务新生力量。通过互助合作，规范完善农丰棉花、大姜、农机服务、机采棉等各类专业合作社10家，“社村共建”村庄50个；组建10家镇级农民合作社联合社，实现镇（街区）全覆盖。其中领办的宏丰农机专业合作社承担的秸秆综合利用专项资金项目，实施玉米秸秆精细化还田面积1.18万亩，大姜秸秆储运1.2万吨。共建村柳疃镇青阜村获评2016年度全省党建带社建社村共建示范点。

【规模化服务】　以潍坊丰瑞农业科技有限公司为主体，继续组织实施“山东省潍坊市昌邑市土地托管服务试点项目”，重点抓柳疃青乡、围子大章2处为农服务中心服务项目的后续建设及运营工作。以为农服务中心为依托，按照“3公里土地托管服务圈”模式，开展机采棉、大姜、小麦、玉米等作物托管服务面积25万亩，其中全托管服务面积2万亩，半托管服务面积23万亩。在土地托管的基础上，开展测土配方施肥面积3万亩，智能配肥面积3万亩。促进农业增产节支提效，实现为农增收近2000万元。2017年，市联社争取到为农服务中心建设项目72亩土地指标，加快搭建农业社会化服务综合平台，完善提升平台全链条服务功能。

【网上供销】　以立足改造提升传统流通业态为抓手，加快推进农村流通现代化。改造提升农资配送中心1处，发展直营店5个，规范加盟店20个；规范农产品批发市场1处；开展职业农民培训5461人；围绕“互联网现代流通”，积极发展网上供销，借助省市供销合作社电子商务平台，建成电商平台2处，发展运营网点5家，电商交易额达1000多万元。实施的“农村现代流通提升工程”为促进农村经济发展作出突出贡献。潍坊丰瑞农业科技有限公司入选全国供销合作总社“新网工程”建设候选单位。

（供稿人：张始显　刘增强）

粮　食

【抓收购保供应管库存】　利用夏粮收购的有利时机，市地方粮食储备库完成年度3695吨储备小麦、160吨大豆油的轮换任务。同时，依托储备库的仓储优势，按照抢抓机遇、开拓市场、寻求发展、搞活经营的经营思路，努力开展粮食经营购销工作，增强企业运营水平和创利能力，计收购粮食2400吨。

按照《储备粮管理办法》，加强对昌邑市地方储备小麦、县级食用储备豆油和为国家代储大豆、玉米的管理工作，切实做到储备粮油保管良好，数量真实，确保储备粮油“储得进、管得好、调得动、用得上”。

【粮食安全市长责任制考核】　在粮食安全市长责任考核“首考”中，严格落实粮食安全行政首长责任制，建立考核工作机制，全市有8个牵头部门，18个配合部门参与，在2017年度潍坊市组织的县（市区）政府落实粮食安全责任考核中，昌邑市获优秀等次。6月

★《粮食流通管理条例》颁布实施十三周年宣传月活动现场（马启超）

28日，昌邑市代表潍坊市接受省粮食安全责任制复核，省农业厅副厅长、省粮食安全责任考核工作组办公室副主任褚瑞云带队进行实地核查，对昌邑市粮食安全责任制落实情况和粮食应急体系建设给予充分肯定。

【“智慧粮库”建设】 市地方粮食储备库承建的储备库信息化系统智能升级改造建设项目顺利竣工。该工程总投资150万元，其中争取省财政投资100万元。项目符合智慧昌邑建设需要，有利于进一步提升储备粮油的管理水平。

市场主食产业化建设项目验收工作，由昌邑“乐春”老面大饽饽有限公司承建，总投资130.5万元，包括面食设备、车间改造提升的市场主食产业化建设，项目于2017年上半年顺利通过上级验收。

【应急保障】 加强粮食应急体系建设，加大粮食供应应急网点建设力度，在全市范围内建设应急网点10处。争取市财政扶持资金11万元，按照上级“市级成品粮油储备要达到不低于当地10天的市场供应量”“城镇人口每人每天0.5千克粮”的要求，在潍坊金浩面业有限公司建立成品粮应急储备，储备面粉1000吨。结合昌邑实际，提出“城镇人口每人每天50克油”的标准，在市地方粮食储备库建立成品油应急储备，储备大豆油100吨。

【招商引资】 引进昌邑市祥鑫机械制造公司在奎聚街道投资建设的年产1万吨农机配件生产加工项目，总投资3200万元，占地34.5亩，完成市委、市政府分配粮食局的年度招商引资任务。

【依法管粮】 以开展《粮食流通管理条例》颁布实施13周年宣传月活动为契机，对纳入昌邑市74家粮食流通统计范围的部分重点非国有粮食企业及转化用粮企业执行统计制度进行检查。进一步完善粮食市场准入制度，严把粮食收购资格审核关，加强对粮食收购市场和价格的跟踪监测，配合市市场监督管理局对1家无粮食收购资格证企业进行查处。抓好全市涉粮企业检查化验、保管及统计人员的学习培训工作，提高粮食从业人员队伍的整体素质，共计培训230人次。

（供稿人：马启超）

烟　草

【概况】 2017年，销售卷烟23154箱，同比增加353箱；实现销售额5.9亿元，同比增加2294万元。上缴税金2479.85万元。全年共查获各类案件178起，总案值44万元。被昌邑市委授予经济建设“先进企业”荣誉称号，被昌邑市总工会授予“先进职工之家”荣誉称号。

【烟草经营】 2017年，以狠抓基础工作为切入点，以增量提档为落脚点，强化市场开拓和消费引导，大力提升营销能力和服务水平，经济运行保持稳中向好的发展势头。制定《品牌培育规划》《品牌定点店管理办法》《零售客户分档位库存管理办法（试行）》《零售客户库存调查管理办法（试行）》，强化库存管理，提升高度宽度和厚度，形成品牌培育框架，因地制宜，制定市、站、线路三级品牌培育计划，推行“一站一品、一线一品”的培育模式，选择适销对路的品牌进行重点培育、专项考核，制作上柜品牌宣传图册，每月组织品牌培育宣讲比赛，品牌培育取得新成效。优化终端建设，制定《卷烟零售终端建设推进方案》，与客户签订《优秀零售终端协议》，明确双方职责、权限、义务，提高客户自我维护的意识。按照客户自我维护能力将客户分为三类，实行分类管理。客户经理每月制定整理计划，坚持日整理两户，确保整理后陈列达标、宽度达标，加强上传微信群照片的考核，保证整理效果。制定《卷烟零售客户分类标准》，按客户经营能力分为A、B、C三个经度，按照订货潜力分为1、2、3三个纬度，将客户组合分为9个拜访时长类别，加强客户拜访的针对性。制定《客户有效拜访SOP》，配备工作记录仪，记录工作过程，加强清单式工作流程督导；组织开展“拜访质量大家评”活动，加强示范引领；采取“一户一策”“组合打包”的方式进行政策宣传，使用目标客户商定量明细表，提前一天电话商定；有效提高拜访覆盖率、订单达成率和电子结算成功率；制定《落后指标提升考核办法》，每周筛选各站落后指标，针对落后指标制定整改措施，领导包靠督导，限期提升，达到鞭策后进、提高基数的目的；针对拜访“空线”问题，站长每周跟线2次、市场经理跟线3次，熟练掌握拜访流程，及时替补上岗，确保各线路每天不空线。结合昌邑实际，完善工作标准，制定一个数据分析模型和现场拜访、访后分析、电话沟通3个工作模板，为工作质量提升，提供有力保障。制定《市场管理服务站专销协作考核办法》，对客户经理信息搜集和稽查中队检查落实情况进行专项考核，客户经理、稽查员分别挂靠对应绩效工资的30%；制定《服务站专销例会模板》，开展典型案例分析，并对每周异常户情况进行讨论分析，制定监管对策，专销结合更加密切。制定非烟客户经理工作流程，固化访前准备、访中服务、访后总结工作流程，借助“口袋助理”，有效提高拜访到位率，工作质量进一步提升。

【烟草市场监管】 2017年，以提高本地市场净化率为目标，以打私打假、打击卷烟异常流通为工作重点，突出内外监管和破网追刑，保持良好的市场秩序。转变监管方式，完善市场监管体系，建立信息举报网络，在互联网、物流企业、大中专院校、客货车司机中发展信息员，打通多领域、多层次、多角度的信息渠道。通过信息员举报破获“5·23”销售非法生产卷烟网络案件。利用物流线人破获“4·18”销售非法生产卷烟案件。坚持“眼睛向内、紧盯市场”工作思路，促进基层专卖人员职能回归，把特业场所和地市边界零售户作为监管重点，加大市场监管力度。联合公安网监、邮政等部门，重点打击利用微信、QQ等自媒体非法经营烟草制品行为，“2·28”“3·20”2起非法经营走私烟案都是通过互联网联系、支付宝微信支付、快递运输的典型网络案件，审理核实涉案卷烟标值17万元。开展“齐鲁之盾”专项行动。联合公安、工商、交通等部门部署开展“互联网和物流快递渠道涉烟违法犯罪专项整治行动”“严厉打击非法运输、携带烟草专卖品专项整治行动”“打击卷烟、雪茄烟走私贩私专项整治行动”“卷烟经营市场专项整治行动”，有效打击网络、快递渠道涉烟违法案件；整治卷烟市场非法运输、携带卷烟的乱象；加大走私贩私打击力度，进一步净化本地市场，规范辖区烟草市场秩序。全年联合执法16次，出动人员1351人次。建立16个台账市场基础信息库，梳理重点监管户211户，采取联合检查、交叉检查、不定时抽查等方式，共查处24户有违法违规行为，均已立案处罚。对集贸市场烟丝烟末户进行集中整治，通过排查摸底，建立档案，研究分析，将43户分成3类，分3个阶段集中清理，并严格落实考核奖惩。取缔烟丝烟末户28户。注重信息线索的收集，树立“每盒假烟就是一条信息”的理念，提高“办理一起案件就摧毁一个网络”的认识，

★3月15日，昌邑市烟草专卖局用心维权积极开展“3·15”消费者权益保护日系列活动（明 娟）

建立案件跟踪调度制度，稽查大队每天对案件进展情况进行调度，每周一次案件分析会议，加快案件侦破进程。强化专销协同监管力度，销售部门和客户经理定期分析筛选销售异常户，由稽查大队或驻站中队对异常户及时进行检查。

【队伍建设】 加强党建和思想政治工作，实施人才战略，有力提升队伍整体素质。学习贯彻中共十九大精神，推进“两学一做”学习教育常态化制度化。通过上党课、宣讲会、读书会、交流研讨、支部生活日等多种方式学习，把思想统一到中共十九大精神上来，把力量汇聚到各项任务目标上来。落实“三会一课”“支部生活日”等制度，抓好党员的学习教育；开展党员佩戴党徽“亮身份”、口号上墙“亮承诺”、岗位示范“亮业绩”活动，充分发挥党员先锋模范作用。突出党建与业务工作深度融合，组织开展“号角吹响，建功立业”活动，充分发挥党员的先锋模范作用，全体员工以活动为载体，在先锋队之间开展以卷烟销量增幅、专卖信息提报、党建主题活动为主要内容的岗位竞赛，形成你追我赶、争先进位的良好氛围。发放党员联系卡44张，党员帮扶困难零售户44次，44户困难零售户都感受到中共温暖和烟草人的温度；开展先锋队爱心接力活动2次，为2名家庭出现变故的职工爱心捐款1.18万元，增强团队的凝聚力，激发队伍活力。4个服务站分别开展“素质”“纪律”“责任”“奉献”主题活动，进一步提高基层员工思想认识，促进素质提高和作风改进。开展“服务基层、改进作风”活动。机关全员每人每月跟线拜访2次，绩效挂靠线路考核，到最末端发现问题、解决问题，与一线人员形成工作合力。通过开展“培训进基层”、谈心谈话、“三帮三促”等活动，形成“为基层服务，为基层解难题”的浓厚氛围。加大培训力度，开展全员培训。举办5期工作质量提升培训班，每期脱产学习5天，采取封闭式军事化管理，通过聘请专家、优秀干部职工授课等方式，不断增强全员综合素质能力。设立卷烟营销排头兵龙虎榜，评选“周冠军、月冠军和年度冠军”，增强一线员工工作积极性。积极开展文体活动，全年共举办演讲比赛、知识竞赛、征文活动、趣味运动会、文艺会演等共8场次，广大干部职工各尽其才，有效激发团队精神，凝聚企业发展合力。健全完善教育培训、员工激励、干部选拔聘任等各项制度，采取干部轮岗、交流锻炼等方式，促进人才快速成长，激发全员干事创业的激情。鼓励员工参加专业技术任职资格鉴定和客户经理星级评定，拓宽员工成长的渠道。

【企业管理】 以精益管理为抓手，突出问题导向，通过持续改善提升，推动企业实现更高质量更好效益发展。持续推进精益管理。制定《2017年全面推进精益管理实施细则》，扎实开展好流程建设、成本管控、体系建设、对标、贯标、7S现场管理、QC小组活动、创新等十项工作，责任到部门，考核到个人，1项精益课题获得市级精益课题二等奖，获得专利2项，发表论文4篇；提报岗位创新成果9项，科技创新项目3项，提报数量比2016年明显提升。在对标指标方面，在岗人员培训课时年比2016年增加68.28%，全潍坊市排名第1。人均劳动效率212.42箱，同比增加0.6%，全潍坊市排名第5；人均卷烟销售收入464.56万元，同比增加3.07%，全潍坊市排名第6；卷烟3项费用5.41%，同比增加0.09%，全潍坊市排名第5；人工费用占销售收入比重4.73%，同比增加0.23%，全潍坊市排名第6。扎实开展“安全生产月”“119”消防安全月活动，开展安全生产专题教育培训、消防安全应急演练，提高干部职工的安全意识和自我保护能力。全年组织各类安全培训14次，组织安全检查61次，对查出各类安全隐患整改到位。确定“以强化考核为抓手，进一步提高工作质量和管理效率”的工作重心，将考核方式由原来的“条条”调整为“块块”，科室、基层分开考核，设立考核基数，打破分配“大锅饭”，解决机关基层考核标准不一致造成的分配不公问题，大大调动员工的工作积极性。持续推进和谐企业建设，加强办事公开民主管理工作，保障职工知情权、参与权和监督权，发布公开事项152项；积极参加地方组织的行风热线、“包村联户”“文明交通、助力创城”“学雷锋”志愿服务等活动，树立良好的企业形象；开展“青春扶贫·情暖昌城”捐款活动，筹得帮扶资金6450元；开展“慈心一日捐”、向贫困村病重女孩捐款活动，捐款2.8万余元；与卜庄镇西董村结成帮扶对子，帮扶5万元，用以改善村内公共基础设施。

（供稿人：朱华斌）

金　融

Jin Rong

综　述

2017 年，昌邑市共有银行机构 11 家，其中中国银行、中国工商银行、中国农业银行、中国建设银行为国有银行，也被称为国有四行。营业网点 113 处，证券公司 1 家，各类保险机构 30 余家，小额贷款公司 1 家，融资性担保公司 2 家，民间资本管理公司 2 家。

【发展普惠金融】　2017 年，昌邑市金融机构本外币贷款余额 252.3 亿元，较年初增加 35.3 亿元，增长 16.3%，贷款增量、增幅继 3 月后继续双列潍坊 8 县（市）第 1 位。专业银行积极进行业务创新。昌邑农商行推行“续贷通”“无缝隙”服务模式，新推出“政府采购贷”“棚户区改造贷”等贷款模式，针对个人业务方面推出“昌邑快贷”模式，通过微信即可办理，方便快捷；工商银行在山东昌邑石化有限公司首推售油 POS，助力企业实现 SAP 系统改造。昌邑市范围内 2 家资本管理公司，为“三农”、小微企业担保贷款 6000 万元，两家政府性融资担保公司，累计为“三农”、小微企业担保贷款 2.5 亿元。各项存款余额 433.3 亿元，比年初增加 28.7 亿元。全市 143 家规模企业成功实现规范化公司制改制，17 家企业完成挂牌各项工作，在齐鲁股权交易中心举行集中挂牌仪式。

【防控金融风险】　昌邑市金融办印发《昌邑市防范和打击非法集资集中宣传月活动实施方案》《关于印发昌邑市 2017 年涉嫌非法集资风险专项排查活动实施方案》《关于开展 2017 年涉嫌非法集资广告资讯信息排查清理活动的通知》《关于做好金融风险涉稳信息报送工作的通知》等文件，建立金融风险涉稳日报送制度，要求相关部门金融风险“零报告”，建立金融风险防控调度微信群，各相关部门实时报送金融稳控信息。以昌邑市 11 家专业银行为排查主体，各专业银行对授信额 1000 万元（含）以上的所有企业进行排查，经审核确定重点风险企业 3 家，市政府要求各债权银行给予 3 家企业降息优惠，利息降至基准利率，到期贷款续贷实行“无本续贷”的还款模式，成功化解 3 家企业潜在风险。稳妥开展担保圈化解工作，全市有 7 个独立担保圈，涉及企业 31 家，涉及金额约 4 亿元。市政府多次协调贷款银行保证贷款规模不压缩，做到不抽贷、不压贷、不缓贷。落实企业主体责任，对出现问题的企业，督促其通过调整业务结构、处置企业资产等措施进行自救。担保圈风险成功化解。加大非法集资打击力度，对全市的投资理财公司、消费返利机构、电子商务公司、P2P 网络借贷平台进行排查。全市购物返现类门店共 46 家，全部处于市公安局稳控之中，无风险。非法投资理财类公司 4 家均为失联企业，昌邑市市场监管局将其列入企业经营异常目录。

（供稿人：高兴伟　陈修晓）

银行业

【概况】　2017 年度，银行业认真贯彻国家宏观调控政策，在宏观经济形势复杂多变，经济下行压力加大的背景下，昌邑市银行业发展总体稳健，经济运行平稳。

金融服务体系逐步发展壮大，农村金融产品和服务方式创新全面推广，林权、农村土地承包经营权抵押贷款等业务取得良好成果。辖内金融机构本外币贷款余额252.3亿元，较年初增加35.3亿元；各项存款余额433.3亿元，较年初增加28.7亿元。全市境外存款余额1078万元，较年初增加178万元。

法人金融机构经营状况　昌邑市农商行各项存款余额170.3亿元，较年初增加13.3亿元，增长8.5%；本外币各项贷款余额89.9亿元，较年初增加6.5亿元，增长7.8%。因法人机构受货币政策、宏观审慎政策双支柱调控政策因素影响，全年信贷投放受到一定影响。昌邑北海村镇银行2017年8月成立，各项存款余额8226万元，较年初增加5050万元；各项贷款余额3111万元，较年初增加2921万元。

全市不良贷款情况　全市银行业金融机构不良贷款3.13亿元，较年初增加0.19亿元，不良贷款率1.24%，比年初下降0.12个百分点。各金融机构加大不良贷款处置力度，本年度累计新发生不良贷款8.46亿元。本年度累计清收及处置不良贷款8.48亿元，其中现金清收1.25亿元，不良贷款重组调整128万元，核销3.8亿元，地方政府打包置换0.83亿元，其他方式处置2.58亿元。

外汇收支下降，进口额略有增长　昌邑市涉外收支达36.8亿美元，上年同期为37.5亿美元，同比减少1.8%；其中涉外收入20亿美元，上年同期 20.6亿美元，同比下降3%；涉外支出16.8 亿美元，上年同期16.9亿美元，同比减少1%。全市实现进出口总额11.2亿美元，上年同期10.3亿美元，同比增长8.7%。其中出口额8.1亿美元，上年同期为7.3亿美元，同比增长10.9%； 进口额3.1亿美元，上年同期为3亿美元，同比增长3%。　（供稿人：党雪静）

【中国农业发展银行昌邑支行】　农业发展银行（简称农发行）是一家政策性银行，支持农村经济发展是农发行昌邑支行义不容辞的责任，在上级允许的政策范围内，积极支持昌邑市农村经济发展，取得一定的成绩，为昌邑市农村经济发展作出贡献，完成上级行下达的各项经营指标。坚决执行国家政策，确保粮棉油收购资金及时供应。农发行昌邑支行一直把支持当地储备粮油供应放在首要位置。认真贯彻国家粮油购销政策，积极应对主要农产品价格持续上涨的复杂形势，坚持保收购、稳市场、防风险，确保当地粮油收购平稳、有序进行。积极发挥职能作用，支持农村经济发展和新农村建设。年内对3家政府投融资公司累计发放贷款31.83亿元；支持昌邑市都昌街办棚户区改造项目，贷款12亿元。　（供稿人：王玮璐）

【中国工商银行股份有限公司昌邑支行】　2017年，工商银行昌邑支行根据全市开展“作风建设年”活动的统一部署和要求，认真传达学习贯彻落实中共十九大精神，积极适应新时代新要求，坚持目标导向和问题导向相统一，进一步强化效率、执行意识，深化“两学一做”学习教育，推进组织生活常态化、制度化，扎实开展寻标对标提标活动，紧跟市委、市政府确定的重点工作，主动做好对接，加强沟通联系，全心全力跟进服务，推进工作快落地、见实效。全行各项存款余额37亿元，较年初增加3亿元；各项贷款余额31亿元，较年初增加8.6亿元，各项贷款增量列潍坊工行系统8县（市）第1名。向上级行争取投资800万元，完成城中分理处搬迁改造，对5处营业网点新上智能设备8台。对3户不良贷款本息1168万元进行打包处置，实现当年无不良贷款。支行连续19年实现安全运营无事故。在进一步做大传统和优势业务规模的同时，努力开辟新型高附加值业务“产品线”，不断打造新的收入增长点，实现业务收入持续稳定增长。全年实现拨备前利润1.27亿元，较上年增加1463万元，增长13%；上缴税金3185万元，较上年增长20.5%。

对昌邑市昌盛管网建设投资有限公司供水管网升级改造项目新增加项目贷款1.3亿元；为昌盛新农村建设投资有限公司城区道路提升改造项目新增长期贷款2.7亿元；为昌邑鹏昊自来水有限公司2万吨／日净水厂建设项目新增长期贷款1850万元。在做好项目贷款的同时，积极为昌邑石化、浩信、华晨、同大、灶户盐化等重点企业新增流动资金贷款支持，为全市大中型企业新增流动资金贷款4.5亿元。为中小企业发放贷款24亿元，国内国际贸易融资折合人民币3亿元，平均利率水平在潍坊工行系统内及本地同业，均保持较低水平。促进居民消费升级积极发展消费信贷业务，大力推广公务员逸贷、信用卡分期付款、住房按揭贷款、个人消费贷款等个人类贷款业务，发放个人贷款 2.2 亿元，有力促进昌邑市第三产业发展。

严把客户准入关口，强化潜在风险融资管理，有效化解信贷风险，持之以恒地抓好信贷基础管理工作。认真贯彻落实上级行、地方政府以及债委会要求，充分利用好潜在风险客户管理政策，在昌邑支行风险不增加的基础上，采取再融资、展期等措施，降低融资成本，帮助企业渡过难关。（供稿人：张　君）

【中国银行昌邑支行】　中国银行昌邑支行（简称昌邑中行）设有昌邑营业部、富昌街支行、北海路支行、昌邑开发区支行 4 个网点。昌邑中行有员工 61 人，其中对公客户经理 5 人，对私客户经理 5 人，理财客户经理 5 人。2017 年底，昌邑中行各项存款余额 17 亿元，其中人民币存款余额 16.24 亿元，外币存款 1158 万美元；人民币企业存款余额 4.88 亿元，储蓄存款余额 11.36 亿元；昌邑中行对私表内理财余额 1022 万元；对私表外理财余额 2.02 亿元。同业机构存款余额 2000 万元。昌邑中行人民币贷款余额 8.28 亿元，其中公司贷款余额 5.23 亿元，消费贷款余额 3.05 亿元；外币贷款 36.9 万美元，承兑汇票余额 2.43 亿元。人民币公司贷款余额 5.23 亿元，其中短期流贷 4.15 亿元，项目贷款 1.05 亿元，贸易融资 300 万元。个人贷款余额 3.05 亿元，其中房屋按揭贷款 1.57 亿元，经营贷款 0.50 亿元。新增楼盘项目批复 12 个，全年投放按揭贷款 4387 万元。全年中收完成 1000 万元，全年实现拨备前利润 2391 万元。

为当地优质民营制造业、依托产业链核心企业发展，主推应收账款质押贷款、保险理财等多样化的产业链金融产品，使当地融资渠道相对狭窄的民营企业可借力上下游大客户信用取得融资。当年新增信贷投放 2 户，累计 1.25 亿元。昌邑中行成功批复 PPP 项目贷款 1.05 亿元并实现投放，储备上报政府购买服务融资项目 5 亿元，为信贷投放及利润增长打下坚实基础。昌邑中行大力推广助农服务网点，发展助农服务点 10 个。将中国银行的服务做成老百姓家门口的社区、门口金融，让老百姓感受到实实在在的获得感。昌邑市棚户区改造项目获得省级批复，昌邑中行积极联系相关镇（街区），上门服务为其办理开卡、代发存单，并开通网络金融等相关业务，让老百姓在自己家里获得新型化金融服务体验。以助农租金分期为基础，进一步对当地的种植大户、养殖集群等开展营销服务，引入保险，积极向上级行申请政策支持，为涉农行业提供稳定、优质的金融服务和授信支持。

（供稿人：孟　咏）

【中国建设银行昌邑支行】　中国建设银行昌邑支行以“两学一做”学习教育为保障，以“转型、发展、风控”为目标，以“夯基础、促发展、补短板”为抓手，向管理要效益，从同业抢份额，对资产求质量；深化优质服务，创新产品体系，全行的核心竞争力得到加强，规模、质量、速度同步推进，市场地位进一步提升，推动各项工作的持续、健康、快速发展。2017 年，中国建设银行昌邑支行一般性存款余额 32 亿元，国有四行占比 20.57%，居第 3 位；时点较年初新增 0.98 亿元，占比 12.24%，居第 2 位。对公存款余额 13.4 亿元，占比 28.56%，居第 3 位。个人存款余额 18.6 亿元，占比 17.92%，较年初提升 0.35%；较年初新增 1.65 亿元，居第 2 位。个人贷款余额 7.5 亿元，较年初新增 1.57 亿元；存量国有四行占比第 2 位，新增占比达 49.74%，居第 1 位。

2017 年底，个人贷款余额达 7.55 亿元，全年发放个人贷款 3.19 亿元，当地同业余额占比第 2 位，新增占比第 1。积极依托房贷资源联动营销，大力开展专项分期业务，全年支行新完成分期交易额 6393.5 万元。坚持发展与风险并重，确保有质量、可持续发展。贷款余额为 20.66 亿元，较年初新增 2.22 亿元。其中非贴对公贷款余额 12.14 亿元，国有四行占比 20.61%，居第 3 位；比年初新增 -3758 万元。办理银行承兑汇票 2000 万元，办理贴现 1.19 亿元。树立大资产意识，推行集约化经营。以全市的重点产业集群为目标，大力扶持石油化工、机械制造、纺织印染等支柱产业。从供给侧全方位、多层次、一站式的满足企业资金需求。信贷投放总量实现快速增长，新增贷款在同业居首。以大数据和纳税A级企业数据为工具，大力发展“五贷一透”等特色业务。积极寻求市政府支持，开展“助保贷”“助贸贷”特色贷款业务，通过产品创新，大力发展中小企业贷款业务。对重点项目抢主动，早介入。建立与发改局、经信局、等部门的沟通机制，及时跟进新项目建设，加强对全市扩建、技改项目的后续服务。加大对医疗、卫生、教育、环卫等重点行业的信贷支持。

全年实现中间业务收入3194万元，国有四行居第2位。对公中收1816万元，国际业务中收1392万元。在认真分析客户结构，合理优选产品的基础上，确定以国际结算业务中心，大力发展中间业务。推行“国内信用证、赎单融资、买方付息贴现”等一揽子融资解决方案，以产品为突破，以客户为载体，以联动为抓手，国际结算量、业务收入取得超常规发展。完成国际业务结算量39.16亿美元，占系统内国际业务结算量的40%，国有四行居第1位。加强存贷款定价，强化资本约束理念，提高集约经营意识。通过坚持以风险调整后的收益最大化为目标，不断构建以资本为核心的资源配置体系和考核体系；通过运用经济资本和RAROC等风险量化工具，为中国化工油气股份有限公司、为潍坊华信纺织有限公司、山东智峰食品有限公司、潍坊华源印染有限公司、昌邑市信通制造有限公司等单位追加存单质押及合格押品，强化风险缓释措施，有效降低资本占用894万元。公积金代理业务取得新突破。公积金贷款业务，全年公积金中发放贷款575笔，1.62亿元，昌邑支行发放504笔，1.44亿元，占比达88%，居第1位。公积金本年累计归集金额1.34亿元。

（供稿人：谢雷鸣　张万里）

【中国农业银行昌邑支行】　2017年，中国农业银行昌邑支行紧紧围绕市委、市政府及上级行工作安排，抓业务经营转型发展，严守风险底线，各项工作取得较好成效。年末，全行各项存款余额67.7亿元，较年初增加5.4亿元，存量、增量均居系统第5位，居国有四行第1位。其中个人存款时点余额及增量，日均存款余额及增量均居国有四行第1位；各项贷款余额26亿元，较年初增加3.8亿元；实现营业收入1.55亿元，中间业务收入2920万元，同比增长1.74%；拨备前利润9962万元，同比增长1.15%，不良贷款余额及占比实现“双降”，全年未发生任何案件。

强化“双基”管理，严守风险底线。始终将基层和基础管理作为实现可持续发展的有力保障，强化从严治行，基础管理进一步加强。建立支行班子成员和部室包保网点制度，落实包保低效网点制度，进一步加大对网点帮扶支持力度。扎实推进“三线一网格”管理，开展“两个办法”学习教育活动，组织开展案防风控“大排查、大起底”、安全稳定隐患排查治理及银行业乱象整治等专项活动，全行实现安全运营无事故。全力防控信用风险，多手段、多渠道加快不良贷款化解处置。处置不良贷款1.51亿元。自主清收307万元；自主核销323万元；批量转让1.46亿元；收回已核销贷款192万元，完成计划106.86%，居系统第3位。不良余额、占比分别较年初下降194万元和0.12个百分点。

（供稿人：宫延庆　夏迎涛）

【山东昌邑农村商业银行股份有限公司】　2017年，山东昌邑农村商业银行股份有限公司（简称昌邑农商行）紧紧围绕市委、市政府“一三四五”思路举措，全面提升金融服务水平，加大信贷投放力度，助力“五个新城”建设。年底，各项存款余额170.3亿元，较年初增长18.3亿元，存款市场占有率39.5%；各项贷款余额89.9亿元，较年初增长6.5亿元，贷款市场占有率35.6%，存贷款市场占有率稳居昌邑市金融机构首位；实现经营利润3.7亿元，同比增加0.4亿元；上缴税金1.1亿元，同比增加0.3亿元。荣获“2017年省级文明单位”“山东省理论宣教基地”“潍坊市富民兴潍劳动奖状”“昌邑市支持地方发展先进单位”“昌邑市突出贡献企业”等多项荣誉称号。

昌邑农商行围绕“提质、增速、降费”，精准服务实体经济。开办“准地贷”专项贷款业务，向履行完土地“招拍挂”的企业发放“过渡性”土地办证资金累计1866万元；开展银企税合作，为出口退税未到账的企业发放流动资金贷款；推广“续贷通”服务模式，帮助30余家大型重点企业实现新旧贷款“无缝连接”；大力实施减费让利，为80余家企业节省资金600余万元。通过多层次、多条线的产品研发和服务创新，为企业量身设计金融服务方案，构建全流程、一体化的金融综合服务平台，打造全市企业的金融业务“主办行”。

围绕“助农、富农、兴农”，助力再造农业新优势。坚持“面向‘三农’、面向社区、面向中小企业、面向县域经济”的市场定位，顺应国家“三农”政策导向和农村、农业经济发展新趋势，围绕乡村振兴战略，打造“一模式、一平台、一网络”的服务体系，构建低成本、广覆盖、可持续的服务“三农”新渠道，年末全行涉农贷款余额75.2亿元，较年初增加1.2亿元，小微贷款余额25.1亿元，较年初增加2.1亿元。研发推广“昌邑快贷”服务模式，客户通过微信就可申请贷款，办贷时间缩短60%，“快贷”客户达4.7万户，投放贷款5752万元。双向对接辖内农户、生产集体和农资产品龙头企业，线上搭建“智e购”电商平台，线下建设“智e购”农金服务站，积极推动“农资产品下乡”和“农产品进城”，解决农资配送“最后一公里”难题，全市有3.2万户城乡居民成为“智e购”平台注册用户，1700余户商铺入驻，实现交易额1689万元。加强支付渠道建设，建成“营业网点、社区银行、手机银行、网上银行、农金服务点”五位一体城乡支付结算网络，城区金融服务物理半径缩短为300米，农金服务点实现行政村全覆盖，农民足不出户就能享受方便快捷的金融服务。

围绕“政府满意、百姓获益、多方共赢”，对接合作党政民生重点项目。紧跟昌邑市“项目建设和招商引资年”工作部署，深入对接市重点招商引资项目、重大民生工程，不断拓宽合作范围、丰富合作内容，累计投放包括雅拉食品项目、都昌棚户区改造项目、康洁环卫工程、济贤养老中心等项目工程贷款3.6亿元。昌邑农商银行是潍坊农信系统中最先发放民生工程贷款的农商银行。

围绕“诚信建设、维护稳定、防范风险”，组织开展诚信建设活动。坚决贯彻落实中央金融工作会精神，牢牢守住“不发生系统性金融风险”底线，开展“建诚信昌邑，防金融风险”不良贷款专项清收行动，弘扬诚实守信美德，净化信用风气，改善地方金融生态环境。活动期间，张贴失信人名单200余份，发放宣传材料5000余份，收回不良贷款1518万元，诚信宣传覆盖550个行政村，有效改善地方信用环境。

围绕“帮扶困难、教育公众、回报社会”，积极承担履行社会责任。扎实做好“包村联户”工作，累计为北孟金戈庄村、卜庄永和村、奎聚街办黑埠村的困难群众捐款捐物22万余元。开展“慈心一日捐”活动，筹集善款7.5万元。扎实开展信贷精准扶贫，发放各类创业、返乡、扶贫贷款4100万元，惠及贫困户390余户。成立“红马甲”为民服务队，组织开展“金融知识下乡”等金融政策宣讲活动60余场，发放宣传手册2.6万份，提高公众金融素养。协办“唱响昌邑”百姓春晚选拔赛，组织200余场“送电影下乡”活动，实现金融知识宣传与丰富城乡居民精神文化生活双丰收。（供稿人：梁锡山）

【潍坊银行昌邑支行】 潍坊银行昌邑支行下设昌邑支行营业部、北海路支行、围子支行3家营业网点，有在职职工57名。2017年末，全行总资产达30.8亿元，各项存款余额26.6亿元，各项贷款余额29.5亿元，实现经营利润1.09亿元，上缴税金1198万元，经营业绩再上新台阶。

潍坊银行昌邑支行在助力昌邑经济发展的同时，全体员工不忘履行社会责任，积极参与公益活动，开展慈心一日捐，慰问贫困户，走访敬老院等系列公益活动，树立良好社会形象。响应昌邑市委组织部号召，积极与奎聚街道小逄翟村结对子，实施精准扶贫。注重企业软实力建设，提升品牌影响力。始终坚持“立足中小企业、立足当地经济、立足城乡居民”市场定位，按照“求实效、接地气”的要求，立足本区域的特点，将市场潜力大、社会关注度高的少儿群体纳入营销范围。该行独家冠名“潍坊银行昌邑支行杯少儿才艺大赛”，为昌邑区域的小朋友提供展现自我的舞台，精彩纷呈的赛事极大的提高小朋友的参与积极性，受到家长朋友的一致好评，提高昌邑人民对潍坊银行的认同感，增强潍坊银行的品牌影响力。（供稿人：庞伟平）

【中国邮政储蓄银行昌邑支行】 2017年，邮储银行昌邑支行紧紧围绕市委、市政府及上级行的工作部署，坚持求真务实、开拓创新，致力于服务“三农”、服务中小企业。全行实现业务收入3673.55万元，同比增长11.87%，全员劳动生产率43万元/人。实现地方税收286万元。受到政府部门及上级行表扬及表彰，被授予中国邮政储蓄银行山东省分行“2017年度晋位提升‘二十佳县行’”、山东省“省级文明单位”、昌邑市“先进职工之家”等荣誉称号。

邮储银行昌邑市支行设有自营网点4个，邮政代理网点22个，业务范围实现城乡全覆盖。各项存款余额达到12.22亿元，其中个人储蓄存款余额达到10.32亿元，同比增加0.19亿元，增幅1.88%。坚定“存款立行”发展理念，大力发展一年期以下存款业务，开展综合营销，提高活期比重。各项贷款余额达到7.36亿元，同比增加2.36亿元，增幅47.78%。发放贷款2.96亿元，其中涉农贷款1.7亿元。全行不良贷款结余97万元，同比减少112万元，资产质量不良率0.2%，同比下降0.27%，实现不良贷款、不良率双降。 积极承担养老保险发放工作，月均发放金额2200万元，服务客户1万多名。向上级行争取3800万元，购置新办公营运楼，并完成整体搬迁；对城区3处网点进行装修改造，改善服务环境，推进转型升级，优化台席及柜员配置，增配自助机具，努力打造百姓满意银行。

重点支持家庭农场、专业大户、农民合作社等涉农贷款，与畜牧局、农业局等涉农部门联系，获取优质农业合作社、专业大户名单，进行产品对接，建设信用村及贷款联系点，共建成信用村26个、贷款联系点113个，投放种养殖户及农资销售户资金4546万元，受益271户。创新贷款业务，与昌邑市创业贷款担保中心合作小额再就业担保贷款，重点扶持下岗职工、退伍军人、失地农民及大学生自主创业等，投放资金1631万元，受益100余人次，并推出亲情贷、税贷通、优享贷等贷款新品种。

强化与政府、企业、市场方合作，作为新生代企业家联合会理事单位，积极对接走访重点企业，针对企业金融需求组织推介会。引进省普惠农牧担保公司，为家庭农场、农民合作社、专业大户等涉农贷款提供担保，有效解决担保圈、担保链问题。针对昌邑市的经济行业特点，对纺织业、铸造加工业及批发零售业等支柱产业，主动下调贷款利率，降低客户付息成本；调整还款周期，缓解客户资金周转压力。

（供稿人：孙玉成　冯晓佳）

【兴业银行潍坊昌邑支行】　2017年，兴业银行股份有限公司潍坊昌邑支行（简称兴业银行昌邑支行）严格贯彻国家金融政策，坚持以“防风险、促发展”为基本工作主线，紧跟总分行信贷工作导向，结合昌邑当地实际工作情况，稳健经营、扎实进取，较好完成全年各项指标，市场份额、品牌影响力在当地得到有力提升。兴业银行昌邑支行的公司发放贷款5.6亿元，服务客户30余家，服务行业包括石油化工、食品、纺织、机械加工、盐化工等行业，基本覆盖当地行业支柱产业。发放零售贷款1.1亿元，较好的支持当地老百姓住房保障及个人经营、消费需求。

兴业银行昌邑支行电子银行业务以“科技兴行、服务客户”为发展理念，不断加大科技创新投入，致力打造现代化、电子化、综合化的服务保障体系。形成“在线兴业”网上银行、“无线兴业”手机银行、“热线兴业”电话银行、微信银行等多产品综合金融服务平台。

（供稿人：张　明）

【中国民生银行潍坊昌邑支行】　2017年，中国民生银行潍坊昌邑支行坚持稳中求进、进中求好，坚持一手抓有效发展，一手抓风险防控，更新理念，转型发展，夯实基础，实干兴行，各项工作取得新成绩。民生银行潍坊昌邑支行各项存款余额8.34亿元，较年初增加2300万元；非储金融资产余额8.96亿元，较年初增长2.12亿元。贷款余额与去年底持平。通过新增对公结算户、提升对公贷款客户结算、新增小微乐收银结算户、新增代发工资客户、新增云账户结算户抓结算存款；通过代发工资、公私联动、营销非储金融资产抓储蓄存款；新增机构客户抓机构存款；持续深化对公业务开发；大力发展撮合业务和发债业务，带动存款规模快速增长。总结成功经验，稳定发展资本市场和同业市场业务。零售团队建设日趋成熟，持续推进零售业务转型。支行高度重视不良资产清收工作，成立专门的清收小组，进一步对资产客户进行排查，根据信贷资产风险状况，加大处置力度。通过加强对现有公司客户风险排查、防控，确保不发生新的信贷风险，避免逾期及不良发生。对已形成不良的小微客户，进行梳理，对有一定还款能力的尽快采取追索手段。加强全行岗位规范管理，对所有风险岗位和业务进行排查，强化职业风险教育，提高风险防范意识，避免道德和声誉等风险的发生。（供稿人：张传欣）

【昌邑北海村镇银行】 昌邑北海村镇银行是经中国银监会批准，由山东莱州农村商业银行发起设立具有独立法人资格的新型农村金融机构，主要为“三农”、小微企业、个体工商户和社区居民提供全方位的金融服务。昌邑北海村镇银行坚持服务“三农”、立足小微的市场定位，2017 年底，该行贷款余额 3111.49 万元，其中小微企业贷款余额 1014.6 万元，户数为 22 户，申贷获得率为 100%，不良贷款率为 0。

为提高小微企业金融服务质效，制定小微企业服务的相关制度包括《昌邑北海村镇银行关于“六项机制”实施办法》《昌邑北海村镇银行关于“四单原则”实施办法》《昌邑北海村镇银行亲属回避制度》《昌邑村镇银行不良贷款管理办法》《昌邑北海村镇银行股份有限公司小微企业授信业务尽职免责管理办法》《昌邑北海村镇银行贷款审批管理办法》《昌邑北海村镇银行小微企业金融服务专项绩效考核办法》，组织信贷人员认真学习。昌邑北海村镇银行积极对接当地创贷中心，鼓励当地失业人员、退役军人、返乡农民工、毕业大学生等社会群体自主创业，同时吸收失业人员、退役军人、返乡农民工、毕业大学生等社会群体的符合条件的劳动密集型小微企业可向昌邑北海村镇银行申请创业贴息贷款。利用互联网平台覆盖面广、传播速度快、便捷及时的特点，运营昌邑北海村镇银行微信公众号，设立在线申请贷款模块，实现与客户的无缝对接。（供稿人：刘盼盼）

【中国人民银行昌邑支行】 2017 年，中国人民银行昌邑支行在上级部门的领导下，认真贯彻落实各级工作会议精神，以抓好党建工作为统领，促进支行各项工作协调发展。在适应和支持供给侧结构性改革，有效传导落实稳健货币政策支持地方经济发展，突破支行亮点工作着力推进金融管理工作，维护辖区金融稳定等方面都有很大进步，保持全市金融工作的平稳运行。昌邑支行被评为“2016—2017 年度昌邑市文明单位”，在 2017 年度市直部门单位“比学赶超创先争优”述职评议活动中荣获优秀。2017 年底，全市金融机构本外币各项贷款余额 252.3 亿元，较年初增加 35.3 亿元，增长 16.3%，全年贷款增幅连续 12 个月保持潍坊 8 县（市）第 1 位，贷款增量到年末列潍坊 8 个县（市）第 3 位并连续 9 个月保持潍坊 8 个县（市）第 1 位。贷款增量增幅始终保持高位运行、名列前茅，创历史同期最好水平。

进一步提高农村地区金融维权服务水平，切实保护农村地区金融消费者的合法权益，推进普惠金融发展，加大工作力度，建立 691 个村（居）金融消费维权联络点，率先实现全市农村金融消费维权联络点乡镇全覆盖、重点社区全覆盖、人群密集区全覆盖，金融消费者的财产安全权、知情权、自主选择权、公平交易权、受教育权、信息安全权等权利得到基本保障。昌邑市银行卡助农取款服务点达 784 个，比上年增加 27 个。（工行 1 个，农行 260 个，农商行 428 个，邮储银行 68 个，潍坊银行 18 个，中国银行 7 个，建设银行 2 个）在农村布设网点较少的潍坊银行昌邑支行共设立 18 个助农取款服务点，存款余额 9685 万元。助农取款点在行政村的全覆盖，均衡城乡金融资源的配置，推动基础金融服务在农村地区的延伸，为健全农村金融服务体系创造条件，为金融服务打通“最后一公里”提供有效的支持。该项工作得到中心支行领导的重视和支持，中心支行刘福毅行长、代金奎副行长先后到该公司进行调研，昌邑支行专门组织人员到康洁公司进行调查对接 2 次，继续协调各金融机构加大对其金融服务支持，新增放贷银行 2 家，年底为该公司融资余额 1.72 亿元，满足该公司的合理信贷需求，为该公司继续拓展国内外市场提供有效的资金保障。

昌邑支行积极督导潍坊银行昌邑支行接入电子商业汇票系统，并加强宣传力度，同符合条件的企业签约，现场办公，成效显著。年底，潍坊银行昌邑支行办理电子商业汇票3272笔，金额达8.11亿元，比上半年增加4.04亿元，提升电票业务普及率。昌邑支行督促各银行机构增设自助设备，大力开展手机支付、网上银行等业务开展业务分流，有效减少柜台业务，非柜面业务明显增多，年底，昌邑市ATM自助设备达246台，非柜面渠道日均业务量达30%，非柜面渠道业务明显增多。

加强政策传导，确保国家外汇政策及时落实到位。4月1日，昌邑支行召开2017年外汇管理工作会议，对辖内银行执行外汇管理考核情况进行通报，并同与会人员就外汇政策执行过程中遇到的问题进行互动交流，进一步增强辖内各银行的工作责任心和尽职审核的责任感。为进一步落实跨境人民币政策，推动跨境人民币业务发展，昌邑支行成立以分管行长为组长，外汇管理科有关人员为成员的活动实施小组，坚持以了解企业需求为导向，多部门协调，通过逐户上门走访方式，向企业宣传跨境人民币政策。活动期间，办理跨境人民币业务结算量达2.19亿元人民币，占辖内涉外出口收汇的5%，同比提高2个百分点。坚持“一企一策”外汇服务，切实解决企业实际困难。2月，帮助康洁环卫（巴基斯坦）有限公司解除总局管控，成为全国第一批解除管控大额境外投资项目，康洁环卫（巴基斯坦）有限公司于2月28日成功向境外汇款530万元，也为该公司境外投资项目顺利实施提供资金保障。

深化政银企合作，组织开展“双走访”活动。昌邑支行积极协调引导各金融机构加强与政府职能部门沟通，通过与发改局、经信局、金融办等部门协调联系，将全市重点企业、行业发展规划和项目投资清单全部提供给金融机构，从中筛选银企合作项目，把协调服务做在前头。分别于2月、8月组织辖区各金融机构开展“金融服务百家企业走访行”“涉外大走访暨跨境人民币政策宣传”活动，其中“金融服务百家企业走访行”具体活动实施方案得到市领导的充分肯定，分管副市长孔德奎作出批示。走访企业105家，提出资金需求总额26.83亿元，达成合作协议金额18.32亿元，12月14日，合作资金全部到位。

（供稿人：党雪静）

【银行监管】　昌邑监管办事处是中国银监会潍坊银监分局的派出机构，承担昌邑辖区银行业金融机构的监督管理工作。2017年，昌邑银监办认真贯彻落实全市经济工作会议精神和市委、市政府决策部署，紧紧围绕服务实体经济的本源使命，稳增长、优服务、防风险，持续保持稳健发展的良好态势。2017年底，全市共有金融机构11家，机构网点113个。各项存款余额433.3亿元，居全潍坊市第4位，较年初增加28.67亿元，增长7.09%，增量、增速分居全潍坊市第5位、第4位。各项贷款余额252.3亿元，居全潍坊市第8位，较年初增加35.3亿元，增长16.3%。不良贷款余额3.24亿元，较年初增加0.24亿元，不良贷款率1.17%，较年初下降0.05个百分点，低于全潍坊市平均水平0.88个百分点。

信用风险防控为重点，维护辖区金融稳定。突出加强信用风险防控。督促辖内银行机构加大不良贷款清收处置。截至2017年12月末，辖区银行不良贷款余额3.24亿元，不良率1.17%，低于潍坊市平均水平近0.88个百分点。配合山东浩信债委会工作，化解重点企业信用风险。年内召开2次债委会会议，解决风险化解过程中出现的问题，通过降息或银承转流贷等为企业减少利息成本近5000万元，化解22.34亿元信用风险，实现政银企多赢成果。协助开展金融风险排查、非法集资风险专项治理、担保圈信用风险排查、互联网金融整顿处置和打击逃废金融债务等工作，辖区未发生金融案件和重大信用风险，金融状况基本稳定。

坚持稳中有进，信贷投放力度进一步加大。昌邑监管办事处积极贯彻落实国家支持实体经济发展的要求。落实分类施策，助力全市供给侧机构性改革，战略性新兴产业、绿色信贷、重大基础设施建设等优先、鼓励、支持类企业贷款。在实体经济有效需求不足、不良贷款处置压力加大的形势下，监督指导全市银行业积极应对，确保信贷投放力度持续增强。积极支持水利、环境和公共设施，批发和零售业等重点领域，表内信贷业务规模持续增加。

金融服务水平稳步提升。昌邑监管办事处组织银行业金融机构开展“金融知识宣传教育”活动，组织员工走街串巷、走上街头、走进社区、走入校园、走入村庄。发放宣传单，全面进行金融业务宣传。开展“送金融知识进千村百乡、到田间地头”等活动，着力宣传扶贫小额信贷等普惠金融政策，以及农村居民遇到的贷款、担保业务相关风险防范知识。开展“走进访”活动，冠名“唱响昌邑”，走进昌邑济贤养老中心，开展各类活动10次，发放宣传材料5000多份，受众达到8000多人次，微信推送点击量超过7000人次。

（供稿人：魏中敏）

昌邑境内银行机构情况一览表

表3

序号		2017年年末机构情况				2017年年末基本业绩									
							资　产					负　债			
		机构名称	地　址	负责人	员工数量（人）	资产余额（万元）	较年初+、-（万元）	贷款余额（万元）	较年初+、-（万元）	不良贷款余额（万元）	较年初+、-（万元）	负债余额（万元）	较年初+、-（万元）	各项存款（万元）	较年初+、-（万元）
工行	1	工商银行昌邑支行	富昌街161号	孙善伟	38	413053	45650	299223	95856	120	28	401029	44031	392559	43545
	2	工商银行支行营业室	富昌街161号	刘娜娜	24	413047	45648	299217	95845	120	28	283922	40127	275452	39641
	3	工商银行工人新村分理处	利民街611号	李　佳	5	2	2	2	2	0	0	31187	1102	31187	1102
	4	工商银行城中分理处	利民街410号	王鲁宁	5	4	0	4	0	0	0	52230	-2936	52230	-2936
	5	工商银行柳疃支行	柳疃镇昌灶路东侧2幢131号	姜廷军	6	0	0	0	0	0	0	12833	466	12833	466
	6	工商银行文山支行	放路374、376号	毕晓丽	7	0	0	0	0	0	0	20857	5272	20857	5272
	合计				85	413053	45650	299223	95856	120	28	401029	44031	392559	43545
农行	1	农行昌邑支行营业部	新村街211号	朱　琳	22	645688	38290	224393	33827	296	-180	650298	45383	179841	18814
	2	农行文昌支行	利民街与文昌南路交叉路口（西南角）三合苑A区沿街楼	朱　艳	13	23580	4431	29	29	0	0	23315	4407	22993	4370
	3	农行奎聚支行	交通街78号	蒋树杰	12	36739	2481	1008	213	0	0	36329	2487	35525	2427
	4	农行富昌分理处	北海路与富昌街交叉路口西南角沿街楼	刘辉远	10	21625	-2126	4793	-2139	13	13	21263	-2215	20825	-2145
	5	农行都昌分理处	富昌街107号	孙法德	10	38646	1653	5909	1959	36	21	38192	1642	37286	1436
	6	农行南逄分理处	北海路南首	魏文峰	10	28714	926	203	35	19	10	28433	921	27896	1080
	7	农行宋庄分理处	围子街道办事处宋庄社区办对面	孙世杰	7	21178	-805	80	-2035	0	0	20875	-879	20467	-798
	8	农行石埠分理处	石埠经济发展区政府街东首	赵佃科	7	31718	2914	131	49	7	-15	31283	2841	30902	2866
	9	农行饮马分理处	饮马镇饮马邮政储蓄银行南邻	王建民	8	46194	4805	106	23	0	0	45610	4736	44858	4762
	10	农行北孟分理处	北孟镇花生厂东邻	赵洪儒	7	39732	4103	149	57	0	-4	39285	4049	38570	4032
	11	农行峡山分理处	潍坊市峡山生态经济发展区峡山街道办事处幸福街4号	王敬宝	8	41843	3029	1598	-655	0	0	41380	3037	40675	3097
	12	农行卜庄分理处	卜庄镇政府东100米	宋冰	6	23677	4544	413	83	0	-5	23396	4475	23082	4475
	13	农行围子分理处	围子街道办事处政府东200米	陈兴华	10	55678	7088	8673	-296	27	7	54995	7026	54113	7026

续表 3

序号		2017年年末机构情况				2017年年末基本业绩									
		机构名称	地址	负责人	员工数量（人）	资产余额（万元）	资产					负债			
							较年初+、-（万元）	贷款余额（万元）	较年初+、-（万元）	不良贷款余额（万元）	较年初+、-（万元）	负债余额（万元）	较年初+、-（万元）	各项存款（万元）	较年初+、-（万元）
	14	农行夏店分理处	卜庄镇夏店社区办对面	刘贵文	8	27767	176	118	-103	0	-3	27446	167	26928	208
	15	农行柳疃支行	柳疃镇昌灶路东华达公司办公楼一楼	李香志	14	36859	-970	4063	-85	5	-24	36305	-1012	15307	-235
	16	农行龙池分理处	山东省昌邑市龙池镇政府西100米	邱召林	9	15784	-268	91	-36	0	0	15614	-269	15542	681
	17	农行汇金分理处	昌邑市交通街78号	孙华波	9	22563	3739	342	36	0	-15	22313	3721	22027	3735
	合计				170	1157985	74010	252099	30962	403	-195	1156334	80518	656837	55831
中行	1	中国银行昌邑支行	交通街451号	徐帆	15	—	—	83001	-4675	—	—	—	—	78609	-3670
	2	中国银行开发区支行	石化路中段（昌邑华晨纺织印染有限公司东沿街楼）	孙振红	10	—	—	0	0	—	—	—	—	24732	-909
	3	中国银行北海路支行	北海路辛置海之郡小区北侧沿街楼	牟春丽	10	—	—	0	0	—	—	—	—	29438	-519
	4	中国银行富昌街支行	富昌街49-14、49-15、49-16号	迟显亮	10	—	—	0	0	—	—	—	—	30373	-82
	合计				45	—	—	83001	-4675	—	—	—	—	163152	-5180
建行	1	建设银行昌邑支行	北海路169号	高镇滨	70	350486	21325	206615	22196	82	69	333100	11304	319037	9772
	2	建设银行行新村分理处	利民街649号	徐晓杰	7	0	0	0	0	0	0	45914	3392	45914	3392
	3	建设银行新府分理处	交通街与奎聚路交叉路口东30米路北	仲冰洁	6	0	0	0	0	0	0	15268	1266	15268	1266
	4	建设银行西关分理处	天水路与新兴街交叉路口东南角	董洁	7	0	0	0	0	0	0	42198	4900	42198	4900
	5	建设银行昌邑支行营业室	富昌街219号	郭延玲	25	350486	21325	206615	22196	82	69	229720	1746	215657	214
	合计				115	700972	42650	413230	44392	164	138	666200	22608	638074	19544
邮储银行	1	邮政储蓄银行昌邑市支行营业部	交通街438号	张安儒	20	36044	4147	36044	4147	48	-123	65412	-1297	65412	-1297
	2	邮政储蓄银行奎聚支行	富昌街107号	肖在先	20	13056	-422	13056	-422	23	14	24890	852	24890	852
	3	邮政储蓄银行利民街支行	利民街413号	元莉莉	15	2110	-7	2110	-7	17	-4	9163	3012	9163	3012
	合计				55	51209	3719	51209	3719	87	-112	99465	2567	99465	2567
	1	中国邮政储蓄银行股份有限公司昌邑市南逄营业所	北海路808号都昌联通公司北邻	张伟	5	—	—	—	—	—	—	—	—	13068	2729
	2	中国邮政储蓄银行股份有限公司昌邑市柳疃营业所	柳疃镇政府驻地昌灶路32号	姜玲玲	4	—	—	—	—	—	—	—	—	14160	1411
	3	邮政储蓄银行青乡营业所	青乡联通公司对面	姜湖波	4	—	—	—	—	—	—	—	—	13155	-232

续表 3

序号		2017年年末机构情况 机构名称	地址	负责人	员工数量（人）	2017年年末基本业绩 资产 资产余额（万元）	较年初+、-（万元）	贷款余额（万元）	较年初+、-（万元）	不良贷款余额（万元）	较年初+、-（万元）	负债 负债余额（万元）	较年初+、-（万元）	各项存款（万元）	较年初+、-（万元）
	4	邮政储蓄银行龙池营业所	龙池镇委西邻	宫海波	5	—	—	—	—	—	—	—	—	11984	-171
	5	邮政储蓄银行双台营业所	农村商业银行双台营业所西邻	徐军伟	5	—	—	—	—	—	—	—	—	11581	690
	6	邮政储蓄银行围子营业所	围子派出所东邻	徐新波	5	—	—	—	—	—	—	—	—	13961	1176
	8	邮政储蓄银行夏店营业所	卜庄镇夏店供销社北邻	林爱娣	4	—	—	—	—	—	—	—	—	11925	-396
	9	政储蓄银行东冢营业所	国税局夏店分局北邻	徐在武	4	—	—	—	—	—	—	—	—	8781	-411
	10	邮政储蓄银行下营营业所	下营镇东营村中心街中段路北	陈同胜	5	—	—	—	—	—	—	—	—	7981	220
	11	邮政储蓄银行卜庄营业所	卜庄镇兴卜路与206国道交叉路口路西联通公司处	任建华	4	—	—	—	—	—	—	—	—	8851	1444
	12	邮政储蓄银行宋庄营业所	围子街道办事处宋庄东村	马桂树	4	—	—	—	—	—	—	—	—	12961	501
	13	邮政储蓄银行石埠营业所	石埠镇派出所东100米	郭亮亮	5	—	—	—	—	—	—	—	—	27076	854
	14	邮政储蓄银行流河营业所	流河联通公司对面	杨寿利	4	—	—	—	—	—	—	—	—	15055	61
	15	邮政储蓄银行饮马营业所	饮马网通公司北邻	王德忠	5	—	—	—	—	—	—	—	—	25681	1633
	16	邮政储蓄银行北孟营业所	北孟镇地税局东邻	张尧文	5	—	—	—	—	—	—	—	—	16242	739
	17	邮政储蓄银行丈岭营业所	潍坊市峡山生态经济发展区太保庄街道丈岭社区联通公司南邻	刘超	4	—	—	—	—	—	—	—	—	8813	572
	18	邮政储蓄银行塔耳埠营业所	北孟镇塔尔埠初级中学东邻	郭丽娟	4	—	—	—	—	—	—	—	—	11339	-3
	19	邮政储蓄银行宏大营业所	南逄奎聚路南首	孙红文	4	—	—	—	—	—	—	—	—	7632	-941
	20	邮政储蓄银行太保庄营业所	潍坊市峡山生态经济发展区太保庄街道建委西邻	庞晓慧	4	—	—	—	—	—	—	—	—	7270	485
	21	邮政储蓄银行李家埠营业所	北海路与双十路交叉口联通公司处	李勇	4	—	—	—	—	—	—	—	—	7732	318
	22	邮政储蓄银行都昌路营业所	利民街728号	郭娜娜	6	—	—	—	—	—	—	—	—	65084	-8221
	合计				99	—	—	—	—	—	—	—	—	335932	3427
农商行	1	营业部	昌邑市北海路136号	郝旭	31	1472862	138318	237753	-2061	485	436	532482	134819	271758	132092
农商行	2	天水路支行	昌邑市天水路中央商务区商贸城二期一、二连层1-001号	宋蕾蕾	14	56198	8856	55929	11844	120	-210	34547	4844	33435	4767
农商行	3	利民街支行	昌邑市利民街265号	王旭赓	17	33910	1741	33695	1870	63	23	71871	5630	70624	5501

续表 3

序号		2017 年年末机构情况				2017 年年末基本业绩									
		机构名称	地址	负责人	员工数量（人）	资产余额（万元）	资产					负债			
							较年初+、-（万元）	贷款余额（万元）	较年初+、-（万元）	不良贷款余额（万元）	较年初+、-（万元）	负债余额（万元）	较年初+、-（万元）	各项存款（万元）	较年初+、-（万元）
	4	奎聚支行	昌邑市北海路北首利洲纺织公司大门南侧	于辉	13	50653	11248	50400	11202	104	104	29044	-829	27660	-686
农商行	5	石湾支行	昌邑市奎聚街办石湾店南村154号	刘志浩	4	3043	-375	3026	-325	291	-57	15435	230	15023	534
	6	道照支行	昌邑市院校西街南侧都昌街道办事处高家道照村综合楼	焦林	4	3187	-314	3132	-348	162	-28	28690	2516	27836	1841
	7	都昌支行	昌邑市北海路753号	卢照臣	14	12893	-1090	12616	-1281	138	-4	23999	-71	22816	23
	8	南逄街支行	昌邑市都昌街办南逄街村东首	唐晓芳	4	1308	-11	1262	-41	0	0	17350	266	16850	12
	9	伍塔支行	都昌街办中伍塔村117号	王勇烈	4	958	-50	932	-40	15	15	14397	-735	13988	-343
	10	王耨支行	都昌街办王耨村579号	徐艳	4	858	-292	834	-90	21	21	12607	502	12283	314
	11	双台支行	都昌街办昌双路6号	于继承	12	6297	-387	6214	-437	254	-192	26495	-2503	25583	-2433
	12	兴福支行	都昌街办双台社区北兴福村274号	高永军	4	2536	18	2514	53	129	114	17502	315	17150	563
	13	永安支行	都昌街办双台社区西永安村726号	王强	4	2602	105	2570	121	69	-20	19189	0	18705	-324
	14	龙池支行	龙池镇龙海路24号	赵文杰	10	10857	-7116	10505	-7082	2608	-1843	46460	4275	42616	1240
	15	瓦城支行	龙池镇瓦北村	高勇	4	2523	-495	2482	-441	30	-241	24330	1343	23593	784
	16	马渠支行	龙池镇马渠村	徐常明	4	2008	-9	1971	-5	53	-62	21945	-114	21153	74
	17	柳疃支行	柳疃镇昌灶路33号	赵美珍	13	70577	1019	70501	1931	1551	111	45281	3412	43820	3596
	18	龙河支行	柳疃镇文化路26号	马天民	4	11963	5180	11865	5184	1010	647	13557	-281	13237	-296
	19	金河支行	柳疃镇河崖村75号	赵贵生	4	7597	-922	7540	-865	2734	2276	27864	506	27049	113
	20	青乡支行	昌灶路与青乡社区中心街交叉点西南侧沿街商铺	王建国	9	11942	1225	11808	1141	561	42	29741	-1395	28768	-1928
	21	潮海支行	柳疃镇青郭路、郭渔路交叉口东南角	庞治国	4	4396	108	4321	232	458	54	32228	407	31136	855
	22	夏店支行	下小路卜庄段217号	李明	10	19326	154	19082	142	318	195	40127	128	38590	97
	23	下营支行	下营镇东营村	卢健健	8	2015	-451	1978	-457	19	19	31803	4686	30774	4297
	24	滨海支行	昌邑滨海（下营）经济开发区华昌未来城金晶大道35号A幢02－06	李汝祥	4	11924	-458	11736	-544	45	18	30724	-3278	30118	-2899

续表 3

序号		2017 年年末机构情况				2017 年年末基本业绩									
		机构名称	地　址	负责人	员工数量（人）	资产余额（万元）	资　产					负　债			
							较年初+、-（万元）	贷款余额（万元）	较年初+、-（万元）	不良贷款余额（万元）	较年初+、-（万元）	负债余额（万元）	较年初+、-（万元）	各项存款（万元）	较年初+、-（万元）
农商行	25	火道支行	下营镇火道村	刘同洲	4	3365	-147	3304	-83	68	68	20013	740	19366	630
	26	卜庄支行	卜庄镇 206 国道与政府街路路口北	耿文华	12	17962	-141	17787	-131	461	461	71524	1822	69603	1844
	27	围子支行	围子街道昌盛街 10 号	黄志成	14	40843	-1373	40550	-1746	1315	-2314	47577	2796	45822	3206
	28	陶埠支行	围子街道北陶村 140 号	胡旭波	4	4490	72	4444	164	250	-25	29832	2817	28996	2351
	29	密城支行	围子街道北密村 401 号	王　勇	4	6419	-893	6348	-855	176	-1536	17025	-53	16525	-259
	30	宋庄支行	下小路宋庄段 32 号	刘常伟	11	11471	558	11039	518	1444	1309	35139	-749	33798	-1260
	31	辛赵支行	围子街道辛赵村 1—3 号	王　亮	4	2330	-189	2305	-149	104	-124	26824	1039	26158	1500
	32	石埠支行	石埠经济发展区政府街 86 号	于敦泉	12	23863	3778	23546	3475	759	495	38002	3225	36784	2256
	33	葛庄支行	饮马镇石埠下小路 350 号	王德强	4	6306	86	6253	59	116	42	13241	-888	12966	-160
	34	金台支行	石埠经济发展区西金台东北村 111 号	李旭伟	4	2589	-539	2541	-567	29	-78	20103	1905	19618	1984
	35	饮马支行	饮马镇下小路 364 号	曹术杰	12	32226	4920	31954	5056	1632	-703	54473	7777	52985	7678
	36	北孟支行	北孟镇利民街 78 号	张积杰	14	22165	1031	21862	1024	2321	949	72558	2661	70367	2740
	37	塔耳堡支行	北孟镇塔耳堡社区十字路口西 30 米	穆林	11	16383	627	16061	499	1337	1069	30149	1396	29262	1379
	38	高阳支行	北孟镇高阳东村	于子帅	4	2060	-158	2029	-54	88	-61	26178	100	25476	-17
	39	昌盛支行	奎聚路 56 号	朱云霄	6	13448	3237	13297	3230	0	0	30526	4059	29689	3897
	40	审批中心支行	奎聚路与交通街交叉口西南角市会议中心一楼大厅	宋海燕	5	8707	-1203	8601	-1232	0	0	14684	-4663	13842	-4995
	41	华海支行	都昌路 389 号华海贸易广场 3 号楼沿街商铺 8-11 号	王淑娇	7	15024	640	14903	648	149	115	19938	-1365	19215	-1372
	42	东城支行	新兴街 46 号	侯雪彬	5	8919	1131	8802	1119	168	-7	21743	2119	21144	2078
	43	西城支行	利民街 666 号 22 幢门店 664 — 1	孙述强	6	6811	1098	6704	1095	11	0	35498	2890	34571	2866
	44	城南支行	交通街佳乐家中央商务区 01-02 号	李晓静	6	8604	1888	8397	1889	32	17	21581	-1979	21042	-2028
	45	行政区支行	交通街与奎聚路交叉口三生大厦裙楼东侧	魏加祥	6	43865	18766	43668	18748	419	295	31379	8311	30926	8206
	46	仓街支行	围子街道围仓路 37 号	郝永洁	8	7606	391	7512	392	326	-29	45851	1608	44580	1548
	47	东冢支行	卜庄镇东冢街 50 号	刘安邦	6	2946	-390	2866	-408	80	-69	30602	-127	29609	-165

续表 3

序号		2017年年末机构情况				2017年年末基本业绩									
		机构名称	地址	负责人	员工数量（人）	资产余额（万元）	资产					负债			
							较年初+、-（万元）	贷款余额（万元）	较年初+、-（万元）	不良贷款余额（万元）	较年初+、-（万元）	负债余额（万元）	较年初+、-（万元）	各项存款（万元）	较年初+、-（万元）
	48	棉纺城支行	柳疃镇棉纺城中心大门南侧8号楼	王明波	7	7620	520	7526	496	1061	945	19563	-1803	19014	-1847
	49	流河支行	石埠经济发展区刘二村389号	高利鹏	7	3758	-654	3696	-645	218	130	22524	229	21916	249
	50	山阳支行	饮马镇山阳村586号	崔　震	7	5108	340	5036	339	154	37	23327	1910	22669	1868
	合计				393	2127319	189397	885696	52588	23955	2403	2007520	190452	1700508	181970
农发行		昌邑农发行	富昌街11号	易学庆	24	325994	77773	325834	77800	0	0	314299	73820	264581	78747
潍坊银行	1	潍坊银行昌邑支行	昌邑市奎聚路138号	原宏丽	28	115635	-50446	143284	-14658	1846	403	115635	-50446	185215	-11381
潍坊银行	2	潍坊银行北海路支行	昌邑市交通街506号	董洋洋	14	127126	18541	86330	12421	0	0	127126	18541	57235	-17988
潍坊银行	3	潍坊银行围子支行	昌邑市206国道300号	王聪聪	12	65645	38535	65358	38443	0	0	65645	38535	23609	3517
潍坊银行	合计				54	308406	6630	294972	36206	1846	403	308406	6630	266059	-25852
民生银行		中国民生银行潍坊昌邑支行	交通街457号富润国际商业综合楼	杜任杰	20	49141	-4259	43147	7847	1128	-10	49171	-3535	48834	16375
兴业银行		兴业银行股份有限公司潍坊昌邑支行	利民街366号三和苑小区北门	韩朋寿	13	58683	14625	55549	39386	0	0	56601	12646	19494	-24427
村镇银行		昌邑北海村镇银行股份有限公司	天水路108号恒鼎新都汇南首	刘戌卿	30	12728	4794	3111	2921	0	0	8323	5112	8226	5050

保险业

【概况】 2017年，全市主要保险机构4家，保险业整体呈现出稳中向好的态势。中国人民财产保险股份有限公司昌邑支公司主要经营机动车、企业财产、家庭财产、货物运输等各类财产保险、短期健康险和人身意外险业务。公司不断提高服务质量和水平，率先在同行业开通24小时保险服务专线电话“95518”，积极推出个性化、差异化新产品。全年，公司实现保费收入1.12亿元，同比增长6.7%，占市场份额50.65%。各项业务呈现稳健的发展态势。理赔方面，截至年底赔款支出2881.57万元，同比增长7%。中国人寿财险保险股份有限公司昌邑市支公司，该公司各项关键指标实现快速增长，荣获中国人寿系统全国“成长百强”“实力百强”双百强奖项，保持着潍坊地区县域前3名的位次。年底实现总保费收入2.7亿元。赔付金额达1.13亿元。太平洋财产保险公司潍坊市昌邑支公司，完成保费收入1882万元，同比增长5.06%。太平洋人寿保险公司潍坊市昌邑支公司保费收入2024万元，全年理赔赔付1100万元。

（供稿人：高兴伟　陈修晓）

【中国人民财产保险股份有限公司昌邑支公司】 中国人民财产保险股份有限公司昌邑支公司是昌邑保险市场上机构、网络齐全、经营险种多、市场占有份额高的保险公司。开办的昌邑市城镇职工大额医疗保险、企财险、家财险、机动车险、工程险、责任险、意外伤害险、短期健康险、农业保险等96个险种涉及经济及社会生活的各个领域。年底，公司实现保费收入1.12亿元，全险种市场份额50.65%，车险市场份额50.12%。上缴地方财政税收1605.84万元，超额完成税收指标。被潍坊市公司评为“先进基层党组织”；被潍坊市保险行业协会评为“潍坊市保险业诚信经营五星级示范单位”；被山东省工商局评为“守合同重信誉”单位。

2017年，昌邑支公司农业保险实现保费收入1014.59万元，当年为种植业支付赔款1642.77余万元。促进当地农业风险的转移和分散，确保粮食安全，维护农村经济社会稳定，服务社会主义新农村建设发挥积极作用。积极开展治安保险业务，在市委综治办、各镇（街区）党委和上级公司的共同推动下，昌邑支公司治安保险业务取得良好的社会效应，为7.5万户居民提供约39亿元的风险保障，充分发挥保险公司在承担社会责任、参与当地平安建设中的独特作用。昌邑支公司民生保险业务实现保费收入80万元，为昌邑市40万名居民提供风险保障。其保障对象为灾害发生时处于潍坊市行政区域范围内所有人口的人身伤亡抚恤和常住居民的家庭财产损失救助。居民人身伤亡每人最高限额12万元，抢险救灾人员最高限额20万元；家庭住房损失救助，最高每户6万元。民生保险业务为受灾群众支付赔款103.2万元，改善保险服务内容，在服务民生、健全社会保障上发挥较好的作用，进一步树立政府在群众中的形象。全年为9万余名职工办理大额医疗保险，支付赔款1135.6万元。

（供稿人：王　飞）

【中国人寿保险股份有限公司昌邑支公司】 2017年，中国人寿保险股份有限公司昌邑市支公司认真学习习近平新时代中国特色社会主义思想，加强思想作风建设，推动“两学一做”学习教育、“三会一课”学习教育常态化、制度化。大力推广“彩虹计划”，助力销售和转型升级。持续增强风险防控意识和能力，着力推动“四位一体”反腐倡廉和风险防控体系深化升级。年底，实现总保费收入2.7亿元，顺利实现市委、市政府年初制定的2.3亿保费目标；年缴纳各项税金310万元，为地方经济发展作出贡献。全年受理理赔案件9000余件，赔付金达4200万元；满期件数3252件，给付金额7168万元，合计支付保险金1.13亿元，完成市政府下达的1亿元的给付保险金目标。公司员工及营销员1052人，完成市委、市政府年初制定的1000人就业目标。总体市场份额为57%，继续领跑昌邑寿险市场。

尽职尽责，做好城乡居民大病保险补偿服务。昌邑支公司为近7万群众办理理赔服务，累计支付补偿款9151余万元，其中市政府拨款7960万，昌邑支公司先后调拨622万元资金补充到赔款中，以确保该项工作的顺利进行。

关注民生，为17.39万名60岁以上老年人，提供18.64亿元风险保障，有702位老年人获得理赔款208.35万元；承保2.84万名在校学生，风险保障达到49.28亿元，支付赔款657人次，累计赔款140.11万元；承保3.09万人，为全市1.03万户独生子女庭提供风险保障达3.7亿元；承保全市公安干警593人，为全市公安干警提供高达2.7亿元的风险保障。与昌邑康洁环卫集团公司签订战略承保协议，为4.1万名环卫工人提供累计143.5亿元的人身保险保障。

广纳人才，助力就业。昌邑支公司发挥行业优势，充分吸纳昌邑地区创业、就业人力。为应届往届毕业生、待岗择业人员等各层级人员提供就业岗位，缓解社会就业压力。2017年，架构内营销人员达到1052人。

（供稿人：杨星辰）

【中国太平洋财产保险股份有限公司昌邑支公司】 2017年，以中共十八大精神为统领，以深入开展“创先争优活动”为契机，努力加强党员干部队伍建设，严格以按照机关效能建设的标准抓好业务经营管理，在坚持合规经营的同时大力拓展业务，公司的全面建设保持良好的发展势头，为昌邑经济建设做出应有的贡献。完成保费 1882 万元，车险完成 1485 万元，非车险完成 397 万元（含农业险 193 万元）。

坚持以业务建设为中心，确保经济效益和社会效益双丰收。昌邑支公司以构建社会主义和谐社会为工作主线，为全市的经济建设和人民的财产安全保障出发，定目标、找差距、解放思想、实干创新、强化管理、提高质量，不断扩大服务领域，大力开办服务性险种，为全市人民创立放心的保险环境，取得明显经济效益和社会成效。潍坊市公司已在 5 个县（市区）开展涉及 6 个险种的农险业务，昌邑支公司开展围子街道、石埠经济开发区 2 个街区的玉米小麦承保工作，收缴保费 193 万元，为农户解决因风灾旱灾造成的减产损失 80.6 万元。有效的解决农户的实际困难，为平衡昌邑经济的发展起到杠杆作用。昌邑支公司由总经理室成员牵头，与 8 个县（市区）机构的政府领导进行接洽，为进一步参与政策性农险做好良好的铺垫；有部分县区开展除玉米小麦之外其他经济作物的农险承保（例如花生、棉花、马铃薯、大葱等）最大限度的解决农户的后顾之忧。积极发展新险种和新兴领域险种。在汽车延保保险、新能源电动车保险、信用险等方面开展一系列工作并取得阶段性成绩。持续攻关政府扎口业务。由公司经理室牵头，通过积极与政府部门进行接洽，为养老机构责任保险、火灾公众责任险、蔬菜价格指数保险、安责险、食责险等险种下一步的发展做好铺垫。太保产险积极参与市级各项税收工作，全年上缴营业税、印花税、增值税等各项税收 254 万元。

（供稿人：于明山）

【中国太平洋人寿保险股份有限公司昌邑支公司】 2017 年，太平洋人寿保险股份有限公司个险业务渠道新保业务量总计 2024 万元，与 2016 年新保业务量同比增长 54.3%。团险业务渠道业务量总计达成 412 万元，与 2016 年业务量同比增长 8.2%。昌邑支公司营运柜面作业，全年总业务量达 3.73 万笔，比 2016 年实现较大提升，保全给付业务总计给付 2800 万元，全年理赔赔付业务总计 1100 万元，与 2016 年赔付业务同期相比，提升 5.6%。服务约访次数计 74 余万次，与 2016 年服务约访次数相比同比提高 13.6%。被公司党委评为“先进党支部”。

昌邑支公司谨遵供给侧结构性改革计划，严格执行“三去一补一降”任务，打好脱贫攻坚战，根据市场动态和消费者需求，落实产品策略改革。扩大健康险保障范围，提升少儿险和意外险保障额度，提高年金保险和养老保险给付额度，优化理财险种给付比例，改进理赔赔付范围，切实维护消费者权益。全面开展“两个加强、两个遏制”自查自纠工作，“纪律教育学习月活动”和“两学一做”学习教育专题教育学习活动，认真查摆领导作风、业务发展、内部管理等方面存在的问题，制定落实整改措施，有效净化系统不正之风和经营行为，筑牢合规经营防线，保障依法合规经营。通过制定出台系列有效管控措施，精细化管控水平公司整体运营效果显著提升。大力开展客户服务界面标准化建设和客户俱乐部建设，增强客户感受，改善服务形象，提升客户满意度。对外有效加强客户投诉管理，同时多次走访城乡贫困家庭提升客户满意度。进一步简化理赔流程，缩短赔案周期，进一步提高理赔效率。综合治理成绩显著。昌邑支公司抓综合治理、安全生产工作，消除各类安全隐患，全体员工防范意识得到进一步增强，全公司实现五无目标：无火灾事故、无交通事故、无盗窃案件、无泄密事件和无上访事件的发生。

（供稿人：杨 建）

证券业

【中泰证券股份有限公司昌邑营业部】 2017 年，昌邑营业部在上级主管部门和当地政府的支持和帮助下，新开证券账户 1872 户，股票全年交易量 113.72 亿元，期货 IB 年交易量 17.68 亿元，托管证券资产 20.41 亿元；昌邑营业部在经营好日常经纪业务的基础上，加强机构业务开发，深度服务昌邑资本市场，营业部加强与当地政府、企业、银行等机构的合作力度，为当地企业同大集团提供直接融资金额 9929 万元；通过与金融办合作，推荐 14 家企业挂牌齐鲁股权交易中心。中泰证券昌邑营业部现服务昌邑资本市场客户 1100 余人，服务机构客户 20 余户，2017 年缴纳利税 22 万余元。

（供稿人：刘桂敏 王运胜）

财政 税务

Cai Zheng Shui Wu

财 政

2017年，昌邑市财政局广大党员和干部职工抢抓机遇，担当作为，团结奋进，砥砺前行，工作创新突破，服务精益求精，管理严格规范。全年完成财政总收入50.5亿元，完成一般公共预算收入30.8亿元，完成民生支出34.3亿元，占一般公共预算支出的84.4%。

【财政收入】 2017年，全市财政总收入完成50.5亿元，同比增长5.2%。全市一般公共预算收入完成30.79亿元，同比增长5.8%。全市一般公共预算收入中税收收入完成20.56亿元，同比增长4.9%，占一般公共预算收入的比重为66.8%；非税收入完成10.23亿元，增长7.6%，占一般公共预算收入的比重为33.2%。主体税种占收入比重：全市增值税、改征增值税、企业所得税、个人所得税等主体税种共完成12.82亿元，同比增长24.3%，占一般公共预算收入的比重为41.6%，占税收收入的比重为62.3%。全市一般公共预算收入分级次完成情况：市级完成22.32亿元，同比增长6.3%。镇街区完成8.48亿元，同比增长4.4%。各镇街区的完成情况是：围子完成1.43亿元，同比增长57.5%；奎聚完成1.03亿元，同比增长32.3%；都昌完成9509.2万元，同比增长23.7%；下营完成2.61亿元，同比增长8.5%；饮马完成3964.9万元，同比增长7.9%；北孟完成2123.9万元，同比下降9.6%；龙池完成4795.7万元，同比下降23.6%；卜庄完成3154.8万元，同比下降29.3%；石埠完成995.1万元，同比下降32.7%；柳疃完成9473.5万元，同比下降33.7%。

【财政支出】 2017年，全市一般公共预算支出完成40.61亿元，增长10.8%。全市教育、文化体育与传媒、社会保障和就业、医疗卫生、农林水、保障性住房、粮油物资储备、商业服务业、节能环保、科学技术、城乡社区事务、交通运输、国土海洋气象等民生支出34.29亿元，占一般公共预算支出的比重为84.4%。

【活力财政】 昌邑市财政局发挥职能优势，将招商引资工作作为培育新的税收增长点的重要举措，拓宽思路，创新思维，不等不靠，主动出击，进北京、赴广西、奔上海，考察引进广西玉柴集团和上海锋泾集团两家企业落户昌邑，规划投资15亿元，年产值过100亿元，为昌邑财源建设注入新动能；寻标对标，主动作为，创先争优，成功争取潍水田园综合体项目落户昌邑，被列为省级试点项目，争取扶持资金1.7亿元，拉动社会资本投入10亿元；设立城投集团和金控集团，科学运作国有资本，拉动社会资本投资建设智能装备产业园和都昌棚户区改造项目，培育新税源；坚持放水养鱼，增资并规范北海融资担保公司，创新建立信用担保联盟体系，为6家企业提供担保和过桥业务，帮助企业做大做强，涵养税源基础；积极开展政府与社会资本合作项目，储备PPP项目17个，撬动社会资本57亿元，实施PPP项目7个，总投资16.2亿元，推动重点领域、重点项目可持续发展；制定企事业单位总部引进发展和考核认定办法，推动总部经济健康发展，累计注册资本6.6亿元，完成投资14亿元。

【民生财政】 夯实绿色发展基础，支持全市经济社会发展和产业转型升级，着力推进新增地方政府债券资金、存量资金、政府性基金统筹使用，合力支持转方式、调结构各项措施落实；支持供给侧结构性改革，严格落实财政支持供给侧结构性改革措施，加快推进政府与社会资本合作，整合聚集财政资源，资金供给的质量和效率进一步提高。坚持调整优化支出结构，合理调整支出次序，将民生支出事项前移，加快资金拨付进度，统筹财力解决涉及群众切身利益问题。2017年，全市教育、文化体育与传媒、社会保障和就业、医疗卫生等民生支出34.3亿元，占一般公共预算支出84.4%，民生保障水平进一步提高。

【法治财政】 积极启动税收保障平台建设，实地考察学习，借鉴临朐经验，结合昌邑实际，初步建立了“政府领导、财税主管、部门配合、上下联动”的综合涉税信息管理平台，完善综合治税长效机制，使综合治税走上法治化、精细化和规范化管理轨道；加大重点税源征管力度，从重点税源税收执法监督检查入手，建立信息共享平台，严格执行资源税征收规定，牵头组织专业执法队伍，对涉盐税收强化监管，严禁偷、漏、逃、骗税行为，切实做到依法管控，依法征收，努力打造“法治财政”。

【智慧财政】 加快推进“互联网+”技术应用，加强现代信息技术与财政工作对接，逐步建立了城市土地、园林管护大数据库，推动城建资金监管制度化、信息化；建立国有资产电子档案，提升国有资产管理质量；积极推行绩效信息公开，实现预算单位从晒“对账单”向晒“成绩单”的转变，加快推进绩效管理法制化进程；深入推进国库集中支付制度改革，不断完善现代国库管理网络运行机制，有效提升财政资金调控能力；加强政府性债务管理，制定和完善政府性债务风险应急处理机制，强化债务风险分级预警和防范化解，确保政府债务风险处于可控范围；规范国有资产管理，深入推进资产管理与预算管理、国库管理相结合，着力构建更加符合行政事业单位运行特点和国有资产管理规律、从“入口”到“出口”全周期的行政事业单位资产监管体系。

【阳光财政】 深入推进“放管服”改革，将政府采购由具体实施改为备案管理，管理环节由12个精简为3个，每年减少审批事项2000多人次，精简率达75%；以提升资金使用效益为目标，转变财政评审工作职能，将财政评审职能转型到预算评审、项目预算支出标准、预算绩效评价职能，推动“直接评审”向“间接评审”转变，建立三级复核制度；严格财政专项资金管理，强化重点资金使用的绩效评价，努力提高财政资金使用效益；完善国库资金管理机制，加强对结余结转资金的管理力度，进一步盘活财政沉淀资金；加强财政内部控制，重塑流程，提质增效，做到岗位设立到人、职能明确到人、任务落实到人、责任追究到人，确保各项财政工作公开、规范、高效、有序，着力打造“阳光财政”。

【文化财政】 狠抓中共建设和党风廉政建设，打造清正廉洁、文明高效服务品牌。以“思想作风建设年”活动为契机，持续推进机关党建、廉政文化和文明创建工作，把干部职工教育管理引向制度化、规范化、常态化，不断改进工作作风，提升工作效能，塑造“为民、务实、清廉”的财政干部队伍形象。打造财政文化建设阵地，用浓厚的文化氛围感染人，用深厚的文化底蕴化育人。开设“财政文化讲堂”“微信公众平台”“每周一星”等宣传教育阵地，开展重温入党誓词、参观红色教育基地、集体加入义工组织、观摩学习重点项目、联系镇街帮扶企业等一系列教育活动，激发干部干事创业激情，倡树担当奉献精神。启动《昌邑财政志》编撰工作，为财政工作和财政改革培育精神动力和力量源泉。

（供稿人：张兴涛）

政府采购和招投标管理

【概况】 为进一步完善公共资源交易管理体制，加快建立统一的公共资源交易平台，根据潍坊市机构编制委员会《关于完善市县公共资源交易管理体制有关问题的通知》（潍编〔2016〕25号）精神和昌邑市机构编制委员会《关于调整和明确昌邑市公共资源交易中心有关事项的通知》（昌编发〔2017〕5号）要求，2017年4月1日，昌邑市公共资源交易中心更名为潍坊市公共资源交易中心昌邑分中心（以下简称昌邑分中心），使用潍坊市统一的交易信息系统，接受潍坊市公共资源交易中心业务指导，人员编制、经费保障、行业监管等仍由昌邑市负责。其规格仍为副科级，为昌邑市政务服务中心管理办公室下属公益一类事业单位。2017年，昌邑分中心恪守“公开、公平、公正、公信”服务理念，履职尽责、攻坚破难，各项工作稳步推进。本年度累计完成各类交易事项321宗，预算金额25.74亿元，成交金额24.92亿元，节约财政资金0.82亿元，节支率为3.19%；完成产权交易项目5宗，出让底价1058.72万元，成交金额1420.64万元，溢价361.92万元，溢价率为34.18%，取得很好的经济效益和社会效益。

【深化改革】 2017年，昌邑市高效完成深化公共资源配置改革任务，按时成立深化公共资源配置改革领导小组；高质量完成《昌邑市公共资源配置改革实施方案》《关于公共资源配置改革实施办法》《昌邑市公共资源交易目录》；高标准制定昌邑市国土局行政配置公开实施方案、昌邑市民政局行政分配公开实施方案等7个行政公开配置方案，完成昌邑市教育局教育类项目竞标实施方案、昌邑市卫计局医疗卫生类项目竞标实施方案等11个领域竞标配置方案，配置方案按时完成率均达100%。昌邑分中心先后为5个兄弟县（市区）提供改革经验，成为潍坊内首个完成改革指标的县（市区），在潍坊市深化公共资源配置改革年度通报中，昌邑分中心受到通报表彰，昌邑市位列被表彰的3个县（市区）之首。

【创新模式】

率先推出“四同步工作法” 2017年，在潍坊市公共资源交易系统最早实现交易信息同步投影、交易过程同步录制、交易行为同步监控、交易收费同步减免“四个同步”，交易信息公开、交易音像采集、交易行为监管、交易规费减免“四个到位”。昌邑分中心在开标过程先后对都昌街道棚户区改造工程、灶朱路柳疃至李家埠段大修工程等315个进场交易项目依法进行同步投影公示，共涉及供应商1621家，相关信息14886余个，为840名业主代表及群众代表就交易过程通过监视屏进行全程监督，为1904家供应商通过线上报名节约交易成本85.72万元。

顺利开启“交易绿色通道” 昌邑分中心将涉及公共安全、重点工程及民生实事等项目纳入快速通道，实施专人负责、专门督办，确保项目优质高效完成。年内166宗涉及城市品质、民生建设项目在采购时限内提前完成，涉及预算金额13.47亿元，成交金额12.96亿元，节支率达3.85%，招标效率提升约30%，有力保障重点工作及民生实事项目顺利实施。

领先实行“三通报一销号”模式 “三通报”，即在采购流程中对出现的重大问题，当天通过微信工作群进行通报；每周通过分中心公告屏进行滚动通报；适时通过文件向监管部门进行通报。“一销号”，即对出现问题的代理机构须在5个工作日内将《问题整改报告》（主要包括出现的问题、发生问题的原因、下步的整改措施等），经本单位和采购单位主要负责人签字并加盖公章后报送昌邑分中心，经昌邑分中心会议研究通过后及时入档，为年终代理机构考评做好材料支撑工作。模式启用后，主动调整业务待提高人员5人，上报整改报告9篇，实现代理业务出错率大幅度下降，有力推动全市公共资源交易管理服务质量的稳步提升。

【取得成效】 2017年，在昌邑市270家事业单位信誉度考评中，昌邑分中心成为潍坊市仅评的13家“诚信明星单位”之一；在事业单位考评中，昌邑分中心被评为A级单位；在创新服务举措方面，昌邑分中心“四个同步”工作法先后被中国机构编制网、中国政府采购信息网等10余家主流媒体予以推广，被潍坊市政府办公室、昌邑市政府办公室作为典型经验刊发；在创新管理模式方面，昌邑分中心“三通报一销号”模式被评为潍坊市公共资源交易中心“2017年优秀亮点工作”，并在潍坊市公共资源交易系统通报表彰；在规范运行情况方面，昌邑分中心分别被《昌邑信息》《昌邑政务信息》《潍坊日报·今日昌邑》作为典型经验多次给予转发，昌邑电视台予以专题报道。

（供稿人：柳伟涵　李晓燕）

住房资金管理

【概况】　2017年，住房公积金归集额2.39亿元，比上年增长13.55%，新增住房公积金缴存单位30家，新增缴存职工2569人，各类提取合计 1.25亿元。截至2017年底，全市已有17家房地产开发企业开户缴纳住房公积金。

2017年，实际发放贷款575笔，共计发放1.63亿元，办理抵押轮候放款155笔，共计0.42亿元。两项合计730笔，贷款额2.05亿元；比上年同期增加136笔，增加贷款额0.41亿元，分别增长23%、25%。与6个房地产开发商新签订了销售方保证合同，累计发放贷款6.02亿元，为广大住房公积金贷款职工提供更多便利条件，且无逾期不良贷款。

【政策宣传】　2017年4月22日，在昌邑文化公园和昌邑潍水风情湿地公园开展政策宣传月现场咨询活动。活动现场以“缴存公积金，圆您安居梦”“政策惠民，筑梦安居”为宣传口号，通过LED显示屏滚动播出住房公积金公益宣传短片，现场摆放宣传展板，集中设立宣传点、咨询台，并向过往的市民发放公积金宣传材料2000余份，提供咨询服务1500余人次。

坚持通过多种媒体渠道宣传住房公积金便民、惠民政策，昌邑分中心连续多期在电视台播出住房公积金专题宣传片，在《潍坊日报·今日昌邑》专栏刊登住房公积金知识问答，为推行住房公积金制度营造良好的社会环境。

【建设镇（街区）网点】　2017年，响应潍坊市住房公积金管理中心有关住房公积金业务拓展延伸到镇（街区）的安排部署，为方便柳疃镇、龙池镇机关事业单位及企业办理住房公积金缴存、提取、贷款业务，昌邑市中心与中国农业银行昌邑分行合作，在柳疃支行设立住房公积金业务窗口，全面调通银行网点住房公积金信息管理系统，在网点窗口前台摆放公积金窗口标识、潍坊市住房公积金管理中心公众号标识以及住房公积金业务流程图，并悬挂银行网点受理住房公积金业务监督维权相关规定，方便广大干部职工，减轻单位往返劳顿，打通住房公积金服务“最后一公里”。

（供稿人：朱春波　张聚）

国　税

【组织收入】　2017年，面对部分企业减产等不利因素，昌邑市国税局各税源管理单位提前谋划，强化分析，根据潍坊市局下达的全年税收收入目标，综合考虑经济运行、行业发展状况和政策调整等因素，全力以赴抓收入，保持税收收入的持续稳定增长。摸清税源底数，确定全年收入目标。各税源管理单位对辖区内的税源状况进行详细的摸底调查和分析，准确掌握第一手情况，将税源摸清楚、分析透，为全年收入目标的顺利完成奠定坚实基础。密切关注重点税源，把握收入主动权。加强对重点税源企业的收入调度，随时关注其生产经营变化和增值税进销项取得开具情况，提前做好收入掌控。增强收入执行力，全面夯实收入质量。通过采取“旬预

★ 2017年4月22日，在昌邑文化公园开展政策宣传月现场咨询活动　（张　聚）

测、月调度、季分析”的组织收入机制，科学预测调度税收收入，增强收入执行能力，进一步夯实收入质量。2017年，共完成各项税收收入285941万元，较上年增收45782万元，增幅19.1%，其中完成中央级收入171405万元，较上年增收11896万元，增幅7.5%；完成地方级收入114536万元，较上年增收33886万元，增幅42%，税收总量在潍坊市12个县（市区）中排名第四。

【征管改革】 夯实征管基础建设。按照《税务登记管理办法》和征管规范等文件的相关规定，加强非正常户管理；落实国地税联合欠税管理要求，对欠税纳税人发布欠税公告，以“黑名单”制度为依托，加强欠税余额管理，全年共发布欠税公告4批98户次；联合地税部门开展金税三期数据质量检查及单管户核实工作，确保数据整改率达100%。进一步加大委托代开力度。通过以转变税收征管方式、提高征管效能为指引，积极推进与地方政府、邮政部门合作办税，合理设置网点布局和网点数量，提高第三方人员办税业务水平。截至2017年底，在市区及各个镇（街区）开设27个发票代开网点，共委托第三方代开发票金额100245万元，代征增值税2103万元，委托代开发票数量占全部代开发票数量的79%，在便捷办税、降低成本方面成效显著。以全市国地税合作示范区创建工作为契机，按照创建标准，联合地税部门抓好《合作规范3.0版》确定的四大类51项基础合作事项的落实，真正做到服务深度整合、执法适度整合、信息高度聚合。在全面落实好各项规定合作事项的基础上，将原国税局、地税局单方《委托划转税款协议书》融合为昌邑市国地税《委托划转税款协议书》，纳税人只“进一个大厅”“在一个窗口”“递一份申请”“去一次银行”，即可同时签订国地税两家委托划款协议，实现网上缴税，提高办税效率，为纳税人提供更加便捷的服务。进一步落实放管服改革。推进办税便利化改革，减轻纳税人办税负担，规范、简并纳税人向国税、地税报送涉税资料，将与税务登记、外出经营管理、账户账号及财务制度报备、涉税申请、纳税申报及财务报表报送、重大事项报告等事项有关的涉税资料以清单列示，实行一次采集，双方共享共用，确保“放管服”改革措施落地生效。

【依法治税】 2017年，昌邑国税局把不折不扣贯彻落实税收优惠政策作为一条从税的准则、治队的铁律，建立了税收优惠政策执行跟踪监督机制、问题分析反馈机制和政策调研争取机制，依法治税打开新局面：举办企业所得税减免、小微企业优惠、研发费用加计扣除等税收优惠政策专题培训，帮助纳税人用足用好税收优惠；依托省局网站平台，对国务院6项减税措施开展在线答疑，确保政策执行到位。严格落实各项税收优惠政策，为1231户企业办理2016年度所得税各类减免优惠5077万元，同比增长94.26%；办理以前年度各类退税37884万元，同比增长18.12%。积极参与编制并推行《潍坊市国家税务局所得税汇算清缴问题提醒清单》，梳理近年来政策调整重点及往年评估、检查等日常管理发现的问题，降低纳税申报风险。通过汇算清缴辅导，共调增应纳税所得额9234.22万元，弥补亏损3489.35万元，增加税款1190.46万元。坚持以查促收、以查促管和整顿税收秩序三位一体的基本原则，2017年共完成查补入库8677万元，其中立案检查21户，查补入库税款、滞纳金、罚款611万元，督导企业自查2户，入库税款、滞纳金7882万元，发票协查企业16户，入库税款滞纳金184万元，在打击震慑税收违法犯罪的同时，为组织收入工作带来了有效补充。

【提升服务质效】 以省局“四位一体”多元化办税为导向，大力推行网上办税、自助办税。积极引导纳税人利用自助终端自助办税，提高自助办税比例，提升办税效率。利用“微税e栈”自助发票领取系统和邮政EMS配送系统，优化发票领用方式，实现“线上申请，线下领取和配送”的网上购票方式。继续推行税务“一扫通”，实现纳税人掌上填表，前台扫描读入和智能开票，缩短办税时间。推广和应用微信办税平台，打破纳税人办税时间和空间限制，提高办税效率。2017年自助开票20115份，自助售票694876份，“微税e栈”开通685户，发票发售1373746份。推进多元化智能化办税。大力推行“非接触”式办税，建成2处24小时离厅式自助办税厅，自助办税服务厅涵盖了发

★ 地税部门开展“深化税收改革 助力企业发展”税收宣传　　（孙　伟）

票发售、发票代开、完税凭证打印功能，向纳税人提供7×24小时无间断服务，实现日常发票申领和代开全时段覆盖；自助办税厅内配备专业辅导团队，“手把手”“面对面”地辅导纳税人使用自助终端办理涉税业务，通过建立远程辅导团队，公开技术人员咨询热线，为纳税人提供更加灵活方便的自助办税体验。积极推进电子签章无纸化办公及签章后续应用工作。利用电子签章等现代信息技术，纳税人从网上对涉税业务进行办理，税务局端在网上进行受理、审核、审批，实现全业务、全流程无纸化办理，从而取消纳税人涉税资料报送的过程，实现双向减负，税企共赢，让广大纳税人共享“互联网+税务”建设成果。运用微信群分享，及时将新通知、税务知识和新政策推送到纳税人手中，方便纳税人，税务干部用自身的“辛苦指数”换取纳税人的“幸福指数”，做到了让纳税人多走“网路”少走“马路”，让便民办税春风惠及每一位纳税人。与地税部门联合组织业务培训，狠抓实际业务操作，将理论学习与实际操作相结合，坚持“以考促学”原则，通过开展操练测评、业务比武等形式，提高全员办税能力和工作效率。加强管理，狠抓工作纪律和服务礼仪，通过细化国地税考核办法，提高工作纪律、服务礼仪的考核比重，不断提高前台人员的综合素质，将便民办税理念融入每一项服务中，提升纳税人满意度。顺利完成2016年度纳税信用等级评定工作，与建设银行、农村商业银行签订了税银互动合作方案，推出“税易贷”“信用贷”等合作项目，定期向银行推送纳税信用良好的纳税人名单，为信用良好的小微企业提供贷款优惠，全年累计为10户符合条件的企业办理1945万元贷款，扶持企业发展。

（供稿人：王坤峰　李志鹏）

地　税

【概况】　2017年，昌邑市地税局深入学习贯彻中共十九大精神，以习近平新时代中国特色社会主义思想为指导，在市委、市政府和省、市地税局的正确领导下，以中共建设为引领，以绩效管理为抓手，强化税收征管，优化纳税服务，探索开展跨部门税收协作，全面提升从严治党成效，各项工作不断取得新的进展。先后荣获潍坊市“思想政治工作示范点”“三八红旗集体”“先进职工之家”及潍坊市地税系统税收征管基础建设年活动先进单位、昌邑市“比学赶超创先争优”优秀单位等荣誉称号。

【组织收入】　2017年，昌邑市地税局坚持组织收入原则不动摇，立足税源实际，准确把握经济发展态势和收入工作方向，加强税收测算调度，抓好对收入增减因素尤其是重点税种、重点行业税收分析，按行业、税种及规模企业做好分类分级管理，加强对年纳税额100万元以上重点企业动态监管；认真开展企业所得税汇算清缴和年所得12万元以上个人所得税申报，与国土、住建等部门合作，联合各镇（街区）同步开展土地使用税、房产税税源普查和税收专项清理，摸清底数，清缴欠税，深挖地方税源潜力。全年共入库各项地税收入136176万元，为全市经济社会发展提供有力的财力保障。

【税收征管】　2017年，市地税局以“提高质量，防范风险”为目标，扎实开展税收征管基础建设年活动，严抓征管数据质量。与国税、市场监管等部门对接，加强内外数据比对，协同做好数据整改，共消除各类异常数据6853条。依托税收风险防控机制及一体化防控平台，抽调业务骨干组建税收风险防控中心，结合税务稽查、税收执法督察，对中、高级税收风险开展团队化纳税评估和精准稽查，共核实第三方信息税收风险点339个，评估企业174户（次），入库税款3416.1万元。实施申报征收“日提醒”，对欠税单位纳税人、自然人实行分类管理，依规催缴、约谈并依法落实税收强制措施，共清缴欠税251.5万元。认真落实从价计征政策，组织对盐田实地调查摸底，与国税建立信息传递机制，定期开展资源税与增值税比对，加强与沿海执法、公安等部门合作，加大联合执法、欠税清缴力度，抓好产、运、销等环节管控。

【税收协作】 认真落实《国地税合作规范3.0》51个合作事项，巩固税务登记、税户认定、个体定税等方面合作基础，联合开展税收分析、数据整改，探索联合实施欠税清缴、税务稽查，积极打造国地税合作示范区。加强委托代征管理。联合国税、邮政部门打造“三方办税”平台，先后在10处镇（街区）和邮政银行营业厅设立26个发票代开点，同步征收地方各税，极大方便了纳税人近距离办税。与法院部门建立联席会议制度，联合印发实施意见及具体操作规范，围绕信息共享、优化服务、税费征收、风险防控等方面采取有力举措，加大司法案件税源控管力度，优化涉税服务。协助查询被执行人涉税信息70余户（次），追缴税款170余万元。推行不动产交易“一窗受理、集成服务”模式。与国土、住建等部门通力协作，依托市不动产登记中心，实现不动产备案、登记、征税“一步走、同时办”，二手房交易办理时长大幅缩减至8分钟，打造了全省最快不动产登记“一窗受理20分钟”昌邑速度。《大众日报》《潍坊日报》等对该局在开展跨部门税收协作、推行“链条式”税收执法与服务方面的经验做法进行转发推介。

【纳税服务】 市地税局充分发挥税收职能作用，积极推进“放管服”改革，“便民办税春风行动”成果进一步巩固，服务纳税人质效进一步提升。依托国地税联合办税厅，抓好首问负责、限时办结、预约和延时办税等服务举措落实，实现纳税人税务登记、申报纳税、代开发票等涉税事项“一窗通办、一站办结”。紧扣纳税人需求，开展“问需求、优服务、促发展”“聚力税收民生关切、全面集成优化服务”、精准服务“一带一路”企业走出去等活动，举办各类税收政策培训辅导30余场（次），培训纳税人5600余人（次），发放税收宣传材料9800余份。认真落实小微企业税收优惠、研发费用加计扣除、固定资产加速折旧等税收政策，为8家企业加计扣除研发费用2183.2万元，减免248家小微企业企业所得税249.8万元。打造“税银合作+纳税信用体系”双引擎，结合纳税信用等级评定，稳步推进税银互助合作，共推送税收“红名单”153户（次），“黑名单”13户（次），对70多名各级党代表、人大代表、政协委员进行纳税信用审查，协调金融机构为38家中小企业发放贷款2400余万元。

【党建工作】 从严抓思想教育。印发“两学一做”学习教育常态化制度化实施方案及配档表，以“支部生活日”为抓手，采取领导带头学、支部集中学、研讨交流学等方式，围绕党章党规、中共十九大精神和习近平新时代中国特色社会主义思想等内容深入学习讨论。开展廉政教育，组织参观市红色教育基地、廉政教育基地，收看《打铁还需自身硬》《守住第一次》等警示教育片，强化正面引导和反面警示。从严抓管党治党。调整落实“两个责任”领导小组及办公室，印发《全面从严治党工作方案》，以班子成员、中层干部为主体，组织签订从严治党主体和监督责任书，建立工作清单及台账，明确目标、分解任务、压实责任，层层抓好落实。成立党建工作领导小组及办公室，配强党务工作力量，统筹抓好机关和系统党建工作。党内生活规范开展，认真落实领导干部民主生活会、党建述职评议、谈心谈话和“三会一课”等制度，注重记录纪实和过程留痕。党建阵地建设扎实推进。组织参加市直机关单位党员培训，开展“四个合格”党员标准、“担当有为、争选突破、廉洁规矩”主题讨论，并评选优秀学习笔记，依托“灯塔——党建在线”、智慧党建平台和“税徽闪耀党旗红”微信公众号等载体，积极推进“互联网+党建”，进一步丰富“两学一做”学习教育内涵。认真落实《党内监督条例》，严格执行重要情况报告制度，持续推进“三转”，完善落实监督责任组织体系及协作机制，配齐配强党支部纪律检查委员、中心所（分局）纪检监察员，加大监督覆盖力度。严格落实中央八项规定精神，坚持不懈纠正“四风”，修订完善工作纪律、会议管理、考勤管理等制度，认真开展“思想作风建设年”、纪律行动“深入推进年”活动，加大警示提醒、明察暗访力度，严肃工作纪律，强化纪律约束，推进作风建设常态化、长效化。

【基层建设】 强化教育培训，干部队伍素质不断提升。扎实开展“岗位大练兵、业务大比武”活动，推荐9名业务骨干参加省市地税局“业务大比武、岗位大练兵”考试并取得较好成绩。组织干部职工分批赴西安交通大学和井冈山开展学习培训，进一步提升党性修养，提高履职尽责意识和综合素质能力。科学合理选人用人，选拔任用工作能力突出、德才兼备的党员干部，共选拔中层干部2人，副职4人，民主推荐纪检员5人。以开展文明行业创建活动为契机，充分发挥党建引领示范作用，组织干部职工参与“礼让斑马线”文明交通、“文明昌邑创建有我”义务劳动等志愿服务活动，为全市创建全国文明城市添彩助力。以干部职工的切身利益为出发点和落脚点，第一时间落实上级政策，调查摸底困难职工情况，对15名困难职工开展慰问帮扶。发动党员干部积极参与贫困儿童爱心帮扶、“牵手关爱”志愿服务等活动，选派“第一书记”到龙池镇油坊村驻村办公，扎根基层开展包村帮扶活动，在践行为民服务行动中展示良好地税形象。先后有1人荣获山东省“优秀工会工作者”称号，1人荣获省地税系统“五星级纳税服务人员”称号，1人荣获潍坊市“富民兴潍”劳动奖章，1人被评为2017年度“昌邑好人”；纳税服务中心被评为昌邑市“文明示范窗口”。

（供稿人：赵　洋）

2017年昌邑市纳税百强企业光荣榜

表4　　单位：万元

排名	企业名称	纳税总额	地方税收
1	山东昌邑石化有限公司	138363.00	52878.69
2	山东海天生物化工有限公司	21280.25	12488.57
3	山东浩信集团有限公司	16409.56	9333.80
4	国网山东省电力公司昌邑市供电公司	10744.04	6677.85
5	山东昌邑农村商业银行股份有限公司	10508.84	4582.92
6	山东昌邑灶户盐化有限公司	7632.27	4257.58
7	山东金典化工有限公司	5201.15	2533.18
8	昌邑华晨纺织集团有限公司	4122.17	1616.16
9	山东昌邑海能化学有限责任公司	3549.74	2161.24
10	山东同大集团有限公司	3423.18	2053.13
11	山东汉兴医药科技有限公司	3336.58	1982.34
12	昌邑市康洁环卫工程有限公司	2752.01	1295.87
13	昌邑盐业公司	2726.36	1587.03
14	山东潍坊烟草有限公司昌邑营销部	2487.30	1256.43
15	山东昌邑廒里盐化有限公司	2305.69	1333.29
16	山东兴昌建设工程有限公司	2082.34	1270.15
17	山东德鑫化工有限公司	1839.60	888.74
18	山东裕源集团有限公司昌邑化工厂	1722.47	1173.17
19	山东省昌邑市龙池盐化有限公司	1713.63	1319.03
20	潍坊恒隆建筑安装有限公司	1662.52	899.09
21	昌邑市晟安置业有限公司	1660.24	1244.14
22	昌邑市永富弹簧有限公司	1631.77	992.44
23	华能昌邑风力发电有限公司	1606.65	850.36
24	中国人民财产保险股份有限公司昌邑支公司	1605.84	1332.18
25	昌邑市荣祥置业有限公司	1578.78	1130.26
26	潍坊华宝纺织有限公司	1575.17	937.63
27	昌邑民康制溴有限公司	1559.78	764.71
28	昌邑市滨海盐化有限公司	1483.38	1056.51
29	昌邑邦立化工有限公司	1464.52	751.67
30	潍坊圣鼎福地置业有限公司	1270.69	972.30
31	昌邑市政亨房地产开发有限公司	1231.90	939.29
32	潍坊银行股份有限公司昌邑支行	1199.69	693.07
33	昌邑华龙房地产开发有限公司	1138.70	855.81
34	昌邑市奎聚房地产开发有限公司	1122.26	818.36
35	潍坊富国盐化有限公司	1091.14	544.80
36	潍坊垒盛房地产开发有限公司	1074.38	857.50
37	昌邑市蒲东化工厂	1055.93	651.79

续表 4

单位：万元

排名	企业名称	纳税总额	地方税收
38	中国工商银行股份有限公司昌邑支行	989.10	566.44
39	胜利油田东胜精攻潍北石油开发有限公司	977.25	974.47
40	潍坊德润化学有限公司	968.93	505.29
41	昌邑新昌房地产开发有限公司	958.38	727.82
42	山东汇昌地产有限公司	956.17	708.03
43	昌邑市东利房地产综合开发有限公司	941.82	679.51
44	昌邑市廒丰盐化有限公司	936.84	462.18
45	山东昌邑华盛盐业股份有限公司	926.32	685.54
46	昌邑华达织造有限公司	923.75	776.89
47	潍坊市海欣药业有限公司	912.49	490.24
48	昌邑市城市建设综合开发有限公司	864.91	605.22
49	中国建设银行股份有限公司昌邑支行	853.53	506.85
50	山东省公路桥梁建设有限公司	826.48	468.49
51	昌邑市信泰建筑安装工程有限公司	804.53	440.50
52	昌邑市鲁地铁矿有限责任公司	804.30	523.40
53	昌邑市荣源印染有限公司	789.28	445.71
54	山东新纪元房地产有限公司昌邑分公司	741.55	474.23
55	昌邑市美澳天然气有限公司	731.11	345.27
56	昌邑市光大盐化股份有限公司	711.74	529.44
57	潍坊广尔置业有限公司	701.73	430.23
58	潍坊建昌置业有限公司	700.96	526.62
59	山东本元功能材料有限公司	679.49	323.07
60	中国农业银行股份有限公司昌邑市支行	677.41	401.81
61	潍坊金石环保科技有限公司	677.10	416.22
62	昌邑市奥盛盐化有限公司	669.30	335.16
63	潍坊通润化工有限公司	650.14	345.65
64	昌邑市恒信达化工有限公司	639.57	340.52
65	昌邑市潍昌精细化工厂	637.24	312.01
66	山东同大印制系统有限公司	613.92	339.87
67	潍坊嘉鸿化工有限公司	606.45	337.10
68	中国邮政集团公司山东省昌邑市分公司	594.96	297.60

排名	企业名称	纳税总额	地方税收
69	昌邑市市政工程建设有限责任公司	569.73	328.74
70	山东瑞其能电气有限公司	562.44	418.69
71	山东金昌树新材料科技有限公司	548.73	324.35
72	山东成泰化工有限公司	529.85	491.69
73	昌邑市龙港无机硅有限公司	528.54	320.04
74	山东广通机械有限公司	526.90	323.81
75	昌邑全福元商业有限责任公司	526.82	284.51
76	昌邑宏兴泰盐化有限公司	521.98	383.51
77	中铁一局集团物资工贸有限公司昌邑制梁场	518.34	288.88
78	中国石化销售有限公司山东潍坊昌邑石油分公司	517.80	305.31
79	山东海之蓝化工有限公司	505.54	295.16
80	潍坊凯瑞德置业有限公司昌邑分公司	481.83	357.29
81	山东祥龙建业集团有限公司	475.16	268.67
82	昌邑市利渔盐化有限公司	473.25	250.15
83	中国农业发展银行昌邑市支行	459.28	260.18
84	潍坊天赐新材料科技有限公司	449.69	267.13
85	潍坊金丝达印染有限公司	447.78	339.69
86	山东省昌邑市玉海盐化有限公司	444.17	329.10
87	山东昌邑四方医药化工有限公司	442.94	273.95
88	潍坊鑫冠化工有限公司	428.73	269.27
89	山东硕昌农牧有限公司	417.14	376.98
90	山东蓝天消毒科技有限公司	402.61	270.84
91	潍坊挚隆置业有限公司	389.12	364.35
92	昌邑泰和房地产开发有限公司	382.31	315.28
93	潍坊华腾印染织造有限公司	365.73	275.57
94	中国平安财产保险股份有限公司昌邑支公司	335.71	289.78
95	昌邑富民织造股份有限公司	318.37	280.37
96	潍坊金泰房地产有限公司昌邑分公司	308.95	240.26
97	昌邑市海美塑品有限责任公司	298.63	283.15
98	山东海天印花有限公司	289.09	271.98
99	山东潍坊百货集团股份有限公司昌邑中百佳乐家超市	279.89	242.21
100	山东黄金集团昌邑矿业有限公司	267.20	260.54

交通 邮政 通信

Jiao Tong You Zheng Tong Xin

交 通

【概况】 2017年，全市交通重点项目建设稳步推进。潍河堤顶路硬化工程一期附属工程及二期主体工程顺利完工；全省第三批村级公路网化工程完成建设里程392.6公里；下营港一期工程基本完工，二期工程完成可行性报告编制；灶朱路（柳疃至李家埠段）大修工程及七路一桥挖补维修工程顺利竣工；县道和乡道安全生命防护工程全部通过省级综合验收。公共交通便民工程步伐加快。昌邑市货运市场建成并投入使用，完成公交站牌、站亭的新建、更新70处，新建公共自行车站点25个，锁车柱1000个。圆满完成2017年春运和“五一”“十一”等节假日运输保障任务。在全市交通运输服务行业开展了“爱岗敬业，明礼诚信”创建活动，文明服务水平持续提升。加强行业安全监管，积极消除安全隐患，大力提高科技兴安水平，积极推广危险品车辆安装“主动安全预警与紧急避险系统”。深入开展“平安行·你我他”专项整治行动、货运车辆超限超载专项整治行动、“散煤运输专项整治”行动、“七八九月份联合执法行动”等专项执法行动，严厉打击超载超限行为及其他违规行为。全面加强中共建设，深入推进“思想作风建设年”活动，创新性实施“两亮三评两争”党员积分制管理，党员干部职工主动担当、履职尽责，各项工作提质增效。创建全国文明城市工作整体发力，被昌邑市委、市政府授予“昌邑市创建全国文明城市工作先进单位”称号。

【公路建设】 潍河堤顶路工程建设顺利实施。面对施工战线长、施工面窄、土方量不足等困难，加强协调、督导工作力度，保障施工按时有序推进。截至2017年底，一期18.5公里附属工程全部完成，完善了自行车道、停车港湾、观景平台、亮化、安防等配套设施；二期工程全长45.1公里，完成主体工程建设。开展潍河堤顶路环境综合整治工作，重点清理堤顶路沿线乱堆乱放和乱搭乱建，优化美化公路周边环境，达到整洁美观的公路路域环境要求。开展潍河堤顶路工程“质量、安全、扬尘”大检查，促进潍河堤顶路工程建设管理的规范化和专业化。

【实施村级公路网化示范县工程】 计划2017年—2018年，完成全市村级公路网化工程建设389.6公里，涉及全市10个镇（街区）、649个行政村，达到四级及四级以上公路技术标准，“消灭断头路，硬化村内1—2条主街道，解决村与村之间必要连接，完善村级公路绿化、安保、排水等附属设施建设”要求。截至2017年底，完成新建、改造村级公路里程392.6公里。结合全市村级公路网化工程，继续加大对省定贫困村的交通扶贫支持力度，对围子街道古河村1.59公里，北孟镇李家井村后出村路0.54公里道路进行了硬化。

【G309（荣兰路）改建工程】 昌邑新建路段8.67公里，一级公路，沥青混凝土路面，路面宽23米，路基宽24.5米，含大桥1座，中桥1座，小桥2座，投资约1.5亿元，于11月全线通车；G309（荣兰路）昌邑平度界至下小路段中修罩面工程，全长6公里，投资约1400

万元于11月完工通车；S320（新海路）昌邑靶杨路口至寒亭段中修罩面工程，全长4.2公里，投资2800万元，于11月份完工通车；济青高速改扩建工程，沿线管线迁改、土地组卷工作、环保督查工作已完成，公路两侧绿化美化工作正按照潍坊市政府及上级部门的要求有序开展。

【公路养护】 灶朱路（柳疃至李家埠段）大修工程顺利竣工。4月6日开工，9月10主体工程竣工。一级公路标准，改造柳疃至李家埠段道路5.1公里。从根本上解决了此路段的病害问题，极大提升了城区与柳疃等北部镇区的道路通行能力。“七路一桥”挖补维修工程全部完工。其中，靶杨路挖补面积13292平方米，灶朱路（柳疃以北段）挖补面积8486平方米，鹏昊大道挖补面积8780平方米，滨海路挖补面积5029.3平方米，金晶大道挖补面积15681平方米，永大路挖补面积15333平方米，东环路挖补面积17813平方米，对永大路引黄济青桥进行维修。圆满完成桥梁普查统计工作。共普查桥梁241座，其中北孟镇34座，卜庄镇31座，柳疃镇51座，龙池镇28座，下营镇12座，饮马镇14座，石埠经济发展区38座，围子街道21座，都昌街道6座，奎聚街道6座。并按公路桥梁管理系统有关规定采集内、外业数据入库管理，同时建立桥梁定期检查档案和卡片，有效的补齐了桥库录入更新不足的短板，使全市桥梁使用功能得以保障。

【路政管理】 强化日常公路巡查工作，维护路产路权完整，强化路域环境和路产路权管理，积极组织开展路政巡查，依法打击各类涉路违法行为，对涉路违法行为形成了高压打击态势，对设置非公路标志、地下顶管等涉路工程进行勘察审批，对损害公路案件做到发现一起查处一起。完成县乡农村公路集贸市场占道经营隐患排查，完成农村公路非法设置限宽（高）设施排查。开展第5个“农村公路路政宣传日”活动，共出动宣传车110辆次，发放宣传单页5000余份，悬挂横幅30条，接受群众咨询600余人次。开展农村公路安全隐患大排查活动。共排查县道167公里，乡道292.4公里，村道1143公里，发现并清理安全隐患30余处。

积极配合生命安全防护工程开展未按设计开口封堵工作，封堵不规范开口86处，保证了公路行车安全。开展辖区内国省道大中型桥梁桥下空间专项整治活动，对新海路潍河大桥属四类的危桥进行重点排查，及时更换桥梁限载标志，定时桥梁巡查，对桥下空间实行动态监管。加大对涉路工程的安全督导，先后对G309线中修工程、S320线中修工程、潍胶路下小路口、北井路口等大中修工程以及新海路、下小路昌邑段挖补工程、进行了安全督导。对宝通街东延伸工程采取路政执法提前介入手段，及时发现、及时处置各类危害公路安全的涉路违法事件，将各种不安全因素消除在萌芽状态。全年收取路赔费及国有资产有偿使用费共计88.7万元，处理路政案件35起，路赔回收率、结案率均达100%，路政巡查19万公里，清理经营摊点162处，清理各类违法非公路标志215块，清理四大堆约225立方米，清理违章建筑165平方米，有力地保护路产路权。

继续实施农村公路安防工程。完成下小路K31—K40路段安全隐患整治，安装相应停车标志标线，提升道路安全通行能力。积极与各镇（街区）对接，着重推进乡道重点安防工程和校车途经路段隐患整治。聘请有资质的设计单位对全市农村公路进行了全面细致的排查，建立更加全面翔实的安全隐患台账，进一步查缺补漏。完成乡道的安防工程和隐患整治工作。9月份，县道和乡道安全生命防护工程顺利通过省级综合验收。

【港航建设】 下营港建设项目稳步推进，蒲东沿海防潮堤工程基本竣工，一期工程基本完工。二期工程前期准备工作有序展开，委托天津中交一航院编制的《下营港工程可行性研究报告》已完成编制工作，积极向上对接，争取项目早日获批立项。

【行业管理】 加强安全监管力度，开展“三严三评”综合整治集中行动、安全生产大排查快整治严执法集中行动，开展不定期安全检查24次，整改隐患223起。开展典型事故案例警示教育，培训行业员工1100余名。

★ 在全市交通运输服务行业开展"爱岗敬业 明礼诚信"创建活动 （翟 浩）

建立健全"安全生产风险分级管控与隐患排查治理两个体系"，完成客运、城市公交和危险品运输企业"两体系"建设。推进交通运输企业安全生产标准化达标建设，系统内所有企业均已验收合格达标，总达标率100%。交通窗口共办理营运车辆年审、新增、补审、过户、补证、注销等业务6714件，月月被评为"红旗窗口"，是全市窗口单位唯一获此殊荣的单位。审核受理维修业户开业23家；查处违章业户155家；年度质量信誉考核维修业户224家；配合潍坊运管处审核综合性能检测机构开业2家。完成道路运输车辆综合性能检测4107台次，为道路运输车辆的安全运行打下良好基础。

交通运输行政执法严明高效。切实履行监察职责，深入开展"平安行·你我他"专项整治行动、货运车辆超限超载专项整治行动、"散煤运输专项整治"行动、"七八九月联合执法行动"等专项执法行动，严厉打击超载超限行为及其他违规行为，有效地维护客运、危化品运输和普货运输市场的正常秩序，切实保障道路交通安全。 （供稿人：韩晓柯 冯雷鸣）

运 输

【道路客运】 截至2017年底，全市投入客运车辆总数为440标台，其中班线客车69标台，城市公交车160标台，出租汽车211标台。全市运行客运线路总数38条，其中班线客车线路27条，城市公交线路11条。昌邑市长途运输有限责任公司共计投入运行客运班车69标台，客运线路27条。昌邑市华昌公交公司共计投入运行城市公交车160标台，城市公交线路11条。新建仓街、密埠店公交站牌18个，对市区北海路、解放路、奎聚路、平安街、交通街、利民街、富昌街、院校街52个站亭进行新建、更新。市区公交站点设置率按照500米半径覆盖率已达到80%以上，首末站建设达15%，城区公交站亭，站牌设置率达97%以上。圆满完成2017年旅客运输任务。2017年春运从1月13日开始至2月21日结束，为期40天。在春运期间，全市共发送客车15844辆次，发送加班客车4辆次，完成客运量13.97万人次，发送公交2.8万辆次，完成客运量49万人次。上路出租车8440辆次，运输旅客58.69万人次。春运期间未发生重特大交通事故，实现全市春运无事故。圆满完成"五一"节、端午节、"十一"期间的旅客运输任务，未发生安全责任事故。截至2017年11月底，累计组织客运包车265辆次，组织加班52辆次，对所有参与包车和加班车辆的各项手续和驾驶员都进行了严格的审查，保障包车和加班车辆的安全运营，未发生任何安全责任事故。

顺利完成对103辆县级以上客运班线车辆和211辆出租车2017年年度审验工作。对昌邑市方舟出租车驾驶员进行专业、系统的培训和学习。并对学习内容进行考试验收，对考试合格的驾驶员发放统一制作的出租车驾驶员服务资格证。累计制作、发放出租车驾驶员服务资格证424个，有效地对出租车驾驶员进行管理。协同昌邑市方舟出租公司、华昌公交公司开展助力高考、中考的公益活动，有效地解决高考及中考考生的出行问题。完成2015年度客运车辆燃油补贴的发放工作和2017年各客运企业营运车辆燃油补贴的统计工作。对到文山中学、昌邑一中接送学生的客运车辆进行综合性优化配置，科学统筹。对所有参与接送学生的车辆办理发放正规的临时加班牌，对接送学生的数量和线路进行合理的安排和分配，并安排专职工作人员到现场进行监督、调度30余次。

【道路货运】 昌邑市货运市场位于昌邑市南苑西街

与城西路交叉路口以南，交运汽车检测中心以北，占地15亩，总投资128万元，2017年6月1日正式启用。该市场建成启用，有效地消除了群众关切的货运出租车辆排街为市、堵塞道路、挤占居民园区周边道路，影响交通和潜在的交通安全隐患。同时，为货运车辆服务业户提供了安全、方便、集中、统一的停车服务良好环境，净化了城市交通环境，提高了城市文明度。

积极引导优化运力结构，发展集装箱、厢式等专用运输车辆和多轴重载大型货运汽车，大力推广国三标准重型柴油车加装DPF装置，引导营运车辆向专业化、标准化、清洁化方向发展。截至2017年底，营运性载货汽车达到5002辆，总吨位达到5.37万吨，分别比2016年减少267辆、吨位增加0.12万吨。2017年，完成公路运输货运量1537万吨，公路运输货物周转量470838万吨公里。

全市货运市场有三辉物流、太亮运输、润达公司等55家运输企业，运输车辆1098辆。其中东方、盛宏、源通、昊洋4家公司为危险品运输企业，共有运输车辆197辆。为进一步强化货运市场管理，自2013年开始，按照省厅统一部署积极开展道路运输企业安全生产标准化建设，引导道路运输企业向标准化、规范化发展。督导各企业规范建立《车辆维护、检测管理制度》（指定专人管理、明确各车辆的维护周期）、车辆实行一车一档管理（档案内容：车辆基本情况、车辆技术等级评定、车辆类型等级评定或年度类型等级评定复核、车辆变更登记记录、车辆维护维修记录台账等）。把车辆维护检测管理制度和车辆档案作为日常安全生产检查和企业年度考核的重要内容。对危险品运输车辆实行逐车登记备案，并安装视频实时监控系统，实施全方位监控。

2017年全市危险品企业信息统计表

表5

序号	企业名称	地　点	规模（注册资本）	业务范围	运输路线	车辆数量
1	昌邑市源通汽车运输有限公司	昌邑市富昌街西首	300万元	液化石油气、天然气、成品油、涂料、次氯酸盐、硼酸、氢氧化钠	青岛，莱州，江苏，内蒙古	43辆
2	昌邑市盛宏运输有限公司	昌邑市西环路路西	500万元	汽油、柴油	东营，莱州，临淄	80辆
3	昌邑市昊洋物流有限公司	昌邑市利民街西首	1000万元	汽油、柴油、液化石油气	东营，日照，武汉，江苏，杭州，北京，莱州，黄骅	49辆
4	昌邑市东方汽车运输有限公司	昌邑市西环路与昌双路口	840万元	汽油、柴油、液化石油气	东营	25辆

【运输管理】　大力发展绿色交通。积极宣传国Ⅲ标准重型柴油车加装DPF的必要性，号召广大企业及司机积极配合，鼓励车主根据车辆情况加装DPF装置或及时注销高污染车辆。同时，积极与环保、车管所等部门进行信息交流，每月开展一次联合执法，共同探讨符合实际的整治措施，统一标准进行联合治理，形成整治合力，强化治理力度，加快治理进程。加快公共自行车项目三期工程建设。新建站点25个，1000个锁车柱。截至2017年年底，全市公共自行车保有量达到3500辆，站点180处，基本解决群众出行最后300米的问题。

加强对货运企业监管力度。充分结合“大快严”行动、“化工产业转型升级行动”等要求，重点加强了危险品运输企业的安全检查，对危货运输车辆、驾驶员和押运员资质逐一审查，拍照存档，并现场测试驾驶员、押运员紧急切断装置的操作及企业管理人员安全管理知识的掌握情况，着重规范了企业内部隐患整改记录、整改报告、复查记录三步程序与材料的完善。大力探索新形势下加强交通安全的新办法。在昌邑市昊洋物流有限公司20辆危险品运输车辆试点安装“主动安全预警与紧急避险系统”，该系统能及时发现、监督、解决道路运输过程中以前人为难以发现的安全漏洞，对驾驶员进行安全驾驶语音报警提醒，并将违规驾驶员行为实时回传至监控中心，作为安全运输重要参考依据。

大力提升运输服务品质。深入开展客运市场执法整治活动。实行定点检查与流动检查相结合、巡回检查与突击检查相结合、白天检查与夜晚检查相结合、实行教育与处罚相结合的方式，开展全天候、全方位稽查，加大对客运市场车站、大型超市重点商业圈等区域的执法检查。自5月24日起至6月10日，利用18天的时间，对客运市场秩序进行集中整治，同时对驾乘人员和窗口服务人员进行礼仪培训。开展“擦亮出租窗口，展示流动文明新风”活动。充分发挥方舟出租车“蓝丝带车队”的先进性和示范性，营造良好的交通服务软环境。开展“靓化大通道，微笑迎宾客”活动。积极开展文明优质服务竞赛活动，强化文明礼仪和“微笑服务”“温馨服务”“延伸服务”；印发客运从业人员服务规范、创城测评标准，印发700份“创城应知应会”小册为主要培训教材，对全市680名客运企业驾乘人员和窗口服务人员从运营管理、服务规范、客运礼仪等环节进行培训，同时结合“爱岗敬业，明礼诚信”文明创建活动，倡树标兵榜样，树立文明标杆，努力实现服务方式“零距离”、效果“零投诉”。组织好以生活礼仪、社会礼仪、职业礼仪为主要内容的文明礼仪宣传，加强客运企业窗口规范化管理和标准化服务建设，做到持证上岗，挂牌服务，仪表整洁，说话文明，服务热情。督导客运企业制定了全员培训计划，分批次轮流按照文明服务规范和交通安全等内容培训，培训结束后要组织考试，不达标的驾驶员一律重新学习，不得上岗。（供稿人：韩晓柯）

【城乡交通线路】

2017年昌邑市公交线路站点一览表

表6

线路名称及起止点	途经站点
1路：西马村—石湾店北村	西马村—北马村—白玉村—榆林村—孟洼路口—史洼西路口—南逄村—史洼北路口—南逄劳务市场—大姜市场—南逄邮局—刘逄路口—交通局—麻纺宿舍—南店社区—中百大厦—海美塑品—人民医院—维客利—百货大楼—文昌路口—质监站—东苑市场—公园东门—北苑小区南门—车管所—工业学校东—硕昌集团—凤鸣学校—单家村——中北门—建设村—黑埠村—初曲村—石湾店南村—石湾店北村
2路：棉纺城—万通驾校	棉纺城—沟北村—沟南村—草庵村—杨家洼—张辛路口—李家埠—轻纺城—大有公司—二实小—建设银行—实验中学—西关广场—人民医院—海美塑品—中百大厦—东利商城—市民之家—工商局—文山中学西门—君悦花园—金域华府—南庄—东大营路口—宏大市场西门—后伍—中伍—前伍—万通驾校
3路：北褚村—围子医院	北褚村—污水处理厂—同大海岛—海天纺织—华海广场—城建开发—人民医院北门—维客利—百货大楼—文昌路口—眼科中心—东方家园—建筑公司—潍水蓝湾—邑城水岸—妇幼保健院—二甲村—南宫路口—围子医院（单向线）—围子街办—石马路口—围子农信—围子路口—天宝村—汽车总站—石马北路口—围子医院（恢复双向线）

续表 6

线路名称及起止点	途经站点
5 路：虫埠村—营斜村	虫埠村—东逄路口—东逄村—西逄村—西逄路口—徐鄑路口—十字路北站—十字路南站—南鄑亭—刘家庄—张家村路口—高道社区—西埠社区—二实小—建设银行—实验中学—西关广场—人民医院—海美塑品—中百大厦—公路局—翰林大厦—文化广场—文山中学西门—君悦花园—金域华府—南庄—东大营路口—宏大市场北门—金家口—军屯村—前陶村—营斜村
6 路：公交公司—绿博园	公交公司—吴家庙—新村中学—旺族家园—西苑小区—建设银行—一实小—昌邑宾馆—佳乐家超市—全福元超市—维客利—人民医院—海美塑品—中百大厦—东利商城—市民之家—三得利—潍水蓝湾—邑城水岸—妇幼保健院—二甲村—南宫路口—围子医院—石马北路口—汽车总站—天宝村—围子路口—马家村—杨家村—昌平路口—张家路口—西王村—邢家六股路口—昌宁机械厂—花木城—植物馆—绿博园
7 路：佳家福—岞埠村	佳家福—公园北门—工商银行—昌邑宾馆—佳乐家超市—全福元超市—喜盈门酒店—三联家电—中百大厦—豫园小区南门—沁园春南门—华晨东分厂—石化东门—华晨南门—石化消防—华晨悦胜—万方家具—后埠路口—后埠村—前埠村—王耨路口—双台工业园—岞埠村
8 路：汽车总站—城区西站	汽车总站—石马北路口—围子医院—四甲村—王隅村—董隅村—院校街桥东——中北门—单家村—凤鸣学校—硕昌集团—工业学校—城后花园—郝家菜馆—工商银行—昌邑宾馆—佳乐家超市—全福元超市—维客利—人民医院北门—城建开发—都昌小学—沁园春西门—世纪华城—城区西站
10 路：建筑公司—官靶路口	建筑公司—东方家园—眼科中心—文昌路口—百货大楼—维客利商场—人民医院北门—城建开发　新村中学—吴家庙社区—公交公司—电商运营中心—同大海岛—污水处理厂—北褚村—百家埠—徐林南路口—家庄村—官靶路口（单向线）—徐林西路口—远东庄路口—远东庄村—东永安村—西永安东站—西永安西站—渔洞埠—肖家埠—北兴福路口—渔埠村—角埠村—西侯村—中侯村—东侯村—官靶路口（恢复双向线）
11 路：北兴福（北站）—工业学校	北兴福（北站）—北兴福（南站）—南兴福—申明亭—南侯村—王侯路口—双台小学—长流埠村—活埠路口—双台社区—中裴村—北裴西路口—北裴东路口—殡仪馆—南褚村—武术学校—华晨悦胜—石化消防—华晨南门—石化东门—华晨东分厂—沁园春南门—豫园小区南门—海美塑品—人民医院—维客利商场—全福元超市—佳乐家超市—昌邑宾馆—工商银行—郝家菜馆—城后花园—工业学校

昌邑市城乡客运公交化线路一览表

表 7

线路名称及起止点	途经站点
001 路：汽车站—下营	汽车站、邑城水岸、房管中心、北苑小区、潍水中学、夏店、东冢、李刘、下营
002 路：汽车站—青山秀水	汽车站、潍水中学、奎聚路、金家口、前陶埠、晴埠、青山秀水
003 路：汽车站—海天化工	汽车站、邑城水岸、房管中心、北苑小区、潍水中学、卜庄、孙家、北赵、廒里盐场、海天化工
005 路：汽车站—海美塑品	汽车站、电业路口、李家埠、柳疃、史家庄、青乡、海美塑品
006 路：汽车站—瓦北	汽车站、电业路口、李家埠、柳疃、龙池、瓦北
007 路：汽车站—辛安庄	汽车站、北海路、李家埠、柳疃、史家庄、S320、张家车道、郭家庄、辛安庄
008 路：汽车站—平安街	汽车站、围子、仓街中心路口、于部、206 国道、平安街、新昌路、奎聚路、平安街
009 路：汽车站—平安街	汽车站、围子、仓街中心路口、辛立、民丰、密埠店、李家、唐家、陈家、平安街、新昌路、奎聚路、平安街

邮　政

【概况】　2017 年，昌邑邮政公司在潍坊市公司党委和昌邑市委、市政府的正确领导下，以“一体两翼”战略为引领，大力弘扬“井冈山”精神和“山东战邮”精神，紧紧围绕全市邮政工作总体部署，始终坚持金融发展核心地位不动摇，统筹推进各项业务发展，企业经济效益和运行质量明显提升，综合管理能力不断增强，在协调快速发展的道路上迈出一大步，为开创昌邑邮政提质增效发展新时代打下坚实基础。企业规模位居潍坊邮政系统第二位，全省邮政 30 强县局，国家邮政县区局一类局。安全生产管理水平明显提升，全面落实“管生产必须管安全”的方针，分层分级签订安全质量责任书，做到分工明确，责任到人。全年无安全生产事故和资金案件，机要通信实现质量全红。被潍坊市公司评为“安全生产先进集体”“潍坊邮政代理金融风险合规管理先进单位”。

【行业发展】　2017 年，昌邑邮政公司认真贯彻落实中共十九大和十八届三中、四中、五中、六中全会以及中央经济工作会议精神，贯彻省、市公司和市委市政府的工作部署，牢固树立新理念，按照稳中求进工作总基调，以推进供给侧结构性改革为主线，坚持创新引领，坚持服务民生，主动适应经济发展新常态，行业实现持续快速发展。实现业务收入 7844.6 万元，完成年度计划的 103.89%，同比增长 13.36%，收入同比增加 924.72 万元。目标利润完成 1980 万元，完成计划的 108.97%。全员劳动生产率人均实现 27.23 万元，同比增长 12.8%。全市 7 个专业、14 处支局超额完成年度收入计划。

【行业安全监督】 落实安全责任制，大力开展安全教育，严格依法合规经营，以屡查屡犯违规行为为整治和风险等级评价活动为抓手，加强风险防控，确保各项经营活动安全。全力做好邮件收寄安全检查工作，对邮件收寄、窗口服务及封闭作业等环节进行深入检查，确保邮件寄递安全；抓好安防设施建设和消防安全管理，组织防抢劫演练和消防演练以及110报警测试，进一步增强员工安全防范意识和处置突发事件的应变能力。

【邮政业务】 邮政业务改革创新取得新进展。函件专业实现收入291.25万元，其中邮资封片卡实现收入15.82万元。完成设计制作并安装户外广告牌54块，收入36万元。报刊专业完成收入272.47万元，预计12月份实现收入27万元，完成年度计划的101.17%。零售专业完成业务收入33万元，投递队伍管理和职工营销积分水平得到很大提升。集邮专业实现收入372.5万元，占年计划的123.75%。电子商务专业实现收入75.61万元，代收费实现收入19.10万元，中石化敛款实现收入16.36万元，车险实现收入21.67万元。

【邮政服务】

邮政服务质量稳步提高 加快服务质量制度体系建设，开展“加强邮政基础，提升邮政服务质量”专项整治活动，员工服务水平得到明显提高，建立投诉责任追究制，及时处理客户投诉，服务质量得到较大提升。加强业务检查体系建设，重点针对金融风险点和信访多发点，强化管控，及时处置，化解矛盾。邮政服务综合满意度得分达到93分以上。

认真履行普遍服务和特殊服务义务 积极履行社会责任，主动落实普遍服务要求，与邮政管理局、当地银监局做好沟通协调。加强网点基础管理，提高投递、营业人员素质，履行普遍服务能力进一步增强。全市网络运营质量得分100分，邮件全程时限达标率98.4分。机要通信连续13年质量全优。

【硬件能力建设】 2017年，投资380万元改善职工工作条件，搬迁重建龙池、宋庄、青乡、丈岭4处网点，装修改造石埠、塔耳埠2处网点，建设职工小家，稳步推进职工带薪休假的落实，被潍坊市总工会授予“先进职工之家”称号。

【工会工作】 关心关爱员工取得新成效，员工满意度明显提升。2017年，人均收入在2016年基础上增长13%，员工满意度明显提升，全局凝聚力和战斗力不断加强。职工文体活动常态化开展，先后组织参加市公司“振兴杯”篮球赛、羽毛球比赛、第二届职工田径运动会及文艺会演等文体活动，分别取得骄人的成绩，荣获“优秀组织奖”，在第二届振兴杯邮政职工田径运动会中，全体运动员奋力拼搏，取得团体总分第五名的好成绩。

【党建工作】 筑坚强堡垒，树先锋形象，促科学发展。2017年，中共建设和党风廉政工作扎实推进。围绕“以党建统领全局发展”总体思路，推进“两学一做”学习教育常态化制度化，深入贯彻落实中共十九大精神，组织政治理论学习。认真落实党委主体责任和纪委监督责任，严格执行中央八项规定，加强中共建设，充分发挥党支部战斗堡垒作用和党员干部的先锋模范作用。

组织建设 坚持“抓党建、促发展”的总体思路，抓好党内政治生活制度执行，重点落实好党支部“三会一课”制度。以“两学一做”学习教育专题教育为抓手，厉行节约渐成风气，定期组织政治理论学习，认真做好补缴党费、党员排查等工作。抓好省巡视组巡视问题的整改工作。进一步加强制度建设，全年下发各类规范性文件10个，强化执纪问责，及时对违规违纪行为进行党纪政纪处理。坚持党要管党从严治党，将党建工作向基层延伸，进一步完善党建工作体系，落实好党建人员配备，加大各级党组织领导和党务干部培训力度。严抓党建制度落实，确保基层党组织工作规范化常态化，逐步减少支局党员“空白点”。围绕深度融合，创新思维，找准基层党建与生产经营结合的切入点和着力点。

党风廉洁建设 认真落实党委主体责任和纪委监督责任，全面落实中央八项规定精神，深入开展“党风廉政宣传教育月”活动。严格执行中央八项规定，加强监督检查和作风建设。开展办公用房、公务用车、违规豪华装修专项清理检查活动。（供稿人：姜新坤）

昌邑移动

【概况】 昌邑移动公司成立于1999年9月，为中国移动通信集团山东有限公司的分支机构。昌邑移动公司秉持“正德厚生，臻于至善”的核心价值观，服务于昌邑40万移动客户，以“科学发展”和“和谐社会”为指引，以“创无限通信世界、做信息社会栋梁”的企业使命为己任，精心打造卓越网络，全力构建信息数字化平台，努力开拓当地企业信息化应用和全力参与昌邑智慧城市建设，追求企业、社会、环境的和谐发展。昌邑移动公司内设综合部、业务运营部、建设维护部和集团客户服务中心4个部室，下设3个城区营业厅、8个乡镇经营部。另有120多处城区便利店，600余处农村便民服务店，移动服务渠道覆盖全市所有村庄、小区，为全市人民提供优质便利的服务，真正实现“村村都有代办点，出门就是便利店”的渠道格局。

【市场业务】 昌邑移动公司以渠道深入转型、终端销售、4G发展提升、有线宽带为抓手，以4G产品和有线宽带为主力，不断加大市场、业务拓展力度，通过加强渠道管理提升，针对自办渠道根据省市公司统一部署进行改造提升达标，社会渠道在进一步提升的同时，昌邑公司加强社会渠道的管理工作，年度取得了较好的成绩，居全潍坊市前列。

【业绩提升】 2017年以助力企事业单位信息化为出发点，积极参与党政军及企事业单位的信息化建设。全年完成潍坊平安消防工程有限公司消防维保、常州公共自行车视频监控、围子街道云视讯（潍坊首个）、昌邑市一村一警综合业务等4个大型项目。

【服务管理】 昌邑移动公司通过内部强化员工业务能力，改造提升营业厅服务环境，加强外出营销等措施提升整体服务能力。昌邑移动追求客户满意为宗旨，提升营业厅的服务能力，开展班组大讲堂活动，定期进行集中业务培训和业务技能提升，全力追求客户满意，对于客户提出的意见或建议，确保在第一时间内给予客户满意答复，提升客户满意度。

【助力智慧城市建设】 昌邑公司确定网络工作重点围绕智慧城市建设，从LTE建设、有线宽带建设、节点机房和综合业务区建设、网络维护等方面开展具体工作，并注重基础工作管理，向管理要效益要成绩。项目建设上以市场需求为出发点，以城市全面覆盖、农村重点覆盖的建设思路落实发展，通过全员参与选址、集客部门公关等途径洽谈新建站点的接入，促进了项目立项、入场施工的实施，实现城区、乡镇的有效覆盖，为有线宽带业务的发展提供了良好的基础，为智慧城市的建设贡献了力量。共新建GSM站点18处，LTE五期站点宏站开通45处；LTE五期室分、楼间对打、微站共新建30处；对现网站点调整载频100多次，全年大小项目共计建成80余处，保障中共十九大、山阳梨花节、绿博会等重大活动圆满完成。

【企业文化】 昌邑移动公司积极深入开展“雷锋在行动”主题活动，以提升客户服务水平和提高员工能力素质为目的，通过“身边人讲身边事，身边人讲自己事，身边事教育身边人”等一系列优秀案例的推广，在公司内部逐渐形成“务实、担当、诚信、和谐”的企业氛围。深入推进员工关爱工作，遵循因地制宜、务实节约、硬件设施和软性班组文化同步推进的原则，形成员工诉求反馈制度，为一线部门员工进一步完善工作生活设施和解决实际困难，让一线员工感受到公司的关爱和“家”的温暖。年内，全公司建设完成乡镇经营部小小家8个，并全部达到“模范职工小小家”标准，完成年度建设计划的100%，昌邑公司被省公司评为“省级模范职工小家”称号。

【党风廉政建设】 昌邑移动公司在落实惩防体系建设和党风廉政建设责任制的过程中，注重发挥职能作用，严格遵守《中国共产党党员领导干部廉洁从政若干准则》的相关要求，从严约束自己，没有出现公车私用和用公款进行高消费的情况，对于办公用品等公共资源的利用，厉行节约。在思想上，强化学习，确保思想教育到位。为提高领导干部贯彻落实责任制的自觉性，支部始终把思想教育作为落实责任制的基础性工作常抓不懈。通过学习，使领导干部加深对实行党风廉政建设责任制的理解，增强了领导干部的责任意识。把反腐倡廉列入重要议事日程，严格落实“一岗双责”要求，切实抓好分管范围的党风廉政建设。做到廉洁自律，率先垂范，广泛接受监督。落实领导干部党风廉政建设和反腐败工作明确分工，确保责任主体到位，制定工作任务分工表，层层负责抓到底，责任明确、具体，落实到人，形成抓党风廉政建设的整体合力。

（供稿人：田洪涛　李迎弟）

昌邑联通

【概况】　中国联合网络通信有限公司昌邑市分公司（简称昌邑联通）隶属于中国联合网络通信有限公司潍坊市分公司，是在原昌邑联通、原昌邑网通的基础上融合组建而成，拥有覆盖全市、结构合理、技术先进、功能强大的现代通信网络。作为昌邑市信息化建设主力军，昌邑联通在网络容量、资产规模、用户数量等方面实力雄厚，能够为全市用户提供高效、优质、内容丰富的信息通信服务。公司大力拓展新型服务领域，服务范围从传统的语音通信、电路出租等基础通信拓展至大数据、云计算、移动互联网等新型领域，成为名副其实的全业务运营商。2017 年，被昌邑市总工会授予“先进工会女职工委员会”和“先进职工之家”。

【打造精品移动网络】　2017 年，公司不断深化移动网络建设，推动网络覆盖不断优化，形成 2G/3G/4G 全网络覆盖，特别是 4G 网络采用的 FDD 制式为国际通用标准，年内继续加大 4G 基站建设，4G 网络基本达到全覆盖。进一步优化 4G+ 网络，实现全网支持 150M 下载速率，最高可达 300M。

【市场经营】　公司坚持贯彻落实聚焦战略，坚持真实发展、效益优先的原则，4G 用户保持了高速增长。宽带业务发展坚持品质与服务并重，综合竞争能力大幅提升。完成宽带提速，对全市名单制用户进行提速，有效提升用户体验，充分发挥传统固网业务优势，以融合促发展，拉动 4G 和宽带业务增长。以信息化应用为着力点带动规模发展。

【客户服务】　公司深化大服务工作机制建设，建立“窗口服务树形象、内部支撑强保障”的大服务体系，促进公司的健康发展。通过建立全员服务意识，将服务工作融入各专业线的基础管理中，做到各专业线的精细化管理。建立“1+0”纠错机制，促进服务问题从源头上解决。按照“降投诉—控越级—提感知”的三步走战略，创新服务举措，提升客户感知。关注服务热点，加强基础管理。以客户反映的热点问题为抓手，分析问题根源，从源头抓好治理工作是降低投诉的根本途径。客户服务部会同市场、运行等专业线牵头部门对 9 类热点服务问题进行梳理，制定解决方案，从源头入手解决问题。开展优质服务活动，提升服务评价。本着“以客户为中心，用服务促发展”的服务理念，在客户投诉处理、渠道销售服务、固网线路装维、移动网络通信质量四个专业线开展优质服务竞赛活动，提高全员服务意识。

【网络支撑】　深入推进固网建设，具有核心汇聚机房 1 个，各类中小机房 50 处，各类传输、数据、电源、基站设备 800 余台，可以为党政部门、企业、公众等用户提供优质的宽带服务。通过落实“百兆起步，千兆引领”宽带战略，加快释放宽带能力，有效提升用户体验。持续推进宽带 PON+LAN 改造，继续开展综合接入机房 IPRAN 和 OLT 设备的双物理路由整改，不断完善网络架构，实现 IP 双物理路由 100% 成环，增强网络整体健壮性。

【运营管理】　深入完善激励分配机制和优化运营机制，基础管理进一步规范。划小承包与瘦身健体机构精简工作有机结合、同步推进，形成“小管理、大操作、强协同”的组织架构。注重员工综合素质提升，制定《年度员工学习培训计划》，组织员工参加市公司和自行组织培训学习 3925 人次。出台企业降本节能措施，系统全部应用电子办公网络，即无纸化办公，有效地压缩非生产性开支。同时，修订《接待办法》《卫生制度》《考勤制度》《车辆管理办法》等管理制度。坚持不懈抓好安全生产和安全保卫工作，杜绝安全隐患，与各单位签订安全责任书，并定期组织检查和调研，在各项检查工作中，得到较高评价。

【党风廉政建设】 深入学习贯彻中共十九大会议精神，扎实开展“两学一做”学习教育系列学习教育活动，围绕“严以修身、严以用权、严以律己、谋事要实、创业要实、做人要实”的要求，联系实际，落实完善“三会一课”制度，积极开展支部生活日等活动。充分发挥党员先锋模范作用，积极开展营销帮扶活动，展现党员风采。顺利完成党委班子换届选举。组织全体党员开通“灯塔在线”党建平台，实现党员在线学习。在党风廉政建设方面，坚守纪律红线不动摇，强化领导人员纪律意识，认真落实主体和监督两个责任，通过专项治理、内部约谈等多种方式加强监督执纪问责。持续加强作风建设，深入开展自查自纠，弛而不息纠正“四风”，全面推进廉洁风险防控，突出制度建设，有效杜绝违规违纪问题的发生。

（供稿人：张　然）

昌邑电信

【概况】 中国电信集团公司是国有特大型通信骨干企业，是全球领先的综合智能信息服务运营商。昌邑电信分公司隶属于中国电信股份有限公司潍坊分公司。主要经营移动通信、宽带、固话、卫星通信、互联网接入及应用等综合信息服务。

【市场经营】 2017 年，昌邑分公司按照科学发展观要求，适应国民经济和社会发展需要，深入实践中国电信集团企业转型战略，努力从传统基础电信网络运营商向综合信息服务供应商转变，精确管理、优化资源配置，开展品牌统领下的全业务运营，坚持全面创新，全力推动 4G 信息化融合业务，在持续健康发展的同时有利的拉动地方经济和相关产业的繁荣，得到社会的认可。公司本着以客户满意为目标，以外树形象内强素质为原则，所有服务窗口实行“文明服务窗口”“青年文明岗”“今日之星”评比窗口，让群众真正感受到中国电信的差异化服务。2017 年，电信网络全面覆盖校园，独家接入，实现网络无缝覆盖，并成立校园第一家电信运营商营业厅——工业学校营业厅。

【运营管理】 中国电信昌邑分公司一直履行“开放、创新、奉献”的企业精神，公司秉承“以支局为核心，以个人发展为目标”的原则，加强公司内部管理制度，实行各门店与支局同发展，全年抓目标促发展。不断提高服务质量，满足用户日益增长的多样化信息需求。高质量的 4G 网络上网速度快，通话质量高，应用丰富，保密性好，网络覆盖完善，使人们的生活更加丰富多彩。2017 年，昌邑分公司率先完成城区乡镇 LAN 迁转“光纤全面入户”，实现光纤入户速率达到 100M，开启“光进铜退”的新时代。与昌邑电视台、泰兴化工等企业联合组织“携手奋进、开创未来”大型宣传晚会，使电信网络走进企业、信息平台，使各项业务发展迈向新台阶。

（供稿人：温娟华）

城乡建设

Cheng Xiang Jian She

规　划

【概况】　2017年，昌邑市规划局在市委、市政府的领导下，不断强化思想作风建设，以优化行政服务环境为重点，创新服务机制、提升服务水平，全面加强城乡规划的编制与实施，城乡规划事业取得了长足发展，为昌邑经济社会快速发展起到积极的推动作用。年内获得省级文明单位，潍坊市优秀城乡规划设计二等奖，昌邑市直绩效考核先进单位奖项。

【重要规划编制】　加快修编城市总体规划报批进度　此轮总体规划统筹规划未来的远景发展，确定城市性质为潍坊市域次中心，山东半岛北部现代制造业基地，生态型园林城市。在规划编制市域层面中采用“全域规划”的理念，进一步拓展城市空间，并以此为契机，统筹产业与城镇化、生态与环境保护、空间管制、防灾减灾、基础设施、公共设施、公共交通、社区布局，并明确各镇区的发展规模、用地拓展方向、民生保障设施布局，根据省住建厅的反馈意见进一步修改完善。

抓好重点片区的规划编制与实施　特别是依据新一轮总体规划，努力做好各项修建性详细规划的编制工作，积极与青岛、济南、上海等一流规划设计单位合作，以潍河为中心，高水平编制实施一批精品规划，稳妥推进昌邑市文山森林公园规划和潍河生态长廊风光带总体规划的编制实施工作。科学编制博物馆扩建和美术馆新建规划，审核报批《润泽华庭修建性详细规划》《政亨·龙泽苑修建性详细规划》《奎聚街道东隅社区棚户区改造项目修建性详细规划》等30余项修建性详细规划，力求在提升城区形象、服务居民出行、拓展城市发展空间、促进人口聚集和带动力的提升等方面取得明显成效，全面增强中心城区集聚度和竞争力，进一步提升城市内涵，增强城市魅力。

★ 8月21日，省城乡规划第八督察组到昌邑市对城市生态资源保护及建设用地容积率调整工作情况进行巡察　（王惠民）

加快农村供暖等专项规划　2017年，按照上级要求，为实现城乡统筹一体化发展，统一布局城乡基础设施和公共服务设施，在充分开展前期资料收集、调研的基础上，多次召开规划方案分析论证会进行论证，组织编制《昌邑市地下空间规划》《昌邑市人口市民化规划》《昌邑市农村新型社区布局规划》《昌邑市农村供暖专项规划》《昌邑市移动通信基站设施专项规划》等10余个专项规划，为打破城乡二元结构，强化城乡基础设施配套一体化，为推动城乡共建提供强有力的规划支撑。

完善测绘与地理信息　为《昌邑市城南片区控制性详细规划及城市设计》等规划的修编提供1：1000地形图308幅，确保规划编制的现实性和准确性。为建设项目做好测量测绘、勘测定界、拨地定桩和定点放线等规划服务工作，特别针对全市重点项目优先安排，加班加点确保能以最快的速度交付各类测绘成果图，加快项目推进步伐，为提高全市规划建设水平提供有力的技术支持。2017年，累计完成中国北方绿色物流园、凤鸣学校、山东环境工程职业学院、公安局案件办理中心、围子智能产业园等单位共130余幢建筑物的定点放线验线工作，完成第一实验小学、华海贸易广场等70余宗地块的测绘工作，规划建设用地面积达110万平方米；共完成实验中学、实验幼儿园龙城分园等单位共800余幢建筑物的竣工测量工作，绘制完成21幅竣工测量图。

【规划实施督查】　积极为项目建设提供优质的规划服务　建立健全"一站式"审批制度，定期召开规划业务会议，集中研究、审查所有报建项目。2017年，共勘查现场800余次，提供建设用地规划设计条件90余件，办理建设项目选址意见书、建设用地规划许可证、建设工程规划许可证220余件。

实施全程督察确保规划实施到位　合并优化规划管理服务流程，将验线、规划公示、日常管理、竣工验收等环节采取一次性告知和跟踪服务，变建设单位登门到主动上门管理，变多科室牵头为1个科室主办，不仅减少建设单位跑腿的次数，还加强批后的现场管理。在优化批后管理服务的同时，加强规划巡查密度和力度，做到规划监管全覆盖，发现问题及时制止、依法处理，确保规划指标落到实处。累计下达限期整改通知30件，对76栋建筑物进行验线核实，共核发《建设工程规划竣工验收合格证》120件，面积达70万平方米。

认真做好省遥感疑似图斑核查工作　2017年，省政府下达昌邑市规划疑似问题图斑16个，共计22万平方米，昌邑市规划局立即与省政府督察办对接，第一时间与省派驻城乡规划督察员沟通，详细了解相关情况，征求问题处理意见，按要求一步整改到位，顺利通过省级验收。

【重大基础设施策划】　对城区内进行新建道路及各类管线工程严格审批的同时，按照先地下、后地上的要求审核各类市政公用设施规划，并严格按照规划要求规范城市道路挖掘、占用绿化建设的行为，保障市政公用设施按照审批的规划有序进行。截至2017年底共受理并报批70余件市政工程规划方案，办理规划文西路、绿博大道、兴昌街等项目的规划选址和审批，3条道路全长3.43公里；受理潍莱高铁天新庄牵引站、黄河水东调二期工程、灶户35千伏送出线等各类管线工程共计43件，全长112.82公里；受理公交站厅、昌邑一中广告牌、交警大队技术监控等市政设施585处新增开设小区出入口8处，沿街商业铺装及小区配套管线接市政主管网6件，出具市政类规划竣工验收通知书6件，整改意见2件。

（供稿人：武传贵　王惠民）

城市建设

【城建道路】　2017年，城区道路排水工程新建项目12项，续建项目5项，涉及雨污分流工程14项，总投资1.65亿元。其中新建项目采用政府和社会资本合作模式运作。工程项目涉及奎聚路、天水主副路、南苑东街、南苑西街、市府街、滨河东路及北延、宫甲路、北海路、都昌路、富昌街、院校西街、利民街、城里街、新村街等路段，建设内容包括新建道路、旧街老路重修改造、部分路段挖补罩面、雨污分流、海绵城市建设、黑臭水体整治等工作，其中新（改）建道路23.7公里，新设雨水管道23公里，污水管道21.7公里，改造混流管道20.7公里，整治黑臭水体2.4公里，形成海绵城市面积2.35平方公里，雨污分流比例达到87%以上。上述工程的通车达效进一步完善昌邑城区路网结构，扩大城区面积和基础设施覆盖面，同步进行的海绵城市建设、雨污分流和城市内涝专项整治，进一步节约、涵养水资源，降低城市污水处理费，改善市民生活和出行条件，提高城市品质。

【海绵城市建设】 根据城市建设规划要求和市政府工作安排，2017年对新改建12条道路同步实施海绵城市建设，通过采取铺设透水人行道、设置下凹树池、实行雨污分流、收集雨水进水系湾塘等措施，最大限度地实现雨水在城市区域的积存、渗透和净化。2017年共完成海绵城市任务约2.35平方公里，圆满完成省下达海绵城市建设任务。促进雨水资源利用和生态环境保护，逐步实现城区小雨不积水、大雨不内涝、水体不黑臭、热岛有缓解的目标。

【城市路灯】 2017年，市路灯管理所担负着市区、滨海下营开发区、柳疃项目区的1万余基路灯，1.8万余盏光源，147台变压器，162台监控终端的巡查、养护。路灯所紧紧围绕路灯安全生产管理规范，贯彻“以人为本，持续改进”的安全理念，全年安全事故为零，亮灯率达到99%以上，设施完好率98%以上，故障及时处理率100%。2017年5月，被潍坊市夜景照明管理办公室评为“2017年度城市夜景照明建设管理先进单位”；2017年10月，被中国市政工程协会城市照明专业委员会评为“先进单位”；在潍坊市政局第三季度潍坊市城市管“5+6”标准化评价（B类）中昌邑市城市照明成绩位居第二名。

【城市养护】 挖补沥青路基11423平方米；沥青面层11545平方米；完成平安东街与下小路交叉口等易涝点改造8处。人行道增设盲道、零星维修31651平方米；调整树池5040米；调整路侧石3940米；维修出入口8024平方米；完成工人新村、中百巷、外贸巷、文山小学南巷等11条背街小巷改造。完成天水路南北沿线6座石渠桥栏杆刷漆。对同大街（北海路以西）、新兴街（新昌路以东）等砂石路面进行维修铺垫7次。

【城市绿化】 2017年，全市建成区绿地总面积达1067.3万平方米，绿化覆盖率达37.85%，绿地率38.07%，人均公共绿地面积达到17.15平方米。创新举措，精心组织，园林绿化建设实现新突破。以市委、市政府确定的重点绿化工程为突破口，对开工建设的各项绿化工程进行严格管理。昌邑市建成区绿地面积1077.22公顷，绿地率38.89%、绿化覆盖率38.2%、人均公园面积21.6平方米，完成投资1100万元，达到市委、市政府制定的年度重点工程推进计划。精养严管，强化考评，绿化养护水平实现跨越发展。为加强绿地养护管理，提升绿地景观效果，实现园林管理规范化、精细化和长效化，加强日常监督检查与考核。坚持每周暗检、明检，及时发现、解决养护过程中的难点问题；开展园林绿化“管理提升月”活动。不断创新机制，探索、尝试新思路、新做法，实现绿化管理工作科学化、精细化和长效化，进一步提升城市绿化精细化管理水平。9月，潍水风情湿地公园（西岸平安街大桥—交通街大桥）、平安街（解放路—下小路）绿地分别被山东省城协园林风景分会授予“2017年度省级精细养护示范绿地”称号。 （供稿人：罗兴平　姜红波）

城市管理

【污水处理】 2017年，昌邑市不断加大城区排水管网雨污分流改造力度，强化管网维护和污水收集，加强污水处理厂监督管理，每月对城西、城北2家污水处理厂进水量、处理量、水质指标等数据定期掌控调度，汛期24小时值守联络，实时掌握降雨量和排水量，动态调控排水流量，确保城区防汛和设施运营双安全。2家污水处理厂达标排放污水4000万吨，处理率99%。

【污泥处置】 潍坊市污水处理厂污泥无害化处理处置项目，是潍坊市政局和昌邑市人民政府合作建设的潍坊市重点工程项目，由昌邑市建设局具体负责组织建设。该项目位于昌邑市龙池镇工业园区内，占地面积约165亩，采用板框脱水＋好氧发酵＋资源化利用工艺，建设规模为日处理污泥700吨，投资约2亿元，建成后将同时处理潍坊市中心城区、昌邑、寒亭、坊子和滨海等区域内的市政污水厂污泥，其工艺科学性、规模效益性、环保持续性等在华东乃至全国同项目中居领先地位，真正实现污泥的减量化、稳定化、无害化、资源化目标。该项目于 2017 年底开始试运行，日处理污泥 100 余吨，开启了潍坊市市政污泥资源化利用新历程，为下一步的大规模稳定、环保处理市政污泥做好充分准备。

【市政公用养护】 安排施工队疏通、维修检查井、雨水井 4329 座，疏通主管道 965 米，更换雨水井盖、框 1650 个，保障城市排水系统安全畅通。严格落实日常巡查制度，在城区内细分为 10 个巡查区域，每个区域有专人负责管理，市政设施巡查养护队每日无缝隙、不间断作业，发现问题立即处理。积极参加城区防汛工作。按照防汛应急预案，遇中到大雨天气全体人员必须到单位参加防汛应急，防备突发事件，扎扎实实做好防汛工作。

【绿化园林养护】 成立园林绿化专业督查组。对全市绿地、公园、景区实施网格化管理，明确专人负责督查工作。对辖区内绿地设施进行督查，对前期易出现问题的华海贸易广场绿化带、城西市场等重点路段、重点区域进行不间断督促、巡查，跟踪调度、重点清理，抓落实，看效果。实行督查问题“每天一汇总、三天一复查，三天一通报”。对绿地卫生、公共设施、公益宣传等重点任务、重点工作推进完成情况，进行高密度、多轮次的督导检查，确保问题迅速整改到位。认真履行职责，抓好工作落实。高标准完成系列公益广告、宣传栏的宣传展示工作。在潍水风情湿地公园、北海公园、天水公园、沁园春绿地、安家埠绿地等公园绿地制作张贴各类公益广告宣传牌、宣传画 650 余幅，传单 5100 余张。结合“思想作风建设年”活动，进一步发挥公益广告在弘扬社会正气、倡导文明风尚、建设和谐社会中的积极作用，推动形成知荣辱、树新风、促和谐、求发展的社会风尚，积极营造“讲文明，树新风”的良好舆论氛围。结合“城市管理提升年”活动、绿化管理“集中提升月”活动，共完成公园、广场、游园、绿地的环境整治维修工作 76 项，出动车辆 170 车次、人工 4900 个、完成清理面积 36 万平方米。

【市容管理】 彻底解决马路市场占道问题，采取新建、搬迁、取缔、定点定时等措施，对建设路市场、利民街夜市、无名路市场等 5 个占道市场 1200 余个摊点全部取缔。每周二、五开展市容集中整治，重点解决管理难题，清理占用车位路障 6000 个（块），取缔乱设广告牌匾 12000 块，清理乱贴乱画 8000 处，清除违法小广告 3 万条。实行路段包靠制管理，50 名市场监督员对城区 12 条主次道路错时包靠管理。逢集日对五里、李家埠、辛置集占道摊点进行规范。加强部门联合，清理店外垃圾 100 立方米，规范占压盲道、乱停乱放等违章停车 7000 次。召开专题会议，要求运输车辆定点、定时、定路线运输散料。积极发挥“智慧昌邑”天眼作用，对渣土运输、泄露遗撒等车辆进行全天候监控，查处违法车辆 33 辆。从外市引进新型渣土运输车辆自动覆盖装置，要求运输车辆安装覆盖设备。4—10 月，每天晚上组织执法人员管控露天烧烤，市区 127 家烧烤店全部进店操作，并全部加装油烟净化设备，有效改善了市民居住环境。

【违建违章治理】 组织全市党员开展违法建设申报，市直 117 个部门和 9 个镇（街区）共计 28905 名党员干部参与申报。全年完成全市存量违法建设处置 253 处，共计 15.76 万平方米，拆除新增违法建设 51 处，共计 3.31 万平方米，完成工作任务进度 100%。拆除违法建设工作在潍坊市年度考核中名列 8 个县市第 3 名。

（供稿人：罗兴平　姜红波　翟高峰）

【城乡环卫一体化】 全面提升城乡环卫一体化水平，加强城乡环卫一体化检查考核。重新修订《昌邑市城乡环卫一体化工作检查考核办法》，根据新考核办法，切实加大检查考核力度，建立问题整改台账，强化工作督导调度，督促问题解决到位，农村陈积垃圾点逐渐减少，农村环卫质量逐步提升。在 5 月份全省城乡环卫一体化工作暗访中，昌邑市得满分，在潍坊排名第一。根据全省铁路沿线环境综合治理工作要求，6 月，圆满完成铁路沿线全部绿化和治理任务，共投入资金 468 万元。顺利通过省铁路沿线环境综合治理验收，是全省 10 个率先通过省级验收的县（市区）之一。

【城区精细化作业】 城区保洁全面向“湿法作业”转变。根据城市防控扬尘工作要求，新增配冲洗、洗扫、洒水车 10 余辆，对城市主次干道进行湿法作业，提升精细化保洁水平。在天水路、平安街纳入深度保洁范围的基础上，2017 年将交通街及解放路部分路段纳入深度保洁范围，按照深度保洁标准及作业模式进行保洁，确保路面见底色，护栏无污迹、积尘，沿路垃圾收集容器完好、整洁。平安街、天水路、解放路被评为潍坊市级深度保洁示范路，并于 12 月份顺利通过深度保洁示范路省级验收。根据创建全国文明城市等有关标准要求，针对城区部分老街、背街小巷、夜市摊点、市场及占道经营、露天烧烤、卫生死角等市容环境问题，在加大检查考核力度同时，与城管执法大队联合，先后多次开展市容环境专项整治行动，逐步解决城区环境存在的问题，改善了城市环境卫生面貌。

【环卫设施的建设及维护】 2017 年 9 月底，经市政府批准，环卫局将围子街道、柳疃镇等 8 座垃圾中转站所有资产无偿移交到各镇（街区），并办理资产移交手续，由各镇（街区）对垃圾中转站进行管理、维护、运行，进一步理顺中转站管理关系，确保各镇（街区）生活垃圾中转站规范运行。投资 100 万元，在实验中学南侧广场及名园商城新建公厕 2 座，逐步改善城区公厕不足问题；根据创城工作安排，不定期对城区街道垃圾桶及果皮箱进行普查，对破损垃圾桶及时进行更新更换，共更换垃圾桶 1000 个，新安装太阳能果皮箱 300 个，新更换分类果皮箱 600 个，进一步提高垃圾收集效率。做好第二生活垃圾处理场及城乡生活垃圾资源化利用项目的运营维护等工作，顺利完成填埋区第一阶段覆土工程、填埋区南侧护坡工程，并顺利通过环评验收。第二生活垃圾处理场及城乡生活垃圾资源化利用项目共处理生活垃圾 14.65 万吨。积极做好餐厨垃圾处理工作，购置了餐厨垃圾收运车辆，并与潍坊金信达生物化工有限公司签订餐厨垃圾处置协议，自 2017 年起正式收运餐厨垃圾，全市餐厨垃圾逐步得到规范化有效处置。

【建筑垃圾处置管理】 为从事建筑渣土运输的车辆安装密闭式液压盖板，有效避免渣土运输途中洒落和扬尘污染问题。同时，根据每个工地的具体情况，规定渣土运输车辆的行驶路线，要求车辆必须按照行驶路线行驶，运输过程中要平斗盖板密封，严禁超载，严禁沿途洒落。为全市 42 辆渣土运输车辆安装 GPS 卫星定位终端设备，并结合“智慧昌邑”监控平台，对渣土运输车辆行驶路线进行实时监控，发现违规车辆及时按规定处理，切实加强对渣土运输车辆的监管，最大限度避免运输车辆不按规定路线行驶及私拉乱倒、沿途洒落、扬尘等问题。在建筑垃圾处置过程中，根据每个工地产生渣土的不同情况，按层次区分渣土的利用价值并归类清运，根据所需运往不同的渣土倾倒场地，实现建筑垃圾的资源化利用。一方面将混凝土类的建筑垃圾运至昌邑市昌鑫再生建材有限公司进行再生产利用，实现建筑垃圾的循环利用；另一方面将部分渣土用于填埋废弃坑塘等处，确保在不影响环境的基础上，实现建筑垃圾的合理消纳利用。

【农村改厕工作】 顺利完成 2017 年 2008 套农村改厕任务及 2018 年厕具招标、供货工作；积极解决改厕后续粪便处理问题。市政府于 2017 年 3 月 30 日印发《农村改厕后续粪便处理实施意见》，规定市镇两级财政每年每户补助改厕后续粪便清运处理费 60 元，不足部分由村集体通过自筹等方式解决，保证粪便满了有人抽，解决农村后顾之忧。同时，“意见”提出“与专业污水处理企业合作，对改厕后粪便及污水进行综合处理”，2017 年根据“试点先行，分步推进，全面实施”的原则，选取柳疃镇姜家寨村、西傅村，龙池镇齐西村和卜庄镇姜泊村 4 个村庄进行农村污水治理先行试点工作，此项目被列入年度深化改革试点项目。4 个试点村庄将采取一村一站模式建设污水收集管网和污水处理设施，集中处理农村污水和改厕后的粪便。2017 年 7 月，省住建厅印发《关于转发〈昌邑市人民政府办公室关于印发《农村改厕后续粪便处理实施意见》的通知〉的通知》，推广昌邑市经验做法。

【环卫产业】

积极拓展国内国际市场 “昌邑模式”已拓展到

国内25个省份120余个县（市区），康洁公司在全国各地成立了600个托管项目部，带动17000名群众就业。抢抓“一带一路”“中巴经济走廊”建议机遇，主动走出国门开拓国际市场，在巴基斯坦卡拉奇市保洁业务正常运营的基础上，以满分成绩顺利通过巴基斯坦旁遮普省费萨尔巴德等5个市的环卫保洁项目资格预审，进入招标阶段。与中东（力高）公司合作，签订了共同开发海湾六国及非洲市场的合作协议；携手葛洲坝集团等央企，与马尔代夫、瓜达尔港签订运营协议，与尼泊尔、斯里兰卡、孟加拉国、柬埔寨、哥伦比亚等国家达成环卫合作意向，国际化道路越走越宽。投资5.2亿元，建设“产学研用”一体、全产业链发展的综合性产业园，被列为省发改委重点项目，争取上级政策扶持资金3500万元，并被省住建厅评为绿色建筑标识项目，奖励资金100万元。通过提升中国城乡环卫网，完善在线环卫商城，线下举办高端论坛、环卫设备展等模式，形成线上了解、线下体验、线上线下一体化交易的O2O模式，填补国内空白，打造全国最大的环卫设备展示交易市场，预计年可实现销售额100亿元；投资5亿元建设环卫装备生产基地，积极拓展新能源、清洁能源环卫设备生产，打造智能环卫研发中心，被纳入潍坊市“四个城市”建设五年规划新旧动能转换重大产业支撑项目；积极筹建山东环境工程职业学院，打造全国环卫行业教育基地，深化教育体制改革，成立教育投资管理公司，切实形成“产学研用一条龙”的环卫技术创新机制，为环卫产业发展提供源动力；继续推进“泰山产业领军人才”项目进度，完成了国家级服务业标准化示范项目、守合同重信用企业等申报工作及SA8000社会责任体系认证；连续成功举办12期城乡环卫一体化及环卫科技创新研讨会、六届中国（昌邑）环卫设备科技博览会，有效的推介环卫科技创新品牌，推广“昌邑模式”；与浪潮集团合作建立环卫电子商务平台，与“智慧环卫”系统聚合发展，打造全国首家环卫电商企业，真正形成设备生产、交易、教育培训、制衣等多板块、全链条产业发展模式，实现需求研发有机对接、“二三”产业跨界融合、线上线下紧密结合、培训教育的一体化发展。

抓好标准化建设工作　在《城乡环卫一体化服务规范》等四项标准升华为山东省地方标准的基础上，积极申报国家标准，完成国家级服务业标准化示范项目的申报，进一步形成独具特色的“标准环卫服务”品牌，带动整个环卫行业标准化服务的应用、推广和发展。2017年11月，筹备全国服务业标准化现场会议，为会议提供城乡环卫一体化服务业标准化建设的观摩现场；康洁环卫集团标准化助推环卫产业发展的做法获潍坊市委书记、市长批示，予以推广。集团承担的“昌邑城乡环卫一体化服务标准示范”项目荣获2017年潍坊市标准应用奖。

（供稿人：唐正欣）

住宅与房地产

【商品房预售监管】　2017年，全市房地产开发完成投资14.6亿元，比上年增长48.51%，商品房销售45.2万平方米，同比增长25.94%，增幅均列潍坊各县（市区）前列。截至年底，全市库存面积81.54万平方米，其中住宅面积50.65万平方米，套数4805套，库存的消化周期约为10个月左右，商品房存销比合理。根据地税部门统计，房地产业共计入库19062万元，占全市地税总收入的14.00%，其中房地产业税收收入18697万元，占全市地税收入的15.37%。

【房地产市场管理】　2017年，办理房地产开发经营权手续97.8万平方米。清理僵尸企业和淘汰无业绩、无人员等“小弱散”企业资质共6家，新注册3家，具备资质房地产企业45家。按照《昌邑市房地产开发项目竣工验收备案管理办法》的要求，对4个房地产项目进行竣工综合验收备案工作，共计10.8万平方米。

【房屋征收与补偿】　2017年，完成国有土地征迁面积7万平方米，发放补偿资金6700万元。三得利片区3家企业和74户住宅完成房屋征迁。卫生局片区北区223户住宅和5家企事业单位完成房屋征迁。灌溉所片区206户住宅和1家企业完成房屋征迁。房屋征迁工作措施到位，灌溉所片区兴昌开发宿舍楼206户居民10天内完成协议签订、房屋搬迁，签约率、搬迁率、拆除率均为100%。棚改项目5100户居民已全部签订协议，拆除1376户，腾出土地933亩。严格把好城中村改造政策关，对8处地块提出用地意见，涉及土地484亩。积极参与文山森林公园，奎聚街道、都昌街道棚改项目等地块附着物清点评估，实地测量建筑物20万平方米。完成职业中专片区152户、原行政办公区284户居民的入户征询意见工作，评估公司对公产进行了评估。灌溉所片区、卫生局片区北区完成回迁安置46户。

（供稿人：罗兴平　姜红波　王厚礼）

建筑业

【概况】　2017年，昌邑市有建筑企业45家，其中总承包企业19家，专业承包企业20家，劳务分包企业6家；其中一级企业1家，二级企业5家，结构进一步优化。全市建筑业总产值19.8亿元，企业总收入15.9亿元，施工面积155.6万平方米，竣工面积60.3万平方米。2017年度上级安排的劳保金征收任务是1200万元，全市共收取2490万元，超额完成年度任务。

【渣土扬尘治理】　2017年有商混企业共11家，年生产量67万立方米，有9家企业经潍坊市建工处验收达到扬尘治理标准。按照职能职责和属地管理原则，为有效遏制扬尘污染，切实提高空气质量，按照《昌邑市防控城市扬尘污染实施细则》的要求进行扬尘治理监管，不断加大巡查、检查及整改力度，按照扬尘治理工作要求，企业建立扬尘污染防治管理制度，厂区内配备专职保洁人员，每天清扫厂区内部和车辆进出口直至城市公共道路，生产期间每天洒水降尘不少于2次，厂区大门口内测全部设有洗车设备，厂区道路及生产作业区地面全部硬化，空地进行绿化处理。有两家企业实现全封闭生产，其余均已安装防风抑尘网，并有喷淋设施喷洒覆盖整个料场。开展专项整治工作，实行日巡查、月报告制度。按照扬尘污染防治考核评分标准，每月对全市商品混凝土企业进行统一检查考核，对考核情况及时进行通报，根据检查情况，责令扬尘防治开展不力的企业落实整改，逾期达不到整改效果的，停止其生产经营活动，情节严重的依据相关法律法规进行处罚。

【质量安全监管】　继续深入推进工程质量终身责任制，严格落实“两书一牌一档案”（质量终身责任制承诺书、法定代表授权书、永久性质量责任标牌、质量责任信息档案）制度，加大对违法违规行为处罚力度，突出工程实体质量常见问题治理、加强建筑材料监督管理，严格工程质量验收工作，确保工程质量品质，积极开展安全生产巡查活动，加大安全生产检查力度，多措并举加强市政基础设施工程的监督检查。共监督建筑工程项目96项，单体工程389个（包括2016年结转工程），总面积228万平方米，新增工程185个，建筑面积116万平方米。竣工验收工程88个，建筑面积43万平方米，工程验收合格率100%，备案工程124个，建筑面积65万平方米。处理工程质量投诉91起，处理办结及时率100%。申报山东省优质结构工程2项，潍坊市优质结构3项。2017年，受监在建工程项目60个，建筑面积约500万平方米。创建潍坊市建筑施工安全文明标准化工地1个，全市建筑工程安全标准化达标率100%。共检查施工项目800个次，签发《隐患整改通知书》310份，消除施工安全隐患1100条。组织建筑企业人员参加各类安全教育培训，其中建筑施工企业安全管理人员继续教育177人，第44批、第45批全省建筑施工企业安全管理人员新培训70人。

（供稿人：罗兴平　姜红波）

建设科技与建筑节能

【可再生能源应用】　2017年，全市太阳能光热建筑一体化应用竣工验收项目41个，竣工面积累计达到81.39万平方米，在潍坊市太阳能光热一体化应用排名中位列前茅。

【建筑节能改造】　根据国家、省统一安排，从2015年10月1日起，公共建筑节能执行标准由50%提高到65%，从2016年1月1日起，居住建筑节能执行标准由65%提高至75%，新建建筑节能水平不断提高。2017年全市已有6处公共建筑项目安装能耗监测系统，对公共建筑的水、电等能耗进行实时监测。

【绿色建筑】 中国北方绿色物流园综合办公楼与接待中心A1、A2、B1、B2分别获得公建与居住绿色建筑二星级设计标识，实验中学项目获得公建绿色建筑二星级设计标识，上述项目被评为山东省绿色建筑示范工程。通过创建绿色建筑示范工程，不仅能够争取上级奖励资金，而且能够打造项目名牌，提升企业的知名度，推动全市绿色建筑发展。山东兴昌建设工程有限公司腾跃QC小组完成的“提高铝木复合窗6063-T5型铝合金TIG无缝焊接工艺合格率”成果，被评为2017年山东省建筑业优秀QC小组成果，并荣获2017年度全国工程建设质量管理小组活动优秀成果奖。

（供稿人：罗兴平　姜红波）

村镇建设

【城镇建设】 坚持以人为本，着力在规划布局、基础设施、公共服务等方面，以城镇化为核心，突出重点、抓住关键，统筹协调、加快推进。统筹好“县城、小城镇、农村社区”3个层面建设升级，全面提升城镇化发展质量，实现小城镇绿化、亮化、美化、净化、规范化，群众生活水平和质量不断提高，城乡面貌大幅改善，全市人口市民化规划工作基本完成。2017年全市城镇化率为51.56%，全年完成小城镇建设投资30.2亿元。完成农村建档立卡贫困户危房改造28户。全面启动农村社区服务中心建设3年行动方案，按照标准提升建设全市84个农村社区服务中心，2017年提升建设30个全部完成。按照城乡社区“四全一特”建设标准，对17个城乡社区打造成功能配套齐全、生活服务周全、基础设施安全、治理机制健全和特色优势鲜明的宜居家园，推动全市社区建设再上新水平。昌邑市获省级I型小城市试点，培育一批各具特色的新型小城镇和示范社区、示范村庄。柳疃镇、饮马镇被评为全国重点镇，柳疃镇被列为省重点示范镇试点。

★ 美丽乡村建设——瓦东村　（赵中伟）

【美丽乡村建设】 配套设施不断完善。镇区主要道路硬化率、自来水普及率、路灯装灯率均达到100%，镇区污水全部实现集中处理，出水水质均达到一级A标准。农村环境明显改善。探索推行城乡环卫一体化“昌邑模式”，被国家标准委列为全国服务业标准化示范项目，在全国进行推广。全市691个行政村（居）全部实现环卫托管。扎实开展以“五化”（净化、硬化、绿化、美化、亮化）为重点的村容村貌集中整治，努力创造整洁、舒适、文明的农村生态环境。开展农村无害化厕所改造工作，2017年底已经完成改厕23745户。充分挖掘各镇（街区）产业、文化、旅游等资源优势，坚持规划先行，按照一镇一业、一镇一品要求，重点开展饮马梨花小镇、柳疃丝绸之乡小镇、围子花彩小镇高铁新城、龙池文旅小镇等10个特色小镇规划建设工作，龙池镇齐西村入选国家级传统村落，饮马镇山阳村入选全国宜居村庄和美丽乡村示范村。柳疃镇西傅村、北孟镇小南孟村、饮马镇常屯村入选省宜居村庄示范村；石埠社区入选省农村新型示范社区；卜庄镇夏店村入选省级传统村落；姜泊村入选省级第四批历史文化名村。　（供稿人：罗兴平　姜红波）

资源管理 环境保护

Zi Yuan Guan Li Huan Jing Bao Hu

国土资源管理

【概况】 截至2017年底，昌邑市耕地保有量和基本农田保护面积分别为7.27万公顷和6.04万公顷，超出省政府下达保护任务0.07万公顷和0.03万公顷。全市落实新增建设用地指标93.36公顷，25个重大项目用地实现应保尽保。

2017年，全市土地总面积1627.5平方公里，其中农用地99247.28公顷（耕地73200.95公顷，基本农田60444.33公顷）。占总面积60.98%；建设用地34406.81公顷，占总面积21.14%；未利用地29096公顷，占总面积17.88%；人均耕地1.87亩。

【土地规划】 上报完成昌邑市土地利用总体规划（2006—2020年）调整完善工作，并经山东省人民政府批复。上报完成柳疃镇等6个镇土地利用总体规划（2006—2020年）调整完善工作，并经潍坊市人民政府批复。

【耕地保护】 市政府与镇（街）、村（居）层层签订《耕地保护目标责任书》，并作为重要内容纳入对镇（街）年终考核范围。年初耕地面积73379.70公顷，年末耕地面积73200.95公顷，减少耕地178.75公顷。基本农田划定60444.33公顷，占耕地总面积的82.57%。耕地占用补充37.74公顷。连续15年实现耕地占补平衡。基本农田保护率82.57%。完成2016年度高标准农田建设项目，项目建设规模788公顷，预算资金1956.22万元，新增耕地15.21公顷；完成2016年度昌邑市北孟镇朱甫等村土地整治项目，项目建设规模298公顷，预算资金805万元，新增耕地4.59公顷。顺利通过潍坊国土资源局对北孟瓯元社区、潍莱高速公路增减挂钩项目的验收，为全市增加建设用地指标25.67公顷。实施昌邑市龙池镇北部工矿地增减挂钩项目，项目建设规模81.53公顷，新增耕地面积73.33公顷，总投资5500万元。该项目实施后，可为全市新增建设用地指标73.33公顷。

★6月23日，昌邑市市领导参加“6·25”全国土地日宣传周活动，向群众发放宣传材料（马孟娜）

【不动产登记】 完成不动产登记的整改工作，形成“一窗受理、集成服务”的昌邑模式，实现20分钟完成受

★ 昌邑市北孟镇颐元社区增减挂钩项目区验收 （任焕腾）

理业务。首创登记“预受理”平台，实现数据实时导入，开展上门服务和“绿色通道”，同时缴费前置，支付方式更加灵活。

【土地利用管理】 供应土地57宗，面积180.95公顷（含出让46宗，面积78.18公顷。成交4.4678亿元，其中招拍挂出让44宗，面积73.92公顷，成交价款4.3860亿元；协议出让2宗，面积4.26公顷，成交价款0.0818亿元）。供地率75.63%，盘活存量建设用地192.72公顷。储备土地79.09公顷。报批建设用地9批次，其中单独批次1次，面积4.77公顷。项目报批8次，面积95.53公顷，其中耕地48.67公顷，补充耕地37.74公顷。

【矿产开发管理】 截至2017年底，共发现矿产17种，探明储量10种，开发利用10种，主要矿产昌邑市北部有溴、石油、天然气；昌邑中南部及北部区域主要有铁、石英岩。全力配合潍坊市局对科技管矿系统进行的优化升级，与潍坊市局联网运行。2017年对井下及露天矿山督查97次，提出整改意见18项。深化矿业市场管理，采矿权延续25家。开展年报及采矿权人开采信息公示工作，合格率100%。全市共有矿山企业40个，从业人员6698人，年产矿石量287.66万吨，工业总产值78100.34万元。

【地质勘查管理】 2017年，完成4个勘查项目，面积8.27平方公里，共投入91.91万元，在2017年度探矿权人勘查信息公示全部确认为合格。昌邑市史家庄地区金矿普查项目通过市局的总验收。积极争取省和市级矿产资源专项收入转移支付资金项目2个。获批资金700余万元。加快推进青山复绿项目和北孟塔耳堡矿坑恢复项目进度。对4个关闭露天矿山按照“一矿一方案”原则进行恢复治理。对地质灾害隐患点进行巡查，对标志牌进行维护。

【执法监察】 在“3·19”矿法颁布日、“4·22”世界地球日、“6·25”全国土地日、“8·29”测绘日及“12·4”国家宪法日等宣传日，在各镇（街区）繁华地段宣传土地法律法规，增强广大干部群众依法管地用地意识。昌邑局被省厅确定为“山东省法治国土建设示范点”。以美丽国土建设为抓手，建立国土资源执法监管长效机制，落实共同监管责任，形成执法监管合力，强化卫星图片执法检查和日常执法监管的结合，维护良好的国土资源管理新秩序；全面深化大信访工作格局，完善信访事项办理程序，维护好上访群众的合法权益。2017年济南督察局卫星图片共下发图斑122个，面积89.51公顷（耕地67.76公顷）。经过查处整改，程序性违法图斑2个，面积4.74公顷（耕地2.22公顷）为省级重点工程；设施农用地、临时用地不规范图斑备案9个，面积1.39公顷亩（耕地0.31公顷），拆除4个，面积1.09公顷（耕地1.06公顷）；典型违法图斑拆除7个，面积1.43公顷（耕地0.44公顷）；平整场地图斑2个已全部拆除清理。2017年底典型违法中剩余违法21宗，面积8.46公顷（耕地4.83公顷）；设施农用地、临时用地不规范图斑剩余违法13宗，面积2.39公顷（耕地0.77公顷）。立案查处17宗，下达行政处分17件，收缴罚款90.2万元，提出党纪政纪处分17人全部落实。2017年市级卫星图片第一批次共下发昌邑市图斑147个，面积178.45公顷（耕地118.57公顷）。违法用地图斑49个，面积64.18公顷（耕地46.29公顷）；已上报待批13宗，面积56.67公顷（耕地43.49公顷）；整改验收销号 11 宗，面积 16.93 公顷（耕地 14.75 公顷）；立案查处 38 宗，下达行政处分 38 件，收缴罚款 98.63 万元，落实党纪政纪处分 29 人。2017 年国土资源部全天候卫星图片整改情况。2017 年部级全天候卫星图片第一批次下发昌邑市图斑 33 个，面积 80.61 公顷（耕地 58.1 公顷）。经核查整改，违法用地图斑 22 个，面积 47.69 公顷（耕地 33.92 公顷）；其中省级重点工程 13 个，面积 32.83 公顷（耕地 23.59 公顷）；项目建设 9 个，面积 14.87 公顷（耕地 10.33 公顷）。整改验收销号 3 宗，面积 9.29 公顷（耕地 7.60 公顷）。立案查处 6 宗，下达行政处分 5 件，收缴罚款 90.6 万元，落实党纪政纪处分 5 人。2017 年重点督办案件为北孟镇元宏纺织有限公司车间。该图斑监测面积 5.19 公顷，耕地 4.55 公顷，坐落于北孟镇政府以东，潍胶路以北，北孟一村土地。2016 年 12 月，该企业在未办理用地手续的情况下开工建设，实际用地 5.13 公顷，其中已建成车间和厂区内硬化地面部分 2.95 公顷，未建设部分 2.17 公顷。年内，对该单位立案查处，其中对 2.95 公顷建成部分落实建设用地指标，组卷上报征地材料，完善用地手续，对人对事处理到位，该单位缴纳建设项目保证金 354.52 万元、指标费 664.72 万元、罚款 88.63 万元，共计 1107.86 万元；另 2.17 公顷未建成部分全部清理并复耕到位。

【队伍建设】 开展组织培训 23 期，外出学习 78 余人次；继续保持潍坊市学习型党组织、理论宣教基地称号；局机关连续 9 年蝉联省级文明单位。被国土资源部授予“书香国土·智慧人生—河口通海杯第五届国土资源系统读书大赛”优秀组织奖。被外交部、教育部、工业和信息化部、公安部、民政部、商务部、海关总署、工商总局、新闻出版广电总局、保密局联合授予“美丽中国”第三届全国国家版图知识竞赛网络赛（常规赛）优胜单位，被中国电子政务理事会授予 2017·政府网站网上办事类精品栏目奖，被中国国土资源报社评为 2017 年国土资源报刊刊征发行读报用刊先进单位。 （供稿人：宋兆文 马孟娜）

水资源管理

【执行水资源管理制度】 按照国务院《关于实行最严格水资源管理制度的意见》要求，严格执行用水总量控制、用水效率控制、水功能区限制纳污“三条红线”管理，严格水资源论证、取水许可审批工作，对新建、改建、扩建项目必须进行水资源论证，根据论证评审意见，批复取水许可。在地下水超采区柳疃、龙池、围子、都昌、奎聚 5 个镇（街）不再新办取水许可证和新增取水量。申请取水许可延续的，如无其他替代水源，给予办理延续取水许可证，根据近 3 年的实际用水量和水资源费缴纳情况，压减许可水量，倒逼企业节约用水，提高水的重复利用次数。年内审查水资源论证 6 份，新办取水许可证 6 份，延续取水许可证 31 份。5 月，潍坊市水利局、住建局、发改委、统计局、国土局 5 个单位有关人员到昌邑市考核最严格水资源管理制度执行情况，通过查看资料、现场检查企业取用水情况、节水措施、水资源管理措施等，对昌邑市水资源管理工作给予充分肯定，综合排名潍坊第四。

【水资源费征收】 根据（潍发改物价〔2015〕131 号）文件规定，自 2017 年 1 月 1 日起执行新的的水资源费征收标准，因环保治理问题，部分企业停产整改。3—4 月，夏店冷藏厂进行一企一管改造，企业全部停产近 2 个月；6—7 月，全市企业锅炉煤改气改造；8 月，迎接中央环保督查组检查，90% 的大小企业全部停产近 4 个月，2017 年水资源费征收是历年来难度最大的一年，本年度缴费期结束，征收水资源费 2870 万元。

【自备井管理】 3 月，开始对潍河沿线的围子、卜庄 2 个镇（街）的排污企业开展自备井调查整治，调查企业 47 家，共查处自备井 91 眼，对 77 眼计量设施不合格和未安装计量设施的，下达《限期整改通知书》并进行“回头看”，定期按取水计量征收水资源费。按照市政府要求，自 1 月开始起草并于 4 月以（昌政办发〔2017〕14 号）《昌邑市人民政府办公室＜关于印发昌邑市 2017 年度城区自备井整治实施方案＞的通知》下发实施，按照“铁腕整治”自备井的原则，将自备井排查任务按照部门职责分解到11个部门。5月25日自备井排查全部结束，共排查单位704家，对需要封闭的自备井，制定《自备井封闭实施方案》和《封闭自备井路线图》；9月1日由水利局牵头，9个部门组成联合执法队伍封闭非法自备井，历时6天至9月6日结束，封闭非法自备井83眼，并整理成档案，完成自备井整治工作。对纳入正常管理的自备井，建立动态管理档案，对取水情况、计量设施定期进行检查、发现情况及时处理。

【水资源管理】 按照市政府要求，2017年1月开始起草《关于进一步做好全市水资源管理保护重点工作的通知》经多次修改定稿，4月以（昌政发〔2017〕7号）文件下发，共分为5项内容，23项具体工作措施，每项工作措施都由市级领导包靠和责任部门负责落实到位。利用“3·22”世界水日、中国水周举办水法宣传活动，围绕“落实绿色发展理念，全面推行河长制”为主题，制作宣传展板8块，悬挂横幅46条，印制节水宣传挂图300份，宣传彩页3000张，在三联家电门前广场设立水法宣传点，邀请市政府、市人大、市政协领导参加宣传活动，利用电视台生活频道、综合频道黄金时间播放节水宣传活动，在社会上产生良好的效果。按照潍坊市化转办《潍坊市化工生产企业评级评价工作方案的通知》要求对昌邑市化工企业开展“四评级一评价”工作，由市经信局牵头，对昌邑市138家化工企业用水情况进行调查评价，对用水不合理的企业提出整改意见。

【入河排污口监督管理】 按照省水利厅、潍坊市水利局《关于切实做好入河排污口综合整治工作的通知》要求，对5家污水处理厂入河排污口树立标识牌，建立正规管理档案，定期进行巡查、检查，每年对排污口进行登记上报，配合潍坊市水文局搞好排污口水质取样检测，对每个入河排污口建立“一口一档，一口一策”，制定《昌邑市入河排污口综合整治工作方案》和《昌邑市入河排污口监督管理方案》，潍坊水利局要求每周一上报排污口整治工作情况。省水利厅要求对柳疃污水厂和柳疃工业园污水厂加快补办入河排污口设施审批手续，在无程序无资料的情况下，主动补办各种材料和完善审批手续，11月14日全部办齐。11月16日，水利部淮委、省水利厅、潍坊市水利局等一行10人到昌邑市查看入河排污口监督管理情况，排污口审批材料在全潍坊作为样板。

【水资源费改税】 按照山东省财政厅、山东省地税局、山东省水利厅要求，为确保水资源费改税顺利推进，强化取用水户计量设施安装，在所有取用水户全部安装计量设施的基础上，重点推广在线监控计量设施，对年取水量10万立方米以上的取用水户，全部安装在线计量设施。从11月开始，会同地税部门，迅速对辖区内所有取用水户开展一次拉网式摸底调查，确认水资源税纳税人，全面掌握取水地点、水源类型、取水方式、取水用途、取水规模和计量设施等基本情况。对未办理取水许可的取用水户，限期补办取水许可手续，依法核发取水许可证，并将取用水信息及时移交地税部门，对不符合取水许可条件的依法予以取缔。严格取水许可审批，对新增取水户，认真组织开展水资源论证，在总量控制红线内按照统筹协调、综合平衡、留有余地的原则核定许可水量。在地下水禁采区，一律不再新批地下水取水量。

【保护水资源】 根据《昌邑市人民政府关于进一步做好全市水资源管理保护重点工作的通知》要求，结合市人大水资源管理与保护专题调研活动，昌邑市水利局将实施水资源管理保护行动作为重中之重，对市政府确定昌邑市水利局牵头的9项工作任务，按照目标要求和责任分工，逐项抓好落实，取得明显成效，水资源专题询问得到市人大常委会组成人员及特邀代表的充分肯定。对全市正常管理的非农业自备井单位261家，488眼自备井，实施取水许可管理，全部安装计量设施，建立自备井动态管理档案，实行一户一档规范化管理。坚决取缔非法自备井，共封闭非法自备井83眼，有力打击非法取用地下水行为，维护用水秩序。严格水资源论证和取水许可审批制度，2017年共审查水资源论证6份，新办取水许可证6份，延续取水许可证31份。严厉查处拒缴、欠缴水资源费和阻挠水资源管理保护行动的各类水事违法案件，共查处非法打井、欠缴水资源费等水事违法案件47起，营造良好的水事秩序。加大水资源费征收力度，按照取水计量做到应收尽收，征收水资源费2870万元。投入5.6万元，充分利用电视台生活频道、综合频道黄金时段播放节水宣传专题片，并发布《全民节水倡议书》，广泛深入地开展水情宣传教育，营造全民节水、全面节水，构建节水型社会的浓厚氛围。积极开展水资源税纳税人信息核实工作，对261家取用水单位逐户填写取用水户信息登记表、水资源税纳税人调查确认表，完善基础数据采集，为下步费改税工作提供有力支撑和保障。（供稿人：胡　阳）

【海洋环境监测预报和海域动态监管】　加强海洋环境监测。编制并上报《昌邑市省级海洋生态文明示范区建设补助支出经费实施方案》。开展海洋生物资源专项调查、海洋环境质量监测和海洋综合管理业务能力提升工作，2017年对昌邑所辖海域13个站点开展近岸海域趋势性监测工作，采集海水样品400个，进行pH、营养盐、悬浮物、石油类、重金属等22个项目的检测，出具检测报告100份，为海洋环保工作提供有力的技术支撑。（供稿人：胡民强）

环境保护

【概况】　2017年，昌邑市环保局以深化“三八六”环保行动，实施“十大工程”为中心，以迎接中央、省环保督察为总抓手，加快水和大气污染综合治理，重点解决群众关注、影响生态环境的突出问题，努力建设天蓝、气清、水净的美丽城市。昌邑市空气质量、总量减排及“三八六”环保行动综合排名、移动执法工作、信用评价工作均排在潍坊市前列。在全国环境执法大练兵活动中，执法案卷被选为潍坊市十佳案卷第1名。昌邑市环保局被省环保厅、公安厅授予全省环保公安联勤联动执法先进集体称号。在潍坊市局组织的各项比武活动中，先后获得辐射应急演练比武一等奖、秋冬5项环境整治工作现场督查考核第1名、

★ 污泥无害化处置（孙永涛）

环境风险防控工程考核第2名、排污申报与排污费征收工作先进集体等称号。

【重点环保工程建设】　昌邑市中水回用项目整体工程已全部完成。项目总投资2.5亿元，水源为城北污水处理厂达标排放尾水，年可生产中水1100万吨，主要为柳疃工业园、龙池工业园企业生产提供用水。为解决危废处置难题，昌邑市引进了潍坊东江环保蓝海环境保护有限公司，并投资4亿元，在开发区建设工业固体废物资源化利用及无害化处置项目，预计处理能力19.59万吨/年。运行后将彻底解决全市及周边县（市区）化工企业危废处置能力不足的问题。

【空气质量提升】　2017年，昌邑市把小型燃煤锅炉清零、超低排放改造、深化工业污染治理等工作作为重点。全面完成306台小型燃煤锅炉清零任务目标。全市确定的23个超低排放改造项目已全部完成既定任务。16家企业均已完成首轮泄漏检测与修复（LDAR）工作。投资286万元，采购4台VOCs在线检测仪，对昌邑石化片区厂界VOCs进行监测。建成区内17家加油站，完成3次油气回收改造。

【水污染治理】　2017年，昌邑市政府印发《关于进一步做好全市水资源管理保护重点工作的通知》，对自备井整治、污水再利用项目建设、逐步取消地源热泵、加强水源地保护等23项工作进行具体部署。年内，投

资3000万元的城西污水处理厂技术改造工程已完成，丰产河的水质进一步改善。水源地重新划分申报、蒲河河道生态修复工程、胶莱河入海口西岸区域综合整治修复项目（一期）等正积极推进。

【环境执法】 2017年，开展环境监察大练兵、违法排污整治、危险废物整治等专项执法行动。落实环境信用评价制度，对立案查处的398件案件及时录入信用评级系统进行公示。昌邑市移动执法系统使用频次数量位居各县（市区）第一名，潍坊市环保局对此给予了充分肯定。共立案查处违法案件398件，罚款1100万元；责令停产整治2起，移送公安行政拘留案件21起、刑事案件11起，申请法院强制执行18起，有效地打击环境违法行为。

【能力建设】 2017年，共取得各类有效监测数据9561个，出具监测报告293份，为环境管理和执法提供技术保障。审批建设项目56个，验收建设项目52个，对57个环保违规建设项目进行清理整顿。完成44个建制村的农村环境综合整治。 （供稿人：杨建军）

教育 科技

Jiao Yu Ke Ji

教　育

【综述】

义务教育发展基本情况　2017 年有义务教育学校 76 处，其中小学 52 处，初中 17 处，特殊教育学校 1 处，九年一贯制学校 5 处、青少年综合实践活动基地 1 处。小学、初中入学率均达 100%，小学巩固率 100%，初中巩固率 99.7%。切实提高教师工资水平。按年度足额核定教师绩效工资总量并纳入县级财政预算。

教师队伍“县管校聘”改革　深入推进中小学教师“县管校聘”交流轮岗工作，7 月份制定出台《昌邑市 2017 年度中小学教师县管校聘交流轮岗实施方案》（昌教字〔2017〕34 号），稳步推进县管校聘交流轮岗工作，9 月 14 日，获山东省首批中小学教师“县管校聘”管理改革示范区称号。

★ 2017 年 12 月 20 日，昌邑市迎接教育部“全国中小学校责任督学挂牌督导创新县”验收，并成功创建（陈玉顺）

办学体制改革　按照“院企合作、产教融合、合作共建”模式，规划投资 6 亿元的山东环境工程职业学院全面开工建设，预计 2018 年 8 月竣工投入使用。

智慧教育　投资 1100 万元，新增笔记本、台式机 1000 台，触控一体机 189 套，电子白板 35 套，建设录播教室 3 个，智慧教室 2 个，学校创客空间 4 个；投资 50 万元，建成仿真实验室平台、课堂移动教学系统和易课智慧教室互动系统，全市“三通两平台”建设与应用水平不断提升。

教育保障水平　全面实施“破解城镇中小学大班额问题”3 年计划，累计投资 3.6 亿元，完成实验中学新校、凤鸣学校等 10 处学校建设项目，新增校舍面积 10 万平方米、优质学位 1.4 万多个，提前半年率先完成破解城镇中小学大班额任务。投资 4476 万元，新建、改扩建普惠性幼儿园 13 处。生均公用经费基准定额统一，小学每生每年 710 元，初中每生每年 910 元。引进教师 150 名，“三支一扶”教师 9 名，有效缓解了城乡学校师资不足、教师老龄化等问题。

现代教育治理体系　11 月，潍坊市乡村学校校长联盟启动仪式暨第八届“北海论坛”在宋庄初中举行；全国地市县教育局长培训班在昌邑一中和实验幼儿园开展现场教学，国家教育行政学院领导对昌邑市在构建现代学校制度及推行幼儿园“五常化”管理方面积极有效的实践和探索给予高度评价。截至2017年，昌邑一中、潍水学校等20所学校被确定为潍坊市级自主办学试点学校。

【学前教育】

基础设施建设 投资4476万元，新建、改扩建普惠性幼儿园13处，新增园舍面积13889平方米，优质学位900个。6处幼儿园通过山东省级示范幼儿园验收；9处幼儿园通过潍坊市示范幼儿园的评估，2处幼儿园通过潍坊市十佳幼儿园评估；9处镇（街）被评为潍坊市普及学前教育工作先进镇（街）。

民办幼儿园登记注册 创新设立民办幼儿园设立审批“全链条”服务，将民办幼儿园审批过程在行政审批大厅变“多口受理”为“一窗受理”，审批周期由96个工作日缩减至15个工作日，审批时限提速80%以上。经验相继被中国机构编制网、省及潍坊市机构编制网、山东省教育厅网站、潍坊教育信息港、昌邑机构编制网、齐鲁晚报等媒体推介报道，并荣获2018年潍坊市十大教育改革创新项目。

幼儿教师队伍建设 2017年，有幼儿园教职工1344人，其中在编教职工182人，具有幼教学历1020人。积极组织参加国家、山东省及潍坊市级、县级各类培训，不断提升教职工的保教能力和专业素质。

【昌邑市实验幼儿园】 现管辖6个幼儿园，总园下设市直分园、北苑分园、豫园分园、龙成分园、邑城分园5所分园。全园共有教职工265名，59个教学班，在园幼儿近2000名。先后被评为“山东省学前教育先进单位”“山东省优秀家长学校”“山东省家庭实践示范基地”“山东省语言文字示范校”等。

【基础教育】

中小学办学条件 提前半年在潍坊市率先完成破解城镇普通中小学大班额任务，年内累计投资1.7亿元，完成凤鸣学校、奎聚小学、南隅小学、新建业学校、仓街小学、新村中学小学部、龙池初中等7处学校项目建设，新增校舍面积4.4万平方米，新建优质学位6000个。

基础教育综合改革 开齐开足开好课程，健全综合素质评价制度。健全完善高中阶段学校招生录取工作平台，实行初中学生网上报名、高中学校网上录取的工作模式。落实义务教育免试就近入学制度，保障适龄儿童、少年平等接受义务教育。做好特殊群体学生入学工作，确保特殊群体享受同等入学待遇。

教学领域改革 年内有3项省级课题顺利结题，16项课题被批准立项为省、市教育科学“十三五”规划课题，有26项优秀成果获潍坊市第十四届政府教学成果奖。成功举办全国小学语文“基于表达的主题学习”观摩研讨会。2017年高考重点本科上线再次突破千人大关，8名学生升入北大、清华。

考试评价制度 根据教育部和省市教育主管部门对教育质量综合评价改革工作的要求部署，从品德发展水平、学业发展水平、身心发展水平、兴趣特长养成、学业负担状况等5个方面，研究制定具体的评价办法、评价标准和评价流程，开发丰富实用的测评工具。

教育人事制度改革 在全市范围内进行“县管校聘”改革，落实岗位聘用管理，建立符合教育特点的选人用人新秩序、新常态。积极落实“山东省农村学

★ 2017年9月11日和11月1日，国家教育行政学院先后两次组织全国地市和县市共247名教育局长到昌邑市进行现场教学 （陈玉顺）

校特级教师”岗位计划。7月19日，教育局、人社局、财政局联合出台《关于做好昌邑市农村学校特级教师岗位计划实施工作的通知》（昌教字〔2017〕33号），全市共设置农村特级教师岗位9个，任期为4年。制定出台《关于公开遴选市直学校校长的实施意见》，公开选拔文山中学校长、凤鸣学校校长，并储备部分优秀校长后备人才；同时，还组织10名校长在不同层级交流轮岗。

体育艺术教育　在全国青少年“未来之星”阳光体育大会文化交流评比活动中，昌邑市教育局获优秀组织奖；在山东省卫生先进单位申报评审工作中，昌邑市教育局被评为2017年度山东省卫生先进单位。有2处学校被评为全国篮球特色学校，3处学校被评为全国校园足球特色学校。

家校融合育人　积极探索“家校一体化”教育管理模式，不断提高办学满意度，在全省137个县（市区）群众满意度测评中位列第3名，被授予“山东省家庭教育示范基地”称号。

育人育才质量　落实“三维联动”立德树人基本制度，将学校教育、家庭教育和社会教育3个维度有机结合。积极推进学校心理辅导室建设，年内全市所有中小学校全部通过“潍坊市合格心理辅导室”验收，3所学校创建为潍坊市心理健康教育特色学校，3处心理辅导室被评为潍坊市示范性心理辅导室。

【昌邑一中】　学校始建于1946年，2010年搬迁新校。新校投资4.4亿元，占地600亩，建筑面积15万平方米。现有117个教学班，教职工535人，在校学生5700人。建有实验室、仪器室、准备室、图书馆、阅览室、微机室、电子阅览室、网管中心等功能用房。先后荣获中国新样态联盟实验学校、中国百强学校、中国素质教育先进示范校、全国基础教育内涵式发展示范学校、中国当代特色学校、全国百所德育科研名校、全国百所最具特色中学、全国中学生奥林匹克竞赛“金牌学校”、第五届全国教育改革创新优秀奖等称号。2005年以来，有69名学生考入北京大学、清华大学；83名学生获中学生数理化、信息学奥赛全国一等奖，学校男女排球队荣获全国中学生排球比赛冠军。

【文山中学】　学校始建于1945年，2001年迁入新校，占地500亩，建筑面积15万平方米，建有教学楼、图书楼、实验楼、艺体馆等教学设施。现有教职工684人，在校学生近6000人。先后荣获全国特色建设先进学校、全国德育工作先进实验学校、山东省规范化学校、山东省文明卫生单位、山东省绿色学校等称号。2005年以来，共有50多名学生考入清华、北大；手球社团5次夺得全国冠军。

【实验中学】　学校始建于1958年，2016年8月完成改建。学校规划用地面积87.4亩，班级60个，学位3000个，运动场地面积30147平方米，校园绿化率达35%。有学生1815人，39个教学班，教职工208人。高标准配备云教室、计算机室、舞蹈教室、音乐教室、美术室、学校广播录播教室、报告厅等功能用房。先后荣获全国青少年信息学奥赛金牌学校、全国中华传统文化课题实验学校、潍坊市科普教育基地、潍坊市“互联网+教育”示范校、潍坊市创新教育示范校等称号。

【第一实验小学】　学校始建于1979年，2010年9月迁现址，占地46.22亩，校舍建筑面积23381平方米，绿化面积4345平方米。现有45个教学班，在校生1860名，教职工186人，教师学历达标率100%。配备高科学实验室、综合实践活动室、计算机教室、舞蹈室、科技活动室、心理咨询室等功能用房。先后荣获全国目标教学先进单位、全国德育重点课题研究学校、全国语文主题学习优秀学校、全国青少年足球特色学校、全国青少年篮球特色学校、山东省教育科学规划重点课题实验基地、山东省重大课题创新教育实验基地、山东省青少年模联峰会先进单位等称号。

【第二实验小学】　学校始建于1958年，是一所集小学、幼儿园于一体的市直重点小学。学校占地面积30亩，建筑面积9872平方米。2017年，小学部有29个教学班，1289名学生，教职工80人；附属幼儿园有12个教学班，500余名幼儿，教职工23人。先后荣获全国德育科研先进实验学校、全国教育科研先进单位、全国校园文化先进单位、全国足球特色示范校、山东省艺术教育示范校、山东省教学示范校、山东省教学实验先进单位等荣誉称号。

【昌邑市外国语学校】 学校创办于2004年7月，占地260亩，总建筑面积58000平方米。现有小学、初中2个学部，学生3600人，教职员工240人。先后荣获全国教学改革先进学校、全国百所德育名校、全国中小学外籍教师英语口语合作教学实验学校、山东省教学工作先进单位、山东省学校民主管理先进单位、山东省科普示范校、山东省未成年人思想道德建设先进单位、山东省依法治校示范学校，山东省语言文字示范学校、山东省体育传统项目学校、山东省绿化美化先进学校、山东省两新组织党建工作联系点等称号。

【昌邑市特殊教育学校】 学校始建于1984年，2013年迁入新址，占地23.5亩，建筑面积6324平方米，绿化面积5346平方米。现有学生71名，教职工35名，学历达标率100%。学校配备家政训练室、卫生保健室、智力检测室、心理咨询室、感统训练室等24个功能教室，400米环形塑胶跑道田径场1个，篮球场2个，学校餐厅，学生宿舍，浴室等。先后被评为“山东省特教学校分类教学先进实验学校”“昌邑市教育教学工作先进单位”等称号。

【昌邑市中小学生综合实践活动基地】 位于卜庄镇夏店社区文化路西首，2002年经上级批准，组建为“昌邑市青少年科技创新教育实践基地”，于2014年12月29日更为现名。基地占地60亩，建筑面积10000多平方米，建成高标准训练场地3个，有教职工19人。基地为国家级国防教育特色学校。

【潍水学校】 学校创建于2013年9月，占地426亩，建筑面积13万平方米，绿化面积67%，高标准配备创新教育实验室、美术教室、音乐教室、舞蹈教室、书法教室、录播教室等功能用房。有小学部36个教学班，初中部66个教学班，在校生4612人，教职工326人。先后获全国素质教育先进校、全国名校联盟理事单位、全国足球特色示范校、中国高等教育学会教师教育分会“十三五”科研课题实验学校、国防教育特色学校、山东省健康示范学校、山东省心理健康教育先进单位、潍坊市党建示范学校、潍坊市家庭教育示范校、潍坊市互联网+教育示范校等称号。

【昌邑市育秀学校】 学校创建于2014年8月，占地100亩，总投资1.2亿元。学校拥有一流的现代化教学设施，教室内均配备触控一体机。有教职工120人，教师学历达标率100%。先后被评为全国心理健康教育先进实验学校、“全国‘少教多学’在中小学语文教学中的策略与方法研究”先进实验学校、全国足球校园、全国德育科研先进实验学校、潍坊市文明校园等称号。

【昌邑市凤鸣学校】 学校创办于2017年8月，占地46.4亩，总建筑面积11689.89平方米，是一所集小学、初中于一体的九年一贯制公办学校。现有学生724人，教职工41人。学校全面实现信息化教学，每个教室配备触控一体机、高拍仪等多媒体设备，设有高标准的录播教室，实现班班通和网络化教学；配备有现代化的多功能用房，设有音乐、体育、卫生、科学、舞蹈、美术、史地等教室，功能齐全，设备一流；阅览室宽敞明亮、环境舒适幽雅，配备各类图书65000册。

【职业教育】 2017年有中等职业学校2处（潍坊市

★ 2017年9月1日，昌邑市凤鸣学校建成并投入使用 （陈玉顺）

工业学校、昌邑市文华学校），在校生2837人，教职工404人；技工类学校3处（潍坊技师学院昌邑分院、昌邑市技工学校、潍坊北海技工学校）；建设高等职业院校1处（山东环境工程职业学院）。

现代职业教育人才培养体系　不断加强专业建设，逐步形成机电技术、信息技术、财经、学前教育、汽车维修、公共服务六大专业群。重视校企合作，先后与歌尔集团、北汽福田集团、共达电声公司、浩信集团、同大集团、康洁环卫集团等企业建立了校内外实训基地。

职业教育质量提升　2017年，品牌专业建设取得突破，潍坊市工业学校的机电技术应用专业被山东省教育厅确定为中等职业教育品牌专业建设项目；职业教育精品课程获得立项，潍坊市工业学校有3门课程获得山东省教育厅立项；在第十三届全国中等职业学校“文明风采”竞赛山东省复赛中，潍坊市工业学校有35名师生在6个奖项中获奖，成绩居潍坊市前列。

【潍坊工业学校】　始建于1956年，1990年经山东省人民政府批准成立，是首批国家级重点职业学校、省部级重点普通中专、山东省规范化学校。2008年8月，依托潍坊市工业学校，将全市8处职业学校合并成立昌邑市职教中心。2010年规划建设新校；2014年9月搬迁至新校区，一期工程占地260余亩，投资3.4亿元，校舍面积近11万平方米，建成综合教学楼4幢、科技实训楼3幢、图书办公楼1幢、公寓楼4幢，实验室、实训车间、实习基地55个，理实一体化教室10个，多媒体教室100个，设备总值2200多万元，拥有图书12万册，可容纳在校生5000人。潍坊市工业学校成功创建为山东省规范化中等职业学校。

教学改革　品牌专业建设取得突破，机电技术应用专业被评为2017年山东省中等职业教育品牌专业建设项目，计算机专业被评为省级重点专业，汽修专业被评为2017年潍坊市中等职业教育品牌专业建设项目。汽修专业现代学徒制试点项目被列为潍坊市职业院校现代学徒制试点项目。在全国中等职业学校“文明风采”大赛中，有7项作品获省级以上奖励。

科研工作　2017年度，学校有3门课程获得山东省职业教育精品资源共享课程立项，每门课程获得5万元的经费支持；有4个项目获得山东省职业教育教学改革研究立项。成立昌邑市创客中心，取得了30项实用新型专利，17项专利已完成申报。

师资队伍　年内新聘用37名教师，其中有17人为硕士研究生学历。学校以“工学结合”为切入点，按照“模块化”和“双证书”制度设计，实施“理实一体化”，进一步加强专业教学改革，完善人才培养方案，大力培养“双师型”教师。

校企合作　2017年，学校与临沂大学、德州职业学院、山东科技职业学院、烟台汽车工程职业学院、山东职业学院等合作共建“三二连读”专业，提升学校办学层次。

招生就业　2017年，潍坊市工业学校春季、夏季共招生1100多人，停办多年的昌邑市技工学校恢复招生578人，山东畜牧兽医职业学院昌邑教学区招生685人。学生就业质量不断提高，2017年学校毕业生797人，有772名学生实现就业，就业率达96%以上，对口就业率为79.55%，毕业生深受用人单位欢迎。

创新创业教育和素质教育　2017年7月，潍坊创业大学昌邑学院通过验收，获批成立，批准招生计划600人；成立创客中心，取得30多项实用新型专利。学校与人社局、安监局成立技能人才和特种作业人员培训基地，承接组织部基层党员干部培训，参与组建山东省盐业化工、生物科技、铸造产业联盟，每年培训各种专业技术人才5000多人。

【潍坊市技师学院昌邑分院】　潍坊市技师学院昌邑分院于2010年6月17日成立并在昌邑市职教中心落户，与潍坊市工业学校合署。潍坊市技师学院昌邑分院为市政府直属公益二类事业单位，副县级规格。学校现设有环境管理、机电技术应用、数控加工技术、计算机应用、电子商务、汽车运用与维修、学前教育、财务会计、国防教育、园林绿化、应用化工、航空高铁等12大类19个专业。年内，在潍坊市职业院校技能大赛中，学员有59个项目获奖，被评为“潍坊市职业院校技能大赛十强学校”；有2名教师荣获潍坊市教师信息化大赛一等奖，1名教师被评为2017年度潍坊

市首席技师。（供稿人：李克顺　董友伟）

科　技

【概况】　2017年，昌邑市共有国家备案高新技术企业15家，山东省院士工作站4处，产业技术创新战略联盟9处（其中省级3处），潍坊市级以上工程技术研究中心53处（其中省级4处），潍坊市级企业重点实验室13处，潍坊市级科技企业孵化器3处，引进联合建立科研院所21处。年内成功申报潍坊市级以上科技计划项目10项，完成到期项目验收11项；获潍坊市级科技进步奖12项，其中潍坊市重大科技创新奖1项；5家企业被认定为高新技术企业；新建院士工作站3处；新建省级产业技术创新战略联盟1处，市级产业技术创新战略联盟1处；新建2处潍坊市级众创空间、2处潍坊市级工程技术研究中心、2处潍坊市级企业重点实验室、1处山东省级科技企业孵化器、1处潍坊市级科技企业孵化器和1处省级农科驿站；引进联合建立科研院所3处。

【“五争”实现新突破】　争项目争资金。申报的10个项目被列入潍坊市级以上科技发展计划，争取上级财政资金307万元；11个科技创新项目通过潍坊市级以上验收，其中金晶生物“863计划”项目通过科技部现场验收。为64项专利争取潍坊市2017年度专利补助、五年维持费等财政资金16.8万元。争牌子。申报的12个项目荣获潍坊市科技进步奖，其中重大科技创新奖1项、科技进步二等奖4项、三等奖7项，争取科技进步奖励资金15万元。山东同大海岛新材料股份有限公司“超细纤维高仿真皮关键技术及产业化”荣获潍坊市重大科技创新奖，实现昌邑市科技创新工作新突破。申报的专利项目荣获中国专利优秀奖1项、潍坊市专利二等奖2项、三等奖3项。争政策。申报的灶户盐化、同大海岛、中云机器等3家企业获2017年山东省企业研究开发财政补助资金57.45万元；争取山东省小微企业升级高新技术企业财政补助资金10万元。争人才。组织昌邑市龙港无机硅有限公司引进的中国科学院冯守华院士、山东和田旺生物科技有限公司引进的中国工程院束怀瑞院士、昌邑海丰水产养殖公司引进的中国工程院赵法箴院士建立3处院士工作站，并全部获省科技厅审批。山东奥友生物科技有限公司引进中国工程院管华诗院士，成功申报鸢都产业领军人才。争资源。加强与上级主管部门对接，成功争取潍坊市科技局领导带领多位专业机构专家，来昌邑举办“科技服务进千企”培训活动，各镇（街区）及市直有关部门分管负责人、全市科技型企业负责人及技术财务人员等140余人参加培训。

【创新平台建设】　加大创新平台建设力度，加快建设省和潍坊市级创新平台，获批潍坊市级以上科技创新平台11处。其中获批省级创新平台3处；浩信浩德精密机械、亿润暖通2家企业成功申报潍坊市级工程技术研究中心，硕邑化学、成泰化工2家企业获批潍坊市重点实验室。申报的昌邑市名都家纺科技孵化器和新嘉城创客空间、华海云创空间获潍坊市科技局审批。指导和田旺公司牵头成立多效型微生物肥料技术创新战略联盟并获批，12月13日潍坊市科技局在昌邑市召开联盟成立大会。组织乾隆杯酒业有限公司与青岛大学生命科学学院建立协同创新基地。组织汉兴医药、金典化工、中宇机械等企业，分别引进中国计量大学、青岛科技大学、山东理工大学共同建设手性药物联合研发中心、高品质不溶性硫磺研发中心和中宇园林机械研究所，全部通过潍坊市科技局考核认定。

【高新技术产业】　围绕推动新旧动能转换，大力发展高新技术产业，引导和支持企业加快新技术、新工艺、新材料、新装备的创新应用，推动产业转型升级和企业创新发展。组织同大海岛、汉兴医药、海洋水业、康迈信机械、华玉塑机等企业申报国家高新技术企业，其中5家企业获批。大力实施“小升高”科技计划，组织中云机器、灶户盐化、立辉重工、富润科技、凯特新材料、龙港无机硅等6家企业加入全国科技型中小企业信息库，组织汉兴医药、和田旺生物科技等43家企业加入山东省科技型中小微企业信息库。2017年，全市高新技术产业产值占工业总产值的比重达到27.18%，比年初提高1.53个百分点。

★ 2017年5月20日，中国科学院与昌邑市龙港无机硅有限公司共建院士工作站及“废弃钠钙玻璃制备油水分离材料”项目签约仪式在昌邑宾馆商务会议室举行（刘春萍）

【知识产权保护】 加大知识产权保护力度，积极开展专利申请。全年共完成发明专利申请282件，同比增长22.1%；发明专利授权45件，同比增长80%。加快推进知识产权“贯标”工作，汉兴医药、成泰化工获得知识产权管理体系认证证书。积极对接金融部门，用好专利质押融资扶持政策，破解中小微企业融资难题。金丝达实业公司利用专利权质押融资5000万元已经到位。推进知识产权信用体系建设，强化执法检查，严厉打击假冒专利行为。建立沟通合作机制，开展联合执法，重点打击展会、网络、映像等知识产权侵权假冒行为，不断优化知识产权保护环境。全年共查处假冒专利案件23件。

【转作风提效能强服务】 以开展“思想作风建设年”活动为契机，在做好规定动作的前提下，创新做好自选动作，积极开展“科技精准强企行动”，组织班子成员、业务骨干到各镇（街区）和下营、柳疃、龙池等工业园区及科技型重点企业走访调研，并分别召开科技工作座谈会，就科技政策落实、高新产业发展、创新平台建设、招院引所、招才引智等方面的政策措施进行详细解读，与镇（街区）、企业开展“一对一、面对面”交流，结合企业发展实际，一企一策、精准施策，帮助企业解决在科技创新、高企申报、平台建设、成果转化等方面遇到的困难和问题，指导企业发挥自身优势，加快科技研发、人才引进和产学研合作，增强创新发展能力。年内共调研对接企业90余家，帮助解决问题120余件。

【科技宣传培训】 先后举办全市科技政策解读和创新知识培训会议、“科技服务进千企”培训会议，邀请上级部门领导和专家就创新战略实施、科技政策落实、高新技术发展等进行专题讲解，参训人员近300人次。组织人员到卜庄镇开展“科技下乡”活动、到围子街道开展“全国科普日”活动，宣传科技知识，推广农业新品种、新技术、新成果。共赠阅《苗木栽培》《冬枣种植》等农业科技书籍近百册，发放科技知识宣传材料2000余份。积极开展科技工作宣传。开通“昌邑科技”微信公众号，及时宣传科技政策、发布动态信息、公开重点工作，共推送20余篇。充分利用各类媒体，加大宣传力度。先后在新华网、省科技厅官方网站、“山东科技”微信公众号、潍坊市政府《每日动态》《潍坊日报》及《昌邑政务信息》《昌邑信息》和《潍坊日报·今日昌邑》等发表信息40余篇。在市委办公室对2017年度镇（街区）、市直部门信息报送采用情况通报中，市科技局名列第一。

（供稿人：张尧辉　周晓琳）

知识产权

【概况】 2017年，昌邑市知识产权工作紧紧围绕创建国家知识产权强县工程试点县目标，深入实施知识产权强市战略，圆满完成全年各项工作任务，不断推动知识产权事业向前发展，为昌邑经济社会健康发展营造了良好的环境。全市申请专利840件，授权344件，其中发明申请282件，授权45件，超额完成年初设定的工作目标。

【宣传及培训】 利用报纸、电视、电台、微信公众号等开展全方位立体宣传。举办“健科杯”知识产权电视竞赛；在《潍坊日报·今日昌邑》整版进行知识产权（专利）政策法规宣传；设计创新、创造、保护、管理、服务等知识产权（专利）内容的标语并制作横幅30多幅在人流车流密集及交通中心悬挂，宣传知识产权文化理念；联合昌邑电视台在新闻频道开设“保

★ 2017 年 12 月 13 日，多效型微生物肥料技术创新战略联盟成立大会在昌邑宾馆隆重举行（王昧藏）

护知识产权，助力五个新城建设”专栏，对市域内知识产权优势企业进行宣传报道；开展知识产权进企业、进校园、进展会活动。到镇（街区）、知识产权优势企业、学校等举办各种形式的培训班；组织企业参加潍坊市知识产权局举办的各种研修培训班。通过宣传，提高全社会对创新创造成果的保护意识，2017 年全市发明专利申请量增幅 22.08%，列潍坊 8 个县（市）第 2 位；发明专利授权量增幅 80%；列潍坊县（市）第 1 位。在潍坊市科学发展考核中位列第 2。

【转变作风】 每周保证 2 天到创新能力强、有挖掘潜力的重点企业、学校一对一服务；组织企业参加国家、省、潍坊市举办的中国企业走出去知识产权战略培训班等；为全市 64 项专利争取潍坊市 2017 年度专利补助、5 年维持费等财政资金 16.8 万元，发放昌邑市 2016 年度专利补助 136 项，支付财政资金 24.6 万元；牵线搭桥，主动服务，力促金丝达环境工程公司利用专利技术投资广东饶平县宝斗石项目成功签约，实现昌邑市专利运营重大突破；积极对接金融部门，用好专利质押融资扶持政策，破解中小微企业融资难题。金丝达实业利用专利权质押融资 5000 万元已经到位，立辉重工利用专利质押贷款 300 万元，第 2 次财政贴息 8.7 万元已兑付。

【企业创新成果】 积极推荐项目，争取上级政策扶持。推荐金丝达环境工程、龙港无机硅等 5 家企业的核心专利参加潍坊、省专利导航项目评选；国家专利奖取得重大突破。推荐浩信机械、同大海岛、汉兴医药等 7 家企业参加国家、省专利奖的评选，其中潍坊金丝达环境工程股份有限公司的可燃物料资源化转换炉获得中国专利奖优秀奖；山东同大海岛新材料股份有限公司的超细纤维高仿头层皮合成革的制备方法获山东省专利奖三等奖；山东浩信机械有限公司的“用于商用车的轮端总成”和山东同大海岛新材料股份有限公司的“超细纤维高仿头层皮合成革的制备方法”分别获二等奖，潍坊金丝达环境工程股份有限公司的“改进的节能连续气化裂解炉”、山东汉兴医药科技有限公司的“2- 氰基 -4’ - 甲基联苯的制备方法”和昌邑市龙港无机硅有限公司的“海洋机械防锈剂及其制备方法”分别获得三等奖；昌邑市技工学校代表潍坊市申报全国中小学知识产权教育试点学校项目；遴选同大海岛、泉鑫化工等符合条件企业 6 家，积极帮助企业准备材料，指导网上申报省知识产权优势企业培育项目；山东汉兴医药科技有限公司和山东成泰化工有限公司成功通过中知（北京）认证有限公司审核组专家关于贯彻执行《企业知识产权管理规范》国家标准审核，获得知识产权管理体系认证证书；推荐浩信吕继贤、龙港王敬伟等 4 人参加山东省第十届发明创业奖的评选。

【知识产权行政执法】 对商流、医药企业专利台账进行补充充实，扩大专利台账覆盖面；制定执法检查计划，并深入商流、医药领域开展集中检查，充分发挥执法终端设备功能，依法对假冒专利行为进行查处，配合潍坊市知识产权局开展专利执法维权“雷霆”专项行动，查处假冒专利 23 件；推进知识产权信用体系建设，严厉打击假冒专利行为；在车展会开设“知识产权执法维权工作站”，发放宣传资料，接受法律咨询；建立沟通合作机制，开展联合执法，重点打击展会、网络、映像等知识产权侵权假冒行为，优化知识产权保护环境。

【知识产权强市建设】 根据《国家知识产权强县工程试点、示范县（区）评定管理办法》等文件，制定出台《昌邑市创建国家知识产权强县工程试点县工作方案》，并将相关材料上报省局；以申报知识产权强县工程试点县为契机，加大对知识产权工作的投入和

宣传力度，更好发挥知识产权支撑创新驱动发展的作用。（供稿人：蔺艳杰）

防震减灾

【概况】 2017年，昌邑市地震局以习近平中国特色社会主义思想为指导，按照市委、市政府和潍坊市地震局的工作部署，紧密结合昌邑市震情形势，着力推进防震减灾“十三五”规划实施，以“弘扬行业精神”和“思想作风建设年”主题活动为动力，振奋精神，履职尽责，完善措施，改革创新，奋力完成各项工作任务，扎实推动全市防震减灾工作健康发展。获全省县级防震减灾工作目标考核优秀单位，通过了中国地震局专家考核组对防震减灾示范县（市）的验收。

【地震应急救援】 认真组织地震应急演练活动。按照上级业务部门部署要求，“5·12”前后在全市中小学校和部分社区组织开展地震应急疏散演练活动，到山东省地震科普示范学校——昌邑市第一实验小学进行地震应急疏散演练观摩，市政府领导和有关部门负责人参加观摩，电视台、报社进行报道。通过活动开展，进一步提高广大师生的防震减灾意识和自救互救能力。规范完善地震应急避难场所建设。以开展创建全国卫生城市活动迎接全省年度检查活动为契机，对城区地震应急避难场所进行检查维修，对照《山东省地震应急避难场所管理办法》进行落实完善，配置功能标示牌、应急疏散通道等。设置避难场所管理办公室，完善疏散方案和避难场所应急管理办法、指南等相关制度办法、规定。在9月中央文明委对昌邑市创建文明城市现场考核验收中，2处避难场所作为必查站点，接受检查考核。在上报省局科研成果的同时，积极争取相关部门的支持，进一步完善功能布局，充实相关资料数据，系统反应能力得到进一步的提升，为地震应急工作奠定基础。到寿光市观摩潍坊市地震应急综合演练活动，进一步锻炼队伍，提高应急救援能力。充实地震应急物资装备库，更新添置必要装备十余件套。重新修订市政府《地震应急预案》，印发全市，并要求全市各级各部门各单位都要重新修订《地震应急预案》。

【防震减灾宣教】 积极组织开展多形式、多方式的防震减灾宣传教育活动，抓好重点时段的宣传教育，认真开展防震减灾宣传月活动，制定详细的活动方案，充分利用广播、电视、报纸等多种媒体，扎实组织开展一系列地震科普知识进校园、进机关、进企业、进社区、进农村、进家庭活动，收到明显成效。“5`·12”防震减灾日，与市民政局、人防办、教育局、气象局等一起在昌邑中百大厦广场和利民街分别设立宣传站，发放地震科普知识，解答群众咨询。市政府分管领导及有关部门负责人亲临现场参加宣传活动。在全市中小学校组织开展防震减灾知识有奖竞答活动，3000多学生参与活动，进一步提高防震减灾意识。到奎聚街道东店社区、市政务服务中心等发放宣传材料，悬挂宣传横幅，宣传防震减灾知识。对社会开放市地震局、地震台、潍河地震台、青山测震台，通过零距离的接触和面对面的交流，让公众走进地震部门，了解防震减灾工作，让大家亲身体验和感受地震监测原理和过程。在活动现场，工作人员向参观人员介绍有关防震减灾知识、地震监测常识、发放地震科普图书、彩页，回答相关咨询，取得良好的宣教效果。通过报纸、电视对防震减灾宣传活动进行宣传报道。以创建全国文明城市为契机，与市文明办、市创城办联合印发“提高防震减灾意识，创建全国文明城市”系列彩色宣传挂图，深受市民欢迎。

【震害综合防御】 积极开展国家防震减灾示范县（市）创建工作，9月组织上报中国地震局申报材料，11月底顺利通过中国地震局考核验收组的专题验收。加强行政审批“窗口”管理，不断提高服务效能。地震局领导定期到行政审批大厅现场办公，加强审批管理，健全完善各项规章制度，进一步提高服务意识，缩短审批时限。制定《建设工程抗震设防要求确定》《地震观测环境保护范围内新建、改建、扩建建设工程项目审批》等服务指南及业务手册，进一步规范行政审批服务流程，实行抗震设防审核网上办理，缩短审批时限，提高服务效率。审批大厅服务窗口工作人员3次被评为月度优质服务个人，并被确定为年度“优秀等次”。重视行政执法与队伍建设，组织行政执法人员培训学习，不断提高执法人员整体素质。地震局有3人取得行政执法资格证。积极推进各类示范工程创建工作。积极开展地震安全示范社区、地震安全示范企业和地震科普示范学校建设，推动防震减灾事业健康持续发展。东店社区积极开展全国地震安全示范社区创建活动，并获全国地震安全示范社区称号。同时积极引导开展农村民居地震安全示范社区创建活动，年内已有2处村（居）开展创建活动。认真开展昌邑市典型城镇和乡村民居抗震设防能力调查与评估工作。争取中国地震局地壳所的支持，组织8人的调查队深入安丘—莒县、昌邑—大店断裂带附近通过的村庄、社区、小区、学校等开展调查，争取第一手资料，为政府防震减灾决策提供科学依据。与中国地震局地质研究所合作开展“郯庐断裂带”（安丘—莒县、昌邑—大店）三维构造及其地震危险性分析研究工作。为2018年地质所到昌邑开展更大规模断裂带科研活动打下基础。

【地震监测】　认真学习山东省、潍坊市地震局关于强化地震监测工作的会议和通知，结合本地实际，研究制定具体的地震短临预报和震情跟踪方案等措施。进一步完善震情会商制度，每月与市局视频联网开展月会商，带动提升会商能力。做好地震异常排除工作。对群众反映的异常现象进行调查，排除异常，维护社会稳定。先后排除柳疃镇姜家堤子村水井声响和都昌街道王耨村水泥路面翘起变形等各处地震异常的处置工作，受到群众肯定。积极承担国家重点工程项目，3月建成并开始运行的青山国家北斗地基增强系统基准站运行稳定，数据输出正常，6月初顺利通过省级验收。积极争取省市地震局支持，在青山建设潍坊市地震台、潍坊市地震应急装备库和潍坊市地震科普教育基地。土地修编已经省国土厅批准，正在办理规划、用地等立项准备工作。地震观测项目在全国评比中再获好成绩。市GNSS基准站在中国地震局组织的2016—2017年度观测资料质量评比中荣获第3名，这是连续4年获年度观测资料评比好成绩，为全省争光。投资2万元对青山地震台、GNSS基准站、北斗基准站用电线路改建升级、观测房、管理房整修外涂、房屋内整修以及站内外环境整治。　（供稿人：范世刚）

★山东省地震局地震工程研究中心专家到昌邑市卜庄镇三教堂村进行地质勘察　（李宗善）

气象测报

【气象服务】　2017年，昌邑市气象局共发布重要天气气象预报37份，覆盖全市1—12月出现的天气过程，例如2月19日发布的大风降水降温重要预报、7月6日发布的雷雨强对流预报、7月31日发布的阴雨天气预报及秋收秋种期间发布的大范围降雨预报等。根据时间节点，昌邑市气象局还向公众提供春运、高考、中考、绿博会、重要节日等专项天气服务。

农业气象服务工作　农业气象服务工作主要涵盖设施农业气象服务、特色农业气象服务、大田常规农业气象服务、重要预警发布等工作。农业天气预报作为气象工作的重要组成部分，对指导农民开展农业生产、合理安排农事日程具有很强的指导意义。2017年，昌邑市降水偏多，时空分布不均，农业生产受到一定程度的干扰。昌邑市气象局共发布春耕春播农事建议1期，春耕天气预报3期；夏季的夏收夏种预报7期；秋收秋种农事建议1期，秋收秋种预报5期。同时，昌邑市气象局还提供特色农业气象服务，主要涵盖昌邑市特色产品——大姜。根据大姜的不同生长期，发布生长期内的前期气象资料分析及后期天气情况。除大姜预报外，昌邑市气象局为北部盐业生产提供全年气象服务，主要预报产品涵盖短期天气预报及短时临近预报，减轻降水对盐业生产的影响。

预警信息发布情况 2017 年昌邑市气象局共发布各类灾害预警信号 79 期，分别为霾黄色预警 1 期，大风蓝色预警 26 期、黄色预警 1 期，暴雨橙色、黄色预警各 1 期，蓝色预警 5 期，雷电黄色预警期、橙色预警共 19 期，大雾黄色预警 2 期、橙色预警 10 期，道路结冰黄色预警 4 期，寒潮蓝色预警 4 期，高温橙色预警 3 期、黄色预警 5 期。预警信号主要通过昌邑市气象局短信平台发布，部分预警信号通过电子显示屏、邮件、“12121”天气应答系统发布，全年共发布 4 万余人次。

【人工增雨防雹】 昌邑市人工影响天气领导小组办公室（简称人影办），高度重视人工影响天气安全作业工作，每年在汛期到来前，均组织人影作业人员培训及高炮年检工作。3 月下旬，昌邑市人影办针对所有人影作业人员开展技能培训工作，培训采取理论与实操相结合的方式，有效提高人员素质。同时根据山东省及潍坊市人影办要求，按时完成高炮年检、火箭发射车年检及弹药柜维修工作，有力地保障了作业安全。根据天气情况，适时开展人工影响天气工作。2017 年，昌邑市人影办共组织开展人工影响天气作业 9 次，其中人工增雨作业 8 次，人工防雹作业 1 次，取得显著效果。

【雷电防护与防雷审批】 3 月 10 日，昌邑市气象局、住建局、发改局、经信局、交通局、水利局、政务服务中心、编办、法制办等九部门召开建设工程防雷管理协调会议。各与会单位共同学习《国务院关于优化建设工程防雷许可的决定》（国发〔2016〕39 号）与《关于贯彻落实山东省气象局等 12 部门优化建设工程防雷许可联合发文的通知》（潍气发〔2017〕1 号）文件精神。会议确定自 3 月 10 日起，昌邑市住房和城乡建设局将房屋建筑工程和市政基础设施工程防雷装置设计审核、竣工验收工作纳入该局监管范围；公路、水路、铁路、民航、水利、电力、核电、通信等专业建设工程防雷装置设计审核、竣工验收和监管工作，由各行业部门负责；3 月 10 日前昌邑市气象局受理的各类防雷审批工作仍由气象局完成。各部门按照权责一致的原则及权力清单和责任清单调整的相关规定，及时修订权力清单和责任清单，按程序审定后向社会公布。2017 年，昌邑市气象局共办理行政审批事项 12 件，其中防雷装置设计审核 5 件，防雷装置竣工验收 4 件，气象施放审批 3 件。所有审批业务均在承诺时限内完成，且无违规办理，取得零投诉的完美成绩。

【依法行政】

法制宣传 昌邑市气象局利用“3·23”世界气象日“5·12”防灾减灾日及安全生产月等时间节点，积极开展气象法治宣传工作，普及《中华人民共和国气象法》、防灾减灾及雷电防护知识。特别是“3·23”世界气象日，昌邑市气象局分组分工开展法制宣传，走上街头回应民众关切，邀请峻青中学、文山中学师生来局参观，切实提高中小学生的防灾减灾能力。

防雷安全监管 2017 年，昌邑市气象局共检查涉氨制冷企业 48 家，液化气站 8 家，危险化学品生产、储存企业 22 家。5 月，昌邑市气象局与安监、消防等部门对全市所有加油站点开展专项安全检查工作，共检查加油站 60 余家，其中停业整顿 2 家，下达《防雷安全整改通知书》60 余份。

升空气球监管 随着社会经济的发展，庆典服务行业日渐繁荣，升空气球的使用频率也越来越高。升空气球带来的各类事故也频繁发生，昌邑市气象局对此高度重视。不断强化对升空气球的监管工作，利用节假日等庆典气球使用的高发时间节点开展巡查执法工作。2017 年，昌邑市气象局共开展升空气球专项巡查 6 次，共发现并纠正违法行为 3 起，有效地规范升空气球的安全管理工作。

（供稿人：崔宝琪　龙晓斌　胡鲲）

文化 旅游

Wen Hua Lv You

文化事业

【概况】 2017年，昌邑市文化广电新闻出版局紧抓建设文化名市契机，深入挖掘文化资源，加强文物保护工作和非物质文化遗产保护传承，实施文化惠民工程，着力提升公共文化服务水平，不断满足群众文化需求。建成村（居）基层综合文化服务中心629个，建设达标率91.02%，完成送戏下乡150场。争取财政资金224万元，为400个农家书屋更新图书，配备书架。“书香中国”流动书屋+公益电影放映新模式受到省新闻出版局肯定，2017年6月在潍坊电视台报道并被推荐为第七届全国服务农民、服务基层文化建设先进集体。“我们的中国梦·文化进万家”民间文艺展演被评为潍坊市2017文化惠民活动十大品牌。奎聚潍水社区农家书屋被评为全省“示范农家书屋”、北孟镇魏马村被评为全省“书香之村”、市图书馆、文山中学、第一中学、华艺电影传媒公司流动书屋、新华书店等5个单位被授予潍坊市2017年全民阅读推广基地。柳疃社区入围“2017年全国‘书香社区’发现活动”。

【非物质文化遗产】 昌邑市“西河大鼓”“锔艺”“魏记小磨香油制作工艺”“玉皇会”“昌邑传统婚俗”5个项目入选潍坊市第五批非物质文化遗产代表性项目名录，全市潍坊市级非遗项目增至24项。昌邑砖雕传承人姜占元、鲁砚技艺传承人孙风海入围第五批省级非物质文化遗产项目代表性传承人评选。开展非遗进校园、项目展示等文化遗产日宣传活动。非遗保护工作“植根民俗·融入生活”被评为潍坊市非遗保护亮点工作，社区非遗活态传承新机制“乡村文化传统激活与传承创新实践”荣获第三届山东省文化创新奖。

【公共文化服务设施建设】 昌邑市文化馆、图书馆新馆均实施免费开放并积极组织开展各类文化辅导、人才培训、展览和全民阅读活动，逐步将其打造成为全市文化惠民的主阵地。9个镇街文化站均达到国家三级以上标准，6个镇、20个农村社区完成分馆建设试点工作，实现市、镇、村三级图书馆联网服务。市图书馆迎接第6次全国图书馆评估定级工作，获得免检资格。整合各级文化项目资金，稳步推进镇（街）文化站、基层综合性文化服务中心、农家书屋和文化基层服务点建设。争取财政资金224万元，为400个农家

★ 2017年6月11日，在宏大市场举办第十二个文化遗产日活动 （刘甜宇）

书屋更新图书，配备书架。2017年4月，在柳疃边防派出所设立海疆文化驿站，通过向上争取为派出所赠送价值3万元的图书，旨在提升公共文化服务效能，构建广覆盖、高效能公共文化服务网络，至此，昌邑市已有“海疆文化驿站”2处，“昌邑市公共文化基层服务点”56个。争取财政资金200万元，为20个社区基层公共文化服务点配备电脑、图书、书架和阅报栏等设施设备，搭建起以市文化馆、图书馆为总馆，镇（街区）文化站为分馆，20个社区为基层公共文化服务点的总分馆服务平台。积极协调有关部门，争取上级资金200余万元，王滨故居、西黄埠教堂、龙池齐氏家庙、姜泊民居群等省保文物得到初步修复。指导修缮建设胶北特委旧址、卜庄抗战纪念馆、龙池齐氏家风家训馆、马渠村史馆等展馆，产生良好社会效益。昌邑市第2家非国有博物馆——柳疃丝绸博物馆已基本建成，在民营专题博物馆建设方面实现新突破。昌邑市博物馆新馆扩建工程已启动。卜庄镇姜泊村民居入选第4批省级历史文化名村，卜庄镇夏店街村入选山东省第4批传统村落。

【基层综合性文化服务中心建设】 全市共有村（居）691个，已按山东省有关标准要求，建成622个村（居）综合性文化服务中心，建设达标率为90%。10个省定贫困村全部达标建成文化活动室，达标率100%，提前一年完成建设任务。在2016年度代表潍坊市迎接省文化厅评估验收的基础上，继续抓好对已建成综合性文化服务中心的成果巩固和功能提升。1月，对全市10个镇（街区）综合性文化服务中心进行模拟检查。5月，组织召开基层综合性文化服务中心建设提升及“两馆”总分馆建设推进会，重点安排基层综合性文化服务中心建设提升任务及“两馆”总分馆试点工作，对综合性文化服务中心提升建设标准及“两馆”总分馆建设标准进行详细讲解，为“两馆”总分馆试点工作顺利开展打好基础。11月，召开全市基层综合性文化服务中心建设暨农家书屋管理员培训会议，就基层综合性文化服务中心建设第三方机构评价结果逐一进行分析，明确整改内容和目标，并重点培训公共文化服务内容基本建设标准、农家书屋建设管理“十有”“七规定”“两馆”分馆及服务点建设标准等。完成村（居）基层综合性文化服务中心相关文化设施、设备的招标工作。争取财政资金200万元，为20个社区基层公共文化服务点配备电脑、图书、书架和阅报栏等设施，搭建起以市文化馆、图书馆为总馆，镇（街区）文化站为分馆，20个社区为基层公共文化服务点的总分馆服务平台。下营镇辛庄村、石埠东村、龙池瓦东村3个村被授予潍坊市先进基层综合性文化服务中心，都昌街道综合文化站被评为潍坊市先进镇街综合文化站，有2人被评为潍坊市优秀镇街综合文化站长。

【群众文化活动】 紧密结合群众对文化活动的需求，充分利用春节、元宵节等传统节日，组织开展“文化下基层·欢乐送百姓”“文化年货带回家”“久远的记忆与传承—昌城特色民俗大拜年”“共筑中国梦·欢庆幸福年”全市春节民间文艺会演及潍坊网络视频广场舞大赛昌邑专场、著名作家走进昌邑·二月兰笔会等100余场次大型群众文化活动，参与演出文艺队伍达到80余支3000余人，群众达到50万余人次，引起极大反响，丰富了节日期间群众的精神文化生活。其中“久远的记忆与传承——昌城特色民俗大拜年”被

★2月11日，在文化公园举办“我们的中国梦·文化进万家”昌邑市2017年春节民间文艺展演（王万国）

评为潍坊市十大群众文化活动品牌。2017年“我们的中国梦·文化进万家”民间文艺展演被评为潍坊市元旦春节文化惠民活动十大品牌。立足传统与现代相结合，积极搭建活动载体，先后举办“水墨行吟”——高立峰迎新春山水画作品展、“翰墨飘香”全市迎春美术作品展、“问道经典”魏云飞中国画作品展、“大道之行”陈丙利博士画展、“青春笔墨·时代气象”——当代16位书画博士迎春邀请展、2017“迎新春”书画展、昌邑籍名人书画巡展、实力画派吕双明·刘红师生油画展等大型书画展12场，展出作品2500余幅，近3万人参观展品，通过开展多层次、多形式的群众文化活动，满足广大群众日益增长的多种文化需求。

【文化惠民工程】

文化精准扶贫 在提前一年完成基本文化设施建设任务的基础上，狠抓各文化活动室功能的提升和服务水平的升级，争取财政资金35万元，为10个省定贫困村统一采购电视、电脑、固定电影放映架并安装到位，为每个贫困村送戏一场，更新图书1000册。

积极开展各类辅导、培训 组织开展“文化走基层”系列活动，先后到卜庄姜泊村、柳疃北西高村等40个村进行文艺辅导。开展“弘扬国粹·传承经典”戏曲培训进校园活动，现场教授戏曲的演唱技巧，激发学生对国粹的热爱。举办第一期老年人公益电脑培训班，让老年人适应信息化时代，掌握更多获取信息的渠道，丰富他们的精神文化生活，使老年人老有所学、老有所乐。共组织举办声乐、美术、戏曲、器乐、舞蹈等文艺辅导班80班次，培训人数2600余人。

大力开展全民阅读活动 组织举办全民阅读基层行活动之阅读进军营、进校园、潍坊市第三届读书朗诵大赛昌邑赛区总决赛、2017“书香潍水·全民阅读”“齐鲁阅读季·新华书店日”等具有地方特色的阅读活动，旨在打造“阅读之城”“书香之城”文化品牌。昌邑市图书馆、文山中学、昌邑一中、华艺电影传媒公司流动书屋、新华书店等5个单位被授予潍坊市2017年全民阅读推广基地，有3人被授予潍坊市全民阅读推广人称号。

落实乡镇（公社）老放映员生活补助发放工作推进 对20世纪70年代乡镇（公社）放映人员在充分摸底调查的基础上，完成对老放映员终审人员的公示、备案和补助发放工作。截至9月底，首批符合发放条件的人员生活补助资金已全部发放到位，发放资金32万余元。

积极参与首届山东省和首届潍坊市“文化惠民消费季”活动 组织昌邑剧院、新华书店、维客利影城、金马国际影城、绿博园、博陆文化旅游有限公司6家企业参与活动，并通过电话咨询、现场督导等方式对签约企业进行全程督查指导。通过微信公众平台、新闻媒体、发放宣传册、张贴宣传画等形式向广大群众宣传文化惠民消费季活动，累计使用优惠券1071张。

【潍水文化生态保护实验区建设】 完成第三届山东省文化创新奖、潍坊市级以上非遗项目补助资金、第五批潍坊市级非遗项目、省、潍坊市模范传承人、亮点工作的申报工作以及潍坊市潍水文化生态保护实验区考核材料上报工作。开展非遗进校园、项目展示等第12个文化遗产日宣传活动。昌邑市“西河大鼓”“锔艺”“魏记小磨香油制作工艺”“玉皇会”“昌邑传统婚俗”5个项目入选潍坊市第五批非物质文化遗产代

★2017年7月，石埠社区综合性文化服务中心—尼山书院儒学讲堂面貌 （魏晓艳）

表性项目名录，全市潍坊市级非遗项目增至24项。昌邑砖雕传承人姜占元、鲁砚技艺传承人孙风海入围第五批省级非物质文化遗产项目代表性传承人评选。魏晓艳被授予潍坊市非遗保护工作先进个人。组织全市6个非遗项目参加2017中国·潍坊传统工艺创意设计大赛，其中“同文堂毛笔”“昌邑砖雕”获得优秀创意奖，昌邑市文化局获得优秀组织奖。组织剪纸艺人王锡芝、李增芬、徐晓玲3人参加潍坊市“巧剪子”剪纸竞技大赛，3人同获“十佳巧剪子”奖，昌邑市居各县（市区）获奖首位。

【文物保护工作】 高质量完成可移动文物普查工作任务，国有单位认定、系统登录工作居潍坊市前列。核定并公布第三批昌邑市级文物保护单位名录，划定各级文物保护范围与控制地带。与各镇（街区）签订《昌邑市文物安全保护责任书》，落实属地责任，提升保护水平。争取各级财政资金支持，完成重点文保单位修缮及博物馆烟尘报警改造工程，面向社会征集各类碑刻文物20余幢（件）。重点文物点监控纳入智慧昌邑平台，实现实时监控、联动保护是文物的保护手段。成功申报董家庄遗址、史家庄大屋、李福泽故居等3处文物点为省级重点文物保护单位，全市省保单位数量增至28处。上报《昌邑齐西民居群保护规划》《齐氏家庙、菩萨庙维修保护方案》。市博物馆领导王伟波先后为全市各级机关部门宣讲《昌邑市历史文化资源概况》。同时，参与1项国家级课题，3项省级课题的科研工作，在省级以上刊物发表研究论文3篇，使齐国盐都、雪芹戚里、海丝源头等文化名片广为人知。组织开展文物安全大检查、不可移动文物安全检查工作，完成《山东文物精品大系》编纂工作。积极协调有关部门，争取省政府资金200余万元，对王滨故居、西黄埠教堂、龙池齐氏家庙、姜泊民居群等省保文物进行初步修复。大力推动乡村记忆工程与历史文化展示工程。指导修缮建设胶北特委旧址、卜庄抗战纪念馆、龙池齐氏家风家训馆、马渠村史馆等展馆，产生良好社会效益。

【文化市场管理】 完成2016年度年报、印刷、发行名录库整理工作、山东省文化创新奖项目申报、新闻出版年度核验及统计数据上报工作。完成140余家文化市场、新闻出版经营单位年审换证工作。对全市的点播影院、点播院线、迷你歌咏亭进行调查摸底、统计上报。对全市主题出版物展销情况进行摸底统计，对网上书店进行检查备案。制定“零跑腿”和“最多只跑一次腿”权力事项清单。完成部门年检目录清单及培训目录清单的编制，调整完善部门行政权力清单，完善事中事后监管制度，进一步规范审批行为，增强行政审批透明度，办理行政审批业务31笔，备案业务5笔。编制报送文化局“七五”普法规划。

【文化宣传】 坚持内宣和外宣齐抓，传统媒体和新兴媒体并重，紧紧围绕市委、市政府的中心工作，围绕宣传文化领域的重大问题，围绕群众普遍关注的现实问题，充分发挥新闻舆论在服务全市文化发展大局方面凝心聚力、加油鼓劲的作用。借助“文化昌邑”微信公众平台这种全新的方式，发送及时、实用的文化信息及全市文化工作动态。2017年，发布文化信息170条；在潍坊市级及以上主流媒体发表稿件100多篇，全新改版开通昌邑市宣传文化工作的综合性门户网站——昌邑市文化广电新闻出版局网站，已公开信息149条，舆论引导力显著增强。

（供稿人：张晓晓　王　康）

文化执法

【概况】 2017年，市文化市场综合执法局以全国“文明城市”创建和中共十九大召开为立足点，扎实开展“净化全省文化市场环境开展专项整治行动”和“2017—忠诚卫士”行动。全年开展集中整治16起，出动检查3392人次，办结执法案件65件，有力维护全市文化市场经营秩序和经营环境。在潍坊文化执法系统年终考核中被评为“2017—忠诚卫士”行动先进单位、2017年度全市“扫黄打非”工作先进单位。

【娱乐场所经营专项整治】 针对娱乐场所无证照、证照不全，违法违规经营行为时有发生的实际，联合公安局、工商局在全市娱乐场所集中开展以取缔娱乐场所无证照、证照不全经营、消除娱乐经营场所消防安全隐患、治理娱乐场所经营活动治安安全隐患、打击娱乐场所经营涉“黄、赌、毒”为重点的专项整治行动。为提升活动成效，开展了广泛深入的宣传发动工作，组织镇（街区）对全市娱乐场所经营状况进行了翔实的调查摸底，组织举办全市娱乐场所经营业主培训班，联名下发《致全市娱乐场所经营业主的一封信》。开展联合执法3次，出动执法车辆26车次，出动执法人员100多人次，检查娱乐场所80多家次，警告12家次，对8家无证照经营场所下达停业整改通知书。

★开展卫星电视传播秩序专项整治　　（钟百鹏）

【查处侵权盗版】　以创建文明城市和迎接中共十九大召开为契机，有针对性的做好版权知识的宣传和普及，推动版权知识进企业、学校和培训机构，阐明侵犯版权违法的道理。以保护知识产权，打击侵权盗版为重点，面向全市各行各业开展版权执法检查，打击非法预装计算机软件及非法使用盗版软件的行为。对电影院、小影吧、点播影院等经营场所进行执法检查，重点查处盗录盗放、侵犯影视作品著作权等违法经营活动。加强互联网版权执法，整治未经授权非法传播网络文学、新闻、影视等作品的侵权盗版行为。查处通过APP、电子商务平台、私人影院等平台进行的侵权盗版行为。大力规范和整顿版权市场经营秩序，严厉打击侵权盗版违法违规经营行为，查办版权侵权案件1件，取缔游商地摊4家，没收非法出版物共计1223套（张、册）。

【卫星电视传播秩序整治】　以3月份召开的“全市无‘小耳朵’创建表彰暨卫星电视传播秩序专项整治工作会议”为契机，精心组织实施，多措并举，确保工作落实。全年共开展执法活动11次、出动执法人员768人次、检查网络视听节目网站48家次；检查移动、联通、电信等运营服务商营业网点117家次、检查宾馆酒店27家次、拆除非法安装卫星地面接收设施33套，创建无“小耳朵”乡镇2个，创建无“小耳朵”村（居）15个。成立“卫星电视传播秩序专项整治行动暨助力智慧社区（广电）创建活动”工作领导小组，扎实开展活动研究部署。积极争取市领导支持。将综合整治工作纳入精神文明建设考核体系。充分发挥行动牵头作用。积极与市场监管、质监、经信、广电网络等相关部门做好对接，加强沟通交流，形成协调合作，联动联创，联合整治的工作合力。利用报刊、网络平台、宣传栏、横幅等媒介，开展广泛宣传，使整治行动和联合创建活动深入人心。

【“扫黄打非”行动】　按照省、市“扫黄打非”工作电视电话会议精神和工作部署，以专业化执法促进“扫黄打非”工作全面转型升级，保持“扫黄打非”工作的高压态势。全年开展专项执法行动4个、出动检查900多人次，检查经营单位200多家（次），取缔游商地摊4个，立案查处版权案件1起、出版案件20起。保持传统出版领域“扫黄打非”高压态势，将打击违禁出版物摆在首要位置，大力扫除宣传淫秽色情、凶杀暴力、黑道帮派、封建迷信、荒诞怪异等内容的出版物，严厉清剿侵权盗版出版物，坚决整治非法报刊、假记者站、假记者以及违规报刊。开展“扫黄打非”工作站点建设，设立“扫黄打非”基层站点，发展基层联络员100多名，及时总结、推广工作经验。加强对乡镇、发展区“扫黄打非”工作的指导，定期清查市场，落实监管责任。认真组织开展专项行动，组织开展创建文明城市娱乐场所集中整治、校园周边出版物市场集中清理活动、绿博会文化市场综合治理活动、“迎十九大”印刷出版市场专项整治等专项整治行动，集中时间、集中力量解决存在的突出问题，有效净化全市文化市场环境。

【网吧治理整顿】 以争创全国文明城市为动力，以解决群众关注的未成年人进网吧为重点，切实加强市场监管。全年共受理群众举报11起，出动执法检查1500多人次，立案查处9家，责令停业整顿1家，警告5家。实施网吧接纳未成年人有奖举报制度。面向社会公布举报电话、举报受理地址、电子邮箱、办公地点等多种有效方式，并与市政务热线联动，组织专人接收、处理，确保市民举报诉求得到及时有效地回复。充分调动全社会参与文化市场监管的积极性，弥补执法力量薄弱的短板，营造良好社会氛围。构筑“三道防线”遏制未成年人进网吧。构筑自我保护防线、依法经营防线、依法监管防线，形成部门主管、社会共管、行业自律、群众监督的网吧管理长效机制。把网吧经营作为监管重点，在强化日常巡查执法的同时，进一步细化责任分工。把全市经营网吧按区域分成两部分，由2名副局长分区负责，城区19家网吧逐一明确到个人，落实监管责任，并按时把日常检查信息及时录入全国文化市场与技术监管平台。

【争先创优活动】 在潍坊文化执法系统年终考核中被评为“2017—忠诚卫士”行动先进单位、2017年度全市“扫黄打非”工作先进单位。文化执法案卷在潍坊市文化执法系统案卷评查中分别荣获一等奖、二等奖，被昌邑市法制办评为2017年度“全市十佳行政执法案卷”。（供稿人：王振江　魏瑶佳）

新闻出版

【出版工作】 2017年，全市共有新闻出版经营单位101家，其中出版物印刷企业5家、包装装潢印刷品印刷企业21家、其他印刷品印刷企业10家、专项包装1家；出版物零售单位31家；打字复印单位33家。进一步规范新闻出版行政审批和行政执法程序，完善事中事后监管制度。认真落实新闻出版安全生产行业监管责任，开展行业安全生产大检查3次，行业安全生产培训2次，联合消防部门在市图书馆等地举行消防安全知识与技能现场演示活动，与全市37家印刷包装企业签订安全生产责任书，提升行业消防安全意识和安全防范技能，全市新闻出版行业安全生产形势持续稳定。进一步规范行政许可、行政执法程序，逐项对昌邑市文化广电新闻出版局许可的事项进行对照，清理不规范程序，所有行政许可项目都在政府信息网公示，进一步提高办事透明度。

昌邑市文化广电新闻出版局坚持从乡村实际和群众文化需求出发，采取有力措施，全力做好农家书屋的建设管理和使用。2017年，落实农家书屋更新出版物专项资金224万元，更新农家书屋400个，其中包括10个贫困村。每个书屋更新图书340册，最大限度的满足群众就近看书学习和文化生活的需求，使其成为促进农村文化和谐发展的服务平台。

（供稿人：张晓晓　王　康）

【潍坊日报·今日昌邑】 2017年，潍坊日报社昌邑分社内鼓干劲，外树形象，及时准确地报道昌邑市经济社会发展的新成效和新亮点，围绕市委、市政府中心工作宣传好各项方针政策。《潍坊日报·今日昌邑》围绕昌邑市新一届领导班子的发展思路、施政方针，重点策划关于昌邑市学习贯彻中共十九大精神的宣传报道、昌邑市争创全国县级文明城市的系列报道、昌邑市产业创新发展的系列报道、昌邑市城市道路升级改造的系列报道等，都起到非常好的宣传效果。

重大活动宣传 分别设立节水、扶贫、党风廉政建设等方面的专栏，刊发一系列专题稿件，并对昌邑市2017年的各大节会进行翔实宣传。绿博会期间开设“关注绿博会”专栏，刊发“聚焦”绿博会专版，出版《今日昌邑·绿博会特刊》，及时大力宣传国家级苗木交易市场、昌邑市现代特色农业等，彰显昌邑丰富的自然优势、苗木资源及独具特色的生态农业。

突出改善民生宣传 围绕昌邑市实施道路改造、就业促进、社会保障、医疗卫生、百姓安居、生态环境等民生工程的有力举措、特色经验和工作成效，刊发一系列新闻稿件，营造昌邑市着力保障和改善民生、社会事业实现新发展的良好舆论氛围。

【文明城市创建宣传】 作为昌邑市主流新闻媒体，潍坊日报社昌邑分社把宣传文明城市创建作为工作的重中之重，精心策划，周密部署，推出一系列重点报道，对全市发现文明创建难点、找准文明创建工作重点、营造良好的创建氛围，起到积极作用。推出“奋力争创全国文明城市”特别报道栏目以及“交通人创城情怀”等专栏，刊发一系列反映全市人民万众一心、全力以赴争创全国文明城市的工作通讯及创城感言。创新办报思路，扩大报纸影响力。在创新设计，优化美化版面方面，主要是在把握报纸新闻宣传规律的前提下、在做新做透重大新闻的基础上，创新版面形式，加大信息量，优化做活标题及文章内容，提升视觉冲击力。精彩的策划、丰富深入的报道、形式多样的编排使得《潍坊日报·今日昌邑》备受欢迎。加强新媒体宣传力度，《潍坊日报·今日昌邑》微信公众号更名为《今日新昌邑》，站在更高的角度为群众提供更权威、更快捷的资讯，粉丝达到2万人，得到业内人士及社会各界的广泛好评。为形成舆论强势，特别加强对深度报道的策划、运作，对全市的重点工作、发展亮点以及重大事件深入挖掘，充分展示报纸的独特优势。对于重大新闻和专题报道，在开始运作之前，都要制定专门的新闻宣传工作计划，层层分解工作任务并落实到人，有效调动广大采编人员的工作积极性和主动性。加强业务学习和采编人员的素质提升，积极参加上级单位组织的新闻业务培训，提高新闻从业人员的业务水平和专业技能。加大考核力度，要求采编人员深入一线，主动与昌邑各级各有关部门主动对接，建立广泛的通讯员队伍，及时挖掘到鲜活的新闻素材，多角度、高频度宣传经济社会发展中的亮点，积极营造良好社会氛围。

（供稿人：于朝辉）

★第二届龙乡文化节 （王晓亮）

广播电视

【概况】 2017年，昌邑影视中心认真落实意识形态工作责任制，准确定位，时刻站在市委、市政府舆论宣传最前沿，及时宣传市委、市政府的重大决策部署，当好党委政府的宣传喉舌。加大正面宣传力度，准确把握舆论引导工作的时、度、效，传递正能量，确保新闻安全。围绕市委、市政府决策部署，利用专栏、专题、评论、访谈、深度报道等多种形式，跟紧跟准重点工作、重大项目等开展全面、深入地宣传报道工作。对《昌邑新闻》《昌邑360》《潍水两岸》《童声童趣》等栏目进行模式创新，质量提升，使节目更接地气，贴近民生。严格执行“凡播必审、重播重审”节目监管制度，做到广播电视节目内容播控监测全覆盖。

充分发挥广播电台、电视台、昌邑广电传媒网、微信公众号“四位一体”的舆论导向格局，紧紧围绕全国文明城市创建、市民文明素质提升、培育和践行社会主义核心价值观、文化强市、新常态 新举措 新跨越、绿博会、加强安全生产、昌邑好人、精彩劳动故事等方面开设专题专栏，不断创新改进宣传报道形式，竭力营造全市上下思发展、谋发展、促发展的浓厚舆论氛围。内宣播发各类新闻3000多条，外宣发稿350多条；新开设《昌邑杏坛》《安全365》栏目；电台103.6节目全新改版，打造昌邑上空最美声音。

2017年被潍坊市确定为“学习型党组织建设示范

点”；被市委、市政府授予“创建全国文明城市工作先进单位”“省级卫生城市创建工作先进单位”“绿博会筹备工作先进单位”“宣传文化工作先进单位”称号。

【对外宣传】 围绕关系昌邑发展大局，不断创新报道方式手段，精心组织绿博会、山阳梨花节、龙乡文化节等重大主题活动宣传报道，统筹内宣外宣一体化发展，在潍坊、山东、央视等广电新闻媒体积极推进昌邑市经济社会成就对外传播。对外宣传突出“红、蓝、绿、金”4个重点：红，实现在新华网、山东电视台、潍坊电视台、昌邑台同时播发《红色拜年不忘初心》《猜红色灯谜扬红色精神》红色革命传统文化新闻报道；蓝，立足昌邑，放眼滨海，积极拓宽对外宣传渠道，针对昌邑市北部沿海开发所取得的成果开展对上报道；绿，以绿博会召开为龙头，围绕绿色苗木产业新品种、新技术、新变化以及绿色环保工业发展对上报道；金，围绕新一届领导班子率先作为，在经济社会发展方面谋划创新所取得的显著成效和重大效果及时对上报道，不断增强昌邑对外宣传的吸引力和影响力，为全市发展创造良好的外部舆论环境和对外形象。

【筹划举办重大活动】 积极拓宽经营视野，通过举办各类大型社会活动，探索经营创收新模式。努力打造唱响昌邑大奖赛、广场舞大赛、创业者大赛、少儿才艺大赛等服务平台；发挥自身优势，为市直部门单位、相关企业和镇（街区）铺下身子搞好服务，大胆探索举办企业年会或联谊会宣传活动，既增强企业职工凝聚力，又扩大自身经营创收，实现双赢，力争蹚出一条新的发展之路。与山东电视台合作举办“我是农民大明星”海选、农民大擂台活动；与央视七套共同承办了龙乡文化节；组织举办鸡年春晚、唱响昌邑、梨花节等大型活动70场次，参与群众近5万人。

【安全播出和农村公益电影】 建立广播电视节目安全播出预警系统，严格落实播出制度，抓好播出队伍建设，加强广播电视设备的管理、更新、维修和维护等项工作，确保安全优质播出；投入200万元更新设备，2017年底实现高标清电视节目同步推送。充分利用公益电影放映平台，实施农村公益电影放映工程，确保全市649个村庄每村每月放映一场公益电影，丰富人民群众的精神文化生活。

【加快媒体深度融合】 将“昌邑广电传媒网”纳入“智慧昌邑”平台统一管理，强化网络安全。对“昌邑之声”和“昌邑生活圈”微信公众平台改版升级，“昌邑之声”和“昌邑生活圈”微信公众号空间不断拓展，粉丝5万余人。与中央电视台对接，首次在北京梅地亚中心成功举办新闻发布会，向央视、人民日报、新华社、新浪网等20多家新闻媒体推介昌邑文化旅游和龙乡文化节，浏览和点击量达到85万余次。央视七套《美丽中国乡村行》栏目以“乡村旅游、生态文明”为主题，完成25分钟《美丽中国乡村行——走进昌邑》特别节目，同时制作昌邑城市形象宣传片，将同时在央视七套黄金时间段播出。 （供稿人：张广松）

【有线电视】 2017年，山东广电网络有限公司昌邑分公司始终坚持“让客户满意、更让客户感动”的服务理念，转变经营观念，创新业务发展，昌邑有线数字电视在网用户85202户，高清双向用户14969户，宽带用户24049户，完成预算营业收入3074.12万元，完成利润209.44万元。

助力智慧城市建设 加大投入，先后对城区和镇（街区）进行双向网改造，扩大覆盖范围，统筹规划、合理布局、科学施工，严把工程质量关，并以此为契机，充分发挥广电网络信号稳定、覆盖面广的优势，积极参与智慧城市建设，与各部门单位联系对接，主动争取项目，为智慧城市建设，助力幸福昌邑贡献力量。2017年，主要参与建设组织部基层可视会议系统工程，组织部“三务公开”工程，公安局交警监控项目、人脸识别系统，柳疃镇平安天网工程，龙池镇平安天网工程和龙池小学监控工程，供电公司电力抄表工程，疾控中心疫苗监控工程等，并顺利完工投入使用。

创新机制，规范管理 建立健全公司各项规章制度，实行全员竞聘上岗、双向选择，从职工中选拔年轻、优秀、懂技术、会管理的人才充实到一线，实行全员目标考核、责任捆绑、利益挂钩和过程监督的立体考核办法，将考核结果与个人收入、评先树优、干部使用相结合，在干部使用上体现“能者上、平者让、庸者下”，真正做到让想干事的干成事，让干成事的有地位，让不干事的没市场，让流汗的不流泪，充分调动广大职工的工作积极性，提高管理水平和服务效率。建立和完善用人与考核机制，着重做好人员聘用、绩效考核等制度建设，进一步优化、细化、规范各种工作流程和工作制度，形成高效顺畅的工作机制。同时，加强风险防范，确保事业安全，对存在一定隐患和风险的重要领域和关键岗位，加强制度建设，严格要求，使广电职工踏踏实实做事、干干净净做人，营造风清气正、廉洁高效的工作氛围，增强企业的凝聚力，树立良好的对外形象。

创新营销服务模式　先后在城区新设立了4处营业厅，对城区5万户用户实行网格化管理，选择在居民相对集中、交通便利的区域设置营业厅，将城区营业厅作为业务发展、维修服务的主阵地，不断提升城区市场的营销服务能力。健全服务制度，将管理下沉、人员下沉、服务下沉，进一步增强与用户的关联度和黏合度，做到与用户心贴心、面对面的沟通交流，实行跟踪回访、跟进服务，全面提升服务质量和服务水平，叫响山东有线品牌，树立广电网络形象。认真落实服务承诺制，提出无论什么原因造成的有线电视信号传输中断，无论是晚上还是白天，小故障必须在2小时畅通，大故障必须在8小时内畅通，千方百计确保广大用户正常收看电视节目。服务大厅开展精细化、规范化服务，设立引导服务岗，对来访的客户，热情接待，微笑服务，做到“来有迎声，问有答声，走有送声”，使每一位用户都能够带着期望而来，迎着微笑而询，载着满意而归；进一步完善“96123”客服平台，集用户报修、投诉咨询、维修派单、调度指挥于一体，打造“广电110”，实现维修工单实时和无纸化的处理及回执，对报修、投诉、建议等，由呼叫中心回访落实。随着服务意识和服务水平的不断增强，用户满意率不断提升，故障率不断下降，投诉报修电话由最初的每月1.2万条降低到每月4000条，投诉报修率下降了70%。

确保安全播出、传输　思想上重视，措施上落实，制度上规范，切实抓好安全播出、传输和安全生产，加强机房设备监测、节目监视、网络巡查、安全保卫等各个环节的管控，落实好安全生产工作制度，实行安全生产事故责任追究制。加强对安全生产工作的组织和领导，签订安全生产目标责任书，安全生产工作直接纳入各部门岗位的考核目标，建立严密的组织保障体系，确保员工和公司的生命、财产安全。定期对辖区内的主干线路进行全面巡查维护，对发现的问题及时进行整改，做到未雨绸缪、防患未然，全力保障有线电视、宽带信号24小时通畅。

（供稿人：杨福成）

旅　游

【概况】　2017年，昌邑市旅游业快速发展，业态不断成熟和完善。截至年底，全市拥有1个国家AAAA级景区、3个国家AAA级景区和2个国家AA级景区、4个省级旅游强乡镇、3个省级旅游特色村、1处全国农业旅游示范点、6处省级工农业旅游示范点、3个山东省精品采摘园、2家三星级饭店、1家二星级饭店、3家山东省四星级好客人家农家乐、26家旅行社（网点）。2017年，全市接待游客366.94万人次，实现旅游消费总额41.76亿元，比2016年分别增长10.66%和15.85%。

【组织领导】　对全市旅游业发展领导小组进行调整，

★绿博园之民俗古建筑　（赵　涵）

★第二届龙乡文化节开幕 （吕秋语）

市政府主要领导亲自担任组长，及时协调解决实际困难和问题，进一步完善加快昌邑市旅游业发展的机制，形成抓大旅游、大抓旅游的良好氛围。加大对旅游工作的科学发展综合考核力度，完善考核机制，对镇（街区）旅游工作考核的权重由10分提高到20分。

【编制规划】 会同市规划局编制完成《昌邑市潍河生态长廊风光带总体规划》，规划面积200平方公里，进一步明确了青岛休闲地、潍坊后花园的发展定位。《龙池镇齐西村旅游发展总体规划》已通过专家评审，《青山庄园旅游规划》完成初稿，正在修改中。《下营镇滨海旅游发展总体规划》编制工作正式启动。

【旅游项目建设】 2017年，全市新建、续建、扩建旅游项目16个，完成旅游业投入5.93亿元，同比增长25.87%。山东省唯一的田园综合体省级试点项目——总投资10亿元的潍水田园综合体已完成投资2亿元，太极湖、森林公园、迎宾牌楼等正在紧张施工。占地120亩、投资3500万元的青山飞龙滑雪场于2017年12月23日开业。博陆山风景区新建飞天阁，主体工程已完工；幽谷漂流项目投入运营。青山秀水旅游度假区新建梦幻之星营地12个、露营地服务中心、高尔夫练习场正在建设中。绿博园、龙乡水韵·千年古村文化旅游区等续建、扩建项目进展顺利，姜泊古村被评为潍坊市2017年乡村旅游标杆示范项目，青山庄园被评为“山东省生态休闲农业示范园区”。

【举办节庆活动】 启动2017文山潍水文化旅游系列活动，先后举办了第八届山阳梨花节、闯关中——关中昌邑移民历史国画摄影展、昌邑潍水美术馆第一届书画艺术邀请展、潍水二月兰节暨全民健步行活动、“畅享绿色·放飞梦想”自行车骑行赛、文山潍水广场舞大赛、昌邑市第二届乡村旅游节暨第二届龙乡文化节、绿博会、“花雨绿韵·拥抱昌邑”摄影展、第二届潍水农庄采摘节、第三届山阳采摘节等节会为主体的文山潍水系列文化旅游活动，持续提升昌邑的知名度和美誉度，增强对游客的吸引力。

【宣传推介】 常年保持与新华网山东旅游频道、山东省旅游局官方微信等媒体的良好合作关系，全年在各级媒体编发稿件、信息130多篇（条）。编印新版昌邑旅游折页，举办2017夏季旅游推介会，联合中国摄影报社组织2017“花雨绿韵·拥抱昌邑”全国摄影大赛，并编印旅游画册；与昌邑市互联网文化协会等联合举办每月一个主题的影像昌邑摄影大赛。

【配套保障】 宝通东街于11月试通车，方便潍坊市区游客到昌邑市南部旅游。纵贯昌邑南北的潍河堤顶路全线贯通，部分路段设置彩色骑行道，成为水绿相依、景色旖旎的70公里绿色生态文化旅游长廊。实施第三批次旅游引导标识系统，新设置旅游引导标识10块，方便游客，提高可游性和可进入性。按五星级标准建设的金陵御景湾大酒店于8月12日投入运营，按四星级标准建设的龙乡大酒店已完成主体建设。

（供稿人：杨法东）

【绿博会园林花木信息交流会】 2017北方（昌邑）绿化苗木博览会、第二十二届中国园林花木信息交流会由中国林学会、山东省林业厅、潍坊市人民政府、中国花卉报社主办，潍坊市林业局、昌邑市人民政府承办，中国（昌邑）北方花木城、潍坊金丝达实业有限公司执行承办，国内20余家单位协办。

本届绿博会以“传播绿色文化，建设美丽中国”为主题，以“产设用结合、打造全产业链盛会”为副主题，展会共设置600余个展位，主要展出绿化种苗、观赏苗木、容器苗木及相关产品，经济林种苗及相关产品，园艺资材、园林机械、森保、园艺养护产品等。期间举办林木种苗产业发展高端论坛、2017年中国园林花木行业领袖年会暨《中国花卉报》社理事年会、第二届北方园林绿化苗木行业“产设用”高端论坛、2017年度（山东昌邑）全国优秀苗木经纪人大会、全国中小苗圃发展咨询研讨大会、苗木电商采购大会、“2017中国园林花木养护产品十佳品牌”及绿博会专业奖项颁奖仪式等10项专业活动，共吸引来自全国20个省市自治区的600多家企业参展，专业观众超过4万人，签订购销合同1000多笔，合同交易额4亿元，进一步拉长产业链条、促进苗木业提质增效、提升绿博会行业影响力和知名度。

在专业展会转型期，昌邑绿博会顺时应势，按照“坚持市场化办会，办市场需要的会”的思路，富有成效地开展绿博会的策划、组织和实施工作。从活动安排、展览设置、招展招商、经贸洽谈等方面，紧扣主题主线，着重为苗木企业服务，着力打造交易活跃、推广有力、信息汇聚的服务型会展平台。积极适应产业发展新常态，推进苗木产业新旧动能转换，按照“抓住‘产设用结合’这条主线，进一步提高展会专业化、市场化、组织化水平”的办会思路，促进苗木生产、园林设计、绿化施工、苗木电商的跨领域联合与合作，实现由单纯的博览会、交流会向采购会、供需会转变。除传统精品苗木展位外，2017年新增加国外苗木和高端机械展位、媒体展位、中介服务展位、城市绿化展位等，更加具有实效性、功能性。除传统招商模式外，注重苗木团体招商，青岛、泰安、东营等地以苗木协会为单位，集体参会，取得良好的推广效应、经济效益和展会效果。针对近年来苗木产业发展形势，把“产设用结合、打造全产业链盛会”作为办会宗旨，加快行业信息聚集和传播，进一步畅通产设用对接的渠道，对推动苗木业一、二、三产融合发展，首次将中国传统插花艺术与丝绸文化有机结合，擦亮苗木大市和丝绸之乡这2张名片，力争成为园艺资材大市，拉伸苗木产业链条，对加快全环节升级、全链条升值具有巨大推动作用。从活动安排、展览设置、招展招商、经贸洽谈等方面，紧扣产需对接这一主线，着力打造交易活跃、推广有力、信息汇聚的展会平台。为丰富博览会的内容和内涵，同时搭建起交流、推广、展示的平台，2017年绿博会首次由中国林学会牵头主办，举办林木种苗发展高端论坛、中国园林苗木行业领袖年会、苗木电商采购大会、第二届北方园林绿化苗木行业产设用高端论坛等十大活动，除开幕式外均是行业信息交流会、专业研讨会、高端论坛等活动，有力地带动行业加快转型发展、创新发展、持续健康发展。其中林木种苗发展高峰论坛，由国家林业局总工亲自授课，提出“林业产业在绿色经济发展中居于核心地位”这一创新理念，全省林业系统和重点涉林企业参加，省林业厅确定把这一活动作为绿博会常设活动，为全省林木种苗发展奠定基础。（供稿人：温飞燕）

【潍水风情湿地公园】 潍水风情湿地公园始建于2006年，总投资3.2亿元，分东岸、西岸两部分建设，南至金家口水库，北至橡胶坝，全长10公里，总面积1万余亩，其中水域面积6000亩，湿地及园林面积4000多亩。先后荣获“国家城市湿地公园”“AAA”级风景区、“国家级水利风景区”等称号，同时还是“全国科普教育基地”“国家级户外运动基地”“中华建筑报社联络站”“山东文学创作基地”和“潍坊市青年摄影家创作基地”。

潍水风情湿地公园的建设是在确保潍河行洪安全的前提下，按照“以水为脉、以绿为衣、以文为蕴、以人为本”的规划思路，贯穿“保持生态特色、回归自然风貌”的设计理念，充分发挥湿地资源优势，积极做好“水·绿”文章，突出湿地生态特色，通过理水造绿、亲水近绿、水绿结合，创造 “天朗气清，地绿水净”的最佳生态环境，达到人与自然和谐相处的最佳境界。工程充分利用拦水、蓄水、保水功能，合理调节自然泄洪、滞洪能力；河滩区域利用沿河原有植被，以粗犷、质朴、野趣为特色，把握塑造风格景点、节点设计，保持水岸交接部分湿地浅滩的完整性和有景有形结合；同时建设各种景观小品，使游人在游乐休闲的同时，达到认识自然、亲近自然、回归自然、增进健康、陶冶情操、与自然互生共荣的目的。

潍水风情湿地公园已完成种植树木140余万株，150多个品种。根据中心广场周边条件和物种的多样性分别种植琼花园、海棠苑、丁香园、碧桃园、秋景园、冬景园等特色小景区。为开展科普活动，东岸景区规划建设苗木业种植区、湿地保护区、中心活动区、水上活动区、森林浴场等独具特色的科普教育场所，并配套建设车行路、人行道以及亲水平台、栈桥、广场、木质桥等。科普教育基地设有观鸟台、科普展厅、湿地植物园、标本室等科普教育设施。其中观鸟台采用视频观鸟、望远镜观鸟、视听观鸟3种观鸟方式，可以让观鸟者充分体验野外观鸟的乐趣。科普展厅设有展板展示及风光片放映两种形式，不仅有湿地景色，还有动植物生存状态的再现，可让观众短时间内感受湿地动植物资源的美丽。科普设备设施有放映设备1套、高倍望远镜1架、便携望远镜10架，植物标本500份、动物标本20种，展板400平方米，专业科普人员9人，科普教育基地全年开放。

西岸景区规划建设了主入口广场、音乐喷泉、沙滩活动区等景观。主广场方案以潍河文化为宗旨，着力凸显以人为本，聚集人气，突出特色，创造未来的理念。广场的配置绿化小品等，突出城市的特色，为城市增添魅力。广场采用海马喷泉，文化石跌水槽以及中央半圆舞台等多元化空间设计，创造出一个具有个性的城市广场。增加了城市客厅的吸引力和包容性，与周围的区域形成一个有机的整体。广场的设计走出了“外圆内方”和“内圆外方”的传统广场设计理念，具有创新性。在空间的设计上，内部处理上，交通组织及区域划分上注重与周围的自然环境协调统一。音乐喷泉工程采用喷泉LED专用光源，主喷泉高达60米，直径36米，成为潍水风情湿地公园的一道靓丽的风景线。

随着潍河生态环境的明显改善，每年有白鹭、苍鹭、池鹭、灰鹤等60多种、3000多只珍稀候鸟在潍水风情湿地公园繁衍生息，已发现鸟巢400多个。湿地公园范围内有天然的河流湿地、河漫滩，也有人工的池塘、沟渠等。其地域广阔，基本未受干扰，保持已有的独特自然风貌，且拥有高度生态多样性。是集生物多样性、保护、科研、宣传、教育、培训、生态旅游和资源可持续利用为一体的生态系统自然保护区。潍河湿地属于河流湿地，由其形成的湿地生态系统，生境独特，物种丰富，是珍稀濒危鸟类的理想栖息地。据调查，保护区内共有野生动物有10门，26纲，100目，420科，1551种（含亚种）。其中，国家一级重点保护动物6种，国家二级重点保护动物37种，山东省重点保护动物55种。已有15公顷成龄林成为白鹭和其他鸟类的主要栖息场所。多样的湿地类型，为各种生物营造安全的觅食、栖息、繁殖场所，同时也为开展湿地公园的科普、科研活动创造良好的条件。

潍河靠近市区的10公里流域，人文景观与生态环境相协调，曲径平川与人造山丘相呼应，成为昌邑市的绿色动脉，市民休闲观光的乐园。

（供稿人：朱广伟）

卫生 计生 体育

Wei Sheng Ji Sheng Ti Yu

卫 生

【概况】 2017年，昌邑市卫生计划生育局（简称卫计局），坚持“大卫生、大健康”的理念，以提高人民群众看病就医满意度为总抓手，真抓实干、奋发进取，狠抓出生人口素质提高、医疗质量提升、基本公共卫生服务、健康扶贫等工作，推动全市卫生计生工作持续健康发展。全市共有医疗卫生机构565家，其中县级医疗机构5家，基层医疗卫生机构560家，专业公共卫生机构2家；床位1918张，每千人口床位3.27张；卫生技术人员3615人，每千人口卫生技术人员6.16人。

【医药卫生体制改革】

深化县级公立医院综合改革 完成县级公立医院法人治理结构建设，进行2016年度县级公立医院综合改革效果评价工作。市人民医院和妇幼保健院全部药品、所用高值医用耗材均实行网上集中采购。继续深化完善分级诊疗服务体系，在全市全面推进分级诊疗工作，建立完善治疗—康复—长期护理服务链，构建“小病在基层，大病到医院、康复回社区”分级诊疗就医秩序。2017年，全市县域内基层医疗机构上转患者1109例，县级医疗机构向下转诊645例。成立昌邑市妇幼保健（福佑）集团，与各镇卫生院建立行之有效的业务指导与合作机制，逐步完善分级保健与双向转诊等方式，促进优质医疗保健资源下沉，满足辖区内妇幼健康需求，形成“大妇幼、大健康、大保健”的服务格局，逐步实现技术合作、医院文化合作、教学与科研合作、人才培训、医疗设备共享、信息管理共享。

推进基本药物制度 全市18家政府办基层医疗机构率先实施国家基本药物制度，按规定全部配备使用基本药物，药品全部实行零差率销售。进一步落实基本药物全部配备使用和新农合支付政策，同步落实对乡村医生的各项补助和支持政策。全市实施基本药物制度的基层医疗单位和村卫生室使用的基本药物品规共计377个，同时为满足基层群众用药需求，潍坊市新增补充药品100个品种共计127个品规。

【医疗卫生服务体系建设】

县级医疗机构基础建设 投资3.5亿元、建筑面积4.4万平方米的昌邑市妇幼保健院新院；投资3.2亿元、建筑面积8.8万平方米的昌邑市人民医院门诊外科病房综合楼相继建成并投入使用。昌邑市妇幼保健院以此为契机，争取到中国妇女发展基金会资助的妇科疾病无创治疗项目，引进的设备及资金共计1400万元。昌邑市人民医院新增床位560张，新设立急救中心、影像中心、重症监护中心等，极大地改善人民群众看病就医的环境条件。

医疗服务质量 自2017年9月开始，用100天左右时间，在全市广泛开展“提升医疗服务质量集中行动”，医疗服务水平不断提升，群众看病就医感受明显改善，医患关系进一步和谐。开展“千医下基层，万户大走访”活动，对出院的患者，在前期100%电话回访的基础上，再进行面对面回访，征求意见建议，做好解疑释惑，争取群众的理解支持。

基层医疗机构标准化建设　以创建“群众满意的乡镇卫生院”为契机，加强对基层医疗机构的管理。2月初，昌邑市卫计局与编办、发改、财政、人社等部门联合转发《山东省基层医疗卫生机构标准化建设工作推进方案》，提出工作要求，指导各基层医疗卫生机构逐步完善标准化建设工作，为下一步标准化建设推进工作提供基础数据。4月份开展基层医疗机构建设现状摸底调查，对各基层医疗卫生机构业务用房、人员配置、设备配置、科室设置等方面进行深入详细的摸底调查，深入推进基层医疗机构标准化建设。6月份，开展“创建群众满意的乡镇卫生院”选拔推荐工作，昌邑市下营镇卫生院被国家卫计委评为“2016—2017年度群众满意的乡镇卫生院”。　（供稿人：胡颖飞）

【公共卫生服务】　全市共建立规范化电子居民健康档案474769份，城乡居民规范化电子档案建档率81.2%。新生儿访视率为92.66%；0—6岁儿童系统化管理率为89.32%，其中对9203名0—3岁儿童进行中医保健指导，指导率为77.1%。孕产妇系统管理率为91.57%。对65岁及以上老年人免费健康管理54123人，管理率70.22%，规范管理49811人，规范管理率达92.03%，中医体质辨识46802人，辨识率达60.72%。管理高血压患者50312人，规范管理32066人，随访血压达标26498人，高血压患者管理率、规范管理率和管理人群血压控制率分别为42.68%、63.73%和52.67%。管理糖尿病患者16350人，规范管理10477人，随访血糖达标8027人，管理率、规范管理率及管理人群血糖控制率分别达到36.03%、64.08%和49.09%。对确诊在家居住的2372名重性精神疾病患者进行健康管理，规范管理2331人，重性精神病患者稳定人数为2285人，重性精神疾病患者管理率、规范管理率及稳定率分别达50.27%、98.27%、96.33%。及时发现、登记并报告辖区内发现的传染病病例和疑似病例，疫情网络直报及时率100%。全市无大的疫病暴发流行。全年共提供和报告卫生监督协管事件或线索82次，开展协管服务项目巡查11133次。对辖区常住15—49岁妇女45869人进行保健咨询和健康指导，指导率为39.74%。对发现的冠心病患者、脑卒中患者、残疾人进行健康指导，纳入慢性病管理，分别管理8794人、5711人和3352人，管理率分别为66.08%、55.89%和41.12%。孕产妇死亡率为0，婴儿死亡率下降至3.18‰，与2016年相比分别下降15.27/10万和1.55‰。2—3岁儿童“八苗”全程及时接种率达到94.76%，超过潍坊市90.50%的目标要求。已建成10处数字化预防接种门诊。自4月1日起，对全市辖区内公共场所、企业单位的25550名上岗人员进行职业卫生预防性健康查体，免去查体人员费用160多万元。慢性病全年死因网络直报3839人，肿瘤1083人，脑卒中1326人，冠心病752人。死因监测中的死亡率、报告及时率、审核及时率、填卡完整论均有明显提高。结核病共对病人免费拍片1200张，免费查痰1080人次，新发现活动性肺结核151人，全部对患者进行免费治疗和督导管理。获得2017年潍坊市百千万志愿者传播活动优秀组织单位。共监测各类公共场所经营单位61家，完成生活饮用水水质监测59份，审核报告食源性疾病294例，食品安全风险监测样品采集23份，组织协助从业人员免费健康查体7980余人。积极接受企业委托，共对60个单位的7088人进行职业健康查体，未发现疑似病例。全面实施个人剂量监测，共检测112人，448人次，监测率达100%，交换检测仪及时率达100%。完成全省疟疾和结核病漏报漏登2个项目的专项调查，代表潍坊市疾控系统圆满完成承担的土源性线虫全国监测项目。　（供稿人：刘　倩）

【妇幼保健】　充分发挥妇幼保健公共卫生服务机构的职能，以推广使用《母子健康手册》为主线，抓好对镇（街区）卫生院、社区卫生服务中心妇幼工作人员的业务培训指导和绩效检查考核，实现全市居住人口中孕产妇健康管理和0—6岁儿童健康管理全面覆盖，目标人群《母子健康手册》使用率达到100%，进一步降低孕产妇死亡率和婴儿死亡率，保障广大妇女儿童健康。强化重大公共卫生妇幼项目管理，2017年孕产妇系统管理率为97.22%，7岁以下儿童保健管理率为97.51%，孕产妇死亡率为0，5岁以下儿童死亡率3.44‰，监测住院孕产妇人数3175人，4249名农村产妇领取分娩补助，保质保量完成国家级妇幼卫生监测任务。

【医养结合】 2017年，全市有3家医疗机构开展居家护理服务，为医保部门认定的老年人提供老年护理、家庭护理等护理服务。5家医疗机构已开设老年病科或康复科，共收治老年患者及康复患者900余人次。占地40亩，投资1亿元的山东颐爱养老康复中心顺利推进；投资2.5亿元，建筑面积10万平方米的昌邑济贤养老中心，将于近期投入运营。

【预防接种和慢性病防治工作】 在城区进一步明确接种地点的服务区域，优化人员配置，提高服务质量，及时通知儿童亲属按时到站为儿童接种，确保国家免疫规划疫苗全程、及时接种率达到上级要求。2017年，共为4598名学生进行牙齿检查，建档率为100%，其中应封人数4344人，实封人数4261人，封闭率98.09%。2017年将慢性病综合防控示范区创建工作纳入工作日程，制定印发《昌邑市创建省级慢性非传染性疾病综合防控示范区实施方案》，3月22日在市会议中心召开全市创建省级慢病非传染性疾病综合防控示范区启动会议，会后各部门分别签订工作责任书，并按照方案要求有序实施。抽调各科室骨干力量组成18人的专业调查队伍，自5月6日进村入户，对全市有代表性的6个镇（街区）（石埠、饮马、围子、奎聚、都昌、柳疃）30个村庄，进行为期70天的社区调查，采集近6000人次的可靠有效样本，完成《昌邑市慢性非传染性疾病综合防控社区因素调查报告》《昌邑市慢性非传染性疾病综合防控示范区工作报告》的整理，全年死因网络直报3839人，肿瘤1083人，脑卒中1326人，冠心病752人。死因监测中的死亡率、报告及时率、审核及时率、填卡完整论均有明显提高。2017年底，顺利通过省级评审，成功创建为省级慢性非传染性疾病综合防控示范区。

【卫生应急工作】 对各单位《山东省突发事件应对条例》确立的突发事件应急管理体制、预防与应急准备制度、监测与预警制度、应急处置与救援制度、事后恢复与重建制度等5项制度及各类应急预案，进行重点宣贯和培训学习。修订《昌邑市卫生和计划生育局安全生产应急预案》、调整卫生计生系统突发公共事件卫生应急工作领导小组及职责分工、调整昌邑市卫生应急队伍。结合《2017年全市卫生应急知识“五进”集中宣传活动实施方案》，充分发挥院前广场和门诊、候诊大厅的宣传窗口作用，设置健康教育宣传专栏，悬挂标语横幅。发放科普手册130余份，广泛深入地宣传开展卫生应急管理工作的意义。大力推行进农村、进社区、进学校、进企业宣传和普及公共卫生安全知识、救灾防病和自救知识。局机关及各级各类医疗卫生机构广泛开展卫生应急知识培训，使广大干部职工熟悉疏散流程、线路、方法，熟悉掌握灭火器的使用方法，提高职工的防范意识和动手能力。

【卫生计生监察】

卫生监督规范年工作 充分利用电视、报纸、广播、印发宣传单、现场咨询等形式，从医疗卫生、公共卫生、传染病防治、职业病与放射卫生等各个专业监督工作角度，大力宣传。共出动宣传车64台次，卫生监督员180人次；巡回展览、开展法律咨询各1次；制作宣传展板38块、条幅30条；发放宣传折页2605份，张贴宣传画2500份；下达监督意见书323份；接受卫生监督咨询300余人次。

确保医疗市场发展 对全市各级各类医疗机构进行拉网式综合监督执法检查，共检查辖区内二级医院2家，一级医疗机构23家，疾控机构1处，门诊部12家，城区诊所（卫生室）、村卫生室共146家，基本完成所有监督检查指标。深入开展打击非法行医及“两非”行动。年内，共监督单位总数220户次，办结31件，取缔非法行医场所31家，拆除违法医疗广告70块，限期整改21家，罚没金额8.5万元。

环保督查 2017年3—4月对昌邑市人民医院、市妇幼保健院等570家医疗机构的医疗废物、废水处置与放射诊疗防护工作开展2次全覆盖式的检查，检查各级医疗机构165家，各镇卫生计生监察中队检查医疗机构405家。对检查中发现的问题，现场下达监督意见书，限期整改。2017年，全市医疗废物月均产生量为18吨，最终均由优艺环保科技（潍坊）有限公司统一回收处理。一级及以上医疗机构均与潍坊医瑞康公司签订一次性塑料输液瓶（袋）的回收处置协议，严格履行合同要求。一级及以上医疗机构全部订购安装医疗废水处理设备，覆盖率达到100%。其中有25家医疗机构废水处理设备投入正常使用，处理废水合格达标。全市门诊部订购医疗废水处理设备并投入正常使用的共有12家，覆盖率达到100%。

生活饮用水监管 昌邑市共有集中式供水单位2家，二次供水单位3家，对其各进行13户次的现场快速检测，检测结果全部合格，监督覆盖率达到100%。共出动执法车辆42辆次，出动执法人员80人次，培训人员24人次。

公共场所卫生监管 按照《公共场所卫生管理条例》《公共场所卫生管理条例实施细则》的规定，对辖区内的公共场所经营单位进行卫生许可，对相关公共场经营单位实行量化分级管理，按规定进行公示。对新、改、扩建单位进行预防性卫生监督，确保新、改、扩建单位在设计、施工阶段不出问题。对监管单位实行一户一档，建立健全公共场所监督档案，并按规定进行保管。另外，对全市取得工商营业执照的餐饮具集中消毒单位，出动执法人员62余人次，执法车18辆次，建议改进规范和改进生产流程3次。

强化监督检查 全面加强经营性公共场所管理，坚持日常监督和集中整治相结合，督促经营性公共场所落实公共用品、用具消毒制度，确保证照齐全，亮证经营，从业人员持健康证明、卫生知识培训证明上岗。严格从业人员健康体检、卫生知识培训，确保从业人员“五病”调离率达100%。各负责区域卫生场所共发放禁烟标志1020份，卫生监督信息公示牌410张，卫生许可证128张，消毒记录本577本，发放皮肤病专用工具盒65个，消毒桶35个，健康证318张，核心价值观宣传材料1080份。接受咨询240多人次，下达现场笔录、卫生监督意见书共239份，按时办结率100%。

【中医药工作】 抓好中医药服务龙头建设，制定下发《昌邑市中医院重新独立运行工作方案》，实现市中医院正常运行，为群众提供常见病、多发病、慢性病等中医诊疗保健服务。昌邑市人民医院和昌邑市妇幼保健院加快推进中医机构标准化建设，设置功能齐全的中医类科室，明显改善中医药服务的可得性、可及性。年内，镇（街区）中心卫生院和社区卫生服务中心“国医堂”覆盖率达到100%，3处“国医堂”通过省级项目验收。同时延伸中医药服务链条，279个村卫生室能够为群众提供“简、便、验、廉”的中医药服务。

【信息化建设】 紧紧围绕“智慧潍坊”“智慧昌邑”建设，不断提升健康信息化水平，完善健康医疗大数据，推进“智慧医院”“智慧医疗”建设。市人民医院于2015年11月开通的“医院—患者微信服务平台”正式上线，成为山东省首家上线该平台的县级医院。上线2年来，累计关注人数达到6万余人，切实为百姓看病就医提供便利。该微信服务平台集智能导诊、预约挂号、诊间付费、查看检查报告、住院信息、就医反馈、查看医院信息等多项功能，全程无纸化，便捷的服务用手机即可获取。患者及家属只要通过一部智能手机，动动手指便可轻松化解在医院耗费时间挂号、交费、拿化验单等反复排队、等待、来回跑取的麻烦，开辟一条新的就医“快捷通道”。患者及家属通过关注“昌邑市人民医院官方微信”公众号，就可以在手机上实现挂号、支付等全程医疗服务，真正将医院搬到手机上，通过互联网实现医院线上线下统一服务，极大地方便患者就医。

市妇幼保健院针对全面两孩政策实施，出生人口数量增多，高龄孕产妇比例增高，为保障高龄产妇及胎儿安全，全市新上“天使医生——远程胎心监护系统”。孕妇在医院就诊时，用手机下载APP，安装天使医生软件，在家即可用便携式胎心监护仪享受妇幼保健院全程实时胎心监护，孕妈妈在正常情况下，可以在任何时间监护宝宝的健康状况，监护结果会同步到医院监护中心，若结果异常，医院监护中心会第一时间得知，并通知孕妈妈应对方法。自系统开通以来，共做远程胎心监护1509人次。通过监护发现胎儿宫内早期缺氧200例，及时给予纠正和处理，发现胎儿宫内窘迫6例，及时约回本院，给予终止妊娠处理，避免胎死宫内发生危险，收到良好的妊娠结局。远程胎儿监护的应用，真正实现孕妇在家便可产检的梦，提高孕产妇身体健康水平和出生人口素质。

（供稿人：胡颖飞）

【传染病综合防治】 省级慢性非传染性疾病综合防控示范区创建工作是2017年昌邑市的重点项目之一，列入政府工作报告，疾控中心承担着其中大量的工作任务，经过各方的努力，顺利于12月22日通过专家组验收评审，提前15个月圆满完成任务。完善安全稳定方案制度，细化责任分工，牢固树立“维稳意识”，不断提高思想政治素质，维护和谐稳定的大好局面。加大手足口病疫苗宣传接种力度，全市手足口病发病率在潍坊市最低，无其他重大传染病疫情发生。获潍坊市重大疾病防控及突发公共卫生事件应急处置工作先进集体荣誉称号。（供稿人：刘 倩）

【昌邑市人民医院】 昌邑市人民医院始建于1948年，是一所集医疗、教学、科研、预防保健、急诊急救、中西医联合诊疗、社区卫生服务于一体的集团化综合医疗机构、潍坊医学院教学医院、齐鲁医药学院临床教学基地、潍坊护理职业学院联合培养单位。设临床、医技等科室81个，另设下营分院、皮肤病防治站、卫生学校以及奎聚、都昌、李家埠、双台4个社区卫生服务中心，设置床位1460张。

2017年，医院有职工1521人，高级职称93人，中级职称530人，潍坊名医7人，潍坊名护21人，潍坊市专业技术拔尖人才2人，潍坊市“金牌医生”7人，潍坊市“金牌护士”7人，昌邑市专业技术拔尖人才10人，博士、硕士97人。医院配备万元以上医疗设备1500台（件），其中大型医疗设备500余台（件）。设有普外科、内分泌科、泌尿外科、关节外科、麻醉科、医学检验科6个潍坊市级医学重点专科。“120”急救中心、危急重症孕产妇救治中心、危急重症新生儿救治中心、透析中心、体检中心。医院积极实施科技兴院战略，2014年底成为国家级首批能力提升重点扶持单位，多措并举，医疗技术水平及综合服务能力不断提升。以急危重症多学科联合救治、内镜下微创诊疗技术、肿瘤精确定位放疗技术、老高糖等慢性疾病的规范化诊疗、肢体神经综合康复治疗、中西医结合等为主的各专业学科标志性技术项目和特色技术项目百花齐放；2013年—2017年，开展新技术项目400多项，50多项科研成果获山东省、潍坊市科技进步奖。

（供稿人：张进功）

【昌邑市妇幼保健医院】 昌邑市妇幼保健院始建于1953年，是一所集保健、医疗、预防、康复为一体的妇幼保健机构、妇产科专科医院、妇女儿童疾病及乳腺疾病防治中心，二级甲等妇幼保健院，国家级“爱婴医院”，各种医疗保险定点单位，全国妇幼卫生四项监测点，昌邑市危急重孕产妇救治中心及危急重新生儿救治中心。中国妇幼保健协会理事会员单位、中国妇幼保健协会县级工作委员会、山东省妇幼保健协会常务理事单位、半岛联盟会员单位、潍坊妇幼保健集团成员单位、昌邑市妇幼保健（福佑）集团主体单位。

2017年，昌邑市妇幼保健院占地68亩，建筑面积43875平方米，职工300人，开放床位280张。年均门诊量10万人次，住院5000人次，住院手术1200例，业务收入5000万。设有孕产保健中心、妇女保健中心、儿童保健中心、计划生育技术服务中心四大学科服务体系。拥有大型螺旋CT、三星四维彩超、ATP无创治疗仪、数字化医用X射线摄影系统（DR）、广域数字化儿童视网膜图像采集系统、德国西门子自动乳腺全容积成像彩超机等万元以上大型专业特色设备300台（套），设有产科、妇科、儿科、新生儿科、内科、外科、中医科、生殖健康科、产后康复科、儿童康复科、查体中心、影像科、检验科、优生科、月子中心等30个专业科室。可开展妇女儿童疾病查治、接生、乳腺疾病防治、节

★昌邑市妇幼保健院新院启用 （王 佳）

育手术、内外科常见疾病诊治、妇产科、儿科急、危、重病症的处理及抢救等临床工作和妇幼卫生四项监测、孕产妇儿童系统化管理、出生医学证明管理、婚前检查、儿童康复、产后康复等保健工作。先后荣获“省级文明单位”“省级巾帼文明岗”“潍坊市先进基层党组织”“潍坊市妇幼卫生工作先进集体”“昌邑市创建全国文明城市先进单位”等称号。

（供稿人：赵文彬）

计划生育

【计生宣传教育】

主题社会宣传活动　抓住元旦、春节、元宵节、“三八”妇女节、“5·29”会员活动日、世界人口日、国庆节、中秋节等节日，利用街头文化活动、文艺演出、广播、电视、标语、宣传车、明白纸、宣传册等多种社会化宣传形式，深入开展全面两孩、人口国情、基本国策、优生优育、政策法规宣传，倡导移风易俗，普及优生优育、生殖健康科学知识，促进群众婚育观念转变。在世界卫生日、世界精神卫生日、世界结核病防治日、世界无烟日、全国碘缺乏病宣传日开展主题宣传活动，出动宣传车、发放宣传资料，进行现场咨询义诊活动，向群众宣传卫生防病知识、正确生活方式和行为以及日常保健知识，为增强群众的自我保护意识，提高身体素质产生积极影响。

主流媒体宣传引领　在充分利用昌邑电视台和《潍坊日报·今日昌邑》2个宣传平台的基础上，主动与上级新闻媒体建立联系，积极向中国人口报、人口导报、山东商报、健康报网、潍坊新闻网、潍坊传媒网、齐鲁网等媒体报送各类宣传稿件，拓宽宣传渠道。围绕重大纪念日、人口文化建设、出生人口性别比综合治理、婚育新风进万家、利益导向、村规民约、移风易俗新农村新家庭等主题，突出党政重视、工作创新、群众婚育观念转变等，开展深度宣传报道，不断提高发稿数量和质量。在各级各类新闻媒体发表卫生计生宣传稿件1000余篇，有效地向全社会推介昌邑卫生计生工作。深入开展“关爱女孩活动”与“婚育新风进万家活动”，充分利用村居宣传阵地、走访随访、发放宣传材料等，宣传出生人口性别比现状及性别比失衡的危害，引导群众树立生男生女都一样的新型生育观念。利用广播电视、报纸、政府网站等媒体广泛开展宣传活动，营造浓厚舆论氛围。在《潍坊日报·今日昌邑》刊发有奖举报公告，并将公告在网站推出。

加强新媒体建设，开辟卫计宣传新阵地　充分发挥手机、网络、微信传播快、群众易接受的优势，各医疗机构都开设微信、微博等。市卫计局机关、昌邑市人民医院、市妇幼保健院的手机微信平台不断进行优化完善，设立政策问答、科普知识、健康在线、工作动态、微信咨询、投诉举报等宣传窗口，2个医院还分别设立门诊介绍、预约挂号、微信缴费等服务窗口，为群众就医提供快捷便利的服务。其中市人民医院“医院—患者微信服务平台”智能化就医就诊，真正将医院搬到手机上，通过互联网实现医院线上线下统一服务，极大地方便患者就医。截至2017年底，累计关注人数达到6万余人。

【计划生育服务】　以社区为单位进行计划生育服务管理考核，全市98个社区大排名，推动镇（街区）整合力量，齐抓共管。加强孕情出生信息监管，清理育龄妇女漏管39人，改正错误信息806例，清理出生漏错报5人，出生统计合格率为96.5%，育龄妇女孕情上报及时率为93.4%。推进生育服务改革，完善代办服务、一站式服务和特殊情况再生育审批网上办理，生育登记率达80%以上，再生育审批办结及时率达到100%。顺利完成全国流动人口抽样动态监测和国家、省生育状况抽样调查。

【落实计生奖励帮扶政策】　完善以农村奖励扶助、特别扶助、失独家庭一次性抚慰金、企业退休一次性养老补助为主体的计划生育奖励扶助体系。按照“老人老办法、新人新办法”的原则，做好“全面两孩”政策实施前后计划生育家庭奖励和扶助政策的衔接，认真落实政策调整前的独生子女家庭和农村计划生育双女家庭的扶助、补助。以落实奖励扶助和特别扶助政策为重点，加强计生家庭帮扶工作。为城镇其他居民独生子女父母落实奖励扶助政策，实现独生子女父母奖扶政策目标人群全覆盖。制定印发《昌邑市落实城镇其他居民独生子女父母奖励扶助政策实施方案》，按照方案要求，对城镇其他居民奖励扶助对象进行统计摸底，并进行奖励扶助对象资格确认，确保审核无误，避免出现错批、漏批现象。通过摸底，确认有346人符合城镇其他居民独生子女父母奖励扶助政策。

【出生人口性别比治理】 加强孕情监控，强化社区、村居的孕情随访、统计监测，清理核查孕情底数。加强对医疗机构终止妊娠手术监管，严控医疗机构B超执机情况，加强对孕情消失案件的查办。

【流动人口服务管理】 全市共有流动人口12188人，其中：流入人口3249人，流出人口8939人，流动人口卫生计生基本公共服务均等化工作扎实推进。落实潍坊市推行的网格化、均等化、区域化、信息化和一整套综合保障机制的“4+1”工作模式，建立健全流动人口属地管理服务体系，使流动人口清理清查工作常态化。提交接受处理各类流动人口协查反馈206条，接受信息通报410人次，提交孕情节育信息通报392人次，流动人口信息系统信息交换及时率、准确率均达到100%。对辖区内居住半年以上的流动人口，通过走访和入户调查等方式，建立居民健康档案。截至2017年底共建立流动人口健康档案2799人，建档率达到86.15%。流动人口中儿童预防接种、传染病防控、孕产妇和儿童保健、健康档案、计划生育、健康教育等6类基本公共服务落实到位。

2017年，都昌街道的黄家辛戈、刘家辛戈、南店、傅徐城后4个社区被确认为全国流动人口动态监测三区两市（奎文、潍城、寒亭、寿光、昌邑）抽样调查样本点之一。自3月开始分3个阶段进行，编制抽样框、调查对象花名册，样本点定位，进社区入户对流动人口调查录音、填表、复核、上传信息等。该项工作任务于6月15日按时保质保量完成，确保能够充分反映这一时段流动人口的现状，为上级决策提供真实有力的数据保障。 （供稿人：胡颖飞）

体　育

【概况】 2017年，继续推进“村村有”农民健身工程。争取省、潍坊市体彩公益金扶持村级农民健身工程配套设施101处，社区级健身工程18处，农民健身工程覆盖率超过90%，基本实现“村村有”。被省体育局确定为“室外健身器材管理维护试点单位”，政策扶持441个行政村和42个社区健身器材巡检维修3800余件。争取省级体彩公益金扶持全民健身公共项目2个，并全面落地。年内，全市再增公共健身用地4.5万平方米，人均体育用地超过2.0平方米，超省定标准。

【体育惠民】 2017年立足“创建文明城市”大局，完善提升城区公共体育健身设施。在全市公园、景区、公共绿地、居民小区等实施体育健身设施融入工程，嫁接健身器材，建设健身路径11条，分别在原体育场和市全民健身广场建设笼式球场2个，灯光球场9个，面积1万余平方米。狠抓精准扶贫攻坚任务，省定贫困村全部建成健身广场。执行“千村扶贫健身工程”标准，根据实际情况，全部建成不小于500平方米的健身场地。在全市三星级以上全民健身站点、俱乐部实施医保卡健身。年内在各类人群中实施公益性国民体质测定380例，开展义务健身指导12场次。8月全民健身月邀请省级专家开展健身活动讲座，极大的激发群众健身热情。建立健全“体育总会”组织，强化群众体育组织管理。在深入调研基础上，各镇（街区）建立起体育总会组织，进一步加强群众体育组织建设和管理，对《昌邑市全民健身计划（2016—2020）》实施提供组织保障。聘请国家帆船帆板运动协会主席张小冬，奥运冠军、省体育总会秘书处副处长林伟宁为昌邑市体育总会荣誉主席，为昌邑体育代言，推动全市体育事业发展。

【体育赛事】 以塑造昌邑生态休闲体育品牌为出发点，先后组织举办潍坊市自行车城市联赛昌邑站比赛，全市生态骑行、生态健步走、慢跑节等赛事活动，4万余名群众参加活动。以沿潍河风光带为主轴，申报全省最美骑行赛道。群众体育组织健全，群众体育运动蓬勃发展。气排球项目再获全国一等奖，包括气排球在内的多项群众运动成为省内具有一定影响力的品牌赛事。

【人才选拔】 2017年，继续强化市体育学校训练功能，综合调动7处训练基地的业务能力，狠抓竞技体育人才选拔和高水平运动员输送工作，竞技体育取得累累硕果。年内组织和参加潍坊市以上级比赛18项，90多个人和6支代表队在各类比赛中获奖。昌邑市手球队在全国青少年手球训练营暨全国业余体校和后备人才基地手球锦标赛上一举夺得基地学校甲组、体校男子甲组、体校男子乙组3项冠军。20余名昌邑籍运动员入选国家队、国青队及省运动队。于晓明、孙晓帅在第十三届全国运动会上分别夺得女子橄榄球、男子排球冠军，为家乡争得荣誉。

【体育产业】 2017年，认真落实国务院《关于加快发展体育产业促进体育消费若干意见》，挖掘体育产业潜力，大力发展体育服务业，尝试推动竞赛表演项目发展，体育彩票销售量稳步增长，居民体育消费水平明显提升，社会力量办体育的积极性日益提高，体育项目的经营活动日趋活跃，体育健身市场、体育用品市场进一步扩大，全市新增健身类俱乐部、零售门店等经营场所10处，引如佳健身广场、健乐体育文化有限公司等民营单位逐步转型升级。体育产业作为新兴产业和绿色产业，表现出前所未有的良好发展态势。体育产业产值GDP占比超过1%。

（供稿人：胡旭宁）

社会管理 居民生活

She Hui Guan Li Ju Min Sheng Huo

居民生活

【居民收入】 2017年，昌邑市人民生活水平明显提高，全市居民人均可支配收入25249元，增长9%。其中城镇居民人均可支配收入33693元，增长8.1%；农村居民人均可支配收入17662元，增长8.3%。

【居民支出】 2017年，昌邑市居民人均生活性消费支出15227元，增长6.5%。其中城镇居民人均生活性消费支出20628元，增长8.6%；农村居民人均生活性消费支出10374元。 （供稿人：魏建昊）

劳动就业

【就业提质增效】 2017年，精心实施降低企业用工招聘成本专项行动，健全城乡均等的公共就业服务体系，加快新一轮降低失业保险费率、失业保险支持企业稳定岗位等积极就业政策落地，城乡就业扩容提质。全年实现城镇新增就业6467人，城镇失业人员再就业2000人，就业困难人员就业301人，分别完成计划106.02%、100%和100.33%，城镇登记失业率控制在2.19%。搭建用工平台，服务供需双选。精心组织举办“春风行动暨春季大型人才交流招聘会”“昌邑籍在外学子暑期家乡行就业招聘会”等公益招聘活动，搭建供需见面、互动交流和信息分享平台，提供高效精准就业服务，促进人岗高质量匹配对接。年内共举办各类招聘洽谈会100余场次，吸引256家企业参会招聘，提供就业岗位6997个，实现参加养老保险的新就业人员5700人。积极参加“就业鲁渝行——百企万岗进重庆”活动。组织康利莱医疗器材、奥通药业等4家用工缺口较大的企业，携带650个就业岗位赴重庆开展跨地区劳务对接。通过参加各类现场扶贫洽谈会，初步与50余名渝籍劳动力达成用工就业意向，并与对口帮扶地——重庆市开州区建立长期劳务合作协议。成立专门工作小组对建档立卡贫困劳动力逐一进行走访，详细了解培训需求、创业需求、就业需求等情况，认真就扶贫政策措施解惑释疑。借助就业信息村村通、送岗下乡巡回招聘等活动，广泛征集适合贫困人口就

★创业大赛 （马言邦）

地就业和外出务工的招聘岗位，精准匹配未转移贫困劳动者就业需求，满足就业愿望。采取开发农村环卫保洁等基层村务服务类公益扶贫岗位方式，对通过市场难以就业的贫困劳动者进行定向帮扶安置。全年帮助62名有劳动能力和就业愿望的贫困劳动者实现就业脱贫，对45名贫困户开展免费劳动技能培训，全面完成就业扶贫任务。积极指导社区因地制宜细化实化创建措施，着力在基础能力建设、岗位征集发布、提供就业服务、落实就业政策、业务系统应用、完善规章制度、丰富档案台账等方面下功夫。2017年，奎聚街道潍水社区、都昌街道利民社区、围子街道滨河社区、柳疃中心社区荣膺首批省级“四型就业社区”。在市农民工工作联席会议办公室统一协调下，全面完成农民工3年行动计划确定的各项目标任务。3年来，共开展农民工就业技能培训29737人，岗位技能提升和转岗培训2548人，创业培训1162人；开展农业实用技术培训、农业生产经营技能培训301人；开展高技能人才和多岗位农民工培训1618人；开展残疾农民工职业技能培训104人，农民工合同签订、社会保险、工资收入、权益维护以及享受城镇基本公共服务等民生保障和综合治理水平明显提升。整合利用社会教育培训资源，突出市场、企业和个人需求导向，大规模开展车工、电工、美容美发、中式面点、中式烹调、育婴保健等各类实用技术培训，建立实施第三方就业培训全程监督机制，提高培训质量和效益。全年开展职业技能培训4250人，完成计划的101.2%。依托潍坊技师学院昌邑分院创业培训资源，加快人员、资金、场地、硬件设施等落实到位，9月份顺利通过潍坊市局评估验收，涵盖创业培训、实训、孵化、服务于一体的创业综合服务体系愈加完善。加强失业动态监测、预测预警和预防调控，有效应对可能出现的规模性、行业性集中失业风险，登记失业人员总量保持在可控范围。全面落实新一轮降低失业保险费率、失业保险支持企业稳定岗位等政策，年内为124家企业发放稳岗补贴269.63万元。发挥失业保险防失业、促就业支撑托底作用，年内为18887人次发放失业金1913.7万元。打造“就业创业证”与“社会保障卡”证卡合一昌邑模式。通过组织证卡合一培训班、加大对证卡合一试点工作的内容宣传力度，扩大试点工作覆盖面和受众度。在各级公共就业机构统一配置IC卡读写器等信息化办公设备，改造提升了办公条件。全年利用读写器成功办理就业相关业务167人，发挥社会保障卡记载劳动者接受就业服务的身份凭证作用，提升公共服务效能。

★东方·创业谷 （魏石磊）

【实施“双创”战略】 坚持以活力城市建设为引领，大力培育新技术、新产业、新业态、新模式，深入实施全民创业计划和创业带动就业战略，完善创业政策体系、创业孵化体系、创业培训体系和创业服务体系，推动创业创新成为促进经济发展和拉动就业增长的重要引擎。提高全民创业参与率。建立完善人社、工商、税务等部门协调联动机制，深化“放管服”改革，持续降低市场准入门槛和制度性交易成本，通过采取搭建创业载体、开展政策宣讲、落实创业政策、举办创业大赛、突出示范引领等措施，进一步激发全社会创业创新活力，汇聚创业创新动能，推动新增自主创办市场主体规模总量扩张。年内新增个体工商户和私营企业10760家，创业活动参与指数13.36%；新增参与创业活动6018人，发放鸢都创业证、卡2726人，分别完成计划的100.3%和104.85%。积极采取有效措施，加大对创业扶持政策宣传解读力度，提高政策知晓度。完善创业扶持政策体系，打好创业政策“组合拳”，加快创业担保贷款、一次性创业和岗位开发补贴等扶持政策落地，用好政策红利，释放改革活力，持续为各类创业创新主体减负降压。年内发放创业担保贷款5390万元，支持创业带动就业2213人，为7家个体工商户和小微企业发放一次性创业和岗位开发补贴 11.2 万元。依托特色产业和优质资源，规划建设高端装备业特色镇、龙池文旅小镇、潍水商旅小镇、丝绸小镇、梨花小镇、大姜小镇、华彩小镇 7 个特色创业小镇和潍水东街、滨河社区、柳疃社区、北孟美食创业街、淘宝大学创业街、石埠商业街 6 处特色创业街区并通过潍坊市验收，建设数量列潍坊市各县市第 1 名。创业载体建设实现新突破。2017 年，东方创业谷创业孵化基地被评为市级创业孵化示范基地，实现连续 3 年每年新增 1 处市级示范载体；围子街道被评为省级创业型街道，北孟镇被评为市级创业型示范镇，石埠经济发展区石埠社区被评为市级创业型示范社区，全民创业创新基础进一步夯实。7 月，举行“东方创业谷”杯新型农民创业大赛暨“互联网 +”时代下的电商创业实践主题峰会，选拔出 4 名优秀选手参加了潍坊市复赛，有 1 人获得潍坊市新型农民创业大赛决赛第 7 名，另外有 6 名创业典型被推荐为省市级优秀创业典型。

（供稿人：朱克亮）

社会保障

【养老金调整】 2017 年养老金调整是第二次实行企业和机关事业单位退休人员同步调整。企业退休人员养老金调整采取定额调整、挂钩调整和适当倾斜相结合的办法，共惠及全市企业退休人员 27316 人，月人均增加养老金 146 元，调整结束后，全市企业退休人员的月平均养老金达到 2016 元，新增加的养老金从 2017 年 1 月起执行，共计补发 2800 万元；机关事业退休人员养老金调整共涉及退休人员 6495 人，人均提高养老金待遇 220 元，月增加养老金 143 万元，共计补发 1001 万元。

【工伤预防培训】 按照潍坊市人社局的要求，通过对全市参保企业的梳理，从 2016 年度工伤事故发生率较高的参保企业中，选择了 10 家中等风险以上的参保企业，作为专项培训的试点单位，根据企业区域分布情况，把全市集中培训工作划分为开发区和城区 2 个培训区域，另外针对教育、卫生行业单独进行集中培训，截至 2017 年底，已完成工伤预防专项培训企业 10 家，有效培训人数 614 人，开展工伤预防集中培训 8 期，有效培训人数 2013 人，圆满完成潍坊市中心安排的工作任务。

【建筑业参加工伤保险】 为切实保障建筑施工工人的合法权益，解决建筑施工企业人员流动性大、职工工伤保险参保不方便的问题，在全市开展建筑业按项目参加工伤保险工作，社保中心为此专门开通绿色通道，凡来咨询办理工伤业务的，均提供明白纸，并告知工伤保险费的计算方法和所需提供的材料，对资料符合要求的，即来即办，缴费后立即开具《建筑施工项目工伤保险参保证明》。截至 2017 年底，共为 54 个项目 3000 余人办理按项目参加工伤保险参保手续，获得建筑企业的一致好评。

【职工长期护理保险试点】 加大长期护理保险的宣传力度，充分利用社区卫生服务平台，把各基层医院辖区内生活不能自理的参保人员统计出来，把符合护理条件的按标准纳入，使他们按规定享受护理保险有关待遇。职工长期护理保险稳步推进，2017 年，全市长期护理保险共审批备案 51 人次，12 月底在床 42 人。共结算 195 人次，为昌邑市内 3 家医疗护理机构拨付医疗护理费用 40.4 万元。

【大病保险】 严格执行省人社厅等 6 部门关于实施大病保险工作的部署，前期主要做好数据分析测算，各项制度衔接，努力提高大病保险运行效率、保障水平和服务质量。大病保险报销系统全面上线试运行，标志着此项工作已全面进入待遇落地阶段。年内全市已申报大病保险 44 人，报销 55 人次特药费用 78.6 万元。

【跨省异地就医联网结算】 跨省就医联网平台于 6 月上线运行，昌邑市人民医院已接入全国异地联网就医平台。截至 2017 年底，全市已办理跨省异地就医联网备案手续 161 人，其中联网成功 74 人，67 人已在北京、上海等地住院实现出院即时结算，结算总费用 275.1 万元，报销 162.1 万元，实际报销比 59%，方便参保人员异地就医。

【"三化建设"】 社会保险向基层延伸，在社保大厅实行综合柜员制，配备自助终端、叫号系统、查询系统，在镇（街区）人社所配备自助终端，在城市和农村社区配备自助小终端，开通社保网上办事大厅、升级微信公共平台，争取资金300万元左右，实现全市"标准化、信息化、一体化"。推进智能终端向社区布设，年底每个镇（街区）布设1台，2018年向村（居）延伸，布设380台自助小终端，同步推进微信平台升级和网上办事大厅开办，最终实现全市村（居）的全覆盖，让参保群众在家门口就能办理业务。

【"持卡就医"试点】 通过召开金融机构座谈会、完善社保卡制发流程，建立镇（街区）联系人制度等方式打通社保卡发放各项环节。2017年底，持卡人数达到518048人，工商银行制发的社保卡实现1小时内快速补发卡。

【落实居民医保政策】

规范急诊、转诊和跨省异地就医结算业务办理流程 严格执行《潍坊市居民基本医疗保险实施办法》（潍政发〔2014〕15号）及上级其他文件，进一步简化流程，明确窗口责任，完善初审、复审、系统录入等重点环节，为参保居民提供方便。2017年，共办理急诊业务170件，办理转诊612人次，办理异地安置59人，为符合条件的87名参保人员办理了跨省就医联网备案手续，其中联网的31人中29人即时结算成功，报销住院费用34.72万元，有效缓解了参保人员经济负担。

特殊慢性病管理工作 在政务中心设立专门窗口，成立鉴定小组，安排专人制作并按时发放慢性病诊疗证以及门诊处方和病历，实现系统化管理，全年共鉴定成功门诊特殊慢性病1790例。

多措并举强化居民医保基金监管 严格按照《中华人民共和国会计法》《会计基础工作规范》《会计档案管理办法》及内部控制规范等相关法律、行政法规和制度的要求，进行会计科目的设置和基金的核算以及会计档案的管理。认真执行《潍坊市居民基本医疗保险结算办法》，规范会计报表和基金账户管理，严格执行基金封闭运行和收支两条线管理制度，确保居民医疗基金运行安全。

完善并大力推行支付方式改革 继续施行以总额预付为主，按病种付费相结合的支付方式改革。在近几年总额预付制度实施经验的基础上，科学测算，确定2017年度总额预付标准。严格执行超支部分由医疗机构承担的原则，采取总额控制、按月拨付的办法。2017年按病种付费方式报销537.57万元，惠及1669人次。

强化定点医疗机构监督、科学控制住院费用 与市内各定点医疗机构签订《潍坊市居民基本医疗保险定点医疗机构医疗服务协议》，规范诊疗行为。通过完善日常监管、网络监管、社会监管"三位一体"的监管模式，有效发挥信息系统的作用，积极做好基金支出情况的动态监控，杜绝不合理收费、不合理检查、不合理用药现象，控制医疗费用不合理增长。2017年合计扣除违规费用697707.48元，切实减轻参保居民医疗费用负担。

全面落实大病制度及精准扶贫政策 2017年，市居民医疗保险管理中心全面推动落实大病保险制度，将18种特药纳入大病保险报销范围。年内办理特药备案53人，报销61人次，报销金额38.31万元，大病保险报销13547人次，报销金额2442.82万元；按照年初扶贫工作台账分工要求，精确摸排，3946名建档立卡贫困人员全部纳入免费参保范围，实现了居民基本医保、大病保险、医疗救助、商业补充保险的市内"一站式"信息交换和即时结算。（供稿人：朱克亮）

民政工作

【概况】 2017年，民政局认真学习贯彻中共十八大，十八届五中、六中全会及中共十九大精神，以"思想作风建设年"活动为动力，以全面加强中共建设为统领，牢记"民政为民、民政爱民"工作理念，担当作为、开拓创新、锐意进取，全面完成各项民政工作任务，取得丰硕成果。在2017年度潍坊市民政工作综合评估中获"优秀等次"，潍坊市老龄工作考核取得第一名，民政局被评为潍坊市级文明单位，被潍坊市评为安保维稳先进集体，记三等功1次。

【养老服务】 坚持把做好社会养老工作作为努力构建和谐社会的重要内容来抓，大力发展养老服务业，初步建立以居家为基础、社区为依托、机构为补充，覆盖全市老年人的养老服务体系。

养老产业发展政策 制定出台《昌邑市养老院质量安全问题整治方案》（昌政发〔2017〕36号）《昌邑市养老院服务质量建设专项行动实施方案》（昌民字〔2017〕17号）《关于做好政府购买养老服务工作的通知》（昌民字〔2017〕30号），继续落实80周岁以上低保高龄津贴制度和失能老年人护理补贴制度。

养老机构建设步伐 全市新投入使用3处养老机构，分别为昌邑济贤养老中心、北孟镇敬老院、昌邑市滨河社区养老院。昌邑济贤养老中心一期工程3栋公寓楼投入使用，设计床位800张；北孟镇敬老院设计床位60张，昌邑市滨河社区养老院设计床位108张。卜庄镇老年公寓已办理土地手续，开工建设。建成13处日间照料中心，实现城市社区日间照料中心全覆盖。为昌邑市嘉邑幸福苑养老康复中心争取省级养老服务用地28亩，昌邑市鸿慈敬老院申请省级建设补助6.25万元，北孟镇敬老院和柳疃镇敬老院申请消防改造资金30万元。

养老机构管理 与公安局、卫计局和市场监督管理局组成联合检查组对全市养老院进行3次联合检查，针对问题下达整改通知并明确整改时限。10月起，按照上级要求，加大对养老机构的整治力度。提请市政府出台文件，召开专题会议进行安排：要求对14家无养老机构设立许可证、服务质量差的养老机构进行关停整顿，对运营质量好但因历史原因无法取得养老设立许可的，由建设、公安、规划等部门联合办理各类手续，力争早日持证运营。通过分类整治，极大提升全市养老院服务质量。先后组织20余人次参加省养老服务管理和服务人员培训，提高养老服务从业人员素质和技能；对全市养老机构主要负责人和各镇（街区）民政综合服务中心主任进行安全管理培训91人次，培训内容涉及消防安全、食品安全、卫生安全和日常管理等方面。

社会福利事业 扎实做好残疾人社会福利保障工作，全面落实困难残疾人和重度残疾人“两项补贴”政策，适时提高残疾人两项补贴标准。“六一”儿童节，为孤儿、困境儿童及留守儿童发放1.7万元的图书。

【社会救助】 制定出台《昌邑市“救急难”工作实施方案》（昌政办字〔2017〕33号）、《昌邑市人民政府关于进一步健全特困人员救助供养制度的实施意见》（昌政发〔2017〕17号），对救急难工作和特困人员救助供养工作进行详细规定。通过潍坊市民政局对昌邑市在保的7352名城乡低保对象进行信息比对，根据查询结果确定低保对象是否继续享受低保待遇。为缩短救助资金发放时间，提高救助时效，从4月份起，低保、五保等救助资金由原来的按季度发放改为按月发放，确保困难群众得到及时、有效救助。对“金民工程”数据库内低保五保数据进行重新核对录入；使用财政惠民补贴“一本通”系统发放低保、五保资金，切实加强资金发放管理。充实完善低保、五保、孤儿及建档立卡人员数据库，在28家定点医疗机构（包括潍坊市眼科医院、中医院、阳光融合医院）开通医疗救助一站式结算，由定点医院先行垫付财政救助资金，简化救助程序，提高救助时效。同时，对2016年9月—2017年6月期间精准扶贫人员219人次医疗救助实行手工补报并录入系统。从2017年12月1日起将城市居民最低生活保障标准提高到每人每月510元；农村居民最低生活保障标准提高到每人每年4100元；农村特困人员集中供养标准提高到每人每年6200元。全市全年共发放救助金2956.76万元。

【防灾减灾工作】 认真落实习近平总书记关于坚持以防为主、防抗救相结合、全面提升抵御自然灾害综合防范能力的重要指示精神和市委、市政府工作部署，防灾减灾救灾能力全面提升。5月12日，在昌邑市佳乐家超市广场开展以“减轻社区风险灾害 提升基层减灾能力”为主题的宣传咨询活动。积极推进昌邑市综合减灾示范社区创建工作。都昌街道马埠社区、围子街道仓街社区分别被评为山东省和潍坊市综合减

★5月12日，在昌邑市佳乐家超市广场开展以“减轻社区风险灾害 提升基层减灾能力”为主题的宣传咨询活动（宫慧玲）

灾示范社区。2017年，全市先后发生干旱、洪涝灾害，全市10个镇（街区）均不同程度受灾，受灾人口169868人，农作物受灾面积22256公顷，直接经济损失23224万元，上级拨付昌邑市冬春救助资金12.6万元全部及时下发到灾民手中。为减少因暴风、暴雨、地震等自然灾害造成的居民人身伤亡及家庭财产损失，根据潍坊市要求，由昌邑市政府出资160.04万元为全体居民统一购买民生综合保险。2017年，江泰理赔服务中心接到报案咨询电话866次，完成理赔264起，总赔款共计149.2万元。

【社会组织】

社会组织登记备案　稳妥推进行业协会商会类、科技类、公益慈善类、城乡社区服务类四类社会组织依法实行直接登记。年内，新增社会组织20家，全市社会组织总数达到183家，其中社会团体73家，民办非企业单位110家；对社区社会组织实行登记备案双轨制，备案社区社会组织50家。

社会组织监管　3月—6月，采取网上申报和现场办理相结合的方式对179家应检社会组织进行年检，注重服务与加强监管相结合，完成年检175家，整改4家，监管率100%。按照“双随机、一公开”要求对11家社会组织开展实地抽查，切实加强社会组织监管。

社会组织优化服务　2017年，开展社会组织分类评估工作，委托第三方社会服务机构对社会组织进行等级评估，对3家社会组织进行评估。推进政府购买服务，出台《关于印发〈2017年度具备承接政府职能转移和购买服务资格的社会组织名录〉的通知》。优化社会组织发展环境，大力支持社会组织综合服务平台建设，建成公益社会组织发展平台并投入使用。落实社会组织统一社会信用代码，对新登记的社会组织全部启用统一社会信用代码。切实加强党对社会组织的领导，认真落实党建相关政策，推进社会组织建组织扩覆盖。年内新增社会组织党组织10个，总数达到144个。

【优抚安置工作】　全市共有各类抚恤定补优抚对象4994人，其中：伤残军人521人，“三属”（烈士遗属、因公牺牲军人遗属、病故军人遗属）117人，在乡老复员军人455人，带病回乡退伍军人431人，参战涉核退役人员154人，60周岁以上农村籍退役老兵3137人，部分烈士子女179人。

抚恤优待　及时提高抚恤定补优抚对象的抚恤补助标准，相关抚恤补助资金全部及时足额发放到位，共计发放2570余万元。

优抚对象医疗保障待遇　按照《昌邑市抚恤定补优抚对象医疗保障实施办法》规定，为重点优抚对象落实各项医疗保障待遇。为143名1—6级残疾军人缴纳城镇职工基本医疗保险，同步参加大额医疗救助。为1506名7—10级残疾军人、“三属”、老复员军人、带病回乡退伍军人、参战涉核退役人员缴纳居民医疗保险，所有优抚对象均享受定期门诊补助，其中60岁以上的1—6级残疾军人96人，门诊补助1500元/年，60岁以下的1—6级残疾军人86人，门诊补助1200元/年，7—10级残疾军人、“三属”、老复员军人每人每年补助200元，带病回乡退伍军人、参战涉核退役人员每人每年补助100元，共计补助109万元。7—10级残疾军人、“三属”、老复员军人住院补助比例提高至75%，带病回乡退伍军人、参战涉核退役人员住院补助比例提高至65%。全年共发放住院补助77万元。

义务兵家庭优待金发放 全市义务兵家庭优待金按照上年度农村居民人均可支配收入16304元标准发放，其中对进藏、进疆等高原艰苦地区的按2倍标准发放，达到32608元。年内优待义务兵546人，共发放家庭优待金950万元。另外，向全市58名2017年度立功受奖现役军人和军人家属发放慰问金11万元。

农村籍退役士兵老年生活补助 为部分1954年11月1日试行义务兵役制至《退役士兵安置条例》实施前入伍，年龄在60周岁以上（含60周岁）、未享受到国家定期抚恤补助待遇的农村籍退役士兵，按每服役1年义务兵（不满1年的按1年计算）每人每月发给25元的标准发放老年生活补助。全市共有符合条件的农村籍退役老兵3137人，全年共发放生活补助费538万元。

烈士子女定期生活补助 为居住在农村和城镇无工作单位、18周岁以前没有享受过定期抚恤金待遇且年满60周岁的烈士子女和中华人民共和国成立前错杀后被平反人员子女，按照每人每月340元的标准发放定期生活补助。全市共有符合条件的烈士子女179人，全年共发放定期生活补助费76.7万元。

退役士兵职业技能培训 2017年退役士兵职业教育和技能培训工作于3月上旬开班，按照自愿报名、自选专业、免费培训的原则，为96名2016年度退役士兵进行为期3个月的培训，内容涉及自主创业、电子商务、市场营销、机电汽修、财务会计、汽车驾驶等专业技能。

自主就业退役士兵补助金发放 2016年度共接收自主就业退役士兵208人，按照《山东省人民政府办公厅关于做好自主就业退役士兵一次性经济补助工作的通知》（鲁民〔2012〕34号）文件要求，对自主就业退役士兵，按照每服役1年4500元的标准给予一次性经济补助。2017年发放自主就业一次性经济补助589万元。

退役士兵政府安置工作 2016年度共接收符合政府安置条件的退役士兵17人，转业士官13人，城镇退伍初级士官4人。按照公平、公正、公开的原则，以档案考核和文化考试相结合的方式，实行“阳光安置”。2017年共安置事业单位7人，中央部直属企业5人，国有企业3人，选择自谋职业1人。按照上年度城镇职工平均工资额的2.5倍和1.5倍的标准，落实自谋职业补助费8.25万元。发放待安置期间生活补助费5.05万元。

【福利慈善事业】 **提升慈善救助质量** 开展“慈心一日捐”活动。全年共收到各镇（街区）、市直部门、单位、企业和个人捐款341.08万元，接收定向捐款162万元（其中企业捐赠基金15万元），接收捐物2.25万元，共计接收款物505.33万元。开展慈善救助活动。实施“情暖万家”工程，支出善款19.996万元，其中救助特困家庭50户，每户救助2000元；为全市养老机构及部分困难群众发放10万元的面粉、花生油等物资。开展“牵手关爱行动”，为160名帮扶对象送去心愿礼物，支出善款5万元；开展“2017年夏季送清凉”活动，为全市7处养老机构及救助管理站购买350公斤的绿豆；开展贫困大学生救助活动，救助贫困大学生15名，支出善款4.6万元；开展慈善临时救助活动，救助困难家庭13户，支出善款5.64万元；开展“冬季送温暖”活动，购买3.5万元的煤炭，为100户困难群众送去取暖煤。

继续助力脱贫攻坚 开展特困救助活动，联合市民政局、市扶贫办，对全市186户特困家庭实施救助，支出善款41.2万元。根据市扶贫办、市财政局及市慈善总会联合下发的《关于2017年慈善捐款用于扶贫脱贫的通知》要求，将各镇（街区）2017年“慈心一日捐”募集资金170.08万元，全额返还各镇（街区），由各镇（街区）作为扶贫公益资金，统筹使用。为建档立卡的贫困户购买扶贫特惠保险（省市县三级统筹）46.3万元。

【殡葬公益化改革】

红白理事会建设 组成督导组对各镇（街区）红白理事会建设工作情况进行督导。全市690个村（居）全部建立红白理事会，建立健全相关制度、章程和红白事简办指导标准，并把移风易俗写进村规民约。充分发挥村规民约和红白理事会作用，本着“文明节约、群众满意”的原则，积极推行喜事新办、丧事简办、厚养薄葬，反对盲目攀比，铺张浪费，大操大办。加快推进潍河两岸、堤顶路两侧、风景区、重点项目区等周边公益性公墓搬迁。2017 年，完成 24 个村庄坟墓搬迁，共搬迁坟墓 3087 座。2017 年为丧属减免基本殡葬服务费用 436.08 万元。

移风易俗宣传工作　通过广播、报刊、微信公众号等多种媒体发布移风易俗倡议书 70 余篇，制作印发移风易俗倡议书、明白纸 50 多万份、宣传版面 700 余幅、宣传画、贺年画 10 余万张，电话问卷 500 多个村（居），有效推动移风易俗工作开展。

【专项社会事务管理】　严格按照《中华人民共和国婚姻法》《中华人民共和国收养法》等法律法规，做好婚姻登记工作和收养登记工作。全年共办理结婚登记 2799 对，离婚登记 939 对，补发结婚登记 2470 对，补发离婚登记证 118 本，共办结收养登记 24 例。全年救助流浪乞讨人员 62 人，通过护送、接回及给予资金或购买车票等方式帮助 41 人返家，全年共拨付救助资金 50.09 万元。

【基层民主政治建设】

第 12 届村委会换届选举工作　对全市 691 个村（居）干部及村情状况逐一排查摸底，综合分析研判，提前掌握和应对可能出现的问题。严格按照《中华人民共和国村民委员会组织法》《山东省村民委员会换届选举办法》《山东省村民委员会换届选举规程》高标准、高质量地完成本届村民委员会和城市社区居民委员会换届选举工作，并做好相关问题答疑，为推动全市经济更好更快发展提供强有力的保障。

基层民主协商制度建设　督导镇（街区）落实市县两级 13 个社区协商示范点建设工作，以示范点为引领，积极采取村（居）民议事会、听证会、民主评议等多种形式开展基层民主协商活动，保障群众的知情权、参与权、表达权、监督权，促进群众依法自我管理、自我服务、自我教育和自我监督。同时制定《城乡社区协商基本规范》与《城乡社区协商具体制度》，为推进全市基层协商民主进程打下坚实基础。

基层民主管理水平　指导镇（街区）学习使用村（居）委会统一赋码管理系统，并对全市村（居）民委员会基础信息进行审核采集，完成村（居）民委员会统一赋码工作。多次对各村(居)民委员会开展村(居)务公开工作进行现场督导，建立健全村（居）务公开制度，村（居）务公开率达到 100%。

【区划地名工作】　扎实推进第二次全国地名普查（补查）工作。完成地名补查基础资料和收集、上报工作，初步建立区划地名数据库。共采集 11 个大类 30 个子类的地名信息 4316 条，其中陆地水系名称 22 条，陆地地形名称 7 条，行政区域名称 10 条，群众自治组织名称 707 条，非行政区域名称 54 条，居民点名称 778 个，交通运输设施名称 306 条，水利、电力设施名称 253 条，纪念地、旅游景点名称 46 条，建筑物名称 8 条，具有地名意义的单位名称 2123 条，陆地水系 22 条，陆地地形 7 条，地名标志数据 649 条，各类多媒体数据 9885 个。

开展地名普查成果转化工作　组织编写《中华人民共和国标准地名词典》，上报备选词目 46 个，入选 28 个；开展《昌邑市标准地名图集》和《昌邑市标准地名图》编制工作，完成第一轮审稿。

地名标准化，开展地名命名设标　组织对城区 25 条街巷进行标准化命名，已提报市政府审批。增设、更换和维护街路巷地名标志 189 块，积极探索建立街路巷地名标志长效管理机制。

平安边界创建工作　全面落实各项界管措施，牵头潍坊市寒亭区、配合烟台市莱州市做好第五轮县级边界线联检工作。定期组织对边界线地区进行巡查、自检，维护好界线、界桩，确保边界线地区平安、和谐、稳定。　　（供稿人：董英杰　李鹏飞）

社区建设

【概况】　农村社区建设始于 2008 年，城区始于 2010 年，至 2016 年，全市 9 个镇、街共建成 98 个社区，其中农村社区 84 个，城市社区 14 个。2017 年开展城市社区提升专项行动，围绕社区规划建设、党群服务中心建设、健全社区协商机制等 3 项内容，积极推进“四全一特”城乡社区建设，按照功能齐全、生活服务周全、基础设施安全、治理机制健全的标准，打造各具特色的品牌社区。对 17 个社区进行建设提升，其中市县级

★柳疃镇柳疃社区服务中心图书阅览室（朱亚男）

5个，乡镇级12个。年初根据各镇（街区）申报的建设提升规划，围绕完成图集制作上报。2017年底，完成建设投资3.6亿元。加快农村新型社区建设，将农村新型社区建设作为统筹城乡发展、推进乡村文明行动进程的重要载体，以“优化土地资源配置、强化集约节约用地、提高农民生活质量”为目标，因地制宜、创新思路，汇聚民智、统筹推进，成效显著，农村生活居住条件明显改善，农民生活质量水平明显提高，有效助推城乡一体发展、和谐发展。全市在建成农村新型社区24个的基础上，2017年投资19240万元，对围子街道仓街、东冯、宋庄社区和饮马镇山阳社区、北孟镇李家埠中心社区5个社区建设提升，完成住宅楼、道路、健身广场等建设。

【社区服务中心基础设施建设】 根据《农村社区服务中心建设三年行动实施方案》（昌办发〔2016〕17号）要求，督导镇（街区）制定2017年农村社区服务中心改造提升计划，完善教育、养老、医疗卫生、文体活动、商业服务等服务设施，强化社区配套服务水平，提升改造30个农村社区服务中心。

【社区服务体系建设】 加强以党组织为核心的社区自治组织和社会组织服务体系建设，强化社区网格化建设，健全完善制度，依托社区服务中心，开展便民服务。结合退役士兵公益性岗位安置工作，指导镇（街区）将退役士兵安置到社区工作，并进行相关业务培训，进一步加强社区工作力量，提升社区融合度和凝聚力。指导社区培育发展社区志愿者（社工）队伍及各类协会等社会组织，不断完善社区服务体系。督导11个城市社区全面建立“四社联动”服务机制，不断健全完善服务功能。拓展4个“四社联动”农村社区试点面，按照“培育发展、搭建平台、管理服务”的思路，积极建立以社区为平台、社区社会组织为载体、社区工作专业人才为支撑、社区志愿者为依托的“四社联动”服务机制。

【社区工作专业化】 2017年，为推进社区社会工作人才发展，结合社会工作者职业水平考试，采取多种形式进行广泛宣传发动，并下发《关于提报2017年度社会工作者职业水平考试报名情况的函》，鼓励各部门单位符合条件的工作人员、特别是符合条件的社区工作人员报名考试，对报名考试的50人进行历时3天的统一考前培训，并将各镇（街区）组织报名情况纳入社区建设工作考核，本次社工考试共有10人取得专业社工证书。同时，开展征集“社工故事”典型案例活动，并向潍坊社工协会推荐优秀社工及社工案例。指导有关部门和有关社会组织发展壮大志愿者队伍，注册使用全国志愿服务信息系统，引导志愿者进行网上注册。截至2017年底，全市注册的志愿者共有9755人。将高层次人才信息录入潍坊人才库，并于2017年10月推荐5人参加潍坊市人才风采评选活动。认真做好第一届“昌邑和谐使者”评选工作。积极发动各单位符合参选条件人员参加第一届“昌邑和谐使者”推选活动，并严格推选程序，联合组织部、人社局、财政局、教育局、卫生局、司法局、市妇联、市团委、市残联等部门召开推荐评选会议，从17名候选人中优中选优，最终按要求向上级推荐4人，参加“潍坊和谐使者”评选活动，并全部当选为“潍坊和谐使者”。

【经费保障】 按照“社区日常工作经费按每百户每年不少于4000元核发，市、街道各承担50%。不足部分由街道筹集解决”及“2013年市财政对每个新规划建设的社区补助20万元，以后每年补助10万元，不足部分由街道承担”（昌办〔2013〕18号）文件规定。2017年，协调市、街道按规定落实城市社区日常工作经费198.63万元，城市社区建设补助经费130万元。

（供稿人：董英杰 李鹏飞 罗兴平 姜红波）

昌邑市城市社区布局规划（14 个）

表 8

街　道	社区名称	包含村(居）数量（个）	包含村（居）名称	范　围
奎聚街道（6 个）	城关社区	2	铁匠营、南隅	北海路以东，奎聚路以西，利民街以南，平安街以北，含豫园小区（北海路以西）
	城南社区	5	辛置一村、北庄头、中庄头、南庄头、辛置三村	北海路以东，滨河西路以西，平安街以南，盛昌街以北
	潍水社区	2	东店、西台	奎聚路以东，新昌路以西，院校街以南，平安街以北
	文山社区	9	单家、于家山下、中台、上台、关龙、王葛、五里、石臼、建设	新昌路以东，滨河西路以西，院校街以南，平安街以北
	姜家大湾社区	3	东隅、西关、董家城后	北海路以东，奎聚路以西，富昌街以南，利民街以北
	城北社区	2	郝家城后、于范城后	北海路以东，奎聚路以西，院校街以南，富昌街以北
都昌街道（5 个）	南逄社区	12	南逄、后伍塔、中伍塔、前伍塔、巡保、太保、单家埠、王家埠、东大营、西大营、前南逄、西辛庄	北至徐家北逄、辛置二村南边界、南至寒亭区朱里街道界（单家埠、王家埠、太保村南边界）、西至西环路、东至潍河
	育新社区	5	东安家埠、西安家埠、高家道照、韩家屯、傅徐城后	北至奎聚界、南至富昌街、西至西环路、东至北海路
	利民社区	3	刘家辛戈、马家村、南吴家庙	北至富昌街、西至西环路、东至北海路，南至利民街并沿建设路东转至新村街
	西城社区	4	家辛戈、山前、大埠、刘埠	北至利民街、南至交通街、西至西环路、东至北海路
	北海社区	6	辛置二村、南店、王家北逄、高家北逄、刘家北逄、徐家北逄	北至交通街、南至东大营、西大营、南逄村北边界、东至北海路以东奎聚界（辛置二居委会）、西至西环路
围子街道（3 个）	滨河社区	14	围子、永富庄、二甲、大太保、天保庄、永兴庄、马家、杨家庄、义气镇、东丁庄、西丁庄、韩家巷、西刘家巷、张家湾	北至 206 国道，南至西刘巷村界，西至潍河大堤，东至马家村界
	毓秀社区	8	董家隅庄、天成店、谢韩庄、凤凰庄、四甲、王家隅庄、张董、南宫	北至卜庄镇界，南至 206 国道，西至潍河东岸，东至苏郜村界
	金口社区	7	北金家口、南金家口、南姜村、大姜村、北陶埠、前陶埠、马连岔	北至围子园区，南至戚斜村界，西至潍河大堤，东至下小路

昌邑市农村社区布局规划（84个）

表 9

镇街区	社区名称	社区涵盖建制村		
		建制村名称		
		数量（个）	中心村名称	其他建制村名称
奎聚街道（5个）	石湾社区	8	石湾店南村	郚家辛庄、徐家辛庄、花园、初曲、黑埠、石湾店北村、蔺家庄
	岔河社区	6	黄家辛庄	孙家岔河、郭家岔河、高家岔河、薛家园子、东王家庄
	李家埠社区	7	李家埠	张家辛庄、吴家辛庄、草庵、沟南崖、沟北崖、杨家洼
	鄑水社区	7	徐家鄑水	夏家鄑水、宫家鄑水、东逄翟、西逄泽、小逄翟、虫埠
	南鄑亭社区	8	南鄑亭	陶埠、十字路、刘家庄、张家村、刘家道照、孙家道照、大泊子
都昌街道（7个）	活埠社区	7	中裴庄	南裴庄、北裴庄、家庄、长流埠、徐林庄、岞埠
	永安社区	7	西永安	肖家埠、渔埠、北兴福、南兴福、申明亭、渔洞埠
	远东庄社区	7	远东庄	东永安、博乐埠、角埠、西侯富庄、中侯富庄、东侯富庄
	双台社区	8	双台二村	双台一村、高候章、南双台、王候章、南候章、东化埠、西化埠
	褚庄社区	6	南褚庄	北褚庄、长埠、东褚庄、前埠、后埠
	王耨社区	8	王耨	蒋家庄、豹埠营、两埠、西马埠、陈家洼子、张固、宋家楼
	马埠社区	9	榆林	马芝、南马埠、中马埠、北马埠、乖场、白玉村、孟家洼、史家洼子
围子街道（15个）	营斜社区	5	营斜	后斜、军屯、孙斜、戚斜
	黄埠社区	4	西黄埠	东黄埠、辛富店、大官庄
	乔家社区	7	乔家	葛家、辛城、戚家、小官庄、东王家庄子、搭连营
	王珂社区	6	王珂	东张庄、西张庄、梁张庄、东小章、西小章
	于部社区	6	北于部	官道部、马家部、曲家部、西部、李才
	姚部社区	6	姚家部	徐家部、杨家部、苏家部、郭家部、明家部
	仓街社区	8	仓街	南苏、姜一、姜二、东辛、西辛、辛立庄、周家
	南北寨社区	7	南朱家寨	北朱家寨、东邵、祝家、逄家庄、辛隅、太平
	邢家社区	6	邢家庄	北密、中密、前密、六股路、古城里
	苑家社区	7	苑家庄	东王、西王、张家庄、孟家、董家、田家
	民丰社区	10	民丰	崔家庄、赵家、密埠店一、密埠店二、密埠店三、古河、东堤、侯家坡、郭家道口
	李家社区	5	李家	北陈、前陈、唐家、韩家
	东冯社区	7	东冯家庄	西冯家庄、聂家庄、邹家庄、辛赵、刘家巷、夏家
	大章社区	5	大章北村	大章东村、大章西村、二大章、三大章
	宋庄社区	9	宋庄东村	西岭、宋庄西村、赵家庄子、梁家部、周家部、于家部、南营、羊山子
龙池镇	白塔社区	5	镇驻地	东白塔、西白塔、北白塔、岱邱、郭疃
	瓦城社区	5	瓦北	东利渔、瓦东、瓦西、姚徐邓
	龙池社区	8	龙北	龙东、齐西、魏西、二甲庄、龙街、沙岭子、王家庄子
	马渠社区	9	马渠	王范庄、石桥、油坊、营子埠、果园、孙家庄、楼子、泊子
柳疃镇（10个）	太平社区	6	太平集	吴家庙、东高家庄、南范家庄、南西高、西傅
	刘家庄社区	7	北刘家庄	邓家庄、东傅、李家庙子、姜家堤子、前梁家庄、常家庄
	柳疃中心社区	8	柳疃	东陈、西陈、高隆盛、傅戈庄、三官庙、北徐家庄、阎家庵
	金家庄社区	7	金家庄	长胡同、姜家寨、郭家车道、河崖、院头、久丰屯
	官庄社区	7	后官庄	北西高、前官庄、老官庄、曹家庄、北孙家庄、门八街
	闫家社区	7	中阎车道	孙家河滩、前阎车道、北玉皇庙、西玉皇庙、南玉皇庙、北阎车道
	青皇社区	9	青皇	谭家庄、灶户、北五甲、东二甲、七甲、南五甲、西二甲、横地
	青乡社区	7	后青	史家庄、北范、北高、大辛庄、前青、老官村
	郭家庄社区	8	郭家庄	刘家车道、张家车道、马家庄、西营、潮海、道岔、东申明亭
	辛安社区	6	西辛安庄	太平庄、北新兴、东辛安庄、北辛安庄、渔尔堡

续表 9

镇街区	社区名称	社区涵盖建制村		
		建制村名称		
		数量（个）	中心村名称	其他建制村名称
下营镇（4 个）	下营中心社区	7	东下营	西下营、吕家、李刘、裴家、大韩家、曹家店
	蒲东社区	5	辛庄	廒里、北张家庄、郇家、小韩家
	前柳社区	14	前柳	王家庙、后柳、冯家、沟崖、张家寨、胡家道口、海眼、大院、小院、火道、滩子、北二甲、东辛店
	北赵社区	9	北赵家	军营、纪家、高家、杨家、北王家、北姜、小刘家、常家
卜庄镇（10 个）	郑家社区	5	郑家坡	新张、金山、金良、东马家
	卜庄社区	12	后卜	前卜、站里、前王家楼、后王家楼、毛家寨、姜家、姚家、韩家店、东赵、前卢家、白衣庙
	任家社区	12	北任家	孙家、南任、铁匠王家、北窑湾、大王家、东任家、大闫家、小闫家、营子、新胜、王卢
	大陆社区	7	大陆	刘庄、永合、柳家、峰台、抚安镇、张刘芦
	六甲社区	9	六甲	八甲、南李家庄村、赵家庄、铁匠庄、大河南、大河北、西河南、义气村
	广刘社区	18	广刘	于家扶宁、王家扶宁、郝家庄、北张、韩家扶宁、半截道、李家扶宁、三义村、吕家庄
	夏店社区	11	夏店	庙头、三教堂、夏家庄、徐家庄、东峰台、西峰台、东河沟、西河沟、肖家营、西王家庄
	东冢社区	10	东冢	李家泊、西董、尹家庄、北王家庄、东董、集东、湾崖、前张戈庄、后张戈庄
	姜泊社区	12	姜泊	前河滩东村、前河滩西村、中河滩、岔河、后河滩、东高戈庄、西高戈庄、南泊、北泊、西马疃、韩家桥
	马疃社区	7	马疃	大窑、庄珂、东辛庄、大李家庄、岳家庄、西石桥
石埠经济发展区（8 个）	青山社区	6	葛西	葛东、晴埠、傅家庄、南斜、前史家庄
	东金台社区	8	东金台	肖王、林家埠、西吴家、西金台西北村、西金台东南村、西金台西南村、西金台东北村
	石埠社区	7	石埠东村	石埠西村、石埠北村、石埠前村、石埠李范村、石埠张家村、埠头
	田家社区	9	田家庄	前柳杭、后柳杭、王家庄、杨家桥、西孙家薛庄、西刘家薛庄、戴家薛庄、东刘家薛庄
	秀水社区	10	西郭家庄子	崇德屯、教书庄、吴家庄、董家庄、红卫村、明家庄、东郭家庄子、沟流、于家流河
	裴家社区	7	裴家庄子	伊家庄子、肖家庄子、宋家屯、郝家屯、戴家屯、史家屯
	流河社区	8	流河一村	董家流河、陈家流河、流河二村、库户庄、三宝庄、后马兰屯、前马兰屯
	旗元社区	12	旗杆元家	刘家屯、芦元、东南元家、前谢家营、后谢家营、南孙家庄、李家庄、谢家庄、贾家庄、初家营、松树元家
饮马镇（6 个）	饮马社区	6	饮马东南村	饮马西南村、左家营子、杨家庄子、田家庄子、小营
	山阳社区	5	山阳	山阴、初家庄、窑湾、鳌头埠
	杨楼社区	6	杨家楼	曹家庄子、饮马西北村、饮马东北村、徐家庙子、丰乐屯
	石家社区	6	石家庄子	大谢家庄、大岭、佟家营子、张家庄子、孟家庄子
	赶仙庄社区	6	前赶仙庄	后赶仙庄、吴沟、兴会庄子、顾仙、长太屯
	常屯社区	5	常家屯	杨家屯、大张家屯、王家屯、八里庄子

续表 9

镇街区	社区名称	社区涵盖建制村		
		建制村名称		
		数量（个）	中心村名称	其他建制村名称
北孟镇（15）	孙营社区	8	孙家营子	前李家营子、中李家营子、池前、池后、李家庄子、前刘家营子、后刘家营子
	李家埠社区	5	前李家埠	上坡、魏马、东祝仙屯、西祝仙屯
	太平社区	4	太平村	北孟一村、朱家屯、范家屋子
	北孟中心社区	6	朱家村	北孟二村、朱家巷子、马家庙子、九龙屯、杜卢
	老龀沟社区	8	老龀沟东	万和屯、老龀沟西、薛家庄、东麻湾、北麻湾、南麻湾、金李埠
	塔尔堡中心社区	6	塔尔堡	朱阳前、朱阳后、上河头、山西、山东
	南孟社区	3	小南孟	大南孟、曹戈庄
	李戈庄社区	5	李戈庄一村	李戈庄二村、李戈庄三村、侯家屯、千戈庄
	高阳社区	6	高阳东村	高阳西村、大庄、周家庄、韩家高阳、东石门
	角兰社区	6	东角兰	西角兰、黄家庄、常兴屯、东官庄、西官庄
	凰瑞埠社区	5	凰瑞埠	田戈庄、高家屯、凤凰屯、石牛庙
	朱家庄子社区	5	前朱家庄子	高家庄子、后朱家庄子、温胡、宋家屋子
	七沟望仙社区	8	朱家七沟	前周家七沟、后周家七沟、曲家七沟、葛家七沟、大望仙庄、小望仙庄、金戈庄
	上疃社区	9	郭家上疃	孙家上疃、初家上疃、马家上疃、苗家上疃、许家屯、平正屯、麻姑庄、范家邱
	朱甫社区	8	朱甫	前陈家庄、黑埠头、东齐家屯、岳家屯、岳家官庄、李家井、毛家屯

老龄工作

【概况】 截至2017年年底，昌邑市总人口58.28万人，60周岁以上老年人口14.69万人，占全市总人口的25.21%。65周岁以上老年人口96133人，70周岁以上老年人口59636人，80岁以上高龄老年人口19956人，90周岁以上老年人口2503人，百岁以上老年人口56人。昌邑市老龄化程度高，居潍坊市首位。

【老年人权益保障】 2017年，围子街道民政综合服务中心、检察院派驻昌南检察室成功申报“山东省老年人公益维权服务示范站”。年内全市“山东省老年人公益维权服务示范站”达5所，居潍坊市首位。全市各镇（街区）都建立老年人维权服务站。组织开展老年人权益保障“夕阳幸福工程，法律援助在行动”系列主题活动、老年法规和老年人防诈骗宣传活动，印发《老年普法维权条例》和《老年人防诈骗手册》，切实提高老年人的法律意识和自我保护意识。进一步完善“12348”法律援助服务咨询平台建设，全年办理各类涉老法律援助案件157件，涉及赡养、追索劳动报酬、征地补偿、道路交通事故赔偿、继承等不同领域，有效维护老年人合法权益。2017年12月19日，昌邑市以潍坊市考核第一名的身份，代表潍坊市接受省维护老年人合法权益工作考核，省考核组给予充分肯定。

【高龄津贴政策】 发放90—99周岁老年人高龄津贴，每人每月60元，由昌邑市财政负担，全年总计为2574

人发放163.09万元。100周岁以上老年人长寿补贴每人每月600元，省、潍坊、昌邑三级财政各负担200元，总计为56人发放22.32万元。为80—89周岁低保老人每人每月增发高龄津贴100元；90—99周岁低保老人每人每月增发高龄津贴140元；省财政负担30%，昌邑财政负担70%。全年总计为635人发放86.27万元。2017年4月份以上补贴、津贴开始实行按月发放。

【“银龄安康”工程】 2017年4月18日，昌邑市“银龄安康工程”工作会议在市会议中心第五会议室召开。市政府副市长、市老龄委主任孔德奎做专题讲话。2017年度全市“银龄安康工程”投保174075人，理赔702例，赔付208万元。其中潍坊市财政为昌邑市80周岁以上老年人每人赠送一份，总额223510元。昌邑市老龄办获得2017年度潍坊市实施银龄安康工程先进单位，有34人受到省、潍坊市的表彰。

【孝德文化建设】 开展“一街一路”孝德文化建设活动，“新婚青年签订孝亲敬老承诺书，争做敬老模范”“敬老文明号”、孝亲敬老模范、老年协会示范点创建等系列评选表彰活动和主题活动。成功打造和创评潍坊市孝德文化教育基地2处，“山东省敬老文化教育示范点”“山东省银龄之家”各1处，“潍坊市老年协会示范点”7处，“潍坊市十大孝星”“孝星提名”各1名，潍坊市“敬老爱老助老模范人物”“模范老人”各6名。下营镇军营村成功创评“山东省敬老文化教育示范点”。

【老年文化建设】 2017年10月份，参与“潍坊市十大孝星”评选活动，昌邑市国税局夏店分局马惠娟成功当选、柳疃镇敬老院院长姜丽芳获评十大孝星提名奖。组织开展“关爱老年人·欢庆十九大”系列敬老月、山东省老年书法美术主题摄影大赛、银龄风采艺术节、潍坊市银龄家庭传媒大学进社区面授等活动；举办2017昌邑市老年文化艺术节启动仪式暨“喜迎十九大·共筑中国梦”文艺演出、“鄑邑寿星”公益摄影展、诗书画展、文体展演；丰富老年人的精神文化生活，提升老年人幸福指数。2017年10月28日老年节当日，潍坊市委书记、市人大常委会主任刘曙光专程到昌邑市济贤养老中心看望老人们。柳疃镇老官庄村孙云召生于1907年10月，是潍坊地区年龄最长者，2017年10月，孙云召老人获评山东省泰山寿星。

【老龄工作机构建设】 加强老年协会和基层“三级”老龄组织建设，各镇（街区）、城乡社区都建立城乡社区老年协会，做到老龄工作有领导、有组织、有队伍、有阵地，实行登记接待、首问负责、结案回报、协调督办、调解处理、跟踪反馈等制度，建立起上下联动、左右协调、运作高效的老年工作机制。2017年创建城乡社区老年协会示范点40处，其中7处获评潍坊市示范点。

（供稿人：董金洲　刘润栋）

民族宗教

【概况】 2017年，昌邑市民族宗教局在市委市政府的正确领导和上级民宗部门的精心指导下，紧紧围绕全市改革发展大局，坚持管理和服务两条主线，创新工作思路，转变工作方式，依法履行职责，全面完成各项任务目标。

【维护和谐稳定】 扎实推进民族团结进步创建活动和宣传教育，西城社区、城关社区和文山小学3个单位通过潍坊市民族团结进步创建示范单位验收。深入开展宗教政策法规学习月活动和民族团结进步创建宣传月活动，举办宗教政策法规教育培训班和宗教界人士学习贯彻中共十九大精神座谈会。建立健全宗教活动场所季度检查制度，与公安、建设、卫生等部门联合开展多次安全检查，确保场所安全、活动安全。建立清真食品企业季度巡查制度，加强对清真食品的监管。全力维护宗教领域和谐稳定，先后对乱建露天宗教造像等非法宗教活动进行全面排查，对基督教境外渗透等进行严密监控。（供稿人：王　前　马丽娟）

镇（街）园区概况

Zhen Jie Yuan Qu Gai Kuang

奎聚街道

【概况】 奎聚街道位于昌邑市中心，面积67.8平方公里，2017年，辖59个行政村（社区），31990户，常住人口8.88万人，耕地面积2579.5公顷。全街道完成地区生产总值8.9亿元，比上年增长6.9%；实现地方财政收入10301.3万元，比上年增长32.2%；实现工业销售收入246127万元，利税21942万元，分别增长8.2%和7.1%；第三产业增加值达到30765.8万元，增长10.2%；农民人均可支配收入2.6万元，增长8.5%。

【建设旅游综合体】 2017年，奎聚街道依托潍河生态风光、绿色文化、民俗风情等优势资源，以“河、绿、海”为开发主线，结合潍河堤顶路运行投用，规划打造墨尔本风情特色康生小镇，打造集墨尔本风情花海、凤凰小城、潍水曦鼎田园综合体、常猛电影主题公园、

★花海 （徐文煜）

“石湾视觉”8D大型水上灯光剧场等多体叠加的城市近郊旅游综合体，可同时容纳3万人旅游、休闲、娱乐。墨尔本风情小镇东至滨河西路，西至北海路，南至院校街，北至孙岔村，规划面积约13平方公里，涉及奎聚街道13个村庄，其中村庄占地面积3078亩，农田16612亩。引进上海市曹家渡花卉市场转基因花卉种植基地，发展花卉公园、马术公园、体育公园等景区，将周边13个村庄的人文风情、特色种植业融入特色小镇，推出“庭院旅游”“农家乐体验”“有机蔬果采摘”等旅游品牌，走休闲观光、养生娱乐的多元化发展模式，打造集现代农业、休闲旅游、田园社区为一体的特色小镇和乡村综合发展模式。墨尔本风情花海项目总投资1.6亿元，总占地3000亩，共栽培各类花卉500多万株。一期工程于2017年10月完成，投资5000万元，花卉种植1200亩，280万株，其中精品种植区200亩，栽植硫华菊、地被菊、月季花、马鞭草、格桑花等各类花卉20余种，建设居家研发木屋8座，主要从事转基因花卉的研发培育，整个花海各类鲜花竞相开放，道路曲径通幽、景观错落有致，与20座大风车交相辉映，美轮美奂，恍如仙境。

【总部经济】 2017年，为践行“创新、协调、绿色、开放、共享”的新发展理念，坚持稳中求进总基调，推进“一三四五”思路举措，深化供给侧结构性改革，顺应发展趋势，提高发展质量和效益，奎聚街道投资建设总部经济基地和产业技术研究院，总面积1.2万平方米，共能吸引容纳8家研究院所、15个专业平台，60余家企业，凡是能够纳税达到200万以上的企业，

为其免费提供办公场所及配套设施，使落户企业实现“拎包入驻、即时办公”。吸引科技主导型、技术密集型等“高精尖”企业前来落户，旨在通过“一部一院”的深度融合，培植新兴产业，引入新型人才，共同推动奎聚街道乃至昌邑市的创新发展，逐渐形成总部效应，进而推动新旧动能转换、供给侧结构性改革、一二三产融合的快速发展。

总部经济基地　依托101党群服务中心、东方创业谷、潍水美术馆“三大载体”，打造创新、开放、共享的基地综合功能区，运用互联网+平台+孵化+运营模式，汇集服务、文化、创业、招商等发展元素，倾力打造集聚性、高端性、知识性、辐射性的总部基地新模式。加速知识型人才的培养与聚集，增多多元文化的融合与互动，打造成大众创业、万众创新的示范型街区，为区域产业提供人才储备、产学研究、两化融合、新型产业导入提供重要载体，为促进“活力城市”建设提供优势平台。

产业技术研究院　针对创新人才不足的现象，通过成立技术中心、科研基地、科技合作促进会、搭建服务平台等方式，实现人才聚集、产业聚集、税收供应、产业关联、消费带动、就业乘数、资本放大等明显的外溢效应。截至2017年底，已有山东泥人王文化艺术有限公司、文山书院企业家驿站、山东奇谱创能生物科技有限公司等12家公司签订入驻协议。其中已签订入驻协议的光机电和嵌入式软件一体化全自动维生素D3制备项目，主要研发人为国家千人计划人才高培良、李勇，此项目是世界上最先进的微反应器技术和可调谐激光器技术结合的全新维生素D3光机电和嵌入式软件一体化全自动制备项目。

【棚改工程】　2017年，棚户区改造目标2013户，涉及10个城中村，包括三得利片区、辛一片区、庄头片区、东隅片区，拆除房屋13112间，拆除面积37.6万平方米，腾出建设用地1200余亩，开工建设回迁安置面积约32.4万平方米。2017年上半年，奎聚街道奋发攻坚抓民事、抓拆迁；下半年全力以赴抓开工、抓建设，班子成员利用中午、晚上，深入群众家中，一对一、面对面，宣讲政策、倾听呼声，推动拆迁工作全面展开。同时探索创新“群众主体工作法”，通过村民大会选出村民棚改工作组，对数据测算、协议内容、政策落实、工程质量等全面监督、全程参与，赢得居民的信任和支持，使居民对棚改的态度，由最初的抵触反感、怀疑观望转变为积极参与、主动支持。通过试点“棚改分房证”政策，对签订搬迁协议的住户进行统一登记，并颁发“分房证”，分房证上详细记载拆迁户的拆迁面积与置换面积，用看得见、摸得着的方式承诺群众，赢得绝大多数群众支持和信任。通过这种形式，更好地解决群众拆迁中的矛盾，打消拆迁顾虑。“棚改”事关百姓民生福祉，是改善居民生活条件、提升居民幸福生活指数的民生工程。2017年，奎聚街道结合实际，完善工作机制，推动工作有序发展，切实改善群众生活条件，拓展城市发展空间，呈现出棚户区改造建设新局面。

【创新服务模式】　创新精细化社会治理模式。充分利用和放大新一代信息化的优势，在小网格中运用大数据，探索建设综治中心智慧平台，利用大数据、可视化平台实现对安全、环保、秸秆焚烧、社情民意等情况实时掌握，出现问题实时调度，既节省大量的人力物力，又全面提高社会治理的成效。依托综治网格化服务管理体系，配备69名网格员，动态采集社情民意，实现小区、村居、社区、联合社区、街道五级联动，促进群众工作关口前移、重心下移。同时，成立3支退伍军人应急分队，切实增强应急处理突发事件能力。

创新实施“一十百全”工程，促进各项社会事业科学发展。“一”是指从街道和双管部门干部中选派60名包村指导员，对辖区村（居）实行专人包靠制度，一人一村；“十”是指每名包村指导员至少与10户群众建立密切联系，组建微信群，进行实时沟通，随时掌握社情民意；“百”是指包靠人员每人至少走访群众100户，与群众面对面接触、零距离谈心，实打实解决群众反映的热点难点问题；“全”是指由村党支部书记把村庄内全部群众走完。通过开展此项工程，打造起全天候、全方位、全覆盖的干群联络服务网，有力推动各项工作快速开展。

【队伍建设】 用好监督执纪“四种形态”，利用“第一种形态”处理党员干部371人次。创新工作思路方法，选拔86名党员，成立“八员合一”队伍，将基层治理工作融入社区大党委建设和管理体系。成立退役军人党支部，将曾经的稳控对象转变成维稳中坚力量，共化解矛盾纠纷142起，被省委、省政府授予中共十九大安保维稳先进集体称号。村级换届期间，逐村分析研判，严格选举程序，包村指导员全程监督指导换届工作，确保换届选举风清气正。2017年底，辖区内59个村居已全部完成“两委”换届工作，实现了基层党组织无缝隙全覆盖。 （供稿人：王玉谦 李慧慧）

都昌街道

【概况】 都昌街道位于昌邑市中西部，面积191.4平方公里，2017年，辖12个社区、82个行政村，2.8万户，人口8.8万，耕地面积17.8万亩。全街道完成地区生产总值65.3亿元，比上年增长7.6%；地方财政收入9509万元，比上年增长23.7%；工业实现销售收入53.9亿元，利税5.8亿元，分别比上年增长12.7%和13.2%；第三产业增加值达17.76亿元，增长8.5%；农民人均纯收入1.8万元。年内，先后荣获“山东省平安农机乡镇”“山东省综合减灾示范社区”“山东省卫生乡镇”“山东省‘四型就业社区’”“潍坊市城乡老年协会示范点”“昌邑市红旗团工委”称号。

【城镇化建设】 都昌街道棚户区改造项目作为昌邑市一号安居工程、民生工程，腾空土地580余亩。在吴庙社区征迁工作中，探索建立“四轮公示法”，确保群众利益应得尽得，保障工作顺利推进，已拆除房屋297处，腾空项目用地580余亩。4月14日项目正式动工，开工建设楼房63栋，施工面积34多万平方米，工程占地达230亩，有19栋多层居民住宅楼和1栋社区综合服务中心完成主体封顶，前埠、后埠已全部完成评估。紧紧把握房地产市场回暖的良好机遇，加快旧村改造工作重启。2017年，韩家屯、西安家埠、傅徐城后、刘家辛戈、南店、辛置二村等10个村的改造建设先后重启，共拆除房屋5万多平方米，开工建设安置楼房21栋，建成8栋，安置居民260户，有效改善群众生活居住条件，推动城市品质显著提升。全力做好全国文明城市创建工作，坚持讲政治、顾大局，全面细致抓好各项工作推进。累计投入900余万元，硬化背街小巷1万多平方米，高标准铺装、绿化市政公共管理以外道路4万多平方米。动用机械5000多台次、人工1万多人次，对辖区内老旧小区和西城、华海等4个集贸市场开展集中整治行动。依托社区、村居综合文化活动中心，组织8支文艺表演队伍进行巡演60多次，广泛开展“道德讲堂”活动，发放宣传彩页10万余份，设置大型公益广告牌、建筑围挡、喷绘墙体宣传画等1.3万平方米，悬挂横幅4000多条，使文明创建家喻户晓，文明理念深入人心。潍莱高铁都昌段总长度9.1公里，通过工作人员的不懈努力，现在除村民房屋以外，其他地段清表工作已全部完成，为确保高铁顺利施工提前做好用地准备，全力助推昌邑市加快实现高铁城市任务目标。

【工业上档升级】 积极响应市委、市政府的“七争”号召，始终以大抓项目、抓大项目为鲜明导向，把招商引资作为建设新都昌的核心动力。抢抓新能源发展制高点，加快新旧动能转换。与天恩新能源公司对接风能和光伏发电项目，双方正在对光伏发电项目合作意向进行细节商定，力争早日实现经济增收、环保增效的双赢目标。坚持把加快新旧动能转换作为推动都昌工业上档升级的有力抓手，主动引导荣源印染、天合饲料、丽晶纺织等6家规模以上企业加快淘汰落后产能，新增先进设备260多台，有效提升企业竞争力。先后清理“僵尸企业”9家，通过强化政策宣传，积极对接优质企业，已有6家企业实现资产盘活。积极谋划产业聚集发展，推动高端设备制造产业快速膨胀。不断加大“三招三引”力度，积极对接新项目、筹划新发展，全年9亿元的招商引资任务顺利完成。积极开展燃煤小锅炉清零行动，确保环境治理取得实效。开展全方位、无缝隙的燃煤小锅炉排查工作，共发现燃煤小锅炉70台，其中市属企业19台。在环保、执法等部门的积极配合下，已按照任务时限全部完成整改和拆除。通过积极联系美澳天然气有限公司，将天然气管道接入双台工业园，园区内17台燃煤炉换装为燃气炉，实现彻底、长效的治理目标。认真做好安全生产工作，保障经济社会稳定发展。严格落实“党政同责、一岗双责”责任制，不断充实完善安全生产监管制度，对每个层面、每个环节进行详细安排，确保安全工作取得实效。先后邀请11名专业人员举办各类安全生产培训班7次，培训机关干部、企业负责人、村居协管员760多人次。在辖区内21家规模以上企业全部完成标准化创建工作。实行全覆盖、无死角安全隐患大排查常态化工作，组建专项工作组17个，先后到企业开展检查1600多次，责令关停问题企业5家，起到有效的震慑作用，确保街道安全形势持续稳定向好。

【农业发展】　主动适应市场化发展的新形势，不断夯实农业基础，着力发展新型农业，促进产业升级、链条延伸、效益提升。扎实推进丰泉水库建设工作，引黄干渠辅路及蓄水池等附属工程已开工，相关民事工作正在扎实有序推进。地表水净化水厂项目作为丰泉水库配套工程，土地调整和地面清表工作已经全部结束，待招投标工作完成后将立即开工建设。全面完成南逄2.4万亩和双台1.5万亩高标准农田整理，组织对4.2万亩耕地进行地力深耕，为农业发展不断夯实基层。宏大市场注册的“鲁昌宏大”牌大姜成为昌邑市第一个山东省知名农产品区域公用品牌和企业产品品牌，其申报的优质农产品种植示范区项目获国家农业部批准，对推动全市大姜产业发展具有重要意义。高侯章村引进并构建智炎电子商务平台，带动周边大棚蔬菜产业规模化、标准化发展成果显著，为实现农民增收提供有力支持。加强质量监管。先后组织开展全面抽样检测11次，抽检样品2300余个，并建立详细的监管台账，进一步提升农产品质量安全水平，真正为都昌农业发展保驾护航。投入资金1380万元，对15条出村路和社区路进行硬化，施工总长度为23.1公里，有效提升辖区内交通承载能力，为方便群众出行和促进农业发展提供切实保障。认真实施道路生命防护工程，为广大农村群众系上“保险带”。投入资金185万元，在总长度为26.8公里的昌双路、永宁路和虫埠至马芝路段，全线实施农村公路安全生命防护工程。共建造混凝土防撞墙400米、波形护栏3000米，设置交通标志126个，涂刷路面标线112平方米。投资93万元，对校车途经路段进行重点打造，安装交通标志117个，施划校车停靠点标线18处，有效提高交通安全事故防范能力。积极落实河长制相关工作要求，牢固树立“绿水青山就是金山银山”的理念，构建由党工委书记和办事处主任任总河长，分管负责人任副总河长，街道班子成员任镇级河长，相关村居主要负责人任村级河长的河长组织体系。不断完善农田林网，加大绿化投入。街道共组织栽种各类苗木30多万株，植树造林2500亩，新增林网3000亩，有效提升街道整体的绿化、美化水平，群众生产生活环境质量明显提高。扎实推进畜禽养殖污染治理工作，严格落实秸秆禁烧，有效改善村庄内外卫生环境，空气质量不断提升。

【提升服务水平】　从抓服务载体入手，着力把社区打造为密切干群关系的“焊接点”、帮助群众致富的“加油站”、维护社会和谐的“减压阀”和处置突发事件的“消防栓”，促进服务群众水平有效提升。积极推动干部力量下沉，街道70%的机关干部到社区工作，并要求工作人员以社区为家，确保在工作时间内，群众能随时找到人，在工作时间外，社区人员的手机老百姓能随时联系的上，关键时刻为群众提供有效服务。在马埠社区试点建立司法行政综合服务中心，聘请法律顾问，提供一站式法律咨询，开展面对面纠纷调解，做到“法律服务进社区、化解矛盾到家门”，进一步丰富社区服务内容，提升群众幸福感和满意度。要求各社区保留2名工作人员确保日常工作顺利开展，其他社区干部全部到所包靠村居督促工作推进、入户走访群众，不断拉近干群关系，切实保障村级高效运转。

【社会稳定】　进一步巩固“发展是第一要务，稳定是第一责任”的工作理念，集中全部力量、动员各方资源，全力以赴抓好稳定，切实实现中共十九大期间“五个不发生”的任务目标，保证经济社会持续健康发展。狠抓作风转变，主动换位思考，以永远“不说不”的工作理念，真心对待每一名上访群众。充分发扬“我的辖区我负责、我的责任我担当”的主动担当精神，从抓干部责任意识入手，制定《街道机关工作人员绩效管理考核办法》《农村工作综合考核办法》，从制度上促进党员干部作风转变。狠抓矛盾化解，面对一系列积案、难案，主动转变工作理念，以尊重法律、尊重历史、尊重现状为前提，主动担当、积极作为，先后完成10余起重点积案的彻底化解，妥善处理各类矛盾纠纷63个，为街道经济社会发展提供有力的稳定支撑。坚持严格执行“四议两公开一监督”工作法，并制定村级重大事务事前听证会制度，全面保证群众的知情权、监督权和他们的切身利益。同时，在棚户区改造中建立的“四轮公示”法，在丰泉水库建设中引导村民以土地使用权参股水库运营，最大限度的保障群众利益，从源头上消除矛盾隐患。

【基层党建工作】 坚持深入开展“两学一做”学习教育常态化制度化工作，创新有力措施，全力推动基层党建工作取得实效。运用有效机制，督促干部作为。建立党工委谈话制度，对在工作中推诿扯皮，不主动担当作为的村班子，通过组织集体谈话，及时提醒、督促整改。对整改落实不到位的坚决进行调整，对5个软弱涣散村班子开展集体谈话，并对马芝村及时进行调整，推动村级工作有效运转，带动农村党员干部队伍作风明显改善。发挥关爱支部作用，力促党员自律。针对个别党员组织纪律涣散，甚至挑头对抗党委政府决策部署的情况，专门成立关爱党支部，先后将5名不合格党员转入支部进行“回归零点”教育。定期组织开展党员义务劳动260多次，积极发挥党员的带头作用，有效拉近党群关系。深入分析研判，长远谋划发展。通过深入分析研判，全面细致的做好各项相关工作，确保新一届村居“两委”换届选举工作顺利完成，为街道的发展打下坚实组织基础。全面加强执纪问责力度，构建严格有效的监督检查机制。街道纪工委坚持开展随机的日常监督检查工作，对各社区、部门、村居推进全面从严治党、加强党风廉政建设以及工作任务落实等情况进行督导，促使街道全体党员干部敢于担当作为、主动履职尽责的自觉性不断增强。严格办案纪律和程序，突出抓早抓小，真正让咬耳扯袖、红脸出汗成为常态。2017年，运用“四种形态”共处理党员597人，其中提醒谈话524人，批评教育35人，通报批评15人，诫勉谈话15人，给予党纪处分18人。并对典型案件、突出问题，通过多种渠道进行宣传教育，实现处理一个、警示一片的良好效果，充分发挥查办案件在治本方面的重要作用。

（供稿人：姜　宁）

围子街道

【概况】 围子街道位于昌邑市东部，面积161.88平方公里，2017年，辖127个行政村，30634户，人口10.175万人，耕地面积10011公顷。街道完成地区生产总值88.6亿元，比上年增长10.7%；实现地方财政收入14315万元，比上年增长64.7%；实现工业销售收入305.8亿元、利税20.3亿元，分别增长17.5%和15.3%；第三产业增加值达到30.8亿元，增长16.2%；农民人均可支配收入18236元，增长14%。2017年，荣获“全国第二次农业普查先进集体”“省级文明乡镇”等称号。

【经济发展】

突出工业主导地位　重点在突破滨海，打造高端

★山东省机械铸造业基地标志　（于亚莉）

机械制造基地、培育壮大先进制造业上下功夫，紧紧围绕新旧动能转换这条主线，严格落实市委、市政府新旧动能转换重大工程实施规划，大力推进工业全面转型、提质增效，不断开创经济发展新局面。扎实推进大园区、大平台、大项目建设。康洁环卫产业园快速推进，国家智能铸造创新（潍坊）中心、昌邑市智能装备制造产业园、永富弹簧产业园等一批大园区、大项目集中开工建设，浩信100万件轮端项目、浩信康迈年产45万件轮端项目建成投产。落实环保督查，大力实施绿色发展工程。推动机械制造、纺织等重点行业绿色转型，借助中央省市环保督查，顺势而为，坚决关停取缔散乱污企业，动员企业采取关、停、并、转等方式改造升级，共关停企业344家，多家企业采取入园、重组等方式成功转型。坚决落实燃煤锅炉拆除措施，引导企业实施煤改电、煤改气替代，拆除燃煤锅炉35台。

大力实施农业项目建设　2017年，实施千亿斤粮食项目、中低产田改造项目、高效节水项目、高标准农田建设项目、小农水项目，总覆盖面积达到12万亩，推动农业增产、农民增收、农业增效。苗木产业不断壮大，产、管、供、展、销、运等产业链条逐步健全。注重发展品牌农业和高效生态农业，昌之源大姜、大章大葱、密埠店葡萄等特色农业规模不断壮大。

【城镇建设】　坚持高起点定位，高标准建设，以“五大组团”为规划引领，全力打造“生态、教育、商贸、健康、休闲、宜居”为元素的人群聚集区、商业集散区、交通中枢区、健康休闲居住区。基础设施和公共服务设施日趋完善，圆满完成堤顶路、城区污水管道铺设、供暖供气管道铺设、宫甲路、育新街、潍莱高铁等城市基础设施建设民事及服务保障，完成道路网格化、道路安全防护工程、校舍改造等各项工作任务。宏业大厦、育新东街、绿博大道、消防站建设等项目有序推进。

【社区文化建设】　以建设“五个新城”为统领，增强凝聚力、弘扬主旋律、践行社会主义核心价值观，大力发展各具特色的社区文化，努力营造遵纪守法、爱岗敬业、文明和谐的良好氛围，为全市经济社会发展提供扎实的舆论支持、统一的思想保障和高度的行动自觉。

街道办事处启动镇志、村志的修编工作，借助镇志、村志修编工作积极宣传中共政策、颂扬先模人物、统一思想认识、凝聚群众共识。2017年，街道镇志编写已完成130万字，127个村完成村志的编写工作。重点打造仓街、姚部、于部社区等一批文化中心，建立社区文化展示厅，将各个社区、各个村的道德模范、致富能人、村干部等先进典型进行展示，充分发挥道德模范的带动引领作用，让文明新风遍地开花。

【思想作风建设】　按照全市“思想作风建设年”活动要求，将“主动担当、主动作为、依法作为”作为主题，以推进“两学一做”学习教育常态化制度化、强化“四种意识”、解决“四个问题”、突出“五个导向”、提升服务效能、健全“七项机制”为主要内容，在鼓励激励干部担当作为上出实招，见实效。

深入查摆问题　始终坚持街道主要领导同志带头下社区、到村、进企业，开展“人大走访活动”，不定时组织领导干部、机关干部、支部书记、人大代表、政协委员、企业代表、老干部进行座谈，查摆问题，深挖根源，并建立问题台账，逐一销号，逐步化解。

分类施策　针对不同领域、不同群体分别制定改进措施，对症下药，实现具体化、差异化、精准化整改。将原先的10个工作社区细化为18个社区，划清划小划细管理单元，每个社区轻装上阵，比学赶超的氛围迅速形成；在群众反映强烈的村级财务管理方面，全面推行社区把关和村级协商制度，实行社区总会计制，每个社区各设一名会计，统管社区各村账目，强化公开，明晰职责；针对部分干部贪图安逸、工作不实的问题，经过广泛的民主推荐、考察谈话，根据人岗相适的原则，调整领导干部的分工和部分中层负责人，同时对机关干部采取“双向选择”机制，让每一个干部都能在最适合自己的岗位发挥自己的力量，让干事者有舞台，发挥长处有平台，机关风气大大改进。

整治干部作风　完善机关请销假、会议考勤、机关评选、社区值班等日常工作纪律和各项规章制度，

严格追责、通报制度，严明干部纪律。坚持以上率下，典型带动，推进工作形成合力。发挥领导干部带头作用，问题最多、情况最复杂、任务最繁重的工作由主要领导亲自承担，主要工作由领导干部靠上解决，重大事项坚持集体研究、民主决策，做到政务公开，有效激发基层活力。对每项工作都树立抓落实的典型，通过典型的引领，教方法、趟路子，形成上下一心、务实肯干的良好局面，形成抓工作落实的强大合力。坚持把作风建设融入平常，抓在经常，推动作风建设制度化。修订一系列关于加强社区、村、机关内部考核管理的考核奖惩制度，坚持机关每周例会、社区每周例会、部门分管领导每周例会制度，对每周工作进行督查，每周一通报；深化村"党员集中学习日""阳光议事日"，坚持党工委书记带头讲党课，切实加强对党员干部的教育培训管理；坚持开展社区、村之间寻标对标活动，街道全部社区、所有村纷纷到对标单位、村进行学习交流，思想上有感触、认识上有提高、作风上有转变。

【社会事业】 成立老年协会，积极开展为老、助老服务，实现"老有所学、老有所为、老有所助、老有所乐、老有所医、老有所养"。创新养老模式，引进集医疗、养老、居住为一体的医养结合养老项目——济贤养老中心。以民政服务中心为牵头，依托服务中心大厅，积极开展老年维权公益活动，将围子街道民政服务中心建设成省级老年维权站。不断完善医疗服务体系，借助市妇幼保健院投入使用，实现市、街道、村医疗服务全覆盖。积极推进政府服务延伸，实现街道18个社区服务中心与市政务服务大厅联网，开展业务办理，推行社区"一站式服务"，努力实现社保、就业、文化、教育等基本公共服务。

【基层党建】

推行村级事务"事前听证" 以社区为单位推行村级事务民主听证制度，推动村级决策由"干部当家"向"群众做主"转变、由"自主决议"向"社区听证"转变，有效解决村级组织运行中的突出问题，增强村干部依法依规治村的意识和能力，保障群众的知情权、参与权和监督权，提升村（居）决策民主化、科学化水平，融洽党群干群关系，从源头上减少矛盾纠纷的发生。2017年，街道共召开听证会950次，处理各类事项950件，127个村没有因村级事务决策不当发生信访问题，在全国"两会"和"一带一路"国际高峰论坛、十九大等重要节会及时间节点"零"上访。

健全完善党群服务体系 投资1500余万元新建于家部、姚部、仓街、宋东、毓秀等5个社区党群服务中心，提升7个社区党群服务中心。高标准打造街道党群服务中心，总面积3800平方米，内设便民服务大厅、开放式办公区、党史展厅、文化活动区、可视党建管理服务会议室等。服务大厅与市政务服务大厅联网，除需上级审批的事项，其他可全部在此办理，实现"一窗式受理、一站式办结、一条龙服务、阳光下操作"。

（供稿人：王　建）

★围子街道党群服务中心　　（于亚莉）

龙池镇

【概况】 龙池镇位于昌邑市西北部，面积182平方公里，2017年，辖4个社区，8286户，人口2.49万，耕地面积4000公顷。全镇完成地区生产总值17.37亿元，比上年增长5.8%；一般公共预算收入7261.4万元，工业实现主营业务收入90.4亿元，利税7.8亿元，分别增长8.1%和3.5%。第三产业增加值达1.1亿元，农民人均纯收入1.68万元。

【工业提质效】 借助市委、市政府突破滨海的战略东风，龙池镇预先调储一期工程1900亩土地，配套建设13千米的9条道路硬化以及高标准管廊，为园区优基建、引项目、扩规模奠定坚实基础。严格按照山东省新化工园区认定标准条件扩容升级，制订的全新工业园区规划、产业发展规划已顺利通过专家评审。招商引资目标瞄准高端化工产业，抬高项目引进门槛，正在与江恒美化工有限公司年产7500吨间位芳纶等5个项目洽谈投资落户事宜。人才引进聚焦本土、放眼世界，先后引进科技人才7人，带领企业家团队到济南、青岛等地招才引智5次，储备科研院所专家人才12名，大连化物所与三力本诺共建科研平台，成功推动山东科技职业学院与潍坊华腾集团有限公司合作共建东非（乌干达）国际学院，首批15名乌干达留学生顺利入学。强化安全生产“红线”意识，加强对各行业和领域的安全生产监管，建立完善安全生产隐患排查台账。建立健全“全行业、无死角”的安全生产责任体系，严格执行安全生产准入、执法检查、事故查处以及责任追究制度。强化环保“底线”意识。充分利用园区安全环保监控平台，对企业重点部位24小时监控，对发现的安全生产和环保问题第一时间处理，维护全镇安全、环保的生产环境。

【文化创品牌】 龙池镇以“打造小延安”“开发名人路”“弘扬烈士魂”为基地建设三大发展方向，连片打造红色文化展览中心、抗日战争纪念馆、红色马渠政德政风教育基地、齐氏家风家训馆、瓦东过硬支部村史馆及陈干纪念馆，形成“一线六点”的基地格局，构建起党史党性、政德政风、家风家训“三位一体”教育综合体。年内接待省内外参观学习的党员群众1200余人次，党性教育基地品牌建设初见成效。古风水韵延续千年龙乡文化。高标准举办昌邑市第二届乡村旅游节暨第二届龙乡文化节，在中央电视台梅地亚新闻发布中心召开新闻发布会议，把文化节的举办规格、参与规模、社会影响提升一个新档次，累计总接待量达到8万人次。酒店建设助推全域旅游发展。龙乡水韵大酒店主体建筑已进入封顶工程，齐西特色民宿已完成总体规划，“吃、住、行、游”现代服务业态已初步形成。

【民生改善】 基础设施建设筑牢保障根基。农网改造投资269万元、共改造姚徐邓、油坊等8个村22.52公里电网线路，新建14个机井通电台区，有效提高农田灌溉能力。争取农开办、国土局高标准农田整理项目投资2000多万元，对1.4万亩高标准农田项目区进行高标准整修，完成道路硬化19公里，建设板桥3座、涵管20座、机井23眼。生态环境整治改善生活质量。投资1119万元，高标准完成“一事一议”成片连村治理项目建设，完成村内道路建设8500平方米，挖塘清淤3万立方米，栽种乔木2000余株，彩绘墙体2.4万平方米，新改建文体活动广场4处；深入落实大气污染防治行动，强力推进散煤清洁化治理、秸秆禁烧等重点工作；全面摸排畜禽养殖污染情况，科学划分适养区、限养区、禁养区；严格落实镇村两级“河长制”规定，全面开展清河行动，拆除违章建筑12处，对虞河、堤河、丰产河沿途河道进行全面整治；库容220万立方米的龙源水库建设工程顺利开工，提高全镇供水保障能力；改厕任务持续推进，瓦西、岱邱村顺利通过潍坊验收组检查验收。总投资2000余万元，龙池初中升级改造工程顺利完工，建成全市一流的镇级学术交流中心，新建山东颐爱养老康复中心，

★梦幻花海生态园 （李发宁）

大力推行“医养结合型”现代养老服务，实现有病及时治疗、无病康复养老目标。持续深入建设“平安龙池”，开展全覆盖无死角安全生产“大排查快整治严执法”活动，建立健全公共领域安全生产风险防范体系；创新打造“智慧龙池”，建设视频监控无缝隙的龙池天网工程，完成“三务公开上电视”的数字化建设。高度重视信访工作，不断完善大民调工作体系，将矛盾化解在基层。

【思想作风建设】 狠抓机关干部思想建设，弘扬勇于担当、求真务实的工作作风，筑牢镇级先锋战斗堡垒。组织开展“我为龙池做点啥”“新老干部传帮带”等活动，积极引导机关干部牢固树立“四个意识”，着力提升干部队伍的责任感和向心力。开展团队能力拓展培训活动，增强机关干部队伍大局观念和团结协作意识。狠抓党性教育，开展公文写作、应急处置和法律、财税专业辅导等学习课堂，着力提升机关干部队伍个人素养和工作能力。进一步完善目标责任考核制度，以工作质量和实际成效为主要考核指标，提高干部提质增效、干事创业的积极性。建立健全容错纠错机制，有效保护和调动大家干事创业的积极性，营造鼓励创新、允许试错、宽容失误的良好氛围。严格落实党风廉政建设责任制，坚决贯彻中央八项规定精神，认真履行《党政机关厉行节约反对浪费条例》，推动全面从严治党不断向纵深发展。坚持反腐败无禁区、全覆盖、零容忍，强化重点领域注重源头治理，惩治群众身边的不正之风和腐败问题，着力发现铲除滋生腐败的土壤。持续加大案件查办力度，严格落实党务政务公开、权力清单等制度，真正形成“不能腐”“不敢腐”“不想腐”的工作合力。狠抓村级“两委”建设，着力提升村干部尽责履职能力，筑牢村级基层基础堡垒。完成村“两委”换届选举工作，选优配强新一任村“两委”主职干部，配强基层治理基础。抓住新一届村“两委”班子上任伊始的有利时机，组织形式多样、易懂实用的培训课堂，扎实做好村干部思想作风、专业技能和党风廉政教育。注重课堂教育与实地考察相结合，继续组织村干部到烈士祠、红色展览中心等政德教育基地参观学习，力求起到“红红脸、出出汗”的警示作用，树立“撸起袖子执行党委决定，扑下身子服务人民群众”的责任观，真正培养出讲政治、顾大局、能办事、办实事的“带头人”。制定详细的村干部目标责任考核制度，完善村干部履职考核奖惩机制，签订村级目标考核责任书。

（供稿人：孟庆国）

柳疃镇

【概况】 柳疃镇位于昌邑市北部，面积324.7平方公里，2017年，辖10个社区，72个行政村，13889户，人口4.8万，耕地面积4600公顷。全镇完成地区生产总值101.9亿元，比上年增长10.5%；地方财政收入9473.5万元，比上年增长26.1%；实现工业销售收入435.9亿元、利税33.5亿元，分别增长9.8%和10.2%；第三产业增加值达到41.3亿元，增长9.2%；农民人均可支配收入25974元，增长9.0%。年内，获得“全国文明村镇”“全国重点镇”“山东省重点示范镇”等荣誉称号，柳疃社区获评“中国书香社区”。

【工业强镇】 落实新旧动能转换重大工程，积极培育新兴业态。投资5.5亿元的雅拉食品肉牛屠宰深加工项目已建成投产，实现当年引进、当年建设、当年

★富润纺织科技公司 （孙鲁波）

投产。强化创新驱动，全力推动传统产业转型升级。华宝纺织投资10.8亿元的年产1.8亿米异形纤维项目已完成立项。成泰化工投资5.3亿元的丁烷脱氢项目正在进行主体建设，部分设备已经进场；投资10.5亿元的MMA项目已完成项目设计，在化工产业链条延伸和新型材料领域实现新突破。和田旺公司贝藻生物有机肥项目已完成立项，揭开农业生态肥料研发的序幕。签约首个院士工作站，拉开“果树功能性海洋生物有机肥”的研发序幕。与中科院青岛能源与过程研究所签订项目合作协议，全镇生物能源高值利用技术研发工作迈上新台阶。首批聘请包括国家“千人计划”江河清、泰山学者周功克等在内的10名专家教授担任纺织产业研究院特聘专家。新培养昌邑首席技师1人、昌邑农村实用人才1人。持续完善配套服务，优化企业发展环境。落实干部一线办公、问题一线解决、效率一线提升“3个一线”工作法，全力推动重点项目提速增效。对全镇452家企业实地调研，全面摸清辖区内企业底数，建立精准服务企业的大数据库。投资8600万元的中水回用项目已投入运营，有效缓解工业园区供水紧张问题。华宝纺织、义泰祥纺织累计投资1.5亿元，自主建设污水处理工程，进一步提高生产污水的处理效率。投资200余万元完善工业园区设施配套，路灯全部亮化、交通警示设施全面提升，园区形象、环境、服务等全部提升改造，企业发展的载体空间进一步完善。

【生态农业】 投资900余万元，以潍河、小龙河为两条主线，打造以桑蚕体验为主题的“万亩桑园”，建设果桑采摘体验和叶桑养蚕缫丝两大主题功能区，发展农业“新六产”。已调地1500亩，植桑1000余亩，打井10眼，安装变压器5台，种植区灌溉网络铺设完毕。投资603万元完成高标准农田建设4300亩，基本农田的抗旱排涝能力进一步提高。持续提升生态建设水平，新增造林849亩，更新造林1353亩，新建林网5000亩、苗木基地1360亩，完善林网2000亩，超额完成2017年绿化任务1659亩。发放绿化苗木9万株，村庄新增绿化面积8万平方米。

【“丝绸之乡”特色镇】 以丝绸为主题，突出文化传承，将一二三产业与历史、文化融合打造、同步提升，以实现旅游、文化、创意、实业多元升级。以潍河、小龙河为两条主线，建设以桑蚕体验为主题的“万亩桑园”；以重现柳疃丝绸交易盛况为主题建设“丝绸古街”；以文化创意为主题建设丝绸文化创意园；以华信丝绸公司、华裕丝绸公司、中国棉纺城和柳疃工业园区为承载打造现代丝绸产业区。特色镇建设已完成规划设计，“万亩桑园”项目一期建设初步完成，丝绸博物馆建设完成，提升改造茧绸文化博物馆，正在进行内部装修。以中国棉纺城为载体，打造服务业龙头。中国棉纺城展销门店达到977套，年市场交易额达到180亿元。依托棉纺城，投资1.2亿元的分布式光伏电项目已并网运行。投资5000万元的公共型保税仓库建成投用，年可周转货物2.4万吨。依托保税仓库，投资1200万元的澳洲海盐项目开工生产。“易商平台、微商创业园、保税仓库”三大模块投入使用，建成集产、供、销、学、研五位一体的综合型、专业化的纺织产业集群服务平台。

【镇村管理】 以镇区东扩规划为指引，进一步完善镇区路网框架。堤顶路二期通车，完成文化路拓宽改造，形成五纵十四横的路网框架，镇区建成面积达到6.75平方公里。依托朝阳广场，建设“一镇一品”廉政文化教育基地，打造6个教育板块，让人们在休闲之余感受廉洁文化的熏陶，在耳濡目染中达到警示、启迪和育人的效果。全面落实河长制工作方案，加强辖区内水域环境保护。清理堤顶路沿途三大堆400余个，

★毓秀公园 （陈官阶）

栽植绿化苗木 56 亩，绘制墙体画 2.9 万平方米，打造一幅美丽的潍河长廊画卷。出台环境卫生工作考核办法、工业园区环境卫生管理办法，新建绿化示范村 10 个，村内次干道硬化率达到 85%，出村路、连村路硬化率、绿化率均达到 100%。镇村环卫托管率 100%，无沉积垃圾点，切实让村民享受到清洁干净的生活环境，11 月份成功迎接国家服务业标准化现场会观摩。

【发展惠民生】 扎实推进农村无害化卫生厕所改造，6547 套改厕任务全部完成，占全市任务数的 30%，全部达到验收标准。完成农村道路路网框架规划 10.2 公里。完成生命安全防护工程建设 26 公里。投资 110 万元新建青乡幼儿园，投资 800 多万元的中心初中实验楼投入使用，并在全市落成首个孔子雕像。投资 70 万元提升改造敬老院消防设施。完成精准扶贫光伏电项目，收取银龄安康保险金 28.4 万元，“慈心一日捐”25.6 万元，社会保险综合覆盖率达到 100%，基础保障能力全面提升。加强以孝德为首的“四德”教育，全镇 72 个村呈现和谐稳定、民风淳朴的良好氛围。

【依法行政】 强化企业主体责任和政府属地监管责任落实，开展安全生产专题教育培训 12 次。聘请第三方机构对全镇 452 家企业开展 3 轮“诊断式”安全生产大检查，76 家企业停产整顿，9 家企业依法取缔。扎实落实化工企业“大、快、严”行动，完成全镇 37 家化工企业台账建设，建立常态化巡查检查机制。坚持既要金山银山，又要绿水青山。对全镇 3000 余台喷水织机进行重新规范，入园率达到 100%。以高度负责的态度对待环保督察，坚持集中行动与领导包靠相结合，10 吨及以下燃煤锅炉清零、禁养区养殖户拆迁、“小散乱污”企业整治等工作全部落实到位，环保问题办结率 100%。全力以赴做好稳定工作。顺利完成十九大安保维稳工作任务。扎实落实退役士兵安置和权益保障工作，41 名退役士兵全部安排到社区。扎实推进社会治安综合防控，完成一村一警务助理工作，扎实开展打霸治痞、反邪教宣传、严打毒品、非法集资和传销等专项活动，切实维护人民群众的生命财产安全。

（供稿人：李　超）

下营镇

【概况】 下营镇位于昌邑市北部，面积 220 平方公里，2017 年，辖 35 个行政村，8601 户，常住人口 2.4 万，耕地面积 5.58 万亩。完成地区生产总值 18 亿元，比上年增长 7.8%；实现地方财政收入 2.61 亿元，比上年增长 8.5%，实现规模以上工业销售收入 54.43 亿元、利税 9.3 亿元、利润 5.88 亿元，分别增长 24.87%、14.24% 和 14.22%；农民人均可支配收入 1.8 万元，增长 5.9%。2017 年，下营镇被评为“山东省森林乡镇”；下营镇军营村被评为“山东省敬老文化教育示范点”；下营镇卫生院被评为全国“群众满意乡镇卫生院”；滨海化工新材料孵化中心获批山东省科技企业孵化器；生物医药中间体产业集群入选第七批省级产业集群；月牙湖湿地公园被评为潍坊市级湿地公园。

【高点定位科学规划】 聘请权威单位对园区总规、控规等重新修编，争取在全省化工园区认定中首批通过。抢抓山东省把“建设国家级高端石化基地”列入

★民间文化展演　　（褚方文）

“10+2”重大项目的机遇，与新加坡盛裕集团签订高端石化基地规划服务协议，规划建设千亿级高端石化基地，全力引进大化工项目。加大招商选资，积极推动与福诺化工等世界500强企业对接洽谈，新引进项目10个，投资37.4亿元，共落户项目113个，总投资432.6亿元。加速土地腾退，在上年完成16家企业并购重组，盘活土地2200多亩基础上，2017年新排查9家长期圈而不建、占多建少的项目，采取多种方式腾退处置。主要做法被省改革办作为全省17个地方改革案例之一上报中央改革办。

【整体提升完善配套】 开展“园区整体提升年”活动。总投资3500万元，对园区主要干道进行挖补改造及人行道铺装，安装广场雕塑、门禁系统、道路指示牌及安全标志，栽植苗木24万株。推进园区企业进行墙体涂新和文化建设，园区整体面貌焕然一新。加强基础设施建设。投资1.2亿元新建鹏昊净水厂已投入使用，开发区日供水能力达到2.7万吨，彻底解决开发区生产生活用水问题。投资5500万元新建一座110千伏变电站，实现园区企业“双回路”供电。对园区天然气进行了整体规划，已全部铺设至镇区和用气企业。在全市率先完成燃煤小锅炉“清零”工作，投资5600万元的龙之源热力超低排放工程已验收，完善开发区热源保障。加快“三废”处理。投资3700万元新铺13.7公里的中信环境污水管线已投入使用；投资2亿元的中信环境二期项目已完工，日处理化工废水能力增加5千吨；投资6.6亿元东江环保固废处理项目快速推进，是潍坊市首家专业危废处理企业。聘请南工大专家现场诊断，在园区推广RTO、RCO废气处理模式，对12家重点企业的42个异味产生源全面整改，空气质量明显改善，顺利迎接中央环保组督查。

【动能转换】 成立滨海产业研究院。68位专家教授与园区企业建立稳定合作关系。新建奥友院士工作站；汉兴医药与中国计量大学、金典化工与青岛科技大学联合研发中心；金晶生物“863计划”微藻色素开发项目通过科技部现场验收；滨海化工新材料孵化中心顺利获批山东省科技企业孵化器，成为全市首家省级科技企业孵化器。汉兴医药获评鸢都产业领军人才个人奖励和单位奖励。新澳化工获评潍坊市科技企业孵化器。奥友生物管华诗院士获评鸢都产业领军人才。延伸产业链条。围绕盐及盐化工、石油化工、低碳产业、新型医药和装备制造五大产业基础，大力引进拉动力强、链条式发展的产业项目。发挥金典化工作为世界最大的单体二硫化碳生产企业带动作用，落户产业链条项目达10家。强化有针对性的补链、强链，计划投资15亿元，新上不溶性硫磺和高品质聚苯硫醚等项目，推动产业链条式发展。加快产业智慧化。2017年，开发区已获批潍坊市两化融合示范园区，金典化工通过工信部国家两化融合管理体系贯标试点，打造智慧发展新标杆。推动产业集群化。海天生物由生产工业用碱向生产家用洗涤剂、食用碱升级；汉兴医药等医药中间体企业向生产原料药、成品药升级；新澳化工等染料中间体企业向高科技成品染料转化，园区新型环保高端染料年加工能力达6万吨；恒昌新材料由传统铸造向生产高端新材料转化，成为国内仅有的5家非晶软磁薄带生产企业之一。昌邑生物医药中间体产业集群顺利入选第七批省级产业集群。

★产业研究院 （褚方文）

【建设新城】 镇区住宅楼盘和沿街商业房重启建设已进入实质性操作阶

段，部分已具备销售和入住条件。投资7000万元的下营增殖站建设顺利推进；投资1.8亿元的天恩光伏二期工程，上层光伏已并网发电，下层5000亩的水面已投产养殖。规划建设昌邑滨海国家级湿地公园，其中投资2亿元的月牙湖公园板块、投资1.5亿元的月牙湖平原水库板块和投资2600万元的耐盐碱苗木示范园板块快速推进，打造北部沿海生态新亮点。月牙湖湿地公园被评为潍坊市级湿地公园。扎实落实“河长制”，顺利完成潍河水源地禁养区养殖户的拆除搬迁工作。持续加大植树造林力度。新建二号林带、五六干串联林带、蒲河林带“两横一纵”三条林带和鼎立核桃种植示范园、雨泽林场两个“千亩生态林业示范基地”，新建片林3000亩，新建农田林网5000亩，完善农田林网5000亩，被评为“山东省森林乡镇”。

【夯实农业】　大力发展农业产业。引进落户投资10亿元的新希望六和商品猪养殖项目；鼎立薄壳核桃争取资金1200万元，新发展核桃种植1000亩，总面积扩展至3000余亩，鼎立薄壳核桃示范园获评“省级经济林标准化示范园”，带头人李治国被评为“齐鲁乡村之星”。毅硕丹参发展丹参种植2000余亩，与上市公司签订采购合同。新建奥友肉苁蓉种植实验基地2000余亩，极大地提高了盐碱土地的经济效益。顺利争取“土地深翻+整地镇压”试点项目。全面完成粮食保险投保工作，投保面积8万余亩，提高了农业生产抗风险能力。支持集约化海水健康养殖，发挥海水、滩涂等特色资源优势，培强做大高效海水养殖等现代农业龙头企业，初步实现了渔业养殖的科技化、品牌化、基地化。其中浩源养殖公司顺利申报了国家级单环刺螠原种厂项目；昱海养殖公司顺利申报了国家级海洋经济创新项目——雨生红球藻的培育和推广项目；海丰水产养殖公司开展的“中国对虾‘黄海1号’良种繁育”等多个项目获国家、省和潍坊市科技创新优秀成果奖。加强农业生产基础设施建设。投资500万元、全长3000米的五、六干串联工程顺利完工，有效解决蒲河以东9个村的2万农田灌溉难题。做好投资3870万元的供水管网升级改造工程，解决昌北农村供水难题。1653户农村厕改全部完成，率先通过验收。深入

★火道民俗文化园　（褚方文）

挖掘农村文化资源。重点建设渔文化东西营村、盐文化常家村、孝德文化军营村、红色文化火道村，商学文化李刘村。规划建设火道民俗文化园，开国将军李福泽生平陈列馆、火道知青纪念馆、村史馆、顾城文学馆，全力打造“将军故里，红色火道”。努力建设产业兴旺、生态宜居、乡风文明、治理有效、生活富裕的社会主义新农村。军营村被评为“山东省敬老文化教育示范点”。

【聚焦民生】　深入推进“思想作风建设年”活动，开展连心大走访，建成镇综治中心；印发《关于加强村集体财务管理的办法》，在全市首家推行村级资金银行代发；总投资1600万元，全面完成火道社区新建工程，除按社区建设标准配备“一厅一校十室”外，又新建农资超市、银行、卫生室等，为社区居民提供更加高效便捷的服务。改造提升下营、北赵、蒲东三处社区；新修道路18余公里，率先完成村级公路网格化工程；在全市首家完成投资46万元的农村光伏发电精准扶贫项目，光伏发电的收益已经发放到建档立卡的贫困户手中。投资280万元对前柳小学等教学点进行修缮改造；与上市公司光合文旅签订框架协议，计划运用PPP模式规划建设国际研学小镇项目，该项目将与昌邑市青少年素质拓展中心相结合，计划投资10亿元，建设兼具研学、旅游、教育、健康、度假等功能的综合实践基地。举办多种形式的民间文化展演活动，丰富农村文化生活。进一步加强基层医疗卫生服务体系建设，下营镇卫生院被评为全国“群众满意乡

镇卫生院”。（供稿人：潘雪丽　褚方文）

卜庄镇

【概况】　卜庄镇位于昌邑市东北部，面积115平方公里，2017年，辖95个行政村，16183户，人口5.2万，耕地面积7866.71公顷。全镇完成地区生产总值30.07亿元，比上年增长12.1%；实现地方财政收入3154.80万元；实现限额以上企业销售收入330794万元、利税43858万元，分别增长12%和10.9%；第三产业增加值达到104154万元，增长8.9%；农民人均可支配收入17662元，增长8.3%。年内获评潍坊市城乡环卫一体化工作示范镇、农产品质量安全示范镇、侨务工作先进单位，被市委、市政府授予“中共十九大安保维稳工作先进单位”，连续两年被市政府授予“城乡环卫一体化工作先进镇（街区）”。姜泊村获评山东省历史文化名村、省文明村、潍坊市乡村旅游标杆示范村荣誉称号。夏店村获评山东省传统村落。

【小镇建设】　卜庄镇历史文化悠久，自然风光优美，文化底蕴深厚，文物古迹众多，潍河、胶莱河贯穿南北，有3处省级文物保护单位、7处潍坊市级文物保护单位、11处昌邑市级文物保护单位，还有大量的出土文物和碑刻存于昌邑市博物馆。2017年，夏店村入选山东省传统村落，姜泊村入选山东省历史文化名村，成为潍坊市唯一入选的村庄，获评潍坊市乡村旅游标杆示范村。红色文化、“海上丝绸之路”文化、侨乡文化是卜庄历史文化的主要特色。在此基础上，卜庄镇提出按照规划一步到位、建设分步实施的原则，打造以历史文化为主要内涵的历史文化研学小镇，积极申报市中小学生综合实践活动基地。在2016年已建成姜泊五大功复原陈列暨姜泊村史馆、西海军分区后方医院、胶北特委旧址暨卜庄抗战纪念馆等景点的基础上，2017年重点围绕5个项目，打造雪芹戚里、海上丝绸之路源头、华侨之乡、革命老区4张历史文化名片，推动文化旅游产业发展。在潍河东堤涉及的22个村庄，打造全长13公里的生态农业项目区，重点发展特色种植、生态农业、观光农业等项目，完善道路、餐饮、采摘、销售、游客服务等设施，形成串联沿线历史文化景点、红色文化景点的旅游线路。年内成功引进上海蓝海园艺有限公司投资1.2亿元建设的草坪项目，该项目规划一期种植面积5000亩，已种植1000亩。在广刘村修复峻青旧居，复原、陈列、展示传统民居陈设；修建峻青文学馆，展示峻青参加革命以来的事迹及主要文学作品；建设《黎明的河边》文化广场，复原小说片段场景；修复沿堤历史遗迹和水利设施；对广刘村整体环境进行打造，恢复传统村落风貌。修复省级文物保护单位“夏店民居群”代表建筑“王氏家庙”“王滨故居”“耿纯玉故居”“利成号老宅”，复原、陈列、展示传统民居陈设；建设王滨电影艺术馆暨红色影院；建设夏店革命史馆。已由山东崇文文物保护规划设计有限公司做专业的修复方案，修复王氏家族古宅及周边建筑，现已布展。顺利组织“第一届慈云院民俗文化庙会”。对省级文物保护单位“姜泊民居群”代表建筑“功泰号”“二支家庙”等单体建筑进行修复和恢复，复原、陈列、展示传统民居陈设；对姜泊村进行整体环境治理，凸显姜泊民国建筑群特色，恢复传统村落风貌，积极发展特色“民宿”文化，完善景区内餐饮、住宿、销售、游客服务等设施，精品化打造乡村旅游路线。结合美丽乡村示范村项目，对环村线路进行整体打造，硬化道路2公里，在沿线恢复古民居风貌，利用村里的老房子、有风味的古建筑打造民宿3处、茶馆、农家乐主题餐厅各1处。

【生态环境】　卜庄镇坚持生态立镇，高度重视环境整治，开展多种专项整治行动，促进环境质量持续改善。投资1100余万元，通过加固维修卜庄至下营段蒲河沿线排污主管道，有效地防止管道中污水渗漏到蒲河中。随着36家食品加工企业“一企一管”工程、“雨污分流”工程的完工，杜绝工业污水排入蒲河，解决多年来排污难题。拆除22处燃煤小锅炉，14家企业完成天然气小锅炉更换。对禁养区27户养殖户全部下发拆除通知书，对适养区、限养区养殖户下达整改通知书，要求各养殖户根据相关要求严格按照时间节点整改到位。对所有散煤场下达整改通知书，到期未整改到位的，依法取缔。引发群众投诉的环保问题，重点及时处理。按照属地管理原则，采取“镇安环办、社区、村”三级快速处理的方法，处理群众投诉60余起。

【民生保障】 2017年，卜庄镇重点在道路建设、美丽乡村建设、社区改造提升和敬老院建设、社会保障上下功夫。为满足群众生产、生活需求，全镇新建、重修道路近100公里，达到95个村“村村通”，所有村庄连村通行。结合文化旅游线路的打造，上半年对姜泊村、广刘村、夏店村实施精品村庄打造工程。卜庄镇城乡环卫一体化工作位列全市镇（街区）第1名，获评潍坊市城乡环卫一体化工作示范镇。重点对夏店社区和大陆社区进行改造提升。将夏店社区打造成集党群服务中心、历史文化小镇展示为一体的功能齐全、设施完备、具有卜庄特色的集社区办公、特色展示、协会活动为一体的社区综合体。大陆社区紧靠大陆村史馆打造红色大陆和梨枣产业2个展厅，进一步规范提升社区服务职能，展示大陆村近20年来的发展历程及先进的村庄管理模式和管理机制。2017年，新增低保11户，13人；慈善救助40户，发放现金7.1万元；医疗救助14户，发放现金28230元；临时火灾救助2户，发放现金1700元；冬春救助160户，发放现金6900元；残联救助23户，发放现金20265元。通过借助卜庄草编、大陆梨枣、文化旅游等产业优势，加大精准帮扶力度，年内实现24户，51名贫困人口脱贫。

【农业发展】 以大陆村为辐射带动，梨枣种植面积突破1万亩，成为全国最大的梨枣生产基地，也是全国梨枣价格形成中心、交易中心。梨枣集中上市阶段，交易市场来自北京、上海、浙江的客商达到100多家，梨枣销售量达到7500吨。2017年，大陆村梨枣亩产达到2000—3000公斤，村民每亩梨枣收益1万多元；卜庄镇耕地面积12.27万亩，共建立农业合作社99个，家庭农场15个，拥有种粮大户126户，农业产业化龙头企业4家；组织实施50亩高产创建对比试验田项目、山东农业大学小麦测墒补水试验田项目、青岛农业大学水肥一体化等高科技示范项目，促进农业发展现代化；大陆梨枣专业合作社、潍坊红色之爱生态农业有限公司进行“三品一标”申请；卜庄镇顺利通过潍坊市农产品质量安全示范镇验收。

（供稿人：郭幸幸）

石埠经济发展区

【概况】 石埠经济发展区位于昌邑市中部，面积100.5平方公里，2017年，辖10个社区，14026户，人口4.98万，耕地面积5467公顷。全区完成地区生产总值43.2亿元，比上年增长10.5%；地方财政收入995.1万元；工业实现销售收入28.2亿元、利税3.95亿元，分别增长11.3%和12.6%；第三产业增加值达16.2亿元；农民人均纯收入17697元。

【经济社会发展】

农旅小镇建设 2017年7月，潍水田园综合体项目被选为山东省省级田园综合体建设试点，同时被列入潍坊市、昌邑市“品质城市”建设重大支撑项目，规划占地面积3万亩，总投资50亿元，建设周期为3年，其中核心区域板块占地5000亩，重点打造“一带一廊两翼三组团”。该项目于9月全面动工，投资1.2亿元，完成项目建设用地流转3000亩，土地治理、道路配套、基础设施及项目核心区域绿化景观、项目连带区域打造提升和苗木种植工程全面开工，2座钢架玻璃光伏结构大棚完成主体框架，占地50亩的人造景观湖——太极湖和假山初具规模。围绕发展壮大农旅产业，发展区制定出台一系列扶持政策，帮助景区争取上级扶持资金500万元，为青山庄园争取旅游标杆企业项目。青山秀水景区投资2.2亿元，建设完成30多

★石埠商业街 （孙怀森）

★立辉拉床 （孙怀森）

个主要景点，新建房车营地、蒙古包营地、“梦幻之星”营地等旅游设施；总建筑面积5200平方米的餐饮中心已完成投资360万元、建成2500平方米；投资1500万元的房车营地已全部建成；“梦幻之星”营地总投资1200万元，建成16个“太空舱”；蒙古包营地已建成蒙古包4个。2017年，青山景区被评为国家3A景区、山东省休闲农业和乡村旅游示范点。依托青山景区建设的蓝梦庄园项目，总投资5000万元，集休闲养生、运动健身多种功能为一体，已正式营业。青山采摘园完成一期工程投资3000万元，21个钢架春秋采摘大棚和13个冬暖式大棚完成建设并投入使用。二期工程完成规划设计并开工建设，4000平方米的高科技温室完成，“共享农庄”正在建设中，被山东省旅发委评为“山东省精品采摘园”和“山东省生态休闲农业示范园区”。截至2017年底，青山秀水旅游度假区、蓝梦庄园和青山采摘园共吸引游客30多万人次，新增就业岗位800余个，实现经济收入3000余万元，实现经济效益、社会效益和生态效益的共赢。

培育工业经济新动能　立辉重工“军民融合产业园”建设快速推进。8月，立辉重工院士工作站建设取得新突破，与中国工程院院士签署合作协议；自主研发的激光熔覆修复设备被纳入江南造船厂和哈飞技术合作名录；成功并购长沙南方机床厂，与山东能源重装签署海军舰船装备再制造合作协议；研制开发的舰艇转向系统即将开始批量化生产，立辉重工已被中央军委装备发展部批准为第二类装备承制单位。爱菲特机械承担凯斯纽荷兰公司51个品种的产品批量供应，交易额达1亿元；跟美国最大起落架厂家“斯诺考公司”合作的机械加工项目，已投入加工15个品种，6月初交付样品，10月开始批量生产；与美国通用电气公司就石油机械零部件生产加工达成合作意向。全区形成以华玉、华东、鲁宏为代表的塑机制造产业集群，在产品技术、规格等方面填补了国内吹塑行业的多项空白，80%以上产品出口中东、东南亚、非洲等地区，年产值达3.2亿元，出口额达1.7亿元。总投资18亿元的山东城矿环保产业园项目建设顺利，一期餐厨垃圾资源化处理设备研发制造、废旧轮胎裂解等项目已建成投产，成功列入首批“山东省城市矿产示范园区”。

打造现代生态农业发展品牌　以加快推动现代农业发展为核心，大力发展特色生态品牌农业，全区形成3万亩土豆、2万亩大姜、5000亩草莓、1000亩果蔬休闲采摘、6000亩高档苗木等现代农业示范基地，打造“西郭”牌土豆、“青山红岫”牌瓜菜等一批绿色品牌。现有农业龙头企业12家，农民专业合作社70多家，新增家庭农场15家。河东社区9000亩小农水高效节水灌溉项目已经完成，投资1680万元的3.7万亩高标准农田改造建设项目及投资1500万元的1万亩千亿斤粮食增产项目已完工。新引进的潍坊农科院现代农业示范园项目，总投资3500万元，占地500亩，调地全部完成，项目区域内桥涵、晒场、围墙及供电配套设施完成。总占地2600亩的奥孚苗木精品示范园，现苗木存圃总量160万株，全部实现精品化育苗和智能化管理，成为昌邑市绿博会一大亮点。

不断完善商贸服务产业体系　大力发展商贸服务业，着力打造服装、汽车、家具、副食品、竹木、建材、农机农资、农产品八大专业市场，建成以艾森商贸城、商业街商务区、鑫盛服装城、建材市场为支撑的现代商贸服务业中心；以农资和农机交易市场、农产品专业市场为带动的现代农业服务体系；以汽车交易市场及恒通驾校为支撑的现代服务业园区；以农商1号金正大农资电商运营中心、文化创意传播运营中心、潍坊世源禽畜养殖服务运营中心为主体的“互联网+”电子商务产业集群，全区商贸市场总建筑面积58.5万平方米，年交易额13.5亿元。

【村镇建设】

改造提升镇村道路　投资2800万元，打造潍水大

★田家社区旧村改造 （孙怀森）

道、田园大道、堤顶路、青山路、政府街、新兴路、恒泰东街、恒昌东街、工业路、乡环路、郝家屯主街、南斜村主街、流河主街等道路20多条、近50公里，为群众出行提供极大便利。

开展村容村貌综合整治 共出动5800多人次、机械280多台次，完成路域治理108公里，清理排水沟13.9万平方米；拆除乱搭乱建38处，清理“三大堆”120个；完成农村改厕180户；改造废弃湾塘10.8万平方米；拆除燃煤锅炉14台；关停畜禽养殖场320家、拆除126家；清河行动拆除违章建筑物140余处；关停整改水源地保护区内企业42家。全区新增绿化面积2.8万平方米，新安装绿化带护栏1.6万米，新维修安装路灯318盏，粉刷墙体4.2万平方米。309国道、青山路两侧新安装LED景观路灯158盏，成为潍河大桥东首“昌邑之窗”标志建筑。

推进社区标准化建设 投资2300余万元，新建秀水、裴家、青山、河东4个社区服务综合体，为群众提供“一站式”服务，切实解决服务群众“末端梗阻”问题。全面落实领导干部基层群众工作日制度，构建大排查、大接访、大调解工作格局，有效化解矛盾纠纷。全力抓好安全生产，大力实施“千眼工程”，深入开展“平安村庄”建设，全区经济社会发展和谐稳定。

【社会事业】

基层基础 扎实做好村级换届选举工作，组织开展干部大走访活动，全面掌握村级组织班子运行现状和干部履职、群众满意度等情况，在抓好村级审计督查问题整改基础上，严格选人用人标准，依法规范操作，确保圆满完成换届选举任务，切实增强村级组织活力。健全完善“区党群服务中心、社区党群服务中心、村级党群服务站”三级党群服务体系建设，不断拓展服务功能，延伸服务链条，彻底打通服务群众“最后一公里”。深化“书记上党课”“干部上讲台”制度，加强载体建设，建立起规范化、常态化的党员党课教育制度。规范村级组织运行，抓好后进村党组织集中整顿，稳步解决后进村在班子建设、村级制度建设、经济社会发展等方面存在的突出问题，确保后进村如期转化。加强党员干部教育培训，组织对全区2300名党员进行集中轮训，举办驻企党建指导员业务能力提升班，进一步提升党员队伍整体素质。

教育投入 先后投资15万元，为石埠初中整修厕所、改造师生宿舍楼和传达室；投资16万元，为石埠小学进行校舍维修和校园环境综合整治；投资10万元，为石埠幼儿园维修装饰教室；投资8.6万元，为东刘小学整修操场，购置食堂设备设施；投资7.6万元，为流河小学补充完善教育教学设施；投资24.9万元，为西金小学、幼儿园维修校舍，提升校园绿化美化环境。石埠教育办先后被潍坊创新教育政策研究院、潍坊教育网授予“特色品牌创新奖”称号，被潍坊市教育局授予创新技能大赛团体三等奖，被昌邑市教育局授予教育创新先进单位、学前教育先进单位、教育信息宣传工作先进单位、中等职业学校招生工作先进单位、昌邑市首届小学英语社团活动展评三等奖，被昌邑市委、市政府授予昌邑市文明单位称号。

公共卫生体系日 坚持加强对石埠中心卫生院和各村级卫生室的监督管理和服务，着力构建机构设施健全、管理制度完善的公共卫生体系，全区医疗卫生

★青山中学 （孙怀森）

服务水平持续提升。形成以石埠医院为中心，辐射带动全区67个村卫生所的公共医疗卫生服务体系。

【党建工作】

强化责任落实　健全完善党建工作责任体系，严格落实党组织书记抓基层党建工作“三个清单”制度，在全区形成自上而下、层层加压、齐抓共管的党建工作格局。推行党委班子成员党建联系点制度，每名班子成员分别确定2—3个基层支部作为党建工作联系点，每季度至少到联系点调研2次，每次时间不少于1天。推行社区书记划片管理负责制，结合工作实际每周开展1次党建工作调度和总结，做到目标细化、责任到人。深化完善党建工作考核制度，依据经济发展水平和党建工作基础差异，把全区67个村分成好、中、差三类，分类制定重点任务完成指标，增强考核操作性，充分调动各级干部工作积极性。

健全党群服务体系　健全完善“区党群服务中心、社区党群服务中心、村级党群服务站”三级党群服务体系建设，不断拓展服务功能，延伸服务链条，彻底打通服务群众“最后一公里”。深化“书记上党课”“干部上讲台”制度，加强载体建设，建立规范化、常态化的党员党课教育制度。规范村级组织运行，抓好后进村党组织集中整顿，稳步解决后进村在班子建设、村级制度建设、经济社会发展等方面存在的突出问题，确保后进村如期转化。加强党员干部教育培训，组织对全区2300名党员进行集中轮训，举办驻企党建指导员业务能力提升班，进一步提升党员队伍整体素质。

完善制度机制　认真落实“三会一课”、民主评议、“四议两公开一监督”等制度，强化支部自身建设，保证党内组织生活正常化、规范化。强化完善社区干部包村、社村集中议事、村事民决社区监管等制度，涉及村级人事调整安排、大额财务支出、重点工程推进、矛盾问题解决等事项，社区干部和包村人员一律现场进行指导、服务和监督，促进村级事务规范化运行。完善党建工作经费保障制度，加大阵地建设、村干部薪酬待遇、村级办公经费等方面的投入，确保党建活动有阵地、工作有力量、办事有经费。落实党建工作日常考核通报、随机调研等制度，督促村、部门、企业党组织把功夫用在平时，形成调研有反馈、工作有督查、整改有通报、成效有评估的运行机制，推动全区党建工作整体上档次、上水平。

（供稿人：崔国康）

饮马镇

【概况】　饮马镇位于昌邑市中南部，面积71平方公里，2017年，辖6个社区，34个行政村，10461户，人口3.6万，耕地面积4053.3公顷。全镇完成地区生产总值76亿元，比上年增长8.5%；地方财政收入5364万元，比上年增长13.5%；工业实现销售收入74.04亿元、利税4.58亿元，分别增长7.9%和11.5%；第三产业增加值达16.8亿元；农民人均纯收入1.78万元。2017年，荣获“山东省文明镇”“潍坊市森林镇”等称号。

【经济发展】　现代产业快速推进。始终把握高端高质高效产业发展方向，实施高精度对接招商，强化项目服务和质量，经济社会呈现增速加快、质量提升、后劲增强的良好态势。总投资1.6亿元的畅通集团道路绿色环保材料生产项目落户工业园区，年产道路绿色环保材料60万吨，可实现年销售收入1.2亿元，实现利税3200万元；派康塑料科技有限公司生产的塑料管材国内市场占有率达20%，产品销往美国、俄罗斯、意大利等十几个国家和地区，2017年销售额突破亿元大关。潍坊新美达纺织有限公司，投资1.06亿元新建标准化纺织项目，安装生产设备184台（套），增加年销售收入9600万元，实现利税300多万元；总占地

★博陆春早　（王蔚成）

面积44万平方米的潍坊中云机器有限公司，自主开发十多项世界领先的关键核心技术，获得国家专利30余项，荣获全国“五一”劳动奖状、山东省中小（民营）企业技术创新示范企业等荣誉称号。现代农业发展迅速。总投资2亿元，占地面积3000亩的现代农业示范园，已落户东方园林、隆达种业、天福园生态农场、绿欣家庭农场、大地宏琳农资等5家企业，带动当地就业300余人；成立隆达种业萝卜育种工程技术研究中心，实现对白菜、萝卜、芹菜、香菜、茼蒿等常规蔬菜及大豆等经济作物原种进行选育；天福园生态农场建成高档钢管特色蔬菜、西瓜、樱桃种植大棚35个，建成集观光旅游、休闲娱乐、现场采摘于一体的现代农业采摘观光园。加快推进梨花小镇建设，2017年调整土地5000亩，新发展梨园1000亩，桃园200亩。博陆山景区4.7公里环山道路、幽谷漂流、景区篱墙、停车场、山阳社区、霍光路均建成投入使用。4月成功举办第八届山阳梨花节、第五届群众文化艺术节，9月顺利举办第二届山阳大梨采摘节。梨花节期间博陆山景区共接待游客10余万人次，为山阳村增加村集体收入100余万元，创造经济效益共计1200余万元。2017年，山阳村荣获“全国美丽乡村示范村”“2017年度山东省生态文化村”等荣誉称号。

【民生事业】 深入开展以“五化”为重点的村容村貌综合整治活动，累计清理“三大堆”1.2万多个，拆除违章建筑300余处，粉刷墙体8000多平方米，绘制图画210幅、1500多平方米，村庄面貌焕然一新。实施村级公路网化工程，山阳、兴会等14个村完成村级道路硬化8.5公里，杨家屯、张家庄子等28个村完成生产路、村内道路整修10余公里，栽植村庄绿化树木1.5万余株，铺设自来水管道4000余米，安装高清摄像头300余个，全镇34个村全部实现“村村连”“村村通”“村村绿”“村村亮”。改造提升党群服务站，高标准建设“三务”公开栏，实现“党务、村务、财务”全面公开；建立农家书屋32个，老年文化中心8个，文化广场6个，增加体育健身器材20套，村级基础设施明显提升。开展省级森林城市创建，辖区森林绿化率显著提升，森林覆盖率达28%，镇域绿化覆盖率达38.1%，境内道路绿化率达100%，获“2017年度潍坊市森林镇”称号。大力实施文化惠民工程，组织开展群众性文化活动100余场次。开展移风易俗、乡村文明行动，34个村全部成立红白理事会，婚事新办、厚养薄葬、丧事简办的文明新风初步形成。健全完善农村社会保障体系，医疗保险覆盖率100%，帮助辖区群众办理社保卡，社保卡持卡率100%；对辖区2000余名育龄妇女进行免费“两癌”筛查。

【基层党建】 把学习宣传贯彻中共十九大精神作为头等大事来抓，成立64人的中共十九大宣讲团，深入村、企业宣讲72次，对全镇52个党支部进行一对一帮学，制定印发《饮马镇关于认真学习宣传贯彻中共十九大精神的通知》《饮马镇十九大精神配档表》，邀请党校教师，对辖区1000余名农村党员开展为期2天的中共十九大精神集中学习。推进“两学一做”学习教育常态化制度化，创新学习教育方式，推广“互联网+党建”模式，用好“掌上党支部”“可视化视频平台”“微信公众号”3个平台，累计组织党员干部学习6000余人次，党员进党校培训率100%，实现“两学一做”学习教育常态化制度化。加强村级班子建设，推动从严治党向基层延伸。树立大抓基层的鲜明导向，推动全面从严治党向基层延伸，对3个软弱涣散村党组织进行整顿转化，对15名村干部扣发绩效补贴，村“两委”班子为民务实能力和水平得到提升，落实村级组织运转经费226万元，有力保障基层组织高效运转。正风肃纪，推进党风廉政建设。全面落实从严治党主

★派康塑料科技有限公司生产车间 （张其俊）

★山阳村一角 （郝文强）

问题导向，突出专项整治，对全镇环保突出问题进行综合治理。认真落实“河长制”，禁养区内187户畜禽养殖户全部予以关停、拆除；扎实开展“清河行动”，采取有效措施消除乱占乱建、乱围乱堵、乱采乱排等河流“八乱”现象，共清理整治违章建筑及违法活动24处；关停石英砂加工业户45家，清除燃煤锅炉5个，取缔散煤销售点6个，推广型煤5500吨，推广节能炉具710台，切实推动辖区生态环境质量实现新提升。把打非治违作为维护社会公平正义、规范市场发展秩序的重要举措，对重点区域、重点路段进行重点巡查，对违法建设“零容忍”，发现一起查处一起，公开设立违法建设举报电话，打非治违高压态势已经建立。全年共拆除违法建设15处1万余平方米，制止各类初始性苗头性违法建设30余起，辖区内违建等行为得到有效遏制。

体责任，坚持反腐败无禁区、全覆盖、零容忍，狠抓“庸懒散浮”整治，组织开展机关作风纪律督查20多次，通报批评26人。严厉查处发生在群众身边的“四风”问题和腐败案件，做到有案必查、有腐必惩、有贪必肃，查办违规违纪案件14起，处理党员19名。顺利完成村“两委”换届工作。根据市委、市政府村“两委”换届选举工作的统一部署，精心组织，顺利完成村“两委”换届选举工作。深入实施寻标对标提标达标行动。围绕经济发展、项目建设、民生改善等重点事项，制定《“担当作为、争创一流”任务目标》，明确目标，落实责任，拟定措施，并进行公开承诺，接受群众监督。分3批组织80多名领导干部、村干部赴寿光羊口、临朐九山等地开展对标学访，提升目标定位、提高工作标准、开拓新视野、提升新境界、加快争先创优步伐。

【社会治理】 信访维稳工作。扎实开展“万人下基层”、防范“四类风险”专项行动，健全完善安全责任网络和监控网络，建立158个网格，确定982名安全网格员。召开综治维稳专题会议12次，制定预警预案9个，深入实施矛盾纠纷集中排查化解，排查化解不稳定因素和矛盾纠纷76起，妥善处理历史遗留问题11个。中共十九大期间，圆满实现“五个不发生”目标任务。深入推进“大快严”集中行动，突出抓好安全生产“培训、排查、整改、督查”4个环节，加大安全监管，夯实企业责任，深化专项整治，先后开展安全生产“大快严”集中行动6次，检查企业400余家，5000余次，发现整改隐患1800余处，取缔企业20余家，创新税收征管方式，探索出“安全生产检查+环保监管+税收征管”的企业管理新模式，新增土地使用税350余万元。以中央第三环保督察组巡察为契机，坚持

（供稿人：韩 旺 魏庆庆）

北孟镇

【概况】 北孟镇位于昌邑市最南部，面积178平方千米。2017年，辖15个社区，92个行政村，21963户，人口7.2万人，其中农业户口7万人，耕地面积10526公顷。全镇完成地区生产总值43.26亿元，比上年增长8.15%；工业实现主营业务收入46.44亿元，比上年增长16.1%，实现利税2.89亿元；完成公共财政预算收入2123.9万元；农民人均收入15776元。荣获“山东省信访工作先进集体”“潍坊市中共十九大安保维稳工作先进集体”“潍坊市文明单位”等称号。

【治理转型新】 对全镇经济社会发展中事关人民群众切身利益，可能影响社会稳定或公共安全的重大决策、重大项目等事项，组织相关部门进行系统分析、先期预测和科学评估，并举行听证会，保证各项工作稳步推进。以社区为依托，建立镇综治中心和15个社区综治中心，推行社区信访登记制度，搭建镇、社区信访登记平台，规范信访登记、办理制度，将信访工

作的阵地进一步向基层延伸。同时，从2017年初开始，组织126名全体机关干部利用周六、周日休息时间在全镇范围内开展“走百村进万户·心连心大走访”活动，统一发放“民情服务卡”，先后走访服务群众7万余人次，征求群众意见建议150余件，整改率达到100%。创新法民联调机制，依托昌南法庭平台，让法官主动参与到重大村级事务管理、疑难复杂且久拖不决的信访案件、家庭邻里纠纷等复杂民事纠纷上来，收到良好效果。以推行网格化管理为重点，配备92名警务助理和APP手机终端，制定《北孟镇警务助理管理和考核办法》。扎实开展“一村一法律顾问”活动，统一制定聘用合同，共配备律师及法律工作者15名。在专门为社区配备18台执法记录仪的基础上，发挥“互联网+信访”优势，建立“北孟镇高清视频接访系统”，与社区之间搭建可视化的互动交流平台，群众到社区视频接访室就可以实现与镇接访领导“面对面”交流，打通服务群众“最后一公里”。建立常态化、长效化社区、村考核机制，制定印发“2017年度社区经费和村干部绩效工资考核办法”“北孟镇农村干部工作管理制度”以及信访事项等一系列处理规程，实行一月一考核一公示，一季度一兑现。设立“平安北孟建设先进社区”和“平安北孟建设先进村”等年底表彰事项，充分调动农村干部履职尽责、为民服务的积极性和主动性。

【产业强镇工业转型】　制定《招商引资考核办法》，成立项目办，制作宣传册，坚持主动出击、主动对接，广泛运用以商招商、以会招商和新媒体招商等形式抓好项目引进。成功引进广东翔海恒生饲料有限公司投资1亿元的动物油脂和蛋白粉项目落户滨海；与中国海外控股集团签订建设九年一贯制学校的合作协议。以昌荣农机装备制造为依托，着力实施二期项目，规划建设农机4S店，打造农机装备中心；以富彬家居为依托，规划建设标准化厂房，新上婴儿床、儿童座椅等项目，打造儿童用品中心；以三翔食品为依托，加强宠物食品研制开发和标准化建设，打造宠物食物中心；以建设中国食品谷北孟镇冷链物流园为依托，打造食品硅谷中心；以青岛同力宝牧业科技有限公司生态养殖和屠宰加工项目为依托，打造昌南生态循环养殖产业园。大力发展飞地经济，积极推进奥利通电气设备、正润纺织、百力合药业、康绿森油脂等投产项目扩产增效。同时，突出抓好新引进项目服务，在市发改局、环保局、规划局、国土局、建设局的支持下，永翔健动物油脂和蛋白粉项目进展顺利，已全面开工。以北孟企业家联合会为载体，组织协调镇域企业家定期开展活动，围绕转型升级，共享市场、信息、客商等资源，联合起来抱团发展。针对镇内企业家思想保守、对外联系少等问题，先后组织召开银企对接会2次，帮助企业融资5000多万元。组织开展3次大规模的安全生产大检查，关停不达标企业99家，70余家企业完成三级标准化建设，辖区内企业的安全生产意识明显增强，有力维护人民的生命财产安全。

【打造品质城镇】　聘请潍坊市政规划设计院，对大街改造进行高标准规划设计。该项目投资1300万元，主要是将供水、供热、污水管道进行贯通、规整，将弱电全部入地，新铺设天然气管道，铺装大理石人行道，并栽植高档绿化苗木1600多棵，完善绿化带。结合镇区道路改造提升工程，在镇中心建设中百佳乐家北孟店，该项目总投资1.1亿元，总占地37亩，包括新建5000平方米的商住楼4幢、占地4000平方米的广场，并结合开发部分沿街商铺66间。投资4500万元，建设建筑面积2万平方米的昌南农资批发园项目，共同打造成集购物、餐饮、休闲、娱乐为一体的镇级现代化、综合性商贸中心。为实现生态宜居村庄美、兴业富民生活美、文明和谐乡风美，镇党委、政府积极对接市财政局争取上级资金1100多万元，对前李家埠村、太平村、魏马村、北孟一村、北孟二村等5个村实施乡村连片治理项目，共硬化道路4.2万平方米，整修排水沟1840米，安装太阳能路灯46盏，新植绿化树木3200棵，新建文化广场3个，全面提升镇区村的建设水平，充分发挥其在美丽乡村建设中的示范带动作用。在城镇建设工作中，坚持把道路建设作为重中之重，结合乡村连片治理项目，先后在12个村硬化道路15公里。并以南部地区为重点，结合农村道路实施网化工程建设，多方筹资3460万元，先后在28个村硬化道路61.78公里，维修道路4.78公里，改善群众的出行条件。

【农业转型】 积极争取，先后组织社区、村干部和种养殖大户84人，到广东、浙江、上海、贵州、辽宁等地参加中组部、农业部举办的示范培训，开阔视野，更新观念，掌握先进技术。与中国食品谷集团签订合作协议，按照“一社区一品”的思路，深入92个村进行调研，引入1.5万亩的订单式辣椒种植项目。以冷链物流园为依托，积极筹建中国食品谷北孟基地，借助该平台研发、生产、加工、销售放心食品，打造北孟农业发展的新名片。鼓励兴办家庭农场、专业合作社，积极推动土地流转，让农民变“职业农民”。2017年，新增规模化家庭农场4个，专业合作社16个，通过流转土地，发展核桃2000亩、丹参1000亩、大棚葡萄600亩、富硒土豆900亩、富硒洋葱200亩。多次与山东农业大学、青岛农业大学等院校对接，成功引进投资3000万元、占地4000平方的牧源畜禽粪便处理和有机肥生产项目，获批中央财政扶持资金300万元，并与潍坊市农科院合作，建立农牧循环发展示范基地。坚持市场引领与品牌推进结合，不断扩大三翔食品、利利食品等企业品牌和九龙屯大蒜、北孟花生、旭日面粉、高家庄子苹果、李家庄子西瓜、葛七草莓、朱七葡萄、众鑫源菠菜等产品品牌的影响力，并打造映霜红秋桃、狮子头大姜等新品牌。小南孟村投资2000万元，建设亲子田园教育综合体和原野风情休闲观光园项目，已完成征地工作。在市国土局、农业局支持下，投资600多万元，实施涉及5个村、4000多亩的土地整理项目。对55个村、5.7万亩土地实行免费“深耕+旋耕”和“机收秸秆还田+土地深翻”；对1.35万亩土地实行高产创建平台项目，为发展高效农业提供有利条件。

【社会事业】 优化教育环境，提高教学质量，新建曹戈庄幼儿园，改善教育环境，激发广大教职工的积极性和创造力。同时，加强校园和校车安全管理，营造和谐、有序、安全、健康的教育氛围。坚持好中选优，积极联系对接，邀请行业内具备丰富经验和良好口碑的专业人员进行经营管理，并争取潍坊市级扶持资金19万元，已正式运营。完善免费图书馆、健身器材等基础设施配套，丰富群众的精神文化生活。投资200多万元，新建小南孟村村史馆、书香驿站等。加快迁村并点进程，完成2012年土地增减挂钩项目，将项目区居民迁往中心社区，改善群众的生产生活条件。为推动项目验收，在市国土局的指导下，将5月确定为“拆迁清表冲刺月”，由主要负责人带队，成立工作组，立下军令状，分工包靠、集中攻坚，全力做好未搬迁户扫尾和拆除地、边角地复垦工作。该项目已顺利通过潍坊市国土局验收，增加土地232亩。经与税务部门积极对接，在镇政务服务中心一楼东大厅开设增值税普通发票窗口，可代开普通发票。

【基层组织建设】 抓好村“两委”班子、党员队伍的管理和培训工作。认真抓好党务、政务、村务公开，提高基层工作的民主化、制度化水平。上半年，在小南孟村逐户走访征求意见的基础上，实施“红色细胞1+N工程”，按照村民的生活方式、活动范围重新划分党小组，确保每名党员都有发挥作用的阵地，每名群众都有联系服务的党员，探索新形势下管理党员、服务群众的新路子。加强农村社区建设。建立村（居）党群服务中心，新建老匙沟社区，升级前李家埠社区，配套建设社区老年公寓、社区服务中心等服务设施，并将前李家埠社区迁至景宏明苑，打造成集中居住型社区。深入开展“思想作风建设年”活动。小南孟村通过开展“寻标对标提标达标”活动，引入投资700万元的孟山蔬菜种植生态园项目，新建第六代冬暖式大棚30个。抓好干部作风建设。由镇纪委牵头，统一制定《北孟镇机关干部工作管理制度》《北孟镇农村干部工作管理制度》，针对财务管理易引发信访的问题，加强财务管理，组织纪委、组织办、经管站等单位定期进行审计，先后查处村干部6人。

（供稿人：高文虎　马鹏程）

滨海（下营）经济开发区

【概况】 2017年，开发区在市委、市政府的正确领导下，面对化工园区重新认定、山东省八项断然措施实施、中央环保督查，积极作为，主动担当，以化工园区重新认定为突破口，以开展园区整体提升和加快新旧动能转换为抓手，全面实现园区建设平稳持续健康发展。2017 年，开发区实现一般公共预算收入 4.04 亿元，完成固定资产投资 126 亿元，其中实缴税金过 1000 万元企业 16 家，海天生物纳税达到 2.1 亿元。年内，开发区处置“僵尸企业”的先进经验做法被省改革办作为山东省 17 个地方改革案例之一上报中央改革办；昌邑市生物医药中间体产业集群成功入选第七批省级产业集群。

【科学规划】 聘请省内化工园区规划方面最具权威的两家单位对工业园的总体规划、控制性详细规划等重新进行修编。与新加坡盛裕集团签订《高端石化基地规划服务协议书》，在布局支撑性大化工项目上实现新突破。积极推动与福诺化工、日科化学、美高集团、百力化学等世界 500 强、国内百强、上市公司对接洽谈。累计落户项目 171 个，总投资 616.1 亿元，127 个项目建成投产。完成 16 家企业并购重组，盘活土地 2200 多亩基础上，新排查 9 家长期圈而不建、占多建少的项目，采取多种方式腾退处置，该做法被省改革办作为山东省 17 个地方改革案例之一上报中央改革办。

【完善配套】 投资 3500 万元，开展“园区整体提升年”活动，对园区主要干道进行挖补改造及人行道铺装，安装广场雕塑、门禁系统、道路指示牌及安全标志，栽植苗木 24 万株。推进园区企业进行墙体涂新和文化建设，面貌焕然一新。投资 1.2 亿元新建鹏昊净水厂并投入使用，开发区日供水能力达到 2.7 万吨，彻底解决开发区生产生活用水问题。投资 5500 万元新建一座 110 千伏变电站，实现园区企业“双回路”供电。对新海公路以北 3 个园区天然气进行了整体规划，下营园区已全部铺设至镇区和用气企业。在全市率先完成燃煤小锅炉“清零”工作，投资 5600 万元的龙之源热力超低排放工程已验收，投资 3.1 亿元的中圣导热油炉顺利推进，完善园区热源保障。投资 2 亿元对 3 个园区的 4 个污水治理厂完成全面升级改造。其中下营园区投资 3700 万元新铺 13.7 公里的中信环境污水管线已投入使用；投资 2 亿元完成中信环境二期项目，日处理化工废水能力增加 5000 吨。投资 6.6 亿元东江环保固废处理项目快速推进，是潍坊首家专业危废处理企业；龙池园区污泥无害化处理项目已试生产，将彻底解决园区化学危废处理问题。聘请南工大专家现场诊断，在园区推广 RTO、RCO 废气处理模式，对 12 家重点企业的 42 个异味产生源全面整改，空气质量明显改善，顺利迎接中央环保组督查。

【动能转换】 成立滨海产业研究院和柳疃纺织产业研究院，成立奥友、龙港、和田旺 3 个院士工作站，汉兴医药与中国计量大学、金典化工与青岛科技大学成立联合研发中心。引进“两院”院士 3 人，国家“万人计划”1 人。金晶生物“863 计划”微藻色素开发项目通过科技部现场验收。海天生产系统工艺优化升级项目建设实现工业用碱向家用洗涤剂、食用碱升级；新澳、北澳和鑫冠等染料中间体生产企业向高科技成品染料转化，开发区新型、环保、高端染料年加工能力达到 6 万吨；汉兴、奥通等医药中间体企业向原料药、成品药实现成功转化；恒昌新材料由传统铸造企业向高端新材料转化，成功实现高性能软磁薄带的产业化，成为国内仅有的 5 家非晶软磁薄带生产企业之一。

【强化监管】 推行联合执法。联合市消防大队、市场监管所、供电所、派出所以及第三方安全服务专家组成执法检查组，对辖区重点行业、重点领域、重点企业开展拉网式检查，共排查出隐患 309 项，整改率达到 100%；加快“线上”监管。推进安全生产视频在线监控系统建设，对企业的重要装置、重点部位和重大危险源 24 小时不间断监控，并通过网络接入镇级和市级安全生产视频监控系统，实现对企业重点区域的远程监控，构建“线上线下”齐抓共管的强大合力。新建综合服务中心。规划建设开发区智慧园区综合监管平台，包含安全、环保、应急管理、教育培训、公共安全等八大模块，通过大数据分析，整合产业发展要素，推进园区监管智慧化运行。

（供稿人：潘雪丽　孙建树）

人物

Ren Wu

【全国人大代表】

刘国田　潍坊金丝达实业有限公司董事长

【山东省党代表】

吕珊珊（女）　昌邑市委书记

孙晓燕（女）　昌邑市潍水学校教师

【山东省人大代表】

吕珊珊（女）　昌邑市委书记

王元莱　昌邑市奎聚街道东店社区党支部书记

高志伟　中国化工新材料有限公司总经理、山东蓝星化工有限公司董事长

【山东省政协委员】

孙正凯　昌邑市人民医院党委书记、院长。

【山东省富民兴鲁劳动奖章】

张　扬　国网山东省电力公司昌邑市供电公司经理

【山东省服务业专业人才】

刘国田　潍坊金丝达实业有限公司董事长

【齐鲁乡村之星】

李治国　昌邑市鼎立薄壳核桃种植专业合作社理事长

【齐鲁文化之星】

李　强　昌邑市民间文艺家协会理事

孙凤海　昌邑市问砚坊鲁砚技艺传承保护中心主任

【齐鲁公安英才】

王常伟　昌邑市公安局法制大队一中队指导员

王志国　昌邑市公安局党委委员、副局长（挂职）

【潍坊市富民兴潍劳动奖章】

姜鹏涛　昌邑市地税局纳税服务中心负责人

刘　平（女）　昌邑市文华学校校长

潘兆科　山东兴昌建设工程有限公司董事长、总经理

聂秀莲（女）　昌邑市佳佳塑料制品有限公司董事长

卢　波　山东昌邑灶户盐化有限公司工会主席

王园芳（女）　山东浩信集团有限公司工会主席

【昌邑好人之星】

王小兰（女）　山东昌邑石化有限公司质检中心检验员

鲁桂美（女）　昌邑市妇幼保健院产一科主任

夏淑玲（女）　山东奥友生物科技股份有限公司董事长

隋　波　昌邑市饮马镇小营村村民

温晓丽（女）　昌邑市卜庄镇大陆学区小学教师

姜亦山　昌邑市柳疃镇金家庄村村民

崔莉莉（女）　昌邑市文山小学教师

周全波　山东鸿昌化工有限公司副经理

刘建波　昌邑市地税局饮马中心税务所纪检员

刘向红（女）　昌邑市人民医院妇科副护士长

侯爱云（女）　昌邑市第二实验小学工会主席

陶翠华（女）　昌邑市围子街道西刘巷村村民

李凤森　昌邑市北孟镇凰瑞埠村村民

庄文深　昌邑市围子街道宋庄东村村会计

王伟平　昌邑市人民医院儿一科副主任

蔺当伟（女）　昌邑市华晨悦胜纺织有限公司前纺管理员
李振峰　昌邑市卜庄镇侨乡小学学生
王　静（女）　昌邑市国税局纳税服务科科长
李纪友　昌邑市公安局饮马派出所民警
孙福秀（女）　昌邑市都昌街道刘家辛戈社区居民
张其智　山东瑞其能电气有限公司董事长、总经理
谢庆庆（女）　昌邑市都昌街道双台小学教师
胡瑞梅（女）　潍坊市工业学校教师
刘洪霞（女）　昌邑市文山中学教师

【昌邑好人】

徐晓昱（女）　昌邑市公路局财审科副科长
孟祥辉　昌邑市水利局移民办主任
于通全　昌邑市国土局地籍科、不动产登记管理科科长
张晓芹（女）　昌邑市国土局土地勘测规划站站长
徐玉娟（女）　昌邑市实验中学教师
张羽红（女）　昌邑市发展和改革局综合科科长
褚素荣（女）　昌邑市都昌街道后埠村村民
朱曙国　昌邑市公路局北孟公路站站长
林芝梅（女）　昌邑市柳疃镇史家庄村村委委员、妇女主任
孙效杰　昌邑市土地储备中心业务科科长
刘晓波　昌邑市国税局办公室主任
任志元　昌邑市物价局价格认证中心主任
徐君民（女）　昌邑市柳疃镇青乡学区小学教师
梁丽丽（女）　昌邑市国土局信息中心主任
齐淑萍（女）　昌邑市都昌街道北海社区工作人员
周江梅（女）　昌邑市公安局北孟派出所民警
王学森　昌邑市卜庄镇润天工艺品厂厂长
焦建青（女）　昌邑市公路局路政科科员
卢海英（女）　昌邑市饮马镇中心小学教师
董双义　山东昌邑石化有限公司运行五部副部长
李东国　昌邑市公安局柳疃派出所副所长
付志杰　昌邑市文化市场综合执法局执法科科长
夏振荣（女）　昌邑市柳疃镇邓家庄村村委委员、妇女主任
焦光伟　昌邑市人民检察院信息中心副主任、团支部书记
齐　勇　昌邑市公路局路政科科员
薛红杰（女）　昌邑市第二实验小学教师
宋新伟　昌邑市国税局信息中心主任
马万娟（女）　昌邑市国税局税源管理二科科长
柳国伟（女）　昌邑市第一实验小学教师
徐相涛　昌邑市柳疃镇太平集村支部书记、村主任
董志明　昌邑市国土局围子分局工作人员
姚圣杰　昌邑市北孟镇卫生院副院长
庞大斌　昌邑市人民医院胸心外科副主任
王　玲（女）　山东同大海岛新材料股份有限公司职员
姚志云（女）　昌邑市人民检察院滨海（下营）检察室主任
张云丽（女）　昌邑市义工联合会助残部部长

【逝世人物】

时述山　男，1954年11月生，昌邑市围子街道人。1978年6月参加工作，1989年2月加入中国共产党。2001年创立华晨集团，任华晨集团党委书记、董事长。因积劳成疾，医治无效，于2017年5月4日病逝。

刘介松　男，1964年2月出生，昌邑龙池人。1982年7月参加工作，1986年11月加入中国共产党。1982年7月至1992年5月先后在潍坊市木钟表厂、昌邑县乡镇企业局、石埠镇工作；1992年5月至2003年5月任石埠镇经委副主任、经委主任、副镇长、党委副书记、人大主席；2003年5月至2005年1月任北孟镇党委副书记、镇长；2005年1月至2009年1月任柳疃镇党委副书记、镇长，党委书记，市沿海经济开发区办公室柳疃项目区党委书记；2009年1月至2012年5月任都昌街道党工委书记，市经济开发区党工委书记、市政府党组成员；2012年5月至2014年8月任市政府党组成员、市经济开发区党工委书记、市交通运输局局长、党委副书记；2014年8月至2017年10月，任市交通运输局党委书记、局长。因积劳成疾，突发心脏病于2017年10月10日病逝。

附 录

Fu Lu

2017 年市委重要文件目录

表 10

序号	发布文号	文件名称
1	昌发〔2017〕1 号	关于印发《吕珊珊在中国共产党昌邑市第十四次代表大会上的报告》的通知
2	昌发〔2017〕2 号	关于加强自身建设的决定
3	昌发〔2017〕3 号	关于公布市委常委工作分工的通知
4	昌发〔2017〕4 号	关于表彰 2016 年度全市经济工作先进单位和先进个人的通报
5	昌发〔2017〕5 号	关于加强招商引资推进“五个新城”建设的意见（试行）
6	昌发〔2017〕6 号	关于调整市招商引资工作委员会的通知
7	昌发〔2017〕7 号	关于建立党委巡察制度的实施意见
8	昌发〔2017〕8 号	关于印发《昌邑市深化公共资源配置改革实施办法》的通知
9	昌发〔2017〕9 号	关于印发《2017 年度镇街区科学发展综合考核办法》的通知
10	昌发〔2017〕10 号	关于印发《2017 年度市直部门（单位）绩效考核办法》的通知
11	昌发〔2017〕11 号	关于表彰 2016 年度先进单位和先进个人的通报
12	昌发〔2017〕12 号	印发《关于在全市开展“思想作风建设年”活动的实施方案》的通知
13	昌发〔2017〕13 号	关于印发《中共昌邑市委常委会 2017 年工作要点》的通知
14	昌发〔2017〕15 号	关于认真贯彻落实上级文件精神进一步做好党内规范性文件工作的通知
15	昌发〔2017〕16 号	关于成立市委巡察工作领导小组的通知
16	昌发〔2017〕17 号	关于调整昌邑市开放发展工作组织推进体系的通知
17	昌发〔2017〕18 号	关于表彰 2017 年度全市“最美党员”的通报
18	昌发〔2017〕19 号	关于印发《市委市政府领导班子成员党风廉政建设岗位职责》的通知
19	昌发〔2017〕20 号	关于印发《昌邑市法治政府建设实施纲要（2016—2020 年）》的通知
20	昌发〔2017〕21 号	印发《关于加快推进生态文明建设的实施方案》的通知
21	昌发〔2017〕22 号	关于认真学习宣传贯彻习近平总书记在省部级主要领导干部专题研讨班上重要讲话精神的通知
22	昌发〔2017〕23 号	关于表彰 2016—2017 学年度全市教育工作和尊师重教先进单位先进个人的通报
23	昌发〔2017〕24 号	关于印发昌邑市“四个城市”建设五年规划和三年行动计划的通知
24	昌发〔2017〕25 号	关于繁荣发展社会主义文艺的实施意见
25	昌发〔2017〕26 号	关于印发《十四届昌邑市委巡察工作规划（2017—2021 年）》的通知
26	昌发〔2017〕28 号	关于印发《昌邑市综合行政执法体制改革实施意见》的通知
27	昌发〔2017〕29 号	关于进一步加强民生热线建设提升为民服务水平的意见
28	昌发〔2017〕30 号	关于深入学习宣传贯彻中共十九大精神的决议
29	昌发〔2017〕32 号	关于印发《昌邑市深化国家监察体制改革试点工作实施方案》的通知
30	昌发〔2017〕33 号	印发《关于激励改革创新干事创业建立容错纠错尽职免责机制的实施意见（试行）》的通知
31	昌发〔2017〕34 号	关于积极稳妥推进农村集体产权制度改革的实施意见

2017年市政府重要文件目录

表 11

序号	发布文号	文件名称
1	昌政发〔2017〕1号	关于公布市政府领导成员工作分工的通知
2	昌政发〔2017〕2号	关于公布李方明等工作分工的通知
3	昌政发〔2017〕3号	关于印发《政府工作报告》的通知
4	昌政发〔2017〕4号	关于印发《关于调整城市基础设施配套费标准并加强征收使用管理的意见（试行）》的通知
5	昌政发〔2017〕5号	关于印发《昌邑市2017年国民经济和社会发展计划主要指标》的通知
6	昌政发〔2017〕6号	关于公布城镇基准地价更新成果的通知
7	昌政发〔2017〕7号	关于进一步做好全市水资源管理保护重点工作的通知
8	昌政发〔2017〕8号	关于调整市政府部分领导成员工作分工的通知
9	昌政发〔2017〕9号	关于划转山东广电网络有限公司股权的决定
10	昌政发〔2017〕10号	关于印发《昌邑市妇女发展“十三五”规划》《昌邑市儿童发展“十三五”规划》的通知
11	昌政发〔2017〕11号	关于表彰“2007年2·11”专案先进个人的通报
12	昌政发〔2017〕12号	关于命名表彰昌邑市第八批专业技术拔尖人才的通报
13	昌政发〔2017〕13号	关于印发《昌邑市2018—2020年农田水利项目县资金整合方案》的通知
14	昌政发〔2017〕14号	关于推进供给侧机构性改革防范化解煤电产能过剩风险的自查报告
15	昌政发〔2017〕15号	关于表彰2017年度环卫工作先进集体和先进个人的通报
16	昌政发〔2017〕16号	关于潍坊生物基新材料产业园污水处理厂入河排污口设置意见的报告
17	昌政发〔2017〕17号	关于进一步健全特困人员救助供养制度的实施意见
18	昌政发〔2017〕18号	关于全面推进责任督学挂牌督导工作的意见
19	昌政发〔2017〕19号	关于综合行政执法体制改革工作总结评估报告
20	昌政发〔2017〕20号	关于公布市政府规范性文件、政策类文件清理结果的通知

2017年规范性文件目录

表 12

序号	文　号	规范性文件名称	申请时间
1	昌政发〔2017〕4号	昌邑市人民政府印发《关于调整城市基础设施配套费标准并加强征收使用管理的意见（试行）》的通知	2017.3.13
2	昌政办发〔2017〕10号	昌邑市人民政府办公室关于严禁超载超重车辆进入城区行驶的通知	2017.3.26
3	昌政办发〔2017〕21号	昌邑市人民政府办公室关于印发《政府向社会力量购买服务办法》的通知	2017.6.7

索 引

Suo Yin

1% 人口抽样调查 …… 214
2017 北方（昌邑）绿化苗木博览会暨第二十二届中国园林花木信息交流会隆重开幕 …… 89
G309（荣兰路）改建工程 …… 280

A

安全播出和农村公益电影 …… 323
安全管理 …… 180
安全管理 …… 239
安全生产监管 …… 189
安全体系建设 …… 121

B

包村联户和选派第一书记 …… 98
保护水资源 …… 302
保护消费者权益 …… 210
保健食品和化妆品市场监管 …… 208
保障妇女儿童权益 …… 172
保障民生 …… 193
编制规划 …… 325
殡葬公益化改革 …… 342
不动产登记 …… 153
不动产登记 …… 299
部门执法协作 …… 209

C

财税金融 …… 69
财务审计 …… 169
财政收入 …… 271
财政预算执行审计 …… 216
财政支出 …… 271
参加文艺评奖活动 …… 175
参政议政 …… 174
残疾人教育就业 …… 177
残疾人康复救助 …… 176
残疾人社会保障 …… 176
残疾人组联维权 …… 178
“查保促”维护职工权益 …… 168
查处侵权盗版 …… 320
产业工会 …… 170
产业化发展项目 …… 232
产业强镇工业转型 …… 370
产业转型升级 …… 204
昌邑北海村镇银行 …… 261
昌邑好人 …… 374
昌邑好人之星 …… 373
昌邑华晨集团 …… 238
昌邑市城乡规划委员会 2017 年第一次会议 …… 138
昌邑市创建新一届全国双拥模范城工作会议 …… 138

昌邑市凤鸣学校…………………………………… 308
昌邑市妇幼保健医院………………………………… 332
昌邑市妇幼保健院新院启用仪式…………………… 88
昌邑市龙港无机硅院士工作站暨废弃钠钙玻璃制备油水分离材料项目签约仪式…………………… 142
昌邑市全面实行河长制……………………………… 85
昌邑市人民医院……………………………………… 332
昌邑市人民医院新门诊及外科病房综合楼启用仪式……………………………………………………… 90
昌邑市十八届人民代表大会………………………… 128
昌邑市实验幼儿园…………………………………… 306
昌邑市特殊教育学校………………………………… 308
昌邑市外国语学校…………………………………… 308
昌邑市育秀学校……………………………………… 308
《昌邑市志（1986-2005）》出版发行 ………… 146
昌邑市中小学生综合实践活动基地………………… 308
昌邑一中……………………………………………… 307
常规统计……………………………………………… 214
畅通信访渠道………………………………………… 118
成本监管……………………………………………… 212
城建道路……………………………………………… 292
城建项目调研………………………………………… 143
城建重点工程调研…………………………………… 142
城区精细化作业……………………………………… 295
城市路灯……………………………………………… 293
城市绿化……………………………………………… 293
城市养护……………………………………………… 293
城乡环卫一体化……………………………………… 294
城乡交通线路………………………………………… 284
城乡社区网格化管理………………………………… 221
城镇化建设…………………………………………… 352
城镇建设……………………………………………… 298
城镇建设……………………………………………… 355
城镇建设……………………………………………… 69
“持卡就医”试点…………………………………… 339
筹划举办重大活动…………………………………… 323
出版工作……………………………………………… 321
出生人口性别比治理………………………………… 334
传染病综合防治……………………………………… 332
创城收获……………………………………………… 74
创建农产品质量安全基地…………………………… 222
创新办理方式………………………………………… 134
创新档案编辑与研究………………………………… 121
创新服务模式………………………………………… 351
创新开放模式………………………………………… 245
创新模式……………………………………………… 273
创新平台建设………………………………………… 310
创新团委……………………………………………… 171
从严治检……………………………………………… 194
村镇建设……………………………………………… 365

D

搭建产业扶贫平台…………………………………… 233
打击防范……………………………………………… 189
打造“产业强市” ………………………………… 103
打造“活力城市” ………………………………… 104
打造“品质城市” ………………………………… 104
打造“文化名市” ………………………………… 104
打造创新品牌………………………………………… 106
打造党史党性教育基地……………………………… 123
打造改革昌邑模式…………………………………… 112
打造精品移动网络…………………………………… 289
打造品质城镇………………………………………… 370
大病保险……………………………………………… 338
代办服务项目………………………………………… 154
淡水浮游植物资源…………………………………… 67
党风廉政建设………………………………………… 122
党风廉政建设………………………………………… 288
党风廉政建设………………………………………… 290
党建工作……………………………………………… 125
党建工作……………………………………………… 194
党建工作……………………………………………… 240
党建工作……………………………………………… 277
党建工作……………………………………………… 287
党建工作……………………………………………… 367

党建制度改革…………………………………… 116
党群服务体系建设………………………………… 85
党史人才培养…………………………………… 124
党史宣教工作…………………………………… 123
党史资料征编…………………………………… 123
党外代表人士队伍建设………………………… 106
党委中心组学习…………………………………… 99
党员干部队伍建设……………………………… 120
党员干部理论培训………………………………… 95
党员教育管理……………………………………… 98
党员培训………………………………………… 124
档案法治建设…………………………………… 121
档案工作宣传…………………………………… 122
档案馆建设……………………………………… 121
档案资源建设…………………………………… 121
道路货运………………………………………… 282
道路客运………………………………………… 282
地表水净化水厂工程…………………………… 226
地形地貌…………………………………………… 60
地震监测………………………………………… 314
地震应急救援…………………………………… 313
地质勘查管理…………………………………… 300
第二实验小学…………………………………… 307
第一实验小学…………………………………… 307
电子商务………………………………………… 245
调查工作…………………………………………… 91
调研纺织印染产业工作………………………… 140
动能转换………………………………………… 361
动能转换………………………………………… 372
督查概况…………………………………………… 92
督查工作…………………………………………… 93
督查机制…………………………………………… 92
队伍管理从严从实……………………………… 103
队伍建设………………………………………… 180
队伍建设………………………………………… 182
队伍建设………………………………………… 190
队伍建设………………………………………… 254
队伍建设………………………………………… 301
队伍建设………………………………………… 352
对台经贸与交流………………………………… 107
对台宣传………………………………………… 107
对外经济合作…………………………………… 247
对外贸易…………………………………………… 69
对外宣传………………………………………… 323
“多图联审”建设项目…………………………… 153

F

发挥职能优势…………………………………… 155
发展惠民生……………………………………… 360
发展普惠金融…………………………………… 255
发展实体性合作经济组织……………………… 251
发展文艺创作……………………………………… 86
发展新型农业经营主体………………………… 220
法律服务………………………………………… 199
法学会建设……………………………………… 184
法治财政………………………………………… 272
法治昌邑建设…………………………………… 184
法治昌邑建设…………………………………… 198
法治建设………………………………………… 184
反不正当竞争执法……………………………… 209
反腐倡廉工作…………………………………… 120
反贪、渎工作…………………………………… 192
防控金融风险…………………………………… 255
防汛抗旱………………………………………… 225
防灾减灾工作…………………………………… 340
防震减灾宣教…………………………………… 313
房地产市场管理………………………………… 296
房屋征收与补偿………………………………… 296
“放管服”改革…………………………………… 185
“放管服”改革、服务型政府建设………………… 86
非公有制经济发展……………………………… 106
非物质文化遗产………………………………… 316
分类推进事业单位改革………………………… 109
丰泉水库工程建设……………………………… 226
服务大局………………………………………… 171

服务工作…… 197
服务管理…… 288
服务经济…… 190
服务经济发展…… 183
服务体系提质升级…… 169
福利慈善事业…… 342
妇联改革…… 173
妇幼保健…… 329
赴即墨乳山荣成三市考察学习经济社会发展及创建文明城市工作…… 142
赴徐州工程机械集团有限公司考察…… 88
赴张家港、江阴、常熟、昆山四市考察学习…… 142

G

概 况 …… 103
概 况 …… 105
概 况 …… 107
概 况 …… 108
概 况 …… 111
概 况 …… 116
概 况 …… 119
概 况 …… 120
概 况 …… 122
概 况 …… 124
概 况 …… 126
概 况 …… 145
概 况 …… 149
概 况 …… 150
概 况 …… 152
概 况 …… 155
概 况 …… 168
概 况 …… 170
概 况 …… 174
概 况 …… 176
概 况 …… 181
概 况 …… 182
概 况 …… 183
概 况 …… 192
概 况 …… 194
概 况 …… 198
概 况 …… 204
概 况 …… 210
概 况 …… 211
概 况 …… 213
概 况 …… 215
概 况 …… 217
概 况 …… 221
概 况 …… 223
概 况 …… 225
概 况 …… 227
概 况 …… 228
概 况 …… 230
概 况 …… 232
概 况 …… 235
概 况 …… 241
概 况 …… 245
概 况 …… 247
概 况 …… 250
概 况 …… 252
概 况 …… 255
概 况 …… 268
概 况 …… 272
概 况 …… 274
概 况 …… 276
概 况 …… 280
概 况 …… 286
概 况 …… 288
概 况 …… 289
概 况 …… 290
概 况 …… 291
概 况 …… 297
概 况 …… 299
概 况 …… 303
概 况 …… 311

概 况 …… 313
概 况 …… 319
概 况 …… 322
概 况 …… 324
概 况 …… 328
概 况 …… 334
概 况 …… 339
概 况 …… 343
概 况 …… 348
概 况 …… 349
概 况 …… 350
概 况 …… 352
概 况 …… 354
概 况 …… 356
概 况 …… 358
概 况 …… 360
概 况 …… 363
概 况 …… 364
概 况 …… 367
概 况 …… 369
概 况 …… 371
概 况 …… 72
概 况 …… 90
概 况 …… 94
概 况 …… 98
概 述 …… 310
干部管理监督…… 96
干部培训…… 124
干部人事制度改革…… 96
港航建设…… 281
高点定位科学规划…… 360
高技能人才队伍建设…… 152
高龄津贴政策…… 348
高新技术产业…… 310
耕地保护…… 299
工会改革…… 168
工会工作…… 287
工伤预防培训…… 338
工业强镇…… 358
工业上档升级…… 352
工业生产…… 69
工业提质效…… 357
工作举措…… 125
工作职责…… 125
公共机构节能…… 155
公共卫生服务…… 329
公共文化服务设施建设…… 316
公共资产管理…… 156
公路建设…… 280
公路养护…… 281
公务员管理…… 150
固定资产投资…… 203
关于进一步做好移风易俗工作推动提升乡村文明水平的意见…… 84
管道监管安全生产…… 244
规范化建设…… 216
规划实施督查…… 292
规模化服务…… 251
国 税 …… 274
国庆节升国旗仪式…… 90
国资监管新机制…… 219

H

海岸 滩涂 …… 62
海绵城市建设…… 293
海洋管理…… 228
海洋环境监测预报和海域动态监管…… 303
夯实创建基础…… 72
夯实农业…… 362
河流…… 61
红色资源教育作用…… 126
宏观调控…… 202
后备力量…… 179
后勤服务保障…… 155
华侨接待工作…… 154

化解矛盾纠纷…………………………………… 187
化解社会矛盾…………………………………… 183
环保工作调研…………………………………… 140
环境执法………………………………………… 304
环卫产业………………………………………… 295
环卫设施的建设及维护………………………… 295
会展经济………………………………………… 249
惠渔政策………………………………………… 228
活力财政………………………………………… 271
活力团委………………………………………… 170
行业安全监督…………………………………… 287
行业发展………………………………………… 286
行业管理………………………………………… 241
行业管理………………………………………… 281

J

机采棉种植推广………………………………… 251
机构编制管理创新……………………………… 110
机构编制监督检查……………………………… 110
机构与职能……………………………………… 147
机关日常管理…………………………………… 156
机关自身建设…………………………………… 111
机关作风建设…………………………………… 120
机械制造产业工作调研………………………… 141
基层党建………………………………………… 356
基层党建………………………………………… 368
基层党建工作…………………………………… 354
基层党建工作……………………………………… 97
基层党校建设…………………………………… 125
基层党组织管理…………………………………… 97
基层党组织建设………………………………… 119
基层公共文化服务……………………………… 102
基层规范化建设………………………………… 106
基层建设………………………………………… 216
基层建设………………………………………… 278
基层民主政治建设……………………………… 343
基层综合性文化服务中心建设………………… 317
基层组织建设…………………………………… 371
基础建设………………………………………… 174
基础建设………………………………………… 190
基础教育………………………………………… 306
急救知识宣传…………………………………… 178
疾病救助行动…………………………………… 178
计划生育服务…………………………………… 333
计量民生………………………………………… 206
计生宣传教育…………………………………… 333
纪律检查体制改革……………………………… 116
技能培训………………………………………… 230
技术创新………………………………………… 234
加快媒体深度融合……………………………… 323
加强法制队伍建设……………………………… 185
加强法制宣传…………………………………… 185
加强节能降耗和循环利用……………………… 239
加强招商引资，打造“五个新城” ………………… 84
价费管理………………………………………… 211
价格管理………………………………………… 211
价格监督检查…………………………………… 212
价格认定新模式………………………………… 213
价格认证………………………………………… 213
监测预警及信息发布…………………………… 145
监督执纪“四种形态” ………………………… 166
检验检测进社区………………………………… 211
建立互助养老机制……………………………… 233
建立科学民主决策制度………………………… 185
建设旅游综合体………………………………… 350
建设田园综合体………………………………… 232
建设新城………………………………………… 361
建设镇（街区）网点…………………………… 274
建设政务服务网上大厅和实体大厅…………… 185
建置沿革…………………………………………… 55
建筑节能改造…………………………………… 297
建筑垃圾处理管理……………………………… 295
建筑业参加工伤保险…………………………… 338
健全领导干部学法制度………………………… 187
健全完善党和国家监督体系…………………… 166

胶东调水…… 226
接受监督…… 187
金融保险…… 81
经费保障…… 344
经济发展…… 354
经济发展…… 367
经济发展…… 68
经济工作…… 162
经济领域改革…… 113
经济社会发展…… 364
经济责任审计…… 216
经济作物提质增效…… 222
精品工程…… 175
就业提质增效…… 336
居民收入…… 336
居民支出…… 336
举办节庆活动…… 325
聚焦民生…… 362
军地和谐共建…… 182
军地协调…… 181
军民融合…… 180
军转安置…… 151

K

开发区镇街区…… 82
开展“四个城市”创建活动…… 85
开展三大活动…… 73
科技培训…… 174
科技人才托举工程…… 174
科技宣传培训…… 311
科教文卫体和社会法制工作…… 162
科学规划…… 372
科学化管理测评…… 122
科学界定政府职能…… 186
科学谋划精准施策…… 103
科学普及…… 173
可再生能源应用…… 297
客户服务…… 289
空气质量提升…… 303
跨省异地就医联网结算…… 338
矿产开发管理…… 300
矿产资源…… 63
扩大外资利用规模…… 245
扩展服务业规模…… 203

L

老龄工作机构建设…… 349
老年人权益保障…… 348
老年文化建设…… 349
雷电防护与防雷审批…… 315
李宽端到昌邑市调研…… 87
理论宣讲…… 124
理论宣讲工作…… 99
理论学习…… 93
立足岗位，创先争优…… 154
利用侨务资源…… 154
廉政宣教…… 166
粮食安全市长责任制考核…… 251
粮食生产…… 222
“两学一做”学习教育…… 119
“两学一做”学习教育…… 94
林木种苗产业发展高峰论坛…… 142
林业产业…… 229
林业科技…… 229
刘曙光到昌邑市调研…… 90
流动人口服务管理…… 334
陆生动物资源…… 64
陆生植物资源…… 66
路政管理…… 281
旅游项目建设…… 325
绿博会筹备工作调度会议…… 138
绿博会园林花木信息交流会…… 325
绿化园林养护…… 294
绿色建筑…… 298

落实计生奖励帮扶政策…………………………… 333
落实居民医保政策…………………………… 339
落实侨务政策…………………………… 154
落实信访工作责任…………………………… 118
落实政策跟踪审计…………………………… 216
落实中央八项规定…………………………… 165
矛盾纠纷化解…………………………… 200
美丽乡村标准化建设…………………………… 221
美丽乡村建设…………………………… 298

M

民 族 …………………………… 68
民办幼儿园设立相关事项…………………………… 154
民生保障…………………………… 364
民生财政…………………………… 272
民生改善…………………………… 357
民生热线工作…………………………… 147
民生热线建设…………………………… 86
民生事业…………………………… 368
民主法制领域改革…………………………… 114

N

纳税服务…………………………… 277
能力建设…………………………… 304
年轻后备干部培养…………………………… 96
凝聚改革推进合力…………………………… 111
农产品专项抽查…………………………… 211
农村财务审计与监管…………………………… 219
农村改厕工作…………………………… 295
农机补贴…………………………… 230
农机合作社建设…………………………… 231
农机维修服务保障…………………………… 231
农业发展…………………………… 353
农业发展…………………………… 364
农业农村领域改革…………………………… 114
农业普查…………………………… 213
农业生产…………………………… 68
农业转型…………………………… 371

P

培训服务…………………………… 174
培训工作…………………………… 147
培训学习交流…………………………… 175
配套保障…………………………… 325
棚改工程…………………………… 351
品牌建设…………………………… 205
平安昌邑建设…………………………… 183
蒲河河道生态修复工程…………………………… 226
普及红十字精神…………………………… 178

Q

齐鲁公安英才…………………………… 373
齐鲁文化之星…………………………… 373
齐鲁乡村之星…………………………… 373
其他审计…………………………… 216
企业创新成果…………………………… 312
企业管理…………………………… 254
企业文化…………………………… 288
企政工作…………………………… 102
气 候 …………………………… 62
气象服务…………………………… 314
签订安全生产责任书…………………………… 218
强化服务…………………………… 205
强化服务保障…………………………… 134
强化监管…………………………… 372
青岛大学生命科学学院协同创新基地揭牌仪式
…………………………… 143
区划地名工作…………………………… 343
取得成效…………………………… 273
全国人大代表…………………………… 373

全面从严治党政治责任…………………………… 165
全市安全生产工作会议…………………………… 137
全市安全生产工作会议…………………………… 138
全市安全生产会议………………………………… 138
全市表彰奖励暨思想作风建设年动员大会………… 83
全市化工产业安全生产转型升级专项行动推进会议暨环保工作紧急会议………………………………… 138
全市环保工作会议………………………………… 137
全市环卫工作会议暨第二十三届环卫工人节庆祝大会………………………………………………… 139
全市经济工作会议………………………………… 137
全市经济工作会议………………………………… 83
全市经济社会发展观摩点评会议暨重点工作总结推进会议……………………………………………… 84
全市农业农村暨扶贫开发工作会议……………… 137
全市统计工作会议………………………………… 139
全市植树节活动暨林业工作会议………………… 140
群　团 ……………………………………………… 78
群众文化活动……………………………………… 102
群众文化活动……………………………………… 317

R

人　口 …………………………………………… 67
人才工作联动机制………………………………… 96
人才选拔…………………………………………… 335
人防教育…………………………………………… 182
人防宣传…………………………………………… 182
人工增雨防雹……………………………………… 315
人口资源环境外事工作…………………………… 162
人民生活…………………………………………… 70
人民政协民主监督工作…………………………… 87
人事任免…………………………………………… 135
日常工作…………………………………………… 94
入河排污口监督管理……………………………… 302

S

“三化建设” …………………………………… 339
“三招三引”工作………………………………… 228
“扫黄打非”行动………………………………… 320
森林资源保护……………………………………… 229
山东昌邑农村商业银行股份有限公司…………… 258
山东昌邑石化有限公司…………………………… 235
山东浩信集团有限公司…………………………… 237
山东省党代表……………………………………… 373
山东省服务业专业人才…………………………… 373
山东省富民兴鲁劳动奖章………………………… 373
山东省人大代表…………………………………… 373
山东省政协委员…………………………………… 373
山东同大集团……………………………………… 237
商贸物流…………………………………………… 246
商品房预售监管…………………………………… 296
上属单位…………………………………………… 81
社会扶贫…………………………………………… 233
社会救助…………………………………………… 340
社会事业…………………………………………… 356
社会事业…………………………………………… 366
社会事业…………………………………………… 371
社会事业体制改革………………………………… 115
社会稳定…………………………………………… 353
社会应急联动工程建设…………………………… 146
社会治理…………………………………………… 369
社会组织…………………………………………… 341
社科工作…………………………………………… 100
社科普及…………………………………………… 176
社区服务体系建设………………………………… 344
社区服务中心基础设施建设……………………… 344
社区工作专业化…………………………………… 344
社区文化建设……………………………………… 355
涉台服务…………………………………………… 107
深化改革…………………………………………… 273
生态环境…………………………………………… 363

生态农业…………………………………………… 359
生态文明体制改革……………………………… 115
实际利用外资…………………………………… 247
实施“双创”战略……………………………… 337
实施标准引领工程……………………………… 204
实施村级公路网化示范县工程………………… 280
实施党史记忆抢救工程………………………… 122
实施工业绿动力计划…………………………… 239
实行“河长制”………………………………… 225
实验中学………………………………………… 307
食品安全………………………………………… 206
食品核查………………………………………… 205
食盐经营………………………………………… 242
食盐宣传………………………………………… 242
市场经营………………………………………… 289
市场经营………………………………………… 290
市场业务………………………………………… 288
市级领导班子…………………………………… 75
市纪委机关……………………………………… 77
市民文明水平…………………………………… 101
市人大常委会会议……………………………… 128
市人大机关……………………………………… 76
市容管理………………………………………… 294
市委部委办局…………………………………… 78
市委机关………………………………………… 76
市政府工作部门………………………………… 79
市政府机关……………………………………… 77
市政府领导调研财税工作……………………… 139
市政府领导调研农业工作……………………… 140
市政府直属事业单位…………………………… 80
市政公用养护…………………………………… 294
市政协常委会会议……………………………… 157
市政协机关……………………………………… 77
市政协其他重要会议活动……………………… 159
市政协全委会议………………………………… 157
市政协主席会议………………………………… 158
事业单位、国企改革…………………………… 219
事业单位人事制度改革………………………… 150
逝世人物………………………………………… 374
首届海岸柽柳论坛……………………………… 141
首卷《昌邑年鉴》出版………………………… 147
水产品质量安全………………………………… 228
水生动物资源…………………………………… 66
水污染治理……………………………………… 303
水资源…………………………………………… 63
水资源费改税…………………………………… 302
水资源费征收…………………………………… 301
水资源管理……………………………………… 302
税收协作………………………………………… 277
税收征管………………………………………… 276
“丝绸之乡”特色镇…………………………… 359
司法规范化建设………………………………… 193
司法和社会治理体制改革……………………… 114
司法为民………………………………………… 195
思想作风建设…………………………………… 355
思想作风建设…………………………………… 358
“四个城市”建设……………………………… 202
诉讼监督………………………………………… 192

T

滩涂开发与建设………………………………… 243
滩涂生物资源…………………………………… 67
谭旭光一行到昌邑市考察调研………………… 88
特殊人群管控…………………………………… 200
特种设备安全工作……………………………… 205
特种设备维护与监管…………………………… 208
提案工作………………………………………… 161
提高全民科学素质……………………………… 173
提升城市国际化水平…………………………… 155
提升服务水平…………………………………… 353
提升服务质效…………………………………… 275
提升履职尽责能力……………………………… 144
提升农产品质效………………………………… 221
提升农业持续生产能力………………………… 223
体育产业………………………………………… 335

体育惠民…………………………………………… 334
体育赛事…………………………………………… 334
统计党建…………………………………………… 215
统计法制…………………………………………… 215
统计服务…………………………………………… 214
统计改革…………………………………………… 214
统计基层基础建设………………………………… 215
土地规划…………………………………………… 299
土地利用管理……………………………………… 300
土地确权与流转…………………………………… 219
土地治理…………………………………………… 231
土地资源…………………………………………… 63
推动各项工作……………………………………… 144
推广新项目………………………………………… 238
推进“互联网＋党建”工作……………………… 98
推进法律顾问制度全覆盖………………………… 186
推进改革…………………………………………… 180
推进美丽乡村标准化建设………………………… 85
推进农村改革……………………………………… 221
推进生态文明建设………………………………… 85
拓展检验检测业务………………………………… 211

W

外贸进出口………………………………………… 246
完成省、市供稿工作……………………………… 147
完善工作机制……………………………………… 184
完善配套…………………………………………… 372
完善事业单位监管体系…………………………… 109
网吧治理整顿……………………………………… 321
”网格化”监管…………………………………… 218
网络管理…………………………………………… 100
网络市场监管……………………………………… 210
网络支撑…………………………………………… 289
网上供销…………………………………………… 251
为民务实清廉……………………………………… 145
违建违章治理……………………………………… 294
维护和谐稳定……………………………………… 349
维护社会稳定……………………………………… 183
维护稳定…………………………………………… 201
维护药、械市场秩序……………………………… 207
潍坊工业学校……………………………………… 309
潍坊日报·今日昌邑……………………………… 321
潍坊市富民兴潍劳动奖章………………………… 373
潍坊市技师学院昌邑分院………………………… 309
潍坊银行昌邑支行………………………………… 259
潍河管理…………………………………………… 227
潍水风情湿地公园………………………………… 326
潍水文化生态保护实验区建设…………………… 318
潍水学校…………………………………………… 308
卫生计生监察……………………………………… 330
卫生应急工作……………………………………… 330
卫星电视传播秩序整治…………………………… 320
位置面积…………………………………………… 55
文化财政…………………………………………… 272
文化产业…………………………………………… 102
文化创品牌………………………………………… 357
文化惠民工程……………………………………… 318
文化活动…………………………………………… 175
文化市场管理……………………………………… 319
文化体制改革……………………………………… 114
文化宣传…………………………………………… 319
文化引领…………………………………………… 169
文明城市创建宣传………………………………… 322
文明创建持续深化………………………………… 101
文山中学…………………………………………… 307
文史资料工作……………………………………… 161
文物保护工作……………………………………… 319
文艺精品工程……………………………………… 102
文艺志愿服务……………………………………… 103
污泥处置…………………………………………… 293
污水处理…………………………………………… 293
无偿献血…………………………………………… 178
“五老”社会监督员活动………………………… 127
“五争”实现新突破……………………………… 310
“物联昌邑”建设………………………………… 149

物流市场主体建设…………………………… 247

X

系列主题活动…………………………………… 126
县建农田水利项目……………………………… 226
县域经济和区域合作…………………………… 204
项目申报实施…………………………………… 228
消防工作………………………………………… 191
小镇建设………………………………………… 363
孝德文化建设…………………………………… 349
校外教育………………………………………… 127
协调服务………………………………………… 244
协调配合………………………………………… 127
新的统战工作…………………………………… 106
新技术新机具推广应用………………………… 230
新旧动能转换…………………………………… 202
信访“事要解决”……………………………… 117
信息工作………………………………………… 91
信息化建设……………………………………… 331
信息化项目统一管理…………………………… 149
信息录入………………………………………… 150
信息预警………………………………………… 188
信用信息公开…………………………………… 185
兴业银行潍坊昌邑支行………………………… 260
行政复议应诉…………………………………… 187
行政区划………………………………………… 55
行政审批………………………………………… 217
行政审批制度改革……………………………… 108
行政执法公开规范……………………………… 186
溴素生产与经营………………………………… 243
畜产品卫生检疫………………………………… 224
畜产品质量安全监管…………………………… 223
畜牧业面源污染治理…………………………… 224
宣传及培训……………………………………… 311
宣传推介………………………………………… 325
宣传与文体活动………………………………… 178
学前教育………………………………………… 306
学习贯彻中共十九大精神……………………… 165
学习贯彻中共十九大精神……………………… 95
学习型党组织建设……………………………… 119

Y

“雅拉速度”…………………………………… 234
烟草经营………………………………………… 252
烟草市场监管…………………………………… 253
研发检测新技术………………………………… 211
盐及盐化工产业工作调研……………………… 140
盐业生产………………………………………… 241
盐政执法………………………………………… 242
阳光财政………………………………………… 272
杨东奇到昌邑市调研…………………………… 89
养老保险制度改革……………………………… 150
养老服务………………………………………… 340
养老金调整……………………………………… 338
业绩提升………………………………………… 288
业务指导………………………………………… 121
医疗卫生服务体系建设………………………… 328
医养结合………………………………………… 330
医药卫生体制改革……………………………… 328
依法管粮………………………………………… 252
依法行政………………………………………… 315
依法行政………………………………………… 360
依法治税………………………………………… 275
意识形态管理工作……………………………… 99
因公出国管理和服务工作……………………… 154
“银龄安康”工程……………………………… 349
银行监管………………………………………… 262
引才育才………………………………………… 152
引进外国专家人才……………………………… 152
引领妇女创业…………………………………… 172
应急保障………………………………………… 252
应急调水补源…………………………………… 226

应急队伍建设…… 146
应急管理体制…… 145
应急培训与宣教…… 146
应急演练…… 182
应急预案管理…… 145
应急资源管理…… 146
应用系统运行维护…… 149
硬件能力建设…… 287
拥军优属…… 181
拥政爱民…… 181
优抚安置工作…… 341
优化队伍建设…… 146
优化人才发展环境…… 96
优质服务…… 240
邮政服务…… 287
邮政业务…… 287
油、煤监管红盾行动…… 210
有线电视…… 323
娱乐场所经营专项整治…… 319
渔业科技…… 228
渔业资源修复…… 228
渔政管理…… 228
舆论引导强势推进…… 100
预防接种和慢性病防治工作…… 330
预防职务犯罪…… 192
原行政办公区征收改造工作…… 107
原盐生产与经营…… 242
源头预防…… 117
运输管理…… 283
运营管理…… 289
运营管理…… 290

Z

造林绿化…… 228
责任团委…… 170
增强监督实效…… 132
渣土扬尘治理…… 297
战备训练…… 179
招才引智…… 152
招才引智…… 96
招商成果…… 248
招商思路…… 247
招商体制…… 248
招商信息工作机制…… 248
招商引资…… 221
招商引资…… 252
镇村管理…… 359
震害综合防御…… 313
争先创优活动…… 321
征兵工作…… 179
征管改革…… 275
整体提升完善配套…… 361
整治不正之风和腐败现象…… 165
整治农资市场…… 222
正确选人用人…… 95
政策宣传…… 274
政策支持…… 247
政法部门…… 78
政府门户网站运行维护…… 150
政府投资审计…… 216
政务服务电话回访制度…… 154
政务服务平台延伸…… 153
政务环境…… 153
政务信息资源目录梳理…… 149
政治思想…… 179
政治学习…… 168
支持企业开展科研创新…… 96
知识产权保护…… 311
知识产权强市建设…… 312
知识产权行政执法…… 312
执法办案…… 195
执法监察…… 218
执法监察…… 300
执法人员培训…… 188
执行工作…… 197

执行水资源管理制度…… 301
值守应急…… 145
职工长期护理保险试点…… 338
职工技术创新…… 168
职业技能人才培养…… 151
职业教育…… 308
志愿服务…… 126
制定规范性文件、政策文件与清理…… 186
治理转型…… 369
质量安全监管…… 297
智慧财政…… 272
“智慧昌邑”战略合作协议签约仪式…… 142
智慧城市宣传…… 150
“智慧粮库”建设…… 252
智能电网建设…… 240
中国工商银行股份有限公司昌邑支行…… 256
中国共产党昌邑市第十四届委员会第四次全体会议…… 83
中国共产党昌邑市第十四届委员会第一次全体会议…… 83
中国共产党昌邑市纪委十四届二次全会…… 164
中国共产党昌邑市纪委十四届三次全会…… 165
中国共产党昌邑市纪委十四届一次全会…… 164
中国共产主义青年团昌邑市第二十次代表大会…… 84
中国建设银行昌邑支行…… 257
中国林学会、山东农业大学战略合作协议签约仪式…… 143
中国民生银行潍坊昌邑支行…… 260
中国农业发展银行昌邑支行…… 256
中国农业银行昌邑支行…… 258
中国人民财产保险股份有限公司昌邑支公司…… 269
中国人民银行昌邑支行…… 261
中国人寿保险股份有限公司昌邑支公司…… 269
中国太平洋财产保险股份有限公司昌邑支公司…… 269
中国太平洋人寿保险股份有限公司昌邑支公司…… 270
中国银行昌邑支行…… 257
中国邮政储蓄银行昌邑支行…… 259
中泰证券股份有限公司昌邑营业部…… 270
中医药工作…… 331
重大动物疫病防控…… 224
重大基础设施策划…… 292
重点工程重点企业调研…… 143
重点环保工程建设…… 303
重点课题研究…… 176
重点领域体制改革…… 109
重点项目…… 244
重点项目调研…… 142
重点项目集中开工暨山东雅拉食品有限公司雅拉生态食品科技园项目奠基…… 140
重点项目建设…… 203
重点项目建设…… 223
重要规划编制…… 291
主动作为…… 132
主题活动…… 127
主体准入监管…… 209
助力智慧城市建设…… 288
抓收购保供应管库存…… 251
专项社会事务管理…… 343
专项整治…… 217
专业技术人才培养…… 151
转变作风…… 312
转作风提效能强服务…… 311
自备井管理…… 301
自来水设施建设…… 227
自身建设…… 108
自身建设…… 134
自身建设…… 167
自身建设…… 196
自身建设…… 98
综 述…… 305
综 述…… 316
综合行政执法体制改革…… 109
综合行政执法体制改革…… 186

综合行政执法体制改革…………………………………… 87
总部经济………………………………………………… 250
总部经济………………………………………………… 350
走访慰问春节期间坚持生产的干部职工………… 139
走访慰问柳疃镇中华人民共和国成立前老党员、生活困难党员、高层次人才劳动模范和贫困户优抚对象…………………………………………………… 139
组织建设………………………………………………… 173
组织建设………………………………………………… 174
组织开展第四批包村联户和选派第一书记工作…………………………………………………… 85
组织领导………………………………………………… 324
组织设置………………………………………………… 125
组织收入………………………………………………… 274
组织收入………………………………………………… 276
作风建设………………………………………………… 201
作风建设………………………………………………… 95